Rupert Röder
Der Computer
als didaktisches Medium

Rupert Röder

Der Computer als didaktisches Medium

Über die Mythen des Mediums und das Lernen von Subjekten

Syndikat

Redaktion: Jürgen Fahlbusch
Druck und Bindung: WS Druckerei, Bodenheim
Printed in Germany
ISBN 3-931705-22-6
D.30

Danksagung

Egon Becker (Universität Frankfurt), dem Betreuer meiner Arbeit, möchte ich für die geduldige und immer wieder ermutigende Unterstützung danken. Ohne diese hätte ich meinen Weg an den Rändern des Niemandslands der Wissenschaften – wo sich Fragen aufwerfen, aber in den eingefahrenen Nomenklaturen und Denksystemen nicht beantworten lassen – kaum zu Ende gehen können. Desgleichen danke ich Christiane Floyd (Universität Hamburg) für ihre engagierte und hilfreiche Zweitbetreuung und -Begutachtung der Arbeit. Im Hinblick auf die Informatik hat sie mich beim interdisziplinären Grenzübertritt bestärkt und zugleich zur Klärung des Bezugs auf die einschlägigen Diskussionen der Softwaretechnik gedrängt.

Bei Volker Bahl und der Hans-Böckler-Stiftung bedanke ich mich für die Unterstützung und Förderung einer kleinen Studie, in der ich vor einigen Jahren das Paradigma der „Künstlichen Intelligenz“ erkundete und mögliche Auswirkungen auf die Entwicklung von Qualifikationsstrukturen skizzierte. Angesichts der Prätentionen, die sich mit Technikanwendung im allgemeinen und besonders ausgeprägt mit Avantgardetechniken wie der „Künstlichen Intelligenz“ verknüpfen, ist mir die Bearbeitung der Frage nach den prinzipiellen Qualitäten eines Computermediums dringlich geworden. Ebenso sei Erhard Meueler (Universität Mainz) mein Dank bekundet, der mich zum pädagogischen Quereinstieg angeregt und in ihm gefördert hat.

Viele ungenannt Bleibende haben es mir erst ermöglicht, in die Frage nach dem didaktischen Computermedium in seinen historischen und systematischen Dimensionen einzutauchen, ohne persönlich und wissenschaftlich unterzugehen. Ihnen sei wenigstens pauschal hier ein Dank ausgesprochen.

Eine besondere Dankbarkeit, die auf keine bewußte Gabe antwortet, empfinde ich schließlich gegenüber Ina H. und Nico H.-F., bei denen ich das Glück des konzeptuellen Lernens im frühen und frühesten Lebensalter erleben durfte. Sie führten mir die ursprüngliche Lust der ästhetisch-gegenständlichen und ästhetisch-begrifflichen Erkenntnis vor Augen, von der Kant spricht, und ließen in einem mich sie erfahren.

Inhalt

1 Einleitung: Didaktische Computermedien im Blinden Fleck der Wissenschaften

Didaktische Medien, speziell auch Computermedien, sollen beim Lehren und letztlich für das Lernen hilfreich sein.

Jede genauere Vorabbestimmung des Begriffs – etwa als 'Instrumente' des Lehrens oder als Hilfen qua ihrer 'kommunikativen Funktion' im Lehr- und Lernprozeß – würde suggestiv eine Antwort auf die Schlüsselfrage vorwegnehmen:

Wie können Computer als Medien des Lernens, des Lehrens dienen?

Wenn heute die elektronischen Medien, nach einem halben Jahrhundert Erfahrung mit ihnen, zu 'Multimedia' formiert werden und der Computer über sich hinaus zum 'multimedialen Lernsystem' wächst[1], als solches in allen Lebensbereichen zum Zuge kommen soll, wäre zu erwarten, daß diese Frage zumindest im Grundsätzlichen geklärt ist. Es sollte fundiertes und tragfähiges Wissen darüber existieren, wie Computermedien prinzipiell im Lernprozeß wirken können, wie sie daher für Zwecke des Lernens und Lehrens zu konzeptualisieren und zu konzipieren sind und ob und wie sie sinnvoll eingesetzt werden können.

Dies scheint jedoch nicht der Fall zu sein, jedenfalls nicht im zu erhoffenden und benötigten Maß.

In einem Gutachten zur 'Lernwirksamkeit von Multimedia- und Hypermedia-Systemen', das dem Abschnitt 'Lernen mit Multimedia' der kürzlich veröffentlichten Multimedia-Studie des Büros für Technikfolgen-Abschätzung beim Deutschen Bundestag (Riehm und Wingert 1995) zugrundeliegt, folgert der Autor aus seiner Bestandsaufnahme psychologischer Theorien zur Medienwirkung, daß „es nach dem heutigen Erkenntnisstand nicht möglich ist, prinzipielle Aussagen über die möglichen Lernwirkungen von Multimedia zu treffen" (Hasebrook 1994, Zusammenfassung). Hasebrook setzt auf die Evolution bisheriger Forschungsansätze: Als Aufgabe stehe an, „anwendungsbezogene und Grundlagenforschung so aufeinander zu beziehen, daß grundlegendes Wissen über die Wirkung neuer Lerntechnologien und über die Methoden zu deren Erforschung erweitert wird und praktische Problemstellungen im Rahmen dieser Forschungsmöglichkeiten konsequent aufgegriffen werden" (ebd.). Ob das Verfolgen ausgetretener Pfade der psychologischen Forschung letztendlich den erhofften Erfolg bringen wird, kann freilich derzeit niemand wissen.

Andererseits werden Computermedien und -'multimedien' in der Praxis breit angewendet. Die Vielfalt der realen didaktischen Einsatzformen des Computers ist längst unüberschaubar geworden. Einen Überblick auch nur über die in der Bundesrepublik vertriebenen Produkte zu gewinnen, kann selbst nur computerisiert mit einer umfangreichen Datenbank[2] versucht werden, deren Aktualisierung dem Kampf gegen Windmühlenflügel gleicht. Die Medien bewähren sich täglich ganz konkret in schon für sie gewonnenen Feldern und reüssieren in neuen. In anderen Bereichen, unter anderen Vorzeichen werden sie vielleicht nur als erfolgreich und erfolgsverheißend annonciert, ohne daß die erhoffte Effektivierung des Lernens tatsächlich eintritt. Lassen sich aus der Praxis der Medienverwendung Schlüsse auf die Qualität der Medien und vor allem auf die sie bedingenden Faktoren ziehen?

Die bloße Existenz einer Anwendung gibt sicherlich keinen Hinweis auf ihren didaktischen Wert. Gegenüber den oft im vorhinein aufgestellten Behauptungen und Versprechungen einer höheren Qualität des Lehrens und Lernens ist Skepsis zu wahren. Auch die verifizierbaren Verkaufszahlen kommerziell erhältlicher Produkte verraten nicht, ob die Medien im Schrank verstauben oder auf der Festplatte Patina ansetzen: den nostalgischen Charme entwickeln, durch den sich bei den kurzen Software-'Lebenszyklen' die nicht genutzten Produkte schon bald ausweisen. Selbst wenn irgendwoher Angaben über die reale Nutzungshäufigkeit von Produkten zu erhalten wären (und die Annahme gestattet wäre, daß sich aus der Tatsache der Nutzung auf ein Überwiegen der positiven Effekte bei der Anwendung schließen läßt), ließe sich so lange wenig über den didaktischen Wert der Computermedien ableiten, solange die gleichfalls zu beobachtenden Mißerfolge in den statistischen Summen verschwinden.

Sogar explizite empirische Untersuchungen des Erfolgs des Einsatzes von didaktischer Software sollten mit Vorsicht gelesen werden. Roland Lauterbach, der sich 1989 'auf die Suche nach Qualität' von Lernsoftware begab, stellte in der Zusammenschau von drei US-amerikanischen Meta-Analysen mit 252 Einzeluntersuchungen von Lernsoftware fest, daß viele der in der Literatur genannten und ihr zufolge sich bestätigenden Erwartungen zwar kurzfristig in Erfüllung gingen, jedoch unter Alltagsbedingungen sich auf Dauer nicht einlösen ließen. Er fand: „Geht man den vielversprechenden Ergebnissen nach, entdeckt eine genaue Überprüfung, daß sie meistens unter besonders günstigen Umständen gewonnen worden, beispielsweise bei extrem kleinen Schülerzahlen, großer Betreuerzahl, vielfältigen Begleitmaßnahmen" (Lauterbach 1989, S.706).[3]

Außerdem liefert selbst die sorgfältige und gewissenhafte Untersuchung der Wirkung der Verwendung eines Computermediums im Einzelfall, nur *ex post* Hinweise über seine Qualität, *nach* seiner Etablierung in bestimmter Form in einem bestimmten Kontext, also nachdem aus zeitlichen oder finanziellen Gründen meist nicht mehr revidierbare Entscheidungen über Gestalt und Einsatzweise des Mediums getroffen wurden. In der Gemengelage der Medieneffekte besteht dabei wenig Hoffnung, nachträglich reale Faktoren, die für den didaktischen Wert des Mediums und seiner Verwendung verantwortlich sein könnten, herauszufiltern, sofern diese nicht von vorneherein ausdrücklich in die Anlage des Mediums und die Mediennutzung eingeflossen sind.

Notwendig wäre daher, grundsätzliche Gesichtspunkte zu finden, die bereits in den Prozessen der *Entscheidung* über den Einsatz von Computermedien und besonders ihrer *Gestaltung* hilfreich sein können. Zur Debatte steht daher nicht, ob Medien im Einzelfall sinnvoll verwendet werden können, sondern unvermeidlich das theoretische und dennoch praktisch höchst relevante Problem der *prinzipiellen* Funktionalität der 'neuen Medien' für Zwecke des Lernens und Lehrens. Es geht darum, zu *verstehen*, daß bzw. inwiefern Computer als Medien dienen können, und wie demzufolge mediale Software (und so weit möglich auch Hardware) *ex ante* zu konzipieren und zu konstruieren wäre. Zu fragen ist mithin, was sich ereignet, wenn unter Einsatz des Computers gelernt und gelehrt wird, und welche konstruktiven Merkmale von Hard- und Softwareprodukten diesem Lernen förderlich sind und daher zum Tragen kommen sollen.

Angemerkt sei, daß die Frage sich nicht auf den engeren Kontext traditionell pädagogisierten Lehrens und Lernens beschränken läßt. Aufgrund des allgemeinen Charakters der technischen Mittel und ihrer Einsatzformen ist sie sinnvollerweise vor dem Horizont der allgegenwärtigen Lernsituationen zu stellen, mit denen die moderne Gesellschaft ihre Mitglieder konfrontiert und in denen diese zu bestimmten Denk- und Verhaltensweisen angeleitet werden sollen. Noch wo didaktische Computermedien nach Zielsetzung und angewandten Verfahren im Umfeld traditioneller institutioneller Curricula angesiedelt sind, sollen sie häufig gerade zur Emanzipation von diesen beitragen.

Die Suche nach Ansatzpunkten für eine grundsätzliche Antwort führt mit einigermaßen bestürzender Konsequenz in die Abgründe der Wissenschaften.

Die Informatik als technische Wissenschaft ist für die Konstruktion von Computermedien qua technische Systeme und damit auch für die immanente Evolution der Optionen für sie zuständig. Die Vorgaben für die Konstruktion und perspektivische Entwicklung der Medien sollten von den Wissenschaften geliefert werden, die die sozialen und personalen Prozesse reflektieren, in denen Lernen stattfindet. Hier wären also Humanwissenschaften, vor allem Pädagogik gefordert. Sie müßten der Informatik ihre Aufgabe zuweisen, quasi ihr das 'Pflichtenheft' erstellen, wie es der traditionelle Programmierer von seinem Auftraggeber erwartet und nach der klassischen Vorstellung von Softwareentwicklung Schritt für Schritt abarbeitet. Da freilich in spezifizierten technischen Vorgaben immer nur stehen kann, was schon technisch vorgedacht ist, müßten die Rollen noch in anderer Weise verteilt werden als bei der faktischen Ressortierung, in die das traditionelle Leitbild der Softwareentwicklung mündet.[4] Anstatt daß die Phantasie der Humanwissenschaft sich auf das technisch Vorkonzipierte einschränken läßt, sollte sie sich die Freiheit nehmen, wirklich unter ihrem eigenen Blickwinkel sinnvolle Hard- und Softwareleistungen zu ersinnen. In einer Realisierungsphase wären diese im Dialog mit der Informatik mit im Detail technisch Machbarem erst zu unterfüttern. Insgesamt wäre daher die Entwicklung und Beschreibung der prinzipiellen Funktionalität von Medien ebenso wie die konkrete Gestaltung von Medien eigentlich nur 'interdisziplinär', wie es so schön heißt, zu projektieren.

Doch rasch stellt sich heraus, daß sich die Disziplinen in ihrem jeweiligen traditionellen Verständnis gar nicht berühren, geschweige denn über eine nichtleere 'Intersektion', eine gemeinsame Basis der Verständigung verfügen. Es gibt keine kommensurablen Begriffe der Disziplinen; das einheitliche Vorstellungsuniversum, in dem eine Sphäre 'zwischen' ihnen liegen könnte, existiert nicht; der 'interdisziplinäre Raum' ist substanzlos, ja erscheint als eine rein fiktive Konstruktion, nicht realitätshaltiger als das geflügelte Pferd.

Was die Informatik betrifft, sprengt jeder Bezug auf die Verwendung ihrer Produkte in den Prozessen des Lehrens und Lernens, die durch die Spontaneität von Subjekten geprägt sind – oder etwa durch die 'doppelte Kontingenz' sozialer Situationen[5] –, den Horizont ihres Denkens. Als technische Wissenschaft ist sie auf das konstruktive Arrangement deterministischer Ereignisketten gerichtet. Sie kann nicht Vorstellungen in sich aufnehmen und mit ihnen arbeiten, die den Eintritt des Nichtgeplanten und wirklich Neuen als produktives Moment begreifen. Dies wäre vielleicht nicht unbedingt ein Schaden, wenn die Pädagogik sich so weit auf die technische Welt einlassen könnte, daß sie hinreichend genau ihr 'Pflichtenhefte' erstellen würde, sie also wirklich der Informatik die Konstruktionspläne für das technische Medium diktierte. Die Pädagogik andererseits hat sich jahrhundertelang, mit gutem Grund, dagegen gewehrt, überhaupt eine Theorie technologischen Handelns und Planens und damit auch der technisch deutbaren Momente im Lehren zu entwickeln. Jede solche Theorie widerspricht diametral ihrem klassischem Bild vom Menschen. Der Mensch würde durch sie in die instrumentellen Operationen eingefügt, die das technische Denken in der Welt sieht und vollzieht. Er selbst erschiene damit instrumentalisierbar und manipulierbar, würde zum technischen Objekt in einer technischen Welt. Die Pädagogik will ihn jedoch als freies, sich (selbst) bildendes Subjekt begreifen.

Die Frage, wie technische Computermedien wirken und wie sie daher zu konstruieren sind, zielt damit auf den doppelten Blinden Fleck von Technik- wie Humanwissenschaft, auf Fragestellungen, die von der einen wie von der anderen Wissenschaft aus jeweils ihrem Blickwinkel ausgeblendet sind.

Die vorliegende Arbeit beschäftigt sich im Kern damit, wie vor allem von Seiten der Pädagogik behutsam Licht in das selbst erzeugte Dunkel getragen werden kann (auf daß dann die Informatik den detailtechnischen Part in einer Kooperation übernehme). Die Humanwissenschaft hat ihre Vorstellungen zu modifizieren und neu zu verstehen, so daß deutlich wird, *inwiefern* das Nachdenken über technische Konstruktionen in Lehr- und Lernprozessen keine Opferung ihrer essentiellen Prinzipien verlangt. Damit soll sich ein Diskursraum für die Frage nach Möglichkeiten und Bedingungen der Wirksamkeit didaktischer Computermedien eröffnen. In ihm sollten sich die erforderlichen Bezüge zwischen der Rationalität der (Beschreibung der) personalen und sozialen Prozesse, in denen das Medium wirksam zu werden hat, und der technischen Rationalität der Medienkonstruktion herstellen und letztlich für die konkrete Gestaltung von Computermedien fruchtbar machen lassen.

Als ersten Schritt zu diesem Ziel hin suche ich den geteilten Himmel der Wissenschaften in seinem Ursprung auf, der Kantschen Transzendentalphilosophie, die die Claims für die Dichotomie der Wissenschaften – auf der einen Seite technikorientierte 'Naturwissenschaften', auf der anderen Seite an 'moralischen' Subjektprozessen interessierte 'Geisteswissenschaften' – jedenfalls in ihrer heutigen Form absteckte. Dies dient der Klärung der herrschenden Vorstellungen wie auch einer Grundlegung für ihre spätere Revision (Kapitel 2).

Wenn die Disziplinen mit ihren Theoriengebäuden sich in ihren abgeschotteten Welten einnisten, wird jeder implizite oder explizite Versuch, die Grenzen der Sphären zu überschreiten, zu einem metatheoretischen Unternehmen. Solche Unternehmungen folgen einer eigenen Vernunft. Ich versuche, ihre Rationalität als

Arbeit des Begriffs und zugleich (analytische) *Arbeit am Mythos* zu beschreiben. Mythen verstehe ich hierbei als die prätheoretischen Vorstellungen, die Theorien als motivierende und 'unmittelbar einleuchtende' Hintergründe dienen. Oder, um an den Kuhnschen Paradigmenbegriff anzuknüpfen (Kuhn 1962): Mythen ließen sich charakterisieren als 'paradigmatische Leitbilder', an denen sich ein wissenschaftlicher Ansatz orientiert und die ihn aus einer bestimmten Wahrnehmung der Wirklichkeit heraus auch legitimieren. Ich kann auf diese Weise die beliebte Redeweise von Mythen der Maschine, des Computers und auch des Mediums (klassisch Mumford 1970; vgl. etwa auch den Titel der Studie von Riehm und Wingert, 1995) präzisieren und im weiteren mit dem Begriff arbeiten. Die Frage nach der pädagogischen Funktion technischer Medien ist demnach zu erörtern als Frage nach den Mythen oder paradigmatischen Motiven, die entsprechende Medientheorien induzieren bzw. in ihren Unvereinbarkeiten pädagogische Medientheorien ad absurdum führen und verhindern. Insbesondere wird es, in der Arbeit am Mythos, darum gehen, den Leitbildern und ihren Revisionsmöglichkeiten nachzuspüren, die den Hintergrund des kantianischen Aufsplittens der Prinzipien des wissenschaftlichen Denkens bilden (Kapitel 3).

Die prinzipielle Abwehrhaltung der Pädagogik gegenüber dem Denken in technischen Kategorien wurde in gewisser Weise von ihr selbst immer wieder unterlaufen, sobald Neuerungen der Medientechnik eine Auseinandersetzung mit Medien angezeigt erscheinen ließen. Das Dilemma, daß die grundsätzliche Frage ihres Verhältnisses zur Anwendung technischer Mittel ungeklärt war, löste bzw. verdrängte die Pädagogik dabei vorzugsweise durch die Etablierung einer abgeschotteten Medientheorie. Diese durfte dann auf die andere Seite des Hiats zwischen den Wissenschaften wechseln und dort Anleihen bei den so erfolgreich und produktiv erscheinenden technologischen Mythen aufnehmen, ohne daß die pädagogische Theorie im übrigen gefährdet schien. Im Gegenteil können die importierten Versatzstücke technischer Modellvorstellungen pädagogischen Konzepten ein anerkanntes und scheinbar unangreifbares Terrain verschaffen. Sie demonstrieren, daß diese sich auf der Höhe der (Technik der) Zeit befinden. Als von einer anerkannten Wissenschaft entliehen und rein innerpädagogisch nicht überprüfbar, feien sie sie gegen Kritik. Faktisch vergibt man mit einer solcher partiellen, vom pädagogischen Denken abgekoppelten Adaptation technischer Medienmythen allerdings die Chance, zu einem genuinen pädagogischen Begriff des Lernens mit Medien und letztlich zu einer tatsächlich pädagogisch inspirierten integrativen Medienkonstruktion zu kommen.

Den technologischen Bias der historischen und gegenwärtigen Medienkonzepte der Pädagogik zeichne ich in drei Kapiteln nach. Ich zeige jeweils auf, daß die Mythen, die ihnen zugrundeliegen, sich verfangen in dem Widerspruch, daß sie zwar auf Subjekte bezogen werden, doch in Wahrheit von Technik handeln (und damit die Aporien der kantianischen Dichotomie nur reproduzieren):[6]

Das Präludium der Medientheorie wie auch ihrer Paradoxien wurde bereits im 17. Jahrhundert aufgeführt, als Comenius, einer der Begründer der wissenschaftlichen Pädagogik, angesichts des Aufkommens des Buchmediums im wesentlichen schon all die technisch orientierten Mythen formulierte, die noch die heutige Vorstellung vom didaktischen Medium prägen und denen daher eine ausführliche historische Darstellung gebührt. Vor Kant und bevor die Konsequenzen eines mechanischen Universums in ihrer vollen Schärfe deutlich wurden, ist es Comenius sicherlich am allerwenigsten anzulasten, daß er die Medienwirkung in mechanisch-instrumentellen Kategorien faßte und andererseits sehr wohl wußte, daß die menschliche Natur *tota activa* ist – daß für Lernen das eigene Tätigwerden der Subjekte den Ausschlag gibt (Kapitel 4).

Die dreihundertjährige Latenzphase der Medienfrage endete, als in den fünfziger und sechziger Jahren des 20. Jahrhunderts die neuen elektronischen Medien für didaktische Zwecke verfügbar wurden. So weit sie sich dem aktuellen Thema stellte, griff die pädagogische Theorie auf die Tradition des Mechanismus im modernen naturwissenschaftlichen Gewand zurück. Die Mythen, um die die einschlägigen theoretischen Konzepte kreisten, können betitelt werden als der *Mythos der Information*, der *Mythos des informierenden Mediums* und der *Mythos der Lehrmaschine*. Im Wissen um die Problematik von Vorstellungen der mechanischen Wirksamkeit des pädagogischen Mediums wurden auf der anderen Seite auch Medienbegriffe entwickelt, die das Medium dem genuin pädagogischen Metier des Subjektdiskurses unterstellen, hier nun freilich um den Preis, den technischen Charakter des Mediums wieder ganz auszublenden (Kapitel 5).

Aktuelle theoretische Diskussionen zum didaktischen Mediengebrauch finden heute meist im Kontext der Psychologie des Lernens oder von ihr entlehnter Modellvorstellungen statt. Faktisch kommt auf diese Weise der in der modernen Psychologie dominante kognitivistische Ansatz zum Zug, der für das Problem von Subjekt und naturwissenschaftlich faßbarer Welt seine eigene Lösung parat hat: Das Subjekt selbst wird, unter dem Titel des Geistes, mittels Computer bzw. mittels der Vorstellung vom Computer technisch rekonstruiert und substituiert. Es dürfte somit keine Sonderrolle mehr beanspruchen. Geistes- oder Humanwissenschaften würden sich in spezielle Technikwissenschaften transformieren. Die (an sich auch schon ältere) Vision der adäquaten Simulierbarkeit des menschlichen Denkens durch die Maschine ist in diesem Jahrhundert im modernen wissenschaftlichen Gewand und besonders folgenreich durch Alan Turing, den 'Vater der theoretischen Informatik', formuliert worden. Ich nenne sie den *Turingmythos*. Lernen ist in ihrem Licht ein Prozeß des Programmierens des Geist-Computers. Turing selbst hat diese Verbindung bereits hergestellt, unter anderem indem er das Mythologem der *lernenden Kind-Maschine* entwickelte. Die eingehende Analyse des kognitivistischen Mythos enthüllt jedoch dessen innere Widersprüchlichkeit und zeigt, daß die Maschine dem Geist eines Subjekts inadäquat bleibt. Daran scheitert letztlich auch die Variante des kognitivistischen Mythos, die für die Mediendiskussion am wichtigsten wurde, Gavriel Salomons Mythos der *Code-Supplantation*, die Vorstellung der Prägung, sprich 'Programmierung' des Geistes durch das Einflößen von 'Programmelementen' (Kapitel 6).

Zur erforderlichen Neubehandlung der Medienfrage gehe ich von Kants eigener Auseinandersetzung mit dem Problem der getrennten Sphären des Denkens aus, die er in seiner dritten, allzuwenig beachteten Kritik, der 'Kritik der Urteilskraft', unternahm. Kant formuliert dort einen zweiten Subjektbegriff, der nur lose mit dem des moralischen Subjekts seiner 'Kritik der praktischen Vernunft', wie er für die Pädagogik leitend wurde, assoziiert ist. Dieses zweite Konzept beruht auf der Vorstellung eines spontan ästhetisch urteilenden und erkennenden Subjekts im Angesicht der Welt. Kant entwickelt daraus – insbesondere in der Diskussion des ästhetisch schöpferischen Genies – implizit einen Mythos eines nicht auf Informationszufuhr reduzierbaren *Lernens von Subjekten.* Aus diesem gewinne ich als korrespondierende Sicht auf Medien das Leitbild der *schwachen Instrumentalität medialer Objekte in Lernprozessen.* Im Kern besagt es, daß Medien, insbesondere Computermedien, fixierte, repetitiv strukturierte Weltobjekte sind. Subjektprozesse können sich ihrer bedienen, indem sie in ihrer ganz anderen, durch kreative Akte bestimmten Zeitstruktur formale Halte- und Anhaltspunkte in ihnen finden. Dabei projizieren Subjekte die eigenen Intentionen und die von ihnen generierten Inhalte partiell in das Medium, ohne sich deswegen an es zu koppeln (Kapitel 8).

Mit der Vorstellung der schwachen Instrumentalität des Mediums gegenüber einem weiterhin autonom handelnden und lernenden Subjekt ist eine Antwort auf die grundlegende theoretische Frage nach der potentiellen Wirksamkeit technischer Medien im Kontext des Handelns von Subjekten gefunden. Im Anschluß sollte es darum gehen, diese Vorstellung für konkrete Lernsituationen und anhand konkreter Medien zu studieren und zu entfalten. Im Rahmen der Beschränkungen eines Dissertationsvorhabens kann ich nur, vor dem Hintergrund meiner eigenen praktischen und theoretischen Beschäftigung mit Computermedien, folgendes exemplarisch demonstrieren:

- Die reichen praktischen Erfahrungen einerseits der Informatikdidaktik, andererseits der Softwareergonomie, die diese beiden Randgebiete der Informatik mit der Unterstützung der spezifischen Lernprozesse, mit denen sie befaßt sind, durch computertechnische Mittel gesammelt haben, lassen sich im Licht der 'schwach instrumentellen' Sicht des Mediums quasi als ein empirischer Beleg für sie interpretieren, wie auch umgekehrt diese ihnen eine gewisse theoretische Klärung verschafft (Abschnitte 1 und 2 in Kapitel 8).
- Zwecks Annäherung an eine praxisbezogene Lehre des Mediendesigns ist es sinnvoll, mittels einer Art 'intentionaler Analyse' (ein Husserlscher Terminus) die Wirkung des schwach instrumentellen Mediums in der Beziehung zum autonomen Subjekt in eine 'projektive' und eine 'evokative' Funktion aufzuschlüsseln (Abschnitt 3 in Kapitel 8).
- Welche Anforderungen sich vor dem so entwickelten analytischen Hintergrund in klassischen pädagogischen Feldern darlegen lassen, zeige ich schließlich beispielhaft für die verbreitete didaktische Software für Simulation und Modellbildung sowie für Textsysteme als Medium kreativen Schreibens (Abschnitte 4 und 5 in Kapitel 8).

Zur Einordnung und Abgrenzung möchte ich an dieser Stelle noch den Zusammenhang der vorliegenden Arbeit zu Diskussionen in der Informatik in wenigen Strichen skizzieren.

Seitens einer Reflexion der Informatik, die sich kritisch mit dem Vermögen von Technik auseinandersetzt, ist ja längst bemerkt worden, daß eine anwendungsorientierte Konstruktionswissenschaft den in sie gesetzten Erwartungen nur gerecht werden kann, sofern ihre Offenheit für die Wahrnehmung von Realität nicht an den Grenzen der von ihr konstruierten Systeme endet.

Daß man sich diesem eigentlich naheliegenden Gedanken verschloß, wird in diesem Diskurszusammenhang als ursächlich für das Andauern oder Wiederaufflackern der 'Softwarekrise' angesehen: des seit den 1960er Jahren beobachteten[7], anscheinend strukturellen Phänomens, daß Softwarekonstruktionen in unvergleichlich höherem Maß in ihrem Anwendungsfeld scheitern als etwa Hochhäuser in sich zusammenfallen, Brücken einstürzen oder Flugzeuge und Raketen auseinanderbrechen, also die Produkte klassischer Ingenieurswissenschaften mißlingen (und wenn Flugzeuge oder Raketen doch versagen, stellt sich oft genug heraus, daß die Katastrophe oder Beinah-Katastrophe durch einen Fehler in der Steuerungssoftware ausgelöst wurde).

Die klassische Antwort der Informatik auf die Softwarekrise war die Vision des *software engineering*, das Idealbild eines ingenieursmäßigen, 'sauberen Fabrikationsprozesses' von Software.[8] Die Erstellung von Software sollte sich von einem nicht standardisierten, frei schöpferischen Prozeß in eine geregelte Produktionstätigkeit wandeln. Zur Verwirklichung dieses Ziels wurde unter anderem ein hierarchisch strukturierter, daher überschau- und objektivierbarer Programmierstil, ein 'egoless programming', erfunden. Er war konzipiert als Arbeitstechnik für den individuellen Programmierer, vor allem aber als ein technisches Mittel der (tayloristischen) Optimierung der Arbeit in Organisationen.[9] Ohne daß der immanente Wert solcher Techniken bezweifelt wird, wird demgegenüber im Diskurs einer (selbst-) kritischen Informatik darauf verwiesen, daß die Softwarekrise offenbar mit ihnen nicht überwunden bzw. ihr Wiederaufflackern nicht verhindert werden konnte.

Wolfgang Coy hat in einem Grundsatzpapier zur Neuorientierung der Informatik konstatiert: „Die Software-Krise, die in ihren Grundzügen nicht aufgelöst ist, beruht wahrscheinlich weniger auf mathematisch-logischen oder programmtechnischen Mängeln der bislang verwendeten Methoden des Software-Entwurfs, sondern vielmehr auf der unzureichenden Reflexion des Wechselspiels von technischer Gestaltung und sozialer Wirkung informationstechnischer Systeme." (Coy 1992a, S.17) Christiane Floyd (1994; 1995b) unterscheidet zwischen der 'Produktionssicht' der Softwareerstellung, das heißt ihrer technikzentrierten Auffassung als ingenieurmäßige Konstruktion, und der 'Design-Sicht', die von der Priorität der kreativen und kooperativen Prozesse in der Softwarentwicklung ausgeht. Während die heutigen Methoden des Software-Engineering den technischen, formalisierbaren Problemen der Softwareproduktion Rechnung trügen, würden die kreativen und kooperativen informellen Methoden, die den realen Kontext der Software berücksichtigen, nicht gepflegt und nicht angewendet. Dieses strukturelle Defizit der Softwareentwicklung werde möglicherweise zu einer 'neuen Softwarekrise der 90er Jahre' führen (Floyd 1994, S.31).

Die aktuelle oder aktuell drohende Softwarekrise ist demzufolge auf die fehlende Vermittlung von technischer Rationalität der Softwarekonstruktion auf der einen Seite, humanorientierter Rationalität des Anwendungskontextes von Software auf der anderen Seite zurückzuführen. Das heißt, im Kern wird in solchen 'Sichtweisen der Informatik' (Coy et al. 1992) ebenfalls die kantianische Aufspaltung des Denkens, die auch die Frage des didaktischen Computermediums im Niemandsland der Wissenschaften verhungern läßt, als Ursache der theoretischen und praktischen Havarien der Softwareentwicklung beklagt. Die Softwarekrise der Informatik wäre daher zu interpretieren als Krise – geradezu als Kuhnsche Paradigmenkrise – der kantianischen Dichotomie des Vernunftgebrauchs.

Als Konsequenz aus dem Scheitern des technikzentrierten Ansatzes fordert Coy die Entwicklung einer 'Theorie der Informatik'. Diese im einzelnen neu zu formende oder aus benachbarten Disziplinen zu kompilierende Grundlagentheorie soll nach Coy der Einsicht Rechnung tragen, daß der primäre Gegenstand wie auch die Aufgabe der Informatik die Analyse und (Re-) Organisation von *Arbeitsprozessen*, in Verbindung mit der Entwicklung von maschinellen Hilfsmitteln für diese, sei (1992a, S.18/19).[10] Auch die anderen Beiträge in der Debatte scheinen darauf hinauszulaufen, daß die Informatik sich der Aufgabe stellen müsse, dem humanen Kontext der Anwendung von Software gerecht zu werden.

Hier wird also der technischen Wissenschaft nahegelegt, die Grenzen ihrer Domäne zu erweitern und sich zur aus- und übergreifenden, damit tatsächlich anwendungsorientierten, gewissermaßen postkantianischen Technikwissenschaft zu transformieren. Jörg Pflüger hat diese Auffassung im Bild von der 'Informatik auf der Mauer' dargestellt: Die Disziplin der Informatik habe teil 'an den heterogenen Welten der formalen Modelle und deren sozialer Wirklichkeit'. Sie „kann nur Bestand haben, wenn sie in ihrem Kern zur Grenzdisziplin wird. Ihr vordringlichstes Ausbildungsziel bestünde dann darin, die Fähigkeit zu vermitteln, auf der Mauer kauernd in verschiedene Richtungen zu schauen." (1994, S.251)[11]

Die vorliegende Arbeit reiht sich in gewisser Weise ein in die Versuche, mit denen die Informatik in Relation zu ihren Anwendungskontexten gesetzt werden soll (für Übersichten über das breite Spektrum der Ansätze vgl. Coy et al. 1992, Floyd et al. 1992, Rolf 1995). Insofern gehört sie zu den Bemühungen um eine 'Theorie der Informatik' im Sinne Coys, wobei sie den Aspekt der didaktischen Anwendung von Hard- und Software in den Vordergrund stellt. Dabei bin ich allerdings nicht der Auffassung, daß der Informatik als solcher die Kompetenz zuzugestehen sei, Lern- und Lehrprozesse – analog den von Coy angeführten Arbeitsprozessen bzw. als ein Spezialfall von ihnen – zu analysieren und zu reorganisieren. Vielmehr will ich in der Frage der Wirkungsweise des technischen didaktischen Mediums den *Vorrang einer genuin pädagogischen Reflexion* gegenüber den allgegenwärtigen technisch geprägten Denkformen wahren und entwickeln.

Abgesehen von dieser formalen Abgrenzung gibt es spezifische inhaltliche Gründe, warum sich trotz der thematischen Verwandtschaft bislang existierende Ansätze aus dem Umfeld der 'Theorie der Informatik', so weit ich sehe, nicht in sinnvoller Weise auf die Reflexion von Funktion und Konstruktion didaktischer Medien übertragen lassen.

Bei didaktischen Softwaremedien handelt es sich gemäß einer bekannten Klassifikation von Software in der Regel um Standardsoftware, die – im Gegensatz zur

Individualsoftware – als allgemein einsetzbar zu konzipieren ist. Ihr Bezug auf den humanen und sozialen Kontext ihrer konkreten Anwendung läßt sich daher nicht, wie es für Individualsoftware gefordert wird (vgl. etwa den Ansatz des ökologischen Softwaredesigns, Keil-Slawik 1992, S.184ff.), durch einen im Anwendungsfeld organisierten sozialen Prozeß ihrer Herstellung gewährleisten. Didaktische Medien tragen damit in gewisser Weise eine Charakteristik der Vorherbestimmung und Nichtoffenheit gegenüber ihrer Anwendung an sich. Um so wichtiger wird es sein, ihre dennoch nur partielle Funktionalität im humanen und sozialen Kontext angemessen verstehen, beschreiben und modellieren zu lernen.

Für mehr oder weniger gegenüber dem Anwendungskontext fixierte Software wird in unterschiedlichen Ansätzen aus dem Spektrum der 'Theorie der Informatik' vor allem mit der Deutung der Software als 'Werkzeug' oder als '(Kommunikations-) Medium' versucht, den Blick für anderes als eine enge technische Rationalität zu öffnen. Seit altersher hat sich auch die Pädagogik dieser beiden Vorstellungen bedient, um die Funktion didaktischer Medien zu beschreiben. Wie ich in den Kapiteln zur pädagogischen Tradition zeigen werde, führen beide im pädagogischen Kontext nicht aus dem Dilemma heraus, daß Lernende als Objekte eines Werkzeuggebrauchs figurieren. Zur Verdeutlichung meiner Position gegenüber existierenden Ansätzen aus dem Zusammenhang der 'Theorie der Informatik' sei hier nur angemerkt, daß dies auch für die verfeinerte werkzeugtheoretische Sicht von Softwareprodukten und ihrer Herstellung gilt, die unter Bezug vor allem auf Konzepte Martin Heideggers entwickelt worden ist (vgl. Winograd und Flores 1986, Suchman 1987, Budde und Züllighoven 1990). In diesen Ansätzen wird auf die Horizontabhängigkeit des menschlichen Denkens verwiesen und für die Anerkenntnis der Beschränktheit der (planbaren) Reichweite instrumenteller Verfahren geworben. Ich möchte deshalb die zugrundeliegende Vorstellung als die einer 'lokalen Instrumentalität' der Softwareprodukte ansprechen (im Kontrast zum Motiv der 'schwachen Instrumentalität', welches ich entwickeln will). Innerhalb des lokalen Gültigkeitsbereichs der technischen Vernunft bleibt hierbei die technische Vernunft die allein maßgebliche Instanz, wie es für das Universum der Softwaretechnik immanent angemessen sein dürfte. Bei einer potentiellen Übertragung auf ein Konzept zur didaktischen Funktion technischer Medien würde aber die Deutung von Medien als (nunmehr lokale) technische Zweck-Mittel-Relationierungen nicht gebrochen. In der Objektwelt des *homo faber*, für welches die Werkzeugsoftware geschaffen wird, ist kein Platz für die Spontaneität und Kreativität von Subjekten.[12] Didaktische 'Software-Werkzeuge' ließen sich daher auch in diesem Deutungsmodell nur unter Verzicht auf eine Subjekttheorie (bezüglich der Lernenden) beschreiben.

Jede werkzeugtheoretische Sicht von Informatikprodukten drängt konsequenterweise auf der anderen Seite zu einer neuerlichen Ergänzung mit einer komplementären moralischen bzw. diskursorientierten, sozialweltbezogenen Sicht auf die handelnden Subjekte, wobei direkt oder indirekt Kants klassische Philosophie die Motive liefert (vgl. etwa die Gegenüberstellung von 'Verfügungswissen' und 'Orientierungswissen' bei Luft, 1989, insbes. S.271ff.; vgl. auch die Perspektivierung auf Wert- und Normsetzungen als eine mögliche 'Sichtweise der Informatik' bei Rolf, 1995, S.13).[13] Die Reprise der Dichotomie von technikorientiertem, 'Machbarkeitsdenken' und subjektorientiertem, 'moralischem' Denken, eventuell nun formell im Rahmen einer einzelnen Wissenschaft, aktualisiert dabei ein weiteres Mal die Aporien der klassischen kantianischen Spaltung der Erkenntnis.[14] Unter solchem Blickwinkel verläuft sich aber die Frage nach der Funktion und Konstruktion technischer didaktischer Medien wie dargestellt in den Blinden Flecken der Wissenschaften.

Das Projekt des Versuchs einer neuen Grundlegung für das Verständnis des Computers als Medium des Lehrens und Lernens sei daher nun mit dem anscheinend notwendigen Rekurs auf die Quellen der dichotomischen Weltkonstitution der Wissenschaften, die nur entweder einen instrumentellen und instrumentalisierbaren Objektzusammenhang oder Subjekte zu kennen scheinen, gestartet.

2 Kantianische Präliminarien: Rationalität der technisch-naturwissenschaftlichen Erkenntnis versus subjektbezogene Handlungsrationalität

Die für die Wissenschaften so folgenreiche Differenzierung zwischen naturwissenschaftlich-technischer und sozialer Rationalität kann – in der Form, daß es sich um zwei verschiedene, aber jeweils in ihrem Terrain legitimierte Betätigungsweisen der Vernunft handelt – auf Immanuel Kant (1724-1804) zurückgeführt werden. Als Vorläufer des Königsberger Philosophen in dieser Hinsicht ist René Descartes (1596-1650, latinisiert Cartesius) zu nennen. Descartes unterschied die räumlich ausgedehnte, das heißt, analytisch-geometrisch, in 'kartesischen' Koordinaten auszumessende Welt, die *res extensa*, von dem denkenden Geist, der *res cogitans*. Der Descartessche Dualismus der Wesenheiten wurde bei Kant dem Subjekt als gnoseologisches Problem einverleibt und gewann neue Substanz in der Reflexion der Rationalitätsformen des sich mit sich und der Welt auseinandersetzenden Subjekts.

Da, wie in diesem Kapitel grundsätzlich und in späteren Kapiteln im einzelnen zu zeigen sein wird, noch die aktuellen Schwierigkeiten im Begreifen des technischen didaktischen Mediums die Kalamitäten des Kantschen dichotomischen Rationalitätskonzepts widerspiegeln, sollen jetzt Grundlinien der klassischen Philosophie Kants skizziert werden.

Ich trete damit hier in eine Art kantianische Zeitschleife[15] ein: Das Denken des 'alten Kant', der aus der Vergangenheit zu uns spricht und stets schon den Hintergrund heutiger Reflexion bildet, prägt in der historischen Deszendenz die Aporien der Medientheorie, denen ich in den folgenden Kapiteln nachgehen will. Die traditionellen kantianischen Sichtweisen werde ich dann in Kapitel 7 mit einem anderen Kant konfrontieren. Dieser hat sich in Kants Alterswerk artikuliert, wirkt gleichwohl juvenil. Er kommt uns aus einer Zukunft der didaktischen Medientheorie entgegen und vermag den Weg in sie zu weisen.

2.1 Erkenntnisrationalität als projektive technische Rationalität

Noch in ganz anderem Maß als hundertfünfzig Jahre vor ihm Descartes war Kant durch die konkrete Form der Entwicklung der modernen Naturwissenschaft, vor allem der Physik, geprägt. Nach zweihundert Jahren einer von vielen Widersachern angezweifelten, angefeindeten und oft bekämpften Forschungsarbeit, stand zu seiner Zeit die Physik auf der Höhe ihrer größten Triumphe. Die nachfolgenden Jahrhunderte sollten durch die immer reichere Ausbeute an wissenschaftlichen Erkenntnissen glänzen; zugleich wird allerdings die Freude hierüber durch Befunde beeinträchtigt, die Grenzen der Einheitlichkeit und Perfektion des naturwissenschaftlichen Weltbildes aufzeigen.

Es waren vor allem Isaac Newtons 'mathematische Prinzipien der Naturwissenschaft', 1687 veröffentlicht, die die neuzeitliche Kopernikanische Revolution der Physik vollendet hatten. Newtons Theoriegebäude gestattete, die Phänomene der Natur – eigentlich 'nur' die Gesamtheit der physikalischen Mechanik, wie auch immer deren Verhältnis zur Natur insgesamt zu bestimmen ist – aus einigen wenigen Axiomen mathematisch zu deduzieren und quantitativ zu beschreiben.

Im Newtonschen System, dem Archetyp aller modernen naturwissenschaftlichen Theoriebildung, genügt die axiomatische Charakterisierung der zeitlichen Veränderung einiger weniger Grundgrößen, um auf mathematischem Wege alle anderen Lehrsätze der Mechanik, die *Theoreme*, die zugleich als juridische *Gesetze* eines ursprünglich mit Gott identifizierten Imperators der Natur galten, abzuleiten. Zum Beispiel kann die Komplexität der Erscheinungen des (Sternen-) Himmels – die scheinbaren Bewegungen der Sonne, des Mondes und der Planeten am Himmel bzw. die Bahnen der Planeten um die Sonne und des Mondes um die Erde – aus wenigen fundamentalen Gleichungen, bei gegebenen Anfangszuständen, rein rechnerisch gefolgert werden. Mit Hilfe derselben Gleichungen läßt sich aber auch der berühmte Fall des Apfels vom Baum beschreiben, der einer Anekdote zufolge es war, was Newton buchstäblich zur Einsicht in die fundamentale Natur der Erd- bzw. Massenanziehung anstieß. In der vielzitierten Denkfigur des 'Laplaceschen Dämons' zog der Mathematiker und Astronom Pierre Simon Laplace (1749-1827) eine entscheidende Konsequenz aus dem universellen Anspruch der Newtonschen Physik: Würde ein Dämon den momentanen Ort und den momentanen Bewegungszustand aller Masseteilchen des Universums kennen, wäre es für ihn möglich, ebenso die Vergangenheit wie die für alle Zeiten determinierte Zukunft berechnen.

Kant, der zunächst im Bann der Erfolge der Physik arbeitete und unter anderem eine bis heute beachtliche kosmologische Theorie entwickelte, machte sich später zur Aufgabe, die wissenschaftstheoretische Grundlage des naturwissenschaftlichen Denkens zu klären. Sein erstes Ziel war, die beiden Hauptprinzipien der neuzeitlichen Naturwissenschaft, einerseits die strikte Orientierung an der Erfahrung, andererseits das Bemühen um die exakte mathematische Beschreibung der Natur, in Einklang zu bringen. Auf diese Weise wollte er den 'englischen' Empirismus David Humes (1711-1776) mit dem 'französischen' oder 'deutschen' Rationalismus Descartes', Gottfried Wilhelm Leibniz'(1646-1716) und Christian Wolffs (1697-1754) versöhnen. Eigentlich widerspricht die Formulierung allgemeingültiger mathematischer Naturgesetze ja dem Erfahrungsprinzip: Da nie mehr als eine begrenzte, endliche Zahl von Beobachtungen der Erfahrung zugänglich ist, kann mit ihnen strenggenommen kein 'Gesetz' mit offenem Gültigkeitsbereich begründet werden.

An Kants Lösung dieses Dilemmas in der 'Kritik der reinen Vernunft' (Kant 1781) interessiert hier vor allem, daß Kant den Gesetzescharakter der Naturerkenntnis rettet, indem er sie als Projektion oder Konstruktion aus *kategorialen*, vor jeder Erfahrung (*a priori*) bestehenden Bedingungen des menschlichen Verstandes darstellt. Das abstrakte, *transzendentale* Subjekt, das heißt die allgemeine Bedingungsstruktur aller möglichen menschlichen Subjekttätigkeiten, *produziert* in gewisser Weise die (erkennbaren) Naturobjekte aus sich, ist insofern *transzendentale Technik* vor jeder konkreten Technik. Wenn Newtons Apfel vom Baum fällt, kann dies – oder kann jedenfalls irgendetwas – empirisch beobachtet werden. Doch was wir sehen, bestimmt sich aus den immanenten Bedingungen und Notwendigkeiten unserer Erkenntnis. Dieser gegenüber verhält sich der fallende Apfel, das *Ding an sich*, nur wie ein diffuser, der Erkenntnis unzugänglicher Inhalt gegenüber einer vorbestimmten Form. Kant zufolge hatten die modernen Naturforscher als erste begriffen, „daß die Vernunft nur das einsieht, was sie selbst nach ihrem Entwurfe hervorbringt“ (S.XIII).

Die Experimentierkunst der Naturwissenschaft liefert dabei explizit das Vorbild für das prinzipielle Verständnis des (erkennenden) Wirklichkeitszugangs. Wie schon Francis Bacon (1561-1626), der den Schlüssel zum Erfolg der Naturwissenschaft darin sah, daß die Natur gleichsam unter der Folter des Inquisitors zur Preisgabe ihrer Geheimnisse gezwungen wurde[16], erklärt Kant, daß die Vernunft die Natur „nötigen müsse, auf ihre Fragen zu antworten“ (ebd.). Der Natur wird nicht mit bloßen Händen, sondern, wohl ausgerüstet, mehr entgegen- als gegenübergetreten: „Die Vernunft muß mit ihren Prinzipien, nach denen allein übereinkommende Erscheinungen für Gesetze gelten können, in einer Hand, und mit dem Experiment, das sie nach jenen ausdachte, in der anderen an die Natur gehen.“ (Ebd.) Die Vernunft lasse sich von der Natur belehren, „aber nicht in der Qualität eines Schülers, [...] sondern eines bestallten Richters, der die Zeugen nötigt, auf die Fragen zu antworten, die er ihnen vorlegt“ (ebd.). Eingespannt in die Maschinerie des Experiments, sozusagen als ‘peinlichem Verhör’, hat die Natur keine Chance, die Antwort zu verweigern. Allerdings wird ihr auch weder Anlaß gegeben noch Gelegenheit gelassen, der Vernunft abweichend vom vorgegebenen Frageschema zu Aufschlüssen zu verhelfen.

Naturwissenschaftliche Rationalität – bzw. Erkenntnis als rationale, empirische Erkenntnis generell –, wird somit primär gesehen als reine, von Erfahrung unberührte Konstruktion. Sie ist apriorische Technik, der die konkrete Technik, ihre Logik fortsetzend, sowohl als Anwendung wie, beim Gerichtstermin des Experimentes, als Instrument und Gerichtsdiener zur Verfügung steht. Der epistemologische Widerspruch zwischen der begrenzten empirischen Nachweisbarkeit aller wissenschaftlichen Sätze und ihrem allgemeinen Anspruch löst sich in dieser Sicht auf, da die Allgemeingültigkeit in den universellen Gesetzen der Vernunft selbst begründet liegt. Deren wenige Unbekannte (die gleichwohl strukturell nichts offen lassen) werden mit einzelnen experimentellen Beobachtungen, sozusagen mit einigen gezielten Fragen an die Natur bestimmt. Die *Grundsätze des Verstandes allein*[17] geben den Begriff, welcher „die Bedingungen und gleichsam den Exponenten zu einer Regel überhaupt enthält, Erfahrung aber gibt den Fall, der unter der Regel steht.“ (S.198)

Mit diesem Ansatz kann aber auch der andere, moraltheoretische Widerspruch behoben werden, auf dessen Überwindung Kant in späteren Jahren besonderes Gewicht legte – nicht zuletzt wohl, weil er sich gegen den Vorwurf zu wehren hatte, er zersetze mit dem Bestreiten einer objektiven Erkenntnismöglichkeit die metaphysischen Grundlagen der Religion: Es geht um den Widerspruch, der aus dem Determinismus der physikalischen Weltbeschreibung resultiert, von einerseits naturwissenschaftlichem Weltbild und andererseits den Postulaten und Glaubenssätzen von Moral und Religion. Denn der lückenfreie Kausalnexus aller Ereignisse, der dem (klassischen) physikalischen Weltbild inhärent ist, läßt einen Laplaceschen Dämon, welcher Vergangenheit und Zukunft kalkulatorisch im Griff hätte, zu, doch scheint keinen Platz zu bieten für einen allmächtigen Gott, die Freiheit des Willens und unsterbliche Seelen.

Die Antwort, die Kant auf dieses moraltheoretische Dilemma geben kann, fügt sich fast zwanglos in das Design seiner Erkenntnistheorie ein. Denn daß jedes Objekt komplett durch bestimmte Ursachen determiniert ist – so wie die Bewegung der Planeten um die Sonne seit Urzeiten bis in die fernste Zukunft sich aus der Wechselwirkung der Anfangsursachen nach den physikalischen Gesetze ergibt und sich rechnerisch nachvollziehen bzw. im voraus ermitteln läßt –, soll ja gerade nicht als Eigenschaft des 'Dings an sich' gelten. Die Kausalverknüpfung *erscheint* der Erkenntnis nur. Dies ist nach Kant zwar unvermeidlich, weil die Erkenntnis, als transzendentale Projektionstechnik, nur so funktionieren kann, daß sie *ihre* Kategorie der Kausalität, der durch Ursachensetzung ausgeübten Wirkungsmacht, in der Realität reproduziert. Aber andererseits kann damit das Prinzip der Kausalität auch keine letzte, objektive Wahrheit beanspruchen. Diese bleibt vielmehr der theoretischen, die Welt erkennenden Vernunft grundsätzlich verschlossen.

2.2 Handlungsrationalität im Zeichen der Freiheit und des sittlichen Gesetzes

Dadurch öffnet sich für Kant der Raum eines Diskurses, der nicht den Gesichtspunkten technischer Rationalität folgt, sondern nach den Bedingungen menschlichen Handelns fragt. Seine 'Kritik der reinen Vernunft', die die Grenzen der Vernunfterkenntnis von der Natur aufweist, kann er in diesem Zusammenhang als eine Art Polizei kennzeichnen (vgl. Kant 1781, S.XXV): Sie sichert das moralische Leben des moralischen Bürgers, indem sie den Angriff der theoretischen Vernunft abwehrt, den diese im Zeichen der Kausalitätskategorie (bzw. des sich aus ihr ergebenden deterministischen Charakters der naturwissenschaftlichen Gesetze) auf die Sphäre der Moralität führt.

Mit dieser Pointe gelingt es Kant, den Spieß umzudrehen und die gegen ihn gerichteten Vorwürfe der Religionszersetzung an die Adresse einer rationalistischen Philosophie und Theologie zurückzugeben. Kant sagt zugespitzt: „Ich mußte also das *Wissen* aufheben, um zum *Glauben* Platz zu bekommen" (S.XXX) Dies hört sich nur an, als würde er wie die alte Theologie ein *sacrificium intellectus* fordern. Wenn Kant dem Potential der Vernunft in Hinsicht der Welterkenntnis Grenzen setzt, so konzipiert er dies in seiner Philosophie nicht als 'Opferung des Verstandes', als Preisgabe eines ihr ansonsten offenstehenden Terrains, sondern als den Ausdruck vollendeter Selbsterkenntnis in der Selbst-Kritik erkenntnisorientierter Vernunft.

Vor allem etabliert die Vernunft damit gerade im eigenen Interesse eine zweite Sphäre ihrer Tätigkeit neben der Erfahrungswelt, eine Sphäre, in der sie nicht gefesselt ist in den Zwängen einer als kausal determiniert erscheinenden Objektwelt (in der im übrigen nicht nur die Naturwissenschaft, sondern auch die soziale Erfahrung den Menschen, wie nicht erst Marx bemerkte, als 'Anhängsel der Maschinerie' vorzuführen scheint). Statt daß die Freiheit „dem Naturmechanism den Platz einräumen" (S.XXIX)[18] muß, kann die Vernunft hier Freiheit als konstitutive Bedingung ihres handlungsorientierten – Kant sagt, *praktischen* – Gebrauchs genießen.

Im *Willen* erlebt sich nach Kant das vernünftige Subjekt als Ausgangspunkt von Ursachen in der Welt, das heißt als offenbar nicht dem Kausalnexus der Welt unterworfen, auch wenn die Welterkenntnis das Gegenteil suggeriert. Die *praktische Vernunft*, das Selbstbewußtsein, das sich selbst als freier Wille, als Initiator von Handlungen in der Objektwelt versteht, praktiziert nicht die Kausalität des Naturgesetzes, sondern „eine Art Kausalität lebender Wesen, so fern sie vernünftig sind" (Kant 1785, S.97). Nur angemerkt sei, daß Kant hier kaum anders zu lesen ist, als daß er historisch das bürgerliche, männliche Individuum, das sich in der frühkapitalistischen Gesellschaft autonom auf dem Markt betätigt, als Ideal stilisiert; die von dieser Autonomie grundsätzlich Ausgeschlossenen konnten sich faktisch kaum als im Zentrum ihrer Existenz „unabhängig von fremden sie bestimmenden Ursachen" (ebd.) fühlen.[19]

Der Kantsche Subjektwille hat unmittelbare metaphysische Qualität. Die Erfahrung seiner Existenz, die Selbstwahrnehmung des Urteils „Ich will dies tun", ist direktes Indiz für die Existenz von Freiheit, zwar nicht in objektiver Hinsicht, denn die objektive Welt bleibt unerkennbar, doch in praktischer Hinsicht, als apriorische Konstitution der Vernunft. Die im Willen notwendig vorausgesetzte Willensfreiheit nimmt damit im Vergleich zur Objektrealität, für die im Erkenntnisvermögen nur zweitrangige Rationalitätsformen apriorisch verankert sind (vgl. etwa S.108), sogar den metaphysischen Spitzenplatz ein.

Das zentrale Argument Kants lautet: „Nun kann man sich unmöglich eine Vernunft denken, die mit ihrem eigenen Bewußtsein in Ansehung ihrer Urteile anderwärts eine Lenkung empfinge, denn alsdenn würde das Subjekt nicht seiner Vernunft, sondern einem Antriebe, die Bestimmung der Urteilskraft zuschreiben." (S.101) Die Vernunft mag sich in ihrer Reflexion auf ihre Freiheit vielleicht sogar objektiv täuschen, doch das wäre in praktischer Hinsicht gleichgültig: Solange sie ihr „ich will" erklärt, kann sie nicht ohne inneren Widerspruch gleichzeitig glauben bzw. kann vor allem nicht logisch davon ausgehen, daß ihr Wollen auf einen äußeren Antrieb zurückzuführen sei.

Diese fundamentale Stelle bei Kant erinnert wieder an Descartes, bei dem sich das Subjekt seiner Existenz aus dem in der Selbstbeobachtung gewonnenen Urteil „ich denke" vergewissert, um dann – im sogenannten ontologischen Gottesbeweis – aus der Evidenz des *Denkens* eines vollkommenen Wesens die *Existenz* Gottes und letztlich der Welt zu folgern. Bei Kant ist allerdings der Rückschluß auf die Realität Gottes und der Welt nicht mehr zulässig, sondern nur auf die Konstitution des Subjekts. Und das vernünftige Wesen als eines, das die Freiheit der Vernunft genießt, wird nicht mehr durch sein *Denken*, sondern durch sein *Wollen* identifiziert: Ich will, also bin ich (frei). Es klopfen hier Willensmetaphysik, subjektivistische Subversionen, Anarchie und Aufruhr 'dionysischen' Wollens, wie sie sich in der einen der vielen Linien in der Nachfolge Kants, von Schopenhauer zu Nietzsche und darüber hinaus, artikulierten, schon an die Tür.

Kant selbst lag allerdings nichts ferner, als solchen Vorstellungen Einlaß in seine Metaphysik gewähren zu wollen. Als müßte er jeglichen Verdacht der Sympathie mit Gegnern sittlicher, gesetzmäßiger Ordnung von sich weisen, klärt er unmittelbar, was freier Wille nur heißen könne.

Er argumentiert, daß Wille auf Wirkung angelegt ist, mithin der Kausalität folgen, das heißt, sich an einem Gesetz orientieren muß. Im Fall der Subjektkausalität könne es sich aber nicht um ein Gesetz heteronomen Charakters handeln, vielmehr müsse es ein Gesetz der Autonomie sein, das die Freiheit sich selbst auferlegt, das heißt, das sittliche Gesetz. Kant erklärt daher, indem er Auto-nomie wörtlich nimmt, „was kann denn die Freiheit des Willens sonst sein, als Autonomie, d.i. die Eigenschaft des Willens, sich selbst ein Gesetz zu sein?“ (S.98)

Die Idee des freien Willens assoziert sich also bei Kant nicht etwa, bzw. nur abwehrend, mit Gespenstern von Anarchie, sondern impliziert geradezu das Gegenteil, die apriorische Unbedingtheit des sittlichen Gesetzes. Kants 'kategorischer Imperativ' als Inbegriff des sittlichen Gesetzes ergibt sich dann als Konsequenz reiner, binnenvernünftiger Überlegung: „Der Satz aber: der Wille ist in allen Handlungen sich selbst ein Gesetz, bezeichnet nur das Prinzip, nach keiner anderen Maxime zu handeln, als die sich selbst auch als ein allgemeines Gesetz zum Gegenstand haben kann.“ (Ebd.)

Das freie Wollen ist damit ins unbedingte Sollen gebannt, 'Sittlichkeit' als Inbegriff des *guten Willens* – im Gegensatz zum „bösen Willen, als Gliedes der Sinnenwelt“ (S.113), der durch die 'Neigungen und Antriebe' der physischen Welt korrumpiert wird – etabliert. Die Freiheit beweist sich in der autonomen Vernünftigkeit ihres Gebrauchs. Und das heißt, im von Anfechtungen der Sinnlichkeit, unter anderem der sinnlichen Welt 'niederer Triebe', unbeirrten Suchen nach vernünftigen Gesichtspunkten, rationalen Maßstäben, dem (sittlichen) Gesetz.

Weil das Wesen der Person als Autonomie bestimmt ist, zählt zu den wichtigsten Implikationen dieses Designs, daß die Eingliederung von Personen in 'natürliche', sprich mechanische Wirkungsketten, also ihre Unterwerfung unter Mittel, die sie zu Mitteln eines ihnen äußerlichen Zweckes machen, verpönt ist und mithin die zulässige Anwendbarkeit 'instrumenteller Vernunft' (Horkheimer 1947) bezüglich Personen abgewiesen wird. Kant formulierte in diesem Sinn den berühmten 'Imperativ': „Handle so, daß du die Menschheit, sowohl in deiner Person, als in der Person eines jeden andern, jederzeit zugleich als Zweck, niemals bloß als Mittel brauchest.“ (Kant 1785, S.66f.)

2.3 Der innere Doppeldiskurs der Vernunft und die kantianische Fundierung von Geisteswissenschaften

Das 'ich will (tun)' des freien Subjektes, das mit dem 'ich soll' der sittlichen Person in eins fällt, ist ein Akt des 'Begehrungsvermögens' des Subjektes, der 'Handlungen als Mittel zur Wirkung' (vgl. Kant 1788, S.36) anstrebt. Kant setzt dem *Erkenntnisvermögen* der theoretischen Vernunft das *Begehrungsvermögen* der praktischen Vernunft parallel. Während das erste die Rationalitätsform aller möglichen Welterkenntnis, das Gesetzmäßige der Naturgesetze, bestimmt, entfaltet das zweite aus sich – mit der inneren Notwendigkeit der sich als frei verstehenden Vernunft – das (sittliche bzw. moralische) Gesetz des Handelns.

An diese Begriffsopposition schließen sich eine Reihe weiterer korrelierender Bestimmungen an. Die Kausalität der theoretischen Vernunft, die durch das Erkenntnisvermögen konstitutiert wird und sich in den Gesetzen der Natur *theoretisch* zeigt, ist die Kausalität der Wirkung einer effektiven ('mechanischen oder physischen', vgl. Kant 1781, S.715) *Ursache*. Die Kausalität der praktischen Vernunft, die in der Freiheit des Begehrungsvermögens sich *praktisch* erweist, konzipiert Kant als die Kausalität des Handelns (und Wollens), das seine Freiheit ausschöpft in der Orientierung an den selbst gesetzten *Zwecken* des sittlichen Gesetzes.

Der Mensch untersteht bzw. hat Teil an beiden Formen der Rationalität, der 'Ordnung der wirkenden Ursachen' wie auch der 'Ordnung der Zwecke' (vgl. Kant 1785, S.104):

Einerseits ist er 'Phänomen in der Sinnenwelt'. Dabei fungiert er im Naturkosmos nicht etwa als eine geisterhafte 'Erscheinung', sondern ist tatsächlich leiblich involviert. Er sieht sich nicht nur theoretisch, sondern empfindet sich auch praktisch, durch allerlei 'Neigungen und Antriebe', die 'ihm selbst lästig' (S.112) sind, als von der Welt 'affiziert'. Die Rolle dieses leiblichen Verhaftetseins in der Welt hat einen durchaus problematischen Stellenwert in der Kantschen Konzeption, da eigentlich die Welt ja, wie sie dem Subjekt erscheint, als Projektion der Kategorien des Subjektes begriffen wird. Wie sie da 'lästig' werden kann bzw., wie an der angeführten Stelle geschildert, dem Menschen einen 'bösen Willen' beibringen und ihn vom Pfad der Tugend abbringen kann, ist nicht klar, so wie umgekehrt auch, nach Kants eigener Feststellung, „die Erklärung, wie und warum uns die *Allgemeinheit der Maxime als Gesetzes*, mithin die Sittlichkeit, interessiere, uns Menschen gänzlich unmöglich" sei (S.123).

Andererseits kann der Mensch als vernünftiges Wesen handeln, ist „Intelligenz mit einem Willen, folglich mit Kausalität begabt" (S.117), kann daher dem 'allgemeinen Reich der Zwecke an sich selbst vernünftiger Wesen' angehören, „zu welchen wir alsdann als Glieder gehören können, wenn wir uns nach Maximen der Freiheit, als ob sie Gesetze der Natur wären, sorgfältig verhalten" (S.127).

Die Vernunft, die sich in praktischer Hinsicht aus ihrem Begehrungsvermögen unmittelbar den Kosmos der 'Zwecke an sich selbst' des sittlichen Gesetzes erschließt, entläßt in theoretischer Hinsicht das Erkenntnisvermögen und damit den Kosmos der 'mechanischen Kausalität' aus sich. Letzteren macht sie sich, so wie er sich der Wissenschaft darbietet, zum Gegenstand ihrer Reflexion, wobei sie sich mit innerer Notwendigkeit von der Vernunftidee des allgemeinen Kausalzusammenhangs leiten läßt. Schließlich gelangt sie so zur Idee einer obersten Ursache. Noch einmal Kant: „Der spekulative Gebrauch der Vernunft, *in Ansehung der Natur*, führt auf absolute Notwendigkeit irgend einer obersten Ursache *der Welt*; der praktische Gebrauch der Vernunft, *in Absicht auf Freiheit*, führt auch auf absolute Notwendigkeit, aber nur der *Gesetze der Handlungen* eines vernünftigen Wesens, als eines solchen." (Ebd.)

Die Sphäre des menschlichen, moralischen Handelns erscheint bei Kant als Betätigungsfeld einer dezidiert 'rein' bleibenden, nicht von Leidenschaften und leiblichen Interessen affektiv-infizierten Vernunft. Moralisches Handeln besteht in einer nahezu preußisch pedantischen, buchstäblich *lustlosen* Erfüllung der transzendentalen Pflicht. Das Kantsche 'Begehrungsvermögen' ist *vernünftiger* Wille, der durch jede Verankerung im leiblichen Begehren seine innere Logik wie auch seine Moralität verlöre. Um den Preis dieser Konstruktion einer saft- und kraftlosen Moraltheorie weiß Kant sehr wohl: „*wie reine Vernunft praktisch sein könne*, das zu erklären, dazu ist alle menschliche Vernunft gänzlich unvermögend" (S.125). Zumindest diese Seite der Kantschen Dichotomie scheint daher eigentlich keinen besonders attraktiven Gegenstand, nicht einmal für die Wissenschaften, herzugeben.

Dennoch – oder vielleicht gerade weil sich Nichtattraktivität im Kantschen Sinn als Markenzeichen von Moralität verkaufen ließ – hat der innere Doppeldiskurs der Vernunft, wie er von Kant konzipiert wurde, das Selbstverständnis der Natur- und noch mehr der Geisteswissenschaften für lange Zeit bestimmt. Die Naturwissenschaften, sofern sie auf die Meinung anderer Autoritäten noch gewillt waren zu hören, konnten sich bestätigt fühlen, daß sie den Bereich der Vernunfterkenntnis eigenständig verwalten durften, ohne in ihm sich um Fragen des Ethos des Handelns kümmern zu müssen. Ihr Diskurs der *mechanischen* (bzw. mechanikanalogen) *Kausalität, in dem die Idee des Gesamtzusammenhangs dieser Kausalität verfolgt wird*, scheint seit Kant gegen Einwände nicht nur kirchlicher, sondern auch säkularer Moral gefeit.

Zum Ausgleich erhielten die Geisteswissenschaften eine zwar vielleicht etwas blutleere, aber autonome Welt zugewiesen, in der sie sich legitim betätigen konnten. Im Diskurs der *Freiheit, die ihr Gesetz sucht*, verfügten sie über ein eigenes Terrain, zu dem eine noch so erfolgreiche naturwissenschaftliche Welterklärung keinen Zugang würde erlangen können. Als Gegenstand blieb ihnen der Mensch als vernünftiges Wesen reserviert, der als sittliche Persönlichkeit zu entwerfen ist, indem seine Handlungsgesetze als sittliche Gesetze rekonstruiert werden.

Unter Berufung auf diese theoretische Weihe konnten sich die Geisteswissenschaften im aufblühenden Wissenschaftsbetrieb des 19. Jahrhunderts von der sich als Naturwissenschaft neu definierenden (Natur-) Philosophie abspalten und eigenständig etablieren. Die Trennung der *res cogitans* von der *res extensa*, die bereits bei Descartes den Dualismus von Körper und Geist in das Umfeld einer Methodenfrage der Erkenntnis rückte, setzte sich damit endgültig als Scheidelinie zweier Ansätze wissenschaftlicher Rationalität durch.

Der spezifisch deutsche Ausdruck 'Geisteswissenschaften' wurde, wie von Wright (1971) recherchiert hat, vermutlich erst 1863, doch durchaus im Kantschen Sinn als Synomyn für *moralische Wissenschaft* bzw. als Übersetzung für *moral science* geprägt (S.19 bzw. Anm. 20 zu S.19). Am bekanntesten und bis heute beliebt sollte die Charakterisierung des Gegensatzes von Geistes- und Naturwissenschaften in der Form werden, die ihr Wilhelm Dilthey (1833-1911) gab: Die Naturwissenschaften suchten die von ihnen beobachteten Phänomene zu *erklären*, die Geisteswissenschaften dagegen strebten, ihren Gegenstand, den Menschen und seine Geschichte, zu *verstehen*. Auch diese Gegenüberstellung variiert nur Kants Idee: Es gibt auf der einen Seite das Denken in der Kategorie wirkender Ursachen (die das gesetzmäßige Zustandekommen von Naturobjekten aus vorausgehenden Objekten und Ereignissen *erklären*). Davon ist andererseits die Reflexion der Zwecke des Handelns von Menschen abzuheben (welches aus seinen nachzuvollziehenden Absichten, seinem auf Zukünftiges bezogenen Sinn heraus zu *verstehen* sein soll). Kant selbst verwendet den Terminus 'erklären' bereits genau entsprechend: „wir können nichts erklären, als was wir auf Gesetze zurückführen können, deren Gegenstand in irgend einer möglichen Erfahrung gegeben werden kann" (Kant 1785, S.120)

Die Ansätze in der zweiten Hälfte des zwanzigsten Jahrhunderts, in denen die Kluft zwischen den *natural sciences* und den *human* oder *social sciences* vom Anspruch her nichtreduktionistisch, jedenfalls nicht durch schlichtes Ignorieren an Sinn orientierten Handelns, wieder überbrückt werden soll, setzen genau an der Stelle an, an der Kant die Philosophie aufhören lassen mußte: bei dem Versuch, 'zu erklären, wie reine Vernunft praktisch sein könne'. Das heißt, sie entwickeln Modelle, welche ein teleologisches, an vernünftigen (End-) Zwecken ausgerichtetes, von daher als sinnvoll verstehbares Handeln von Menschen (bzw. bestimmter Klassen von 'Systemen') kausal erklären. Vor allem Rückkopplungsphänomene sollen ursächlich dafür verantwortlich sein, daß Systeme Ziele ansteuern, als verfolgten sie sie absichtsvoll. Im Ergebnis würden diese Theorien, die als Theorien der (System-) Selbststeuerung gekennzeichnet seien (s. etwa Wiener 1948, Bateson 1972, Maturana und Varela 1984), in gewisser Weise die naturwissenschaftliche Rationalität zur alleinherrschenden machen. Denn in ihnen wird versucht, menschliches Handeln als Spezialfall des Verhaltens 'natürlicher Systeme' (die wiederum ganz im Kantschen Sinn eigentlich wie technische Systeme gedacht sind) zu modellieren. In der genaueren Durchführung der Rekonstruktion des Geistes werden freilich doch eher wieder klassisch geisteswissenschaftliche Positionen bekräftigt. Dies zeigt sich unter anderem darin, daß die Rekonstruktionversuche anscheinend unvermeidlich auf Paradoxien führen.[20]

Letztlich kann festgestellt werden, daß sich die Geisteswissenschaften nicht weit von ihren kantianischen Wurzeln entfernt zu haben scheinen. Erst recht gilt dies, wie im folgenden zu sehen sein wird, für die Pädagogik.

2.4 Wie sind technische didaktische Medien möglich?

Das didaktische Computermedium unterliegt als technisches Produkt dem naturwissenschaftlichen Zugang zur Welt, ist im Kantschen Sinn Ausfluß der Rationalitätsstruktur der theoretischen Welterkenntnis. Bewähren soll es sich aber im Kontext des menschlichen Handelns. Seine diesbezügliche Wahrheit und sein Sinn sollte daher mit den Mitteln von Geistes- bzw. Sozial- und Humanwissenschaften erfaßt und geprüft werden. Dabei dürfte echte 'moralische Wissenschaft' gerade dort nicht ansetzen, wo bei Kant die Welt sich als tatsächlich wirksam gegenüber dem menschlichen Geist zeigt: in dessen Korruption, im Verderben des guten Willens durch die 'sinnliche Affizierung' des Menschen, in der Trübung der Reinheit der vernünftigen Zwecke durch das an einem Gegenstand auflebende 'Interesse', sei es auch auf das Gute gerichtet. Wie sind dann technische Medien möglich, die als sinnliche Vorrichtungen zum Belehren oder 'Bilden' von Subjekten fungieren, genauer, wie können Vorstellungen von ihnen entwickelt werden, die nicht im Widerspruch zur 'moralischen Wissenschaft' vom Subjekt stehen?

Direkt die Kantsche Disposition der verschiedenen Sphären des Denkens und Wissens auf ihre Konsequenzen für die geisteswissenschaftliche Konstitution bzw. technische Konstruktion des Computermediums zu befragen, ist nicht so ahistorisch, wie es auf den ersten Blick scheinen mag. Zum einen wurde durch die moderne Technik nur das alte, aber schon zu Kants Zeit präsente Problem potentieller quasitechnischer und technischer Instrumente pädagogischen Handelns dringlich wieder auf die Tagesordnung gesetzt. Zum anderen besteht die kantianische Tradition in der pädagogischen Reflexion ungebrochen fort.

Vor Kant bereitete das Reden von technischen Hilfsmitteln der Pädagogik bzw. generell von einer in einem Maschinenmodell begriffenen Wirkungsstruktur pädagogischen Handelns keine grundsätzlichen Skrupel (vgl. hierzu Kapitel 4). Es war gerade der Bezug auf Kant, der die Pädagogik dazu veranlaßte bzw. legitimierte, dieses Thema als Reflexionsgegenstand beiseite zu schieben. Wie Luhmann und Schorr (1979a, 1979b) es darstellen, war die ältere Pädagogik bei dem Versuch, 'technologisch' zu denken, das heißt, Mittel einsetzen zu wollen, um nach Kausalgesetzen auf Subjekte einzuwirken, auf die Klippen der Komplexität des Interaktionsgeschehens im Unterricht wie der Binnenkomplexität der Subjekte gelaufen. Die Tragik der pädagogischen Reflexion bestand Luhmann und Schorr zufolge darin, daß diese die inhärente Fragwürdigkeit einer durch äußere Ziele gesteuerten Erziehung wohl spürte, aber ihr, obwohl es letztlich um die Grundfrage der Möglichkeit von Erziehung geht, nicht den ihr gebührenden Rang gab. Luhmann und Schorr werfen dies der Pädagogik als Versagen vor: „Es gelang ihr nicht, am scharfen Strahl der Theorie zu blühen." (1979a, S.346) Stattdessen habe sie sich theoretisch durch eine (fragwürdige) Berufung auf Kant salviert und die Praxis ohne Unterstützung gelassen. Die mangelnde Bereitschaft, sich mit dem eigentlichen Problem auseinanderzusetzen, sei zur moralischen Notwendigkeit einer Wissenschaft stilisiert worden, die sich die Bildung des freien Subjekts auf die Fahnen geschrieben hat. (Vgl. Luhmann und Schorr 1979b, S.132ff.)

Luhmann und Schorr sehen den Verzicht auf die eigentlich notwendige Reflexion nicht nur als ein historisches Phänomen des letzten Jahrhunderts an. Auch die vielfältigen Pfade der heutigen Pädagogik hätten das zentrale 'Technologieproblem' der Pädagogik ignoriert. In den siebziger Jahren dieses Jahrhunderts hätten so wieder Ansätze als zukunftsorientiert ausgearbeitet werden können, die direkt auf die Diskussionslage um 1800 zurückführten (Luhmann und Schorr 1979a, S.347). Es überrascht nicht, daß aus der Pädagogik Widerstand gegen die externe Evaluation und die herbe Kritik artikuliert wurde (vgl. Benner 1979, Fauser und Schweitzer 1981; s. auch das Nachwort von 1988 in Luhmann und Schorr, 1979b; zur Fortführung der Debatte bzw. der gegenseitigen Vorwürfe des Nichtverstehens vgl. Gause und Schmidt 1992, sowie die Kommentierung Luhmanns, 1992, hierzu).

Unstrittig bleibt in diesen Kontroversen, daß ausgehend von Kant sich die pädagogische Reflexion mit Folgen bis heute neu formiert hat. In seiner Replik auf den provozierenden Artikel von Luhmann und Schorr schreibt Dietrich Benner (1979), in bester kantianischer Tradition, Kant habe durch seine Unterscheidung zwischen theoretischer und praktischer Vernunft nicht, wie Luhmann und Schorr erklären, die Pädagogik zur Ignoranz gegenüber der Technologiefrage verleitet, sondern das seinerzeit virulente Technologieproblem in heute noch gültiger Weise gelöst. Seit dieser Weichenstellung beschäftige sich die Pädagogik mit der Aufgabe, *Handlungsantriebe* einer *praktischen* Prüfung auf Übereinstimmung mit dem Kategorischen Imperativ zu unterwerfen, unabhängig von ihrer 'theoretisch-technischen Realisierbarkeit' (S.369) nach den Gesetzen der Naturwissenschaft.

Benner spitzt dabei Kants Terminologie noch zu (und vertauscht fast die alltagssprachlichen Wortbedeutungen): Die reale Umsetzung von Motiven sei *technisch* und deswegen *theoretisch*, während bereits die Bewertung der Handlungsimpulse die *praktische* Frage darstelle. Es bleibt in der Schwebe, wie weit die Pädagogik sich mit dem so bestimmten 'theoretischen' Problem überhaupt beschäftigen soll. Jedenfalls scheinen die beiden Diskursstränge, der eine die ethische Dimension der 'Handlungsorientierung', der andere die 'analytische' Beschreibung des insgesamt als naturwissenschaftlich-gesetzmäßigen gedachten Realgeschehens in der Erziehung betreffend, so gut wie unverknüpft nebeneinander zu laufen. Offenbar existiert in dieser dualen Struktur dann auch das Kantsche Problem fort, wie das Wirkungspotential von Handlungsorientierungen und andererseits die Rückwirkungen des realen Geschehens auf die Handlungsmotive erklärt bzw. in die Analyse oder den Versuch einer (Teil-) Planung des Geschehens einbezogen werden können.

Wenn die pädagogische Theorie noch heute wesentlich an Kantsche Dispositionen anknüpft (zur Entwicklung nach Kant vgl. auch Kapitel 7), ist es jedenfalls kein unzulässiger Anachronismus, das Kantsche Theoriedesign mit dem Phänomen des Computers zu konfrontieren.

Dies gilt um so mehr, als heute auf der anderen Seite auch Kants Auffassung der technischen und theoretischen (Re-) Konstruktion von Welt auf der Basis der Kategorien des menschlichen Verstandes eine erstaunliche Aktualisierung in den Vorstellungen zu erfahren scheint, die sich mit der Anwendung des Computers verknüpfen. Die sogenannte informationsverarbeitende Maschine fungiert als Erbe und Vollstrecker der rationalistischen Theorien der Moderne. Im theoretischen Zentrum der Informatik, der Automatentheorie, wird der Computer als *universelle Turingmaschine* gedeutet, das heißt als konkrete Realisierung einer abstrakten Apparatur zur Simulation und Rekonstruktion jeder beliebigen anderen (informationellen) Maschine, letztlich jeden gesetzmäßigen, durch Input-Output-Relationen definierbaren Verhaltens. Der mathematische Kern dieses abstrakten Maschinenkonzeptes wurde im Jahr 1937 durch Alan Turing formuliert (Turing 1937). Schon Turing versuchte zu demonstrieren, daß sich in das universelle Schema sogar das menschliche intelligente Verhalten einordnen läßt (im einzelnen hierzu Kapitel 6). Dies aber heißt nichts anderes, als daß die Welt bis hin zum Geist des Menschen, der gemeinhin als das letzte Refugium des nicht naturwissenschaflich-mechanisch Erklärbaren gilt, als rationale Maschine rekonstruiert werden soll.

Oder um an aktuelle Begriffe aus der Computerwelt anzuknüpfen: Kant hat die Welt gedacht, fast als wäre sie im Computer simuliert. Sie erscheint bei ihm als virtuelles Universum, ist eine vom menschlichen Denkapparat fingierte und als objektiv nur imaginierte Projektion, Ent-wurf vom inneren Reißbrett des Menschen, welcher sich zum Ingenieur seiner Welt macht, weil „die Vernunft nur das einsieht, was sie selbst nach ihrem Entwurfe hervorbringt" (Kant 1781, S.XIII)

Die Aktualität der kantianischen Vorstellungen macht die Folgen der Kantschen Theoriedisposition für das Problem des didaktischen Computermedium desto unangenehmer spürbar.

Kants Anatomie einerseits der naturwissenschaftlichen Rationalität der Weltkonstruktion, andererseits der geisteswissenschaftlichen Rationalität der Konstitution der Zwecke freier Subjekthandlungen erlaubt zwar, zwei eigenständige, nicht aufeinander reduzierbare Wissenschaftssphären zu konstituieren. Der Preis für die Etablierung dieses Sphären scheint aber darin zu bestehen, daß die ursprüngliche Medienfrage, *wie* (Computer-) Medien als Wirkungselemente in einem pädagogischen Kontext begreifbar und rational konzipierbar sein können, sich verschärft zum grundsätzlichen Zweifel an der Möglichkeit, *ob* es eine dem pädagogischen Sinn angemessene Konstruktion von Computermedien geben kann.

Es sieht so aus, als laufe die Medienfrage geradewegs in die Kantsche Aporie von der Denkunmöglichkeit einer Vermittlung der Sphären technischer und moralorientierter Rationalität: Wie reine Vernunft nicht nur handlungsorientiert *denken*, sondern auch praktisch *sein* könne, wie – sozusagen durch welchen 'Mechanismus' (was sich unwillkürlich als Ausdruck einstellt) – sie sich in *realen* Handlungen umsetze, „das zu erklären, dazu ist alle menschliche Vernunft gänzlich unvermögend, und alle Mühe und Arbeit, hievon Erklärung zu suchen, ist verloren" (Kant 1785, S.125).

Die mechanische *Erklärbarkeit* eines solchen Geschehens, sozusagen das Vorliegen einer mechanischen Transmission etwa wie bei einem Zahnradgetriebe, würde es ja anscheinend auch, mittels Richtungsumkehr der Kräfte, möglich machen, *konstruktiv* auf die Vernunft Einfluß zu gewinnen.[21] Genau dies gilt aber für Kant als unmöglich bzw. als undenkbar, weil sonst die sittliche Vernunft sich nicht als frei verstehen könnte. Es ist gerade diese zu vermeidende Konsequenz, die Kant jede Verbindung zwischen der durch autonome Setzung von Sinn konstituierten Geisteswelt und der anderen Wirklichkeit, die durch Setzen von Ursachen konstruiert wird, abreißen ließ. Es scheint so, als gehöre die Unmöglichkeit eines Mechanismus mit geisteswissenschaftlicher Relevanz zum Apriori der Vernunft – kein ermutigender Ansatzpunkt für eine Erörterung der Frage nach Designkriterien für Computermedien.

Wenn das gemeinsame *Rationale* der sozial- und technikwissenschaftlich zugänglichen Sphären verschwindet, wenn also das Verhältnis der beiden Terrains durch *Inkommensurabilität* gekennzeichnet ist (was wörtlich bedeutet, daß kein gemeinsames – mathematisch 'rationales' – Maß existiert), woher könnte dann die benötigte, übergreifende Sicht kommen, die beide Sphären umspannt, beide jeweils in ihrem Recht beläßt, aber dennoch sich geeignet zeigt, Verbindungen wahrzunehmen und zu organisieren? Verbindungen, die nicht unverbrüchlich sein müßten, sondern eher in 'widerstreitender Fügung' (wie der archaische Philosoph Heraklit formulierte) Spannungsbögen errichten würden, aber die eben doch das kantianisch Unvereinbare zusammenbrächten?

Luhmann und Schorr zufolge hat die Frage 'Wie ist Erziehung möglich?' – die sie deuten: wie kann das selbstreferentielle Handeln eines Subjektes auf das zu 'erziehende', ebenfalls selbstreferentielle andere Subjekt (oder gar eine ganze Gruppe) einwirken? – den Kristallisationskern für die sich vor dem Hintergrund kantianischen Denkens entwickelnde pädagogische Diskussion des 19. Jahrhunderts gebildet (vgl. Luhmann und Schorr 1979b, S.133). Die Empörung, die ihnen auf ihre Kritik, daß dennoch dieses zentrale Problem nicht hinreichend reflektiert wurde, entgegenschlug, unterstreicht nur den weiterhin akzeptierten Rang der Fragestellung. Eine Theorie erzieherischer Wirkung – oder auch struktureller Unfähigkeit zur Wirkung – ist sicherlich in irgendeiner Form essentiell für die Pädagogik. Die Frage „Wie sind didaktische (Computer-) Medien möglich?“ scheint diesen pädagogischen Fundamentaltopos nur dahingehend zu spezialisieren, wie pädagogische Effekte *mittels des Computers* zu erreichen seien. Doch wenn ein technisches Medium als Wirkungsmittel im vorgegebenen pädagogischen Feld angesehen wird, strandet die Suche nach den Möglichkeiten pädagogischer Effektivität unter kantianischem Horizont erst recht in den Aporien der Instrumentalität im Handlungskontext.

Die Schwierigkeit läßt sich auch so formulieren: Das klassisch kantianische Denken verweigert sich den (kantianischen) Problemen *zweiter Ordnung*. Kant deklarierte die drei Fragen 'Was können wir wissen? Was sollen wir tun? Was dürfen wir hoffen?' als die Kardinalfragen des Menschen (s. etwa Kant 1800, S.26). Seine jeweilige Antwort gab er in Erkenntnistheorie, Ethik und Religionsphilosophie. Doch dabei schnitt er Fragestellungen zweiter Ordnung, das heißt, Verknüpfungen der primären Fragen oder ihre Wechselanwendung aufeinander, kurzerhand als unbeantwortbar und letztlich unzulässig ab. Objektives Wissen als Ausfluß von Subjekthandeln, also *Handeln* als Weltkonstruktion, umgekehrt der Einfluß der selbst oder durch andere gesetzten 'Objektivität' auf die Welt des Handelns – oder die der Hoffnungen – waren ihm Tabu.

Solche Fragen rühren für den klassischen Kant an die *Sinnlichkeit* des Körpers in der Doppelbedeutung des Wortes. Der Körper gehört zur *Natur*, die im naturwissenschaftlichen wie – entsprechend der Tradition – im moralischen, abwertenden Sinn als 'tierisch' (letztlich wohl als teuflisch) gilt. Eine Trennung von naturwissenschaftlicher Funktion des *Körpers* und persönlichem, *leiblichem* Involviertsein scheint dabei nicht möglich zu sein (zu den Konnotationen von 'Körper' und 'Leib' im Deutschen vgl. Wandruszka 1988). Empfindungen der Lust und der Unlust werden mechanischen Wirkursachen gleichgestellt und passen mit diesen nicht zur Sphäre des Denkens und freien Handelns. Dies ist etwa zu beobachten, wenn Kant darlegt, daß reines Denken und der Bezug auf Handlungsantriebe nicht vereinbar seien: Es sei gänzlich unmöglich einzusehen, daß die Vernunft das Vermögen besäße, „*ein Gefühl der Lust* oder des Wohlgefallens an der Erfüllung der Pflicht *einzuflößen*", und damit „eine Kausalität [...], die Sinnlichkeit ihren Prinzipien gemäß zu bestimmen" (Kant 1785, S.122f.).

Indem das Subjekt als Subjekt eines reinen (Sich-als-frei-) Denkens erscheint, wird so gerade der offenkundig scheinende Subjektbezug, den die Sinnlichkeit als 'Lust oder Unlust' bedeutet, im klassischen Kantschen Design zum Rätsel. In gewisser Hinsicht organisiert sich die Theorie um dieses Rätsel. Würde der Subjektbezug von Sinnlichkeit nicht aus dem Design ausgeblendet, entfiele (möglicherweise) die Abtrennbarkeit der moralischen Reflexion von der naturwissenschaftlichen (hierzu später mehr).

Das (Computer-) Medium scheint unter kantianischem Vorzeichen im gleichen Niemandsland sich zu plazieren, in dem eine unbegreifliche 'Sinnlichkeit' zwischen ethischer Reflexion, die auf dem Freiheitskonzept gründet, und Weltwissen, das auf Determination zielt, nicht etwa vermittelnd, vielmehr als Abgrund liegt. Es eignet ihm die gleiche Ambivalenz von einerseits naturgesetzlicher Existenz, andererseits rätselhaft bleibendem Anspruch auf Wirkungsfähigkeit im Subjekt wie der Kantschen Vorstellung des Sinnlich-Attraktiven (bzw. Sinnlich-Repulsiven). Für den klassischen Kant galt sinnliche Attraktion im Grunde als mechanisch-zwanghafte Anziehungskraft, die die Souveränität der – als reine Rationalität konzipierten – Person bedrohte.

Wir mögen heute gern auf die Kantsche Identifikation von Sinnlichkeit mit einer 'mechanischen' Überwältigung des Subjektes verzichten. Für die Frage des Computermediums würde diese geänderte Sicht allerdings keinen Vorteil zu bringen. Aufgrund der kaum anzuzweifelnden Mechanikförmigkeit des technischen Systems lassen sich technische Medienkonstruktion und Subjektfreiheit dennoch nicht leicht zusammen denken, das Sinnlichkeitstabu feiert Urstände als Blockade der Reflexion auf die Wirkungsform technischer Medien.

Das Problem der Medien stellt sich kantianisch letztlich in der Perspektive: (wie) sind Medien möglich, die sich mit der Idee der Freiheit des Subjektes verbinden? Der Rückgang auf Kant, der naheliegt, schon weil sich zentrale Elemente heutiger Theoriebildung auf Kant basieren, pointiert die Frage nach der Möglichkeit 'vernünftiger' Vermittlung technischer und sozialer Rationalität zur Skepsis bezüglich ihr. Dem Denken (bzw. konstruktiv-technischen Handeln) gemäß den Kategorien technischer Rationalität, die die Welt als Zusammenhang von Ursachenketten begreift, steht das Denken (und sich moralisch definierende Handeln) von Subjekten unter dem Signum der Freiheit gegenüber. Eine positive Idee der Verknüpfung, eine beide Rationalitäten integrierende Vorstellung wird nicht etabliert, ja scheint sogar ausgeschlossen, wenn nicht die Freiheit des Subjektes als Leitprinzip sozialer (moralischer) Rationalität aufgegeben werden soll.

Dies kann und darf aber nicht das letzte Wort bleiben.

3 'Arbeit an den Mythen des Mediums' als provisorischer metatheoretischer Ansatz

Die Aporie, die 'Weglosigkeit', in die eine kantianische Analyse die Diskussion der Möglichkeit technischen Wirkens im Kontext des als frei zu verstehenden Subjekthandelns führt, hat ihre guten Gründe. Max Horkheimer hat einmal bemerkt: „Zu Kants Philosophie gehören die Brüche in der Theorie konstitutiv hinzu. Er hat es nicht vermocht, aus Leidenschaft zur Wahrheit insgeheim vielleicht auch nicht gewollt, das Ganze aus einem Gedanken kontinuierlich zu entfalten." (Horkheimer 1962, S.210)

Doch bei der Aporie zu verharren, verbietet das schiere Gewicht des Faktischen. Wo im Computerzeitalter Traumvorstellungen des Konstruierbaren wahr werden, wo die technischen Mittel eine unbegrenzt scheinende Fülle an planbaren, rational konstruierbaren, scheinbar zielsicher einsetzbaren Operationen anbieten, erliegen sogar *human* oder *social sciences* reinsten Kalibers der Versuchung, zu *social engineering sciences* zu werden. In dieser Situation gebieten die wissenschaftliche Sorgfaltspflicht wie auch die Verantwortung gegenüber der Praxis, genau auszuloten, zu welchem Grad eventuell auch das *social* und *human engineering* machbar erscheint.

Nun läßt das Kantsche Theoriedesign sich an verschiedenen seiner Glieder wie auch in seiner Motivation in Frage stellen, in Teilen vielleicht klären oder korrigieren. Sicherlich wird eine klassisch kantianische Standarddeutung des Medienproblems nicht das letzte Wort bleiben. Die Aufspaltung zwischen Objekt und Subjekt mit jeweils zugehörigen spezifischen Vernunftkonstrukten hat, trotz aller Bemühung Kants um die Sicherung der Identität der Vernunft, auch etwas Willkürliches. Am problematischsten ist vielleicht, daß das Subjekt in der Freiheit seiner *splendid isolation* ja nur als moralische Vision aufgerichtet wird. Bei der Freiheit des Subjektes handelt es sich um ein einzulösendes Postulat, dessen Bezug zur – im Nebel der 'Dinge an sich' abgetauchten – Realität ausdrücklich in der Schwebe bleibt. Auf der einen Seite bleiben so die sozialen Wurzeln dieser Vision und ihrer potentiellen Realisierung wie auch Konterkarierung ausgeblendet. Auf der anderen Seite existiert kein Begriff dafür, daß die konstruierten Realitäten die Individualität, wie Kant ja im Prinzip sehr wohl wußte, überwuchern können. So ließe sich unter kantianischem Horizont etwa weder naturwissenschaftlich erklären noch geisteswissenschaftlich verstehen, daß (Massen-) Medien auf den Plan treten, die den Burg-Graben um die Insel der Freiheit zuschütten und die Subjektautonomie zur Farce machen. Für die technische Rationalität existiert von vorneherein kein Begriff für den Verlust von Freiheit. Andererseits muß die Humanwissenschaft, die im autonomen moralischen Postulat, in der 'vernünftigen Natur' als eines 'Zweckes an sich selbst' (Kant 1785, S.66) fundiert ist, der für sie unbegreiflichen Überwältigung der Subjektautonomie ohnmächtig zuschauen.

Um mit der klassisch kantianischen Blockade von Vermittlungsoptionen umzugehen, sie in der einen oder anderen Weise aufzulösen, ist den Gründen und Hintergründen der Trennung der Rationalitäten nochmals nachzugehen. Vor der weiteren Beschäftigung mit den Kantschen und alternativen Vorstellungen bedarf es dann eines Momentes des Innehaltens und der Reflexion, was das Nachdenken über Gegenstände, die die Wissenschaften voraussetzen und für die sie daher nicht zuständig sind, bedeutet und wie es verfahren kann. Diesem Versuch einer methodischen Grundlegung für das folgende ist der Hauptteil des Kapitels gewidmet.

3.1 Abgewehrte Vorstellungen der Vermittlung von Geist und Natur bei Kant

Die Opposition von Natur und Geist, also von Objektivität einerseits, die als beliebig instrumentalisierbare und instrumentalisierende Kette von Wirkursachen gedacht ist, und von einer sich als frei verstehenden Subjektivität andererseits, kann nur solange strikt aufrechterhalten werden, wie jede Verknüpfung beider erfolgreich abgewehrt wird. Wie dargelegt, gab es für Kant eine Reihe von Motiven, zwei unabhängige Sphären zu etablieren. Insbesondere gelang es ihm mit dieser Aufspaltung, die Religionsphilosophie vor dem Erkenntnisanspruch der Naturwissenschaften zu bewahren und für die Morallehre die Verantwortlichkeit des Subjektes wie auch dessen Unverfügbarkeit für die instrumentelle Vernunft zu retten. Damit die Sphären auch tatsächlich hermetisch getrennt bleiben, müssen potentielle Theorieelemente, die eine Verbindung beschreiben oder legitimieren könnten, Elemente einer Theorie *zweiter Ordnung* (im in Kapitel 2 dargelegten Sinn), außerhalb des Radius zulässiger Theoriebildung gehalten werden. Sie bilden quasi 'Unelemente', deren Existenz entweder abgestritten oder in den Bereich des prinzipiell Unerkennbaren abgeschoben werden muß. Den gegeneinander abgeschotteten kantianischen 'Reichen' von Natur und Geist entsprechen somit Konzepte potentieller 'Brücken', deren Inadäquatheit implizit oder explizit festgestellt werden muß.

Im Kantschen Design verbergen sich (mindestens) zwei Vorstellungen solcher möglicher Vermittlungsfunktionen, die nur abwehrend charakterisiert werden. Zum einen gibt es die mit theoretischem Ekel behaftete (Nicht-) Vorstellung 'sinnlicher Attraktion': das 'Gefühl der Lust', das 'Wohlgefallen an der Erfüllung der Pflicht', die die Vernunft einflößen müßte, um *wirksam* zu werden, was hieße, eine *wirkende Ursache* in der Sphäre des Körpers zu setzen. Das aber sei unbegreiflich, da es unvereinbar mit der Reinheit der Vernunft als geistiger Funktion ist (vgl. etwa S.122f.). Soweit umgekehrt 'sinnliche Antriebe' nun doch Wirksamkeit auf das Subjekt entfalten, zur falschen 'Triebfeder' werden (vgl. Kant 1788, S.128), handelt es sich um ein bedauerliches Geschehnis, das in der Moraltheorie jedenfalls nur als 'pathologisches' (S.131) Vorkommnis, als Verfehlung des Wesens des Menschen aufgrund mangelnden Sich-Denkens zu erörtern ist.

Das neuzeitliche Bekenntnis zum Lernen aus wie auch immer verstandener 'sinnlicher Wahrnehmung' ist bei Kant auf die Erforschung der Natur zurückgedrängt, wobei die Sinne nur noch als Zeugen in einem streng reglementierten Verfahren, das mit dem Procedere eines Gerichts verglichen wird, dienen dürfen. In der Moraltheorie kommt vollends das traditionelle Bild von Mächten der Natur und des Teufels wieder zum Vorschein, die der geistigen (göttlichen) Macht entgegenstehen und den Menschen auf die Stufe des Tiers, des Wesens ohne Vernunft, hinabzuziehen drohen.

Wenn 'sinnliche Antriebe' stören, mögliche 'Triebfedern' außerhalb des moralischen Gesetzes zu meiden sind, liegt eine psychologische Interpretation der Abwehr von Sinnlichkeit und 'Triebhaftigkeit' als zwanghaftes Syndrom auf der Hand. Für Kants persönliche Lebensführung mag sich leicht feststellen lassen, er scheine „beherrscht von dem Phantasma, sinnliche Antriebe könnten ihn suchtartig überfluten" – „Seine Angst vor der Sucht demonstriert, daß für ihn Begehren mit Überwältigung, ja Entsubjektivierung zusammenfällt" (Böhme und Böhme 1983, S.439 bzw. S.440f.). Und er ahnte selbstverständlich nicht, „daß erst seine gepanzerten Abwehrstrukturen es waren, die den Trieb in den Status einer unterweltlich-dämonischen Macht setzen" (S.440). Entscheidender ist das theoretische Defizit: Die offene Flanke des Kantschen Theoriedesigns – die noch in Kants eigenen Formulierung anklingt, wenn er statuiert, „*wie reine Vernunft praktisch sein könne*, das zu erklären, dazu ist alle menschliche Vernunft gänzlich unvermögend" (Kant 1785, S.125) – läßt sich nicht schließen, solange das Subjekt als reines (Vernunft-) Wesen konzipiert ist, dessen sinnliche Existenz nur seine Pathologien bedingt.

Während im Widerstand gegen die (Nicht-) Vorstellung sinnlicher Attraktivität der Einfluß traditioneller Leibfeindlichkeit zu spüren ist, speist sich die Ablehnung des zweiten impliziten Brückenkonzeptes zwischen Natur und Geist eher aus dem modernen, bürgerlichen Streben nach individueller Freiheit und Autonomie. Kant hat in sein Theoriedesign nicht nur den neuzeitlichen Rationalismus, sondern auch schon die frühe Revolte gegen dessen absolute (und politisch im Absolutismus verkörperte) Ordnungs- und hierarchisierende Erklärungsansprüche aufgenommen. Bereits im 18. Jahrhundert hatte sich im Namen der Freiheit die erste Gegenbewegung zur 'kalten' Rationalität formiert, die die dialektische Kritik der Aufklärung an sich selbst artikulierte (vgl. Grimminger 1990). Kant integrierte, unter dem Akzent der Freiheit, diese Kritik in seiner Moraltheorie. Gleichzeitig blockte er, mit Akzent auf das moralische Gesetz, die anarchischen Tendenzen jedweden 'Sturms und Drangs' ab.

Die Vorstellung einer potentiellen Brückenfunktion zwischen Natur (als Chiffre für Welt, die wiederum Chiffre für Gesellschaft ist) und Geist (als Chiffre für das Individuum), die Kant in diesem Zusammenhang als absurd zurückweisen muß, ist die Idee der rationalen, quasinaturwissenschaftlichen Ableitbarkeit menschlichen Handelns.

Nach dieser Vorstellung wäre das Subjekt eingebaut in ein System, das letztlich mikroskopisch als ein mechanisches entschlüsselt werden könnte. Wenn trotzdem wie bei Descartes noch eine Seele mehr oder weniger getrennt vom Körper postuliert würde, so könnte sie keinen freien Willen beherbergen, jedenfalls keinen, der handlungsleitend werden könnte. Denn alles Handeln in der Welt wäre schon in den mechanischen Gesamtnexus der Dinge eingegliedert. Leibniz, heute im Kontext der Informatik für seine Vorwegnahme moderner Konzepte gefeierter und gern zitierter Rationalist, hatte, um überhaupt eine Seele als (mechanisch) unabhängig von der mechanischen Welt zu retten, eine von Gott dem Schöpfer 'prästabilierte' bzw. 'prä-etablierte' Harmonie von Seelen und der Maschinerie der Weltkörper postuliert. Beide Systeme sollten sich wie zwei unabhängige, nur im Schöpfungsakt miteinander abgeglichene und dann absolut genau gehende Uhren verhalten (an deren Gleichlauf zweihundert Jahre vor Einsteins Relativitätstheorie es noch keinen Anlaß gab zu zweifeln). Das eine würde für alle Zeiten 'harmonisch' mit dem anderen übereinstimmen, ohne daß eine Verbindung existierte. „Die Seele folgt ihren eigenen Gesetzen und ebenso der Leib den seinigen; sie treffen zusammen kraft der Harmonie, welche unter allen Substanzen prästabiliert ist" (Leibniz 1714, §78).

Ohne eine solche Weltenverdopplung, die unter anderem wegen ihres immanenten strikten Determinismus auch nicht besonders attraktiv erscheint, wäre im Rahmen einer naturwissenschaftlich-rationalen Theorie der Welt zu erwarten, daß sich mechanische Transmissionsriemen, Zahngestänge, Hebel oder ähnliches – bzw. Äquivalente in einem erweiterten Sinn von Mechanik, etwa die 'Kanäle' der Kommunikationstheorien im Anschluß an die Shannonsche (s. Kapitel 5) – auffinden lassen, welche die Seele oder den Willen penetrieren und in das innere Gefüge der denkerischen Handlungsorientierung äußere Einflüsse gewaltförmig hineintragen.

Die Vorstellung einer derart quasimechanisch durchstrukturierten Welt war zu Kants Zeit, unverblümter als vergleichbare Vorstellungen heute, eine durchaus gängige Konzeption. Christian Wolff, einflußreicher deutscher Rationalist und Lehrer Kants, hat sie im Detail ausgeführt. Er beschrieb eine Welt, in der es keinen Überschuß des freien Denkens und Handelns über die immanente Zwangstruktur der Existenz gibt. Denken wie Handeln figurieren bei Wolff als Vollzüge logischer Ableitungen, die mit mechanischen Zwängen gleichgesetzt sind. Die frappante Ähnlichkeit zu heutigen Konzepten der 'Künstlichen Intelligenz' (s. Kapitel 6) ist nicht zufällig, sondern Ausdruck der historischen Kontinuität mechanisch-rationalistischer Ansätze. Zur Illustration sei eine Passage aus Wolffs 1721 veröffentlichten 'Vernünfftigen Gedanken von Gott, der Welt und der Seele der Menschen' zitiert. Die unfreiwillige Komik des Textes beruht auf dem clownesken Licht, in das das Handeln einer Person, *Titius* genannt, getaucht wird. Die Beschreibung liest sich, als agierte eine ungelenke Puppe, ein Automat der Art, wie sie zu Zeiten Wolffs und Kants tatsächlich gebaut wurde. Die Steifheit, gleichsam das Klirren der mechanischen Glieder des Androiden, ist dem mühsamen Fortkommen der rekonstruierten menschlichen Handlung anzuhören:

„Titius höret im Bette fünffe schlagen und urtheilet: Jetzund schlägt es fünffe. Er besinnet sich seines Vorsatzes: Wenn es fünffe schläget; so will ich aufstehn. Indem er nun seinen Willen vollziehet: ist er sich dessen bewust, das ist, er erkennet: Jetzund stehe ich auf. Daher, wenn ihn jemand fraget, was er machet, so antwortet er was er gedencket, nehmlich: Ich stehe auf. Dieser Gedancke bringet ihm abermahls seinen einmahl gefasseten und täglich vollzogenen Vorsatz ins Gedächtniß: Wenn ich aufstehe, muß ich mich ankleiden. Und hieraus schliesset er: Ich muß mich ankleiden." Der Text setzt sich fort mit der entsprechenden Sequenz von Schritten für das Ankleiden. Im Prinzip soll sich so das Leben eines Menschen rein logisch 'erschließen'. (Zit. nach Grimminger 1990, S.72)

Kant verhielt sich persönlich, den zeitgenössischen Berichten zufolge, gar nicht so unähnlich diesem fiktiven Titius. Sein Diener Lampe hatte Befehl, ihn allmorgendlich zu zwingen, pünktlich und regelmäßig aufzustehen (wie Titius um fünf Uhr in der Frühe). Auch im weiteren Tagesablauf versuchte Kant sich strikt nach starren Vorsätzen, die vermeintlich die Vernunft diktierte, zu richten. (Vgl. Böhme und Böhme 1983, S.438f.)

Andererseits legt Kant in der Theorie höchsten Wert darauf, daß der Subjektwille sich seine Gesetze in freier Vernünftigkeit selbst bestimmt, ohne durch äußere Zwänge determiniert zu sein. Lampe hat keinen Platz am Himmel der Metaphysik erhalten, blieb vielmehr ungenannter Ausputzer der irdischen Verfehlung des reinen, freien Denkens (bis ihm Kants Biographen noch eine Fußnote gönnten).

Titius' bzw. Christian Wolffs 'Vorsätze' entstammen in ihrer subjektiven Nichtreflektiertheit den objektiven Vorgaben der Umwelt oder deren innerpsychischen Abbildern, nicht einem reinen Denken des Subjekts. Das *ich will* bei Wolff ist automatische Folge des *ich muß* und umgekehrt. Auf Anfrage behauptet Titius, der eben erklärte, „Ich muß mich ankleiden", (laut dem obigem Zitat folgenden Text) prompt: „Ich will mich ankleiden". Kant demgegenüber kennt als Modus des (moralischen) Subjekt-Gesetzes nur das *Sollen*, wohlwissend, daß die moralischen Regeln der Vernunftordnung eben nicht 'automatisch' befolgt werden, nicht mit naturgesetzlichem Zwang zur Wirkung kommen wie die Antriebe der Automaten, die von talentierten Uhrmachern seiner Zeit konstruiert wurden.

Entsprechend dem kategorischen Imperativ würde Kant lediglich argumentieren: 'Ich *will* – mit dem wirklich mir als vernünftigem Wesen zuzurechnenden Willen – aufstehen, weil ich *(moralisch) erkenne*, daß ich aufstehen *soll.*' Denn er könne unmöglich wollen, daß alle es sich zur Maxime machen, im Bett zu bleiben. – Und Vernunft denkt auf der einzigen Grundlage ihrer Vernünftigkeit stets nur Allgemeingültiges.

Kant hat also seine Theorie so entworfen, daß beide impliziten Vorstellungen des Tangierens bzw. Determinierens des Subjektes durch die äußere Natur abgewehrt werden: Das wahre, vernünftige Subjekt kann von der korrumpierenden Kraft sinnlicher Attraktivität – der Verführung durch das weiche Bett – nicht erreicht werden. Es verliert aber auch nicht seine Freiheit an die abstrakte Ordnung des naturwissenschaftlichen Weltzusammenhangs, ist nicht an die Ketten des automatischen Vollzugs einer subjektlosen, mit Logik identifizierten Mechanik geschmiedet. Ob Kants Alternative, die selbst erkannte Pflicht freiwillig – bzw. aufgrund der Machinationen des einem alten Befehl folgenden Dieners – zu vollziehen, mehr als den Namen der Freiheit rettet, kann dahingestellt bleiben.

Auch wenn im Licht der Moraltheorie die Sinnlichkeit als der Unterbau, als die konkrete Form erscheinen mag, in der die abstrakt als Mechanismus verstandene Natur potentiell auf das Subjekt einwirkt bzw. sich dem vernünftigen Subjekt widersetzt, handelt es sich in Wirklichkeit wohl eher um zwei verschiedene und unterscheidbare Vorstellungen. Die erste schildert die gefühlte Bedrohung der Integrität des vernünftigen Lebensplans in den Stürmen sinnlicher Verlockungen, die zweite drückt die eher theorieinduzierte Besorgnis aus, nur ein Rad in einem maschinenförmigen Weltgetriebe zu sein, für das es Autonomie nur als Täuschung geben könnte.

Was jetzt interessiert, ist die enorme Bedeutung, die beide Vorstellungen für das kantianische Theoriedesign besitzen. Offenbar werden sie so lebhaft imaginiert, daß ihre Zurückweisung hinreichend Kraft entfaltet, die Opposition von Natur und Geist zu errichten. Sie selbst können damit als Beispiel letztlich sinnlicher Repulsion angesehen werden, deren Einfluß auf die Akte der reinen Vernunft Kant gerade vermeiden will. Noch als Unphänomene vermögen sie im Zentrum des Kantschen Designs zu stehen und gerade so die Dichotomie von Natur und Geist aufrecht zu erhalten. Was als bedauerlicherweise zu vernachlässigendes abgeleitetes Element, als Element einer Theorie nur zweiter Ordnung, erscheint, stellt bei eingehender Betrachtung sich als heimlicher Unter- oder Hintergrund der Theorie, als Funktion einer tieferen als der an der Oberfläche sichtbaren Ordnung, heraus.

3.2 'Mythen' als organisierende Zentren des Denkens

Prätheoretische Vorstellungen, Visionen, die – wie Kants Vexierbilder von der sinnlichen oder mechanischen Überwältigung des Subjektes oder die in ihnen *ex negativo* ebenfalls anklingende Utopie einer realen Freiheit des Individuums – bewußt oder unbewußt einer Theorie als prägende Hintergründe und organisierende Zentren dienen, bzw. ihre Ausdrucksform möchte ich *Mythen der Theorie* nennen. 'Mythos' sei dabei nicht als archaische Göttergeschichte verstanden, wofür der Begriff heute primär steht, wohl aber als prärationale Rede- und Denkform, die, auch ohne daß Götter auftreten, Figuren unseres Denkens vorgibt.

Die Synästhesie der Bezeichnung ist sachgemäß. *Vorstellungen* richten sich zwar dem Wortsinn nach eher auf den visuellen Sinn aus, während *Mythen*, eigentlich 'Erzählungen', als zum Hören bestimmt deklariert sind. Doch untrennbar gehören zu den Mythen auch die Bilder, die durch sie heraufbeschworen werden. Umgekehrt werden Vor-stellungen in der 'diskursiven', er-zählenden Logik einer Dislozierung ihrer Elemente entwickelt.

Mythen, gewisse 'Erzählungen' wie auch die durch sie induzierten oder die ihnen vorgängigen Bilder, *tragen Theorie*.[22] Auch im Begriff der Theorie klingen das Sehen wie das Hören an. Nach der Wortherkunft ist 'Theorie' eigentlich ein 'Schauen'. Heute wird Theorie eher so aufgefaßt, daß sie sich durch eine geschlossene Logik auszeichnet, das heißt (nach dem heutigen Sprachgebrauch wie auch nach der Etymologie) durch ein zusammenhängendes und mit sich übereinstimmendes, rationales 'Reden'. Mythen sind demgemäß die Erzählungen, die der logisch konstruierten Rede der Theorie den primären Stoff liefern, bzw. die Bilder, an denen die sich als streng verstehende Sicht einer Theorie ihr Sehen erst entwickelt. Aufgrund der in sie eingehenden Mythen kann eine Theorie als ein Glaubenssystem charakterisiert werden: Sie ist ein Ganzes, das sich um eine Gruppe von mindestens immanent nicht verstehbaren Elementen, sozusagen Elementen zweifelhafter Herkunft formiert (das schließt nicht aus, daß diese sich durch weitere Theorien rechtfertigen lassen).

Schlüssel für das folgende ist die Überlegung: Wenn Theorien durch in sie einfließende Mythen ebenso motiviert wie inhaltlich vorstrukturiert werden, bedarf es für ein Verständnis von ihnen, das über die Immanenz ihrer Formalismen hinausgreift, einer Beschäftigung mit den sie tragenden Mythen. Und eine effektive Veränderung von Theorien verlangt zuvorderst die Revision ihrer Mythen.

Bevor diese Einsicht im Verlauf der weiteren Arbeit auf die Theorien des didaktischen technischen Mediums angewandt wird, ist die These einer 'mythologischen' Fundierung von Theorie näher auszuführen, und ihre Konsequenzen sind zu entwickeln.

3.3 Zur pragmatischen Funktion und Wahrheit von 'Mythen'

Was sind 'Mythen' im hier gemeinten Sinn, welche Rolle spielen sie in der Entstehung und Ausprägung von wissenschaftlicher Theorie? Ich möchte zu dieser Frage Platon als historische Referenz anführen und erwarte vor allem von dem zeitgenössischen Pragmatisten Willard Van Orman Quine, der ebenfalls von der Fundierung von Theorien in Mythen spricht, daß er sozusagen das pragmatische kleinste gemeinsame Rationale zum Thema formuliert.

Wenn der Satz stimmt, daß alle abendländische Philosophie nur Fußnoten zu Platon, dem Athener Vordenker des vierten vorchristlichen Jahrhunderts, liefere, wird jede Erörterung einer letztlich philosophischen Frage auf den antiken Philosophen zurückverweisen. Tatsächlich erscheint bei Platon das Konzept des Mythos als Gegenspieler des Logos bereits beinah in seiner heutigen Gestalt. Die unexakte, jedoch intuitive und plausible 'Erzählung' steht gegen die rational-strenge, wissenschaftliche, als 'Kalkulation' oder 'Argumentation', modern gesprochen als Theorie, auftretende Vernunft.

Schon getrennt, waren Mythos und Logos bei Platon aber noch einander nicht fremd. An zentralen Stellen seiner Lehrdialoge beschrieb Platon immer wieder Grundfiguren seines Denkens in Form von Bildern und Erzählungen, die noch als mehr gelten, als was spätere Philosophie in entmystifizierten Vergleichen und Vernunftargumenten sehen möchte. So umreißt das berühmte Höhlengleichnis im Dialog 'Staat' (Platon, 514a ff.), das den (Bildungs-) Prozeß der Herausführung des Menschen aus der Finsternis unzureichenden Denkens in das Licht der wahren Erkenntnis darstellt, nicht einfach abstrakt Platons Theorie. Es soll sie nicht 'logisch' beweisen, sondern ihre Qualität einführend oder verführend erleben lassen, soll Impulse setzen, soll das geistige Schauen – 'Theorie' im ursprünglichen Wortsinn – in eine bestimmte Richtung lenken und prägen. Im Dialog 'Phaidon' erzählt Sokrates, der kurz davor steht, den tödlichen Schierlingsbecher zu trinken, einen Mythos über das Schicksal der Seelen (Platon 'Phaidon', 113d ff.). Die darin ausgedrückte Hoffnung, daß der Seele des Weisen nach dem Tod das wahre Glück beschieden sei, nennt Sokrates als das Motiv für ein Leben als Lernender und Forschender (114e). Auf körperliche Genüsse komme es dagegen nicht an (die abendländische Spaltung von Körper und Geist, die in der Moderne in zwei getrennte Wissenschaftskonzepte mündete, ist bei Platon schon virulent). Der Mythos ist dabei nicht willkürliches subjektives, sondern objektives Motiv, objektiver 'Beweggrund', da die Attraktivität, mit dem er lockt und 'bewegt', Ausfluß der attraktiven Wahrheit der objektiven Verhältnisse sein soll, die er im Subjektiven spiegelt.

Quine räumt erstaunlicherweise 'Mythen' einen ähnlich fundamentalen Stellenwert für die faktische Konstitution von Theorie ein, wie er schon (oder noch) bei Platon zu erkennen ist. Wobei sich nur im Mythenbegriff das Moment der Beliebigkeit und der Unwahrheit so verstärkt hat, daß sie jetzt als willkürliche Ausgeburten des menschlichen Geistes erscheinen.

Unter Anwendung eines solchen Mythenbegriffs weist Quine, ganz im Sinne meiner These der Verflechtung von Theorien und ihren Mythen, auf den mythischen Charakter der Tiefenstruktur aller Theoriebildung hin, selbst oder gerade in der (an der Oberfläche) exakten Naturwissenschaft. Die grundlegenden Ideen, auf denen die Ansätze einer Theorie beruhen, könnten nicht der sinnlichen Erfahrung entnommen werden und können damit nicht im klassisch-empirischen Sinn verifiziert werden und als wahr gelten. Theorien, wie die Wissenschaft als ganze und Wissen überhaupt, stellen sich nach Quine nicht als ein 'Wissensschatz', eine Ansammlung wahrer, letztlich empirisch prüfbarer Aussagen, dar, sondern als eine eigene Struktur, die nur an der Oberfläche mit den Sinnesdaten in Kongruenz gebracht werden muß:

„Die Gesamtheit unseres sogenannten Wissens oder Glaubens [...] ist ein von den Menschen geflochtenes Netz, das nur an seinen Rändern mit der Erfahrung in Berührung steht. Oder, um ein anderes Bild zu nehmen, die Gesamtwissenschaft ist ein Kraftfeld, dessen Randbedingungen Erfahrung sind." (Quine 1961, S.47) Die inneren Netzknoten bzw. die Objekte, von denen das Feld ausgeht, wie die Kräfte, die zwischen ihnen herrschen, seien pragmatische Fiktionen, die sich (mehr oder weniger) eignen, die an der Peripherie des Netzes oder Feldes zu beobachtenden Erscheinungen zu erklären. In dem Grundgedanken, daß die zentralen Konstituenten der wissenschaftlichen theoretischen Erkenntnis nicht der Erfahrung entstammen, steht dabei Quine auch der Sicht Kants nahe, für den Empirie ja auch nur verifizieren kann, was als theoretische Konstruktion aus den kategorialen Bedingungen des Erkennens vorgegeben ist (die als mythische Generatoren der Welt zu deuten wären).

Das von Quine hier metaphorisch verwendete physikalische Konzept des Kraftfeldes stellt in seiner Ursprungsdomäne selbst ein herausragendes Beispiel für den fiktionalen Charakter der Konzepte dar, auf denen auch die mathematische Naturwissenschaft gründet. Weder elektrische noch magnetische Felder noch Gravitationsfelder, ganz zu schweigen von nur subatomar 'beobachtbaren' weiteren Feldarten, tauchen ja als solche in der Erfahrung auf. Lediglich lassen sich bestimmte sinnlich wahrnehmbare Phänomene mit der Annahme der Existenz einer Instantiierung des theoretischen Konstruktes 'Feld' gut erklären bzw. relativ bequem mathematisch ableiten. Daß die fraglichen Phänomene meist nur in eigens entworfenen Experimenten und Apparaten aufgespürt werden, macht eine fundamentale ontologische Relevanz der Konstrukte nicht unbedingt plausibler. Für Quine handelt es sich analog schon bei der Vorstellung der Existenz makroskopischer, erst recht der atomarer oder subatomarer Objekte, logisch gesehen um (Willkür-) Setzungen. Aus formallogischer und mathematischer Sicht kann es stets eine unbegrenzte Zahl verschiedener theoretischer Vorstellungen geben, die zu denselben beobachtbaren Phänomenen führen bzw. die bereits beobachteten Phänomene erklären. Ein Netz kann zwischen vorgegebenen Endpunkten auf verschiedene Art geknüpft sein, gewisse Randbedingungen eines Feldes können durch unterschiedliche Konstruktionen erfüllt werden. Sogar die Kopernikanische Theorie vom Umlauf der Erde um die Sonne besaß zur Zeit ihrer Entstehung keinen empirischen Vorzug gegenüber der tradierten Ptolemäischen (vgl. die Diskussion Feyerabends in 'Against Method', 1976)[23].

Wenn Mythen aber nicht wie bei Platon unmittelbar Wahrheit mit sich führen, sondern eigentlich willkürliche Konstrukte sind, wie soll dann eine Entscheidung zwischen konkurrierenden Mythen bzw. den auf ihnen aufbauenden Theorien fallen?

Quine erklärt, daß die Auswahl zwischen verfügbaren Theoriealternativen danach getroffen wird, wie einfach, das heißt, wie begriffsökonomisch, sich jeweils die immanente Erklärung der Phänomene gestaltet. Er wendet sozusagen global das Ockhamsche 'Rasiermesser' an, die durch Wilhelm von Ockham im 14. Jahrhundert formulierte Devise, daß ein zur Erklärung nicht benötigtes Konzept auch nicht eingeführt werden soll (womit eine 'messerscharfe' Trennung zwischen notwendigen und überflüssigen Begriffen vollzogen werden kann). Dieses Kriterium steht allerdings potentiell in Konkurrenz mit dem ebenfalls rationalen, weil in anderer Form einfachen, Beharren auf bewährten und überlieferten theoretischen Anschauungen.

Gerade weil es nicht um Wahrheit, sondern um pragmatische Handhabbarkeit geht, weil die Theoriekerne und theoretischen Strukturen, die die Erklärungsnetze der Wissenschaft aufspannen, nichts über das 'wahre Sein' aussagen und nur von höchst zweifelhafter ontologischer Relevanz sind, charakterisiert sie Quine (wohl auch in provokativer Absicht) als Mythen. Die Entitäten, an denen sich zum Beispiel die Physik orientiert, wie Felder oder makroskopische bzw. atomare oder subatomare Objekte, seien Phantasieprodukte bzw. Postulate und Setzungen, seien „epistemologisch den Göttern Homers vergleichbar" (S.48) Welche der möglichen Mythen der Weltauffassung zugrundegelegt werden sollen, richte sich nach dem pragmatischen Kriterium der Nützlichkeit für die Organisation der (wahrzunehmenden) Phänomene: „Der Mythos der physikalischen Objekte ist epistemologisch den meisten anderen darin überlegen, daß er sich darin wirksamer als andere Mythen erwiesen hat, dem Fluß der Erfahrungen eine handliche Struktur aufzuprägen." (S.49)

Für Quine als Pragmatisten könnte damit in theoretischer, sprich prinzipiell ontologischer Hinsicht schon alles gesagt sein. Das elektrische Feld zwischen Wolke und Erde als Erklärung für Gewitterphänomene kann prinzipiell nicht als realer als der Blitze schleudernde altgriechische Gott Zeus gelten, sondern hat sich für die Deutung der Beobachtungen als praktischer erwiesen. Was vernünftigerweise als Realität (bzw. als gegeben) anzusehen wäre, müßte damit zweifelsohne auch in Abhängigkeit von kulturellen Gegebenheiten variieren. Über einen unbestreithar hohen pragmatischen Wert verfügt nicht nur neuzeitliche Physik, sondern etwa auch ein Mythos der Form: Zeus erschlage hochmütige Menschen mit dem Blitz (besonders die, die sich nicht vor ihm flach auf den Boden werfen, wenn er im Gewitter naht). Die für das menschliche Handeln unmittelbar relevanten Zusammenhänge würde ein solcher Mythos zweifelsohne in einer Weise zu konstruieren anregen, daß die für den Selbstschutz richtigen Konsequenzen gezogen werden. In Kulturen, die nicht über elektrotechnische und elektronische Geräte und Meßinstrumente verfügen, hätte dagegen das Reden von elektrischen Feldern den Status eines puren Mystizismus.

Daß eine solche radikal pragmatische Sichtweise gewisser Korrekturen bedarf, wird freilich schon daran deutlich, daß Quine erklärt (sich ein wenig zierend, als handelte es sich tatsächlich, wie die pragmatische Weltsicht im Prinzip fordern würde, um ein sehr persönliches 'Bekenntnis'): „Was mich angeht, glaube ich als Laienphysiker weiterhin an physikalische Objekte und nicht an die Götter Homers" (S.48f.) Schon die Begriffswahl spricht gegen den vorher annoncierten Relativismus: Denn wer 'glaubt' etwas, nur weil es nützlicher als anderes erscheint? Ein solcherart Leichtgläubiger würde manches sich einreden (lassen), was er bald zu bereuen hätte. Im Glauben an eine bestimmte Vorstellung oder Erklärungsweise steckt mindestens die antiempirische *Erwartung*, daß sie sich auch in Zukunft bewähre. Keine Statistik über vergangene Ereignisse kann eine solche Erwartung bzw. ihre Nützlichkeit rechtfertigen, ohne daß wiederum Annahmen über die (mindestens *wahrscheinliche*) Unveränderlichkeit gewisser Zusammenhänge und Bedingungen eingehen.

Diese Überlegungen legen nahe, daß schon aus pragmatischen Gründen die pragmatische Weltsicht nicht allzu konsequent befolgt werden darf: Der Wahrheitsanspruch bezüglich der Mythen, die akzeptiert werden sollen, hat – mindestens in der schwachen Form, daß angenommen werden soll, daß sie sich künftig bewähren – selbst pragmatische Qualität. Nützlichkeit, die nicht sich selbst überlisten will, muß aus eigenem Interesse sich unter den Horizont einer wie auch immer fragwürdigen oder beschränkten Wahrheitshypothese stellen. Was ja sogar dann gilt, wenn aus Nützlichkeitserwägungen Falsches behauptet würde – lügen kann nur, wer die Wahrheit kennt. Pragmatische Gesichtspunkte bedürfen in jedem Fall des Kontextes einer Wahrheitsvermutung zu ihrer 'Beglaubigung'.

Wahrheitsimplikation bzw. mindestens -suggestion gehören daher notwendig zum Mythos. Wenn bei Platon Mythen als objektive Wahrheit in subjektiver Brechung erschienen, liegt dies vielleicht gar nicht so weit von einem solchen Mythenbegriff entfernt.

Die inhärente Irrationalität einer das Problem der Wahrheit ausblendenden und sich im pragmatischen Kalkül aufzehrenden Vernunft hat die 'Kritische Theorie' thematisiert, die zur weiteren Klärung des Mythoskonzepts jetzt befragt werden soll.

3.4 Mythologische Aufklärung, aufgeklärte Mythologie – eine Interpretation des Mythosbegriffs anhand der 'Dialektik der Aufklärung'

In der Unvernunft der nicht begriffenen Verstrickung in den 'Mythos' sehen Max Horkheimer und Theodor Adorno das katastrophische Scheitern der Aufklärung begründet. Aufklärung über Aufklärung sei vonnöten, das Bedenken des 'Mythos' in der Aufklärung. Was nicht zuletzt Kant betreffen würde, der sich als Vollender der Aufklärung sah – und Theorie in die Spaltung trieb, die aus den unbearbeiteten Prädispositionen seines Denkens folgte. Ich möchte das prekäre Verhältnis von Vernunft, Mythos und Wahrheit aus der Perspektive der 'Dialektik der Aufklärung' erörtern. Daraus hoffe ich ein näheres Verständnis zu gewinnen, was Mythos und Kritik des Mythos sein könnte.

Horkheimer und Adorno entwarfen in ihrem Essay von der 'Dialektik der Aufklärung' (1944) – vor dem deprimierenden zeitgeschichtlichen Hintergrund des Faschismus in Europa – ein eher bedrückendes Panorama von der Geistesgeschichte der Menschheit (der 'Urgeschichte des Subjekts', Adorno 1966, S.186, bzw. der 'Urgeschichte der Subjektivität', vgl. Thyen 1989).

Ihre Darstellung ist selbst ein Mythos im Sinne der pragmatischen Auffassung, eine große, fiktional durchwirkte Erzählung, die den Faden für ihre Systematisierung von Phänomenen liefert.[24] Sie setzt an einem imaginierten Urzustand der Menschheit an: Ursprünglich den Naturgewalten ausgeliefert, habe die Menschheit die Auseinandersetzung mit der Natur in Form der Magie aufgenommen. Im Zauber des magischen Rituals verschmilzt der Mensch mit den Mächten der Natur, in der Ekstase sprengt er die Fesseln seines Seins. Indem er sich überwältigen läßt von den Mächten außerhalb seiner, beschwichtigt und wendet er ihre Kraft. Noch will bzw. kann er die fremden Mächte nicht beherrschen, nicht sie instrumentalisierend in seinen Dienst nehmen. Vielmehr partizipiert er an ihnen, so daß (mit) ihm etwas geschieht; sofern er sich richtig verhält, immerhin zu seinen Gunsten.

Auf der mythischen Entwicklungsstufe, wie sie der klassische Mythos des antiken Griechenlands repräsentiert, die Homerischen und mehr noch später die Athenischen Götter, ebenso die christlich-jüdische Religion, handele dann der Mensch bereits als Subjekt, das nicht mehr sich aufgibt, um in der Natur aufzugehen. Vielmehr betreibe er das Geschäft seiner Selbsterhaltung, indem er versucht, die Natur mit den Mitteln der Abstraktion, des Begriffs (des Logos, der stets Vernunft und Kalkül in einem ist) zu unterwerfen und verfügbar zu machen. Die Götter sind nicht mehr die Naturgewalten wie die früheren Dämonen, sie dienen als Symbole für diese: „Die olympischen Gottheiten sind nicht mehr unmittelbar mit den Elementen identisch, sie bedeuten sie." (Horkheimer und Adorno 1944, S.11)

Der Prozeß der Aufklärung, der in dieser 'mythologischen Rationalisierung' seinen Ausgang nahm, erscheint als ein Prozeß zunehmender Entfremdung. Die Ermächtigung des Menschen, die mit seiner Subjektwerdung gleichgesetzt wird, beruht darauf, daß er lernt, auf Distanz zu den Objekten gehen. In sozioökonomischer Perspektive setzt sich zunehmend die Gleichgültigkeit des Marktes gegenüber dem Gebrauchswert der Dinge durch. Nicht mehr die spezifischen Qualitäten der Objekte haben Bedeutung, sondern ihre formale Gleichsetzung in den Tauschprozessen des Geistes. Die Herausbildung des Subjektes wird von Horkheimer und Adorno dabei ebenso als geschichtlicher Prozeß aufgefaßt wie als Moment der modernen Individualentwicklung: „Furchtbares hat die Menschheit sich antun müssen, bis das Selbst, der identische, zweckgerichtete, männliche Charakter des Menschen geschaffen war, und etwas davon wird noch in jeder Kindheit wiederholt." (S.33)

In der Neuzeit gewinnt der Prozeß der Aufklärung an Dynamik. Im 'Ausgang aus der selbstverschuldeten Unmündigkeit' (Kant) will das Subjekt sich die Welt nun gänzlich aneignen. Dazu grenzt es, so die Deutung von Horkheimer und Adorno, aus, was nicht in den rationalen Kosmos seiner Zwecke paßt. Der neuen Selbstherrlichkeit müssen nicht nur die alten Mythen weichen. Alles, was an die widerständigen mythischen Mächte erinnert, fällt dem Verdikt zum Opfer, daß nur Immanentes gilt. Die Vernunft rationalisiert dabei sich selbst zum Kalkül von Zweckmäßigkeiten, deren Sinn nicht mehr in Frage gestellt werden kann. Am Ende weist sie noch den philosophischen Begriff der Wahrheit und den Anspruch auf Wahrheit als Erbe der Göttervorstellung ab.

Damit läuft Aufklärung aber in die Falle ihrer Selbstwidersprüchlichkeit, die Horkheimer und Adorno als eine Herr-und-Knecht-Dialektik kennzeichnen: Wenn die instrumentelle Vernunft, die nur noch Zwecke und keine Wahrheit mehr kennt (vgl. Horkheimer 1947), alle Erinnerungen an Natur als das ihr nicht zu Gebote Stehende getilgt hat, triumphiert sie über die Widrigkeiten des Wirklichen – aber nur noch in ihrem eigenen, nichts-sagenden Begriffsspiel. Tatsächlich hat sie sich aller Möglichkeiten des Blickes auf Realität begeben. Dem Objekt ihrer Angst, dem Schrecken der feindlichen (bzw. zum Feind gemachten) Umwelt, liefert sie sich damit erst recht aus. Die Situation gleicht der des Herren, der alle Mühsal der Arbeit an den Knecht delegiert hat und zu spät feststellt, daß er damit auch die Macht verlor.

Die Aufklärung, die dem Subjekt Stärke gegen eine als feindlich erlebte Natur geben wollte, läuft daher leer, weil sie das Fremde zur unbewältigbaren Bedrohung ihres In-sich-Kreisens macht. „Aufklärung ist die radikal gewordene, mythische Angst. Die reine Immanenz des Positivismus, ihr letztes Produkt, ist nichts anderes als ein gleichsam universales Tabu. Es darf überhaupt nichts mehr draußen sein, weil die bloße Vorstellung des Draußen die eigentliche Quelle der Angst ist." (Horkheimer und Adorno 1944, S.18) Wobei dann durch die Verdrängung seiner realen, lebendigen Existenz das Andere wirklich zu der Gefahr wird, die vorher in es projiziert wurde. Die Psychoanalytikerin Jessica Benjamin hat diese Situation mit folgendem Bild charakterisiert: „Für die Frankfurter Schule hat das denkende Subjekt alles Leben aus der sozialen und natürlichen Welt gesogen und findet sich nun wie eine geschwollene Zecke in dieser leblosen Welt gefangen. Deren Leblosigkeit verhindert natürlich nicht, daß die Wirtswelt das Subjekt mit ihrem toten Gewicht erstickt." (1990, S.184).

Die Schlüsselbegriffe der 'Dialektik der Aufklärung' sind freilich ambivalent. Sie knüpfen ein glitzerndes Gewebe, dessen Reflexe bei in verschiedenen Winkeln einfallendem Licht zwischen Hell und Dunkel changieren.

Aufklärung ist ursprünglich die Subjektwerdung, das vernünftige Sichselbstaneignen des Menschen. Ihr Fortschreiten scheint den Preis zu fordern, das Andere der Vernunft auszugrenzen, um sich zu emanzipieren. Doch indem sie sich mit dessen Nichtbegreifen arrangiert, erliegt sie dem Unbegriffenen. Aufklärung scheitert, weil sie Herrschaft mit Herrschaft auszutreiben versucht: „Das Wesen der Aufklärung ist die Alternative, deren Unausweichlichkeit die der Herrschaft ist. Die Menschen haben immer zu wählen zwischen ihrer Unterwerfung unter Natur oder der Natur unter das Selbst." (Horkheimer und Adorno 1944, S.32) Die erfolgreiche Elimination der Autonomie von Natur unterdrückt die Qualitäten des Objektes zugunsten der schieren Quantitäten im wissenschaftlichen Kalkül. Und sie opfert die Sinnlichkeit der realen Welt der Orientierung an den Wertillusionen des Marktes. In der wissenschaftlichen Weltsicht bzw. in der mit dieser einhergehenden Gesellschaft verschwindet damit am Ende das individuelle Sein des Subjektes, das – konkret in der automatisierten Produktion bzw. der vereinheitlichten Konsumtion – bis auf die Stufe des Lurches zurückfalle (S.36).

Doch noch einmal kann die Dialektik sich wenden. Denn es „setzt sich in der Herrschaft das Moment der Rationalität als ein von ihr auch verschiedenes durch". (S.37) Befreiung kann stattfinden, wenn Rationalität in der herrschaftsförmigen Zwanghaftigkeit ihrer eigenen Form die Naturgewalt bemerkt. Sie kann sich dann versöhnen, indem sie, deren Wesen Distanzierung ist, nun von Herrschaft sich distanziert und damit auch die entfremdete Natur zu sich selbst kommen läßt: „Aufklärung ist mehr als Aufklärung, Natur, die in ihrer Entfremdung vernehmbar wird" (S.39) Und schließlich – so wird vom aufklärerischen Geist gesagt, der die Schwelle zu seiner Selbsterkenntnis überschreitet – „zergeht ihm der herrschaftliche Anspruch" (S.39).

Mit den wechselnden Richtungen, die Aufklärung nehmen kann, ändert auch das abstrahierende Denken, verkörpert im *Begriff*, seine Farben. Der Versuch, es radikal zu entmythologisieren, habe dazu geführt, daß Denken auf eine rein quantitative bzw. extensionale Mechanik reduziert wird – für Horkheimer und Adorno waren die Anleihen der analytischen Philosophie bei mathematischen Formalismen ein Greuel. Dabei eliminiere das Denken mit den Qualitäten sein Objekt – „Die Abstraktion, das Werkzeug der Aufklärung, verhält sich zu ihren Objekten wie das Schicksal, dessen Begriff sie ausmerzt: als Liquidation." (S.15)

Andererseits repräsentiert der Begriff schlechthin das Potential des Subjektes, sich aus den Zwängen des Herrschaftszusammenhanges zu lösen. Seine extensionale, analytische Deutung wird als Mißverständnis bezeichnet. Er erhält das Güteprädikat, in Wirklichkeit stets dialektisches Denken zum Ausdruck zu bringen (S.17). Wenn er vom schlechten Faktischen sich löst und das Mögliche in den Blick nimmt, vermag er Selbstbesinnung, Erkenntnis, letztlich Befreiung zu vermitteln – „er distanziert nicht bloß, als Wissenschaft, die Menschen von der Natur, sondern als Selbstbesinnung eben des Denkens, das in der Form der Wissenschaft an die blinde ökonomische Tendenz gefesselt bleibt, läßt er die das Unrecht verewigende Distanz ermessen." (S.39)

Am Ende steht er so auch wieder für eine Nähe zum Objekt, die in anderem Licht Kennzeichen von Mythos und Magie war. Insofern sich Herrschaft auflöst, schwindet die Distanz des abstrahierenden Denkens von seinem Objekt (die eine Herrschaftstruktur ist, denn sie „gründet in der Distanz zur Sache, die der Herr durch den Beherrschten gewinnt", S.16). Das „Eingedenken der Natur im Subjekt" – also sozusagen die Natur in sich 'hineinzudenken', ohne mit ihr zu verschmelzen – sei die Wahrheit aller Kultur (S.39). Als Distanzierung von falscher Distanz vermittelt begriffliches Denken Nähe, genauer Nicht-Ferne: spielerisches, ironisierendes Pendeln zwischen Fern- und Nahperspektiven, künstlerische Intimität, die gleichwohl ihre Nichtidentität nie vergißt.

Die Bewegung der 'Dialektik der Aufklärung' kann vielleicht am ehesten nachvollzogen werden, wenn sie als Charakterisierung eines individualpsychologischen Prozesses der (Psycho-) Analyse gedeutet wird. Die Gewaltförmigkeit etwa eines Zwangssymptoms bricht in sich zusammen, wenn in dessen Reflexion sich der verdrängte ursprüngliche Schrecken und in diesem die verdrängte ursprüngliche Lust wiederfinden. Indem die Nähe zur eigenen Geschichte als bewußte zurückkehrt, verschwindet die Tyrannei des unbewußten Verhaftetsein in sie, gibt den Raum frei für Entwicklung. Das Spiel von Nähe und Distanz (vgl. Benjamin 1990), das in der Vergangenheit scheiterte, erhält durch bewußtes Wiederbeleben eine neue Chance, Handeln als Subjekt wird möglich.[25]

Schlüsselbegriff ist daher, individualpsychologisch wie in der Dialektik der Aufklärung, was Horkheimer und Adorno als *Mimesis* bezeichnen, das Sich-einem-Objekt-ähnlich-Machen. Falsche Mimesis heißt Anpassung, Unterwerfung unter das Objekt, dessen Feindseligkeit in der Aggressions- und Herrschaftstruktur immer aufs neue reproduziert wird. In solcher 'positivistischen Mimesis' 'macht das Denken der Welt sich gleich' und 'ist das Tatsächliche zum Einzigen geworden' (Horkheimer und Adorno 1944, S.26).

Ihr steht gegenüber die (Wieder-) Annäherung an das Objekt, die dennoch auf Auseinandersetzung mit ihm nicht verzichtet: Mimesis als dialektische Kunst, als Kunst des 'Mimen', Theaterkunst. Dem Objekt wird nicht als einem Fremden gegenübergetreten, vielmehr werden 'mannigfaltige Affinitäten', 'Verwandtschaften' (S.13) zugelassen, ohne daß daraus Identitäten konstruiert werden. In diesem Sinn kritisieren Horkheimer und Adorno im Zusammenhang ihrer Erörterung der Trennung von Symbol und Zeichen (S.19), daß im positivistischen Sprachkonzept dem Zweck der Naturerkenntnis der Anspruch geopfert werde, daß Sprache der Natur ähnlich (also mimetisch) sein soll. Umgekehrt werde Abbilden positivistisch als bloßes Imitieren aufgefaßt, so daß die – der dialektischen Mimesis gleichfalls inhärente – Distanz zum falschen Vorhandenen, ohne die es keine Erkenntnis geben kann, verloren geht.

Mythos schließlich verkörpert die Nähe zum Objekt wie der Begriff die Distanz und ebenso problematisch: Im Mythos hat die Kluft zum Objekt schon sich aufgetan, die Entfremdung begonnen. Andererseits ist der Verblendungszusammenhang der Magie noch vorhanden, der sich direkt in die falsche Mimesis an das Vorfindliche transformiert.

Unter verändertem Licht, meine ich, läßt sich aus dem Text von Horkheimer und Adorno aber auch der Umriß einer anderen Gestalt des Mythos entnehmen: die dialektisch-mimetische Nähe zum Objekt, die sich dem Drängen nach Entmythologisierung noch der Wahrheit verweigert. Der Mythos ist nicht nur der Erbe der 'blutigen Unwahrheit' der Magie (S.12), sondern auch von deren Fähigkeit zur qualitativem Wahrnehmung, zur mannigfachen Verwandtschaft mit der Welt (S.13), des Reichtums ihres Bezuges zur Welt (vgl. S.30), und dies so wenig lediglich als zu überwindende Stufe im Prozeß der Aufklärung wie die zu kurz greifende, instrumentelle Abstraktion.

Wie Horkheimer und Adorno selbst sich der Suggestivkraft von historisierenden Darstellungen eines systematischen Sachverhaltes bedienen, wie sie Vorstellungen evozieren, indem sie sie in der Stimmigkeit von Texten literarischen Abkunft nahebringen, so gibt es generell Mythos als unterschwellige Nähe zum Objekt, als Nähe, die intendiert und dennoch ihrer Rekonstruktion vorgängig ist. Und dies nicht nur in der Form der tyrannischen Nähe der Zwangsjacke einer sich unbegriffen fortpflanzenden Gewalt: Es gibt ihn auch als Intimität in der sich reflektierenden Aufklärung.

Als mythisch kennzeichnen Horkheimer und Adorno die in der Odyssee geschilderte unmittelbare Wirksamkeit des Gesangs der Sirenen, dem nicht zu verfallen nicht möglich ist (S.55). Der Bann des Liedes sei dann an der List des Odysseus, des Repräsentanten der Aufklärung, zerbrochen, woran die gesamte abendländische Musik laboriere. Dennoch wird das Erbe des Sirenengesangs als „die bewegende Kraft aller Kunstmusik" (S.56) bezeichnet. Es ist die elementare, mythische Attraktivität, die unverzichtbar in aufgeklärteren Kontexten fortexistiert, sofern Aufklärung nicht sich aufgibt: in Kunst, insofern sie auf ihren Erkenntnisanspruch nicht verzichtet, wie in der Lust, sofern sie sich nicht auf den tolerierten Spielraum jenseits der gesellschaftlichen Praxis beschränkt (S.33 umkehrend).

Daß 'Mythos' selbst in der 'Dialektik der Aufklärung' fast nur als denunziatorischer Begriff erscheint, liegt am genetischen Modell, in dem der Text die Geschichte der Aufklärung rekonstruiert und den Gattungsnamen 'Mythos' deren Frühphase repräsentieren läßt. Vor allem aber ist es Abgrenzung von der Selbstmythologisierung, die der Faschismus betrieb. Deshalb heißt es in scheinbarer Eindeutigkeit in der Vorrede der 'Dialektik der Aufklärung': „Die falsche Klarheit ist nur ein anderer Ausdruck für den Mythos. Er war immer dunkel und einleuchtend zugleich. Seit je hat er durch Vertrautheit und Enthebung von der Arbeit des Begriffs sich ausgewiesen." (S.4) Trotzdem muß 'Mythos' ebenso ambivalent und dialektisch verstanden werden wie 'Aufklärung' und 'Begriff'. Mythos steht nicht einfach für Verblendung und Dunkel. Um die Dunkelheit aufzuhellen, bedarf es vielmehr der Lichtquelle, die aus dem Einleuchtenden im Mythos Licht verströmt.

Aufgeklärter, aufklärender Mythos enthebt dabei nicht von der 'Arbeit des Begriffs', sondern ist an sie gekoppelt in der *Arbeit am Mythos*[26]. Beides bildet nur zwei Seiten derselben Sache: *Arbeit des Begriffs* ist Abstraktions- oder Distanzierungsarbeit, die zur Annäherung an das Objekt durch Distanzierung von Distanzierung führt. *Arbeit am Mythos* ist Ringen um Nähe zum Objekt, das immer neue Distanzierung von der eigenen Konstruktion des Objektes fordert. Arbeit am Mythos negiert den für den versteinerten Mythos als typisch gekennzeichneten gewaltsamen Zusammenhang von Schuld und Strafe (S.54), aber nicht durch „Anpassung ans Tote durch die Sprache", wie Horkheimer und Adorno es einer positivistischen Rationalität unterstellen (S.56), nicht durch Ablösung vom mythischen Zusammenhang des Seins überhaupt, sondern im Prozeß, ihn zu begreifen. Nicht Abwehr und Verdrängung des Mythos, sondern nur Arbeit am Mythos bewahrt davor, dem falschen Mythos zu erliegen.

Was diese Sicht des Mythos und des Umgangs mit ihm bedeutet, sei nun noch in einen breiteren Kontext gestellt.

3.5 Analytische Arbeit am Mythos

Das Sich-der-Welt-'Anverwandeln', das schon Sinn des magischen Rituals war, ist kein Jahrmarktzauber und kein Betrug, sondern Eintauchen in die Abgründe des Realen. Vernunft, die, wenn sie Wahrheit statt instrumentelle Rationalität intendiert, bei Horkheimer und Adorno als Strohhalm der Rettung erscheint, bedarf des Erbes des mythischen Verhaftetseins mit der Welt, der magischen Partizipation am Objekt. Das 'Begreifen' des Begriffs, die 'Schau' der Theorie, das 'Auflesen' des Logos[27] beruhen gerade hierauf. Würden alle Spuren der magischen Identifikation mit der Welt getilgt, bliebe von Erkenntnis nichts übrig.

Die essentielle Botschaft des Mythos ist die physische Verwurzelung der menschlichen Existenz und daher die leiblich-sinnliche Fundierung auch des Denkens. *Arbeit am Mythos* heißt, sich mit neuen oder verdrängten Aspekten dieser Fundierung auseinanderzusetzen. Die Bilder und Vorstellungen, die als Mythos begegnen, drücken elementare Wahrnehmungsmöglichkeiten aus, die in der physischen, körperlichen Basis des menschlichen Denken geformt sind. Was Horkheimer und Adorno schätzen an Kunst, insofern sie den „Drang, Vergangenes als Lebendiges zu erretten, anstatt als Stoff des Fortschritts zu benützen", befriedigt und ihr „Geschichte als Darstellung vergangenen Lebens zugehört" (Horkheimer und Adorno 1944, S.32f.), ist zu deuten als die Offenheit für die Arbeit an solchen Primärerfahrungen.

'Entmythologisierung' im Sinne eigentlicher Aufklärung sollte daher bedeuten, daß von den realen Erfahrungen die Schleier – als die etwa klassische und moderne Göttermythen angesehen werden können –, abgenommen werden, nicht aber, daß diese mit einem weiteren, nun als rational bezeichneten Mantel umhüllt werden. Was ich 'entmythologisierten Mythos' nennen möchte, ist ein Materialitätsprinzip. In der 'Dialektik der Aufklärung' kommt ein solcher materialer Mythosbegriff zur Anwendung, wenn unter literarischem Aspekt das Verhältnis von Mythos und Epos erörtert wird (S.44f.). Die Mythen erscheinen hier als das stoffliche Element eines literarischen Textes. Ihnen steht das begriffliche, ordnende Verfahren als Distanz- (und Geistes-) Prinzip gegenüber, das die Form, die abstrakte Einheit, hier die Einheit des Epos, herstellt. Nur jenes aufgeklärt-mythische Element kann den materiellen Realitätsbezug in einer Kunst repräsentieren, die *nicht* „darauf verzichtet, als Erkenntnis zu gelten, sich dadurch von der Praxis abschließt" (S.33).

Klaus Heinrich (1987) hat gezeigt, inwiefern noch die bezeichnend so genannten 'reinen Formen' des Denkens – gleichsam die unbefleckte Logik, die im Computer heute wie ein jungfräulich geborener Gott in der Welt inkarniert – im verdrängten Mythos, letztlich in spezifischen kollektiven Erfahrungen wurzeln. Das im Computer auf ein abstraktes Zahlenspiel reduzierte Wahr-oder-Falsch-Prinzip der Logik, der berühmte 'Satz vom ausgeschlossenen Dritten' blendet die Vielgestaltigkeit und Dynamik des Realen aus: Er behauptet 'entweder A oder non-A' als wahres Gesetz der vollständigen Disjunktion, ein Drittes gibt es nicht, *tertium non datur.*[28] Selbst ist dieses Prinzip jedoch als Reales weder wahr noch falsch, sondern geschichtlich. Es läßt sich nach Heinrich historisch zurückführen auf die Angst, die in der abendländischen philosophischen Tradition vor Veränderung, vor dem 'Werden' (oder 'Nicht-Sein'), vor Materiellem und allem 'Gemischten' gepflegt wurde. Wobei 'Mischung' wie 'Materie' – bezeichnend abgeleitet vom lateinischen *mater,* 'Mutter' – stets die Konnotation von Sexualität, von Gebärfähigkeit, letztlich von Dominanz der Frau, hatte.[29] Die Logik entstammt im Kern dem Angriff, den die antike Philosophie im Namen eines neuen Mysteriums (in der griechischen Antike zugleich im Interesse männlicher Homosexualität) gegen den Kult der 'Großen Mutter' führte.[30]

Die Gestalten von rationaler Theorie entpuppen sich als Erben uralter Mythen und Antimythen. Sich ihrer Wahrheitsprüfung mit dem Verweis auf die Vernünftigkeit der Theorie zu entledigen, heißt auch nur, einen Zirkel im Nirgendwo zu schlagen. Problematischer als der Mythos, soweit noch kenntliches Indiz von Erfahrung, ist die sich selbst als aufgeklärt deklarierende Rationalität, die einen Mantel über die materiale Basis deckt, die sie trägt.

Nur wenn weder die das Denken gründende Sinnlichkeit und Körperhaftigkeit noch die dem Erfahrungsmaterial eigentümliche Widersprüchlichkeit und Vielgestaltigkeit verdrängt werden, besteht Aussicht, zu sich selbst reflektierender und deshalb realitätshaltiger Theorie zu kommen, zu Theorie, die die Erfahrung von 'Werden' und 'Nichtsein' – von 'Differenz' und 'Nichtidentität', wie die modernen Begriffe lauten[31] – nicht verleugnet.

Die Wahrheit der Mythen, über die Quine mangels der Möglichkeit, exakt über sie reden, zu schweigen vorzog, besteht also darin, daß die mythischen Erzählungen und Bilder Ausdruck für materiale, leibliche Erfahrungen und Konditionierungen, für Haltungen der Einheit von Körper und Geist sind. Daher rührt ihre Suggestivität wie ihre Fähigkeit, der Theorie vorgängig zu sein.

Die zeitliche Priorität und praktisch-logische Superiorität der im Mythenmaterial gespeicherten Erfahrungen gegenüber Theorie impliziert nun keineswegs, daß sie in ihrer jeweils wirksamen Gestalt notwendig oder unantastbar wären. Kollektive wie individuelle Erfahrungen sind kontingent, abhängig von geschichtlichen Situationen und (mindestens) so vielschichtig und vieldeutig wie ihr Gegenstand. Jede Erfahrung ist unhintergehbar und dennoch befragbar, wendbar, auflösbar. Das Prinzip der Arbeit am Mythos verlangt gerade auch, sich in die *Vielfalt* der realen

Aspekte und Kontexte der Bedeutung und Herkunft der Erfahrungen zu versetzen, mit ihnen das 'Spiel von Nähe und Distanz' (Benjamin 1990) zu spielen, das Autonomie freisetzt. Die menschliche Fähigkeit, in solch unübersichtlicher Situation durch Ortsveränderung die Perspektive zu wechseln und dies bewußt zu tun, das heißt, der vorherigen Perspektive als anderer Möglichkeit eingedenk zu bleiben, ist der tatsächliche Existenzgrund des freien Subjektes – nicht, wie Kant es in der klassischen Lesart seiner Philosophie wollte, eine in reiner Abgeschiedenheit räsonierende Vernunft.

Die Koexistenz differenter Perspektiven ist dabei nur ein anderer Name für die Koinzidenz von Nichtsein und Sein in den Universen potentieller Intersubjektivität. Ein Mythos repräsentiert die Imagination einer kohärenten Erfahrungswelt unter einem bestimmten Horizont, aus einer bestimmten Perspektive. Dabei schließt er andere Zentrierungen, andere Perspektiven nicht aus, sondern ist aufgrund seiner Erfahrungsbezogenheit offen für die Weiterung und Verschiebung des Horizontes.

Nur im von Horkheimer und Adorno beklagten Zustand der Versteinerung bannen Mythen das Subjekt in den sich identisch reproduzierenden Kreislauf von Schuld und Sühne, von „Fluch, der Untat, die ihn sühnt, und der aus ihr erwachsenden Schuld, die den Fluch reproduziert“ (Horkheimer und Adorno 1944, S.54). Die Sätze in der 'Dialektik der Aufklärung', die die Zwanghaftigkeit solcher sich wiederholender mythischer Gewalt beschreiben, treffen möglicherweise mehr die rationalisierte Form der Mythen, die sie schon in eine homogene Weltordnung pressen will, als ihren Ursprung.[32] Erst indem Mythen ihre erfahrungsbezogene, leibliche, materielle, zeitverhaftete Basis verlieren, wenn die damit verbundene Unsicherheit nicht ausgehalten wird und sie zur zeitlosen Figur stilisiert werden, entsteht die klebrige 'falsche Klarheit', die Horkheimer und Adorno diagnostizierten (S.4). Sie geben dann eine bestimmte Perspektive, eine bestimmte Form von Nähe vor, gießen sie gleichsam in Kunstharz. Gegenüber dem sich wandelnden Realen wird diese, wenn das Spiel von Nähe und Distanz blockiert ist, dann bald zur Lüge.

Die Arbeit des Begriffs, als andere Seite der Arbeit am Mythos, unterstützt die Synchronizität von Perspektiven. Indem sie Distanz zu Details schafft, löst sie abstrahierend die Bindung an einen bestimmten Blickwinkel und setzt flottierende Aufmerksamkeit frei. Sie dematerialisiert und erzeugt so das Potential für eine Rematerialisierung in neuem Kontext, für die Reintegration des Erkennens in anderer Perspektive. Indem sie Phänomene als Gleiches wie auch als Verschiedenes benennt, vermag sie, den Wechsel der Perspektive – den *gestalt switch*, das beglückende 'Aha-Erlebnis', daß Wahrgenommenes sich (neu) in einen Zusammenhang fügt – immer wieder zu befördern.

Die Bewegung in einem Universum der Multiperspektivität, das Ringen um Änderung des 'Blickwinkels' und Rekonstruktion neuer 'Sichten' aus den Wahrnehmungen, reproduziert stets aufs neue die Situation des Neugeborenen, das einer Unendlichkeit disparater Eindrücke ausgeliefert ist, – aber auch das Glück des Kindes, das die Synthese des Objekts vollzieht. Wissenschaft, die Erkenntnis verpflichtet ist, kann nicht anders vonstatten gehen, als daß sie diese Konstellation, nahezu zwanghaft, wiederholt. Sofern sie sich nicht aufgibt, spielt ihre 'Arbeit des

Begriffs', die zugleich Arbeit am Mythos ist, das Spiel von Dekonstruktion und Rekonstruktion von Perspektiven.[33]

Der Shift der Perspektive, die Re-vision der Weltkonstruktion, schmerzt, so wie es schon Platon im Höhlengleichnis bezüglich der in ontologischer Blindheit Gefesselten schilderte, die zu ihrem Erkenntnis- und Bildungsprozeß aufbrechen. Gleichsam knirscht es in den lahmgewordenen Gelenken, wenn sie sich wieder bewegen. Individuelle Trägheit, vor allem aber die Erstarrung von Traditionen, die sich in sozialen Kontexten reproduzieren, verhindert den Neuanfang: der 'eingefleischte' *Habitus*[34] des Umgangs mit der Welt widersetzt sich seiner analytischen Mobilisierung.

Wissenschaft, die solchen Habitus analysiert, katalysiert seinen Wandel. Sie bricht den Bann, der ihn erstarren ließ. Indem sie sich ihm nähert, seiner Materialität und seinem Verfehlen von Materialität nachspürt und beides benennt – denn das Aussprechen des *Namens* hat immer noch die Macht, die ihm die alte Magie zuschrieb –, distanziert sie sich von ihm und stößt zugleich seine Transformation an. Dies ist vielleicht die genaueste Umschreibung dessen, was 'Arbeit am Mythos' heißen soll: Im Sinne eines (psycho-) analytischen Modells von Erkenntnis geht es um die Identifizierung von Mythen, von habituellen Perspektiven, die erkenntnisleitende Funktion haben, um sich mit ihnen auseinandersetzen und Neuorientierung zu ermöglichen.

Wissenschaft als Arbeit am Mythos operiert sozusagen auf der ästhetischen Perspektivierung, die im Habitus fixiert ist. Sie verschiebt immer wieder ihre eigene Sichtweise bzw. definiert den 'Projektionsoperator', der unsere oder ihre perspektivische Wahrnehmung konstituiert, diskontinuierlich neu. Mit anderen Worten, was Thomas S. Kuhn (1962) im Falle eines großen Umsturzes der Sichtweise als revolutionären Wechsel eines wissenschaftlichen Paradigmas kennzeichnete, ist in kleinerem Maß tägliches Lebenselixier der praktischen wissenschaftlichen Tätigkeit, sofern sie nicht nur, wie es auch ein Computer könnte, deduktive Schemata exerziert.

Das Herauspräparieren der habituellen Motive und Mythen von Theorie soll in der vorliegenden Arbeit für die hier interessierende Frage versucht werden: der leitende Gesichtspunkt soll sein, ausgehend von den kantianischen Mythen, die die strikte Trennung der Sphären technischer Konstruktion und sozialer Vernunft etablierten, sich der Problemstellung des Computermediums anzunähern durch den Versuch einer Arbeit an den Mythen des didaktischen technischen Mediums. Indem die Vorstellungen und Phantasien, die bewußt oder unbewußt Medien oder bestimmte Medienformen in einer Objektlogik und zugleich in einer subjektbezogenen Logik verstehen lassen (bzw. als unmöglich erscheinen lassen), identifiziert werden, werden sie diskursiv und können mobilisiert werden. Möglicherweise kommt eine Bewegung zustande, die letztlich auf Vorstellungen mit größerem Realgehalt, insbesondere mit größeren Chancen einer sinnvollen und erfolgreichen Umsetzung in didaktischem Kontext, führt.

Im Sinne des analytischen Modells der Transformation der theorieleitenden Mythen muß dabei im Prinzip eine (scheinbar) immanente Kritik an ihnen geleistet werden. Vorstellungen werden brüchig, Perspektiven fraglich, nicht indem konträre

Sichtweisen mit von vorneherein überlegener Wahrheit ihnen entgegengesetzt und oktroyiert werden. Vielmehr muß in der genauen inneren Nachforschung (die freilich am besten von einem äußeren Standpunkt aus geschieht) ihre eigene Vielschichtigkeit und Fragilität aufscheinen. Und wenn dabei in ihren Verwerfungen ihr Ungenügen deutlich und zugleich die Lust auf Veränderung geweckt wird, kann tatsächlich ein Shift der Perspektive gegenüber dem, was bislang als 'normale Wissenschaft' gilt, attraktiv werden und auf die Tagesordnung kommen.

4 Präludium im 17. Jahrhundert: Der Mediendiskurs bei Comenius

Es sind oft sehr alte Vorstellungsbahnen von Technik und Mensch, denen die Reflexion des Computermediums explizit oder implizit folgt. Weil Kant nur ein aporetisches Modell anbot, bewirkte er für die Problemkonstellation keinen wirklichen Umbruch, sondern eher einen Dispens. Zweihundert Jahre nach der Veröffentlichung seiner Kritiken sind die Debatten dort wiederaufgenommen worden, wo sie durch ihn in eine Warteschleife versetzt wurden. Daher ist es nur ein scheinbarer Anachronismus und dient der Deutlichkeit der Reflexion von nie revidierten Positionen, wenn zunächst Technikmythen in der präkantianischen Pädagogik im Hinblick auf Modelle einer möglichen Funktion des Computers im pädagogischen Prozeß befragt werden.

Die technologische Euphorie, die in den letzten Jahrzehnten stets mit den jeweils aktuellen Formen audiovisuell unterstützten und programmiert geführten Lernens einherging, bezieht ja einen guten Teil ihres *appeals* aus dem Mythos der Modernität, dem Aufstrahlen des 'Neuen', das in den schimmernden Oberflächen der jeweils neuen Apparate und Systeme verkörpert zu sein scheint. Gerade darin ist sie freilich uralt und steht, entgegen ihrer Suggestion des Innovatorischen, in einer erstaunlich ungebrochenen Tradition. Der bei den eifrigsten Verfechtern computergestützten Lernens verbreitete Glaube an die Kraft rationaler Methodik und speziell die Hoffnung, auch soziale und pädagogische Probleme seien mit rationaler, technischer Methodik aufzulösen, wurzelt tief in präkantischem Denken – es waren die optimistischen Philosophien des neuzeitlichen Rationalismus, die die Siegesgewißheit des analytischen Geistes über die Widerständigkeit realer Prozesse verkündeten.

Für die Pädagogik hat den Aufbruchsgedanken, der das Zeitalter des Rationalismus mit seinem Pathos der Befreiung von den Zwängen der alten Denkweisen prägte, am nachhaltigsten Jan Amos Komenský (latinisiert Joannes Amos Comenius) formuliert. Als charakteristisch schon im Titel kann seine konzise didaktische Abhandlung 'Aus den scholastischen Labyrinthen – der Ausgang ins Weite' (Original: *E Scholasticis Labyrinthis Exitus in planum*) gelten (Comenius 1657a). In dem kleinen Traktat wird ebenso wie in der breiter angelegten 'Großen Didaktik' (Comenius 1657b), der Weg (des Unterrichts) ins Freie und Weite als ein Vollzug einer 'mechanischen' Logik beschrieben. 'E Scholasticis Labyrinthis' findet sich auch unter dem (Zweit-) Titel 'Die Didaktische Maschine' zitiert. Der komplette Untertitel lautet „Die Didaktische Maschine, mechanisch konstruiert: um nicht länger stehen zu bleiben (in den Angelegenheiten des Lehrens und Lernens), sondern Fortschritte zu machen" (im Original: „Machina Didactica, mechanice constructa: ad non haerendum amplius (in docendi & discendi muniis) sed progrediendum"; ich zitiere die 'Machina didactica' im folgenden kurz als MD, zum Kontext vgl. Gaebe 1984).

Es ist nicht nur der Mythos der Modernität, der Grenzen überwindenden Aufbrüche und Fortschritte, der Comenius selbst so modern erscheinen läßt. Auch die spezifischen Mythologien des Mechanischen, vor deren Hintergrund er die Pädagogik rekonstruiert, haben sich an der Kantschen Kritik vorbei häufig in die aktuelle Diskussion gerettet und bilden den, oft nicht in dieser Deutlichkeit mehr formulierten, Kern heutiger Konzepte des Lehrens und Lernens. Wobei abgesehen von ihrer grundsätzlichen moralischen Infragestellung durch Kant die effektiven Grenzen ihrer Gültigkeit auch bis heute nicht unbedingt ausgelotet sind. Daß als Schlüsselkonzept für die 'mechanische' Rekonstruktion des Unterrichtens bei Comenius bereits Medien figurieren – und der Medienbegriff mit all seinen vielfältigen und verwirrenden, schillernden Konnotationen auftaucht, die auch heute im Schwange sind –, unterstreicht nur die Bedeutung der Visionen des Joannes Amos Comenius auch für heutige Diskussionen.

In praktischer Hinsicht verarbeitete Comenius für die Pädagogik die erste technische Medienrevolution: Die Mechanisierung der Bücher*herstellung* individualisierte die *Anwendung* des Buches. Den Status eines vervielfältigten Buchs erlangten nicht mehr nur die großen Werke aus Wissenschaft und Kultur, von denen früher Kopisten kostbare Einzelexemplare für den jahrhundertelangen Gebrauch herstellten. Auch Schriften für den Alltag, für partielle und vorübergehende Zwecke konnten jetzt zu vernünftigen Kosten produziert werden. So wurden auch spezielle didaktische Werke möglich, eigens konzipierte Lehrbücher, mit denen auf die Interessen und Bedürfnisse unterschiedlicher Altersgruppen und Lernniveaus eingegangen werden konnte.

Hier interessiert aber vor allem, daß Comenius die Medien*wirkung* garantiert sehen wollte, indem auf der theoretischen Ebene der Mythos einer mechanischen Welt die Funktionssicherheit des pädagogischen Prozesses gewährleisten sollte. Im Einklang mit seiner Zeit stand Comenius dabei als Bild, das ihm als abstrakter Ansatzpunkt und theoretischer Prototyp einer 'mechanisch konstruierten Didaktik' diente, mehr noch als der Buchdruck jene *machina* vor Augen, die in der Neuzeit einen ontologischen Triumphzug ohnegleichen antreten durfte.

4.1 Rekonstruktion von Welt und Mensch nach dem Modell der Uhr

Comenius konnte im 17. Jahrhundert noch keine Kraftmaschinen als paradigmatische Objekte der Welterklärung heranziehen, die Dampfmaschine ließ noch mehr als ein Jahrhundert auf sich warten. Bei den mechanischen Apparaturen, die sich als abstraktes Vorbild für die Didaktik eigneten, handelte es sich noch (und schon) in erster Linie um Informationsmaschinen: um Uhren bzw. uhrwerksgetriebene *machinae mundi*, 'Weltmaschinen'. Comenius lebte zu der Zeit, als die Werke der aufblühenden Uhrmacherkunst Staunen und Bewunderung hervorriefen. Die Vermögenderen konnten erstmals ganggenaue Uhren für die Tasche erwerben. In den Kirchen setzten monumentale Kunstuhren Allegorien der Heilsgeschichte mit sich bewegenden Figuren in Szene. Besonders berühmt, Comenius daher vermutlich bekannt, war etwa die 1574 erneuerte große astronomische Uhr des Straßburger Münsters. Solche Uhren dienten im religiösen wie im kalendarischen Sinn als

'Weltzeitgeber'. Sie führten zu Recht ihren Namen 'Weltmaschinen', da sie nicht nur den Lauf der Sonne über den Tageshimmel, sondern auch den Reigen der Planeten, die von Alters her mit den Figuren religiöser Mythologie identifiziert wurden, astronomisch exakt vorführten.

Die paradigmatische Bedeutung der Uhr hing aber nicht allein an solchen noch heute faszinierenden Spitzenprodukten der Uhr- und Automatenkunst. Die digitale Mechanik des Uhrwerks[35] begann in der aufziehenden Manufaktur als pragmatisches Instrument und zugleich als Metapher der Disziplin zu fungieren. Edward P. Thompson (1967) schildert etwa, wie sich mit dem Aufkommen koordinierter Fabrikarbeit und der parallelen Präzisionssteigerung der Uhren eine minutengenaue Orientierung an zeitlichen Vorgaben im Arbeitsleben durchsetzte. Doch noch bevor der Takt der Uhr sich als Peitsche des Alltags etablierte, hatte das Uhrwerk bereits die *ideologische* Schlüsselstellung erlangt, die es zur zentralen Figur neuzeitlichen Denkens werden ließ. Lewis Mumfords Feststellung, „The clock, not the steam-engine, is the key-machine of the modern industrial age" (Mumford 1934, S.14) bezieht sich ebenso auf die pragmatische wie auf die theoretische Funktion, die die Uhr für die moderne Gesellschaft hatte.

Zum ideologischen Scharnier der Neuzeit wurde die Uhr vor allem als Demonstrationsmodell der Herrschaft des menschlichen Geistes, der in den Himmel reicht. Am Ausgang des Mittelalters hatten die exakter werdenden Uhren und Planetarien, mit denen sich Uhrzeit und Stand der Gestirne am Modell beobachten ließ, auch wenn der Himmel bedeckt blieb, den Anstoß zu einer neuen Sichtweise der Phänomene von Sonne und Planeten gegeben. Die astronomische Revolution des Copernicus war mit dieser Entwicklung verknüpft, allerdings nicht mit ihr identisch:

Nach alter Auffassung hatte die Erde im Gegensatz zum Himmel als das Reich des moralisch wie verstandesmäßig Gesetzlosen gegolten. Sie war der Ort des Vergänglichen und Nichtigen, die himmlischen 'Sphären' (als Kugelschalen um die Erde vorgestellt) gehorchten dagegen ewig-göttlichen und damit prinzipiell für den vergänglichen Menschen nicht verstehbaren Gesetzen. Ob aus Überzeugung oder aus Rücksicht auf die kirchliche Lehrmeinung, noch Copernicus stellte seine heliozentrische Theorie lediglich als besseres Rechenverfahren hin, das den eigenen ontologischen Status der Himmelsphänomene nicht berühren sollte. Im Gegensatz zu den alten Rechenmodellen mit den verwickelten Epizyklen der Planetenbahnen (die nie jemand für real gehalten hatte) ließen sich aber die kopernikanischen Formeln relativ schlüssig als Beschreibung der Bewegungen eines konkret existierenden 'Himmelsgetriebes' deuten. Die Uhr bzw. die Planetarien der 'Weltmaschinen' bewiesen dabei auf der Erde die reale Möglichkeit solcher Abläufe.

Seitdem können wir wissen, was am (im) Himmel geschieht. Die englische Sprache immerhin, als Erbin zweier Sprachfamilien an feine Unterscheidungen gewöhnt, schaffte es, die Blasphemie dieses Unternehmens wegzudefinieren. Sie trennte terminologisch den physikalischen Beobachtungsraum, *sky*, vom nun davon abzusondernden ontologischen Reservat des Ewigen, *heaven*.

Es sollte aber noch über ein Jahrhundert dauern – während dem die Inquisition Giordano Bruno verbrannte, Galilei zum Abschwören zwang –, bis akzeptiert wurde, daß das mathematische Modell als physikalische Wahrheit gelten konnte und die menschliche Vernunft *wirklich* in den Himmel griff, was immer nun 'Himmel' hieß. Selbst wenn die alte geozentrische Theorie sich letztlich mathematisch doch noch als überlegen erwiesen hätte (zur Zeit des Copernicus war dies aufgrund der Beobachtungsdaten noch nicht zu entscheiden, vgl. Feyerabend 1976), hätte die neue Sichtweise vermutlich gesiegt: Auch die alte Theorie hätte nun ihre Realplausibilität demonstrieren und den *Mechanismus* zeigen müssen, mit dem sich die Gestirne ihr entsprechend bewegen können.

Der Triumph der an den astronomischen Problemen gewachsenen neuen Physik war seit Galileis Untersuchungen und Keplers Gesetzen der Planetenbewegung so groß, daß faktisch die an den Himmel versetzte Mechanik des Uhrwerks ihrerseits zum 'natürlichen' Modell der irdischen Phänomene wurde. Die Physik machte sich an die Aufgabe, die Erscheinungen des Alltags mittels derselben Mechanismen und Kräfte zu erklären, die eine zutreffende Voraussage der Planetenbewegung erlaubten. „was aber die Erde betrifft, so ist es eine Veredelung und Vervollkommnung, wenn wir versuchen, sie als ähnlich den Himmelskörpern hinzustellen", erklärte in Galileis 'Dialog' (1632, S.40) der 'moderne Physiker' Salviati dem 'einfältigen' Anhänger der alten aristotelischen Auffassung (von Galilei 'Simplicio' benannt, schon dies eine Provokation der kirchlichen Hüter der Tradition).

Mit Bezug auf das Uhrwerk spielte sich im 16. und 17. Jahrhundert damit in zwei Richtungen ab, was Alex Sutter die *Dialektik des Modellbegriffs* nennt und als „Substitution des herkömmlichen Begriffs von diesem Gegenstand durch den Begriff vom erzeugten Schema des Gegenstandes" charakterisiert (1988, S.13). In der *ersten* Bewegung verschob sich ein Objekt menschlichen Kunsthandwerks in die Astronomie: Ursprünglich hatten die 'Weltmaschinen' nur als kunstvolle Ikone des heilsgeschichtlichen Zeitlaufs, nicht als real abbildende Miniatur der Astrophysik gegolten. Das lateinische Wort *machina* hieß ursprünglich – woran im Deutschen noch 'Machination' erinnert – eine 'Machenschaft', eine List, speziell die Überlistung der Natur. Solchen 'Maschinen', zunächst als ganz künstlich empfundenen Apparaturen, wurden Vorstellungen entnommen, mit denen sich die Astronomie erst einmal ohne ontologischen Anspruch reformulieren ließ. Nachdem eine geraume Zeit verstrichen war, akzentuierte sich dieses *metaphorische Modell* vom Himmel, der *wie ein* Uhrwerk funktioniere (während 'in Wirklichkeit' Uhren es nur auf der Erde gibt), neu. Es wandelte sich zum *Realmodell* des Himmels *als* Uhrwerk. D.h, nun läuft am Himmel die wahre, von Gott, dem Uhrmacher, geschaffene Mechanik ab, die in jeder Uhr auf der Erde nur nachgeahmt wird.

Bei Comenius finden wir dieses Revirement der Rollen von Urbild und Abbild als eine Art ontologische Frontbegradigung bereits vollzogen. Anstelle des schwierigen Verhältnisses eines gut verstandenen mechanischen Apparates und einer kaum verstehbaren Wirklichkeitssphäre, in die vorsichtig geistige Fühler ausgestreckt werden, ist eine einfache Abhängigkeit von Beobachtung und technischer Nachkonstruktion getreten. Comenius *sieht* bereits am Himmel das Original der Uhr: „Man hat das Firmament betrachtet [...] Nach diesem Muster hat man sich ein

Instrument ausgedacht [...]". ('Große Didaktik', Kap.14 §6, in der Übersetzung Flitners)

Trug also die astronomische Revolution des Copernicus das Uhrwerk an den Himmel, so wurde sie vollendet durch die *zweite* Bewegung, die erneute Modelldialektik, die das Denken der Physik, wie es für das Sonnensystem entwickelt wurde, nun als maßgebend für die gesamte Naturwissenschaft auf die Erde zurückbrachte. Auch wenn Galilei vorsichtig sagte, daß 'versucht' werden solle, die irdische Substanz 'ähnlich' der der Himmelskörper hinzustellen (s. oben), war es sein Anliegen, die strenge Gültigkeit der mechanischen Gesetze auf der Erde zu etablieren. Die Nutzung des neu erfundenen Fernrohrs war gleichsam die sichtbare Demonstration, daß wahrgenommene Unterschiede zwischen Weltraum und Erde auf die Perspektive und nicht auf einen anderen Seinsstatus zurückzuführen sind.[36]

Freilich wurde damit der alte Gegensatz himmlisch-gesetzmäßiger und irdisch-unklarer Substanzen nicht abgeschafft, sondern auf die Erde heruntergeholt: Er lebte nun weiter in der Abtrennung der mechanisch reduziblen Phänomene von den sinnlichen – vor allem den nichtoptischen – Wahrnehmungen, die als Trugbilder und Täuschungen abgetan werden. Der neue Kontinent der Moderne war nicht die reale unbekannte Welt, zu der der vorher verwehrte Zugang gewonnen wurde, sondern sollte der (uhrwerksförmige) Himmel auf Erden, sollte *nova atlantis* werden, die Konstruktion eines Landes, das sich willig der guten Ordnung fügt.[37]

Erkenntnis sei identisch mit Erkenntnis der Regelhaftigkeit, das heißt der Möglichkeit effektiven, machtvollen Handelns, so lautete das Credo Francis Bacons, des ersten Theoretikers der neuzeitlichen Wissenschaft (Bacon 1620, Aphorismus III – Bd.I, S.80). Indem der durch seine Himmelfahrt mit neuer Bedeutung aufgeladene Uhrwerksautomat auf der Erde reinkarnierte, wurde ausgerechnet die Maschine, die 'Machination' des Menschen wider die Natur, das neue Muster des Natürlichen. Ihre Regelhaftigkeit belegte nun die operationale Rekonstruierbarkeit des Wirklichen, das kanonische Prinzip der neuen Wissenschaft.

Solche 'Substitution der herkömmlichen Begriffe' nun für die irdischen Verhältnisse schuf die Grundlage für den Optimismus eines Zeitalters, das glaubte, den Erfolg in der rational-methodischen Erklärung der Himmelserscheinungen auf der Erde wiederholen zu können. Die mechanische Erklärung der Sternbewegungen, deren Möglichkeit ursprünglich das Uhrwerk demonstriert hatte, fungierte jetzt als Avantgarde des Beweises der Möglichkeit und Existenz himmlisch-mechanischer Präzision bei den irdischen Gegenständen der Wissenschaften. Sie formte und legitimierte den Mythos einer mechanisch konstruierten und konstruierbaren Welt, aus der das Unbeherrschbare gebannt ist oder jedenfalls durch zielsichere Eingriffe eliminiert werden kann. In heutiger Terminologie: Es erschien nun auch die rationale Dekomposition von sozialen Systemen wie auch des Menschen nicht nur möglich, sondern zulässig und geboten.

4.2 Mythos der Mechanikförmigkeit des pädagogischen Handelns

Im Sinne der Universalität des Mechanischen kann Comenius für die Pädagogik die Möglichkeit von Perfektion, von Balance und Harmonie nicht nur des Körpers, sondern auch der Seele damit begründen, daß der Mensch mikrokosmisches Abbild des als Uhr-Maschine begriffenen Makrokosmos ist: „Denn wie das Weltall selbst einem mächtigen Uhrwerk gleicht [...]: so auch der Mensch“ (‘Große Didaktik’, Kap.5 §15) Nicht nur der Körper, wie bei Descartes, sondern explizit auch die Seele wird durch eine Uhrenmetaphorik verstehbar (oder ist es schon ein Uhren-Realmodell?): „Analog [zu den Verhältnissen beim Körper] ist in den Bewegungen der Seele der Wille das Hauptrad. Die Gewichte, die sie treiben und den Willen hier- und dorthin neigen, sind die Wünsche und Leidenschaften. Der Anker, welcher die Bewegungen freigibt oder zurückhält, ist die Vernunft, die abmißt und bestimmt, welche Dinge man wo und wie weit anstreben oder fliehen muß. Die übrigen Bewegungen der Seele sind kleineren Rädern zu vergleichen, die dem Hauptrade folgen.“ (Kap.5 §16)

Diese Bilder sind nicht einfach eine zeitgemäße Variante der alten Platonischen Metaphorik von den Seelenteilen. Platon hatte die Seele mit einem Wagen verglichen, der von den beiden Rössern ‘Wille’ und ‘Leidenschaften’ gezogen wird. Gezügelt sollte das ungleiche Gespann von der ‘Vernunft’ werden, die mittels des ‘Willens’ die widerstrebenden ‘Leidenschaften’ zu bravem Verhalten zwingen soll (vgl. ‘Phaidros’ 246a-e, 253d ff.). Bei Platon ging es im Kern um einen *Appell* an die (im Prinzip freie) Vernunft, die Zügel der Selbstzucht nicht schleifen zu lassen. Der nichtmechanische Charakter des Bildes wird schon daraus deutlich, daß die Vernunft in dem Gleichnis als Wagenlenker, mithin als Person (eine Art Homunculus, ein kleiner Mensch im Mensch), repräsentiert ist.

In der modernen Form wird dagegen eine Modellvorstellung gezeichnet, die quasimechanische Interventionen nahelegt: Der Mensch ist gesetzmäßig zur Harmonie konstruiert – „Wenn daher den Wünschen und Leidenschaften kein zu großes Gewicht zugemessen wird und der Anker – nämlich die Vernunft – richtig öffnet und schließt, so muß sich daraus eine Harmonie und ein Einklang der Tugenden ergeben, das rechte Gleichmaß von Handeln und Leiden.“ (Ebd.) Tatsächlich kann bei Bedarf der Mensch ‘durch zuverlässige Mittel’ (*per media certa*) wieder ins Lot gebracht werden: „Und wie wir von einem Uhrwerk [...] nicht gleich erklären, es sei nichts mehr nütze, so muß auch vom Menschen, so sehr er durch den Sündenfall verdorben sein mag, gesagt werden, daß er durch die Kraft und Tugend Gottes mit Hilfe zuverlässiger Mittel in seiner Harmonie wiederhergestellt werden kann.“ (‘Große Didaktik’, Kap.5 §17) Der Pädagoge ist nicht wie in der Figur der Antike der philosophische ältere Freund, der als Seelenverwandter die (homoerotisch geliebte) andere Seele retten will. Sondern die erziehende und lehrende Person kann als Mechaniker der Seele fungieren, sofern sie nur die notwendigen Methoden, sozusagen das Handwerk der Seelen-Manipulation, beherrscht und anwendet.

Was Kant dann fürchtete, das Bild des Menschen, den ein Naturmechanismus regiert, ist hier Ausgangspunkt einer optimistischen Pädagogik. Die mechanisch-technische Beeinflußbarkeit des Subjektes wird zumindest als Metapher mit Nachdruck bejaht.[38] Sie erscheint als Konsequenz daraus, daß die Welt (und darin gerade eingeschlossen der Mensch) als ein rationales, das heißt ein nach Ursache und Wirkung bestimmtes, explizit als mechanisch konzeptualisiertes Gebilde dem menschlichen Wirken zugänglich ist. Beide vormodernen Orte einer (mehr oder weniger beschränkten) Eigengesetzlichkeit und Eigensinnigkeit von Subjekten hat ja die Idee der Mechanik aufgesogen: Gott und Götter, die vorher einen realen Ort, nur jenseits der Grenze der vom Menschen noch wahrnehmbaren Sphäre hatten und von dort nach ihrem Belieben in die irdischen Dinge (hin)eingreifen konnten, wurden durch das himmlische Uhrwerk in die ontologische Transzendenz (und später ins Nichts) abgeschoben. Die Rückprojektion der Mechanik auf die Erde, wo vorher Abweichungen von allen Plänen, Vorgaben und Regeln als natürlich galten, lichtete dann auch dort den Dschungel des Ungesetzlichen. Daß damit am Ende die Freiheit des Menschen (und auch Gottes) auf dem Spiel stand bzw. in einem neuen Kontext gesucht werden mußte, ist für Comenius kein Thema. Ihn treibt ein pragmatisches pädagogisches, nicht das philosophische Interesse, die Konsequenzen der Mechanikkonzeption bis ins letzte zu verfolgen.

So kann Comenius die Mechanik als Bild der Wirkungsweise von Erziehung verwenden und sich gleichzeitig engagiert zur Freiheit der Erziehung von Zwang bekennen. Immer wieder betont er, daß beim Lernen den Kindern nicht etwas, was ihnen nicht entspricht oder ihnen nicht verständlich ist, eingeflößt werden darf. Die Lernenden müssen das Aufzunehmende selbst begehren. Letztlich lernen sie, indem sie reifen ('Große Didaktik', Kap. XVII §§36-37; vgl. auch die Belege bei Gaebe, 1984). An solchen Stellen wird deutlich, daß für Comenius die Bilder einer 'organischen' Natur, die aus eigener Kraft wächst, und eines mechanischen, automatenhaft funktionierenden Universums sich noch nicht wirklich voneinander getrennt haben. Die Vorstellung der menschlichen Seele als Uhrwerk scheint nicht im Gegensatz zur Vorstellung der Autonomie einer der Selbstbildung fähigen Kreatur zu stehen. Barbara Gaebe meint, daß für Comenius die Maschine (neben vielen anderen Bildern insbesondere aus der Welt des Organischen) nur als Metapher für eine teleologische, sinnhafte Ordnung der Welt dient, wie sie entsprechend auch in der Didaktik anzustreben sei. Letztlich entwerfe er eine klassische Handlungstheorie, die auf dasselbe ziele, was auch Kant wolle (Gaebe 1984, S.742).

Gerade wenn er die analytische Strenge seiner Pädagogik herausarbeiten will, bezieht er sich allerdings auf das Bild der Maschine (wie Gaebe selbst sagt, s. S.740). So gewinnt der Aspekt des Mechanischen auch gegen Comenius' humanistische und philanthropische Einstellung in der Theorie an Gewicht.

Das Problem der Freiheit des Menschen reduziert sich für Comenius auch, weil er den Mensch im doppelten Kontext von Gott und Welt sieht. Daher erfaßt der Diskurs über die Mechanik der didaktischen Einwirkung für ihn die Realität des Menschen nicht vollständig. Gott ist freilich weit weg: Da ihm eine konkrete Funktion im didaktischen Prozeß schlecht zugeschrieben werden kann, tritt praktisch wiederum das Bild der Mechanikförmigkeit des pädagogischen Handelns in den Vordergrund.

Dies sei an der angeführten Stelle der 'Großen Didaktik' demonstriert. Comenius spezifiziert hier zwei notwendige Fundierungen für den reparierenden Eingriff in die Seele des nicht mehr harmonisch funktionierenden Menschen. Die Einwirkung vollzieht sich 'durch die Kraft und Tugend Gottes', zugleich 'mit Hilfe zuverlässiger Mittel'. Die deutsche Formulierung muß dabei aus sprachlichen Gründen die Parallelität der beiden Ausdrücke des Originals abmildern: Die instrumentale Funktion Gottes ist bei Comenius ohne Präposition bezeichnet, die der 'Medien' wird verdeutlicht mit der instrumentalen Präposition *per* – der Ausdruck *per media certa* wäre eigentlich ebenfalls mit '*durch* zuverlässige Medien' wiederzugeben.

Der Hauptakzent ist allerdings gerade umgekehrt zu setzen, als es sich bei der Übertragung ins Deutsche nahelegt. Die 'zuverlässigen Medien' bezeichnen den *konkreten* Weg, *über* oder *durch den* (bzw. *mittels dessen*) die Wiedergewinnung des schöpfungsgemäßen Funktionierens des Menschen vonstatten geht. Die Vollendetheit Gottes ist dagegen eher der Hintergrund, vor dem sich die konkrete Intervention abspielt, das allgemeine Prinzip, das konkret in den 'Medien' in Erscheinung tritt.[39] Sinngemäß wäre daher zu lesen, daß *vermöge* der Kraft und Tugend Gottes – sozusagen abstrakt gespeist aus deren Potential –, *konkret* jedoch *durch den Einsatz* zuverlässiger Mittel man den Menschen wieder in (den richtigen) Gang bringen kann.

'Medien' verkörpern somit hier das *Prinzip der konkreten Einwirkungsmöglichkeit* auf das Subjekt. Indem sie die metaphorischen Hebel sind, mit denen die Pädagogik zuverlässig in das innere Getriebe des Menschen eingreift, erscheinen sie als Inbegriff rationaler Pädagogik (und setzen sich insofern auch gegen konkurrierende humanistische und theologische Vorstellungen durch). Der Mythos der Mechanikförmigkeit von Welt *und* Seele begründet dabei die Möglichkeit ihrer Existenz und, mehr noch, ihrer sicheren, da mechanikförmigen Wirkung.

Wir können von mehr oder weniger kantianischer Warte aus angesichts solch simpel erscheinender Bildern von der Konstruktion und Potenz von 'Medien' leicht die Nase rümpfen. Sie allzu hoch zu tragen, wäre allerdings, wie die bisherigen Recherchen zur Medienfrage bereits gezeigt haben, verfehlt.

Erst recht ist Hochmut gegenüber der Urtümlichkeit der mechanischen Konzeptualisierung der Person, mit ihren – bei Comenius als grob metallen oder hölzern zu denkenden – Zahnrädern, Achsen und Hebeln, ganz unangebracht. Die höhere Elaboriertheit und Abstraktheit, die späteren Begriffsbildungen eignet, verdeckt, daß diese auch nur funktionelle Varianten einer mechanischen Konzeption darstellen. Insbesondere ist der Computer, mit dem heute im Kognitivismus (s. Kapitel 6) geistige Leistungen modelliert werden, funktional einer mechanischen Apparatur gleichwertig. Denn die universelle Turingmaschine, die das abstrakte Funktionsprinzip des Computers darstellt, könnte rein mechanisch konstruiert werden (vgl. Abschnitt 6.2)). Schon im 19. Jahrhundert konnte deshalb auch Charles Babbage die *Analytical Engine* konzipieren, einen mechanischen Universalrechner, dessen Realisierung nur scheiterte, weil die damalige Fertigungstechnik nicht hinreichend exakt bemessene Zahnräder produzieren konnte (s. Oberliesen 1982, S.202-205)[40].

Nach heute verbreiteten theoretischen Hintergrundvorstellungen liegt es also nach wie vor nahe – ganz auf der Linie von Kants Schreckensbild –, in dem computeranalog und damit im Kern mechanisch begriffenen 'Geist' des Menschen ein didaktisches Computermedium als raffiniertere Form eines Zahnradmechanismus ansetzen zu lassen. Nur das richtige Material und die passende Form der 'Zahnräder' wären zu suchen. Dabei existiert dann das Ächzen der Achsen und Klappern der Räder der vorgestellten Uhrwerksautomaten des Comenius im unhörbaren Flip-Flop der elektronischen Schaltkreise des Computers fort. Eine alternative Sicht der Wirksamkeit didaktischer technischer (vielleicht auch nichttechnischer) Medien, die wirklich auf einer anderen theoretischen Vorstellung, einem anderen Mythos beruht, ist kaum auszumachen.

Schauen wir uns daher etwas näher auf der Stätte um, auf der die Mythen der Mechanikförmigkeit pädagogischen Handelns zum ersten Mal entfaltet wurden. Manches findet sich hier noch härter ausgedrückt, was später eine verbindlichere Form erhalten wird. Die unverfälschte Deutlichkeit der frühen Gedanken ist aber kein Nachteil, sondern fördert die Klarheit der Reflexion. Auf der anderen Seite sind auch noch die frühen Skrupel zu spüren, die später in der Gewöhnung an bestimmte Konzepte verschwinden.

Was heißt es für Comenius also, daß der Mensch *per media certa* seiner schöpfungsmäßigen Bestimmung pädagogisch zugeführt werden kann? Dem sei anhand der erwähnten Spätschrift 'Aus den scholastischen Labyrinthen' – bzw. 'Machina Didactica' – nachgegangen.

4.3 'Medien' in der Comenianischen Didaktik

In der 'Machina Didactica' erklärt Comenius, daß er den Ariadnefaden, der 'aus den scholastischen Labyrinthen ins Freie' führt, demonstrieren will. Der Wegweiser aus dem Irrgarten der alten Schulen ist die „rechte und einfache Methode, die nicht unbegrenzt weiter kompliziert werden soll“ (*methodum rectam & simplicem [...]*, MD §3)[41]. Die Gewähr, daß eine zuverlässig funktionierende Methodik geschaffen werden kann, wird der Analogie zu den ebenfalls kunstfertig herstellbaren 'ablauffähigen Maschinen' entnommen (*machinae ad motum paratae*, 'die zur Bewegung bereiten Maschinen', was an den Begriff des 'ablauffähigen' Computerprogramms erinnert, §1).

Die Methode – nichts anderes ist die 'Didaktische Maschine' – ergibt sich aus der Feststellung, daß bisher die Schulen versagten, weil sie nicht hinreichend analytisch vorgegangen seien. Sie hätten ihre Ziele (*fines*) nicht klar definiert noch die für die Ziele erforderlichen *media* bestimmt noch die *modi* festgelegt, wie die *media* zu nutzen sind (§4). Da die Ziele unklar sind, bliebe ihre Tätigkeit reiner Selbstzweck, bloße Selbstbeschäftigung: „Sie lehren, um zu lehren; sie lernen, um zu lernen: d.h. sie beschäftigen sich, um sich zu beschäftigen.“ (§5) Was an *media* zur Verfügung stehe, beschränke sich auf heidnische Bücher, aus denen keine sichere Erkenntnis zu schöpfen sei (§6)[42]. Wenn man schließlich die *modi* (*modi agendi*, heißt es hier, 'Handlungsweisen') betrachte, so sei zu beklagen, daß die Schüler, wenn überhaupt, nur mit zäher Mühe und größtem Zeitaufwand zu der Kenntnis irgendeines Gegenstandes gelangten (§7).

Aus diesem Befund leitet sich die geforderte Kur ab: die 'natürliche Methode'. Die Darstellung des Weges aus dem Labyrinth der alten Schule knüpft an die neuzeitliche Kritik des bloßen Bücherwissens an, das als typisch für die scholastische Gelehrsamkeit galt (und zum Beispiel auch von Galilei in der erwähnten Figur des 'einfältigen' Simplicio karikiert wurde). Sie erweist sich damit zentral als eine Medienkritik: Noch bevor die neuen Ziele, Media und Modi im einzelnen erläutert werden, wird die 'natürliche Methode' als die charakterisiert, die sich nicht bloß mit Büchern beschäftigt, sondern „die alles den äußeren und inneren Sinnen so darreicht, wie sie es mit Freuden ergreifen können" (§8).

Die neue Methode müsse in jeder Hinsicht auf der menschlichen Natur basieren, die von Gott zur Herrschaft über die Weltgegenstände (*res*) erschaffen worden sei. Das naturgemäße (Ober-) Ziel der Schulen lautet, daß sie den Menschen seinem Herrschaftsauftrag gerecht werden lassen. Daraus leiten sich als spezifischere Ziele des Unterrichts ab, daß die Weltgegenstände *theoretisch erkannt*, die Erkenntnis in *Praxis* umgemünzt und das theoretische Wissen wie das praktische Können dem sachgemäßen *Gebrauch* gewidmet werden sollen (§§10-11).

Während mit 'Praxis' die persönliche Fähigkeit des Handelns gemeint ist, bezieht 'Gebrauch' (*usus* oder synonym 'Chresis' als Entlehnung aus dem Griechischen) sich auf die Anwendung von Fähigkeiten in einem sozialen Kontext. Die Unterscheidung wird an der Parallelstelle im zweiten Teil von 'E Scholasticis Labyrinthis' noch deutlicher (im folgenden will ich den ersten Teil, bis §20, kurz als MD-I, den zweiten als MD-II anführen[43]). Anstatt von 'Gebrauch' ist dort von 'Sprechen' bzw. 'Kommunizieren mit der Umwelt' (*cum proximis communicare*) als dritter Zielkomponente die Rede. (§24) Offenbar rang Comenius mit der Abgrenzung von isolierter Handlungsfähigkeit und der Fähigkeit, Wissen und Handeln für den 'schönen, notwendigen und dem Leben förderlichen Gebrauch' (§11) einsetzen zu können. Wenn im Lernprozeß Theorie, Praxis und 'Chresis' gemeistert werden, wird *sapientia*, wirkliches Wissen, *Verständnis*, erreicht (s. §46)[44].

Die Natur demonstriert Comenius zufolge auch, welche *media* zum Einsatz kommen müssen. Nach der natürlichen Methode gelte: „Was als Wissen gelernt werden soll, muß angeschaut, was getan werden soll, muß versucht, was korrekt genutzt werden soll, muß angewendet werden." (§12) Die Schulen benötigen daher für alle Wissensgegenstände Anschauungsbeispiele *(exemplaria, quae spectentur)*, für alle Handlungsbereiche Gerätschaften *(instrumenta)* und schließlich über den legitimen Gebrauch von allem Anleitungen *(informationes)*, „durch die der Mißbrauch abgewehrt wird". (Ebd.)

Die naturgemäßen Handlungsweisen *(modi)* der Schulen sehen dementsprechend so aus: Alles, was theoretisch zu wissen ist, müsse den Sinnen präsentiert werden. Was praktisch gekonnt werden soll, müsse in der Praxis versucht werden, bis es eigenhändig vonstatten geht. Und weil niemand wirklich etwas weiß oder kann, das er nicht in einem Kontext anzuwenden versteht, müsse das Gelernte von Anfang an angewendet werden. (§13)

Schematisch kann die Gliederung der didaktischen Topoi, wie Comenius sie im ersten Teil der 'Machina Didactica' in ihrer 'natürlichen' Form beschreiben will, so dargestellt werden:

Ziele (Fines)	Wissen (Theorie)	Können (Praxis)	Gebrauch (Usus)
Medien (Media)	Anschauungsbeispiele	Geräte (instrumenta)	Anleitungen (informationes)
Handlungsweisen (Modi)	sinnlich Wahrnehmen	eigenhändig Erproben	im Kontext Anwenden

Dabei handelt es sich um Begriffe, als deren Subjekt die Lernenden und deren Objekt die (Lern-) Gegenstände zu denken sind: Die Lernenden sollen bestimmte Gegenstände theoretisch kennen, sie praktisch handhaben können und das Wissen und Können sinnvoll und richtig anwenden. Dazu erhalten sie die entsprechende Anschauung geboten, es wird ihnen die Gerätschaft zur Bearbeitung zur Verfügung gestellt und Hilfestellung zum richtigen Gebrauch gegeben. Indem sie die Medien nutzen, erreichen sie schließlich die Ziele.

Im Vergleich zu heute üblichen Schematisierungen in der Didaktik fällt auf, daß hier die Lerninhalte oder -gegenstände (*res*) keine eigenständige Kategorie der Didaktik darstellen, sondern als dieser vorgegeben erscheinen. Gerade deshalb bilden sie – als natürliche Gegenstände von Zielen, Medien und Verfahrensweisen und zugleich natürliche Objekte des Wissens, Könnens und Anwendens – den Kern einer strengen Logik der Didaktik. Bezugspunkt ist jeweils ein bestimmter Lerngegenstand: In der Zieldimension muß zum theoretischen Wissen über ihn, das nach Comenius keinesfalls als isoliertes Wissen bestehen kann, die praktische Beherrschung und die Fähigkeit zur Anwendung im richtigen Kontext treten. In der Mediendimension ergibt sich die Notwendigkeit, jeweils spezifische Hilfsmittel zur Verfügung zu haben, um Wissen, Fertigkeit und Anwendungswissen zu vermitteln. Auf der Handlungsebene entspricht schließlich jedem Ziel- bzw. Medienaspekt eine bestimmte Handlungsart.

Die konkreten Methoden des Unterrichts werden lediglich hinsichtlich der drei Kategorien von Lernzielen spezifiziert (und daher nur unter der Rubrik der *modi* des Unterichts geführt), nach der allgemeinen Leitlinie, daß die Lernenden im Unterricht selbst handeln, aktiv werden müssen – denn die menschliche Natur sei ganz Aktivität, sei *tota activa* (§13) (was zunächst durchaus als vereinbar mit dem Bild des ja auch 'selbstbewegten' Uhrenautomaten erscheint). Im wesentlichen wird das Rezept ausgegeben: Medien bereitstellen und die Lernenden sie anwenden lassen. Die Bedeutung, die in dem Comenianischen Didaktikschema prinzipiell der Aktivität der Lernenden eingeräumt wird, kann dabei kaum überschätzt werden. Jeder Zielaspekt wird erreicht, indem die Lernenden im jeweiligen Sinne selbst tätig werden, zudem gipfelt (vgl. §11) die Reihe der Ziele in der Fähigkeit zur kontextgerechten Anwendung.[45]

Der Begriff der *Methode* als solcher bleibt dem Projekt der handlungsorientierten Rekonstruktion des Unterrichts insgesamt vorbehalten. Die „richtige und einfache Methode, die nicht mehr unendlich verkompliziert werden darf" (§3), ist der

'Ariadnefaden', der mit sachlogischer Notwendigkeit und Folgerichtigkeit aus der Malaise der Schule führt, konkretisiert in dem allgemeinen Leitgedanken, alles den äußeren und inneren Sinnen so darzubieten, daß sie es gern ergreifen (vgl. §8).

Zur vollen Schärfe läuft die Comenianische Rekonstruktion der Schule als Eigentätigkeit 'mechanisierbar' dann auf, wenn er in MD-II (§21 ff.) erklärt, daß er nicht nur die Möglichkeit (die 'Leichtigkeit') der Erneuerung der Didaktik zeigen will, sondern den Weg, wie sie mit Zwangsläufigkeit zum Ziel führt: wie die Methode beschaffen sein muß, daß der Unterricht unmöglich nicht vorankommt (*non procedere non possit,* §21). Solches notwendige Prozessieren wird als maschinenhaft, als 'mechanisch' identifiziert. Die Kultivierung des Menschen (*cultura humana*) müsse mit der gleichen Sicherheit voranschreiten wie eine gut konstruierte Uhr, ein Wagen, ein Schiff, ein Mühle, oder irgendeine künstlich zur Bewegung befähigte Maschine.

Das Bild des zuverlässigen methodischen Vorgehens in einer Werkstatt wird in eins gesetzt mit einer mechanischen, uhrenförmigen Funktionssicherheit: Der Knabe, der in der Schule als der Werkstatt des Menschseins aufgenommen wird, soll dort geformt werden wie das Material bei einem Schmied, Schuster, Schneider, Tuchmacher, Glaser und soll so die Schule als ausgebildeter Mensch verlassen. (§21) Und solche Methodik müsse mechanisch angelegt sein, das heiße, daß die Methode konstruiert ist (1) „aus allen Teilen, die hierfür erforderlich (2) die einander gegenseitig untergeordnet (3) und die durch den festen Halt von Fesseln so verbunden sind, daß bei der Bewegung von einem alle sich bewegen“ (§22).

Als Wesen des Mechanischen bzw. der Maschine wird demnach die abstrakte Organisation gesehen (wir würden heute in diesem Kontext vorziehen, den Begriff der Maschine durch den des Systems zu ersetzen[46]). Ganz in diesem Sinn bezeichnet Comenius in der 'Großen Didaktik' Ordnung (*ordo*) als 'Seele aller Dinge' und illustriert dies in einer Reihe, deren zwölftes, krönendes Glied – nachdem unter anderem die Tiere, der menschliche Körper, der menschliche Geist und der klug regierte Staat aufgezählt werden – die Uhr ist. Gerade die Uhr erscheint ausdrücklich als Inbegriff der *ordo*. Als die Kraft, die ihre erstaunliche Leistungen hervorbringt, wird das Geheimnis der funktionalen Verhältnisse ihrer Teile (wir würden sagen: ihre informationelle, nicht ihre materielle Struktur) identifiziert:

„Welche verborgene Kraft aber bewirkt solches? Keine andere als die Kraft der richtigen Anordnung aller zusammenwirkenden Teile, richtig in Zahl, Maß und Ordnung, deren jedes seine vorgeschriebene Aufgabe hat und auf diese Aufgabe gerichtete Mittel und zu diesen Mitteln gehörige Verwaltensweisen. Überall finden sich die richtigen Größenverhältnisse der einzelnen Teile zum Ganzen und der nötige Zusammenhang eines jeden mit seinem Arbeitspartner, und es herrschen gegenseitig verpflichtende Gesetze über die Vermittlung und Wechselwirkung der Kraft. So wickelt sich alles mit größerer Genauigkeit ab als in einem lebendigen, von eigenem Geist geleiteten Körper.“ ('Große Didaktik', Kap.13 §14)

Wenn Bildung die richtige *ordo* des Menschen bewirken soll, muß sie, so ist hieraus der Schluß zu ziehen, sozusagen in dem Material der noch rohen Seele des zu erziehenden Kindes die gewünschte Wohlordnung der Art formen, wie sie sich in einer Uhr zeigt. Das Lebendige, der individuelle Geist erscheint eher als Störfaktor denn als Quelle der *ordo*. Gerade ihn gilt es daher, richtig anzugehen und in die gehörige *ordo* zu bringen.

Comenius weist nun 'Medien' die Aufgabe zu, die 'mechanische Struktur' der Werkstatt bereitzustellen, so daß der menschliche Geist funktionssicher gepackt, bearbeitet und geformt werden kann (so wie es in der Charakterisierung der Uhr durch ihre *ordo* 'Medien' sind, die den vorgegebenen Zielen entsprechen und bei korrekter Anwendung zum Erreichen des Zieles führen).

Er erklärt: Wie 'in der mechanischen Struktur einer Werkstatt' (*in Fabricae structura mechanica,* wobei *fabrica* eigentlich die 'Schmiede' bezeichnet) muß in der Schule erstens Klarheit über die Ziele herrschen, zweitens müssen die 'Medien' zur Verfügung stehen, „die hinreichend sind, den entsprechenden Effekt hervorzubringen" (ebd.), und drittens müssen zuverlässige Methoden (*modi*) des Einsatzes der 'Medien' zum Zug kommen: Die 'Medien' müssen so 'zur Geltung gebracht und angeordnet' werden, daß „wie von selbst der gewünschte Effekt folgt" (*quasi sua sponte desideratus sequatur effectus*, ebd.). (MD §23)

Der (richtige) Einsatz von 'Medien' bewirkt also, daß 'quasi spontan', aber dennoch mit Sicherheit – „so daß es unmöglich ist, das Ziel nicht zu erreichen" (ebd.) – die Methode erfolgreich ist. 'Medien' sind dazu prädestiniert und im Prinzip (ausdrücklich als 'hinreichendes' Mittel bezeichnet) dazu in der Lage, die Spontaneität und Aktivität des noch nicht genügend geformten Geistes in die richtigen Bahnen zu lenken.

Die 'Medien' sind das Schlüsselkonzept einer als Organisation aufgefaßten didaktischen Mechanik – und bezeichnen deshalb am Ende hier nur noch die abstrakten Funktionselemente des didaktischen Prozesses. Comenius erläutert: Es gebe drei Arten von 'Medien' (mit jeweils drei Unterabteilungen), die in der 'Didaktischen Maschine' berücksichtigt werden müssen, und zwar Objekte (*objecta*), Subjekte (*subjecta*) und Werkzeuge der Bildung (*instrumenta formationis*, §25 bzw. §28). Die 'Objektmedien' sind die drei grundlegenden (klassischen) Kategorien von (Lern-) Gegenständen – Gott, Welt und Mensch –, „die uns über alles informieren" (*nos de omnibus informant*, §25). Als die zweite Art von 'Medien' nennt Comenius drei Vermögen der menschlichen Seele, drei 'Subjekte', den Geist, den Willen und die 'operativen Fähigkeiten', „die in uns vornehmlich gebildet werden müssen" (§27). Erst die dritte Medienkategorie nähert sich wieder einem spezifischeren Gebrauch des Medienbegriffs an, indem sie vermittelnde Funktionen zwischen Objekten und Subjekten anspricht: es ist nun die Rede von den Sinnen, dem Verstand und der Verkündung als den drei 'Werkzeugen der Bildung'.

Diese Reihe der Elemente einer allgemeinen Theorie der 'Mechanik' des didaktischen Prozesses ähnelt nur in der formalen Gliederung als Drei-mal-Drei-Schema den Topoi der Unterrichtsmethodik aus MD-I. Inhaltlich entsprechen sie diesen in keiner Weise. Vielmehr tauchen die methodischen Überlegungen aus MD-I (in modifizierter Form) unter dem Titel des Anwendungsverfahrens der abstrakten 'Medien' auf den Menschen wieder auf (§45ff.).

Die Figur des abstrakten Medien-Mechanismus aus MD-II begründet damit letztlich die Funktionalität der konkreten Methodik aus MD-I (vgl. §1). Eine Kette sich schrittweise konkretisierender 'mechanischer', instrumenteller Prinzipien etabliert deduktiv die maschinengleiche Funktionssicherheit der Didaktik: Ihren abstrakten Ausgangspunkt nimmt sie im *notwendig Erforderlichen* für die 'mechanische Struktur einer Werkstatt' (§23). Deren zentrales Glied bilden drei Klassen von *'Medien'* als abstrakte Funktionen des Bildungsprozesses (ebd.). Diejenigen 'Medien', die für die Zugangsmöglichkeites des Menschen zur Wirklichkeit stehen (die dritte Medienklasse), bezeichnet Comenius als *Werkzeuge der Bildung* (§28). Zur funktionssicheren Anwendung der abstrakten Medien im Bildungsprozeß sollen dann unter anderem konkrete Medien herangezogen werden. Laut MD-II kommen *Anschauungsobjekte, Vorführbeispiele und Anwendungsvorschriften* zum Einsatz (§§46-49), als 'Medien' nur in MD-I benannt. (Wobei in MD-I ein weiteres Glied zu der Kette sich spezialisierender Begriffe des Instrumentellen hinzugefügt ist, insofern hier zum Erlernen der Praxis nicht Vorführbeispiele, sondern Geräte, *instrumenta*, benötigt werden.[47])

Wenn 'Medien' und damit auch die konkreten Medien aus MD-I als Glieder eines abstrakten Mechanismus erscheinen, die 'hinreichend sind, den gewünschten Bildungseffekt hervorzurufen', erhebt sich die Frage:

Handelt es sich letztlich bei diesem Konzept um mehr als die Beschwörung des rationalistischen Prinzips des Mechanischen als solchem? Fußt also der optimistische Glaube an die didaktische Wirksamkeit der *media* nur auf dem relativ abstrakten Mythos einer universellen Mechanik, bei der die metaphorischen Zahnräder in den Binnenstrukturen von Welt und Mensch bruchlos ineinandergreifen können – wie auch Kant hinsichtlich des empirischen Subjektes annahm, jedoch bereits fürchtete? Oder hat Comenius auch konkretere Vorstellungen entwickelt, inwiefern 'Medien' mechanisch, daher funktionssicher zum didaktischen Erfolg führen können?

Bevor ich auf das hauptsächliche Bild zu sprechen komme, das zeigt, wie im didaktischen Prozeß die abstrakte Funktionalität quasi materiell zu Werke gehen soll, möchte ich auf das konventionelle Bedeutungsfeld des Begriffs 'Medien' eingehen. Die Deutung von 'Medien' als Funktionen in einer Maschinenstruktur beruht nicht auf einer traditionellen Sprachverwendung, sondern zeigt gerade eine Pointe der Comenianischen Didaktik auf[48].

4.4 Zur Wortgeschichte von *medium*

Die instrumentelle Konnotierung, die durchgängig in MD-I und MD-II dem Begriff der *media* anhaftet, war zu Comenius Zeiten nicht selbstverständlich (so wie sie auch heute eher befremdet). Bacon zum Vergleich, der sich als Teil desselben neuzeitlichen Aus- und Aufbruchs aus der Enge scholastischen Denkens fühlte wie Comenius, redete nicht von 'Medien', die für manuelle wie intellektuelle Tätigkeiten erforderlich seien. Die Mittel, die menschliches Handeln und Denken effektiv machen, nannte er *instrumenta* und *auxilia*, 'Gerätschaften' und 'Hilfen' (Bacon 1620, Neues Organon I, S.80.)

In der inhaltlichen Charakterisierung der benötigten 'Instrumente' treffen sich Bacon und Comenius dabei durchaus. Beide beschreiben als Ideal, menschliche Tätigkeit nach dem Prinzip uhrenförmiger Gleichmäßigkeit und Präzision zu gestalten, damit – in Bacons Worten – 'Wissen und Wirkungsmächtigkeit' (*scientia et potentia*) zusammenkommen. Comenius stellt direkt die Uhr-Maschine als Leitbild für das sinnvolle pädagogische Handeln hin. Bei Bacon ist abstrakter von der Erfordernis die Rede, beim Handeln sich an 'Regeln' zu orientieren, um so zu den gewollten Effekten zu kommen. Es ist dabei wohl nicht verfehlt, in Bacons *regula* den Nachklang der Regel der Klöster zu hören. Den Mönchen schrieb die Klosterordnung ein gleichmäßiges, aus Gebet und Arbeit bestehendes Leben vor, das durch das 'Stundengebet' gegliedert wurde. Seit dem späten Mittelalter sind diese 'Horen' (nach lateinisch *hora*, 'Stunde, Zeit, Stundengebet') durch Schläge einer Turmuhr signalisiert worden. Das resultierende gleichförmig 'getaktete' Tätigsein machte die Klöster zum bis heute nachwirkenden Vorbild disziplinierter Arbeit.[49] Doch 'Medium' wie bei Comenius hieß das Effektivität stiftende Regel-Uhr-werk für Bacon nicht.

Das lateinische *medium* als abstraktes Neutrum des Adjektivs *medius,-a,-um*, 'mittel, mittlere(r,s)' hatte zu allen Zeiten die Konnotation einer ausgleichenden 'Vermittlung' zwischen zwei Polen unterschiedlichster Art. Von daher wurde das Wortfeld auch frühzeitig für die Idee einer 'Übermittlung' in Anspruch genommen, jedoch nicht im Sinne einer *aktiven* 'Vermittlung' durch ein eigenständiges Transmissionsglied. Die Bedeutungsverschiebung zu solch einem disponiblen und zweckrational einsetzbaren (Hilfs-) 'Mittel' oder 'Werkzeug' in dem Sinne, wie bei Comenius von den effektiven Medien in der mechanischen Struktur einer Werkstatt die Rede ist, hat anscheinend außerhalb eng beschränkter Kontexte nicht stattgefunden. Dem Thesaurus Linguae Latinae (1966) zufolge wird *medius* lediglich in folgenden übertragenen Bedeutungen verwendet:
– für eine qualitativ oder quantitativ 'vermittelnde' Eigenschaft,
– für die 'mittlere' Position zwischen Verschiedenem
– oder für etwas 'in der Mitte' Befindliches im Sinne eines Gemeinsamen.

Wenn Christus als 'Mitte und Mittler' (*medius et mediator*) apostrophiert wurde, so näherte sich – gemäß der christlichen Auffassung vom Gottessohn als Künder und Träger der 'guten Botschaft' – dabei der Begriff der qualitativen 'Vermittlung' an den einer 'Übermittlung' von Information, aber nicht eines Hebels des Heils an.[50] Die bereits klassisch-antiken Bedeutungen vom 'Mittler' als Zeugen – ursprünglich die neutrale Person beim Eid oder Vertragsabschluß – oder vom Mittler als Dolmetscher weisen gleichfalls in die Richtung der Idee, daß ein *medium* Mitteilungen bezeugt bzw. weitergibt. Der Begriff *medium* im Sinne des gemeinsamen Zentrums diente im Altertum außerdem als Bezeichnung für die Allgemeinheit oder die Öffentlichkeit. So bedeutete, eine Sache *in medium* zu tragen, sie publik zu machen, eine Angelegenheit *in medium* zu rufen, sie vor Gericht zu bringen (und so gewissermaßen auch, über sie zu informieren).

Möglicherweise überträgt Comenius mit seiner instrumentellen Auslegung des Wortes *medium* eine Entwicklung zurück ins Lateinische, wie sie für das 17. Jahrhundert für das Deutsche belegt ist (vgl. die Einträge im Grimmschen Wörterbuch, und im 'Etymologischen Wörterbuch des Deutschen', Pfeifer et al. 1989): In dieser Zeit verschob sich der Sinn von 'Mittel' von einer Ortsangabe (diese Funktion übernahm 'Mitte') zur heute charakteristischen Zweckorientierung. Insbesondere hieß nun das für beliebige Zwecke einsetzbare oder erforderliche finanzielle Vermögen die 'Mittel', ebenso kam der Begriff des 'Heil-Mittels' in Gebrauch[51].

Inwieweit Comenius bei seiner instrumentalistischen Deutung der 'Medien' eher intuitiv sich einem rationalistischen und merkantilistischen Zeitgeist, der das 'Dazwischenliegende' als Hebel und Werkzeug in Besitz nahm, anschloß oder er diese Pointe bewußt setzte, läßt sich nicht feststellen. In jedem Fall bildet die Wortwahl selbst einen Teil der provozierenden neuen Sicht, die die These der Möglichkeit einer 'Didaktischen Maschine' darstellte. Wobei für Comenius wichtig war, daß im Begriff des Mediums noch mitschwang, was heute 'Mittel' nicht mehr enthält: Daß die Zwischeninstanz des Mediums nicht als willkürlich vom Menschen gemacht, sondern als natürlich existierend erscheint. Auch wenn die konkreten didaktischen Medien, ebenso wie die Geräte in der Schmiede, durchaus bereit- und hergestellt werden müssen, tragen sie so noch die Weihe eines objektiven Vorgegebenseins.

Der Begriff des Mediums, wie er heute in den modernen Sprachen verwendet wird, taucht vor dem 20. Jahrhundert nur allmählich am Horizont auf, und zwar zunächst als chemischer und physikalischer Terminus im Sinne eines 'umgebenden Stoffs', eines passiv gedachten 'Trägers von Prozessen' (also wiederum nur etwas, was ohne eigene aktive Funktion 'dazwischen liegt'). Die deutsche Sprache kann als Indiz genommen werden: Noch das Grimmsche Wörterbuch, die umfangreichste Dokumentation des deutschen Wortschatzes, verzeichnet das Stichwort gar nicht. Laut 'Etymologischem Wörterbuch des Deutschen' (Pfeifer et al. 1989) existierte jedoch 'Medium' im Deutschen seit dem 17. Jahrhundert als Entlehnung aus dem Lateinischen. Abgesehen von seiner Bedeutung in der Grammatik, wo es den 'mittleren' Modus von Verben zwischen Aktiv und Passiv benennt, sei es ursprünglich in den Naturwissenschaften angewendet worden. Ein übertragener Gebrauch im Sinne von 'vermittelndes Element' hat sich im 18. Jahrhundert entwickelt. Die spezielle Verwendung im Spiritismus, bei dem ein Medium die 'vermittelnde Person' in der Kommunikation mit Geistern ist – sozusagen die Harlekinade zu Christus als Medium –, entstammt dem 19. Jahrhundert.

Im großen und ganzen hat dabei der Medienbegriff bis heute etwas vom rein topologischen Charakter der vermittelnden Instanz behalten, die ihn ursprünglich auszeichnete. Die Auffassung eines Mediums als geplanter Wirkungsmechanismus, die bei Comenius herauszuhören ist, stellt bis in unsere Tage die Ausnahme dar – sie klingt wohl auch heute am ehesten im Kontext mancher pädagogischer Entwürfe von didaktischen Programm-Medien an.

4.5 Der Mythos des mentalen Engramms als Weltrepräsentation

Das Zauberwort 'Medien' vereinigt in Comenius' Deutung also die Vorstellung einer topologischen Zwischensubstanz mit der eines Zwischengliedes in einer mechanischen Wirkungsübertragung. Comenius kann daher jede wie auch immer konstituierte Kette abstrakter 'Medien'-Objekte, jedes topo- oder ontologische Nebeneinander, bei Bedarf auch als eine ineinandergreifende, kohärent wirkende Funktionskette verstehen.

Diese Überlegung macht den Entwurf seines umfassenden 'Medienapparates' in MD-II nachvollziehbar. Die 'Objektmedien' Gott, Welt und Mensch stehen in einer – wie auch immer beschaffenen – 'natürlichen' Beziehung zu den 'Subjektmedien', den theoretischen, affektiven und praktischen Subjektvermögen, und beide sind faktisch miteinander korreliert über die menschlichen Erkenntnisvermögen. Indem diese Bezüge funktional interpretiert werden, entsteht der *apparatus* (MD §29), der funktionssicher angewendet werden kann, die 'Didaktische Maschine'.

Die fraglose Identifikation von topo- oder ontologischer 'intermediärer' Präsenz mit Medien-Funktionalität gestattet aber nicht nur die Konstruktion einer abstrakten Didaktik. Auf der konkreten Ebene bildet sie auch den Hintergrund für spezifische Vorstellungen vom Lernprozeß und der Wirksamkeit von Lehrmedien.

Comenius knüpft an schon aus der Antike stammende Vorstellungen an, wenn er Wissen definiert als „die klare Schau der mit dem Geist erfaßten Gegenstände" (MD §36). Als lerntheoretische Konsequenz formuliert er, Wissen komme daher „nicht anders zustande als durch vielfältige Schau vielfältiger Gegenstände" (ebd.). Es gibt demnach zwei Arten der Schau: Beim Anblick realer Gegenstände werden im Geist Bilder von ihnen erzeugt und aufgezeichnet – gespeichert auf der inneren Tafel des Geistes, die ursprünglich blank sei (eine *tabula rasa*), jedoch aufnahmebereit sei und eine 'unbegrenzte Kapazität' (*infinita capacitas*) aufweise. Danach stehen die Bilder als Wissen für eine geistige Schau zur Verfügung. (Schon in der Antike war von solchen inneren Bilder wörtlich als 'Repräsentationen' von Objekten die Rede – zur Geschichte dieses Begriffs und der ihn prägenden Vorstellungen s. Scheerer 1990[52]).

Die bildhafte Darstellung, die Comenius dieser Theorie gibt, um ihr selbst auf diese Weise Genüge zu tun, sei ausführlich zitiert. In ihr kommt der wohl zentrale Mythos der Comenianischen Didaktik zum Ausdruck (der auch ihre optimistische Sicht und ihr egalitäres Ideal begründet):

„Wenn es möglich wäre, den Geist eines ungebildeten Menschen zu sehen, sähe man eine dunkle Höhle, in der nichts – oder nichts deutlich und nur dies oder jenes dunkel und verworren – zu sehen wäre. Wenn aber bei einem gebildeten und wissenden Menschen der Geist betreten werden könnte, sähe man den strahlendsten Palast, bestaunenswert durch die Vielfalt der vorhandenen Bilder, eine reine Augenweide. Woher kommt aber dieser Palast in ihm? Nicht von ihm selbst: Von Natur aus ist bei beiden Menschen gleichermaßen der Geist leer wie eine blanke Tafel. Wenn irgendein Bild hineinkommen soll, muß es gezeichnet werden. Willst du also, daß jemand etwas weiß? Zeige es ihm, über die ungetrübten Sinne: Und er wird es wissen. Willst du, daß er vieles weiß? Zeige ihm vieles. Und wenn er alles wissen soll, mußt du ihm alles zeigen.“ (MD §36)

Lernen besteht also im Aufnehmen kleiner Bilder von Gegenständen ‘über die ungetrübten Sinne’ (*per sensus claros*), über die Sinnes-Medien als „Fenster der Seele, durch die sich die präsenten Gegenstände in sie hineintragen“, wie es in §28 heißt. Eventuell können weitere mediale Wahrnehmungskanäle (wörtlich ist in §28 vom *tubus* der Seele die Rede) zu Hilfe kommen. Die rezipierten Bilder schreiben sich dabei in einen Speicher ‘unbegrenzter Kapazität’ ein, in welchem sie das Anschauungsmaterial für den menschlichen Geist bilden.

Die Identifikation von Kopräsenz und Kohärenz legitimiert die strikte Kopplung von Außen-Welt und Geistes-Innerem: Das (äußere) Anschauungsobjekt erzeugt sozusagen durch direkten ‘Eindruck’ bzw. in einer durchgängigen medialen Wirkungskette ein inneres Modell-Objekt, das eindeutig dem äußeren zugeordnet ist. Dieses mentale Engramm repräsentiert dann in korrekter Weise für die innere Anschauung den Gegenstand, der ursprünglich den äußeren Sinnen präsentiert wurde.

Wenn in dieser Weise die Zuleitung von Abbildern über die Sinnes-Fenster oder -Kanäle genügt, um ‘automatisch’ Wissen entstehen zu lassen – im 20. Jahrhundert wurde diese Vorstellung als Kübeltheorie des Geistes denunziert – , dann liegt die Forderung Comenius’ auf der Hand, daß für die Vermittlung des theoretischen Wissens vor allem ‘Anschauungsobjekte’ (MD-II) bzw. ‘Anschaungsbeispiele’ (MD-I) zur Verfügung zu stellen seien. Und es wäre in der Tat anzunehmen, daß diese Theoriemedien zielsicher wirken.

Es sei ein kurzer Blick über die Jahrhunderte hinweg gestattet. Das effiziente, widerstandslose geistige ‘Einverleiben’, die bruchlose automatische Transformation äußerer Realitäten in Abbildungen und weiter in innere Repräsentanten der Realitäten (deren Verfügbarkeit dann Wissen sei) ist ein antikantianischer Mythos, der sich dank neuer Abbildungstechnologien heute noch weit besser als zu Comenius’ Zeiten als Leitidee für eine didaktische Medientechnologie zu eignen scheint. Gerade der Computer als universeller ‘Wissensspeicher’ oder, wie er inzwischen gern annonciert wird, als ‘Multimediamaschine’ bietet sich als sehr direkte Verkörperung solcher Medienvisionen an – in einem Maß, daß gängige Versuche, den Computer als Lernhilfe bzw. lernförderlich zu gestalten, wie eine ungewollte Persiflage auf die Comenianischen Visionen wirken.

‘Zeige dem Benutzer, was er wissen soll, und er wird es wissen’: so ließe sich in nur geringfügiger Abwandlung von Comenius’ Sätzen der Ansatz formulieren, mit dem etwa bei graphischen Benutzungsoberflächen (wie ‘Microsoft Windows’ für PCs) das Ziel der Benutzungsfreundlichkeit und das softwareergonomische Prinzip der Lernförderlichkeit verwirklicht werden sollen. Ein Monitorbild wie die in Kapitel 8 abgedruckte typische Momentaufnahme eines Windows-Bildschirms erinnert sogar – zumal in der satten Farbigkeit, in der es intendiert ist – an den mit Bildern reich ausgestatteten Comenianischen Palast (in einer Disney-Variante). Spekuliert wird jedenfalls darauf, daß die symbolische Abbildung einer kognitiven

Landschaft von realen bzw. computerbezogenen Operationsmöglichkeiten im Medium sich wie von allein eins zu eins in ein entsprechendes Feld von Kognitionen übersetzt. Bereits die heute auf breiter Front gesammelten alltäglichen Erfahrungen mit 'Windows'-Systemen erweisen freilich die an sie geknüpfte Erwartung eines leichten Zugangs zu einer qualifizierten Computernutzung als Illusion. Die Abbildungen und symbolischen Darstellungen, die 'unmittelbar instruktiv' wirken sollen, illuminieren das Verständnis der Personen, die an dem System arbeiten und lernen sollen, nicht bzw. bei weitem nicht im erhofften Maß. Eine zuverlässige Transmission zwischen realem Vorgang oder Objekt, im Medium präsenten Bildern und Symbolen und schließlich mentalen Repräsentationen oder anderen didaktischen Effekten, die das Betrachten des Bildschirms hervorbringen soll, findet nicht statt.[53]

Die Identität von *Abbildungs*medium und *didaktischem* Medium ist eine Fiktion: Das Medium übermittelt Bilder und Symbole, die in fragwürdiger Beziehung zum intendierten Original stehen. Erst recht bleibt deren Instrumentalität im Sinne einer instruktiven Wirkung auf die Adressaten, auch bei gutem Willen und bestem Bemühen von Medienproduzenten wie Medienrezipienten, höchst unsicher.

Die Notwendigkeit, aber auch die Problematik einer Transformationslogik von Objektpräsenz und mentaler Repräsentanz ist auf theoretischer Ebene schon zu Blütezeiten des neuzeitlichen Rationalismus bemerkt worden. Leibniz führte in einem klassischen Argument aus, daß die Wahrnehmung (Perzeption) und Repräsentation von körperlichen wie von unkörperlichen Weltobjekten nicht mechanisch und überhaupt nicht durch ein aus Komponenten bestehendes System erklärt werden kann. Da außerdem alles, was mechanisch beeinflußbar ist, selbst mechanische Komponenten hätte, müßten Empfindungen, Perzeptionen und Gedanken an einem Ort der Wirklichkeit bzw. in einer Substanz angesiedelt sein, die nicht zusammengesetzt sei und von der es daher auch keine Transmissionen zur körperlichen Welt gebe:

„Übrigens muß man notwendig zugestehen, daß die Perzeption und was von ihr abhängt, auf mechanische Weise, d.h. mit Hilfe von Figuren und Bewegungen, unerklärbar ist. Nehmen wir einmal an, es gäbe eine Maschine, die so eingerichtet wäre, daß sie Gedanken, Empfindungen und Perzeptionen hervorbrächte, so würde man sich dieselbe gewiß dermaßen proportional-vergrößert vorstellen können, daß man in sie hineinzutreten vermöchte, wie in eine Mühle. Dies vorausgesetzt, wird man bei ihrer inneren Besichtigung nichts weiter finden als einzelne Stücke, die einander stoßen – und niemals etwas, woraus eine Perzeption zu erklären wäre. Also muß man die Perzeption doch wohl in der einfachen Substanz suchen, und nicht in dem Zusammengesetzten oder in der Maschinerie!" (Leibniz 1714, §17)[54]

Jede 'einfache Substanz', die Leibniz *Monade* (bzw. *Seele* in der spezielle Variante, die über bewußte Repräsentationen der Welt verfügt) nennt, ist ein singulärer Weltort ohne Verbindungskanal zur Welt. Leibniz erklärt daher, konträr zu Comenius' Vorstellung von den Sinnen als 'Fenster der Seele': „Die Monaden haben keine Fenster, durch die etwas hinein- oder heraustreten kann." (§7) Insbesondere könnten keine Bilder als Kopien oder Abzüge von realen Objekten in die Seele wandern. Leibniz weist an dieser Stelle die schon antike Theorie der vom Objekt ins Subjekt strömenden *species sensibiles* (vgl. auch Scheerer 1990, S.11f.) ab, die den Hintergrund für Comenius' Vorstellungen bildet. Ausdrücklich beruft er sich auch auf die Abgeschlossenheit des materiellen Universums nach dem Impulserhaltungssatz der Physik, der eine Wechselwirkung von Welt und unkörperlicher Seele nicht zuläßt (Leibniz 1714, §80).

Bei Leibniz sorgte dann allerdings Gott durch die Einrichtung einer universellen materiefreien 'Kommunikation' (§61) dafür, daß jede Monade „Beziehungen hat, durch welche alle übrigen zum Ausdruck gelangen, und daß sie infolgedessen ein fortwährender lebendiger Spiegel der Welt ist" (§56). Jede Monade trägt ihre individuell perspektivierte Repräsentation der ganzen Welt in sich (vgl. auch §57ff.). Dabei handelt es sich nicht um tote Bilder der Welt, sondern die Monade bildet sozusagen einen lokalen Knoten eines Kommunikationsuniversums, einen Punkt in einem holographischen Weltganzen, der „durch die beständigen Ausblitzungen der Gottheit von Augenblick zu Augenblick" (§47) jederzeit aktuell reproduziert, sozusagen *updated*, wird[55]. Die 'Dazwischenkunft Gottes' – Gott als das wahre *medium* – schafft anstelle der nicht möglichen direkten eine indirekte Verbindung unter den Monaden sowie zwischen den Monaden und der körperlichen Welt (§51, s. auch §62).

Comenius hat sicherlich die Logik seiner Vorstellungen nicht bis zur Leibnizschen Konsequenz durchdacht. Es ist jedoch davon auszugehen, daß er mit dem theologischen Fundament, auf das er seine Didaktik immer wieder bezieht (s. etwa MD §2), nicht nur pflichtschuldig die Eingebundenheit in die christliche Tradition darlegt. Er weiß oder ahnt, daß erst das theologische Argument die Kohärenz seiner Seele und Welt verkittenden Konstruktion stiftet (und wenn schon ein allmächtiger Gott zur Behebung logischer Probleme bemüht wird, kann auch der Punkt, an dem sein Eingreifen benötigt wird, gegenüber Leibniz vorverlegt werden).

Doch was ist, wenn keine Gottheit zur Hilfe kommt und die Alles-oder-Nichts-Ereignisse einer quasidigitalen perfekten Kommunikation garantiert? Was kann von der Funktionalität von Medien gerettet werden, wenn weder eine direkte Verkettung noch ein Gott als ideales Medium den Zusammenhang von Subjektmonade und Welt sichert?

4.6 Differenzierungen der Medienmechanik

Es kann und soll Comenius freilich auch immanent nicht eine leichtfertige oder naive Simplifizierung der Didaktik vorgeworfen werden: Aller rationalistischen Emphase zum Trotz – die ja primär als Polemik gegen eine erstarrte und ignorante Schultradition aufzufassen ist – spürt er sehr wohl, daß der Gedanke einer Mechanik der medialen Transmission bestimmte Aspekte der didaktischen Theorie, aber nicht die ganze didaktische Praxis ausschöpft. Im konkreten Zusammenhang bemüht er dann auch keinen Gott als *deus ex machina* (bzw. deus *in* machina), der die Probleme mit einem Zauberstreich eliminiert. Vielmehr zeigt er sich den immanenten Schwierigkeiten einer Mediendidaktik gegenüber durchaus sensibel.

Dies wird an einer wichtigen Stelle seiner 'Großen Didaktik' deutlich, an der er, als eine weitere Analogie des rationalen Unterrichts zu den Produkten und Arbeitsweisen der neuzeitlichen mechanischen Künste, einen Vergleich von Schule und Buchdruck entwickelt ('Große Didaktik', Kap.32).

Bei diesem Vergleich geht es erst einmal wieder um den abstrakten Gesichtspunkt der zu fordernden Modernisierung der Didaktik. Die Wissensvermittlung in der Schule – das 'Schreiben' auf der *tabula* des Geistes – soll in gleicher Weise effektiviert werden, wie der Buchdruck das Handwerk des Schreibens auf Papier mechanisiert und rationalisiert hat. Als Bezeichnung für das didaktische Verfahren, das nach den neuen rationalen Prinzipien vorgeht, führt Comenius hier den Terminus 'Didachographie' in Anlehnung an 'Typographie' ein. Die 'Didachographie' ist die anzustrebende, dem neuen Zeitalter angemessene methodische Lehre, sie ist *Lehrtechnologie* anstelle des Unterrichtens ohne ein vernünftiges System von Methoden und Werkzeugen.

Die Vorzüge eines solchen 'modernen' Verfahrens preist Comenius mit fünf Argumenten, die wörtlich einer heutigen Ankündigung von technisierten Lehrmethoden entnommen sein könnten: „(1) Mit einer kleineren Menge Lehrender können weit mehr unterrichtet werden als bei den jetzt üblichen Unterrichtsverfahren. (2) Die Schüler werden wirklich etwas lernen; (3) denn der Unterricht hat Niveau und ist attraktiv. (4) Auch wer weniger begabt ist oder langsamer auffaßt, wird einen Bildungserfolg erzielen. (5) Und schließlich werden auch die glücklich mit dem Lehren werden, die nicht für diesen Beruf geschaffen sind: Weil jemand nicht so sehr auf die eigene Fähigkeit angewiesen ist, was und wie er unterrichten soll, als daß er vielmehr den vorbereiteten Unterricht – wobei auch die Medien vorbereitet sind und zur Verfügung stehen – der Jugend nahebringen und einflößen wird." (Kap.32 §4, Übers. hier und im folgenden – RR)

Den Gedanken, daß der Lehrer zum lediglich ausführenden Organ einer festgelegten Unterrichtskonzeption werden kann, sozusagen nur ein Lehrprogramm abarbeiten muß – so daß heute vorstellbar wäre, ihn durch einen Computer zu ersetzen –, treibt Comenius sogar noch weiter. Er stellt sich ein vollständiges Notationssystem für Unterricht vor: „Denn wie jeder beliebige Musiker jede beliebige Komposition leicht vom Blatt spielen kann, die er vielleicht selbst weder hätte komponieren noch mit der Stimme oder auf einem Instrument aus dem Kopf vortragen können, so kann auch ein Schullehrer alles unterrichten, wenn er den ganzen Stoff und alle Unterrichtsweisen wie auf einem Notenblatt vor sich hat." (Ebd.)

Wenn Comenius dann das Leitbild der 'Didachographie' zur Buchdruck-Allegorie der Schule konkretisiert, wird freilich deutlich, daß er doch weiß, daß die objektivierbaren, 'vorbereiteten' Medien nicht alles im Unterricht sind und ohne die Sensibilität von Subjekten nicht wirksam werden können.

Er führt aus, daß zum Buchdruck bestimmte Gegenstände gehören (hier *res*, nicht *media* genannt wie in MD-II): Papier, Drucktypen, Druckerschwärze und die Druckpresse. Was entspricht diesen funktionalen Objekten der Druckwerkstatt in der Schule? „Das *Papier*, das sind die Schüler, in deren Geist die Buchstaben der Wissenschaften einzugraben sind" (§7) Als Mittel des Einprägens, der 'Impression' dienen Medien: „Die *Drucktypen*, das sind die didaktischen Bücher und weitere bereitgestellte Werkzeuge, durch deren Vermögen mit geringer Mühe das zu Lernende dem Geist eingeprägt werden kann.“ (Ebd.) Die *Druckpresse* entspricht dem System, mit dem durch permanente Wachsamkeit (*attentio perpetua*) der lehrenden Person sowie durch mündliche und tätliche Verweise die schulische Disziplin aufrechterhalten wird (§17). Solche ‘Druckerzeugung’ kann noch als der Wissensvermittlung äußerlich angesehen werden. Die Entsprechung, die Comenius zur *Druckfarbe* nennt, zeigt aber, daß er am Ende doch spürt, daß Medien nicht allein wirksam sind bzw. ihre Wirksamkeit nicht wirklich mechanisch begriffen werden kann, daß es vielmehr entscheidend auf einen Überschuß des Lebens über die Maschinerie ankommt (was sich im Lobpreis der *ordo* des Uhrwerks Kap.13 §14 ganz anders anhörte). Er erklärt:

„Die Druckerschwärze ist die lebendige Stimme des Lehrers, die den Sinn der Dinge aus den Büchern in den Geist der Hörer überträgt.“ (Kap.32 §7) – „Denn *was den Knaben ihre stummen Lehrer, die Bücher, darbieten, ist tatsächlich stumm, dunkel und unvollkommen; doch wenn die Stimme des Lehrers dazukommt* (der alles vernünftig entsprechend der Auffassungsfähigkeit der Lernenden erklärt und die Anwendung zeigt), *wird es lebendig und prägt sich tief ihren Seelen ein*, so daß sie dann wirklich verstehen, was sie lernen, und wissen, daß sie verstehen, was sie wissen.“ (§16) Wie feinstes Öl die Druckerschwärze eingängig macht, so soll die Stimme des Lehrers durch ihre angenehme und verständliche Art „sich, und mit sich die Gegenstände, in die Seelen der Lernenden einschmeicheln“. (Ebd.)

Offenbar funktioniert der Unterricht doch nicht, wenn die Lehrperson ‘nicht für den Beruf geschaffen’ ist bzw. wenn nur die objektiven Vorgaben für den Lehrprozeß existieren, die subjektiven Bedingungen aber vernachlässigt werden. Comenius fordert quasi einleitend zur Diskussion der Bedeutung der ‘Druckerschwärze’, daß es neben den Lehrbüchern für die Schüler, den ‘Realbüchern’ (d.h. den Büchern betreffend die Lerninhalte), methodische Anleitungen für die Lehrer geben müsse (§15). Dieser Gedanke bleibt jedoch der Diskussion der metaphorischen Drucktypen, der Medien, zugeordnet. Es ist daher unwahrscheinlich, daß diese speziellen Medien hinreichen sollen, um das richtige Engagement der Lehrperson zu bewirken. Sie fungieren vielmehr nur sozusagen als die rückwärtigen Teile des Druckmechanismus und können die eingängige Druckfarbe bzw. die lebendige Stimme weder hervorbringen noch ersetzen.

Daß sich beim Einsatz von Medien ‘sozusagen spontan’, *quasi sua sponte*, der gewünschte Lehrerfolg einstellt (MD §23), empfindet Comenius im konkreten Zusammenhang also augenscheinlich selbst nicht als so sicher, wie er im Kontext seines deduktiven Schemas postuliert. Die *Spontaneität* des lehrenden und auch des lernenden Subjektes ist doch keine Illusion und kann in der Praxis nicht einfach durch Medien wie gewünscht dirigiert werden. Die Medien geben die richtigen Inhalte vor und suggerieren eventuell die richtigen Methoden, dennoch kann der Unterricht abgleiten. Im Kontext einer Lehre von der ‘Didachographie’, von der sicheren Verbreitbarkeit des Wissens durch Medien, muß dieses Problem als eine Frage minderer Bedeutung hingestellt werden. Immerhin verschweigt Comenius es nicht. Der Funken, der von den Medien auf die Lernenden überspringen soll, so daß sich in ihnen das Licht des Wissens ‘wie von selbst’ entzündet, *kann* auch im Nichts verglimmen. Zudem muß er auch erst einmal aus den an sich 'stummen, dunklen und unvollkommenen' Medien herausgeschlagen werden.

Comenius wußte um die Widerständigkeit wie auch die Kreativität der realen Prozesse beim Lehren und Lernen mit Medien. Die Lebendigkeit des Subjektes, die auf Eigentätigkeit ausgerichtete Natur des Menschen (die er als *tota activa*, 'gänzlich aktiv' kennzeichnet, MD §13) sind Vorstellungen, die sich nur partiell einer mechanischen Didaktik einfügen lassen. Anscheinend verursachen sie auch für Comenius nicht nur ein Defizit an uhrwerksförmiger *ordo*, sondern er nimmt durchaus ihre positive Bedeutung wahr. Auf der einen Seite sieht Comenius in pragmatischer Hinsicht die Notwendigkeit der kreativen Aktualisierung des in Medien Niedergelegten und geht von der prinzipiellen Eigentätigkeit und Handlungsorientierung des Menschen aus. Der dezidierten Aufnahme dieser Gedanken in sein Theoriegebäude steht andererseits der Wunsch entgegen, die 'mechanischen', die beherrschbaren und zuverlässig vorhersehbaren Momente der Didaktik herauszuarbeiten, um einer 'labyrinthischen' Tradition die Rationalität im Lernprozeß entgegenzuhalten.

Auch die konkreteren Konzepte von didaktischen Medien erschöpfen sich bei Comenius nicht von vorneherein in der Vorstellung, daß eine 'Impression', eine mechanische Einprägung von präsentiertem Wissen in den Geist stattzufinden habe. Comenius wird nicht müde zu betonen, daß theoretisches (kognitives) Lernen nicht alles ist, vielmehr stets gekoppelt sein muß mit der praktischen Erprobung und der Anwendung des Gelernten in Sinnzusammenhängen (wo sich dann ein reiches Betätigungsfeld für die 'aktive Natur' des Menschen eröffnet). Auch für das Praxis- und Kontextlernen hält Comenius Medien für unverzichtbar: 'Gerätschaften' und 'Anleitungen' werden laut MD-I benötigt. Deren didaktische Wirksamkeit wird freilich nicht näher dargetan bzw. muß sich aus dem vorrangigen (MD §31) kognitiven Theorielernen ergeben. Comenius geht daher in MD-II, §46, dazu über, unterschiedliche Arten von Präsentationsmedien für das theoretische und das praktische Lernen zu postulieren, so daß Lernen doch stets auf Präsentationsmedien angewiesen zu sein scheint.

Die immanente Legitimation der Wirksamkeit der didaktischen Medien hängt damit generell an dem Mythos, daß der menschliche Geist als Tafel oder als zu bebildernder Palast – nach unseren heutigen Vorstellungen ein Museum – aufzufassen sei. *Wenn* Wissen in dieser Weise als Sammlung engrammatischer Repräsentationen von Welt zu verstehen ist, liegt die Identifizierung von (1) realem oder symbolischem Abbildungsmedium, (2) das Subjekt engrammatisch prägendem Medium und (3) didaktisch funktionalem Medium nahe. Die Feststellung, daß die menschliche Natur *tota activa* sei, läßt allerdings gleichzeitig die implizierte Vorstellung einer passiven Kognition als fragwürdig erscheinen.

Es ist als ein Zeichen der Offenheit und des Realismus der Comenianischen Didaktik zu werten, daß, entgegen der emphatisch behaupteten universellen Uhrwerksmechanik, in den Fugen der Argumente die faktische Brüchigkeit der didaktischen Verknüpfung von Subjekt und Welt mittels Medien hindurchschimmert. Sie ausdrücklich in die theoretischen Überlegungen einzubeziehen, hat

Comenius allerdings nachfolgenden Generationen hinterlassen. Den bereits durch den Rationalismus, nachhaltigst dann von Kant problematisierten Zwiespalt von Subjekt und Welt hat er nicht übersehen, ihn jedoch aus der allgemeinen Theorie ausgeblendet.

Die Nachfolger waren freilich zunächst mit anderen Fragen als der Neubewältigung der theoretischen Konzeption von Medien im pädagogischen Prozeß beschäftigt. Bereits in der romantischen Gegenbewegung gegen den 'verkopften' Rationalismus der Aufklärung (vgl. Grimminger 1990) ging den Bildungsschichten der Glaube und das Interesse an Technik als Muster und Mittel der Welterklärung abhanden. Die rohe Gewalt der Dampfmaschinen machte, anders als die Konstruktionen des Uhrenzeitalters, deutlich, daß Technik nicht identisch mit einer 'feinsinnigen', von Intellektuellen geschätzten Rationalität ist. Nicht der feinmechanische Uhrmacher, sondern der verrußte Arbeiter an den neuen feuerspeienden Maschinen mußte jetzt mit dem technischen Fortschritt assoziiert werden. Daß Kant die Aporie jeglicher Vermittlung von Subjekt und Welt aufzeigte, unterfütterte dann diese Distanz zum buchstäblich schmutzig gewordenen Geschäft der Technik moraltheoretisch.

In der Theorie war damit die Medienfrage vorerst diskreditiert. Was an pragmatischen Problemen noch anstand, nachdem Comenius' Vision einer umfassenden Kollektion erstrangiger Lehrbücher und -materialien mindestens in Ansätzen in eine neue Tradition der Buchmedien eingegangen war, konnte der Lehrkunst im Gegensatz zur erziehungswissenschaftlichen Theorie zugeschlagen werden. So überrascht es nicht, daß die allgemeine Frage nach der Wirksamkeit instrumentell konzipierter und im vorhinein konstruierter, im pädagogischen Prozeß intervenierender Medien in den Hintergrund trat und in einem Latenzstadium verharrte. Erst die Technologieschübe des 20. Jahrhunderts setzten sie mit neuer Dringlichkeit auf die Tagesordnung und aktualisierten die Motive und Themen, die bei Comenius präludierten.

5 Moderne Mythen des pädagogischen (Computer-) Mediums

Im 20. Jahrhundert traten Medien auf den Plan, die die kühnsten Träume vergangener Zeiten übertrafen: Film, Fernsehen und Video bilden nicht mehr nur starre Objekte oder einzelne Momente im Fluß des Lebens ab, sondern scheinen die Dynamik des Gesehenen und Gehörten einzufangen und zu übermitteln. Und wie das Buch Schätze des Wissens zu allen ins Haus brachte, so bietet der Computer alle nur denkbaren Mechaniken der Wissensaufbereitung und -nutzung zur immer weiter sich verbreitenden Nutzung an. Bei fortschreitender Speicher- und Darstellungstechnik schickt sich der Computer außerdem heute an, Supermedium zu werden und die Möglichkeiten von Video und Buch in sein Paradigma eines programmierbaren Funktionsablaufs quasi nebenbei mit einzubeziehen.

Die Pädagogik hat sich den neuen Medien schon früh mit großem Interesse zugewandt. Auch im deutschsprachigen Raum griff sie – nach einer generationenlangen Beschäftigung mit dem Kantschen Reich der Geister, die doch stets sich zu verflüchtigen drohen[56] – gern nach der erhofften Chance, durch den Bezug auf technische Mittel und den pragmatischen Umgang mit ihnen auf einen sichereren Boden zu kommen.

Wirklich Überzeugendes bot freilich das Informationszeitalter, in das, wie bald verkündet wurde, die Menschheit durch die neuen Medien eintreten sollte (vgl. Steinbuch 1966), der Pädagogik zunächst kaum an. Mit den neuen Medien, die selbst ja in Äonenprojekten der Menschen- und Naturbeherrschung wurzeln, verbanden und verbinden sich alte Mythologeme der Wirkung von Technik. Nicht nur in Anbetracht des Produktionsapparats, der die Medien hervorbringt, sondern auch ideologisch ist das Zeitalter der Überwältigung durch Kraft- und Materialeinsatz nicht vorbei, sondern vielleicht nur in eine neue Dimension vorgestoßen. Wenn zum Beispiel die Metaphorik, mit der die neuen Medien charakterisiert werden, um das Bild des Mittels als *Instrument*, als *Werkzeug* in der Hand des Lehrers, kreist, wird sich die Argumentation kaum von den Mustern distanzieren können, die vom Urtyp des Werkzeugs geprägt sind: Als solcher figuriert noch stets der Hammer, das schon steinzeitliche Gerät zur konzentrierten Kraftanwendung. In sublimierter Form soll es jetzt zur Einflußnahme auf den Schüler dienen.

In diesem Kapitel soll aufgezeigt werden, wie in der Phase der Medieneuphorie in den sechziger Jahren dieses Jahrhunderts technisch orientierte Mythen die Vorstellung vom didaktischen (Computer-) Medium prägten. Es handelte sich vor allem um die Mythen der *Information*, des *informierenden Mediums* und der *Lehrmaschine*. Konnotiert mit ihnen waren Vorstellungen einer *mathematisch-wissenschaftlichen Beherrschung* der kommunikativen Prozesse des Lehrens, einer präzisen, quasi *mikromechanischen Instrumentalität* des pädagogischen Handelns oder einer eher gewaltförmigen *äußeren Steuerbarkeit* des Lernprozesses. Die Problematisierung dieser Hintergrundmythen – die als solche präsent sind und wirken, auch wenn sie heute nicht mehr offensiv vertreten werden – wird den Blick für eine pädagogische Neubesinnung schärfen.

5.1 Das technische Medium als Faszinosum der Didaktik in den sechziger Jahren

Den Neubeginn der Mediendebatte in der bundesdeutschen Pädagogik dieses Jahrhunderts markiert ein als provokant intendierter Aufsatz in der Zeitschrift 'Die Deutsche Schule' im Jahr 1962. Zu dieser Zeit war in der Pädagogiktheorie die 'geisteswissenschaftliche' oder 'bildungstheoretische' Didaktik vorherrschend. In extremer Zuspitzung und Verkürzung eines breiten Diskussionszusammenhangs kann sie charakterisiert werden, daß sie, im späten Reflex auf die kantianische Aporie, einen subjektzentrierten Prozeß der Bildung darzustellen suchte. Didaktik hieß für sie vor allem, dem lernenden Subjekt die benötigten und geeigneten Bildungsgegenstände bereitzustellen, um 'Begegnungen' zu organisieren, auf deren bildende Wirkung vertraut werden kann und muß (vgl. Klafki 1958; Klafki 1963a; Thiersch 1983). Für die Unterrichtstheorie folgte aus diesen Überlegungen das Primat der Inhalte, die idealerweise den methodischen Weg zu sich aus sich selbst heraus zu entfalten gestatten.

In dem Artikel 'Didaktik als Theorie und Lehre' in der 'Deutschen Schule' setzte Paul Heimann (1962) solchem bildungstheoretischen Denken, das er als „bildungsphilosophisches 'Stratosphärendenken'" kennzeichnete (S.410), den Versuch entgegen, einen pragmatischen Ansatzpunkt für die Analyse und Planung von Unterricht zu gewinnen. Er lehnte zwar die Vorstellung einer Sozialtechnologie in dem Sinn ab, daß es mechanisch zu befolgende Regeln geben könnte, wie im Unterricht zu handeln sei. Jedoch seien die dynamischen Interaktionsprozesse des Unterrichts Strukturgesetzen unterworfen und daher nach bestimmten Gesetzmäßigkeiten lenkbar (S.412). Die Strukturen sind dabei als eine Art didaktisches Kräftefeld vorzustellen. Laut der 'lerntheoretischen Didaktik' Heimanns und der sie fortführenden 'Berliner Schule der Didaktik' (vgl. auch Heimann, Otto und Schulz 1965) kann die didaktische Ausbildung nicht abstrakt die richtigen Wege durch dieses Kräftefeld vermitteln, kann jedoch sozusagen die Fähigkeit vermitteln, in ihm zu navigieren.

Heimann benannte im Sinne dieser Vorstellung sechs '*formal* konstante, *inhaltlich* variable Elementar-Strukturen' (S.416) als prägende Faktoren des Unterrichts. Die sechs 'Elementar-Strukturen' waren untergliedert in zwei 'Bedingungsfelder' und vier 'Entscheidungsfelder': Die Analyse der (durch die Lehrperson vorgefundenen) Bedingungen des Unterrichts sollte sich zum einen auf den Komplex psychologischer und anthropologischer Bedingungen, zum anderen auf den situativen und sozialkulturellen Kontext des Unterrichts erstrecken. Als die Dimensionen, in denen die Lehrperson Entscheidungen zu treffen hatte, galten Intention (Ziele), Inhalte, Methoden und Medien des Unterrichts. Insgesamt sollte die Untersuchung der sechs Unterrichtsstrukturen die bildungstheoretische Reflexion ablösen – es gehe im Unterricht und vor allem bei seiner Planung und Analyse primär gar nicht um 'jene subtilen Vorgänge, die einzelne Theoretiker als Bildung definieren' (S.411).

Gerade den Medien gab die Distanzierung vom Subjekt- und Bildungsdiskurs der geisteswissenschaftlichen Pädagogik[57], die Umorientierung auf eine objektivere Analyse von Unterricht, die Heimann durch die Formulierung der Strukturbedingungen für die Didaktik zu gewinnen suchte, einen neuen Stellenwert in der didaktischen Theorie. Heimann selbst vermutete, daß die Postulierung einer gesonderten Medien-Struktur des Unterrichts als die überraschendste These seiner Konzeptes erscheinen werde (S.421).

Was bewog Heimann, die traditionelle Trias von Zielen, Inhalten und Methoden[58] aufzubrechen und Medien (wieder) in die didaktische Topik einzuführen? Sein generelles Argument lautete, daß bis dato „die Repräsentation der Unterrichtsinhalte durch bestimmte Medien [...] in ihrer modifizierenden und lernförderlichen oder -hemmenden Wirkung in der bisherigen Didaktik nicht angemessen behandelt und bewertet worden“ sei (S.421) Er verwies dazu auf die charakteristischen Formeigenschaften von Medien: Durch sie könnten Unterrichtsinhalte verfremdet oder akzentuiert werden. Die jeweils gewählte mediale Repräsentation (ob zum Beispiel eine historische Person durch ein Buch, eine Abbildung oder einen Film vergegenwärtigt werde) sei von großer Bedeutung für den Unterricht.

Nicht viel anders als bei Comenius waren es aber offenbar vor allem die *aktuellen technischen Medien*, die den Anstoß zur Thematisierung der Medienfrage gaben, ja die Hoffnung auf eine neue, pragmatische und effektive Didaktik begründeten: „Ein besonderer Anlaß, diesem Fragenkreis einen solchen Stellenwert im System didaktischen Theoretisierens zu geben, liegt in der Tatsache, daß im Zuge der Technisierung überraschend neuartige Medien im Entstehen sind, die imstande sein könnten, unsere didaktischen Konzeptionen von Grund auf zu verändern.“ (S.421)

Zur Erläuterung werden „die elektronischen Möglichkeiten, das Eindringen von Maschinen in den Lehrbetrieb der Schule und die Funktion des Fernsehens in den nationalen Bildungsräumen Europas und Amerikas“ angeführt (ebd.). Den klassischen Vertretern eines ‘pädagogischen Bezuges’ von Subjekt zu Subjekt mußte die Vorstellung, daß durch solche Maschinen der menschliche Lehrer abgelöst werden soll und an die Stelle des ‘pädagogischen Eros’ zwischen Zögling und Lehrer eine kalte, unpersönliche Beziehung trat, als abstoßend erscheinen – oder als Obszönität einer pädagogischen Maschinen-Erotik: „Hier ist zum ersten Mal die für viele erschreckende Möglichkeit der völligen Aufsaugung der lebendigen Lehrergestalt durch ein Medium mit Erfolg realisiert worden.“ (Ebd.) Heimann greift dieses (schon immer ambivalente) Frankenstein-Bild[59] aus dem Arsenal der Argumente der Technikkritik jedoch positiv auf. Er stellt die alte Horrorfigur nur in den Raum, um sie lächelnd zu begrüßen: „Das ist der Anfang vom Ende einer alten Didaktik.“ (Ebd.)[60]

Gerade mit der Idee technischer, rational konzipierter Medien verband sich, wie einst bei Comenius, der Gestus des Aufbruchs aus den ‘Subtilitäten’ (vgl. S.411) einer ‘ideologisch aufgeladenen Begriffsbildung’ mit ihrer ‘nicht mehr zu beseitigenden Unschärfe und Vieldeutigkeit’ (S.410). Offenbar war erneut eine Befreiung aus einem als labyrinthisch und für die Praxis wenig hilfreich eingeschätzten Theoriegebäude angesagt. Die Bemerkung Heimanns, daß die geisteswissenschaftliche Pädagogik wohl eine spezifisch deutsche Erscheinung sei (S.409), verweist dabei zu Recht darauf, daß die Linie der rationalistischen Tradition in anderen Ländern nicht wie im deutschsprachigen Raum durch Romantik, Kant und den Deutschen Idealismus gebrochen wurde, sondern sich in einer pragmatisch gemäßigten Form ins 20. Jahrhundert durchzog. Die neuen technischen Entwicklungen fegten nun die in die Jahre gekommenen Bedenken hiergegen vom Tisch.

Dies ging um so leichter, als weder in Heimanns ursprünglichem Aufsatz noch in den nachfolgenden Diskussionsbeiträgen die Konfrontation mit der bildungstheoretischen Tradition auf deren eigenem Terrain gesucht wurde. Vielmehr bestimmte die Unterrichtstheorie ihre Themen derart neu, daß die Subjekttheorie als praxisfern außen vor blieb bzw. höchstens dort in Spiel kam, wo nur noch Auswahlalternativen für die Entscheidung hinsichtlich des Zielfeldes betrachtet werden: „Hier ist auch der Ort, wo es sich entscheidet, ob man Lernbegriffe im Sinne des weiter oben diskutierten Bildungsbegriffes interpretieren und die Lernprozesse in entsprechender Weise intentional gestalten will oder nicht.“ (S.417) Die erzieherische Beeinflussung von Subjekten als solche war kein primärer Gegenstand der didaktischen Theorie mehr. Ohne daß die kantianische Skepsis gegenüber Möglichkeit und Sinn solcher Einwirkung explizit aufgegeben oder zurückgewiesen wurde, wurde Distanz zu ihr hergestellt, indem die in ihr gründenden Reflexionen nur noch austauschbar erscheinende Inhalte des intentionalen ‘Feldes’ lieferten.

Dieselbe Operation der Einordnung in das formale Schema der Elementarstrukturen, die den Bildungs- und Subjektbezug der Didaktik in seiner Bedeutung zurückstufte, ließ dabei die Medien in ihrem Rang steigen. Indem ihnen ein eigenes formales Strukturfeld zugebilligt wurde, trat neben die herkömmlich schon verschwisterten Begriffe der Ziele und der Inhalte des Unterrichts das neue Begriffspaar der ‘Methoden und Medien’. Die (medien-) technische Einwirkung auf Subjekte wurde damit formal parallelisiert mit einem auf Subjekte zielenden Handeln von Personen und als gleichermaßen legitimes Konstrukt in den Raum gestellt, ohne daß ihr reales Potential untersucht werden mußte.

Der Streich, mit dem Heimann die Didaktik von den alten bildungstheoretischen Problemen distanzierte und für die breitere Formulierung pragmatischer *Fragen* und speziell für den unvoreingenommenen Blick auf Medien öffnete, hatte somit den Nachteil, daß die Begründungslast für die *Antworten*, sprich der Nachweis der tatsächlichen Funktionalität des Medieneinsatz ebenso wie für die Erreichbarkeit der Lehrziele, nachgeordneten Untersuchungen bzw. anderen Wissenschaften überlassen wurde und im Effekt an der konkreten Unterrichtsplanung und -analyse hängenblieb. Heimann kann in seinem Aufsatz die ganze Palette der seinerzeit existierenden technischen Medien als Beispiele für didaktische Medien anführen, ohne sich auf der Ebene seiner allgemeinen Überlegungen mit deren Wirksamkeit und Sinn befassen zu müssen. Er umgeht damit auch den Widerspruch, daß er einerseits davon ausgeht, daß sich keine Vorabbeschreibungen und allgemeingültigen Theoreme über den Verlauf eines Unterrichtsprozesses aufstellen lassen (vgl. S.412ff.), andererseits technische Medien und erst recht der Computer als interaktives Medium eine Implementation genau solcher hochspezifizierter Theoreme darstellen.

Die an Heimanns Artikel anknüpfende Mediendebatte[61] wurde dann, diese Defizite verlängernd, über weite Strecken als eine Gespensterdebatte geführt. Sie drehte sich mehr um Sinn und Stellenwert des Medienkonzeptes in der didaktischen Theorie als um die tatsächliche Funktionalität von Medien im pädagogischen Prozeß. Für die, die vor allem dem Bildungsgedanken, sei es im konservativen oder im emanzipatorisch gewendeten Sinn, verpflichtet blieben, existierte die Möglichkeit einer technischen Einwirkung auf das Subjekt weiterhin primär als Ausfluß einer amoralischen Natur respective einer inhumanen Gesellschaftsstruktur. Didaktisch sinnvolle Medien konnten in dieser Sicht keine Eigenständigkeit gewinnen, sondern mußten dem Handeln von Subjekten subsumiert bleiben. Dagegen betonte die sog. Lern- oder Unterrichtstheorie zwar die eigenständige Funktionalität von Medien, fühlte sich aber wenig genötigt, diese als solche didaktisch zu untersuchen. (Zur weiteren Geschichte der Mediendebatte vgl. auch unten Abschnitt 6)

Bezeichnend war, wie sich im Laufe der Diskussion die Medien*wahl* als Gegenstand der didaktischen Entscheidung in den Vordergrund schob. Heimann nannte als viertes Entscheidungsfeld der Didaktik ursprünglich die 'Medien-Struktur des Unterrichts' (S.421). Doch schon im ursprünglichen Artikel klingt es so, als wären die tatsächlichen Entscheidungsmöglichkeiten auf die Auswahl aus vorhandenen Medien (S.418, S.422) beschränkt. Später wird das vierte Entscheidungsfeld von vorneherein als 'Medienwahl' angegeben (s. Heimann, Otto und Schulz 1965, S.34). Mag dieser Akzent mehr oder weniger der Situation der einzelnen Stundenvorbereitung eines Lehrers angemessen sein, so erhalten damit zugleich die Medien einen Status, als wären sie objektiv vorgegeben. Die *Konstruktions*entscheidungen gerade bei technischen Medien, die die Feinstruktur des Lernens mit ihnen zu einem hohen Grad determinieren, bleiben der didaktischen Theorie entzogen. Zum Vergleich käme niemand auf die Idee, Unterrichtsmethoden zwar der Lehrperson zur Auswahl anzubieten, ihre Gestaltung im einzelnen aber nicht zum Gegenstand didaktischer Überlegungen zu machen.

Der Unterbelichtung in der Frage, wie Medien im didaktischen Kontext zu gestalten sind, wurde auch durch die curriculumtheoretische Neuorientierung der Pädagogik Ende der sechziger Jahre (Robinsohn 1967) kaum abgeholfen. Die methodische Strenge und empirische Fundierung, die jetzt die Planung und Organisation der Prozesse des Lehrens und Lernens regieren sollten, ordnete einerseits die Medien in die Hierarchie der für das Erreichen der Lehrziele erforderlichen Mittel ein. Andererseits unterwarf sie ihren Einsatz dem Kontrollinstrumentarium, das den Erfolg der Lernprozesse sichern sollte. Weder der eine noch der andere Beurteilungszusammenhang führt allerdings über die Einschätzung bzw. Bewertung von Medienanwendungen im Einzelfall hinaus.

Keiner der genuin pädagogischen Positionen gelang es, das technische Medium, dem in den Gefilden der Pädagogik qua Herkunft das Odium der Fremdheit anhaftet, wirklich zu adaptieren bzw. sich ihm auf einer konkreten Ebene zu öffnen. De facto behielt es das Flair des Exotischen: den einen blieb es unheimlich, bestenfalls ein didaktischer Taschenspielertrick, für die anderen war es faszinierend, galt als der 'aufgesaugte Lehrer', als perfekter Pädagoge *ex machina*.

Auch jenseits von Schauder oder Faszination erhielten damit geborgte Vorstellungen vom technischen Medium im pädagogischen Kontext die Chance die Leerstelle zu besetzen, die ihnen die didaktische Theorie ließ. Heimann bezog sich in gleicher Weise, wie er klassische Bildungsziele als mögliche Besetzungen des intentionalen Feldes anspricht, auf die unterschiedlichsten Medien und Medienkonzepte. Dabei billigte er diesen nicht nur auf der Ebene seines formales Schemas die gleiche Dignität wie den hergebrachten Bildungsvorstellungen zu. Er gewährte ihnen zugleich einen durch die pädagogische Diskussion nicht legitimierten Vertrauensvorschuß, wenn er meinte, die 'völlige Aufsaugung der lebendigen Lehrergestalt' sei durch die neuen elektronischen Medien 'mit Erfolg realisiert' worden.

Welche Vorstellungen waren es, die auf diese Weise in die Didaktik importiert wurden und zirkulieren konnten, ohne daß wirklich geprüft war, wie weit sie den Binnengesetzlichkeiten von Lehr- und Lernprozessen entsprechen?

5.2 Mythos der mathematisch faßbaren Information – Shannon und die Folgen

nos de omnibus informant, 'sie informieren uns über alles', sagte bereits Comenius über seine Objektmedien (MD §25). Die Assoziation von 'übermittelnden' Medien mit 'Information' lag vom klassischen Sinn der Begriffe her nicht fern (vgl. oben Abschnitt 4.4). Im 20. Jahrhundert konnte die Konzeptualisierung technischer Medien wie selbstverständlich auf dem Konzept einer technisch definierten 'Information' aufsetzen.

Die Erinnerung an die ursprünglichen, sozialen Kontexte des Informationsbegriffs war bei den einschlägig tätigen Technikern im Zuge der Entwicklung von Maschinen oder Systemen verblaßt, die 'Information' übertragen oder verarbeiten konnten. Der entscheidende Schritt bestand dann darin, daß in der theoretischen Analyse solcher Systeme ein scheinbar autonomes Konstrukt einer technischen 'Information' etabliert wurde. Die suggestive Rückanwendung dieses Konzeptes auf soziale Kontexte ließ 'Information' zu einem Schlüsselbegriff auch für Sozial- und Geisteswissenschaften werden.[62] Zugleich bot sich der Begriff als ein quasi natürliches Brückenkonzept zwischen Natur- und Geisteswissenschaften an.

Die disziplinenübergreifende und -verbindende Faszination des Informationskonzeptes rührte vor allem daher, daß jetzt mathematisch rekonstruierbar zu werden schien, was vorher als eine persönliche 'Nachricht' bzw. 'Wissensmitteilung', sprich als die empirisch faßbare Äußerung von Subjektivität und Wissen, angesehen und der Sphäre des Geistes zugeordnet wurde. Da außerdem Maschinen zur 'Informationsverarbeitung' gebaut wurden, schien sich im Konzept der Information auch ein Berührungspunkt von Technik und Geisteswissenschaften zu finden. Von daher wundert es nicht, daß Heimann zur Fundierung der Didaktik unter anderem auf die Versuche verwies, „Lern- und Lehrvorgänge in Begriffen der eben entstehenden 'Informationstheorie' zu definieren“ (1962, S.412)[63] und gerade durch die technischen 'Informationsmedien' den 'Anfang vom Ende einer alten Didaktik' (S.421) kommen sah.

Vor allem zwei Werke, beide in den USA hervorgegangen aus kommunikationstechnischen Forschungen im 2. Weltkrieg und beide einer mathematischen Analyse bisher als geistig angesehener Leistungen verpflichtet, begründeten und propagierten den Mythos einer mit den Mitteln mathematischer Wissenschaft erfaßbaren Information:

Norbert Wiener beschrieb 1948 in seiner 'Kybernetik' unter anderem die Grundlagen einer mathematischen Theorie sich selbst regelnder, über einen 'Informationsfluß' rückgekoppelter Automaten. Er formulierte damit ein Paradigma, das sich gleichermaßen für die Analyse von Prozessen des Lebendigen wie für die Konstruktion von Maschinen eignete oder zu eignen schien. Wiener hatte diese Doppelfunktion von vorneherein im Auge, wie sich schon im Zweittitel seines Buches, im Original 'Control and Communication in the Animal and the Machine', ausdrückt.[64]

Ungefähr gleichzeitig[65] mit der 'Kybernetik' erschien die Monographie von Claude E. Shannon und Warren Weaver, die in der deutschen Übersetzung den Titel 'Mathematische Grundlagen der Informationstheorie' erhielt und im Original 'The Mathematical Theory of Communication' hieß (1949). Die Konzentration auf die Ausarbeitung des Informationskonzepts, wobei die Begrifflichkeit (wie auch bei Wiener) universelle Geltung erheischte, machte sie möglicherweise noch einflußreicher als Wieners Buch. Die eigentliche mathematische Theorie stammte dabei von Shannon und ist im Hauptabschnitt der Monographie durch ihn dargelegt. Weaver versuchte in seinem Beitrag zum gemeinsamen Buch, die Shannonsche Theorie in allgemeinverständlicher Form zu erläutern. Zusätzlich werden durch ihn, wie es im Vorwort heißt, „einige Anregungen zur breiteren Anwendung der fundamentalen Prinzipien der Kommunikations-Theorie gegeben" (S.9).

Die Grundelemente des Shannonschen Kommunikationsmodells scheinen durch unzählige Didaktisierungen heute Allgemeingut zu sein: Danach spielt sich (einseitige) Kommunikation ab zwischen einem *Sender* und einem *Empfänger* die durch einen *Kanal* verbunden sind, durch den 'Informationen' fließen. Konkret werden *Zeichen* übermittelt (die aus einem gemeinsamen *Zeichenvorrat*) geschöpft sind.

Wie oft hat freilich auch hier die Etablierung und Popularisierung eines Gedankens Differenzierungen verwischt und Skrupel beiseite geschoben, die in einer ursprünglichen Formulierung noch zu erkennen sind. Shannons Arbeit betraf eigentlich die Optimierung einer technischen Signalübertragung etwa in der militärischen 'Kommunikation' oder in der zivilen Telefon- und Rundfunkübertragungstechnik (und bewegte sich damit ganz im Rahmen der Interessen von Shannons Arbeitgeber, der *Bell Telephone Company*). Die korrekte deutsche Bezeichnung für das Thema der Shannontheorie wäre daher weder Kommunikations- noch Informationstheorie – daß diese beiden Begriffe im Titel der deutschen Übersetzung bzw. in der Übersetzung des Untertitels von Shannons Teil des Buchs von Shannon und Weaver (1949) verwendet werden, spiegelt bereits die Übertragung auf andere Anwendungsgebiete –, sondern (technische) *Nachrichtentheorie*[66].

In Shannons ursprünglicher Arbeit ist das Modell der 'Informationsübertragung' noch gegen eine zu weitreichende Interpretation abgesichert, indem die Prozesse der Zeichenauswahl und der (durch natürliche Prozesse oder feindliche Einwirkungen 'gestörten') Zeichenübermittlung, die es behandelt, selbst in den Rahmen eines *formalen Kontextes* gestellt werden.

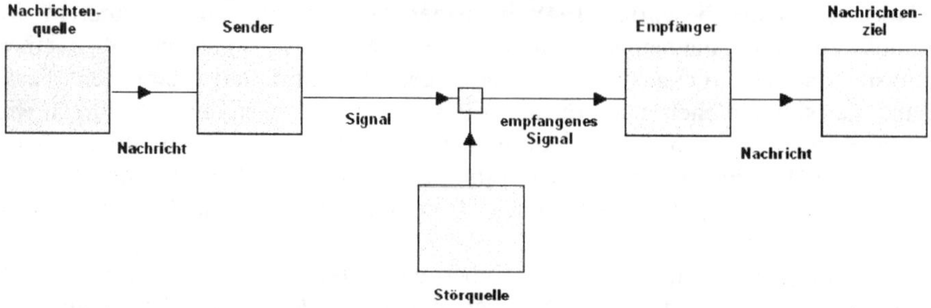

Modell der 'Kommunikation' nach Shannon (Nach: Shannon und Weaver 1949, S.44)

Tatsächlich ruht die mathematische Theorie, die entwickelt wird, ganz darauf, daß es eine vollständige formale Beschreibung des Universums des Mitteilbaren gibt (das statistisch untersucht wird). Dabei muß zusätzlich angenommen werden, daß dieses Universum durch eine als *ergodisch* bezeichnete Eigenschaft charakterisiert ist. Dies meint im wesentlichen eine statistische Zeitunabhängigkeit: Wenn die Shannontheorie auf die Nachrichtenübermittlung anwendbar, ja auch nur Begriffe wie die übertragene Information in einem Kommunikationsprozeß insgesamt eindeutig definierbar bleiben soll, darf es keine Ereignisse bzw. keine Nachrichten geben, auf die hin sich die statistische Struktur weiterer Informationen nachhaltig ändert.[67]

Es erstaunt, daß diese immanenten Begrenzungen der Theorie nicht von dem Gedanken abhielten, daß aus ihr Aussagen über menschliche Kommunikations- und gar Lernprozesse abgeleitet werden können. Tatsächlich lernende, sich potentiell in jedem Augenblick irreversibel verändernde Subjekte in einer sich gleichfalls ständig verändernden Welt sind in einem Shannonschen Kommunikationsprozeß nicht vorgesehen. Dem Zweck, für den die Shannontheorie konzipiert wurde, die Optimierung der Übertragung technischer Signale, wird sie mit Bravour gerecht, *gerade indem* sie ihrem Anwendungskontext Beschränkungen unterwirft, die für menschliche Kommunikationsprozesse nicht als gültig angenommen werden können.

Durch Shannon selbst und erst recht in der populären Darstellung durch Weaver wurde freilich bereits kräftig am Mythos der angeblich durch die Theorie beschriebenen universellen Konzepte von Information und Kommunikation gestrickt. Schon die ersten beiden Sätze in Weavers Beitrag lancieren das Gerücht von der übergreifenden Anwendbarkeit der Theorie: „Der Begriff der *Kommunikation* wird hier in einem sehr weitläufigen Sinn gebraucht, um alle Vorgänge einzuschließen, durch die gedankliche Vorstellungen einander beeinflussen können. Dies bezieht sich natürlich nicht nur auf die Sprache in Wort und Schrift, sondern auch auf

Musik, Malerei, Theater und Ballet, eigentlich auf alles menschliche Verhalten.“ (Shannon und Weaver 1949, S.11f.) Diese Aussagen sind zum Auf-der-Zunge-Zergehenlassen. Innerhalb des Horizonts der Theorie sollen ‘alle Vorgänge’ liegen, die auf ‘gedankliche Vorstellungen’ wirken, am Ende tatsächlich ‘alles menschliche Verhalten’. Der folgende Satz bereitet dann mit einem Argument von eher demagogischer als logischer Qualität den Sprung von der allgemeinen Theorie des menschlichen Verhaltens zur Nachrichtentechnik und wieder zurück vor. Die Änderung des Gegenstands der Erörterung wird als Erweiterung verkauft: „In manchem Zusammenhang erscheint es wünschenswert, eine noch umfassendere Definition des Begriffs Kommunikation zu verwenden, insbesondere wenn man Vorgänge mit einschließen will, durch die eine Maschine (z.B. ein Automat, der ein Flugzeug aufspürt und dessen wahrscheinliche zukünftige Position berechnet) eine andere Maschine beeinflußt (z.B. eine Lenkwaffe, die dieses Flugzeug verfolgt).“ (S.12) Die Theorie, die für so den gewonnenen, angeblich umfassenderen Gegenstandsbereich entwickelt wird, soll dann wesentliche Aussagen über alle Formen des kommunikativen, sprich insbesondere des menschlichen Verhaltens gestatten. Streng an der Logik des Textes orientiert erfahren wir, daß die ‘Kommunikation’ zwischen der Radarstation einer Flugabwehrstellung und der von ihr ferngelenkten Rakete den Archetyp ‘allen menschlichen Verhaltens’ bildet.

Entscheidend ist letztlich die Auffassung Weavers, daß sich in die Theorien von formalen Zeichenfolgen, das heißt in *syntaktische* Theorien, speziell in die Theorie Shannons, auch die *Semantik* insbesondere sprachlicher Zeichen eingliedern läßt bzw. die Shannontheorie eine ‘tiefe Bedeutung’ auch für diese offenbaren wird (S.14). Mit anderen Worten, Kommunikation soll interpretierbar sein als ein Fluß von bedeutungstragenden Elementen analog zum Fluß der Buchstaben in einem Fernschreib-‘Kanal’. Das Rattern eines Fernschreibers oder das Fiepen eines Telegraphiesenders wäre danach nicht nur oberflächlicher Ausdruck der Kommunikation, sondern entspräche ihrem innersten Prinzip: Denn die syntaktischen Konstrukte beschreiben, jedenfalls für endliche Alphabete, stets maschinell realisierbare digital-mechanische Prozesse.

Laut Weaver wären für eine semantische Theorie zwar ‘Ergänzungen’ des Schemas der kanalisierten Information ‘mit hoher Wahrscheinlichkeit’ erforderlich, doch es sei „ebenso wahrscheinlich, daß die geforderten Ergänzungen minimal sind und keine wirkliche Korrektur darstellen“ (S.37) Weaver erwähnt dann eine mögliche Ergänzung des Schemas durch einen ‘semantischen Empfänger’, der eine Nachricht statistisch-semantisch (und damit mit syntaktischen Mitteln) dekodiert, indem er sie „den statistisch-semantischen Fähigkeiten der Gesamtheit der Empfänger anpassen soll“ (ebd.). Dabei denkt Weaver offensichtlich nun an Menschen als eine weitere Schicht von ‘Empfängern’ und meint, daß das pragmatische Problem der Kommunikation gleich noch mit gelöst ist, denn der Satz geht weiter: „oder jener Untermenge von Empfängern, die den Hörerkreis darstellen, den man beeinflussen will“ (ebd.).

Schicht für Schicht rückt sozusagen die Schnittstelle[68] zwischen der maschinellen bzw. formal beschreibbaren und der menschlichen Kommunikation näher an das heran, was als Kern menschlichen Verhaltens gilt, und schiebt sich gleichsam in den Kopf des Menschen vor. Suggeriert wird, daß dabei kein Stopp ist, daß höchstens pragmatische Beschränkungen existieren, aber jedenfalls im Prinzip die Essenz personalen Verhaltens approximativ erreicht werden kann.[69] Der menschliche Geist würde letztlich zum vernachlässigbaren Randproblem der Wissenschaften. Mindestens in pragmatischer Hinsicht löste er sich in den formal erfaßbaren statistischen Grammatiken seiner Äußerungen auf. Unter positivistischem Blickwinkel – wie ihn etwa Alan Turing mit seinem berühmten 'Imitationsspiel', nach ihm heute 'Turingtest' genannt, propagierte (Turing 1950, vgl. Kapitel 6) – würde dies zur Lösung des Problems hinreichen. In einem verschwänden das Subjekt und mit ihm das kantianische Dilemma auch der Pädagogik.

Dem Unternehmen, die Semantik menschlicher Kommunikation (und im Grunde damit das menschliche Intendieren und Denken) als ein eliminierbares Element des Weltverständnisses aufzuweisen, können allerdings, auch abgesehen von den skizzierten formalen Beschränkungen der eigentlichen Shannontheorie, kaum Erfolgsaussichten eingeräumt werden. Yehoshua Bar-Hillel hat (in 'A Demonstration of the Nonfeasibility of Fully Automatic High Quality Translation', Bar-Hillel 1964, Kap.12) gezeigt, daß die Semantik sprachlicher Aussagen sich syntaktisch (das heißt, durch eine Kombination von Grammatikregeln und lexikalischen Angaben zu Wortbedeutungen) nicht einfangen läßt.

Der englische Satz, an dem Bar-Hillel sein Argument entwickelt, lautet: 'The box was in the pen'. *pen* kann entweder 'Laufstall' oder 'Schreibstift' heißen. Die Mehrdeutigkeit des Satzes ist nur aus dem Kontext auflösbar. Ein Mensch wählt je nach Kontext die passende Bedeutung aus und entwickelt auch eine angemessene Vorstellung von der *box* (zum Beispiel ihrer Größe und möglichen Form). Diese Prozedur läßt sich formalsyntaktisch nicht zuverlässig simulieren, weil der in eine Analyse einzubeziehende Kontext vorab nicht in seinem Umfang beschränkt werden kann – es fließen Referenzen auf eine potentiell *unendliche* Kommunikation bzw. auf die unabgrenzbaren Reihen der realen Erfahrungen aus der *körperlichen* und *sozialen* Existenz des Menschen ein.[70] Bereits 1955 hat Bar-Hillel auch auf die Konfusion hingewiesen, daß immer wieder ein statistischer (syntaktischer) Begriff der Information, das heißt ein Maß der *Seltenheit* (und insofern der *Aussagestärke*) eines sprachlichen Zeichens, suggestiv in eins gesetzt wird mit dem semantischen Begriff der Information im Sinne des *Aussagegehaltes* eines sprachlichen Zeichens (vgl. S.283).

Daß die Semantik jede syntaktische Rekonstruktion überschreitet, kann die theoretische Informatik sogar abstrakt aufzeigen, sozusagen in einem wahrhaft sokratischen Akt der Selbsterkenntnis (es war Sokrates, der als Inbegriff seiner Weisheit erklärte, das eigene Nichtwissen einzusehen). Wie sich aus klassischen Theoremen von Gödel (1931) und Turing (1937) bereits aus den dreißiger Jahren des 20. Jahrhunderts folgern läßt, gibt es semantisch richtige (semantisch *beweisbare*) formale Aussagen, die *nachgewiesenermaßen* im Horizont der jeweiligen formalen Theorie *nicht* verifiziert werden können.[71]

Der Transfer des informationstheoretischen Modells auf Anwendungen auf die menschliche Kommunikation ist, bei strikter Betrachtung, widersinnig. Diese Tatsache hat die Proliferation nicht verhindert. Wenn schon der Koautor Shannons, ungerührt von der immanenten Begrenztheit des Modells, über die 'minimale' Erweiterung zu einer universellen Theorie der Kommunikation spekuliert, zeigt dies vor allem: Hinter dem wissenschaftlichen Modell steckt bzw. mit ihm verknüpft sich tatsächlich ein Mythos, der die Anwendung des Modells über die seiner mathematischen Formulierung inhärenten Beschränkungen hinaus tragen soll (und so buchstäblich meta-phorisch angewendet wird). Genau damit werden die wissenschaftliche Theorie und ihre Begriffsbildungen selbst zum Mythos oder zum symbolischen Ausdruck eines Mythos.[72] Dessen Herkunft, Sinn und Funktion muß aber im Hinblick auf bestimmte Kontexte reflektiert und geprüft werden.

Aus sich heraus trägt daher der technische Begriff der 'Information' auch keine Fundierung der Didaktik. Umgekehrt müßte das in dem Begriff repräsentierte Mythologem, wenn es tatsächlich angewendet werden soll, in pädagogischem Zusammenhang legitimiert werden.

An der Mißachtung dieses Umstands krankten die Bemühungen um eine informationstheoretische bzw. kybernetische Pädagogik, die ihre Blütezeit in der Bundesrepublik in den sechziger Jahren erlebten (s. Frank 1962; Cube 1968; Weltner 1970). Der Kerngedanke der informationstheoretischen Pädagogik ist dabei bereits in einer Bemerkung Weavers vorweggenommen: Weaver schrieb, den Kommunikationskanal gleichsam in den Kopf kommunizierender Menschen verlängernd, eine allgemeine Theorie der Kommunikation solle „nicht nur die Kapazität des Kanals, sondern auch (sogar die Worte sind richtig!) die Kapazität des Hörerkreises in Betracht ziehen. Versucht man die Kapazität des Publikums zu überlasten, so ist es wahrscheinlich, – dies ist eine unmittelbare Analogie –, daß man sozusagen die Zuhörer überschwemmt und die Überschußmenge an Nachrichten verschwendet. Fast sicher fördert man bei einer Überforderung der Zuhörerschaft Irrtümer und eine allgemeine und unvermeidliche Verwirrung.“ (Shannon und Weaver 1949, S.37)

Grundsätzlich spricht für den Gedanken, den Weaver in diesem Bild, diesem Mythos einer möglichen Überforderung von 'kapazitiv beschränkten' Zuhörern einer Rede (bzw. analog Lernenden im Unterricht) ausdrückt, sicher einiges.[73] Immerhin ist Weaver vorsichtig genug, die konkrete Anwendbarkeit des technischen Modells dabei nur eingeschränkt zu behaupten bzw. die Behauptung halb wieder zurückzuziehen: Die Konfusion bei Überlastung, die er einerseits als 'unvermeidlich' bezeichnet, soll andererseits doch nur 'fast sicher' herbeigeführt bzw. nur 'gefördert' werden.

Was Weaver suggerieren will, aber lieber nicht unabgeschwächt ausspricht – daß sich auf das informationstheoretische Schema wirklich eine Theorie der Kommunikation mit menschlichen 'Empfängern' gründen läßt –, dies wird dann in der informationstheoretischen Pädagogik zur scheinbar selbstverständlichen Voraussetzung des Denkens.

Helmar Frank etwa etabliert (1962) das Shannonsche Modell gleich in einem definitorischen Zirkel. Er erklärt zunächst Kybernetik als „die, mit dem begrifflichen Werkzeug der mathematischen Informationstheorie erfolgende, Erforschung oder technische Beherrschung des Problemkreises der Aufnahme, Verarbeitung und raum-zeitlichen Übertragung von Nachrichten innerhalb oder zwischen Systemen, wobei erstens davon abstrahiert wird, ob diese Systeme physikalisch, physiologisch oder psychologisch zu kennzeichnen sind" (aus dem Vorwort). Im Text folgt direkt eine – heute wie eine Karikatur wirkende – Charakterisierung der Pädagogik, die ebenso als Voraussetzung wie als Folgerung der Subsumierung von 'physiologischen' bzw. 'psychologischen Systemen' unter die mathematische Informationstheorie gelesen werden muß: Thema und Aufgabe der Pädagogik sei „die optimale Übertragung von Nachrichten an den Schüler, der diese Nachrichten aufnehmen, verarbeiten und für spätere Zeiten im Gedächtnis bewahren soll. Man kann die Pädagogik geradezu als Teilgebiet der Kybernetik bezeichnen." (Ebd.)[74].[75]

Im Mythos vom Schüler als 'Nachrichtenempfänger' wird dabei nicht nur unzulässigerweise das nachrichtentechnische Modell der Information mit der Vorstellung einer Information als eines in sich Sinn tragenden Wissenselementes vermischt. Auf der innerpädagagogischen Ebene wird auch übersehen, daß weder Unterricht noch Erziehung noch interpersonale Kommunikation im Zuschieben und Einverleiben von 'Wissenshäppchen' besteht.

Der Trick, mit dem dann spätere pädagogische Abhandlungen den informationstheoretischen Zugang als Grundlage einer Theorie des Lernens und Lehrens zu retten versuchen, ist schon der erste Schritt, ihn wieder als pädagogisch irrelevant zu erklären. Die veränderte Sicht (in die bereits deutlich kognitivistische Vorstellungen eingeflossen sind, vgl. dazu Kapitel 6) wird am deutlichsten bei Weltner (1970) formuliert. Weltner definiert Lernen als „Aufbau interner Modelle der Umwelt, die eine Transinformation auf eben diese Umwelt haben und zwar in ihrer gegenwärtigen wie künftigen Struktur" (S.115). Mit anderen Worten, jetzt ist akzeptiert, daß das pädagogisch Entscheidende sich nicht mehr im Shannonschen Kanal der Nachrichtenübertragung abspielt, sondern in der lernenden Person, im Menschen als *model builder*. Dem Shannonschen Theorie unterworfen bleibt nur die 'Transinformation', das heißt eine beliebig auf mathematische und experimentelle Handhabbarkeit zuschneidbare Zusatz- und Restinformation (die als Differenzinformation zu einem rein hypothetischen internen Informationsniveau interpretiert wird)[76].

Auch wenn dann bereits in den siebziger Jahren die Zeit für den Versuch einer informationstheoretischen Fundierung der Pädagogik abgelaufen war, ging der Mythos einer exakt erfaßbaren 'Information', durch die einer Person 'Wissenselemente' zugeführt werden, nicht unter. Die Vorstellung, daß sich durch den Informationsbegriff eine konzeptionelle Brücke zwischen sozialen Kontexten und technischen Systemen schlagen läßt, ist viel zu faszinierend und gerade für Geisteswissenschaften potentiell zu bedeutsam, als daß sie sich nicht immer wieder in unterschiedlichen Formen neu belebte. In der Pädagogik hielt sie sich vor allem als – nicht mehr näher reflektierter und dennoch wirksamer – Hintergrund für Vorstellungen, was Medien leisten können und sollen. Dabei kommt die Vision der mathematischen Exaktheit, wie sie die Shannonanalyse verkörpert, ebenso zum Tragen wie ihr mechanisch-konstruktiver Aspekt.

5.3 Der Mythos des 'Informationsmediums' in der Pädagogik

Der kybernetische Ansatz in der Pädagogik, die Pädagogik als 'Teilgebiet der Kybernetik', war zentral ein Versuch, sich theoretisch fundiert von den Aporien und Mystizismen des Subjektdiskurses in der Pädagogik zu befreien. Diese Lösung von überkommenenen Reflexionsmustern, wie sie Heimann durch seine Schematisierung didaktischer Topoi primär pragmatisch anstrebte, sollte durch die kybernetische Modellierung, konkret die hierunter subsumierte Informationstheorie, auf eine exakt-wissenschaftliche Grundlage gestellt werden. Frank formulierte dieses Ziel in der Weise, daß er an die Stelle des Subjektdiskurses explizit einen sozialtechnischen Diskurs setzen wollte (den er als wissenschaftliche im Gegensatz zu einer normativen und ideologischen Pädagogik charakterisierte, s. Frank 1962, Einleitung). Wie sich jedoch bereits im Lauf der sechziger Jahren zeigte, war das Vorhaben, die Rede vom Subjekt mit informationstheoretischen Mitteln zu eliminieren, zum Scheitern verurteilt. Gerade in der Frage der Bedeutung von Medien hat der informationstheoretische Ansatz dennoch den pädagogischen Diskurs neu strukturiert.

Traditionell steht das Medium für die Gesamtheit der Informationen, die in ihm ausgedrückt oder in ihm ausdrückbar sind. Es kann ebenso als der als 'Quelle' fungierende 'Speicher' eines 'Flusses' von Informationen wie als Repräsentant des 'Flusses' selbst gesehen werden. Diese Bilder und Begrifflichkeiten sind im Prinzip uralt. Comenius sprach wie selbstverständlich von Büchern als 'Medien', aus denen Erkenntnis (*cognitio*) mehr oder weniger zu 'schöpfen' sei (s. MD §6). Und der metaphorische Fluß des Wissens nahm schon bei Comenius – hier im Falle eines Wissens aus göttlicher Quelle – seinen Weg durch den *animae tubus*, das 'Hörrohr der Seele' (MD §28), das gleichsam den 'Kanal' für die Verkündung von Gottes Wort bildete.

Das Shannonmodell unterfütterte dieses Bild mit einer mathematischen Theorie und verlieh ihm so die Weihe der empirischen und exakten Wissenschaften. Aus der Anwendung des Modells auf die Unterrichtssituation ergab sich nicht nur eine neue wissenschaftliche Sicht auf klassische Medien, sondern diese schienen geradezu zu ihrem Idealbild zu kommen in Lehrmaschinen, die optimierte Informationsflüsse automatisieren (vgl. Frank 1963a, Gunzenhäuser 1963).

Als dann die Zweifel am Sinn einer konkreten informationstheoretischen Analyse von Unterrichtsprozessen überhandnahmen, blieb dennoch die generelle neue Bedeutung von Medien gewahrt. Irgendwie übermittelten Medien ja Informationen und schienen *prinzipiell* der Shannonschen Analyse zugänglich – selbst wenn diese im didaktischen Kontext nicht real durchführbar oder wenig ergiebig war. Möglicherweise hat die Suggestion der neuen technischen 'Massenmedien', sprich Funk und Fernsehen (bei den die *technische* Optimierung der Übertragung tatsächlich nach den Maßgaben des Shannonmodells erfolgt), das Ihre dazu beigetragen, daß die prinzipielle Gültigkeit der Shannontheorie für didaktische 'Medien' weiterhin angenommen wurde.

Damit konnte nun scheinbar unbesorgt auf die alten Bilder vom Informationsfluß zurückgegriffen werden. Der zwischenzeitliche naturwissenschaftlich inspirierte Diskurs hatte sie ihrem vorwissenschaftlichen Kontext entwachsen lassen. Ihren neuen Rang als legitime Konstrukte der Wissenschaften durften sie behalten[77], auch nachdem der Versuch, sie im pädagogischen Zusammenhang konkret zu fundieren, obsolet geworden worden war.

Das Medienkonzept erhielt durch diese Operation einen eigentümlich schwebenden Status im pädagogischen Diskurs. Auf der einen Seite verdankte es sich dem Projekt, auf Distanz von der Subjekttheorie zu gehen, und trug den hier gesetzten Abstand weiter in sich. Andererseits hatte sich die konkrete mathematisch-technische Rekonstruktion des Mediums, das heißt die Verankerung auf der anderen Seite der Dichotomie von Subjekt und technischer Welt, in der avisierten Form nicht durchführen lassen. Statt daß die beiderseitige theoretische Nichtintegration zu Ablehnung oder grundsätzlichem Neubedenken des Konzeptes geführt hätte, wurde dem Medium, speziell dem technischen Medium, ein Reservat zugewiesen, in dem sich ein spezifischer Diskurs relativ abgeschottet entfalten konnte.

An Wolfgang Klafkis Haltung zur Medienfrage aus dem Jahr 1970 (Klafki et al. 1970, bzw. Klafki 1970) ist dies deutlich zu abzulesen. Im Grunde hat Klafki seine alte Position (wie in Klafki 1963b) beibehalten, daß die Untersuchung der Medien als 'Teilaspekt der Methodenproblematik' aufzufassen sei, und will entsprechend Unterrichtsmedien 'grundsätzlich' integriert im Methodenkapitel behandeln (Klafki 1970, S.129; als Beispiele für Medien nennt er in diesem Kontext den Tafelanschrieb, die Benutzung bunter Kreide, beschriftete Papier- und Pappstreifen und Dias, s. Klafki 1970, S.158). Jedoch räumt er jetzt 'die große Bedeutung' von Medien in Lernprozessen, die „insbesondere durch die Entwicklung neuer, technischer Medien, immer deutlicher hervorgetreten" sei (Klafki 1970, S.129) ein – und überläßt die Aufarbeitung dieser Bedeutung seinem Kollegen Reinhold Freudenstein und einem eigenen Kapitel (vgl. auch die zwiespältigen Ausführungen in Klafki 1970, S.158f.).

Inhaltlich bestimmt Klafki Medien als 'gegenständliche Lehr- und Lernmittel', zugleich dann auch als 'gegenständliche Vermittler in Lernprozessen' (Klafki 1970, S.129) bzw. 'gegenständliche Vermittler des Lehrens und Lernens' (Klafki 1970, S.159). Ähnlich spricht Freudenstein davon, die Erziehungswissenschaft beschäftige sich „mit den Medien als Mittler im Lehr- und Lernprozeß, also mit der Frage, welche dienenden Aufgaben sie – vor allem im Unterricht – erfüllen können" (1970, S.210) Speziell die modernen, technischen Medien würden „*die* Bildungsmittel der Zukunft sein, weil sie allein über das Potential verfügen, Wissen in größtmöglicher Vollendung Millionen von Menschen darzubieten" (S.210f.), so daß „die Tage der herkömmlichen Wissensvermittlung mit ihrem routinierten Repertoire-Betrieb gezählt sind." (S.211) Zugleich sagt er bezüglich Medien: „immer handelt es sich um Dinge, Sachen oder Erscheinungen, die etwas vermitteln, die eine Übermittlungsfunktion erfüllen" (ebd.).

Eigenartig ist hier nicht nur die metaphorische personalisierende Redeweise vom Medium als 'Mittler' oder 'Vermittler' (die durch den Hinweis auf seine Gegenständlichkeit scheinbar wieder dementiert wird). Schwer nachvollziehbar erscheint vor allem die wie selbstverständlich vorgenommene Identifizierung einer kommunikativ 'vermittelnden' Eigenschaft und einer instrumentellen Funktion von Medien. Die berühmte Kreide, die von Klafki wie von Freudenstein als Beispiel eines herkömmlichen Mediums angeführt wird, hat weder eine kommunikative Funktion noch ist sie auf andere Art ein 'Mittler'. Sie kann höchstens eine *instrumentelle* Funktion *für* einen kommunikativen Prozeß, Unterricht oder eine Wissensvermittlung (die keineswegs *über sie* oder *durch sie vermittelt* läuft) verrichten.

Wenn nicht jedes 'Mittel' ein 'Mittler' ist, kann dann wenigstens umgekehrt jede kommunikative Funktion als instrumentelle Funktion interpretiert werden (so daß die Instrumentalität der übergreifende Aspekt des Medienbegriffes wäre, die kommunikative Funktion ein Beispiel)? Freudenstein suggeriert dies, indem er Medien als 'Kommunikationsmittel' bezeichnet. Medien sind jedoch nicht im gleichen Redekontext ein 'Mittel', in dem von ihnen gesagt werden kann, daß sie 'vermitteln' bzw. etwas 'übermitteln'. Ein Buch, ein Film, eine Rede dienen zwar eventuell *in einem übergreifenden Zusammenhang* einem kommunikativen Prozeß, zum Beispiel im Unterrichtszusammenhang, primär 'sprechen' sie aber 'für sich', *sind* selbst kommunikativ. 'Mittlersein', das Ausgestattetsein mit wie auch immer verstandenen vermittelnden Eigenschaften, ist nicht als solches instrumentell (auch nicht instrumentell für Kommunikation), sondern höchstens, indem ein geeigneter Kontext gesucht oder hergestellt wird. Die kommunikative Funktion eines Medien-Objektes oder -Prozesses ist primär ein *immanenter* Aspekt seiner Existenz, sie kann als einstellige Relation ausgesagt werden. Dagegen ist eine instrumentelle Funktion von vorneherein ein zweistelliger Relationsbegriff, der auf ein *anderes* Objekt oder einen *anderen* Prozeß verweist. Im übrigen rechtfertigt auch die Wortherkunft von 'Medium' nicht die Parallelsetzung der beiden Begriffe (vgl. Abschnitt 4.4.).

Freudenstein überspielt diese zumindest sprachliche Unschärfe[78], indem er unter dem Titel des Mediums als 'Kommunikationsmittel' kommunikative Kontexte instrumentell ausdeutet und andererseits versucht, Hilfs-Mittel auf die Ebene von Kommunikations-Trägern zu heben: Die Sprache sei ein Medium, „durch die es möglich wird, sich anderen mitzuteilen“ (ebd.). Andererseits sei „ein Stück Kreide ein Medium, das es erlaubt, eine Mitteilung auf eine Tafel – die ebenfalls ein Medium ist – zu schreiben“ (ebd.). Eine weitere Bedeutung des Medienbegriffes (die auf Situationen zielt, in denen das 'Medium' tatsächlich instrumentalisiert wird) wird ebenfalls kommunikationstheoretisch vereinnahmt: „Im Bereich der Magie überträgt das Medium Nachrichten und Mitteilungen aus einem Raum jenseits menschlicher Erfahrungen.“ (Ebd.)

Welchen Sinn macht die Anstrengung, mehr oder weniger mit Hilfe von Sophismen Medien als Kommunikationsmedium und *in einem* als zweckrationales Element der unterrichtlichen (kommunikativen) Prozesse zu beschreiben? Der Topos der Identität von kommunikativer und instrumenteller Funktion im Medium, den Klafki und Freudenstein bemühen, ist dabei bis heute aktuell geblieben: Hilbert Meyer referiert, in der Pädagogik werde „als Medium ein *Mittel* oder ein *Mittler* bezeichnet, mit dessen Hilfe ein Unterrichtsinhalt an die Schüler vermittelt werden kann“ (1987, Bd.I S.148)[79]. Jörn Wittern (1985) bestimmt Medien als

'Mittel der Vermittlung' (S.25), in der englischen Übersetzung als 'means of passing on information' (S.26). Andererseits erklärt er, daß „unter Medien alles verstanden werden soll, was als *Träger [...] der Vermittlung* charakterisiert werden kann" (S.31). Zwei Sätze zuvor finden sich unter die 'Träger der Vermittlung' neben Medien auch die beteiligten Personen und Institutionen eingereiht, also typische 'Mittler'. Aus den drei Aussagen zusammen folgt, daß Personen sich in der Kommunikation selbst instrumentalisieren. (Eine im Kontext von Witterns Medienkonzeption nicht völlig abwegige Behauptung, vgl. unten Abschnitt 6).

Wahrscheinlich liegt der springende Punkt gerade in der Konnotation, daß die Funktionalität *für* den Unterrichtsprozeß in der Funktionalität *als* Kommunikation mitgegeben sei. Als 'Mittler', als die sie gedacht sind, *sollen* Medien unanzweifelbar 'Mittel', zweckrational im Kontext des Unterrichtsgeschehens, sein, ohne daß dies eigens zu untersuchen wäre. Suggestiv wird, wenn 'didaktische Mittler' gesichtet oder konstruiert werden, die einstellige Relation, die sie kennzeichnet, zu einer instrumentellen Relation erweitert. Auf diese Weise wird unterschoben, daß Kommunikation per se effektiv ist, eine kalkulierbare Wirkung hat – letztlich, daß sie, wie einst bei Comenius, mit mechanischer Zuverlässigkeit einsetzbar sein müßte.

Faktisch wird damit das Kantsche autonome Subjekt aus dem Kontext der Kommunikation eliminiert. Kommunikation erscheint wie selbstverständlich in einen konstruktiven, quasi apparativen Zusammenhang gestellt – als ob das Medium bzw. das 'Kommunikationsmittel' wie ein Zahnrad wäre, das, wenn es 'in der Mitte' eines Getriebes angeordnet ist und daher die in ihm wirkenden Kräfte 'vermittelt', per Konstruktion als funktionales 'Mittel' für die Kraftübertragung angesehen werden kann. Das Kriterium, daß die *Teile* eines Ganzen einander *Mittel* des Funktionierens sind, charakterisiert bereits bei Kant die insgesamt zweckhaft hergestellte Maschine, exemplifiziert an der Uhr: „In einer Uhr ist ein Teil das Werkzeug der Bewegung der anderen" (Kant 1790, S.292; vgl. auch Sutter 1988, Kap.5). Interpersonale Beziehungen bzw. ein interpersonales Kommunikationssystem wären dagegen durch aufeinander bezogene, aber nicht füreinander als Mittel verfügbare Handlungen von Subjekten zu konstituieren.

Sicherlich ist in der zeitgenössischen Pädagogik eine explizit mechanische Vorstellung von der Wirkungsweise von Medien nicht denkbar. Allerdings unterscheidet sich ein maschinelles bzw. maschinenäquivalentes System der Signaltransmission im Sinne der Shannontheorie nicht wesentlich von einem mechanischen System und ist bei endlichem Zeichenvorrat als digital-mechanisches System realisierbar. Wenn Medien 'means of passing on information' bzw. wenn sie als 'Mitte' und 'Mittler' im Kommunikationssystem zugleich 'Mittel' der Kommunikation sein sollen, wird eine Vorstellung von (unterrichtlicher) Kommunikation und didaktischen Medien entsprechend einem solchen Shannonschen Kommunikationssystem suggeriert. Offenbar wirkt die Beschreibung von Kommunikation nach dem Shannonmodell nicht nur hinsichtlich der formalen Stellung des Medienkonzepts in der Didaktik nach, sondern bildet, trotz aller Distanzierung zur informationstheoretischen Pädagogik, auch einen spezifischen inhaltlichen Hintergrund der Konzeptualisierung von Medien.

Eine historische Recherche zeigt hierbei, daß die Shannonsche Vorstellung von der Kanalkommunikation nicht nur einem mechanischen System der medialen Transmission gleichwertig ist, in dem Sinne, daß sie rein mechanisch realisiert werden könnte. Vielmehr stammt sie auch historisch von Vorstellungen einer mechanischen 'Mediation' von Kräften ab. Für den 'Kanal' des Shannonmodells stand ein Medium Pate, das selbst als reibungsfreies, buchstäblich ätherisches Zahnradgetriebe, als direkter Erbe der perfekten himmlischen Uhrwerke, konzipiert war:

Das Konzept des Nachrichten-'Kanals' wurde nicht, wie es vielleicht als naheliegend erscheinen könnte, als Abstraktion des Kabels der älteren drahtgebundenen Telegrafie- und Telefontechnik formuliert. Vielmehr bezog es sich primär auf die zum Zeitpunkt der Formulierung der Shannontheorie kriegstechnisch wichtige und viel interessantere drahtlose Nachrichtentechnik. Es wurde als das Element der Theorie eingeführt, das im abstrakten Modell die Rolle erbte, die in der (seit der Einsteinschen Relativitätstheorie obsoleten) Vorstellung von der Fortpflanzung elektromagnetischer Wellen der *Lichtäther* innehatte. Weaver läßt dies erkennen, indem er, noch vierzig Jahre nach der Veröffentlichung der Einsteinschen Resultate, ausdrücklich den Äther als bildhafte Assoziation, in Analogie zur Luft als Schall-Kanal, nennt: „In der Funktechnik ist der Kanal einfach der Raum (oder der Äther, wenn jemand dieses veraltete und irreführende Wort noch bevorzugt), und das Signal ist die elektromagnetische Welle, die übertragen wird.“ (Shannon und Weaver 1949, S.16f.) Durch niemand geringeres als James Clark Maxwell selbst, dem Begründer der mathematischen Theorie der Lichtausbreitung, war dabei der Äther – ursprünglich einmal die 'Himmelsmaterie', Aufenthaltsort und Medium von Göttern und Engeln – als ein System von 'Molekularwirbeln' rekonstruiert, die wie Zahnräder und Friktionsrollen wirken (s. Müller 1983, S.50)[80].

Der Mythos des in-formierenden Mediums ist ein Mythos einer 'ätherischen', einer 'transzendentalen' Mechanik. Das bedeutet insbesondere: Er unterstellt quasimechanische Eingriffe in das Subjekt und in diesem die Existenz geeigneter Angriffspunkte für die Kräfte. Indirekt impliziert er deshalb ein mechanisches *white box*-Konzept des Subjektes.

Unter anderem eignet der Mythos sich daher zur nachträglichen Legitimation von *black box*-Modellen des Subjekts, in denen das Subjekt sich Systemen mechanischen Lehrens und Lernens willig fügt, und er wurde immer wieder gern für diesen Zweck herangezogen. Zur Unterfütterung der Vorstellung einer zielsicheren didaktischen Methodik bzw. 'Maschine' berief sich in diesem Sinne bereits Comenius auf die Vorstellung von der inneren Tafel des Geistes, in die Bilder einströmen bzw. eingraviert werden.

Die schon Comenianischen Visionen von den 'quasi von sich aus tätigen' Medien (MD §23) oder einem praktisch vorprogrammierten Unterricht, in dem der Lehrer nur noch zur Intonation eines vorgegebenen Konzepts benötigt wird, bei dem er „den ganzen Stoff und alle Unterrichtsweisen wie auf einem Notenblatt vor sich hat“ ('Große Didaktik', Kap.32 §4), lassen sich jedoch auch als reines Blackbox-Konzept, unabhängig von jeder Modellierung des Subjektes, verfolgen. Jedenfalls konnte sich einige Jahrzehnte des 20. Jahrhunderts die Auffassung halten, daß dies möglich und sinnvoll sei (vgl. dagegen Kapitel 6):

5.4 Mythos der Lehrmaschine in der Manier Skinners

Grundsätzlich kann es als ein Akt der intellektuellen Redlichkeit wie auch als Ausdruck berechtigter erkenntnistheoretischer Zweifel gelten, nicht über Wirkungsweisen oder -mechanismen in einem unbegreiflichen Subjekt zu spekulieren – im Sinne von Wittgensteins Maxime „Was sich überhaupt sagen läßt, läßt sich klar sagen; und wovon man nicht reden kann, darüber muß man schweigen" (Wittgenstein 1921, S.7). Stattdessen nimmt ein allem Spekulativen abholder, positivistisch orientierter Ansatz das Subjekt nur in seinem äußeren Verhalten, als Phänomen in der objektiven Welt, in den Blick. Wenn entsprechend das *Lernen* von Subjekten an äußeren Observablen festgemacht wird, bedeutet *Lehren* nichts anderes, als daß das beobachtbare Verhalten der Subjekt-Blackboxes zu formen bzw. zu modifizieren ist.

B. F. Skinner entwickelte vor dem Hintergrund dieser Vorstellung seine höchst einflußreichen lerntheoretischen Konzepte des Unterrichtens (vgl. Skinner 1954, 1958, 1963a, 1963b). Die Hoffnung, daß das 'shaping' des menschlichen Verhaltens bzw. eine 'behavior modification' erfolgreich sein würde, verdankte sich dabei der Beobachtung, daß durch Setzen von Umweltbedingungen – durch geeignetes 'Konditionieren' – einzelne Verhaltensweisen und ganze Verhaltensmuster selektiv 'verstärkt' werden können. 'Verstärkung' (englisch *reinforcement*) ist dabei operational definiert als Erhöhung der Wahrscheinlichkeit des Auftretens eines Verhaltens. Schon die Wahl des Begriffes zeigt, im Deutschen wie im Englischen, an, daß Personen in einem mechanisch-technischen Kontext gesehen werden. Subjekte würden in ihrem Verhalten nicht *ver*-, sondern *be*stärkt (im Englischen *strengthened*).

Durch geeignete Strategien der 'Verstärkung' können schon Würmer, erst recht höhere Tiere, dazu gebracht werden, ein bestimmtes Verhalten an den Tag zu legen[81]. Vor einem empiristischen Horizont, in dem die Reflexion auf das Subjekt von vorneherein ausgeklammert bleibt, kann scheinbar problemlos die Analogie zum Menschen gezogen werden. Dies soll sogar bei komplexem Verhalten zutreffen (was auch immer – einerseits bei niedrigen Organismen, andererseits beim Menschen – 'komplex' heißen mag): „Even with lower organisms, quite complex behaviors can be 'shaped' in this way with surprising speed; the human organism is presumable far more sensitive." (Skinner 1963b, S.413) Daß die größere 'Empfindsamkeit' des menschlichen Organismus umgekehrt dafür sprechen könnte, daß qualitativ andere Prinzipien des Kontaktes mit der Umwelt und des Lernens möglich werden und eine Rolle spielen, wird nicht erwogen. Im Gegenteil sollen, wenn es darum geht, optimale Verstärkungsverfahren für das menschliche Lernen zu konstruieren, nur Apparate hinreichend sensitiv sein: „Beeinflußt wird der Organismus schon durch feinste Einzelheiten des Verstärkungsmechanismus, den herzustellen weit über menschliche Möglichkeiten geht. Hierzu sind mechanische und elektrische Geräte nötig." – „Wir haben daher allen Grund zu der Annahme, daß die wirksamste Steuerung des menschlichen Lernens der instrumentellen Hilfe bedarf." (Skinner 1954, S.79)

Damit, wie es charakterischerweise im pädagogischen Kontext angestrebt wird, ein komplexes Verhalten geformt wird, müssen die lernenden Organismen eine Folge von Vorformen des Zielverhaltens – die als Teil-Lernziele anzusehen sind – durchlaufen. Wenn diese Teil-Lernziele nur hinreichend kleinschrittig abgestuft werden, soll bei schrittweisem *shaping* sich das gewünschte Endverhalten praktisch zwangsläufig einstellen. Im Unterricht müssen dazu nacheinander Situationen herbeigeführt werden, in denen das jeweils auf das Globalziel hinführende Partialverhalten auftreten kann und verstärkt wird. Skinner nennt ein solches Vorgehen *arranging contingencies of reinforcement*[82] (1963b, S.412).

Indem diese Verfahrensweise, die nach Skinner im Grunde jedem Unterrichten und Erziehen zugrundeliegt, erkannt und mit empirischen Methoden erforscht wird, kann sie wissenschaftlich analysiert und optimiert werden. Insbesondere können optimierte Standardfolgen von Situationen und Verstärkungen entwickelt werden. Die auf diese Weise gewonnenen Routineverfahren bezeichnete Skinner als Lehr- bzw. Lern-'Programme'. Er nahm an, daß solche Programme in der Regel durchgearbeitet werden können, ohne daß es im allgemeinen noch notwendig wäre, sie spezifisch auf bestimmte Adressaten oder Adressatengruppen zuzuschneiden. Die optimierte kleinschrittige Sequenz der Lernsituationen würde damit auch die Grundlage für eine mechanisierte Lehre liefern, in der Lehrmaschinen als 'Mediatoren' der Programme fungieren: „Programs can be constructed in advance, however, which will successfully shape the behavior of most students without local modifications, and many of them can conveniently be mediated by mechanical devices." (Skinner 1963b, S.413)[83]

Eines der hauptsächlichen Ziele, das – wie immer wieder betont wurde – mit solchen Verfahren verfolgt werden sollte, ist die Rationalisierung des Unterrichts. So, wie Produktions- und Verwaltungsabläufe mechanisiert werden, sollte sich auch Lehren und Lernen durch geeignete Verfahren und die Anwendung mechanischer Vorrichtungen effektivieren lassen. Unterrichten findet sich dabei auf eine Stufe mit dem Abzählen und Ausgeben von Geld oder der Buchführung gestellt: „To automate education with mechanical teachers is like automating banking with mechanical tellers and book-keepers. What is needed in both cases is an analysis of the functions to be served, followed by the design of appropriate equipment." (S.412)[84] Skinner schätzte die Schwierigkeiten, die die praktische Umsetzung dieses Gedankens bereiten würde, nicht besonders hoch ein – „Nothing we know about the learning process calls for very elaborate instrumentation." (ebd.) (obgleich andererseits ein optimales Verfahren der Verstärkung „weit über menschliche Möglichkeiten geht", s.o.).

Durch die technische Rationalisierung des Unterrichts sollten sich die Bildungs-Herausforderungen der Zeit bewältigen lassen. Wie typisch für die Jahre um 1960 wurde in den USA die Konkurrenz mit dem kommunistischen Osten auch im Feld der Bildung zum Motiv für fragwürdige Innovationen. Der 'Sputnikschock' des Jahres 1957, als es der damaligen Sowjetunion vor den USA gelang, einen Satelliten in eine Erdumlaufbahn zu bringen, hatte das Gefühl von der selbstverständlichen Überlegenheit des US-amerikanischen Wirtschafts- und Gesellschaftssystems erschüttert. Unter anderem vermehrte Bildungsanstrengungen, wobei vor allem auf neue technische Mittel Hoffnungen gesetzt wurden, sollten helfen, den führenden Rang der USA in der Welt wiederherzustellen und abzusichern. Damit war in den USA, wie Linder (1963, vgl. S.64f.) feststellt, die Stunde der Lehrmaschinenforscher gekommen. Private Stiftungen und zivile sowie militärische staatliche Institutionen stellten umfangreiche Mittel für die Grundlagenforschung sowie für versuchsweise Anwendungen des Programmierten Lernens zur Verfügung.[85]

Ursprünglich hatte es sich bei den Lehrmaschinen nicht um Computer, sondern um relativ einfache mechanische Apparate gehandelt. Zum Beispiel konnten schreibmaschinenähnliche Geräte konstruiert werden, die den Text von Lehreinheiten präsentieren und Eingaben auf einer Tastatur registrieren konnten. Nur wenn das auf der Tastatur getippte Wort die korrekte Ergänzung eines vorgegebenen Lückensatzes lieferte, rückte die Maschine zum nächsten Schritt des Lehrprogramms vor.

Die entsprechenden Apparaturen mußten allerdings für jeden Typ von Lehrverfahren wieder neu entwickelt und gebaut werden. Erst nachdem in den sechziger Jahren für den Dialogbetrieb geeignete Computer existierten, konnte, so jedenfalls die theoretische Vorstellung, der technische Aufwand für die Realisation eines Programms minimiert werden. Auf dem Computer müssen im Prinzip nur noch die gewünschten Lernschritte sowie die Kriterien, wann zum nächsten Schritt übergegangen werden soll, erfaßt werden. Auf diese Weise wird das *Lehrprogramm*, das heißt die strikte Vorgabe und 'Vorschrift' (so wörtlich griechisch *programmon*) für den Unterricht, als *Computerprogramm*, als Folge von Anweisungen an den Computer, implementiert. Der Computer organisiert die Quasimechanik des Ablaufs dann selbsttätig. Diese neuen technischen Möglichkeiten gaben dem Gedanken der Lehrmaschine nochmals Auftrieb. Offenbar hatte auch Paul Heimann die Ansätze und Ideen für computerisierte Lehrprogramme vor Augen, als er Anstöße zu neuen methodischen Modellen zentral „von dem Einsatz von 'Lernmaschinen' und Programmierungsformen im Stile der modernen Kybernetik“ erhoffte (1962, S.421).

Faktisch war in den sechziger Jahren der Computer allerdings noch viel zu aufwendig in Herstellung und Betrieb, um außerhalb von Experimentallaboren zum Unterrichten oder zum selbständigem Lernen eingesetzt zu werden. Daher wurden breitere Versuche, Lehr- oder Lernprogramme in der Nachfolge Skinners zu realisieren, weder mit mechanischen noch mit einer computerisierten Implementationen unternommen, sondern gewöhnlich diente ganz traditionell das Buch als bevorzugte Medienform.

Von herkömmlichen Lehrbüchern unterschieden die programmierten Unterweisungen sich fast nur darin, daß Stoff und Testaufgaben sehr systematisch in kleinen 'Häppchen' (sprich Lerneinheiten) serviert wurden. Für eine programmierte Einführung in die mathematische Mengenlehre aus den sechziger Jahren, die Eingang in den Schulbuchkanon fand, (Lindner 1966) wurde zum Beispiel das Thema so kleinschrittig aufgearbeitet, daß eine Lerneinheit in der Regel auf ein Drittel einer

Buchseite paßte.[86] Kontrollfragen *nach* jeder Einheit bzw. die zugehörigen Antworten *vor* der anschließenden Einheit (die in dem angeführten Programm jeweils auf der übernächsten Buchseite abgedruckt war, so daß die Antworten nicht ohne Umblättern sichtbar waren) repräsentierten die Skinnerschen Verstärkungen. Weiterlesen *sollte* jeweils nur, wer die Lerneinheit durchgearbeitet, die Fragen schriftlich und richtig beantwortet und *danach* sich durch den Vergleich mit der Musterantwort seine 'Verstärkung' abgeholt hatte.[87]

Im Vergleich zu derlei pragmatischen Unternehmungen blieben dem Computer zunächst vorwiegend symbolische Funktionen vorbehalten. Er repräsentierte zum einen die theoretische Möglichkeit einer einfachen Konstruktion von Lehrmaschinen. Zum anderen wurde wichtig, daß er plausibel und sinnvoll erscheinen ließ, die Skinnerschen Lernmodelle in den Kontext kybernetischer Modelle des Lehrens und Lernens einzubinden: Der Lernprozeß galt nun als ein quasitechnischer Regelkreis, in dem mittels geeigneter Rückmeldungen (bzw. 'Rückkopplungen') ein Zielzustand ('Sollzustand') angesteuert wird. Im Rahmen einer solchen kybernetischen Modellierung bzw. deren Realisierung als Software können Lernprogramme gegenüber dem klassischen linearen Skinnerschen Schema deutlich flexibler werden. Helmar Frank plädierte in seinem Vortrag 'Kybernetik und Lehrmaschinen' auf der 'ersten deutschen Lehrmaschinentagung' (1963 in Nürtingen) in diesem Sinne für eine Optimierung Skinnerscher Unterrichtsverfahren mittels Universalrechnern. Zum Beispiel könne der Computer Beispiel dafür sorgen, daß bei begabten Schülern einzelne Schritte eines Skinnerschen Lehrprogramms übersprungen werden. (Vgl. Frank 1963a, Bd.1, S.21f.)

Erst die massenhafte Verbreitung des Computers in Form des PCs in den achtziger Jahren ließ mangels alternativer Konzepte eine Flut computerisierter Lehr- und Lernprogramme, meist im Gegensatz zu den hochfliegenden Vorstellungen der sechziger Jahre von einfachster Strickart, auf den Markt kommen. Zum Beispiel führen die im Paket von Standardsoftware heute vielfach enthaltenen sog. Lernprogramme Skinnersche Dressurversuche an Benutzer oder Benutzerin durch, indem sie minutiös eine bestimmte Bedienung des Systems erzwingen. Wo die den Instruktionen innewohnende gewisse Verspottung der Personen, die mit dem Programm arbeiten, auf die Spitze getrieben ist, wird die korrekte Eingabe 'verstärkt' mit einer 'persönlichen' Belobigung: Das System setzt in eine Satzschablone der Art „Sehr gut ..." den Namen ein, den es zuvor erfragte. Der Programmierer lacht sich beim Entwurf eines solchen Programms über die dummen *user* ins Fäustchen – doch blamiert in Wirklichkeit sich selbst.

Gerade die in den sechziger Jahren beliebte, pragmatisch wie theoretisch eher gezwungen wirkende Assoziation mit der als universelle Querschnittswissenschaft geltenden Kybernetik läßt durchscheinen, daß vor allem an einem Mythos gezimmert wurde: Die 'Lehrmaschine', besonders der Computer als universelle Lehrmaschine, figuriert nicht einfach als Unterrichtshilfsmittel, sondern ist vor allem konkretes Sinnbild einer wissenschaftlichen Didaktik, die zum 'programmierten' Erfolg führen soll. An der angeführten Stelle erklärt Frank, daß angenommen werden könne, „daß bei einer Unterteilung des Stoffes in genügend kleine Lehrschritte jeder Schüler jeden Lehrschritt bewältigen kann und damit zwangsläufig auch den zum Unterrichtsziel Z führenden Schlußschritt." (S.21) Der Computer als universelles Gerät für kybernetische Modellierungen soll dabei das Rüstzeug verschaffen, um Lehren und Lernen tatsächlich optimal zu organisieren. Die nur sporadische Verfügbarkeit von Computern in den sechziger Jahren machte ihn nur desto geeigneter als Projektionsfläche für Visionen und Erwartungen aller Art.

Mit anderen Worten, das Mythologem der 'Lehrmaschine' symbolisiert unabhängig von der eher defizitären konkreten didaktischen Existenz irgendwelcher Apparate den Traum eines wissenschaftlich legitimierten, reproduzierbar zum Erfolg führenden Unterrichts. Es ist der gleiche Traum von technomorpher Rationalität als Erfolgsgarantie des Verfahrens, den schon Comenius im Begriff der 'didaktischen Maschine' zur Sprache brachte. Der Computer scheint nun endlich die technischen Grundlagen zu liefern, um eine wissenschaftlich abgesicherte Methodik, die mit der Zuverlässigkeit eines Uhrwerks „alle alles zu lehren" vermag (vgl. den Untertitel von Comenius' 'Großer Didaktik'), auch praktisch zu realisieren. Die salvatorische Klausel dieser Hypothese lautet, daß bei der Umsetzung der technischen Grundlagen in die tatsächliche Anwendung *noch* Probleme bestehen, die aber das Projekt nicht infragestellten.

Wie die Comenianische Uhr ist die Lehrmaschine, erst recht der als solche genutzte Computer, eine Präzisionsmaschine, die, Skinner zufolge, weit genauer als ein Mensch auf alle Regungen der Tutanden eingehen kann. Gleichzeitig erscheint sie als der geistige Dampfschaufelbagger, als den Norbert Wiener den Computer charakterisierte (Wiener 1948, S.60). Sozusagen mit unwiderstehlicher Gewalt und zugleich mit größter Genauigkeit hebt sie den Medien-Kanal aus und flößt dem Subjekt den Lernstoff ein. Es wundert kaum, daß in den technikeuphorischen sechziger Jahren die Lehrmaschine in der populären Darstellung als neuer 'Nürnberger Trichter' thematisiert wurde (Vogt 1966).[88]

In diesen Konstruktionen rückt das Subjekt ganz an den Rand des Objektprozesses. Es figuriert sozusagen nur noch als marginalisierter Punkt in der objektiven Welt, als eine dem wissenschaftlichen und technischen Zugriff unterworfene Funktion. Symptomatisch ist, daß in den *Einleitungen* der Literatur zu Lehrmaschinen der Appell an die Verantwortung und die Mahnung auftaucht, daß die gewaltigen Möglichkeiten der Verhaltensformung zum Nutzen des Menschen angewendet werden mögen (s. Correll 1965, vgl. auch Wieners pessimistische Voraussagen zur Anwendung der Kybernetik, Wiener 1948, S.59ff.). Die Pädagogik selbst konstituiert sich, ganz auf der Linie des behavioristischen Ansatzes Skinners, als wertfreie Technik neu. Jedwede Subjektorientierung erscheint daher als ein immanent nicht relevantes moralisches Anliegen *neben* ihr.[89]

Zwar basiert auch der Diskurs vom 'Informationsmedium' auf der Vorstellung einer bruchlosen 'Kommunikation', einer in identischen Begriffen zu fassenden Kofunktionalität von quasimechanischem Medium und Subjekt, und propagiert unterschwellig eine mechanische Tiefenstruktur des Subjektes. Doch der Diskurs von der Lehrmaschine ist in dieser Hinsicht aus gröberem Holz. Subjektprozesse bleiben von vorneherein aus ihm ausgeklammert bzw. die Rede von ihnen wird als unwissenschaftlich deklariert. Die Lehrmaschine selbst scheint Inbegriff des

Nachweises zu sein, daß ein autonomes Subjekt nicht nur mechanisch beeinflußbar ist, sondern als solches, jenseits eines mechanischen Universums, nicht existiert. Beim 'Programmierten Lernen' werden Personen als von außen lenkbare Organismen, als 'instruierbar' und 'programmierbar' vorgeführt. Die Lehrmaschine ist die objektive Welt, die 'automatisch' sich das Subjekt gefügig macht.

Auch unabhängig von jeder konkreten Anwendung spielt dabei der Computer auf der ideologischen Ebene, noch über seine Funktion als Beweis für die technische Möglichkeit von Lehrmaschinen hinaus, eine wichtige Rolle. In seiner Konzeptualisierung als universelle 'informationsverarbeitende' Maschine ist die Vereinnahmung subjektbezogener Begriffe in einen objektiven, technischen Kontext vorgezeichnet und wird, in einer *petitio principii* bzw. einer doppelten Modelldialektik[90], zugleich als pragmatisch erfolgreich legitimiert. Die Welt, sagt die Kybernetik, strukturiert sich durch objektive Informationsprozesse. Der Computer bildet diese auf 'natürliche Art' ab und kann sie, in einem kybernetischen, objektivierten Verfahren, 'natürlich' dem Menschen vermitteln.[91]

Mit scheinbar schlagender Evidenz präsentiert sich daher die Lehrmaschine (solange und immer wenn sich ein Schimmer einer Hoffnung auf die technische Realisierbarkeit der Visionen am Horizont abzeichnet) als ein Mechanismus der äußeren Determination des Menschen – ein Mechanismus, wie ihn Kant zwar als notwendige Vorstellung der naturwissenschaftlichen Theorie ansah, nichtsdestoweniger aber in der Moraltheorie hoffte, ihm ein Reich der Zwecke und durch sie motivierter Handlungen eines selbstbestimmten Subjektes entgegensetzen zu können.

Es ist allerdings auch eine konträre Deutung der ursprünglichen Skinnerschen Intention von den mechanischen Mediatoren des Lernens möglich (die ich in gewisser Weise im Kapitel 7 aufgreifen werde).

5.5 Ambivalenzen und Aporien der Skinnerschen Lehrmechanik

Die rigide Führung der Tutanden durch das Lehrprogramm bezeichnet nur die eine Seite des Skinnerschen Verständnisses vom Lernprozeß. So sehr Skinner durch eine kleinschrittige Auflösung des Lernziels jedes Ausbrechen von Tutanden aus dem programmierten Lernweg verhindern will, weiß er andererseits: Lernen kommt nur zustande, wenn ein Tutand *aus sich heraus* ein (wie auch immer minimalisiertes) Element des gewünschten Verhaltens produziert und *dafür* belohnt bzw. 'verstärkt' wird. Gerade mit dieser Auffassung grenzt er sich gegenüber seinem Vorläufer Pressey[92] ab:

„Der Schüler muß seine Antwort *selbst formulieren* (im Sinne der Konstruktions-Antwort-Methode), statt sie aus einer Reihe von Auswahlmöglichkeiten zu wählen wie in einem Auswahl-Antwort-Apparat. Ein Grund dafür ist, daß er aus dem Gedächtnis etwas reproduzieren und nicht nur etwas wiedererkennen soll. Er soll nämlich eine Antwort geben und gleich darauf erkennen, daß sie richtig war." (Skinner 1958, S.41) Skinner sieht dabei durchaus, daß „es viel einfacher ist, eine

Maschine für das Auswerten von Auswahl-Antworten zu bauen als für die Bewertung selbst formulierter Schülerantworten“ (ebd.).

Ausdrücklich betont Skinner: „*Der Schüler ist mehr als ein Empfänger von Informationen.*“ (1961, S.210) – „Um sich eine Verhaltensform anzueignen, *muß sich der Schüler tatsächlich verhalten – er muß handeln.*“ (Ebd.) Insofern weiß auch Skinner, daß die menschliche Natur *tota activa* ist, wie Comenius formulierte. Andererseits geht er davon aus, daß ‘glücklicherweise’ die Aktivität des Schülers dennoch ‘lenkbar’ (ebd.) ist.

Die *lenkbare Eigenaktivität* des Tutanden ebenso wie das Ziel einer schematischen, mechanisierbaren Bewertung kreativer Lösungen sind klassische aporetische Vorstellungen der Pädagogik. Skinner ist der Ansicht, die sie konstituierenden Widersprüche im Rahmen seines theoretischen Ansatzes wie seiner praktischen Bemühungen überwunden zu haben. Um zu diesem Ergebnis zu gelangen, muß er allerdings seine Augen vor eigenen Beobachtungen, Einsichten und Forderungen hinsichtlich der aktiven Natur des Menschen verschließen.

Bereits an der durch ihn selbst eingeräumten, unausweichlichen Schwierigkeit, die die Bewertung selbst formulierter Schülerantworten darstellt, scheitert maschinelles Lehren in dem umfassenden von ihm intendierten Sinn: Wenn erfolgreiche Erziehung oder erfolgreicher Unterricht darauf beruht, daß nicht eine enge Auswahl von Verhaltensformen vorgegeben wird, sondern der Akzent auf der *Produktion* von Lösungen liegt – selbst wo sie von außen als Reproduktion erscheint –, sollen und werden Tutanden (in wie immer beschränktem Radius) *kreative* Antworten geben. Deren Begutachtung darf dann nicht formal bleiben. Sie muß sich auf einer tiefen Ebene auf sie beziehen. Denn wie Skinner beobachtet hat, sind nur ‘positive Verstärkungen’ effektiv. Deshalb genügt es nicht, eine Schülerantwort lediglich formal auf Übereinstimmung oder Nichtübereinstimmung mit der intendierten Lösung zu überprüfen und im zweiten Fall ‘nicht richtig’ festzustellen. Gerade auch partielle Verhaltensmomente, die dem Ziel tendenziell entsprechen, müssen erkannt und bestätigt werden. Ein Tutand kann sich dem Ziel nur einen weiteren Schritt nähern, indem er an diese anknüpft und sie ausbaut. Die Maxime der *Bestätigung auch von Tendenzen zum Richtigen* läßt sich aber nicht schematisch oder durch eine Maschine realisieren.

Zur Illustration sei der Ausschnitt des Programms für Oberschul-Physik betrachtet, den Skinner in ‘Teaching Machines’ (1958) präsentiert. Es geht um Glühlampen und den Zusammenhang von Wärme- und Lichtemission. Skinners dritter Lückensatz lautet: „Wenn der heiße Faden hell glüht, sagen wir, er strahlt Wärme und ..... aus.“ (S.50) Als korrekte Ergänzung an der offengelassenen Stelle ist ‘Licht’ vorgesehen. Die Maschine, mit der Skinner das Programm implementiert hat, kann dann keine andere Lösung als ‘Licht’ akzeptieren. Selbst wenn ein Schüler die gewünschte Antwort nur nicht korrekt schriebe oder mit einer synonymen Wendung gäbe (etwa ‘Helligkeit’ oder ‘elektromagnetische Strahlung im sichtbaren Spektrum’), würde, entgegen Skinners psychologischen Einsichten und didaktischen Postulaten, die Antwort ohne Angabe von Gründen als falsch zurückgewiesen.

Auf dem Computer ließe sich zwar ohne grundsätzliche Probleme ein ähnliches Lehrprogramm mit einer begrenzten Flexibilität realisieren. Um den Preis einer Potenzierung des Aufwandes bei der Programmkonstruktion könnten einige Abweichungen von der hauptsächlich vorgesehenen Lösung berücksichtigt werden und zu einer Variation des Programmsablaufs führen. Die prinzipielle Situation, daß nicht auf alle potentiellen korrekten oder partiell korrekten Antworten passende Reaktionen im vorhinein konstruiert werden können, würde sich jedoch dadurch nicht ändern.

Die didaktische Schwierigkeit der abstrakten ex-ante-Identifizierung aller möglichen richtigen oder partiell richtigen Antworten (und erst recht der Vorausplanung der erforderlichen Reaktionen) spiegelt dabei ein Grundlagenproblem der Informatik bzw. Mathematik: *Nachweisbar* kann es nicht einmal ein generelles Verfahren bzw. ein Computerprogramm geben, um die Synonymität zweier mathematischer Ausdrücke, die natürliche Zahlen bezeichnen, – das heißt, deren mathematische Gleichheit – festzustellen (s. Bar-Hillel 1964, Kap.19). Erst recht kann kein Computerprogramm erkennen, ob zwei beliebige allgemeinsprachliche Ausdrücke dasselbe meinen[93]. Noch weniger kann es aus einem (sprachlichen) Verhalten zuverlässig zielentsprechende Tendenzen herausschälen.

Skinner wollte eigentlich mit seinen Lehrmaschinen den geduldigen Privatlehrer für alle schaffen: „Wie ein guter Privatlehrer besteht die Maschine darauf, daß der Schüler, bevor er weitergeht, eine gestellte Aufgabe wirklich verstanden hat.“ (1958, S.44) – „Wie ein geschickter Privatlehrer hilft die Maschine dem Schüler, die richtige Antwort zu finden.“ (Ebd.) Die durchgängige Schematisierung und Mechanisierung des Lehrens ist jedoch unverträglich mit der Offenheit für eine tatsächlich inhaltlich konstruktive Tätigkeit des Tutanden.

Bemerkten Skinner und seine Adepten dies selbst nicht? Das angeführte Lehrprogramm demonstriert, wie die Illusion erzeugt wurde, daß sich ein Schüler selbständig und konstruktiv verhielt, wenn er das Programm durcharbeitete, und der Lernerfolg dennoch schematisch festgestellt werden konnte. Alles hängt davon ab, daß ein Tutand (dem Anschein nach) selbständig die Lösung sucht, jedoch, wenn er seine Gedanken nicht allzusehr schweifen läßt, *exakt* auf die intendierte Lösungsformulierung verfällt. Der Trick in der praktischen Programmkonstruktion besteht darin: Die gewünschte Antwort wird zwar nicht wie bei Auswahlantworten hundertprozentig vorgegeben. Doch der sprachliche Kontext legt sie so weit nahe, daß sie weitaus leichter und bequemer zu ‘finden’ ist als jede sprachlich abweichende und dennoch korrekte Lösung. In der Regel müssen lediglich Begriffe oder Phrasen aus dem bearbeiteten Lückensatz oder dessen Vordersatz erinnert und nach Satzbau- oder Wortbildungsregeln umgeformt werden. Im Deutschen verringert sich zusätzlich die Wahrscheinlichkeit einer verbal differierenden, inhaltlich korrekten Antwort – daß etwa ‘das Birnchen’ statt wie intendiert ‘die Birne’ als Bestandteil einer Taschenlampe genannt wird –, weil der Lückentext bereits den ‘richtigen’ Artikel vorgibt.

Ein in solchem Kontext durch den Tutanden ‘entdeckte’ korrekte Antwort ist, die gewöhnliche Bequemlichkeit des Denkens und Vertrautheit mit Skinnerschen Programmen vorausgesetzt, tatsächlich mit großer Sicherheit vorhersagbar. Desto weniger kann allerdings davon die Rede sein, daß sie auf einer *inhaltlichen* Ebene tatsächlich vom Tutanden selbst konstruiert wird. Mit etwas Sprachgefühl läßt sich das Skinnersche Lehrprogramm bewältigen, ohne daß man sich wirklich auf die behandelten Sachen einläßt. Es rächt sich, daß die angeblichen 'Kontingenzen' des Lernprozesses – die im Sinne von Skinners Intention eigentlich zu deuten wäre als die für den Lernenden unvorhersehbaren Begegnungen mit dem Lerngegenstand – allzu säuberlich 'arrangiert' sind (zum Gebrauch des Begriffs vgl. oben). Das tatsächliche Lernen spielt sich auf der Ebene dieses Arrangements ab, kann und muß sich auf seine Tricks und Anforderungen konzentrieren. Der Preis für die Eindeutigkeit des sprachlichen Ausdrucks ist daher letztlich der Verzicht auf ein Tiefenverständnis vom Gegenstand.

Im Grunde weiß Skinner dies. Er rettet sein Projekt, indem er sich auf die behavioristische Grundposition zurückzieht: Er bescheidet sich, als Ziel des Lehrprogramms zu nennen, es solle „den Schüler im Physikunterricht der Oberschule dazu bringen, sich vernünftig und möglichst sachgemäß über das von einem Glühlicht ausgehende Licht zu *äußern*" (S.49 – Hervorhebung RR).[94] Der Widerspruch zum ebenfalls formulierten Wunsch, *wirkliches Verstehen* zu erreichen, bleibt allerdings bestehen. Um dies zu erkennen bzw. zu beobachten, muß nicht auf eine empathische Deutung des Subjektes zurückgegriffen werden. Auch tiefergehendes Verstehen bzw. dessen Fehlen manifestiert sich in äußerem Verhalten. Zum Beispiel würde ein denkbarer Test auf ein Tiefenverständnis darin bestehen, daß der behandelte Gegenstand auch in einer anderen Sprache beschrieben werden kann, in der keine genauen Entsprechungen für die trainierten Begriffe existieren.[95]

Letztlich kann Skinner seine theoretischen und praktischen Ansätze sowie seine Ansprüche nur miteinander in Einklang bringen, indem er die Variabilität der richtigen Antwort für die Aufgabe im Lehrprogramm wie auch die Möglichkeit einer partiellen Korrektheit von Antworten dementiert. Implizit muß er deshalb von einer quasi atomaren und linear rekonstruierbaren Struktur des Zielverhaltens ausgehen. Wenn auf jeder Mikrostufe des Lernprogramms nichts geschehen würde, als daß das Verhalten in einem einzigen Verhaltensatom modifiziert oder das Repertoire korrekten Verhaltens um ein solches Atom erweitert wird, würde eine Ja-Nein-Entscheidung – ein Bit Information – genügen, um das Ergebnis des Durchlaufens der Stufe vollständig zu beschreiben. Das Verhaltensmodell wäre das eines elektronischen Gerätes (zum Beispiel eines Druckers), das durch Setzen einer Reihe von Dip-Schaltern sukzessive festgelegt wird. Sogar bei einem solchen Gerät entsprechen aber den einzelnen Bits nicht Verhaltensatome, die unabhängig voneinander zugeschaltet werden können, sondern die Arbeitsweise des Gerätes hängt vom gesamten Einstellmuster, von einem System von Bedingungen, ab.

Reales menschliches Verhalten in komplexen Kontexten läßt sich jedenfalls nicht in ein Modell ohne Wechselwirkung und daher rührende Mehrdeutigkeit von Komponenten pressen. Selbst die feinste Granulation realen Lernstoffs bzw. der schrittweise zu bewältigenden Partialziele kann nicht verhindern, daß neu angeeignete unterstellte 'Lernatome' in nicht im voraus eingrenzbare oder bestimmbare Wechselwirkung mit vorher angeeigneten treten. Wenn etwa die englische Sprache erlernt werden soll und sie beschrieben werden könnte durch die englischen Wörter als ihre 'Atome', so mögen Antworten eindeutig vorgegeben sein, solange der erlernte Wortschatz noch keinen großen Umfang hat. Ab einem gewissen Niveau, bei dem sich der Reichtum und die Komplexität der Sprache bemerkbar macht, gibt es jedoch, wie ein Blick in jedes Wörterbuch zeigt, für jedes vermeintliche Sprachatom zahlreiche Modifikationen und Varianten des Ausdrucks.

Komplexe Gegenstände (und Verhaltensweisen) definieren sich außerdem dadurch, daß sie als ganzes Eigenschaften haben, die eine Beschreibung oder der Nachvollzug ihrer Teile nicht zeigt. Eine didaktisch gemeinte Zerlegung zerstört ihre Charakteristik: Der Pullover, bei dem zu seiner Erklärung die Fäden gezogen werden, hört auf zu existieren. Der fragwürdige Mythos der verlustlosen Atomisierbarkeit, der Analytizität des Wissens und Könnens[96], der konstitutiv für die Idee des Programmierten Unterrichts ist, hat immer wieder zu Selbstwidersprüchen seiner Protagonisten geführt. So schloß Helmar Frank sich, wie bereits angeführt, auf der einen Seite der *common opinion* der Theoretiker des Programmierten Unterrichts an, „daß bei Unterteilung des Stoffes in genügend kleine Lehrschritte jeder Schüler jeden Lehrschritt bewältigen kann und damit zwangsläufig auch den zum Unterrichtsziel Z führenden Schlußschritt." (Frank 1963a, Bd.1, S.21) Andererseits folgt aus den Axiomen von Franks eigener informationstheoretischen Pädagogik, daß es eine eindimensional vorwärtsschreitende und daher 'zwangsläufige' Akkumulation der Verfügung über einen komplexen Gegenstand nicht geben kann, weil in jedem Moment dem Denken nur eine beschränkte Informationsmenge präsent sein kann. Das Problem besteht nicht nur darin, daß das Ganze mehr als die Summe seiner Teile sein kann: Die sukzessive Addition der 'Teile', die im kapazitiv beschränkten Denken einander verdrängen, ergibt weit weniger als ihre Summe.[97]

Skinners Projekt wird, so läßt sich resümieren, der Dialektik einer äußeren Steuerung des Subjekthandelns auf der einen Seite, der Produktivität eines ungreifbaren Subjektes in einer komplexen Welt auf der anderen Seite nicht gerecht. Immerhin ignoriert es sie nicht gänzlich, sondern macht sie in gewissem Maß zum Thema. Skinner läßt sich geradezu kantianisch deuten: Er versucht sozusagen, den Kantschen 'Naturmechanismus' aufzuzeigen, durch den das gleichwohl autonome Subjekt von außen bestimmt wird (und dadurch insbesondere 'mechanisch' erzogen werden kann). Der Schüler agiert selbständig und kreativ, kann jedoch durch die Brosamen in der Hand des Erziehers gelenkt werden. Dank ihrer lernt das Subjekt, die freie Skinnersche Taube, im goldenen Käfig der eigenen Handlungsimpulse das von außen vorgegebene Ziel anzusteuern.

Ein Mythos der (sich prostituierenden) Freiheit ist dabei dem Theorieansatz inhärent. Skinner weiß: Fliegen muß die Taube selbst. Die direktive Prägung des Verhaltens durch einen Informationskanal funktioniert nicht, das Subjekt wird als produktives Element benötigt. Die nicht ergründbare Subjekt-Blackbox muß spontan und autonom die Lösungen generieren, die anschließend bewertet und verstärkt werden. Von außen wird Verhalten nur 'geformt', indem Wahrscheinlichkeiten im vom Subjekt gelieferten Verhaltens-Material variiert werden. Das Subjekt selbst bleibt dabei *terra incognita*, soll nur oberflächlich gezähmt werden.

Skinners Ansatz scheitert daher nicht an der mangelnden primären Achtung vor dem produktiven Subjekt, sondern an der Eindimensionalität des Weges, der diesem vorgeschrieben werden soll, an der Flachheit der konstruierten Lernumgebungen, an der Fiktion der Linearisierbarkeit und Reduzierbarkeit des Objekts. Was 'nur' als Kontrolle des Lernweges gedacht ist, mindert faktisch den Handlungsspielraum des Subjekts und unterminiert sekundär seine Produktivität. Wenn Skinner so gesehen wird, ist das Problem nicht ein Mythos, der das Angewiesensein auf eine autonome Kreativität verleugnet, sondern die Vorstellung, eine Person könne und würde auch unter extrem reduzierten und kontrollierten Bedingungen weiterhin produktiv agieren.

In Wirklichkeit spiegelt sich jedoch die Autonomie des Subjekts in der Komplexität des Objekts und bedarf ihrer, um sich zu betätigen. Die Taube, die fliegen (lernen) soll, kann nicht im engen Käfig eingesperrt bleiben. Der Spielraum für das reale Geschehen, den die Skinnersche Formel vom *arranging contingencies of reinforcement* suggeriert, ohne daß Skinners Methodik ihn wahrt, muß offen gehalten werden.[98] Eine Lehrmaschine, die den Lernprozeß sei es subjekt-, sei es objektseitig umfassend kontrollieren und sich unterwerfen soll, ist unvereinbar mit dem unplanbaren kreativen Prozeß. So einfach läßt sich die aporetische Struktur des Konzepts der Subjekt-Erziehung, des Führens zu Kreativität und Freiheit, nicht aushebeln.

Sind alternative Mythen des Mediums denkbar, die eine Mechanik der Lehre mit der Freiheit des Lernens verbinden – die sozusagen der Taube die Stäbe ihres Gitters als Stützpunkt zum Fliegenlernen anbieten?

5.6 Das Konzept des didaktischen Mediums als 'Rahmen' und 'Raum' des Lehrens und Lernens

Noch im Skinnerschen Konzept der 'Lehrmaschine' stecken Spuren einer Utopie eines didaktischen Mediums, das auf die Eigentätigkeit des lernenden Individuums setzt. Sich dieser Utopie anzunähern, erscheint das öde schematisierte 'programmierte Lernen' allerdings als ein ziemlich ungeeignetes Verfahren. Stattdessen wäre die Vision eines anderen Typs einer Lehrmaschine zu entwickeln: eines 'mechanischen' Schemas oder Rasters, in dem die Lernenden nicht gefangen sind, sondern an dem sie selbst sich orientieren können, einem Navigationsinstrument statt eines Kontrollapparats, ein Verfahren, dessen Instrumentalität auf das Lernen, nicht das Lehren ausgerichtet ist.

Benötigt würden dazu möglicherweise Ansätze für 'mechanische' Verfahren, die Randbedingungen für Lernsituationen definieren, diese selbst jedoch offen lassen. Anstelle des Versuch, mit Lehrmaschinen die Steuerung des Lernprozesses zu übernehmen, gälte es, ein Konzept zu entwickeln, wie 'mechanisch' in Prozessen interveniert werden kann, ohne sie abzuwürgen, wie mit linearen Strukturen Impulse in offene, komplexe Situationen gesetzt werden können. Wenn die Eigentätigkeit der Lernenden tatsächlich eine Chance haben soll, müssen sie ihren Weg selbständig kontrollieren wie auch suchen. Effektives Lernen kann nicht durch äußere Kontrolle zustande gebracht werden, sondern beruht darauf, daß ein geeigneter innerer Prozeß in Gang kommt – sozusagen, um eine kybernetische Terminologie zu bemühen, sich ein innerer Regelkreis installiert.

Der Mainstream der erziehungswissenschaftlichen Diskussion der Bundesrepublik ist, ebenfalls als Reaktion auf die Skinnerschen Konzeptionen, in den siebziger Jahren zu teilweise sehr ähnlich klingenden Ergebnissen und Forderungen gekommen. Sie konstruierte diese jedoch anders und mußte sich daher nicht inhaltlich mit der Frage einer mechanischen Funktionalität im pädagogischen Prozeß auseinandersetzen.

Heimann bzw. die unterrichtstheoretische Schule hatte ursprünglich den Topos der Subjektorientierung wie auch andere Normvorgaben aus dem Kategoriensystem der wissenschaftlichen Didaktik verbannt. Gerade in der Auseinandersetzung mit den an Skinner orientierten Lehrverfahren (die ursprünglich Heimann entscheidend zu seiner neuen Strukturierung der didaktischen Theorie motivierten) wurden sie später in neuer Form wieder in den Diskurs eingeführt. Denn die Programmierten Medien ließen das Spektrum von Entscheidungsdimensionen, das Heimann im Lehr- und Lernprozeß aufzeigen wollte, nicht wirklich offen. Sobald die Wahl auf ein bestimmtes Skinnersches Medium gefallen ist, bleibt kein Raum für weitere Lehrentscheidungen bezüglich Zielen, Inhalten und Methoden. Noch wichtiger, die Mediencharakteristik eines Skinnerschen Lehrprogramms ist von vorneherein unvereinbar mit Zielen und Methoden, die auf Handlungen und Kommunikationsprozesse setzen – „Ein Programm für kommunikatives und handlungsbezogenes Lernen schließt sich selbst aus, weil Handlung und Kommunikation offen sind und sich infolge der Möglichkeit, mit ihren Intentionen zu scheitern, jeder Programmierung entziehen." (Wittern 1975, Bd.1, S.125)

Diese Einsicht bildete für Jörn Wittern in seiner Untersuchung des Medienkonzeptes (Wittern 1975, vgl. auch Wittern 1985)[99] den Hintergrund für eine modifizierte Konstruktion der Didaktik. Die didaktische Basistheorie konnte nicht länger wie bei Heimann als starres Gerüst formal konstant bleibender Faktoren, die nur für Dimensionen möglicher Entscheidungen stehen, erscheinen. Stattdessen mußte sie als formal gestaltbares System aufgefaßt werden, das allein schon durch den Grad seiner Offenheit, durch die faktische Dimensionalität des Entscheidungsraums, den es beläßt, Erziehungsziele normativ ausdrückt. Ohne daß der Begriff explizit fällt, wird eine Variante einer Subjektorientierung – durch Wittern umschrieben als angestrebte „Fähigkeit zu autonomem Denken und Handeln, die Bereitschaft zu kritischer Reflexion sozialer, politischer und ökonomischer Lebensbezüge" (1985, S.33) – wieder als vorgeordnete Wertentscheidung der didaktischen Theorie eingeführt. Die Folgerung lautet, daß, wenn autonomes Denken und Handeln gefördert werden soll, Unterricht nicht durch Methoden oder Medien vollständig vorhergeplant sein darf. Es muß Raum für den Zufall und für spontane Entwicklungen bleiben.

Im Sinne dieses Leitbildes entwickelt Wittern das Konzept des 'didaktisch organisierten Lernprozesses': Er wird 'organisiert', wie ein Fest vorbereitet wird. Bedingungen für ihn werden hergestellt und bereitgestellt, so daß er weder völlig ungeplant und spontan, abhängig nur von zufälligen Gegebenheiten verläuft noch durchgeplant wie das programmierten Lernen ist. Es wird sozusagen ein Raum oder Rahmen vorgegeben, in dem sich der Lernprozeß entwickeln kann. Der Spannungsbogen zwischen geplanten und ungeplanten Elementen soll dabei auch für die Lernenden als der Ort deutlich werden, in dem *sie* den Prozeß entwickeln – zum Beispiel den Spielverlauf innerhalb der Modalitäten eines Planspiels voranbringen: „Didaktisch organisierter Lernprozeß ist also definiert als Lernvorgang, in den die Antinomie zwischen Zufall und Planung bewußt als eine Form dialektischer Vermittlung mit dem Ziel aufgenommen wird, dieses Spannungsverhältnis für den Lernenden selbst zugänglich zu machen." (Wittern 1975, Bd.1, S.8)

Gerade die didaktischen Medien sollen nun bei Wittern die Vermittlung zwischen Zufall und Planung verkörpern und den offenen Raum des Lernprozesses herstellen. Einerseits sind sie funktional für bestimmte methodische Planungen, andererseits können sie, wie Wittern es nennt, 'mehrdimensional' sein: einen Überschuß an Möglichkeiten gegenüber der Planung bieten. Das „Medium kann didaktisch konstruierte Vermittlung von Absichten, Inhalten und Methoden sein, andererseits aber auch ein Gegenstand, der allein durch sein Vorhandensein ohne jede Zielsetzung als Aufforderung wirkt und einen Lernprozeß auslöst" (Wittern 1985, S.33). So kann etwa auch ein Stuhl zum Medium werden, wenn er als Stimulans eines Lernprozesses aufgefaßt wird (S.32). Planung assoziiert Wittern mehr oder weniger mit Information, die spontane Aktivität mit Kommunikation und Handeln: „Medien sind nicht nur Informationsträger, sondern müssen gleichrangig Kommunikation ermöglichen und Aktionsräume schaffen." (1975, Bd.1, S.VII)

Essentiell ist dabei, daß jeder Gegenstand, der gegebenfalls Medium sein soll, in der Perspektive des didaktischen Prozesses gesehen werden muß: „Medium bezeichnet einen Vermittlungsträger, der als unabgeschlossen, als Teil eines Prozesses angesehen werden muß. [...] Ein statisch konstruiertes Medium würde mithin weder dem prozessualen Charakter des Lernens noch der Vermittlung entsprechen. [...] *Einzelne Gegenstände*, ein Lehrbuch für sich, ein Film, eine Landkarte *gelten* also *nicht als Medien*." (S.79) Spätestens hier wird deutlich, daß Medien bei Wittern *didaktische* Konstrukte sind. Sie stellen ein didaktisches Ensemble dar, sie zeichnen mehr oder weniger eine Handlungsstruktur vor, die den Möglichkeitsraum des Lernprozesses mit sich führt.

Freilich wird damit das Medium mit nichts Geringerem befrachtet, als die gesamte didaktische Planungs- und Entscheidungsstruktur im konkreten Fall abzubilden, ja als offene konkret zu produzieren. Ein (offenes) Medium soll ein *Angebot* für den Lernprozeß machen. Dies beziehe sich „auf die gesamte Binnenstruktur des Mediums und stellt nicht nur eine formale Kategorie für die Auswahl an Unterrichtsmitteln dar. So enthält es auch Inhalte und Lernziele in verschiedenartiger Operationalisierung, um alternative Entscheidungsprozesse auszulösen" (S.178). Das Medium 'enthält' demzufolge das didaktische Entscheidungssystem *in nuce*, und *dieses* ist der 'Handlungsrahmen' und 'Handlungsraum', den das Medium, wie Wittern immer wieder fordert, offerieren soll.

Der Reiz der Witternschen Medienkonzeption liegt in ihrer reflexiven, dialektischen Anlage. Das Medium macht nicht zuletzt sich selbst im Lernprozeß zum Entscheidungsgegenstand. Die Ähnlichkeit zu dem als selbstbezüglich definierten Subjekt ist dabei kaum zufällig. Im Diskurs über das Medium setzt sich der Subjektdiskurs, der als Entscheidung für ein auf Offenheit angelegtes didaktisches System wieder aufgenommen wurde, fort, ja spitzt sich zu. Konsequenterweise sieht Wittern auch den Lehrer als Medium an (vgl. etwa Wittern 1985, S.36) – möglicherweise ist er das heimliche Medienideal, das im Grunde als einziges die Anforderungen an die Dialektik des Mediums erfüllen kann: wirklich den Widerspruch zwischen Planung und Unplanbarkeit des Lernprozesses transparent und überwindbar zu machen bzw. in sich aufzuheben (vgl. Wittern 1975, Bd.1, S.7).[100]

Die im Verhältnis zur Totalität solcher Dialektik des didaktischen Mediums simple Frage, wie ein in den didaktischen Prozeß einbezogener Gegenstand *als Gegenstand* zu konstruieren ist, rückt dabei aus dem Blickfeld. Als solcher 'gilt' er, wie angeführt, ohnehin nicht als Medium.

Andererseits läßt sich natürlich jeder Gegenstand (etwa der besagte Stuhl) auch im didaktischen Kontext nutzen. Eine aufwendige technische Konstruktion von Medien bzw. im Medium zu nutzenden Gegenständen würde nur vom didaktischen Sinn ablenken (und muß vermeintlich auch aus diesem Grund nicht näher untersucht werden): Die (zu präferierenden) „Medien mittlerer Reichweite verzichten auf einen umfangreichen technischen Apparat" (S.148). Es „soll sichergestellt werden, daß der instrumentale Bereich der Unterrichtstechnologie nicht von vorneherein eine Eigengesetzlichkeit entfaltet und sich gegen die Zielebenen von Kommunikation und Handlung richtet, indem er den Vermittlungsvorgang von sich abhängig macht und ihn auf Lernen durch Information beschränkt." (Ebd.)

Wittern wehrt sich hier im Prinzip zu Recht dagegen, daß die Eigendynamik technischer Objekte über die Didaktik dominiert. Seine Strategie ihrer Eingrenzung bleibt aber ohnmächtig. Wittern stellt sie als 'instrumentalen Bereich der Unterrichtstechnologie' auf die niedrigste Stufe einer Hierarchie der Unterrichtsmittel, gemeinsam mit Kreide und der leeren Tafel. In dieser niederen Funktion können sie dann als vorgegeben hingenommen werden. Angesichts der realen Möglichkeiten der Technik ähnelt allerdings das Verfahren mehr einer Beschwörung als einem realistischen Umgang mit ihr.

Überdies verwehrt diese Haltung der Pädagogik den Zugriff auf ein mindestens analytisch wichtiges Instrumentarium, wenn 'mechanische' Funktionen im pädagogischen Prozeß nicht näher untersucht werden. In der oben skizzierten Utopien eines mechanischen Mediums als Raster und Rahmenbedingung für Lernsituationen ginge es demgegenüber, trotz der scheinbaren Ähnlichkeit zur Witternschen Metaphorik vom Medium als 'Rahmen' und 'Raum' für den Lernprozeß, gerade um die *pädagogische* Sicht auf Medien (bzw. auf didaktische Instrumente) als etwas *Fremdes*. Es interessierte gerade, wie die *technische* Eigengesetzlichkeit von Medien, speziell im Fall des Computers, *didaktisch sinnvoll* zu konstruieren ist.

Nur implizit und wie selbstverständlich setzt Wittern anscheinend eine Antwort auf diese Frage voraus, indem auch er auf den Mythos der Information zurückgreift. Als quasi der 'harte Kern' der Funktion von Medien erscheint bei ihm die Vermittlung von Informationen. Der Überschuß an Möglichkeiten, den sie darüber hinaus bieten und der ihre dialektische Funktion begründet, besteht darin, daß sie „Kommunikation stiften und Handeln auslösen können" (1985, S.34). Information erscheint hierbei als etwas durchaus Objektives. Erst im Lernprozeß tritt sie in dialektische Wechselwirkung mit Kommunikation und Handeln. Der Informationsprozeß stellt gewissermaßen die als solche undialektische, mechanische Komponente des Witternschen Mediums dar. Im Kern, unter dem Mantel einer komplexen pädagogischen Konstruktion, bleibt das Medium damit weiterhin schlicht und nicht näher reflektiert die (Re-) Präsentation der Wirklichkeit, das mechanische Vehikel der In-Formation des Menschen, die es schon bei Comenius war.

Was ist jedoch, wenn es den objektiven Informationsprozeß nicht gibt bzw. wenn die Dialektik von Information und Subjekthandeln schon früher einsetzt, früher bedacht werden muß? Offenbar würde dann eine technische Konstruktion eines Mediums (bzw. von dessen 'instrumentalen Bereich') benötigt, die nicht einfach als informierend unterstellt werden kann, die vielmehr bereits in sich Bedingungen setzen muß, um das Witternsche Postulat einer Verschränkung von Information, Kommunikation und Handlungen einzulösen.

Die Chance, im Sinne einer solchen Überlegung das dem pädagogischen Prozeß äußerliche Mechanische nicht als unerklärliches funktionales Element in ein pädagogisches Konzept einzufügen, sondern wirklich zu adaptieren, hat Wittern versäumt. Zwar wertet er die früher dürre innerpädagogische Analyse des Mediums auf, indem er das Medium als komplexen Kristallisationspunkt der Didaktik neu konzipiert. Doch die technischen Medien (bzw. den 'instrumentellen Bereich' der Medien) will er aus der Sorge, daß sie eine zu starke (Eigen-) Dynamik entwickeln, mehr oder weniger aus dem Geschehen heraushalten. Jedenfalls unterläßt er die weitergehende Auseinandersetzung mit ihren ja durchaus als wirkungsmächtig angesehenen 'Eigengesetzlichkeiten'.

Die Suche nach einem pädagogischen Konzept des (Computer-) Mediums bzw. einem möglicherweise tragfähigen Mythos seiner Wirksamkeit, mit dem sich die Spaltung zwischen einem abgetrennten Subjektdiskurs und einem parallelen, ungebrochen technizistischen Diskurs in irgendeiner Form aufheben läßt, muß daher fortgesetzt werden. Bevor ich jedoch an die traditionelle pädagogische Diskussion anschließen kann, ist eine Klasse von Ansätzen vorzustellen, die das Problem der technischen Einwirkung auf Subjekte von einer ganz anderen Seite angehen: durch die explizite Einverleibung der Eigenschaften von Personen in den Korpus des technischen Systems.

6 Kognitivistische Mythen

Der mechanizistische Mythos des Informationsmediums und der Mythos des positivistisch konstruierbaren Lehr- und Lernmediums entledigten sich des Problems der Wirkung auf Subjekte, indem sie jeweils auf ihre Weise das Subjekt aus dem Diskurs eliminierten bzw. als gehorsame, abhängig-funktionale Größe erscheinen ließen. Obgleich diese beiden Mythen gerade heute, im Zeichen überreichlich verfügbarer technischer Möglichkeiten, mehr als je zuvor den faktischen Hintergrund für Medienkonstruktionen bilden, begann ihre Attraktivität als Theorieparadigma bereits Ende der 1950er Jahren wieder abzunehmen.

Nicht zuletzt als Reflex der technischen Entwicklung, die den Systemen zur Informationsübertragung Maschinen zur Informationsverarbeitung an die Seite stellte, leuchtete ein neuer Stern am Theorienhimmel auf. Ausgehend von der Idee des *information processing* wurde die Frage nach dem Subjekt reformuliert als Rekonstruktion des 'Prozessors' seiner Aktionen. Das Subjekt entkam – unter dem Titel des Geistes – auf diese Weise dem szientifischen Tabu, mit dem es belegt war, und stieg zu einem eigenständigen legitimen und zentralen Gegenstand der Theorie auf. Daß seine neue Karriere unter den Fittichen einer technisch geprägten Theorie stattfand, machte gerade den Reiz aus. Das Projekt der Subjektrekonstruktion im Modus der technischen Wissenschaften versprach, nicht nur in der Theorie die alten Aporien des Subjektbegriffs aufzulösen, sondern auch tatsächlich praktische Strategien für den Umgang mit Subjekten und besonders für die Einflußnahme auf Subjekte zu liefern.

Die Bedeutung für die Pädagogik liegt und lag unmittelbar auf der Hand. Bereits die Emphase der 'kybernetischen Pädagogik' der 1960er Jahre (wie im letzten Kapitel geschildert) verdankte sich partiell der Hoffnung auf das Gelingen des Projektes der kybernetischen Modellierung des Geistes. In den konkreten pädagogischen Ansätzen dieser Zeit dominierte allerdings noch das (ebenfalls unter dem Begriff der Kybernetik subsumierte) Modell der Informationsübertragung à la Shannon. Die Mythen des neuen Theorieparadigmas – zentral der *Turingsche Mythos* der Gleichwertigkeit von Computerkalkül und menschlichem Geist – diffundierten erst allmählich in die Pädagogik; heute bilden sie die Quelle für die wohl einflußreichsten Vorstellungen vom Wirkungspotential technischer Medien. Wie schon bei der Adaptation der Konzepte aus dem Umkreis des Behaviorismus folgte die pädagogische Theorie dabei den Spuren vor allem des Diskurses der Psychologie.

6.1 Die Forderung nach einer 'tiefen' Modellierung kognitiver Leistungen in Psychologie und Linguistik

Ein neues Paradigma für das Verständnis menschlichen Verhaltens und seiner Fremd- und Selbststeuerung lag in der Mitte der fünfziger Jahre in der Luft. Auf der einen Seite hatten Kybernetik und mathematische Informationstheorie der alten Idee, daß auch der Mensch in biologischer, psychologischer wie sozialer Hinsicht den Mitteln der mathematischen Wissenschaften zugänglich sein müsse, neuen Auftrieb gegeben, ja sie beinah zum selbstverständlichen Credo auch der *social sciences* werden lassen. Andererseits erwies sich das Theorieangebot zur exakten Erfassung menschlichen Verhaltens als doch recht mager.

Wenn in der Perspektive der Informationstheorie der Mensch in seinen kommunikativen Äußerungen und Möglichkeiten, als 'Sender' bzw. als 'Empfänger', statistisch-syntaktisch beschrieben wurde, erschien er lediglich als ein passiver Knoten im Informationsnetz. Die Person war nicht mehr als eine Relaisstation, die auf Eingabesignale nach einem starrem Muster mit Ausgabesignalen reagiert, eine *black box* mit im Prinzip zeitlich konstantem Antwortverhalten. In der Sprache der damals aufkommenden Automatentheorie: Sie wurde als *trivialer Automat* konzipiert, als eine deterministische oder stochastische Funktion, die Werte ('Output') liefert, welche lediglich von einer einzigen Variable ('Input' in die Blackbox) abhängen. Einflüsse seitens einer (im Zeitablauf sich modifizierenden) Binnenstruktur der Blackbox waren dagegen nicht vorgesehen.

Diese eingeschränkte Konzeptualisierung menschlichen Verhaltens konnte ernsthaft nicht auf Dauer aufrechterhalten werden. Der Psychologe Jerome S. Bruner zeigte 1957 in seinem Artikel 'Going Beyond the Information Given'[101], daß Menschen (und ebenso andere Organismen) in ihren Reaktionen demonstrieren, daß sie 'über die gegebene Information hinausgehen'. Zugleich 'überschritt' er mit diesem Ansatz die Grenzen einer informationstheoretischen bzw. positivistischen Forschungsmethodologie. Nur scheinbar bewegte er sich weiterhin im Kontext der informationstheoretischen Konzepte, indem er akzentuierte, daß Menschen auf Informationen reagieren, indem sie sie im Rahmen eines *Codes* interpretieren. Eben dadurch seien sie beispielsweise in der Lage, Redundanzen auszunutzen, um fehlende Buchstaben in Wörtern zu ergänzen. Ganz analog verhalte es sich auch unter komplexeren Umständen: Menschen – allgemein Organismen, inbesondere die für das Laborexperiment gern herangezogenen Ratten – 'gehen über die präsentierte Information hinaus', wenn sie Reize bzw. Informationszuflüsse in den Kontext eines 'generischen Codes' (vgl. S.224) stellen, um diese nach dessen Vorgaben zu klassifizieren und entsprechend zu handeln.

Im Sinne Bruners bedeutet *Lernen* daher nicht, Informationen aufzunehmen und zwecks späterer Reproduktion zu speichern, sondern sich *produktive Codes*, Schemata der Klassifikation und damit der *Erzeugung* von Information anzueignen: „It amounts to the learning of certain formal schemata that may be fitted to or may be used to organize arrays of diverse information." (S.220) Als Beispiele nennt er einerseits die Gesetze der Algebra, mittels derer sich die Redundanz eines Gleichungssystems zu seiner Lösung ausnutzen läßt, andererseits kulturelle Gesetzmäßigkeiten, deren Kenntnis die Entwicklung einer Gesellschaft aus ihrer Geschichte verstehen und vorherzusagen gestattet. Seine Konsequenz für die Ziele von Bildung und Unterricht lautet, daß eine 'generische Bildung' anzustreben sei, „General education does best to aim at being generic education, training men to be good guessers, stimulating the ability to go beyond the information given to probable reconstruction of other events." (S.237)

So nahe hier der begriffliche Apparat noch an der Informationstheorie liegt – und so sehr die neuen Konzepte aus dieser Nähe inhaltliche Impulse beziehen und sich auch ihre Legitimation bei der anerkannten Theorie borgen –, hat in Wirklichkeit ein neues Paradigma, der sogenannte *Kognitivismus*, Einzug in der Psychologie gehalten. Kennzeichnend für die neue Auffassung ist, daß sich das Wesentliche nicht mehr im metaphorischen Informationskanal abspielt, sondern dessen Beschreibung nur noch Anstöße für bzw. Hinweise auf das eigentliche, mentale, inner-geistige Geschehen vermittelt.

Als spannend, jedenfalls was die kognitiven Leistungen von Tier und Mensch angeht, gilt nun die Frage, wie Informationen *verarbeitet* werden: Die Blackbox, die den Menschen oder allgemein Organismen hinsichtlich ihres kognitiven Verhaltens modelliert, hat sozusagen ein Innenleben bekommen. Die Binnentransformationen der Information sind nicht mehr eindeutig durch den äußeren Signalstrom bestimmt, sondern gerade sie repräsentieren den wissenschaftlich zu untersuchenden (und pädagogisch zu formenden) Prozeß. Im Automatenmodell erscheint der Organismus nicht länger lediglich als Funktion einer externen Variable. Vielmehr stellt er ein komplexes Gefüge ineinandergeschachtelter Funktionen dar: Eine 'Ausgabe' wird determiniert durch die jeweilige 'Eingabe' *und* durch den momentanen inneren 'Zustand'. Letzterer hängt wiederum von der vorhergehenden Eingabe und dem vorhergehenden Zustand ab. Das Subjekt, dem vorher bei Skinner stramme Fesseln angelegt wurden, das im Kern jedoch seine Unergründlichkeit behielt, wird somit jetzt als funktionales System entschlüsselt bzw. zur Forschungsaufgabe erklärt.

Einen entscheidenden Impuls erhielt die Kognitive Psychologie auch von der Linguistik, vor allem von den Arbeiten Noam Chomskys (insbesondere Chomsky 1957)[102]. Chomsky wandte sich gegen einen positivistischen Zugang zur Linguistik, wie er sich in den linguistischen Modellen artikulierte, die den Paradigmen von Informationstheorie und Behaviorismus nahestanden. Nach deren Vorstellungen müßte sich menschliche Kommunikation adäquat konzeptualisieren lassen, indem die oberflächlich beobachtbaren Folgen elementarer Zeichen bzw. Sprachhandlungen rekonstruiert werden. Chomsky wies demgegenüber darauf hin, daß die Sprachbeschreibung entlang der Oberflächen-Strukturen schon an so einfachen Aufgaben scheitert, wie die grammatisch-formale Äquivalenz des Satzes 'Mary saw John' mit seinem ins Passiv gesetzten Gegenstück 'John was seen by Mary' darzulegen.

In seiner 'generativen Grammatik', auch 'generative Transformationsgrammatik' (*transformational-generative grammar*) genannt, führte Chomsky daher das Konstrukt der *Tiefenstrukturen* der Sprache ein. Diese sind als eine Art abstrakten mentalen Esperantos vorzustellen, aus welcher der ideale Sprecher bzw. die grammatische Theorie (oder ein Computer) mittels einer begrenzten Zahl grammatischer Regeln die unendlichen Erscheinungsformen der Sprachoberfläche *generieren* kann. Die Regeln sind dabei *Transformationsregeln*, das heißt sie geben an, wie die Tiefenstruktur durch schrittweise Ersetzungen und Umstellungen in eine Oberflächenstruktur überführt wird. Ein Beispiel wäre die Regel, die angibt, welche

Satzbaumittel bzw. welche Wörter in einem Satz zum Ausdruck des Passivs einzuführen sind (bzw. wie ein aktiver Satz in 'seine' passive Form gebracht wird).

Hier tauchen sie also ebenfalls auf, die 'generischen' Schemata, die im Geist des Menschen wirken und sein Verhalten bestimmen bzw. hervorbringen. Im Begriff des 'Generischen' schwingt dabei die Doppelassoziation zum lateinischen und englischen *genus* als prägendem 'Typ' wie auch zur 'generativen' Fähigkeit mit. Es ist verständlich, daß der linguistische Nachweis, daß die Phänomene der sprachlichen Kommunikation sich praktisch nur durch das Postulat einer 'generischen' mentalen Tiefenstruktur erklären lassen, wesentlich dazu beitrug, daß die (Kognitive) Psychologie, nach den methodischen Selbstbeschränkungen des Behaviorismus, ein „wesentlich entspannteres Verhältnis zu ihrem Gegenstand" (Anderson 1988, S.21) entwickeln konnte.

Insbesondere nahm sie sich im folgenden die Freiheit, die menschliche Psyche bzw. den menschlichen Geist durch Anleihen bei den Theorien und Konzepten der Computerwissenschaft zu beschreiben. Theoriegeschichtlich wurde damit das Konzept des Geistes, die Descartessche *res cogitans*, nicht ignoriert, sondern auf die berechenbaren Koordinaten der *res extensa* gespannt. Dieser rationalistischen 'Dezentrierung' (lange vor den Dezentrierungen historisch-analytischer Forschungsparadigmen) fiel das paradoxe Konzept eines Subjekts, das der Identität seines Wollens und Wissens nicht sicher sein kann und gerade darin mit sich identisch ist, zum Opfer.

6.2 Der Turingmythos: die adäquate Modellierbarkeit des menschlichen Denkens im Computerkalkül

Viele Vertreter der aufblühenden Zunft des *computer science* kamen der Psychologie auf ihrer Suche nach einem Modell des Geistes mit großer Aufgeschlossenheit und durchaus eigenständigem Interesse entgegen. Dies läßt sich bereits daraus erklären, daß die praktische wie theoretische Konstruktion von Computern und Computerprogrammen stets auf einer Selbstprojektion des Menschen als Maschine beruht.

Hinsichtlich der praktischen Seite sei David L. Parnas zitiert, der in seiner Darstellung des Standes der Softwaretechnik die gängige Programmiermethodik in den Worten eines Programmierlehrers schildert: „Wie man die heute in den meisten Projekten verwendete Programmiermethode am einfachsten beschreibt, verriet mir ein Lehrer, als er gerade erläuterte, wie er Studenten das Programmieren beibringt. 'Denken Sie wie ein Computer', sagte er." (Parnas 1986, S.57)

In einem gewissen Sinn 'versteht' wahrscheinlich der Mensch alle seine Objekte, indem er sich 'in sie versetzt', sich als sie vorstellt oder empfindet. Der Mensch projiziert eigenes Empfinden, eigene Handlungs- und Orientierungsvermögen in die Dinge, mit denen er sich beschäftigt – das ist die psychologische Wahrheit der Kantschen transzendentalen Konstitution der Erkenntnis. Nur Humanwissenschaftler, denen naturwissenschaftliche Betätigung ganz fremd war, konnten die These aufstellen, daß Naturwissenschaftler die Gegenstände ihrer

Leidenschaft nicht in dieser Weise 'verstehen', sondern lediglich ohne identifikatorische Anteilnahme 'erklären' wollten[103].

So wundert es nicht, daß auch am Ausgangspunkt der theoretischen Informatik die Vorstellung stand, wie ein Mensch sich als eine (rechnende) Maschine verhalten würde. Alan Turing entwarf in seinem bereits mehrfach angeführten fundamentalen Aufsatz 'On Computable Numbers, with an Application to the Entscheidungsproblem' (Turing 1937) das abstrakte Modell des Computers als einen auf das Notwendigste reduzierten – als digital-mechanisch vorstellbaren – Apparat, der nach vorgegebenen Vorschriften Berechnungen ausführen kann: Im Prinzip genügen

- eine Schreib- und Lesevorrichtung ('Schreib- und Lesekopf'), die Symbole aus einem endlichen Zeichenvorrat schreiben bzw. erkennen kann,
- ein als unbegrenzt lang idealisiertes, in zwei Richtungen transportierbares Schreibband sowie
- ein begrenztes internes *memory* ('Speicher', eigentlich aber 'Gedächtnis'), so daß der Apparat einen 'Zustand' aus einer endlichen Zahl möglicher 'Zustände' annehmen bzw. sich diesen 'merken' kann.

In jedem Schritt holt die Maschine sich vom Band ein Zeichen als 'Input', bewegt gegebenfalls das Band und schreibt einen 'Output' zurück, wobei sie Zeichen auf dem Band löschen oder überschreiben kann.

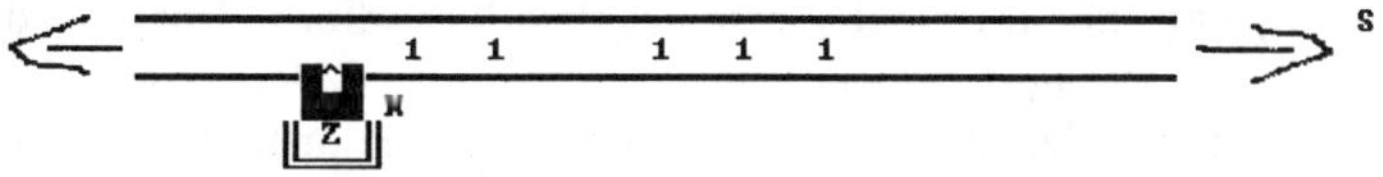

Turingmaschine in Aktion: der Schreib- und Lesekopf (K) im Zustand Z steht vor zwei kodierten Zahlen auf dem verschiebbaren Schreibband (S)

Nicht nur die Terminologie ist dabei – wie letztlich zwangsläufig – dem menschlichen Kontext entlehnt. Turing gebraucht auch explizit Metaphern, die die Maschine als Menschen vorstellen lassen, so die vom Bewußtseinsinhalt der Maschine. Zum Beispiel heißt es in der Beschreibung des Automaten, „Das 'abgetastete Symbol' ist das einzige, dessen sich die Maschine sozusagen 'direkt bewußt' ist." (S.20) Die Pointe des Designs der Turingmaschine besteht allerdings darin, daß nicht sie in menschlichen Kategorien verständlich gemacht wird, sondern *umgekehrt* in ihr die Möglichkeiten des Menschen auf den Begriff kommen sollen: *Sie* soll *den Menschen* simulieren und modellieren.

Wohlerwogen leitet Turing die Beschreibung seines Apparates mit dem Satz ein: „Wir können einen Mann, der gerade eine reelle Zahl berechnet, mit einer Maschine vergleichen, die [...]" (ebd.). Der Gegenstand von Turings Artikel sind die *durch Menschen* 'berechenbaren Zahlen'. Universalcomputer zur maschinellen Ausführung der entsprechenden Berechnungen existierten zur Zeit der Abfassung des Artikels noch gar nicht. Turing diskutiert dieses Thema durch die Fiktion einer Maschine, die die realen Möglichkeiten des Menschen beim Ausführen von Rechenverfahren repräsentiert.

Schon am Ausgangspunkt der theoretischen Informatik wird so die Selbstprojektion des Menschen als mechanisches System rückprojiziert und zum Modell des (Denkens des) Menschen erhoben. Vordergründig formalisiert Turing nur den intuitiven Begriff der Berechenbarkeit von Zahlen bzw. Funktionen durch das Konzept einer durch seine Maschine ausführbaren (Berechnungs-) Vorschrift, um so den Radius des 'Berechenbaren' exakt abzustecken. Die (formal nicht beweisbare) Annahme, daß die 'mechanische' – oder 'effektive', das heißt die durch ein 'sicheres' Verfahren gewährleistete – Berechenbarkeit einer Zahl äquivalent mit der Existenz eines Turingprogramms zu ihrer Berechnung ist, wird als *Church-* oder *Church-Turing-These* bezeichnet (s. etwa Penrose 1989, S.47). Der unzulässige Schluß wird also nicht direkt gezogen, daß, weil ich mir vorstellen kann, mich als rechnende Maschine zu betätigen, ein universeller Rechenautomat auch mich bzw. mein Denken *insgesamt* adäquat simulieren könne. Als Suggestion steht er dennoch im Raum und wird, in der Figur einer doppelten Modelldialektik (vgl. Abschnitt 4.1), historisch wirksam.

Von vorneherein war dabei klar, daß es jedenfalls nicht nur um die Frage des Rechnens im landläufigen Sinn geht. Die Allgegenwart des Computers, der in den Flip-Flop-Elementen seines zentralen Prozessors ja eigentlich nichts anderes vollzieht, als Speicher- und Rechenoperationen mit '0' und '1' auszuführen, demonstriert heute eindrucksvoll die Reichweite rechnerischer Verfahren. In der Theorie hat dies den Hintergrund, daß sich – wie zuerst von Gottlob Frege in der 'Begriffsschrift, eine der arithmetischen nachgebildete Formelsprache des reinen Denkens' (Frege 1879) ausgearbeitet wurde – auch die 'Denkgesetze' der Logik kalkülmäßig vollziehen lassen[104]. Schon Gottfried Wilhelm Leibniz hatte das Programm formuliert, eine *characteristica universalis* bzw. *mathesis universalis*, ein universelles formales Instrument der Wissenschaften, das einen kalkülmäßigen Wahrheitsnachweis beliebiger wissenschaftlicher Sätze ermöglichen sollte, zu entwickeln[105]. Eine Zeitlang sah es im 20. Jahrhundert so aus, als ließe sich ein solches Vorhaben mindestens für die Mathematik als der allgemeinen Grundlagenwissenschaft realisieren, und in der Praxis hat es bis heute viele Fürsprecher.

Die Suggestion der faktischen Äquivalenz von maschinellem Rechnen und menschlichem Denken gewann nicht zuletzt dadurch Einfluß, daß Turing in weiteren Publikationen für sie warb und sich auch an ein Publikum jenseits der Kreise der mathematischen Grundlagenforscher wendete. Dem Erfolg seiner propagandistischen Bemühungen scheint dabei kaum abträglich gewesen zu sein, daß er eine zirkuläre Logik anwendet, in der sich lediglich die individuelle oder kollektive Selbstprojektion als Maschine artikuliert: Im Gedankenexperiment sei nicht *vorstellbar*, daß ein Computer – wie er *vorgestellt* wird – nicht in der Lage wäre, eine Person (bzw. deren sprachliche Kommunikation) – wie sie *vorgestellt* wird – zu simulieren. So lautet im Kern das Argument, das Turing 1950 in einer Studie über 'Rechenmaschinen und Intelligenz' anhand des später 'Turingtest' genannten Settings entwickelte.

In dem berühmten Artikel – ursprünglich in der Zeitschrift 'Mind' erschienen – skizziert Turing zunächst eine Art Partyspiel. Das 'Imitationsspiel' in der Ausgangsversion wird von drei Personen gespielt: einer, die Fragen stellen darf, und zwei – eine Frau und ein Mann –, die antworten. Die Kommunikation erfolgt rein schriftlich und so, daß sich die Beteiligten nicht sehen oder anderweitig direkt wahrnehmen. Die Frau ist kooperativ und bemüht sich, wahrheitsgemäß zu antworten. Dagegen gibt der Mann vor, daß er die Mitspielerin sei, und versucht nach Kräften, einen entsprechenden Eindruck zu vermitteln. Die Person, die die Fragen stellt, muß versuchen, den Lügner zu entlarven und herauszufinden, wer in Wahrheit die Frau und wer der Mann ist. Turing fordert nun auf, zu überlegen, ob in diesem Setting der Mann gegen einen Computer ausgetauscht werden könnte. Die Frage, ob Maschinen denken können, wird dabei auf die – im Gedankenexperiment als quasiempirischem Test zu beantwortende – Frage reduziert „Sind Digitalrechner vorstellbar, welche sich beim Imitationsspiel bewähren?" (S.159). In der Prüfung im 'Turingtest' soll sich der vorgestellte Computer so verhalten, daß ein Kommunikationspartner nicht merkt, ob er es mit einer Maschine oder einem Menschen zu tun hat[106].

Es sei vermerkt, daß in der Maschine, die sich als Frau präsentiert, die literarische Tradition des 'weiblichen' Roboters aufgenommen ist, die seit der Romantik existiert (s. Drux 1986, vgl. auch die Figur des *sexy robot* in Film- und Werbesprache, etwa die Roboterfrau in Fritz Langs Film 'Metropolis'). E.T.A. Hoffmanns Erzählung 'Der Sandmann' kann als eine frühe Inszenierung des Turingtests gelesen werden: Ein junger Mann verfällt der Menschmaschine 'Olimpia' und zieht sie seiner Verlobten vor. In seiner Verblendung, in der er Mensch und Maschine nicht mehr unterscheiden kann, beschimpft er die *menschliche Geliebte* als leblosen, verdammten Automaten (Hoffmann 1816, S.64)[107].

Wie Turing selbst einräumt, entwickelt er dann allerdings weniger eine konkrete Vorstellung, wie ein Rechner bzw. ein Programm zur Simulation einer Frau oder des Menschen funktionieren könnte, als daß er versucht, Einwände zu widerlegen, denen zufolge eine solche Vorstellung unsinnig ist[108]. Vor allem auf diesem Weise begründet er seine Vermutung, „daß am Ende unseres Jahrhunderts der Sprachgebrauch und die allgemeine gebildete Meinung sich so stark gewandelt haben werden, daß man widerspruchslos von denkenden Maschinen reden kann" (S.160)[109].

Die Vorstellung der Äquivalenz menschlichen Denkens mit einem in Maschinen realisierbaren Kalkül ist, worauf bereits diese von Wunschdenken geprägte Argumentation hinweist, sehr viel eher als ein Mythos denn als eine wissenschaftlich begründete oder begründbare Theorie einzustufen. Ich möchte ihn den 'Turingmythos' nennen[110]. Die Church-Turing-These der Informatik besagt, daß das menschliche formale Operieren sich vollständig im Mechanismus des Turingautomaten erfassen läßt. Die Botschaft des Turingmythos lautet, daß dabei kein Rest bleibt, daß kein Substrat des menschlichen Denkens oder des menschlichen Geistes existiert, welches prinzipiell weiter als sein mechanisch-formales Produkt reicht.

Die Modellierung des Menschen als Maschine ist im Prinzip zwar der neuzeitlichen Naturwissenschaften seit ihren Anfängen immanent. Primär richtete und richtet sich ihr Blick jedoch, im Sinne des Descartesschen Dualismus von *res extensa* und *res cogitans*, auf die Physik und Chemie des *Körpers*: Die 'Extension' des Körpers als eines materiellen Objektes sollte und soll mathematisch bzw. technisch-naturwissenschaftlich beschrieben werden. Turing setzt demgegenüber ausdrücklich im Feld des 'Kognitiven', beim menschlichen Geist an. Dieser wird einerseits als mechanisch simulierbar angesehen und so in das Korsett 'extensionaler' Berechnungsverfahren gezwängt. Andererseits soll das Verfahren gerade von den Bindungen an die konkrete Materialität, die den menschlichen Geist trägt, befreien und 'an sich' ein rein abstraktes Programm sein, welches in elektronischen ebensogut wie in biologischen 'Maschinen' inkarnieren kann.

Der problematische Charakter des Turingschen Mythologems von der Simulierbarkeit menschlichen Denkens wird unterstrichen durch die (nach)lässige Art, in der Turing den theoretisch wichtigen Einwand gegen die gleichwertige Denkfähigkeit von Menschen und Maschinen beiseiteschiebt, der auf der Arbeit Gödels (1931) und nicht zuletzt seinen eigenen Untersuchungen zur Berechenbarkeitsfrage fußt.

Die Ergebnisse dieser Grundlagenforschungen zu Mathematik und Informatik müssen eigentlich so interpretiert werden, daß jedes formale System durch das menschliche Denken in einem sogar mathematisch objektivierbaren Sinn transzendiert werden kann. Es gibt ein objektives Phänomen der 'Einsicht', genauer eine objektive *Relation* der 'Einsicht', speziell der 'Einsicht' in die Funktionsweisen digitaler Maschinen bzw. formaler Systeme, die diesen selbst prinzipiell verwehrt bleibt und innerhalb von ihnen nicht rekonstruiert werden kann. Vermöge solcher 'Einsicht' können Aussagen über Maschinen bewiesen werden, die sich auf dem formalen Niveau der Maschinen nicht verifizieren lassen. Dies sei, soweit hier möglich, näher erläutert[111].

Unter anderem hat Turing in seinem Aufsatz (1937) das fundamentale Theorem bewiesen, das in laxer, auf den Computer umgemünzter Terminologie lautet: *Es kann kein universelles Prüfprogramm geben, das die Korrektheit beliebiger, zur Prüfung vorgelegter Software feststellt.* 'Korrektheit' soll dabei insbesondere bedeuten, daß die Software sich nicht in einer 'Schleife' verfängt, nicht 'abstürzt', indem sie in einen auswegslos sich wiederholenden Programmablauf hineingerät, daß es stattdessen nach endlich vielen Schritten einen definierten Endzustand erreicht, sprich, es *terminiert.* In der Praxis muß, wenn ein Programm in eine Endlosschleife gelaufen ist (was nicht selten geschieht), der Computer (bzw. ein 'Elternprozeß' auf der Softwareebene) ausgeschaltet und neu gestartet werden – es erfolgt also ein hochproblematischer Eingriff auf der Metaebene des Systems[112].

Turings Beweisgang kann folgendermaßen grob skizziert werden. *Gäbe* es solch ein allgemeines (terminierendes und damit sinnvoll arbeitendes) Prüfprogramm, dann könnte mit seiner Hilfe eine Liste angelegt werden, auf der irgendwo – wenn die Liste weit genug geführt wird – jedes korrekte Programme stünde. Denn: Ganz unabhängig von der Existenz des Prüfprogramms kann jedenfalls eine Liste erstellt werden, auf der – bei genügend langer Fortsetzung – jedes überhaupt mögliche (korrekte oder nicht korrekte) Programm erscheint. Programme sind nämlich im Prinzip nichts anderes als kurze oder längere Anweisungstexte, die sich – zum Beispiel indem sämtliche Zeichenkombinationen erst der Länge 1, dann der Länge 2, darauf 3 und so fort durchgegangen werden – nacheinander konstruieren lassen. In diesem Prozeß könnten mittels des als existent unterstellten Prüfprogramms die 'Nieten' aussortiert werden. So ergäbe sich Schritt für Schritt die gewünschte Liste sämtlicher korrekt terminierender Programme.

Nun kommt der Clou: Auf dieser Liste müßten irgendwann auch das – ja terminierende – Prüfprogramm und das – deshalb ebenfalls terminierende – Auflistverfahren auftauchen. Dies hätte zur Folge, daß das Auflistverfahren durch seinen Platz auf der Liste, mithin durch sich selbst beschreibbar wäre. Wie Turing im einzelnen zeigt, liefe es unweigerlich in die hieraus resultierende Schleife. Also würde es *nicht* terminieren, *nicht* wie behauptet korrekt arbeiten!

Diese *reductio ad absurdum* besagt, daß die Hypothese der Existenz eines allgemeinen Prüfprogramms falsch war. In der abstrakten Formulierung der Automatentheorie lautet die Konsequenz: *Das allgemeine Halteproblem ist unentscheidbar* – es gibt kein universelles mechanisches Verfahren, das feststellen kann, ob ein vorgegebener Automat 'hält' bzw. das von ihm ausgeführte Rechenverfahren irgendwann zu einem Ende kommt. Gemeint ist natürlich, daß er *automatisch*, 'aus sich heraus', hält, ohne einen systemsprengenden äußeren Eingriff, wie ihn die Unterbrechung der Stromversorgung oder ein Reset-Interrupt beim Computer darstellt.

Turings Argument zeigt insbesondere, daß es keine mechanische, positive Rekonstruktion des allgemeinen *Begriffs* des korrekten Automaten gibt. Denn sie müßte gerade ein Verfahren sein, das sämtliche korrekten Automaten erkennt bzw. produziert. Einem Computer kann dieser Begriff daher nicht 'beigebracht' werden. Ein Mensch dagegen kann nach der Maßgabe eines solchen nichtmechanisierbaren Begriffs Automaten entwickeln und mittels fiktiver, nur hypothetisch dem Begriff entsprechender Automaten zu wichtigen Erkenntnissen gelangen. Dies liegt gerade daran, daß er nicht dem Prinzip der mechanischen Logik, daß alles entweder konstruierbar oder gar nicht bestimmt sei, unterworfen ist[113].

Sogar innerhalb des Reiches von Mathematik und theoretischer Informatik stellt sich damit heraus, daß die Interpretation von Begriffen als ein positiver, konstruktiver Zugang zu dem von ihnen 'Gemeinten' – in diesem Sinn als dessen *Repräsentation* – ihren intensionalen Gebrauch nicht ausschöpfen kann. Für den Menschen ist ein Begriff nicht ein Zeichen für das (positiv-extensional) unter ihm Subsumierte, nicht ein Startpunkt für ein funktionales Verfahren, das unter ihm Subsumierte zu erhalten. Vielmehr steht er (intensional) für eine Bedeutung, die das Verfügbare transzendiert[114]. Dies läßt sich auch so umschreiben, daß das Bedeuten seine Identität gerade in der beständigen (Noch-) Nicht-Existenz seines Gegenstandes findet – daß für es sein Objekt „stets nur ist, indem es zu dem wird, was es nicht ist", wie Horkheimer und Adorno konstatierten (1944, S.17; vgl. auch Kapitel 7).[115]

Mit einer Modifikation des Turingschen Gedankengangs (s. Penrose 1989, Kap.2) kann, lax gesprochen, sogar nachgewiesen werden: Für jedes *partielle* Prüfprogramm – ein Programm, das korrektes Arbeiten eines vorgelegten Programms zutreffend registriert, jedoch bei einem nicht korrekten Prüfobjekt eventuell versagt und selbst in eine Schleife läuft – läßt sich konkret ein 'blinder Fleck' seiner Erkenntnistätigkeit finden. Das heißt, es kann ein 'Nietenprogramm' explizit konstruiert werden, dessen Nichtfunktionieren das Prüfprogramm nicht bemerkt, die (menschliche) Metareflexion seiner Funktion und Arbeitsweise jedoch klar aufzeigt. Ganz genau läßt sich hier also ein Punkt benennen, an dem das menschliche Vermögen der Einsicht, sogar im Kontext der mathematischen Wissenschaften, prinzipiell weiter reicht als die mechanisierte Erkenntnis[116]. Nicht zuletzt ist damit auch die vier Jahrhunderte alte Leibnizsche Forderung nach einer *mathesis universalis* als im strengen Sinn unerfüllbar aufgezeigt.

6.3 Der Mythos der lernenden 'Kind-Maschine', 'seltsame Schleifen' und die fragile Einheit der Reflexion

Den auf mathematische Methoden und Ergebnisse gestützten Überlegungen zur Differenz von Mensch und Maschine begegnet Turing in seinem Aufsatz 'Rechenmaschinen und Intelligenz' (1950) lediglich mit der lapidaren Erklärung, daß auch der menschliche Verstand Einschränkungen unterliege. Letztlich setzt er auf die Möglichkeit sukzessiver Erweiterungen der Denk-Maschinen: „Es mag Menschen geben, die klüger sind als irgendeine gegebene Maschine, aber dann könnte es wiederum noch klügere Maschinen geben, usw.“ (S.164)

Die Einführung des Terminus 'klug' (*clever* im Original) lenkt allerdings hier vom eigentlichen Problem ab. Schon als Turing den Aufsatz schrieb, waren Computer bei der arithmetischen Multiplikation von Zahlen besser und insofern möglicherweise 'cleverer', begabter und leichthändiger als Menschen. Heute ist es so weit, daß auch nur noch wenige Menschen auf der Welt zum Beispiel einem Schachcomputer, der auf voller Spielstärke arbeitet, Paroli bieten können. Ungeachtet allen technischen Fortschritts, ja unabhängig sogar von jedem prinzipiell möglichen technischen Fortschritt, verfügt jedoch das menschliche Denken, wie sich sogar bei der Untersuchung formaler Systeme zeigt, über Qualitäten, die ein mechanisches (bzw. mechanisierbares) Kalkülsystem nicht aufbieten kann.

Beim Wettlauf zwischen automatisierbarem und metamechanischem Denken erweist sich der Mensch als der Igel und die Igelin aus der Fabel: Im Tempo hoffnungslos unterlegen, verliert er gegen den mechanisierten Hasen auf den geradlinigen Teilstücken. Doch an jedem Wendepunkt des Weges ist er 'schon da' – die Identität seiner nichtidentischen Perspektiven, sein Agieren auf mehreren Ebenen der Wirklichkeit, sozusagen der selbstreferentielle Haken, den der Igel als Igelin und die Igelin als Igel schlagen kann, läßt den mechanisch-stupiden Verfolger ins Leere laufen. Zwar kann eine neue Orientierung des Weges jeweils in das formale Verfahren einbezogen werden, doch immer nur ex post, durch eine erneute Intervention des 'einsichtsvollen', menschlichen Denkens[117]. Freilich gilt auch: Der menschliche Igel zieht seinen Verfolger magisch an. Durch das Vor-Denken von Ziel und Weg weist und ebnet er ihm die Bahn. Sobald Leistungen menschlicher Kreativität erhärtet und zu positiven Schemata geronnen sind, können sie maschinell simuliert werden[118]. Läßt sich der Igel auf das Spiel ein, treibt er *sich selbst* immer weiter an. Das ist die Turingsche Falle des programmierbaren Computers: Im Turingtest ahmt der Computer nicht den menschlichen Geist nach (etwa um ihn zu vervielfachen), sondern saugt ihn ab, um ihn hinter seiner Vorspiegelung verschwinden zu lassen.

Douglas R. Hofstadter hat in 'Gödel, Escher, Bach', seiner eindrucksvollen Apologetik des Maschinendenkens (1979), ausgeführt, was Turing mit seinem Hinweis auf die sukzessive Erweiterbarkeit maschineller Leistungen möglicherweise andeuten wollte. Nach Hofstadter ist Intelligenz als ein selbstbezüglicher Prozeß zu verstehen, der durch wiederholte Bezugnahme auf schon erreichte Leistungen bzw. elementarere Prozesse zustandekommt. Sie funktioniere als 'ein Endloses Geflochtenes Band' – so der Untertitel des Hofstadterschen Buchs –, und sei auf diese Weise auch maschinell darzustellen. In den 'Seltsamen Schleifen' der rekursiven Prozesse, wie ein Schlüsselbegriff Hofstadters lautet, sollen Qualitäten höherer Stufen, insbesondere Intelligenz, 'emergieren'. Hofstadter erklärt allerdings nicht, wie ein bei aller Komplexität seine Ebene nicht verlassendes Computerprogramm auf einmal *emergente* Eigenschaften – eigentlich also solche, die in eine andere Dimension 'heraustauchen' – entwickeln soll[119].

Maschinen können sich nicht wirklich auf eine Metaebene von sich begeben, sie können nicht die Bedeutung ihres formalen Arbeitsschemas von einer 'höheren Warte' aus inspizieren und schon gar nicht sie effektiv verneinen. Hofstadter, und vor ihm wahrscheinlich Turing, setzt die potentielle *Rekursivität* eines Rechenverfahrens – seine nur von einem äußeren Standpunkt aus beobachtete 'Selbst'-, besser seine 'Rückbezüglichkeit' – in eins mit der *Reflexivität* eines erkennenden Subjektes; beides subsumiert unter den trügerischen Begriff der 'Selbstreferentialität'.

Das reflektierende Subjekt verfügt andererseits nicht über die unbekümmerte Positivität eines mechanischen Verfahrens, das niemals *sich* korrigiert, höchstens die Ergebnisse eigener früherer Aktionen löscht, die, ihm gleichgültig, auf dem Schreibband der Turingmaschine ihm entgegentreten. Die Einheit der Reflexion, *Ich*, existiert in dem Selbstzweifel, durch den sie durch Descartes zum Thema der Philosophie wurde, in der Verflochtenheit von Noch-, Nicht- und Nochnicht-Sein. Anstatt durch positiven Rückgriff auf sich findet sie ihre Identität – wie sogar noch in den Argumentationsmethoden bezüglich formaler Systeme zu bemerken ist – im Prozeß ihres fragilen Sichkonstituierens, wandelnd auf dem Grat ihrer Selbstaufhebung, nach Anke Thyens Formulierung in der 'Ambivalenz von Niemand-Sein und Jemand-Sein' (Thyen 1989, S.102)[120].

Auch Hofstadters Konterargument gegen die mathematisch begründeten Einwände gegen die Mechanisierbarkeit des menschlichen Denkens (vgl etwa 1979, S.615f.) kann deshalb nicht überzeugen. Die maschinelle Rekonstruktion verfehlt das menschliche Denken vom Ansatz her, weil sie die Nicht-Positivität und Fragilität der Reflexion weder nachahmen will noch kann – kantianisch formuliert, weil sie Denken abgelöst von der Subjektfreiheit betrachten will (für näheres vgl. auch Kapitel 7).

Turing schlägt schließlich in 'Rechenmaschinen und Intelligenz' noch einen Weg vor, wie mit vernünftigem Aufwand zu einer intelligenten Maschine in seinem Sinne zu gelangen wäre: die *lernende Kind-Maschine*, die das gemeinsame

Produkt aus Ingenieurskunst und 'normaler' Instruktion durch den Menschen sein würde.

Er schätzt zunächst den Aufwand für ein intelligentes Programm. Sein Ergebnis: Mehr als 300 'Mannjahre' Arbeit würden zu seiner Erstellung benötigt. In den fünfzig Jahren, die zum Zeitpunkt der Abfassung des Artikels noch bis zum Jahr 2000 verblieben, hätten 60 Personen ununterbrochen an einem entsprechenden Projekt arbeiten müssen. Da dies nicht realistisch erschien, entwickelt Turing seinen (im Kontext seines Denkens überraschenden) Vorschlag. Er stellt sich vor, daß der technische Konstruktionsprozeß abzukürzen und zu effektivieren sei durch mehr oder weniger herkömmliche soziale Interaktionen – er will eine Maschine einem 'Erziehungsprozeß' unterwerfen. Turing fragt: „Warum sollte man nicht versuchen, statt ein Programm zur Nachahmung des Verstandes eines Erwachsenen eines zur Nachahmung des Verstandes eines Kindes herzustellen? Unterzöge man dieses dann einem geeigneten Erziehungsprozeß, erhielte man den Verstand eines Erwachsenen.“ (S.177)[121] Technisch konstruiert werden soll also 'nur' ein System, das geistig auf der Stufe eines Kindes steht (und das Turing daher ein 'Kind-Programm' oder eine 'Kind-Maschine' nennt).[122] Lehrer und Erzieher sollen die restliche Arbeit übernehmen.

Turings aufschlußreiche Detailüberlegungen lassen unter anderem erkennen, daß das Paradigma der Computermodellierbarkeit des Geistes sich im Kern nicht weit von schlichten Informationsflußkonzepten entfernt hat. Er postuliert: „Vermutlich ist das kindliche Gehirn mit einem Notizbuch vergleichbar, das man beim Schreibwarenhändler kauft. Wenig Mechanismus und viele leere Blätter“ (ebd.). Den simplen Basismechanismus will er direkt erstellen: „Wir hoffen, daß das kindliche Gehirn so wenig Mechanismus hat, daß es leicht programmiert werden kann“. (Ebd.) – So direkt ist die Phantasie der männlichen Kopf-Geburt eines Geistwesens nicht mehr formuliert worden, seitdem im antiken Mythos Athene, die Göttin der Vernunft, der Stirn des Göttervaters Zeus entstieg.

In den kommunikativen Prozessen der Erziehung und Ausbildung der Kind-Maschine sollen sich anschließend die leeren Blätter des 'Notizbuchs' mit dem benötigten 'Text' füllen. Um auf diese Weise den Geist eines Erwachsenen erfolgreich nachzuahmen bzw. nachzugenerieren, müßte die Maschine vor allem mit einem hinreichend großen Speicher ausgestattet werden. Zur Zeit Turings lag hier noch ein gravierender technischer Engpaß. Im Zusammenhang seiner Diskussion dieses Problems äußert Turing die Vermutung, eine Milliarde Bit Speicherkapazität würden reichen, „um das Imitationsspiel befriedigend zu spielen, zumindest gegen einen Blinden“ (Turing 1950, S.176). Im heutigen technischen Kontext müßte sich demnach das menschliche (verbale) Denken adäquat auf einem standardmäßigen heutigen PC simulieren lassen.

Abgesehen von einem relativ simplen Basismechanismus erscheint hierbei der Geist als ein rein rezipierendes Organ. Nur leicht modernisiert existiert in der Form des leeren Speichers bzw. der leeren Notizbuchblätter die schon Comenianische *tabula rasa* fort, die mit Inhalten beliebig zu füllende blanke Tafel des Geistes. Eine solche Sicht ist, wenn der Computer als Modell des Geistes dienen soll, im Grunde zwangsläufig. Die allgemeine Turingmaschine bzw. ein Computer benötigt prinzipiell lediglich die Funktionalität, elementare Schreib-, Lese- und Vorschuboperationen auf dem Schreibband bzw. im Speicher auszuführen, entsprechend dem Blättern und Schreiben in einem Notizbuch. Die mehr oder wenigen komplexen Operationen und Fähigkeiten, die sich aus diesen simplen Basisfunktionen ergeben, beruhen nicht auf besonderen physikalischen Eigenschaften der Maschinerie, sondern ergeben sich aus den Daten bzw. Befehlen im Speicher des Computers.

Generell ist die Sicht menschlicher Intelligenz und menschlichen Denkens durchaus vorkantisch. Dies wird noch einmal deutlich aus Turings Charakterisierung des elementaren Mechanismus des Lernens, den er der 'Kind-Maschine' mitgeben will. Es lohnt sich, sie ausführlich zu zitieren:

„Die Maschine sollte so konstruiert sein, daß jeder Befehl, der als 'wohlbegründet' klassifiziert ist, automatisch die entsprechende Aktion nach sich zieht. Zur Illustration wollen wir annehmen, daß der Lehrer sagt: 'Mache jetzt deine Hausaufgaben.' Das mag bewirken, daß 'Der Lehrer sagt: „Mache jetzt deine Hausaufgaben"' unter die wohlbegründeten Tatsachen eingereiht wird. Eine weitere solche Tatsache könnte lauten: 'Alles, was der Lehrer sagt, ist wahr.' Beides zusammengenommen könnte schließlich dazu führen, daß der Befehl 'mache jetzt deine Hausaufgaben' unter die wohlbegründeten Tatsachen eingereiht wird, was aufgrund der Konstruktion der Maschine bedeutet, daß mit den Hausaufgaben wirklich begonnen wird; dieser Effekt ist sehr zufriedenstellend." (S.179f.)

Die Ähnlichkeit zu der Rekonstruktion des Menschen im klassischen Rationalismus (vgl. Abschnitt 3.1) ist verblüffend: die gleiche Mechanizität, der gleiche 'Automatismus' des Denkens und Handelns. Der Automatismus ist in beiden Fällen das Ergebnis der Identität einerseits von Denken und logischem System, andererseits von Denken und Handeln. Die logische Notwendigkeit des Syllogismus, die im Rationalismus ontologisch als Zwangscharakter des Handelns verankert ist, wird in der Kind-Maschine technisch als die Zwangsläufigkeit von Operationen implementiert.

Die Funktion des Computers bzw. der Turingmaschine hängt dabei tatsächlich daran, daß Speicherinhalte *bruchlos* als Anweisungen (bzw. Programme) interpretiert und in Operationen der Maschine umgesetzt werden. Nur in anthropomorpher und anthropozentrischer Sprechweise kann überhaupt von einer 'Interpretation' die Rede sein. Der im Speicher abgelegte Befehlscode zieht – vorausgesetzt die Maschine startet so, daß sie ihn als solchen einliest – die zugehörige Aktion unmittelbar nach sich. Die hierbei sich realisierende Interpretation ist kein Akt auf der Ebene des Programms, sprich der Inhalte und Objekte des maschinellen 'Geistes', sondern ist bereits in der Konstruktion der Maschine vorgegeben, im Falle eines konkreten Computers letztlich als elektrischer Leitungsweg. Im Vollzug fehlt jeder Spielraum, der charakteristisch für eine sich konkret ereignende Interpretation wäre. Die Differenz zwischen der symbolischen Repräsentation einer Operation im Speicher und ihrer realen Ausführung existiert innerhalb des Computersystems nur im zeitlichen Ablauf. *Bedeutung*, ein tatsächliches Repräsentations*verhältnis*, das stets der Nichtidentität bedarf, wohnt ihr nur in der Sicht des Menschen inne (zur Bedeutung der Spontaneität in der Erkenntnis vgl. auch Kapitel 7).

Das Subjekt, nach seinem kantianischen Begriff, unterliegt dagegen den bruchlosen Zwangsläufigkeiten eines mechanischen Zusammenhangs nicht. Es konstituiert Identitäten, aber als Prozeß im Nichtidentischen – das ist seine Schwäche wie seine uneinholbare Stärke. Interessanterweise weiß oder ahnt Turing dies. Er läßt in der Reflexion seiner Kind-Maschine *auch* die Bemerkung fallen: „Intelligentes Verhalten besteht vermutlich in einem Abweichen vom völlig disziplinierten Verhalten bei Rechenvorgängen, aber einem ziemlich geringfügigen, das nicht zu zufälligem Verhalten oder sinnlosen, sich wiederholenden Schleifen führt." (S.181)

Turing vermittelt allerdings keinerlei Idee, wie seine Rechenmaschine tatsächlich *weder* 'diszipliniert' *noch* zufällig arbeiten könnte bzw. wie es in seinem Ansatz irgendeine Offenheit für eine dritte Position geben könnte.[123] Der wie stets dem menschlichen Kontext entlehnte Begriff des 'disziplinierten Verhaltens', des Verhaltens strikt nach Vorschrift, kann im Kontext einer Rechenmaschine nur ein metaphorischer Ausdruck für deren mechanische, deterministische Funktion sein. Von diesem Verhaltens-Pfad, dem Inbegriff ihrer maschinellen Tugend, kann die Turingmaschine, die ja tatsächlich strikt durch ihr Programm geführt wird, nur abweichen, indem ihr Zufallselemente eingebaut werden. Das aber soll ausdrücklich nicht der Fall sein bzw. für eine eventuelle stochastische Funktionalität müßte jedenfalls sichergestellt sein, daß sie *im Ergebnis* nicht zu zufälligem *Verhalten* führt[124].

Die Faszination des Turingmythos wie auch die seiner Konkretion im Mythos der Kind-Maschine lag und liegt wahrscheinlich genau in dem uneinlösbaren Versprechen, den Geist zu gewinnen, ohne zugleich sich die Fähigkeit zur Initiative, damit die Brüchigkeit des Handelns, die Unzuverlässigkeit, aber auch Widerständigkeit, moraltheoretisch die Verantwortlichkeit des Subjekts einzuhandeln. Die primäre Phantasie des Mythos, die Selbstprojektion als Maschine, ist die Phantasie des 'Mechanischen', 'Roboterhaften'. In der Außensicht fremdgesteuert sein, in der Innensicht hundertprozentig kontrolliert agieren, gleichsam tranceartig bewußtlos handeln: das gestattet, sich aus-leben zu können und zugleich sich (mehrfach) der eigenen Unschuld, des Freispruchs von jeder Verantwortung zu versichern. Im Setting des Turingtests wird solcher Ex-zeß, nach nochmals distanzierender Verschiebung und Projektion auf eine Frauenfigur, in der Tradition des *sexy robot* artikuliert (vgl.oben).

In einer analytischen Deutung verweist die Turingsche Maschinenmetaphorik außerdem auf das Bestreben, sich an einem mechanisch-starren Ersatzobjekt der Existenz des Objekt- und Selbstbildes zu vergewissern, deren Entwicklung als dialektische Identitäten gestört ist[125]. Der Turingmythos, als Theaterszene dargestellt, würde Mr Turing zeigen, der eine Robotermaske aufzieht und mit Vocoderstimme erklärt, 'der hinter der Maske ist überflüssig' – eine makabre Show nicht zuletzt, weil Turing 1954 den Beweis wie die Widerlegung dieser Aussage durch seine Selbsttötung[126] vollzog.

Ungeachtet seiner Fragwürdigkeiten lieferte das Turingsche Mythologem jedoch den Unterbau für den Siegeszug des kognitivistischen Paradigmas in der Psychologie, die die Klarheit des digitalen Modells in die Untiefen ihres Gegenstandes zu tragen versuchte. Die Anwendung auf die Pädagogik war dabei frühzeitig vorgezeichnet.

6.4 'Wissensverarbeitung' und 'Wissenserwerb' als zirkuläre Konzepte von Kognitiver Psychologie, Künstlicher Intelligenz und Pädagogik

Die Erklärung von Geist und Psyche nach dem Muster eines Computersystems avancierte in den sechziger Jahren zum grundlegenden Ansatz der Kognitiven Psychologie[127]. Seitdem wird die mentale 'Verarbeitung' von Informationen – oder, wie es bald hieß, von 'Wissen' –, die der Kognitivismus als Wesen der psychischen bzw. geistigen Prozesse ansieht, explizit als eine durch Computerprogramme modellierbare und als digitale Mechanik verstehbare Leistung gedeutet.

Die Psychologie verbucht dabei als Gewinn, daß, wenn den Computern interne Zustände und damit ein 'Binnenleben' zugestanden wird, von ihr nicht länger aus wissenschaftstheoretischen Gründen ein puristischer Positivismus verlangt werden kann. Sie darf sich nun mit gutem Recht mit mentalen, nicht unmittelbar beobachtbaren 'tiefen' Phänomenen beschäftigen. Und sie hofft, im Gegensatz zur Situation bei älteren mentalistischen Theorien, jetzt sich ein Forschungsobjekt konstituiert zu haben, das zwar nicht strikt empirisch ist, doch desto mehr den Glanz der 'harten' Wissenschaften von Mathematik und Informatik trägt – so trügerisch dieser auch ist.

Der Psychologe und kognitive Didaktiker John R. Anderson formuliert in seiner neueren Darstellung der Kognitiven Psychologie (Anderson 1988) den Zusammenhang zwischen Computermodell und dem Gegenstand der Psychologie immerhin mit einer gewissen Vorsicht. Er scheut die explizite Behauptung der Modellierbarkeit geistiger Leistungen durch Computerprogramme. Zugleich hebt er jedoch die Übertragbarkeit analytischer Konzepte vom Computer auf den menschlichen Geist hervor: „Eine Fülle von Begriffen und Konzepten der Computerwissenschaften wurde in psychologische Theorien aufgenommen. Wichtiger noch war wohl, zu beobachten, wie sich das intelligente Verhalten einer Maschine analysieren läßt – eine Beobachtung, die uns von Hemmnissen und Mißverständnissen bei der Analyse unserer eigenen Intelligenz weitgehend befreit hat." (S.21f.)

Spätestens in dem Moment, in dem Anderson das Informationsverarbeitungsmodell, das seiner Arbeit zugrundeliegt, anhand von Schemata der Programmiertechnik (insbesondere mit Hilfe des sogenannten Flußdiagramms, der klassischen Form der schematischen Aufzeichnung eines Programmablaufs) erläutert und feststellt, charakteristisch für die Analyse der Informationsverarbeitung sei die Untersuchung der Sequenzen von (informationellen) Operationen, (vgl.S.24ff.) wird deutlich: Im Grundsatz kommt nur in den Blick, was mit Computertermini beschreibbar ist und sich auch in der extensionalen Mechanik des Computers realisieren ließe[128].

Für den deutschen Sprachraum wird das Paradigma einer 'Wissenspsychologie' ganz frei von Skrupeln bezüglich des Imports von Begriffen und Methoden aus der

Informatik verkündet. Im Vorwort eines Überblicksbandes zu dieser Forschungsrichtung erklären die Herausgeber Heinz Mandl und Heinz Spada (1988), die Psychologie habe durch die Entwicklung der Informatik und die Zusammenarbeit mit ihr „einen neuen Ansatz zur Formulierung von Theorien gewonnen, der für die wissenspsychologische Forschung kennzeichnend ist, die Modellierung kognitiver Prozesse mit Hilfe von Computerprogrammen. Modelle des Erwerbs und der Nutzung von Wissen werden zunehmend als lauffähige Computerprogramme implementiert.“ (S.V)[129]

Der Zirkel, in dem sich solche Forschungskonzepte bewegen, ist dabei so eng geschlagen, daß die diskursive Darstellung schier versagt. So erklären Mandl und Spada in ihrer Einführung zur ‘Wissenspsychologie’: „Immer wenn der Mensch Vorbild für die Gestaltung einer künstlich intelligenten Leistung sein soll, sind wissenspsychologische Erkenntnisse gefragt.“ (S.4) Im Kontext ihres Ansatzes muß dies interpretiert werden, daß die Computerprogramme, mit denen der Mensch modelliert wird, als Vorlage für gewisse Computerprogramme dienen, die ‘künstlich intelligent’ heißen sollen. Eine konzeptionelle Differenz zwischen Vor- und Abbild läßt sich dabei gar nicht mehr ausmachen.

Der Terminus der ‘künstlichen Intelligenz’ markiert hier eigentlich eine weitere Stufe im Wechselspiel der Projektionen. In den Forschungsbemühungen zur Schaffung künstlicher Intelligenz wird die Turingsche Selbstprojektion des Menschen als Maschine, nach ihrer Rückspiegelung auf das menschliche Denken, ein weiteres Mal auf Computersysteme angewendet[130]: Computer sollen bislang als typisch menschlich geltende ‘intelligente’ Leistungen zeigen – woher auch immer das Konzept der Intelligenz genommen wird.

Die Vision einer Nachschöpfung des *animal rationale*, des Menschen in seinem wesentlichen, ihn vom Tier unterscheidenden Merkmal der Intelligenz, etablierte sich als Forschungsprogramm bereits im Jahr 1956. Die legendäre Geburtsstunde der *Artifical Intelligence* schlug auf der sogenannten Dartmouth-Konferenz, einer mehrwöchigen Arbeitstagung, die im Sommer 1956 im Dartmouth-College in Hanover im US-amerikanischen Bundesstaat New Hampshire stattfand. Die Teilnahme an dieser Konferenz wurde zehn ausgewählten Wissenschaftlern – darunter der Begründer der ‘Kommunikationstheorie’ Claude Shannon und der Organisationswissenschaftler Herbert A. Simon – von der Rockefeller Foundation finanziert. Im Antrag an die Stiftung war bereits die Hypothese der Simulierbarkeit aller Eigenschaften der menschlichen Intelligenz formuliert, die die künftige Arbeit leiten sollte: „The study is to proceed on the basis of the conjecture that every aspect of learning or any other feature of intelligence can in principle be so precisely described that a machine can be made to simulate it.“ (Zit. n. McCorduck 1979, S.93)

‘Künstliche Intelligenz’ ist das Projekt des in die Praxis umgesetzten Turingtests, der Versuch der technischen Realisation von (‘Denk-‘) Maschinen, die sich ununterscheidbar vom ‘Menschen’ verhalten. Allerdings, sie würden dies mit überlegener Geschwindigkeit tun. Sie würden weder ermüden noch sonst sich aus subjektiven Gründen (*Subjektgründen*) ihren Aufträgen widersetzen. Faktisch beruht das Projekt auf der Vorwegnahme des von Turing prophezeiten Wandels des

Sprachgebrauchs und der Auffassungen, was Denken sei. Zugleich will es diesen Wandel herbeiführen: Es verfolgt die Strategie der pragmatischen *self-establishing truth*, die schon der Altmeister propagierte – bereits Turing fordert in 'Rechenmaschinen und Intelligenz', daß geeignete Schritte unternommen werden sollten, damit sich tatsächlich die von ihm erwartete Akzeptanz der Gleichwertigkeit von maschinellen und menschlichen Denken bis zum Ende des 20. Jahrhunderts einstellt (s. Turing 1950, S.176).

Heute definiert sich die *Künstliche Intelligenz* oder *KI* (bzw. *Artificial Intelligence* oder *AI*) als ein Zweig der Informatik im Mainstream lieber unverfänglich über ein bestimmtes Spektrum von Methoden, insbesondere solche, die Logikformalismen anwenden. Daß es nach wie vor um den digitalmechanischen Nachbau geistiger Leistungen des Menschen geht, wird nur noch suggestiv nahegelegt, nicht mehr explizit und aggressiv postuliert. Die Transformation des Sprachgebrauchs bei Begriffen wie 'Wissen', 'Kognition', 'Denken' ist schon so weit gelungen, daß sie stillschweigend unterstellt und wie selbstverständlich vorausgesetzt werden kann[131].

Genaugenommen klinkt sich erst an dieser Stelle die aktuelle kognitive (bzw. 'Wissens-') Psychologie in den Zirkel der wechselseitigen Identifikationen von Computerlogik und menschlichem Denken ein. Ihr Modell des menschlichen Geistes entlehnt sie am liebsten den Methoden und Ergebnissen der Informatikdisziplin der 'Künstlichen Intelligenz'. Elementares Handwerkszeug der KI sind vor allem zwei schon klassische Programmiersprachen, die die sprechenden Akronyme 'LISP' bzw. 'PROLOG' tragen (und sich besonders dazu eignen, mathematische und linguistische Sprachschemata bzw. bestimmte logische Schlußweisen darzustellen). Dementsprechend erklären etwa Mandl und Spada, Theorien der 'Wissenspsychologie' würden als LISP- oder PROLOG-Programme auf dem Computer entwickelt, oder wenigstens seien sie im Hinblick auf die Darstellung im Programm formuliert (Mandl und Spada 1988, S.3). Es überrascht kaum noch, daß sich die Künstliche Intelligenz ihrerseits wieder auf die kognitive Psychologie beruft, wenn sie klären will, wie das menschliche Denken zu formalisieren sei[132].

Das explizite Postulat einer begrifflichen und methodischen Fundierung der Psychologie in der Künstlichen Intelligenz läßt sich bis in das Jahr 1957 zurückverfolgen. Herbert A. Simon und Allen Newell übten damals (wie sie es später darstellten) sich auf einer Tagung in der Kunst der Prognose soziotechnischer Entwicklungen. Neben anderen berühmt gewordenen (Fehl-) Prophezeiungen – so, daß im Verlauf eines Jahrzehnts vom Computer komponierte Musik einen beachtlichen ästhetischen Rang erreichen würde und ein Computer Schachweltmeister würde – sagten sie voraus, daß binnen zehn Jahren die meisten Theorien der Psychologie die Form von Computerprogrammen oder qualitativen Feststellungen über Computerprogramme annehmen würden (s. McCorduck 1979, S.187ff.). Zwar wurde die von ihnen ursprünglich genannte Frist beträchtlich überschritten. Auch kann nicht davon die Rede sein, daß sich ihre die Psychologie betreffende Prognose insgesamt bewahrheitet hätte[133]. Doch immerhin hat sich diese Prognose inzwischen als Axiom einer eigenen Disziplin etabliert. Für die extremeren Varianten der kognitiven Psychologie wurde die Übereinstimmung mit ihr zum Kriterium der Wissenschaftlichkeit einer Theorie, mindestens zum Einlaßticket in den Garten des eigenen Forschungsparadigmas.

Die umfangreiche, zunächst in den USA und dann gerade in der Bundesrepublik vehement geführte Debatte um das Paradigma der 'künstlichen Intelligenz' und seine gesellschaftlichen Implikationen kann hier nicht im einzelnen verfolgt werden[134]. Hingewiesen sei darauf, daß die ambitioniertesten dem Paradigma verpflichteten Forschungsprogramme weit vor ihrem Ziel an den Klippen ihres Gegenstandes scheiterten. Einen spektakulären Fehlschlag stellte das japanische *Fifth Generation Computers Program* dar, ein 450-Millionen-Dollar-Projekt, das Anlaß zu zahlreichen Konkurrenzvorhaben in anderen Staaten gab. In ihm sollte den Computern die Dimension der intelligenten 'Wissensverarbeitung' erschlossen werden (vgl. Feigenbaum und McCorduck 1983). Doch die erhofften qualitativen Durchbrüche beim Nachbau menschlicher Intelligenz ließen sich auch durch den massiven Einsatz von Kapital nicht erzwingen[135].

Hier interessiert vor allem, daß mit der Idee des an Maschinen gebundenen Denkens und Wissens von Anfang an pädagogische bzw. pädagogisch interpretierbare Modelle aufs engste verflochten waren. Durch die wie nahtlos aneinandergeknüpften spezifischen Inhalte verdichtet sich im Bereich der Pädagogik die Zirkularität der kognitivistischen Modellbildung nochmals.

Nicht zufällig benannte bereits der Förderungsantrag für die Dartmouth-Konferenz *Lernfähigkeit* als exemplarischen Wesenszug der menschlichen Intelligenz, der simuliert werden sollte. Turing hatte auch in dieser Hinsicht mit seinem Mythologem der lernenden Kind-Maschine, das sozusagen die erste 'wissenspsychologische' Lerntheorie repräsentierte, den Vordenker gespielt. Die Geschichte der Informatik, besonders der KI, durchzieht seitdem die – heuristisch zulässige, aber immer wieder Mißverständnisse und Prätentionen nährende – Suggestion, sie entwickele Modelle des Wissenserwerbs, die die kognitive Ontogenese des Menschen widerspiegeln.

Noch das aktuelle Konzept des 'Expertensystems' oder 'wissensbasierten Systems' – in pragmatischer Hinsicht das Hauptergebnis der bisherigen KI-Forschung – knüpft in vieler Hinsicht an die Turingsche Vorstellung vom Kindprogramm an (und wird dadurch nicht überzeugender):

Die beiden Kernkomponenten von Expertensystemen sind – laut deren *programmtechnischer Definition* (s. Coy und Bonsiepen 1989, S.26ff.) – die *Inferenzmaschine* und die *Wissensbasis*. Frank Puppe (1986) spricht, das erhoffte Ergebnis im Namen beschwörend, statt von 'Inferenzmaschine' von einer 'Problemlösungskomponente'. Die 'Inferenzmaschine' ist ein (Sub-) Programm, das Strategien der mechanischen Deduktion aus 'Fakten' und 'Regeln' oder vergleichbare Formalismen abstrakt bereitstellt, ganz in der Art wie sie offenbar schon Turing seiner Kind-Maschine in ihrer Konstruktion mitgeben wollte. Solche Schlußfolgerungs- (oder *Inferenz*-) Mechanismen wurden Anfang der siebziger Jahren insbesondere in der Programmiersprache Prolog implementiert und können seitdem in relativ komfortabler Form auf dem Computer angewendet werden. Etwas allgemeiner können Inferenzverfahren als Methoden der Selektion und Anordnung von Daten bzw. Aussagen aufgefaßt werden (vgl. Clancey, 1988, S.86).

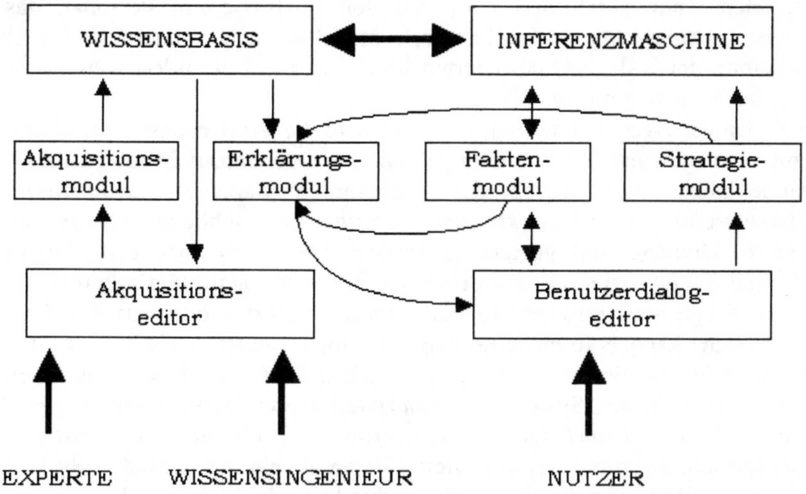

Schema eines Expertensystems (nach Coy und Bonsiepen 1989, S.30)

Die 'Wissensbasis' birgt den primären Stoff für die Arbeit der Inferenzmaschine. Sie enthält auf ein bestimmtes Wissensgebiet, die *Domäne* des Expertensystems, bezogene *Fakten* sowie *Regeln*, die fachlich definierte zulässige Schlüsse einer bestimmten Struktur vorgeben. Zum Beispiel lautete in Turings Skizze einer Kind-Maschine eine solche Regel sinngemäß, 'Wenn eine Aussage vom Lehrer stammt, ist sie wahr'. Diese logische Formel repräsentiert *domänentypisches* Wissen: Sie soll in der Maschine einen Aspekt der spezifischen Schüler-Kompetenz abbilden bzw. – mit einem weiteren in diesem Zusammenhang gebräuchlichen Anglizismus – ein Element der *Expertise* eines idealen Schülers modellieren.

Daß Turing mit seiner Regel gerade die Einstellung eines perfekten 'Musterschülers' erfaßt[136], dessen langweilige Bravheit schon zu Zweifeln an seiner Intelligenz berechtigt, nimmt dabei auch nur Kalamitäten der modernen Expertensysteme vorweg. Expertensysteme können zu Recht des 'Fachidiotentums' bezichtigt werden. Hochspezialisiert und buchstäblich borniert können sie, anders als eine wirkliche menschliche Expertin oder ein echter menschlicher Experte, ihr Spezialwissen nicht in den Zusammenhang allgemeinen Weltwissens einordnen – und merken auch nicht, wenn ihre Kompetenz dünn wird und sie besser eine Kollegin oder einen Kollegen 'rufen' würden[137]. Diese Charakteristik erweist sich in einer realen Anwendungssituation als fatal. Der wohl berühmteste oder jedenfalls einflußreichste Prototyp eines Expertensystems war das medizinische System MYCIN, das die Art einer bakteriellen Infektion diagnostizierte und ein geeignetes Antibiotikum zur Therapie vorschlug. Einem solchen System ist jeder Blick über den eigenen Zaun versagt. Bereits bei einer Viruserkrankung scheitert es, indem es hartnäckig auf der Erstellung von Diagnosen zu seiner Domäne besteht. Dramatische Konsequenzen würde dies im Echteinsatz nicht nur deshalb zeitigen, weil Expertensysteme nur durch das Einsparen von qualifiziertem Personal, das die Computerergebnisse überprüfen könnte, rentabel würden, sondern weil auch die Qualifikation der bislang Qualifizierten im Alltag nicht gefordert würde und darüber schleichend sich abbaute[138].

Nach den gängigen Vorstellungen der KI wird die Wissensbasis eines Expertensystems auch in einem Verfahren aufgebaut, das dem Unterricht für Turings Kind-Maschine ähnelt: Im Prozeß der sogenannten *knowledge acquisition,* des 'Wissenserwerbs', befragt ein *knowledge engineer* menschliche Experten für eine bestimmte 'Domäne' mit geeigneten Interviewtechniken nach den allgemeinen Regeln und Schlußverfahren, mit denen sie in ihrem Fachgebiet arbeiten. Was er auf diese Weise stellvertretend für das System erfährt – oder aus den Experten 'ausquetschen' kann, wie ein einschlägiger Slogan lautet –, gießt er in die logischen Formeln, mit denen das System umgehen kann. Ab da gilt das so erfaßte 'Wissen' innerhalb des Systems als unanzweifelbarer Bestand von Fakten bzw. Regeln. Das *knowledge engineering* (treffend eigentlich die 'Wissensmaschinisierung') rekonstruiert Wissen als ein mechanisches System, das in sich keinen Raum für die skeptische, selbst-kritische Sicht auf das vermeintlich Gewußte läßt.

Ziel von Forschungs- und Entwicklungsanstrengungen ist, daß künftig in diesem Verfahren auf den Wissensingenieur, in der Praxis ein teuer zu bezahlender Spezialist, verzichtet werden kann. Expertensysteme sollen so benutzungsfreundlich werden, daß Domänenexperten ohne Ausbildung in KI-Techniken ihr Wissen selbst eingeben können. Genauer geht es um die Entwicklung geeigneter sogenannter *Expertensystem-Shells*, der 'Schalen-Software', die – exakt analog zu Turings leerem Notizblock – als die leere Form fungiert, in die das Wissen zu füllen ist. Am Ende stünde dann ein System, das ganz wie bei Turing vorgezeichnet zu verwenden wäre. Ein Meister eines Fachs könnte seinen elektronischen Schüler mit den Inhalten und Wahrheiten instruieren, die dieser von der Welt erfahren soll.

Eigentlich sollte sich die Pädagogik ja von solchen Vorstellungen nicht verführen lassen. Menschliches Wissen kann nicht adäquat als mechanisch zu reproduzierende Datensammlung beschrieben werden. Es wird, wie gerade eine *human science* beachten sollte, getragen von 'Wesen, die nicht anders als unter der Idee der Freiheit handeln können' (vgl. Kant 1785, S.100): von Personen, die es annehmen oder abweisen können, für die es jederzeit frag-würdig bleibt, die es als Schöpferinnen ihrer Welt jeweils neu artikulieren wie auch Neues in ihm initiieren. So wenig eine Meisterin vom Himmel fällt, so wenig sie 'sich bildet', ohne an Traditionen anzuschließen, so wenig genügt es für sie, diktierte Schemata zu übernehmen und Anweisungen ihrer Vorläufer zu befolgen. Schon Comenius wußte, daß die menschliche Natur *tota activa,* ganz auf Eigenaktivität ausgerichtet, ist (auch wenn er meinte, diese Vorstellung noch in ein Konzept der Lehre als mechanisierten 'Eindruck' in den Geist einbinden zu können).

Die 'aktive Natur' des Menschen äußert sich, wie ebenfalls bereits Comenius darlegte, im individuellen und sozialen *Handeln*. Effektives menschliches Wissen, Sach-Verständnis (die Comenianische *sapientia*) kann nicht ohne Verknüpfung mit Praxis (bzw. 'Praxis' plus 'Chresis', vgl. Kapitel 4) existieren. Die der Turingschen Kind-Maschine wie auch dem Ansatz der Expertensysteme zugrundeliegende Mythologie des Wissens geht insbesondere an dessen Verankerung in der sozialen und körperlichen Wirklichkeit des Subjekts vorbei.

Deshalb reicht das in logischen Formeln Darstellbare auch nicht weit und tief genug, um das wirkliche *working knowledge*, die produktiven, treibenden Momente des Wissens, widerzuspiegeln. Die Brüder Dreyfus (1986) haben darauf hingewiesen, daß die Kompetenz von Experten nur in ihren relativ simplen Betätigungsweisen in einem System logischer Tatsachen und Regeln abgebildet werden kann. Hinsichtlich zentraler Aspekte der menschlichen Urteilsbildung (und Intelligenz) haben Expertensysteme wie auch die Turingsche Kind-Maschine keine Chance, adäquat instruiert zu werden: Als unüberwindliche Hürde für die Mechanisierung stellt sich das *implizite Wissen* oder *tacit knowledge* (Polanyi 1966) heraus[139]. 'Stillschweigend' heißt dieses Wissen, weil es zwar in einem historischen Prozeß entfaltet und in seinen körperlichen und sozialen Wurzeln dialektisch bearbeitet werden kann, aber nie komplett als ein System von Sätzen zur Verfügung steht (vgl. auch die Betrachtungen im Anschluß an die Kantschen Konzepte im Kapitel 7).

Vermutlich entsprechen diese Feststellungen auch dem eigentlichen Sinn des Wittgensteinschen Schweigegebots bzw. seines resignativen Sicheinfindens im Schweigen (s. Abschnitt 5.4), entgegen einer naiv-positivistischen Auslegung: Wittgenstein *wußte*, daß die Fundamente des Wissens nicht in der kombinatorischen Logik der sprachlichen Propositionen ausgesagt werden können, sondern unsagbar *in* der Konstitution der Sprache als Repräsentation der Welt, als Entsprechung und Wissen von der Welt, stecken (s. Swann 1992)). Insbesondere *dieses* Wissen konnte er nicht konkret aussagen. Sein 'Tractatus logico-philosophicus' (Wittgenstein 1921) sei daher möglicherweise sogar als Versuch zu lesen, mittels einer *reductio ad absurdum* zu beweisen, daß formale Semantik entweder unmöglich oder trivial ist (Swann 1992, S.74). Zu versuchen, ein rein formal konstituiertes System als System zu konstruieren, das Wissen trägt, wäre dann auch nach Wittgenstein – dessen Philosophie als Leitfaden für ein rationalistisches Weltverständnis gilt – ein müßiges Unterfangen. Ja als freischwebendes Imitat wirklicher Wissensäußerungen wäre ein Expertensystem eher eine Persiflage von Wissen als eine Anwendung Wittgensteinscher Philosophie.

Trotz der immanenten Unschärfe des Vorgehens wird aber heute gerade im Kontext pädagogischer bzw. lernpsychologischer Theorien gern auf Expertensysteme bzw. 'wissensbasierte Systeme' als Modell zurückgegriffen. Den Ball, den die KI zuspielt, fangen als 'Kognitionswissenschaft' sich verstehende Humanwissenschaften auf. *Geist* (*haben* bzw. *sein*) wird mit *wissen* gleichgesetzt und als vergegenständlichtes und formalisiertes 'Wissen' rekonstruiert[140]. So können gewisse Formen automatischer Datensammlung und -strukturierung, die sich mit dem Titel 'maschinelles Lernen' schmücken, als Muster einer exakten Modellierung eines kognitiven Prozesses dienen: Mandl und Spada erklären, Arbeiten zum maschinellen Lernen „können – auch wenn es sich in diesem Fall um Studien aus der KI handelt – zur Illustration der eingangs formulierten These herangezogen werden, daß über die computerisierte Modellierung kognitiver Prozesse eine neue Stufe an Präzision und Detailliertheit im wissenschaftlichen Fragen und Antworten ins Blickfeld kommt“ (1988, S.7f.). Die kognitivistische Psychologie des Lernens schließt damit konkret den Zirkel, an dessen anderer Seite die KI die Vermutung artikulierte, daß Lernfähigkeit auf dem Computer simulierbar sei.

Skepsis gegenüber solch zirkulärer Argumentation, in deren Zentrum die Turingschen Mythen des Verhältnisses von Mensch und Maschine stehen, ist angebracht. Sie verschafft den Mythen nicht, wie sie zu suggerieren versucht, Legitimität durch die Fundierung in einer technischen Wissenschaft. Stattdessen rückt sie das Unternehmen der Verschmelzung von Technik- und Humanwissenschaften in ein zweifelhaftes Licht.

So wenig er zur Begründung taugt, so wenig desavouiert allerdings ein Zirkel per se seine Angelpunkte. Ein argumentativer Zirkel ist eine Ausarbeitung seiner Voraussetzungen – nicht mehr, aber auch nicht weniger[141]. Bei einer unabhängigen Prüfung darf ein Vorzug des zirkulär entfalteten Turingmythos nicht übersehen werden: Die Dichte des Netzes der identifikatorisch verknüpften Vorstellungen führt zu einer enormen Dynamik der Theoriebildung. Gerade in der nahen Verwandtschaft, die Subjekte und Gegenstände des Lernens und Lehrens gewinnen, wurzelt der Reiz und die theoretische Produktivität der kognitivistischen Modellierung des Lernprozesses. Alle und alles partizipieren am Universum der kognitiven Systeme. Die Gräben, die die klassische Erkenntnistheorie zwischen Subjekt und Objekt oder Subjekt und Subjekt zog, sind so gut wie verschwunden. Nicht zuletzt stärkt diese einheitliche Weltsicht die Position didaktischer Medien.

Jedenfalls eröffnet sich speziell für Computermedien ein kontinuierliches Spektrum von Möglichkeiten, wie sie zwischen die kognitiven Entitäten des Lehrerwissens(systems) und des Schülerwissens(systems) eingeschaltet werden können. Indem sie an beiden Extremen dieser Skala sich als ‘Objektivierungen’ präsentieren, sollen sie letztlich jede Funktion des als Wissensvermittlung konzipierten didaktischen Prozesses adaptieren und in irgendeinem gewünschten Sinne transformieren können.

6.5 ‘Intelligente Lehrsysteme’ und ‘Künstliche Lerner’ als mediale ‘Objektivierungen’ des Lernprozesses

Schon Skinner äußerte sich deutlich: Die Lehrmedien, die er konstruiert, sind ‘teaching machines’, nicht Maschinen *zum Lehren*, sondern Systeme, *die lehren* (Lehrer-, nicht bloß Lehrautomaten)[142]. Zwar beugt er möglichem Protest beruhigend vor: „Es ist klar, daß die Maschine als solche nicht lehrt, sie bringt den Schüler lediglich in Kontakt mit dem Verfasser des Lehrprogramms, das sie darbietet.“ (Skinner 1958, S.44) Doch im Anschluß führt er aus, inwiefern die Lehrmaschine in ihrem Verhalten einem guten Privatlehrer nicht nachsteht (vgl. auch Kapitel 5).

Gerade unter behavioristischem Vorzeichen erweist sie damit sich als dem Lehrer gleichwertig. An anderer, bereits zitierter Stelle formuliert Skinner explizit, daß es darum geht, *mechanical teachers* zu entwickeln, die dem Unterricht die gleiche Rationalisierungswirkung bescheren würden wie Buchführungsmaschinen dem Bankbetrieb (Skinner 1963b, S.412). Heimann hatte unter anderem den Skinnerschen Ansatz vor Augen, als er 1962 – in provozierender Sympathie mit der Vorstellung – von Medien sprach, die zur 'völligen Aufsaugung der lebendigen Lehrergestalt' führen können (Heimann 1962,, S.421).

Das kognitivistische Paradigma beansprucht heute zu vollenden, was beim behavioristischen Modell notwendig an der Oberfläche blieb. Den Weg hierzu ebnete in der Pädagogik zunächst der kybernetische Ansatz (s. Kapitel 5), indem er Automaten und Menschen unter dem gemeinsamen Oberbegriff des 'kybernetischen Systems' subsumierte: „ein Lehrsystem ist ein Lehrer oder eine Lehrmaschine" (Frank 1963a, S.15). Frank verbuchte dabei nicht als Verlust an Realitätsgehalt, sondern als Gewinn an Klarheit, „daß die Kybernetik von der konkreten Seinsweise der betrachteten Systeme abstrahiert, daß also die Pädagogik, sobald sie in den Rahmen der Kybernetik gestellt wird, nicht mehr von Lehrern, sondern abstrahierend von 'Lehrsystemen', nicht mehr von Schülern, sondern abstrahierend von 'Lernsystemen' spricht" (ebd.). Die 'konkrete Seinsweise der betrachteten Systeme' gilt, im Gegensatz zur Reinheit der abstrakten Form, als der Erkenntnis eher hinderlich[143].

Lehrsystem mit Lernsystem 1963 (aus Frank 1963a, S.18)

Das Manko des ursprünglichen kybernetischen Modells bestand darin, daß in ihm die (Lehrer- und Schüler-) 'Systeme' nur als Informationen austauschende Blackbox-Schemen vorkamen. Die Kennzeichnung als System legitimierte die Einordnung in die Kybernetik, ließ sich aber nicht mit einem spezifischen pädagogischen Inhalt verknüpfen, der forschungs- oder erkenntnisrelevant wurde. Auch die regelungstheoretische Sicht vom Lehrer bzw. 'Lehrsystem' als Differenzoperator in einem Regelkreis führte nicht weit. Neue Perspektiven für die Modellierung und Untersuchung von lehrenden und lernenden 'Systemen' eröffneten sich erst, als der Kognitivismus den menschlichen Geist wieder mit einem komplexen Binnenleben ausstattete und gleichzeitig ein 'entspannteres Verhältnis' (Anderson) zur empirischen Verifizierbarkeit von Hypothesen propagierte. Vor allem die explizite

Konstruktion der Modelle als – reale oder vorgestellte – Computerprogramme erwies und erweist sich als ein unerschöpfliches Forschungs- und Betätigungsfeld.

Heute entspricht es dem *state of the art*, sich die Ergebnisse der Versuche der KI zum Nachbau des menschlichen Geistes zunutze machen und Lehrsysteme nach dem Muster von Wissensbasierten Systemen zu konzipieren. Solche Systeme werden im Unterschied zu älteren beim Lehren einsetzbaren Computerprogrammen 'intelligente Tutorsysteme' – *intelligent tutoring systems*, auf deutsch auch 'Intelligente Tutorielle Systeme', in jedem Fall kurz *ITS* – genannt.

Der Ansatz ist so naheliegend, wie er bestechend klingt: Nach der Philosophie der Wissensbasierten Systeme verfügt ein Expertensystem ja bereits über ein gutes Fachwissen bezüglich seiner Domäne. Zur Aufwertung zu einem hochqualifizierten 'Lehrsystem' benötigt es lediglich noch zusätzlich das relevante fach- und allgemeindidaktische Wissen. Formal gesehen muß nur die Wissensbasis des Systems um didaktische Fakten und Regeln (oder entsprechende Konstrukte in einem anderen Formalismus) erweitert werden.

Ganz im Sinne dieser Überlegungen gelten als zwei grundlegende Bausteine eines ITS das (auf die spezifischen Fachinhalte bezogene) *Wissensmodell* und die (Lernprinzipien darstellende) *Didaktikkomponente* (s. etwa Puppe 1992, Lesgold 1988)[144]. Die nähere Betrachtung zeigt, daß von diesen beiden Komponenten strukturell zwei Wissensbereiche abgegrenzt werden sollten: Zum einen unterliegt die Kommunikation des Systems mit einer Nutzerin oder einem Nutzer – die menschlicher Kommunikation möglichst gut angenähert sein soll – allgemeinen Gesetzmäßigkeiten des sprachlichen oder bildlichen Ausdrucks. Daher kann und muß sie zu einem gewissen Grad unabhängig von fachinhaltlichen oder didaktischen Gesichtspunkten konstruiert werden. Das hierfür benötigte Wissen wird in einer Komponente konzentriert, die *Benutzungsschnittstelle* heißt. Zum anderen ist zu bedenken, daß methodische und didaktische Strategien kaum ihren Namen verdienen, wenn sie nicht Bezug auf die konkrete Situation der Lernenden nehmen. Zur Anwendung des didaktischen Wissens müssen daher auch spezifische Informationen über die lernenden Personen, vor allem über ihr Lernverhalten sowie ihren momentanen Kenntnisstand herangezogen werden. In den Termini der 'Wissensmodellierung' formuliert heißt dies, daß ein ITS auf ein (von den anderen Wissenskomponenten mehr oder weniger unabhängig konzipierbares) *Tutandenmodell* zugreifen können muß. Puppe erklärt: „Je genauer das Wissen und die Vorgehensweise des Tutanden nachvollzogen werden kann, d.h. je besser das Tutandenmodell, desto gezielter kann der Tutand unterstützt werden." (S.196)

Der (Wissens-) Psychologe Ludwig J. Issing bringt die Anforderungen an ein ITS auf folgenden in der Formulierung schlichten, im Anspruch desto umfassenderen Nenner ('ICUU' steht dabei für 'Intelligenter Computerunterstützter Unterricht' entsprechend dem englischen *Intelligent Computer Aided Instruction*): „Bei der Entwicklung von ICUU-Systemen dient das Lehrverhalten eines qualifizierten, sensiblen und flexiblen menschlichen Tutors als Modell für das Computerprogramm." (Issing 1988, S.546f.) Oder, wie Karl Frey die Idee charakterisiert: „Der Tutor ist ein kleiner Lehrer. Er bemerkt die Denkfehler des Schülers. Er zerlegt ihm die Aufgabe, die zu kompliziert ist. Er stellt eine Differentialdiagnose und bemerkt, welche Zusätze der Schüler zu seinem Lernerfolg noch braucht.“ (Frey 1989, S.641) Nur konsequent ist, wenn hier noch der Bedarf gesehen wird, so etwas wie ein Sozialwelt- und ein Affektmodell zur Integration in ein ITS zu entwickeln. Dann könnte sich die Software auch auf die *motivationale* Situation der Tutanden einstellen. In der Tat wurde ein entsprechender Ansatz von Mark R. Lepper und Ruth Chabay formuliert: Sie fordern, dem Computer nun Einfühlungsvermögen beizubringen und ihn so zu ‘sozialisieren’ (Lepper und Chabay 1988).

Ein Unterschied zwischen ‘intelligenten Tutorsystem’ und dem menschlichen ‘Lehrsystem’ steht bei diesen Bemühungen allerdings nicht zur Disposition, denn er gilt als Vorzug des Computersystems: dessen *robuste Objektivität* – die nie nachlassende Aufmerksamkeit, die unermüdliche Geduld und die gleichmäßige Güte und Gerechtigkeit, die der Automat gegenüber ‘seinen’ Tutanden an den Tag legt und die seine Sensibilität und Flexibilität nur um so wertvoller machen sollen. Gerade darum geht es: Die Maschine soll das Lehren revolutionieren, indem sie die für es als nützlich angesehenen Aspekte von Subjektprozessen vergegenständlicht und beliebig verfügbar macht.

Im Grunde verfolgte bereits Skinner dieses Ideal mit seinen Lehrmaschinen, die „den Kontakt zwischen dem Programmierer und einer beliebigen Zahl von Schülern herstellen“ sollten (Skinner 1958, S.44). Die kybernetische Pädagogik der 60er Jahre bereitete dann den Weg dafür, daß als nur halb deutlicher Reflex des Maschinenkonzepts des Unterrichtens die Vorstellung der ‘Objektivierung von Lehrfunktionen’ zu einem wichtigen Leitbild für das didaktische Medium wurde (vgl. Zelber 1985).

1968 gab Karl Flechsig im Sinne dieses Konzepts die Parole von der ‘technologischen Wendung in der Didaktik’ aus: Es würden jetzt „Lehrtechniken, deren aktueller Vollzug in den traditionellen Unterrichtssystemen an die physische Anwesenheit eines menschlichen Lehrers gebunden ist, von eben dieser physischen Präsenz abgelöst, objektiviert und einem Medium übertragen“ (zit. n. Otto 1985, S.82). Diese Vorstellung traf unter anderem bei den einflußreichen ‘Berliner Didaktikern’ auf interessierte Zustimmung. Wolfgang Schulz erklärte 1970, daß bei der Arbeit mit Medien Lehrfunktionen auf mediale Objekte übertragen werden, die die Lehrtätigkeit entweder unterstützten oder ersetzten. Dabei ändere sich die Funktion selbst nicht (s. Zelber 1985, S.67). Auch Klafkis Kennzeichnung von Medien als ‘gegenständlichen Vermittlern in Lernprozessen’ (1970, S.129) beschwört nicht nur den Mythos der (Informations-) ‘Vermittlung’ (vgl. Kapitel 5). Ihre Dichte gewinnt sie durch die suggestive Legierung mit der Idee der Objektivierung der lehrenden – ‘vermittelnden’ – Person (wobei der Preis für die Verschmelzung der beiden Diskurse gerade in der unpassenden Personalisierung des Informations-Instruments besteht).

Sogar die traditionelle, eher geisteswissenschaftlich orientierte pädagogische Begriffsbildung hat sich also in der Medienfrage nicht nur dem Mythos der quasimechanischen Informationsübermittlung verschrieben, sondern sich das Phantasma der Lehr(er)maschine zueigengemacht. In einer Art präemptiven Gehorsams bietet sie damit allen gegenwärtigen und künftigen Konzepten von Maschinenmedien einen legitimatorischen Ansatzpunkt. Letztlich ist es der Turingmythos, der in der

Variante des Mythos vom Medium als Lehr(er)objektivierung zum fast selbstverständlichen Topos der Pädagogik wurde[145].

In den Debatten der kybernetischen Pädagogik in den sechziger Jahren ist auch schon die Zielvorstellung vorweggenommen worden, daß zur automatisierten, objektivierten Lehre gleichwohl eine 'tutandenorientierte' Funktionalität gehört, die in irgendeiner Weise den Bezug zur konkreten (lernenden) Person herstellt und wahrt. Unterrichtsprogramme waren eigentlich in das kybernetische Theorieparadigma im engeren Sinn einzuordnen als 'Stellglieder' eines Rückkopplungsprozesses, den sie mit vorgegebener und in der Zeit gleichbleibender Regelungscharakteristik auf seinen 'Sollwert' – das angestrebte Schülerverhalten – einregeln (vgl. Frank 1963a). Mit den dynamischen, sich in der Zeit strukturell verändernden Unterrichtsprozessen paßt dieses Modell allerdings nur schlecht zusammen. Im Grunde ist es auch von vorneherein gegenüber dem Potential des programmierbaren Computers technisch rückständig gewesen. Ohne dies ausdrücklich zu thematisieren, setzte man sich daher schon auf der 'ersten deutschen Lehrmaschinentagung' 1963 (s. auch Abschnitt 5.4) wieder von ihm ab.

Gerade der Referent auf dieser Tagung, der die Frage des Computers als Lehrmaschine von der technischen Seite beleuchtete, forderte, daß die Rückmeldung, die die Maschine den Lernenden gibt, optimiert werden müsse, indem der Computer gleichsam begleitend am Lernprozeß des Menschen teilhat: Die ideale Lehrmaschine müsse „ein lernender Automat sein, der sein Verhalten rasch an den einzelnen Schüler anpaßt“ (Berger 1963, S.28). Dem 'Lernsystem' Schüler soll also ein perfektes automatisches 'Lernsystem' an die Seite gestellt werden, das die Wissensfortschritte des Menschen registriert und *sein* Verhalten zwecks optimaler Unterstützung des Menschen modifiziert. Das Projekt des *student modelling*, des automatischen Generierens von *Tutandenmodellen*, mit dem sich heute KI und Wissenspsychologie befassen, ist damit bereits skizziert.

In der KI wird *student modelling* unter die allgemeinere Fragestellung des *user modelling* subsumiert (vgl. etwa Kobsa 1985 und 1993). Das generelle Ziel lautet, in einem Computersystem eine 'Repräsentation' der (relevanten) Ziele, Kenntnisse und Verhaltensweisen seiner Nutzerinnen und Nutzern aufzubauen. Auf der Basis dieses Modells sollen dann Strategien formuliert und implementiert werden, durch die die Systeme 'adaptiv' werden, das heißt, ihr Verhalten, ganz wie es Berger schon 1963 forderte, selbsttätig an die Nutzerin oder den Nutzer anpassen.

Die dynamische Modellierung der mit dem System kommunizierenden, an ihm arbeitenden oder mit ihm lernenden Person stellt einen sehr konkreten Versuch dar, den Turingmythos ein Stück weit real werden zu lassen. Das Modell, das im Computer entsteht, ist kein dokumentarisches Ab-Bild, keine Kameraaufzeichnung, die Aussagen über das Handeln der Person nur im nachhinein erlauben würde[146]. Vielmehr dient es als Simulation, das heißt eine Art lebendiges Bild, eine 'Repräsentation' im Sinne einer bevollmächtigten Vertretung. Diese kann statt der Person 'befragt' werden und deren Verhalten gültig antizipieren – „A description of a student's cognitive state can consist of a simulation model which performs like him in the relevant knowledge domain.“ (Ohlsson 1987, S.210) Das Modell funktioniert beinah wie ein *simulacrum* im antiken Sinn des Wortes: als eine Götterstatue, die durch ihre Ähnlichkeit zur Gottheit deren Präsenz nicht vortäuscht, sondern magisch herbeiführt (zu 'Modellbildung und Simulation' vgl. auch Abschnitt 8.4).

Die Idee der 'Adaptivität' von Systemen, ihrer (Selbst-) Adaption an ihre Nutzerinnen und Nutzer, gehört freilich zu den umstrittensten Ansätzen der KI bzw. der Forschungen zu 'Benutzungsschnittstellen' von Systemen. Zumindest außerhalb des Bereiches pädagogischer Software muß die fürsorgliche Gängelung, die adaptive Systeme zum Prinzip erheben, als Versuch der Entmündigung der Personen, die mit ihnen arbeiten, aufgefaßt werden. Wenn sie zum Zuge kommt, wird gar nicht mehr angestrebt, ein System für die mit ihm Arbeitenden durchschaubar zu gestalten und so es in ihre Verfügung zu geben. Vielmehr soll umgekehrt das System die arbeitende Person quasi durchleuchten, ihre Bedürfnisse diagnostizieren und danach die Interaktion einrichten. Frieder Nake setzt dieser Verlagerung der Dominanz in der Beziehung von Mensch und Maschine entgegen: „Die intelligente Benutzung von Computern macht intelligente Computer überflüssig." (Nake 1988, S.36) Bzw., mit etwas Sorge um die intelligente *Benutzbarkeit* der Computer würde sich das Projekt der Computerintelligenz erübrigen. In diesem Sinne wird vor allem von Arbeitswissenschaften und Softwareergonomie bzw. 'Arbeitsinformatik' (Volpert 1993; vgl. auch Abschnitt 8.2) gefordert, anstelle der Adaptivität von Software ihre individuelle *Adaptierbarkeit* durch ihre Nutzerinnen und Nutzer zum Gestaltungsziel zu machen (Friedrich 1990).

Die Objektivierung der Subjektbezüge, die im Kern des Projekts der Nutzer- und Lernermodellierung steht, ist aber nicht nur kontraproduktiv im Kontext von Produktionsarbeit. Das Anliegen erweist sich aus sich heraus als kontradiktorisch. Bei jeder Software stellen sich Nutzerinnen und Nutzer wie bei einer zwischenmenschlichen Kommunikation bewußt und unbewußt auf die – vermeintlichen – Möglichkeiten und Anforderungen des maschinellen Gegenübers ein (vgl. die bei Nake 1988, S.37 angeführte Beobachtung). Ein System, das darauf programmiert ist, sich seinerseits der mit ihm interagierenden Person anzupassen, ohne wie ein Mensch in eine Metakommunikation über die Situation treten zu können, erhöht die Dynamik der Kommunikation in unvorhersehbarer Weise. Mit einiger Wahrscheinlichkeit wird das kommunikative Gesamtsystem instabil. Die Vorausplanung des maschinellen Dialoges scheitert, anstelle der angestrebten perfekten 'Verständigung' zwischen Mensch und Maschine herrscht allgemeine Verständnislosigkeit[147].

Die Konstellation ähnelt der Alltagssituation der 'Höflichkeitsblockade', wenn zwei einander begegnende Personen nach der gleichen Seite ausweichen, beide dies im gleichen Moment bemerken, zurückpendeln und sich auf diese Weise weiter gegenüberstehen. Ein anderes Modell wäre ein 'intelligentes' Automatikgetriebe für ein Kraftfahrzeug, das aus subtilen Unterschieden in der Bedienung des Gaspedals eine Hypothese über den Gemütszustand des Fahrers generiert. Sobald das System eine aggressiv-sportliche Haltung 'spürt', würde es selbsttätig in einen hochtourigen Betriebsmodus wechseln. Niemand, der das Auto fährt, könnte sich noch sicher sein, wie der Antrieb eigentlich arbeitet und wie er in kritischen Situationen reagiert. Konsequenz des Versuchs der Modellgenerierung kann auch eine

'Empathieblockade' sein: Das komplexe, oft wahrscheinlich chaotische Verhalten des Mensch-Maschine-Verbundes führt zu immer umfangreicheren Modellen bzw. Vorstellungen über das Innere des jeweiligen Gegenübers. Über der Modellierungstätigkeit erlahmt möglicherweise jede andere Aktivität[148].

Selbst einige der engagiertesten Vertreter von KI-Tutorsystemen äußern sich inzwischen skeptisch bezüglich des Sinns bzw. der Möglichkeit und Notwendigkeit einer Modellierung der Lernenden, zumindest was das aktuelle Verfolgen von deren Entwicklung angeht. Jacobijn Sandberg und Yvonne Barnard haben in einer Interviewreihe mit Didaktikern bzw. Lernforschern, die sich mit der technologischen Unterstützung des Lernprozesses beschäftigen, festgestellt, daß die meisten der Befagten nicht mehr von der Idee der Online-Modellierung von Tutanden überzeugt sind (1993, S.52). Robert W. Lawler und Masoud Yazdani nennen die Tutandenmodellierung die Schwäche der Intelligenten Tutorsysteme. Das Problem läge in der „inadequate complexity in models of what the user knows, how the user learns new knowledge, and what could be an appropiate instructional theory for complex minds" (1987, S.X).

Die Konsequenz, die daraus gezogen wird, lautet oft allerdings nur, daß das Paradigma der Tutandenmodellierung abzuwandeln sei. So fordert Ernesto Costa, Tutanden sollten als prinzipiell gleichwertige Partner im Lernprozeß statt als passive Rezipienten von Wissen betrachtet werden. Anstelle älterer KI-Modelle müßten daher KI-Modelle der Interaktion zwischen 'intelligenten Agenten' als theoretische Grundlage für Tutorsysteme dienen (Costa 1992). Noch weniger wird angezweifelt, daß eine 'Offline-Modellierung' der Lernenden, das heißt die Konstruktion von *artificial learners*, die den prinzipiellen Verlauf des Lernprozesses als Computermodell beschreiben, sinnvoll und notwendig sei (vgl. Sandberg und Barnard 1993, S.52). Grundsätzlich entspricht es ohnehin den Essentials des kognitivistischen Paradigmas, eine Theorie des Lernens (bzw. des Lerners) zu entwickeln, die in Form eines Computerprogramms notiert werden kann.

Spätestens, wenn *artificial learners* gebaut werden, liegt der in seiner geschlossenen Logik beeindruckende Gedanke nahe, gleich auch in der pädagogischen Forschung Schüler durch Schülersimulationen zu ersetzen. Entsprechende Vorschläge wurden und werden ernsthaft geäußert. Nach Kurt VanLehn könnten an solchen Simulationsprogrammen Lehrer ausgebildet werden, und sie könnte zum Testen von Curriculumentwürfen genutzt werden (vgl. ebd.). John Anderson möchte gleichfalls seine Tutorprogramme an 'künstlichen Lernern' erproben[149].

Auch die Nutzung einer Schülersimulation als didaktisches Testobjekt findet sich übrigens schon in der kybernetischen Pädagogik der 1960er Jahre vorgedacht. So wollte Frank Computermodelle als 'Testschüler' zur Erprobung von Lehrprogrammen einsetzen. Dadurch sei „die aufwendige empirische Erprobung von Lehrprogrammen mit tatsächlichen Schülern zu vermeiden und auf diese Weise die Entwicklung von Unterrichtsmitteln zu verbilligen" (s. Rademacher 1970, S.645)[150]. Die virtualisierte, Menschen nicht benötigende Schule schließt sich harmonisch den zeitgenössischen Visionen von der menschenleeren Fabrik an. Turings Kind-Maschine wird an Schülers Statt angenommen, das Simulakrum wird flügge und entschwebt in die 'Hyperrealität' (Baudrillard 1978).

In der homogenen kognitivistischen Modellierung von Lehrer und Schüler verkörpern Medien, insbesondere Computermedien, die Einheit des Lehr- und Lernprozesses. Sie demonstrieren das gemeinsame Rationale von 'Lehrsystem' und 'Lernsystem' und organisieren es mit der gleichen Logik wie die Lerninhalte. So garantieren sie die Kompatibilität von allem mit allem. Praktisch öffnen sie frei verschiebbare Schnittstellen in der kohärenten Welt der Lernprozesse. Im ätherischen Medium des universellen mechanisierten Geistes schnüren sich die Lerninhalte als Wissens-Päckchen vom 'Lehrsystem' ab und diffundieren so bruch- wie mühelos zum Adressaten.

Ihr größtes theoretisches Gewicht hat diese Sicht in einer Verfeinerung enthalten, die eine weitere Familie schillernder Begriffe ins Spiel bringt.

6.6 Symbolsysteme, semiotische Prozesse und Gavriel Salomons Mythos der Code-Supplantation

Den Platz, den in der beginnenden Neuzeit Uhrwerke innehatten, die am Himmel, in irdischen Objekten und schließlich sogar den Seelen im göttlich gesicherten Gleichmaß tickten, ist im kognitivistischen Universum auf die frei programmierbare Rechenmaschine übergegangen. Wesentlich für diese Karriere des Computers im modernen Weltbild war die frühzeitige Erkenntnis, daß sich mit dem Computer nicht nur Zahlen nach arithmetischen bzw. logisch-arithmetischen Prinzipien verarbeiten lassen. Die Rechenmaschine kann mit allem umgehen, was *zählbar*, und damit allem, was als endliche Reihe von Zeichen *kodierbar* ist. Der Computer verarbeite 'Zeichen', wird deshalb heute definitorisch gesagt, *symbols* im Englischen[151].

'Zeichen' oder 'Symbole' werden hier zunächst als formale Operanden, als Glieder und Hilfsmittel eines formalen Systems (primär eines Kodierungssystems) verstanden. Als Rohstoff in den universellen kalkulatorischen Produktionsprozessen lassen sie sich deuten, indem in verschiedenen physikalischen Strukturen Substrukturen als formale Elemente abgegrenzt und Operationen mit ihnen beschrieben werden, die äquivalent zu Berechnungen in Computern sind. Das ist der Kern der berühmten *physical symbol system hypothesis* von Allen Newell und Herbert A. Simon. Zur Frage, was Geist sei, stellte Newell, als neue Variante der KI-Philosophie, bereits 1973 fest: „An essential condition for intelligent action of any generality is the capacity for the creation and manipulation of symbol structures. To be a symbol structure requires both being an instance of a discrete combinational system (lexical and syntactic aspects) and permitting access to associated arbitrary data and processes (designation, reference and meaning aspects)." (Zit. nach McCorduck 1979, S.332)

Im Anschluß an diese Vorstellung versucht die moderne Gehirnforschung einzelne Neuronen, neuronale Verbände oder neuronale Aktivitätsmuster im Gehirn als Symbolobjekte zu identifizieren. Formal deutbare Prozesse, die mit ihnen ablaufen wie Rechenoperationen mit algebraischen Chiffren, sollen den menschlichen Geist und das menschliche Bewußtsein erklären: „Ein Gegenstand der

Wahrnehmung hat nach einer verbreiteten Vorstellung eine materielle Entsprechung, ein sogenanntes Symbol, im Gehirn, ebenso wie in der mathematischen Formelsprache ein Buchstabe als Symbol für irgendeinen Gegenstand verwendet wird. Das Gehirn verknüpft Wahrnehmungen, indem es analog zum Buchstabenrechnen, die zugehörigen Symbole manipuliert." (Crick und Koch 1993, S.108) Auf der Ebene des algebraischen 'Buchstabenrechnens' träfe sich das Gehirn – und damit der menschliche Geist – wieder mit dem Computer, der bei entsprechend fortgeschrittener, 'symbolisch-funktionaler' Programmiertechnik ebenfalls mit abstrakteren Strukturen statt simpler Arithmetik arbeiten kann[152].

Die Faszination, die die Vorstellung von Symbolsystemen und formalen Operationen auf ihnen ausübt, beruht, wie aus beiden Zitaten herausklingt, auf der Kombination zweier Konzepte, die durchaus verschiedenes bezeichnen: Symbole fungieren nicht nur als die Buchstaben der mathematischen Formelsprache (das heißt, als 'algebraische Symbole', die es im Deutschen eigentlich nur als Anglizismus gibt, vgl. den Eintrag 'Symbol' im Wahrigschen Wörterbuch, Wahrig et al. 1986), sondern *zugleich* sollen sie 'Symbole für irgendeinen Gegenstand' sein[153]. Es ist die Identifikation beider Begriffe, die 'Symbole' zum verheißungsvollen Kandidaten zur Wahrnehmung von Brückenfunktionen unter anderem zwischen (Rechen-) Maschine und Geist macht.

Das Wesentliche algebraischer Symbole besteht darin, daß sie erlauben, etwas hinzuschreiben, *ohne* einen spezifischen Inhalt oder eine Bedeutung auszusagen. Sie stellen zwecks Wiedererkennung markierte 'Leerstellen' dar, 'Repräsentanten' von etwas *Unbestimmten*, nur formale 'Platzhalter'. Der Mathematikdidaktiker Hans Freudenthal formuliert anschaulich, daß jeder Buchstabe in der algebraischen Formel „eine 'Schachtel' ist, in die man, was man will, hineinstecken darf" (Freudenthal 1973, Bd.1, S.275). Sybille Krämer charakterisiert die Zeichen, mit denen die formalen, syntaktischen Operationen von Kalkülen arbeiten, als *typographische* Symbole (Krämer 1988, S.1).

Wichtig ist nur die Identifizierbarkeit jedes Zeichens innerhalb des Alphabets bzw. eines anderen Systems von Zeichen sowie die Aufreihbarkeit der Zeichen bei linearer oder anders schematisierter Anordnung. Die graphische Beschaffenheit der Zeichen muß lediglich diese Eigenschaften des Zeichensystems gewährleisten. Das heißt, ihre 'Bildhaftigkeit' hat eine Funktion nur innerhalb des graphischen Systems, sie verweist auf kein äußeres Objekt. Eigentlich sind die Zeichen rein *ästhetische* Gebilde, sofern Ästhetik den Bezug auf immanente Regularitäten der (menschlichen oder auch mechanisierten) Wahrnehmung bezeichnet. Gerade der Verzicht auf eine spezifische Repräsentationsfunktion von Zeichen, die nicht – in der Art eines Demonstrativpronomens – für ein bestimmtes (reales oder gedachtes) Objekt stehen, kennzeichnet den formalen Kalkül: „Im Kalkül operieren wir mit 'interpretationsfreien Zeichen': Das, was die Kalkülzeichen bedeuten, geht völlig auf in den Regeln ihrer zulässigen Formation und Transformation." (Krämer 1988, S.60)

Dem entgegen steht der Begriff des Symbols als einer *stellvertretenden* Re-Präsentation einer spezifischen Wirklichkeit[154]. Das Symbol in diesem Sinn ist Hieroglyphe des Symbolisierten, (abstraktes) Bild und zugleich Eigenname. Oft erscheint es ausgestattet mit der alten magischen Kraft von Namen und Abbild. Um das Symbolisierte zu erhöhen oder in den Schmutz zu ziehen, genügt es, daß sein Symbol geehrt oder geschändet wird. Auch in ganz rationalem Kontext dient ein Symbol diesen Typs als unverwechselbare Benennung einer (außerhalb des Symbolsystems liegenden) Realität. So bezeichnen gewisse chemische Symbole die chemischen Elemente. In der Mathematik existieren gleichfalls Namens-Symbole: Zum Beispiel ist 'π' für die Zahl reserviert, die das stets gleiche Verhältnis des Durchmessers eines Kreises zu seinem Umfang ausdrückt.

Als Rohstoff für formale Operationen taugt diese Art von Symbolen nicht. Ein Computer kann zwar ein chemisches Symbol drucken oder, mit einem entsprechenden Algorithmus programmiert, die Zahl π bzw. eine endliche Anzahl Stellen von ihr errechnen. Der syntaktisch definierte Kalkül, der dabei abläuft, birgt aber in sich keinen Verweis auf irgendeinen 'Gegenstand der Wahrnehmung' noch arbeitet er etwa mit einem allgemeinen Begriff des Kreises. Die Erfindung eines Kalküls für eine bislang begriffliche Denkbewegung heißt gerade, ihre begrifflichen Gehalte auszublenden und sie auf eine formale Operation zu reduzieren[155]. Insofern der Geist mit 'bedeutungsgeladenen' Symbolen arbeitet, kann er daher nicht als Kalkülmaschine beschrieben werden.

Umgekehrt referenzieren formale Symbole nicht aus sich heraus auf irgendwelche externen Objekte. Eine Maschine, die auf formalen Symbolen operiert, verarbeitet keine Intensionalitäten, hantiert nicht mit im Symbol siglierten 'Gegenständen der Wahrnehmung' (die immer in Bezug auf Personen bzw. auf einen Kommunikationszusammenhang existieren). Wenn sie 'Adler' speichert oder druckt, fliegt kein kleiner Adler in ihr, noch verfügt sie über ein Modell eines Adlers. Würde in sie explizit ein 'Adlermodell' eingebaut – in Form geometrischer und physikalischer Daten oder sogar als mit Sensoren bestücktes Realmodell eines Adlers im Windkanal –, hätte es immer noch *für sie* nicht den Charakter eines Modells: das heißt, eines *reflektiert* konstituierten Zusammenhangs zur Welt. Auch die Abstraktion von der Mechanik und ihre Erhöhung zum formalsymbolischen Apparat bringt es einer Subjektbeziehung zur Welt nicht näher. Das formalsymbolische Modell garantiert nicht aus sich heraus einen Bezug zur Welt, und die Maschine kann ihn nicht herstellen, weil sie nicht tangiert ist von ihm bzw. seiner Fraglichkeit. *Deutungen* der maschinellen Operationen als Modell-Rechnungen machen Sinn, gerade insofern sie von außen an die Maschine herangetragen werden. Die Vorstellung, daß eine Maschine mit 'bedeutungsgeladenen Symbolen' operiere, bewegt sich immer schon im Raum der Interpretation durch den Menschen[156].

Im einen Fall sind Symbolobjekte *Zeichen in* einem ästhetisch konstituierten System, die nicht unmittelbar mit Weltbezug belastet sind, im anderen Fall *Zeichen für* intensionale, kommunikativ konstruierte Objekte im Referenzkontext. Die beiden Sichtweisen lassen sich nicht identifizieren. Wird der Widerspruch zwischen ihnen ignoriert und kurzgeschlossen, öffnet dies willkürlichen Folgerungen Tür und Tor.

Die Differenz kann, wenn die Zwitternatur des mit Bedeutung verknüpften formalen Symbols respektiert wird, aber auch produktiv gemacht werden. Symbolobjekte gewinnen einen eigenartigen Reiz, wenn sie tatsächlich in beiden Dimensionen verortet werden. Sie spannen dann einen Raum für Deutungen auf: Einerseits fungieren sie als Spiel-Material syntaktischer Fügungen. Deren potentielle 'Stimmigkeit', die Erfahrung elementarer Resonanzen der Wahrnehmung, evoziert dabei eine eigene Attraktivität des Formalen. Andererseits bieten sie fortwährend Anknüpfungspunkte für Interpretationen, die die syntagmatische Ebene transzendieren. Fluktuierend laden sie dabei sich mit Bedeutung auf und gehen ihr wieder verlustig. Das ist der Tanz der semiotischen Prozesse, die sich fort-schreiben auf der Ebene der Zeichenfiguren und den Transformationen der Signifikate vorweg- wie nacheilen. Die dichterische Sprache ebenso wie andere Künste speisen sich aus dieser Dialektik. Für eine Theorie des Mediums werde ich diese Sichtweisen in Kapitel 7 in einen weiteren Kontext stellen und versuchen, fruchtbar zu machen.

Die formale Operation, die den Platz eines symbolischen Objekts im formalen System konstruiert, reicht prinzipiell nicht in den Referenzraum hinein. Eventuell kann sie aber in diesem durch eine dort heimische vor- oder nachgezeichnet werden. Es ist das Mirakel primär der naturwissenschaftlichen Modelle, daß sich umkehrbar eindeutige und dabei 'verhaltenstreue', sogenannte 'isomorphe', Zuordnungen zwischen formalen Systemen und Weltphänomenen finden lassen: Operationen im formalen System produzieren in diesem ein Ergebnis, das den Effekt der zugeordneten realen Handlungen in der Realität exakt vorhersagt[157]. Das ändert nichts daran, daß Referenzierung auf die Welt nicht im Wesen des formalen Systems liegt[158].

Im 20. Jahrhundert haben sich die Sozialwissenschaften das dialektische Potential des Wechselspiels zwischer formaler System-Struktur und spezifischem Bedeutungs-Ereignis vielfältig zunutze gemacht. Das ursprünglich linguistische Modell von *Langue* und *Parole*, von formal (grammatikalisch) geregeltem Sprachmittel und aktuellem Sprachgebrauch hat Roland Barthes unter anderem auf das Exempel der Mode übertragen. Er zeigte auf, daß die Symbolsprache der Kleidung nicht nur den immanenten syntagmatischen Gesetzen unterliegt (den Kombinationen der Bedeckungen von Körperteilen), sondern sich als solche konstituiert durch ihre sogenannten paradigmatischen Strukturen: die primärfunktional irrelevanten Formvarianten. Diese werden zum Ausdrucksmittel einer sozialen Gestik (bei der Kopfbedeckung zum Beispiel die Reihe Hut, Baskenmütze, Dienstmütze, Schutzhelm, Blöße als Nullelement; vgl. Barthes 1964). Daß *Langue* und *Parole* nicht in eins fallen, daß das Formensystem unterdeterminiert bleibt und ein sich wandelndes Spektrum aktueller Artikulationen zuläßt, eröffne den 'Prozeß des Sinns' (S.15; zur 'Sprache der Mode' s. auch Barthes 1967).

Die strukturale Soziologie hat diese Abstraktion von den scheinbaren unmittelbaren Bedeutungen von Elementen der sozialen Welt aufgenommen und will deren Funktion als 'symbolische Formen', als in sich inhaltsleere Symbole in einem quasi algebraischen Modell zum Beispiel des gesellschaftlichen Stils, des 'guten Geschmacks', letztlich der Schichten- oder Klassenzugehörigkeit entschlüsseln

(Bourdieu 1970 und 1979). Die eigentliche Aussagekraft liegt hiernach sozusagen nicht im Ton, den ein symbolisches Objekt anspielt, sondern in der Stelle, an der es auf einer Klaviatur von Nuancierungen des Ausdrucks plaziert ist. Das Symbolsystem als ganzes kodiert gesellschaftliche Strukturen: sie artikulieren sich in ihm, aber verschlüsselt. Bedeutung haftet dabei nicht dem einzelnen Symbol an, sondern wird struktural als eine – gesellschaftlich konstituierte – Leistung des *Systems* der Symbole analysiert (das in immanenter Sicht nach ganz anderen Gesichtspunkten konstruiert ist).

In Anknüpfung einerseits an den linguistischen und sozialwissenschaftlichen Semiotikdiskurs, andererseits an kognitivistische Modelle wurde nun auch versucht, einen theoretischen Rahmen bzw. ein geschärftes Instrumentarium für die Analyse der Wirkung, speziell der pädagogischen Wirkung, von Medien zu gewinnen.

Gavriel Salomon zufolge sind Medien zu beschreiben durch (mindestens) folgende vier Attribute:
- die Inhalte, die sie übermitteln,
- die Symbolsysteme, durch die die Inhalte strukturiert und kodiert werden,
- die Technologien, mit denen das Sammeln, Kodieren und Übermitteln der Inhalte bewerkstelligt wird,
- ihre typischen Anwendungssituationen (Salomon 1979, S.14).

Die charakteristische Leistungsfähigkeit der Medien liege dabei in den Symbolsystemen, die sich (mehr oder weniger) spezifisch für jedes Medium herausgebildet haben. Hier sei der Ansatzpunkt für eine Medien-Wirkungsforschung zu finden. Im Prinzip seien daher weniger die Medien als solche zu untersuchen, stattdessen allgemeine (soziale) Symbolsysteme, von denen die medialen Symbolsysteme nur ein spezieller Fall seien – „media *per se* are gradually phased out, while considerations of symbol systems in general are phased in“ (S.xix). Durch das Konzept der Symbolsysteme könnte, so scheint es, ein Zugang zur Beschreibung von Medien gewonnen werden, der weder rein technikorientiert bleibt noch sich auf Inhalte fixiert.

Leider verhindert die nur lose Anbindung an den semiotischen Diskurs aber nicht, daß Salomon die semiotische Analyse verkürzt und das Potential ihrer Dialektik verschenkt. Im Anschluß dann doch vor allem an die kognitivistische Modellierung des Geistes will er die Affinität 'äußerer' Systeme formaler Manipulationen mit 'inneren' geistigen Operationen nachweisen. Konkret sollen Symbolsysteme bzw. ihnen entsprechende und von ihnen angeregte kognitive Fähigkeiten bei Salomon die Brücke zwischen der äußeren Welt und dem Geist bilden. Um dies zu erreichen, muß er einerseits den Mythos der mentalen Symbolsysteme im Sinne der *physical symbol system hypothesis* übernehmen. Bei den 'äußeren' Symbolsystemen muß er andererseits beide Pole der semiotischen Prozesse kupieren: Weder wahrt er die relativ selbständige ästhetische Existenz von Zeichensystemen noch rückt die kommunikative Konstruktion der Bedeutungen von Zeichen in den Blick.

Salomon definiert ein Symbolsystem als „set of elements that refer in specifiable ways in relation to domains of reference and are interrelated according to some syntactic rules or conventions“ (S.20; ähnlich S.3). Von vorneherein erscheinen die Elemente einer syntaktischen Struktur identifiziert mit referenzierenden Symbolen. Die formalen Agenten einer Grammatik sollen nicht nur im semiotischen Prozeß als Ausdrucksmittel ergriffen (und auch wieder fallengelassen) werden können, sondern ihnen wird quasi eine referentielle Substanz zugeschrieben.

Dementsprechend resümiert Salomon, daß unterschiedliche Symbolsysteme unterschiedliche Bedeutungen trügen und sich auf unterschiedliche Aspekte des Inhalts einer Kommunikation bezögen (S.218). Sie seien spezifisch im Hinblick auf die Inhalte (*kinds of content*), die sie repräsentierten (S.88). Die ‘Arten der Information’ (*kinds of information*) bestimmten, welche ‘kodierenden Elemente’ auszuwählen seien (S.218). Kodierung oder Repräsentation von Information heißt letztlich hier wenig anderes, als daß eine substantielle Bild-Abbild-Relation vorliegt. Diese Vorstellung hat nichts mit der abstrakten Kodierungsoperation in der Informationstheorie zu tun. An deren Begrifflichkeit appelliert gleichwohl, in der Tradition der kognitivistischen Psychologie, die Wahl der Termini. Wahrscheinlich trifft am ehesten die Charakterisierung des Symbolsystems als ‘way of structuring and presenting information’ (ebd.), was Salomon tatsächlich unter dem Begriff versteht. Dabei wäre die ‘Methode der Präsentation’ als korrespondierend mit einer bestimmten ‘Informationsart’ anzusehen. Eine solche spezifische Präsentationsmethode läßt sich allerdings kaum noch als ein ‘set of elements’ bzw. als eine Sammlung syntaktischer Regeln für die Konfiguration formaler Elemente beschreiben.

Die – letztlich kaum auf einen gemeinsamen Nenner zu bringenden – theoretischen Optionen, für die Salomon votiert, sind bezüglich Film und Fernsehen (denen Salomons Forschungsarbeit vor allem galt) in vielen Details, bei ausgeblendetem Theoriekontext, plausibel. Mindestens existiert bei diesen Medien so etwas wie eine natürliche Referenz und Re-Präsentation: Das Objektiv der Kamera vermittelt eine ‘objektive’, eine ‘natürliche’ Abbildung – so subjektiv seine Ausrichtung bzw. die vorgängige Identifikation und die nachfolgende visuelle Rekonstruktion eines Objekts ist. Salomon kann daher vorläufig und vereinfachend schlicht die Bilder zu den Elementen des Symbolsystems von Film oder Fernsehen ernennen (S.3). Abgesehen von der Trivialform eines Systems, dem ‘System’ der Bilder und ihrer schieren Aneinanderreihungen, ist allerdings sehr fraglich, ob sich in Film und Fernsehen ein formal geregeltes Sprachsystem artikuliert[159].

Was Salomon als ‘symbolische Elemente’ empirisch untersucht hat, sind denn auch nichts anderes als ‘Informations(re)präsentationen’ – eigentlich nur Abbildungen vor allem von Handlungsabläufen bzw. deren wahrnehmbaren Effekten[160]. So beobachtete er, daß Kinder, denen per Film ein Gemälde gezeigt wird, sich an mehr Einzelheiten des Gemäldes erinnern, wenn das ‘filmsprachliche’ Element des Zooms auf Details eingesetzt wird. Ebenso können Kinder kognitive Operationen – wie einen Perspektivenwechsel oder das Aufklappen eines räumlichen Gebildes und die ebene Darstellung seiner Seitenflächen – adaptieren, wenn ihnen ein Film entsprechende Vorgänge (im Sinne Salomons gedeutet als Elemente einer Filmsprache) vorführt. Die didaktisch effektiven Medien bieten *piktoriale* Darstellungen von Transformationen, bemerkt Salomon selbst (S.234).

Mit anderen Worten, der Film zeigt den Kindern, wie das Geforderte (aus ihrer fingierten Sicht) funktioniert. Salomon sagt, daß das Medium bzw. das Symbolsystem ein *Modell* der kognitiven Operation liefere. Werden solche Modelle adaptiert, dann spricht Salomon davon, daß externe Codes fehlende interne Codes 'supplantieren' – 'they seem to overtly supplant what should be taking place covertly' (S.133). Dies heißt, sie *drängen* sich an deren Stelle[161]. Wie Salomon festhält, beruht die Supplantation auf Beobachtungslernen. Sie ist *internalization through observational learning* (S.129). Der unterstellte innere Code, das innere Symbolsystem soll sich also bilden, indem das äußere 'internalisiert', sprich mental 'einverleibt' wird (Webster's Dictionary von 1989 erklärt *internalize* als *incorporate*, bezogen auf geistig-soziale Objekte).

Spätestens bei dieser mechanisch-gewaltförmigen Charakterisierung der Medienwirkung wird deutlich: Abgesehen von dem modernen Akzent, daß die kognitiven Modellbilder nicht als direkt bildhaft ähnlich bezeichnet werden, sondern vor allem als funktional ähnlich zu gelten haben[162], reproduziert Salomons Mythos der Medienwirkung via 'Code-Supplantation' den schon Comenianischen Medienmythos der sich dem Geist einschreibenden Bilder (bzw. das sich in ihm als 'Impressionen' ein-druckende Alphabet des Wissen). Die supplantierten Symbolelemente entsprechen, mindestens in der Hinsicht, daß sie den Geist infiltrierten und nun ihn illuminieren, genau den *picturae* in Comenius' Palastmetapher: Dort hieß es, daß die relevanten Gegenstände dem Zögling nur gezeigt werden müssen, damit die sie repräsentierenden *Bilder* über die klaren Sinne(skanäle) in das Haus des Geistes wandern und dort sich 'luzide' installieren (vgl. Kapitel 4).

Salomon hat auf diese Weise eine immanent mehr oder weniger konsistente Vorstellung des Lernens mit Medien entworfen. Durch den piktoriellen Kurzschluß des semiotischen Prozesses ist ihm allerdings die Dynamik eines kommunikativen, interpretativen Bezugs auf Medien oder Symbolsysteme abhanden gekommen. Eigentlich geht Salomon dabei nicht mit der blanken kognitivistischen Rekonstruktion des Geistes konform, weil er Denken nicht für homogen in einem einzigen (etwa informationstechnischen) Symbolsystem beschreibbar hält. Dennoch bewegt er sich mit seiner Deutung des medial vermittelten Lernprozesses als Code-Supplantation im Theoriekontext des kognitivistischen Projekts.

Die Wahrheit und Attraktivität von Salomons Konzeption liegt gerade in ihrer – partiell sicherlich plausiblen – Vorstellung, daß Bilder, allgemeiner sinnliche Eindrücke, sich mental einprägen und von daher wirksam werden können. Die Deutung dieser Vorstellung als Übernahme formaler Symbolsysteme (Symbolsysteme entweder im Sinne der Semiotik oder der kognitivistischen *physical symbol system hypothesis*) erscheint ihr nur übergestülpt.

An der zentralen Stelle seines Buchs, an der er das Konzept der Dualität der externen und der internen Funktionalität von Symbolen entwickelt und von hier die mögliche mentale Übernahme eines äußeren Symbolsystems thematisiert, führt Salomon in seine Ideen ein, indem er einen persönlichen Bericht eines Doktoranden zitiert. Der Student beschreibt, wie seine Phantasien sich (neuerdings?) in der Sprache von Film und Fernsehen artikulieren, er sozusagen sie durch eine Filmbrille sieht. Offenbar ist die Form dieser Schilderung bereits durch Salomons theoretisches Konzept bestimmt. Gleichwohl kommt in ihr wohl der primäre Erfahrungshintergrund des Supplantationsmythos zum Ausdruck: „I am fascinated by how my daydreaming is influenced by movies. Processes and techniques of presenting events by this Hollywood symbol system are powerfully implanted within my cognitive system. I have observed third person narration, flashbacks, zooms, slow-motion emphasis of action, audience viewing, re-takes, 'voice of conscience', multipersonality dialogue, background music, and many other movie means of expression in my head. [...]" (S.117)

Ganz ohne Zweifel, es gibt Phänomene der hier dargestellten Art[163], und sie spielen wahrscheinlich eine viel größere Rolle in der Formung des Phantasielebens und auch des individuellen und kollektiven Erlebens der 'realen Welt', als uns je bewußt wird. Nur: Die prägende, im Sinne Comenius' quasi drucktechnisch 'impressive' Macht, die Wahrgenommenes auf uns – indem wir es adaptieren – ausübt, ist sicherlich nicht auf eine wie immer bestimmte, fragwürdige Kategorie der Symbolsysteme beschränkt.

Was auch immer uns 'beeindruckt', vermag im Guten uns zu begleiten oder im Bösen zu verfolgen. Im Tagtraum wie im Schlaf sehen wir abwesende Bekannte, als stünden sie neben uns, und wir hören Personen wie real, die uns zu irgendeinem zurückliegenden Zeitpunkt begegneten. Die mentalen Schatten von Personen revitalisieren sich dabei vor unserem 'geistigen Auge' bzw. dem 'geistigen Ohr' nur in einzelnen Aspekten ihrer Urbilder (und mischen wahrscheinlich sich mit Fragmenten anderer *Imagines*). Im Traum erleben wir zum Beispiel uns vertraute Personen *in der für sie typischen Art* Dinge sagen, die ihnen real nie über die Lippen kamen (und möglicherweise nie kämen). Ähnlich können wir, wenn wir bewußt den Tonfall einer Person – oder sogar das charakteristische Maunzen einer Katze – nachahmen, Äußerungsformen relativ unabhängig von Inhalten adaptieren. Internalisieren wir in solchen Fällen tatsächlich die individuelle 'Methode der Präsentation von Information' anderer Menschen (oder gar die von Tieren)? Eignen wir uns also im Sinne Salomos ein ihnen zugeordnetes 'Symbolsystem' an? Selbst wenn dies eine angemessene Konzeptualisierung des Geschehens wäre: Das Lernen der abstrakten Symbolsysteme läßt sich hier wohl kaum als ein eigenständiges Phänomen auffassen, das von der Imitation eines beliebigen physischen Verhaltens oder der Übernahme inhaltlicher Äußerungen real sich abgrenzen ließe.

Ebenso wie in der persönlichen Kommunikation kann auch alles nachhaltig, prägend, auf uns wirken, was wir in Medien oder in der Beschäftigung mit Medien wahrnehmen bzw. hinreichend intensiv erleben. Wir können im Traum, im Tagtraum und sublimer auch in der alltäglichen Weltperzeption an medial induzierte Impressionen anknüpfen, sie wiederbeleben, ausspinnen und auf neue Kontexte transferieren. Für eine Theorie der Wirkung von Medien bzw. eines Mediums ergäbe sich daraus die Aufgabe zu untersuchen, welche Phänomene ein Medium überhaupt produziert und welche Wahrnehmungen es potentiell durch sie anstößt.

Einerseits lautet also die Folgerung, daß eine Konzeption der Medienwirkung näher an der Vielfalt konkreter Wahrnehmungen bleiben muß, als es die aufgepfropfte Vorstellung der Wirksamkeit abstrakter Symbolsysteme suggeriert. Auf der anderen Seite darf der Akzent nicht übersehen werden, der auf der modalen Abschwächung der Aussagen liegt. Medial vermitteltes Erleben *kann* Wissen näher bringen oder Erfahrungshorizonte öffnen. Wenn den alten, immer präsenten mechanistischen Konnotationen der Vorstellung einer 'einprägsamen' Wirkung von Medien nicht ein weiteres Mal gefolgt werden soll, kann die Frage der Wirkung von Medien nicht unabhängig von der Frage nach der Aktualisierung der durch sie bereitgestellten Potentialitäten – und das heißt der Frage nach der *Aktivität* des mit ihnen konfrontierten *Subjekts* – erörtert werden. Soweit in den Medien sich Symbolsysteme niederschlagen oder sich in ihnen (re)konstruieren lassen, stünde an dieser Stelle insbesondere an, zu verstehen, wie symbolische Ausdrucksformen in die semiotischen Prozesse eingebunden sind: Sie müssen als Mittel der Semiose, nicht als ihr Kurzschluß aufgefaßt werden. (Kapitel 7 ist auch als Konkretisierung dieses Gedankens zu lesen.)

Salomons Theorie der Code-Supplantation hat der Lernpsychologie und sekundär der Pädagogik ein relativ handhabbares und von daher einflußreiches Modell der Medienwirkung geliefert. Auf frühen Veröffentlichungen Salomons fußt bereits das zentrale Konzept der Arbeit von Erhard U. Heidt (1976). Heidt erklärt, in den Medien würden „durch den Entwickler oder Lehrer – stellvertretend für den Schüler – die als defizient und daher zu lernend antizipierten Transformationsprozesse vollzogen und so dem Lerner gezielt dargeboten“ (S. 101).

Auf Heidt und direkt auf Salomon beruft sich Ludwig J. Issing (1988), der – im Kontext der Wissenspsychologie – als Stand der Forschung zusammenfaßt: „Medien mit ihren Symbol-Systemen dürfen nicht als belanglose Transportmittel oder Verpackungshüllen für Informationen betrachtet werden, da sie nicht nur aktuell, sondern auch dauerhaft prägend auf die Struktur interner Repräsentationen und kognitiver Operationen der Rezipienten einwirken. Die Aufgabe bei der Medienwahl, beim Mediendesign und bei der Medienverwendung besteht darin, möglichst hohe Übereinstimmung zwischen dem medialen Symbol-System und den vom Lerner zu leistenden Verarbeitungsprozessen herzustellen.“ (S.548)

Der Terminus der 'Übereinstimmung' der internen Repräsentation und der medialen Präsentation erinnert dabei – ob beabsichtigt oder nicht – an die Tatsache, daß das Supplantationskonzept in einer bis zur Antike zurückreichenden, die Dinge sicherlich vereinfachenden erkenntnistheoretischen Tradition steht: Nach der klassischen, auf Aristoteles zurückgehenden Formulierung ist Kriterium der 'Wahrheit' einer Kognition die *adaequatio intellectus ad rem*, die 'Angleichung des Verstandes an den Gegenstand' (oder eben seine 'Übereinstimmung' mit ihm).

Das Lernen an, mit oder von dem Computer eignet sich zur Stützung der Thesen Salomons möglicherweise sogar eher als Film und Fernsehen, deren Wirkungen Salomon vor allem untersucht hat. Denn während bereits die Existenz einer formal geregelten 'Sprache' bei Film und Fernsehen als fragwürdig zu gelten hat, können Computer bzw. Software stets als Realisationen von Turingmaschinen und insofern von formalen Systemen aufgefaßt werden. Jede Lernwirkung von Software steht deshalb in einem wie immer beschaffenen Zusammenhang mit 'Symbolsystemen'. Die Literatur zur psychosozialen Wirkung des Computers enthält zahlreiche Berichte, wie Menschen die 'eindringlich' erlebten (oder auch als 'penetrant' erfahrenen) Formen ihrer Interaktion mit dem Computer mehr oder weniger unbewußt in ihre soziale Alltagswelt übertragen. Der Akzent kann auf die positiven Effekte dieses Transfers gesetzt werden (s. etwa Turkle 1984), oder die Wirkungen können mit dem Bemühen um Neutralität oder dezidiert kritisch dargestellt werden (vgl. Schachtner 1993 und den Klassiker Weizenbaum 1976). Eine Deutung, daß dabei formale Systeme als Operationsraum oder Instrumentarium des individuellen Denkens verinnerlicht werden, liegt nahe und wird, in kritischer wie in affirmativer Absicht, mehr oder weniger zugespitzt vertreten[164].

Allerdings: Nur weil Computer bzw. Software mittels der in ihnen realisierten formalen Systeme (möglicherweise) wirksam sind, muß ihr 'prägender' Einfluß nicht in Form einer Übernahme der formalen Systeme bzw. einer 'Angleichung des Verstandes' an sie vonstatten gehen. Der Supplantationsmythos ruht letztlich auf dem kognitivistischen Mythos, daß der Geist wie ein Computer arbeitet und sozusagen nur die richtigen Datenstrukturen bzw. das richtige Programm 'einlesen' muß. Wenn Personen mit vom Computer präsentierten Symbolsysteme hantieren, heißt dies jedoch noch lange nicht, daß sie sie übernehmen – mindestens nicht als Objekte der gleichen oder einer ähnlichen Art, wie sie der Manipulation durch den Computer unterworfen sind.

Salomon selbst hat in der Interpretation seiner experimentellen Ergebnisse seine Ausgangsthese relativiert und eingeschränkt. Letztendlich findet er seine Vermutung, daß die präsentierten Symbolsysteme im Geist *neue* Kodierungen oder Fähigkeiten hervorbringen, nicht bzw. nur in geringerem Maß bestätigt, als er erwartet und suggeriert. Er resümiert, daß die externen Symbolsysteme vor allem *bereits verfügbare* Fähigkeiten bzw. die Anwendung existierender Codes 'kultivierten'. Das heißt, sie 'implantieren' nichts, sondern sie bauen Vorhandenes aus und erweitern seinen Einsatzbereich: „media's symbol systems do not so much *generate* new skills as *cultivate existing ones*." (S.235)[165]

An dieser zentralen Stelle seines Buchs, an der er eigene Thesen vorsichtig revidiert, kündigt sich in Salomons Argumentation ein neues Paradigma an, das heute sich anschickt, den älteren Kognitivismus abzulösen. Die Aufmerksamkeit richtet sich verstärkt auf den Akt der Erzeugung von Information bzw. ihrer 'Umkodierung'. Für ihn bleibt die Person zuständig – er kann nicht 'supplantiert' werden. Wie Salomon aus neueren psychologischen Studien (unter anderem wieder Jerome S. Bruners) zieht, werde beim Lernen ein Vorbild nicht kopiert, sondern eher paraphrasiert: die Übernahme des Modells beruhe auf der Fähigkeit, das Verhalten aus Komponentenhandlungen (*constituent acts*) zu konstruieren. Niemand kann, so lautet die implizite Aussage, der lernenden Person die Aufgabe abnehmen, daß sie in ihren elementaren und komplexen Handlungen ihre Welt selbst erschafft[166]: mit anderen Worten, es ist das Paradigma des Epistemologischen Konstruktivismus, das vor der Tür steht.

6.7 Emergenzen des Kognitivismus

Kognitive bzw. die (im weiteren Sinne) kognitivistischen Ansätze der Beschreibung des Menschen zeichnen sich dadurch aus, daß sie Phänomene der menschlichen Wahrnehmung, der menschlichen Erkenntnis und des menschlichen Lernens untersuchen und zur Analyse vornehmlich auf Konzepte der Entstehung, Übertragung Rezeption, Verarbeitung etc. von 'Information' rekurrieren. Im Verlauf ihrer Evolution haben die kognitivistischen Paradigmen dabei, ausgehend von einer objektivistischen Weltauffassung, mehr und mehr versucht, sich einem Begriff vom Subjekt anzunähern, quasi der Person unter die Haut zu dringen.

Am Anfang stand die klare Ablehnung einer eigenständigen Konzeptualisierung innerer, mentaler Prozesse von Personen. Voll ausgebildet ist diese restriktive Position in den informationstheoretischen und behavioristischen Konzepten des Lernens zu besichtigen. Telegraph und Telefon lieferten hier die technische Leitmetaphorik zur Beschreibung von Kommunikations- und Informationsprozessen[167]. Im Kern unterschied sich aber der Ansatz nur wenig von der klassischen Konzeption des Lernens als *informatio* in einem mechanischen Universum. Im Kontext der informationellen Mythologien des Erkennens und Lernens fungiert die Person als 'Terminal', buchstäblich als End- und Randpunkt von Informationsflüssen und Wirkungen, die ihr keinen Raum für ein aus ihr heraus bestimmtes Verhalten lassen.

Als die ersten Computer zum Einsatz gelangten, wurde eine Metaphorik informationeller Prozesse, bei der wie bei Telefon und Telegraph als Funktionseinheiten nur passive Relaisstationen vorkamen, obsolet. Auf der Bühne der Paradigmengeschichte erschien der Informationsverarbeitungsansatz, der Kognitivismus im engeren Sinn: Dieser schrieb sich auf die Fahnen, anstatt Verhalten als einen reinen Oberflächeneffekt zu betrachten, müßten die 'Tiefenstrukturen' des menschlichen Geistes erforscht werden. Wie selbstverständlich borgte er sich alsbald das Modell für die postulierten konstitutiven tiefen Funktionen des Denkens bei der Theorie und Technik der Rechenmaschine. Letztlich führte diese Etappe in der Evolution der Kognitivismen auf das Konzept, daß menschliches Denken als formales Operieren in einem digitalmechanischen 'Symbolsystem' zu begreifen sei. Dabei wurde dem Symbolsystem aufgebürdet, zugleich ein System stabiler 'Repräsentationen' für Aspekte und Elemente der Welt bilden, denen der Zugriff auf ihre realen Konterparts inhärent ist. Die Leibnizsche gottgestiftete Harmonie von Seele und Welt, ein psychophysischer Parallelismus wurde damit quasi fest verdrahtet. Im Ergebnis erhielt die Aktivität von Personen genausowenig eine unabhängige Dimension zugestanden wie in den vermeintlich überwundenen behavioristischen und mechanizistischen Ansätzen[168].

Mittlerweile ist dieses Paradigma der informationellen Verkettung und homogenen Strukturierung von Außenwelt und mentaler Innenwelt unübersehbar in eine (Kuhnsche) Krise geraten. Experimentelle Befunde stellen sich ein, die sich nicht oder nur mühsam in es einordnen lassen bzw. niemand mehr in es einordnen will[169]; zu den frühen Symptomen zählen Salomons Schwierigkeiten mit der Interpretation seiner eigenen Untersuchungen. Einstmals überzeugte Anhänger und herausragende Vertreter des Paradigmas werden zu Renegaten. Als deren prominentester hat wahrscheinlich Terry Winograd zu gelten. Seine demonstrative Abwendung vom kognitivistischen Ansatz und seinen eigenen früheren Forschungszielen (s. Winograd und Flores 1986) war wohl der Funken, der endgültig das Lauffeuer der Paradigmenrevolution in den kognitiven Wissenschaften entzündete. Inzwischen sind die Verteidiger der traditionellen Vorstellungen in vielen Disziplinen in die Defensive geraten. Sozusagen von Tag zu Tag mehren sich die Anhänger neuer Philosophien[170], ja es drängt sich die Rede auf, daß 'Bekehrungen' stattfinden (s. das Vorwort in Duffy, Lowyck und Jonassen 1993).

Bei einem der einflußreichsten Experten für computergestütztes Lehren, William R. Clancey, läßt sich die allmähliche Abkehr vom alten Paradigma exemplarisch verfolgen. Clancey wurde Anfang der 80er Jahre berühmt durch das 'Intelligente Tutorsystem' GUIDON, welches das im Expertensystem MYCIN (s.o) niedergelegte medizinische Wissen als Wissenskomponente nutzen sollte (zum letzten Stand dieses Projekts s. Clancey und Bock 1988). 1988 publiziert er als neue Sicht, daß das Vorgehen einer Wissensingenieurin[171], die sich eine Wissensbasis als Welt-Bild konstruiert, das Modell generell für die Konzeptualisierung von Lernen liefere. Fundamental sei die Möglichkeit, daß die Lernenden selbst bestimmen können, welche Informationen sie für eine vorgegebene Problemstellung benötigen. Die Lernenden sollen in eine 'Umgebung' versetzt werden, in der sie sich statt eines 'objektiven', vorgegebenen ein situationsspezifisches eigenes Lösungsmodell erarbeiten können: „we should place the student in an environment that is amenable to detecting failures, realizing gaps in knowledge, and hypothesizing and testing new facts. Giving the student a problem to solve forces him to construct a situation-specific model.“ (Clancey 1988, S.104) Noch fordert er, daß dieser individuelle Lösungsprozeß begleitet und unterstützt wird durch das 'Intelligente Tutorsystem', das über ein allgemeines formales Modell des Prozesses des Wissenserwerbs verfügt. In dieser Version wird im Grunde der Turingmythos noch auf die Spitze getrieben: das Individuum, exemplifiziert in der Wissensingenieurin, soll sich, mit seinem persönlichen Zugang zur Welt, im Computermodell wiederfinden.

1991 hält Clancey demgegenüber fest, daß die mentale Organisation nicht nur in ihrer Entstehungsphase dynamisch ist. Sie existiere überhaupt nur als Prozeß, gerinne niemals zu einem starren Schema, sondern sei eine 'lebende Struktur': „Mental organizations do not merely drive activity like stored programs, but are created in the course of the activity, always as new, living structures.“ (Clancey 1991, S.109) Daher könne menschliches Wissen nicht in einer 'Wissensbasis' erfaßt werden – „The idea that a knowledge base could be functionally equivalent to human capability fundamentally misconstrues the relation between *processes* and *pattern descriptions*.“ (S.111) Eine 'Copernicanische Wende' (S.109), weg vom Informationsverarbeitungsansatz, heraus aus dem 'Flachland des Repräsentationalismus', sei gefordert. Wenn sie Fortschritte in ihren Disziplinen machen wollen, könnten Kognitionswissenschaftler, KI-Forscher und Erzieher nicht länger im *representational flatland* leben, erklärt Clancey (S.112).

Der ursprünglich mit dem Anspruch auf die 'tiefe' Durchdringung des Menschen angetretene klassische Kognitivismus wird also nun selbst als 'flaches' Modell gewertet. Es hat sich nicht nur der Standpunkt in dem Sinne verschoben, daß eine bereits zurückgelegte Wegstrecke relativiert würde. Vielmehr ist die Perspektive prinzipiell verändert. Die alte Vorstellung folgte im Grunde dem rationalistischen Mythos, daß klare, überschaubare, im Kern statische 'Tiefenstrukturen' zu finden sein müßten, mit denen sich die verwirrenden Phänomene an der 'Oberfläche' auf einfache Art entschlüsseln und reduktiv erklären lassen. Jetzt wird dagegen die 'eigentliche' Realität als Prozeß gesehen. An die Stelle der Idee einer statischen Existenz repräsentationaler, symbolischer Formen im menschlichen Gehirn, wie sie die *physical symbol system hypothesis* behauptet, setzt Clancey jetzt die Hypothese der *situated cognition*: alle Erkenntnis und alles Wissen sei 'situiert', existiere nur konkret und lokal, nur als Moment der Interaktion mit der jeweiligen physischen und vor allem der sozialen Umwelt. Insbesondere würden Informationen aus der Umwelt nicht 'wiedergegeben' oder selektiv 'aufgenommen'. Vielmehr würden sie *im Wahrnehmen konstruiert* (S.110).

Konstruiertheit der Information bzw. der nur als Information gegebenen Wirklichkeit im Wahrnehmungsprozeß, folglich die Konstituierung von 'Wirklichkeit' im geschlossenen, 'autopoietischen' Kreislauf der Produktion und Rezeption von Informationen: so lautet generell die Parole des Paradigmas, das den alten Kognitivismus beerben soll. Als die Urmanifeste eines solchen 'Radikalen' oder 'Epistemologischen Konstruktivismus' gelten vor allem die Arbeiten Humberto Maturanas und Francisco Varelas, die dem Ansatz ein Fundament in Beobachtungen der Biologie – genauer der Neurophysiologie der Wahrnehmung – gaben (vgl. Maturana 1978, Maturana und Varela 1984)[172].

Der Epistemologische Konstruktivismus ist – in verkürzter Form[173] – in der jüngsten Zeit zum beflügelnden Leitmotiv einer neuen Generation didaktischer Medien und insbesondere Computermedien geworden. Der *situated cognition* Clanceys entspricht dabei das *in die soziale Umwelt eingebettete menschliche Lernen*, von dem etwa Randy A. Knuth und Donald J. Cunningham sprechen (1993)[174]. Die Ziele, die mit den neuen Medien in der Didaktik verfolgt werden sollen, rücken in diesen Ansätzen, so scheint es jedenfalls, in eine faszinierende Nähe zu Vorstellungen der untergegangenen deutschen geisteswissenschaftlichen Pädagogik. Knuth und Cunningham benennen die 'Entwicklung von Reflexivität' als höchstes Bildungsziel (S.174). Die *Cognition and Technology Group at Vanderbilt* erklärt, daß sie mit ihrem Medienkonzept anstrebt, allen Lernenden zu 'helfen, unabhängige Denker und Lerner zu werden' (1993, S.15). Robert W. Lawler, ein Wegbereiter des neuen Paradigmas, formuliert bereits 1987: „The ideas of Piaget and Lewin have led me to state the central problem of education this way: how can we instruct while respecting the self constructive character of mind?" (1987, S.12f.)

Der Konstruktivismus als dritte Etappe in der Evolution der Kognitivismen schmiegt sich damit dem Subjekt ganz eng an, nimmt es in seiner spezifischen Geschichte und seinen unverwechselbaren sozialen Bezügen in den Blick. Im ursprünglichen Kognitivismus sollte der Informationsbegriff eine universelle Theorie der Kommunikation fundieren, durch die sich jegliches Reden von mentalen Ereignissen erübrigen würde. In der zweiten Etappe wandte die Aufmerksamkeit sich dem Geist zu. Das universelle Modell der Rechenmaschine garantierte aber weiter die Homologie von Welt und Geist. Mit der Emergenz des Konstruktivismus hat nun das Individuum einen solchen Rang erhalten, daß die Außenwelt nur noch als Phänomenkonstruktion der sich 'autopoietisch' selbst generierenden Person erscheint (weswegen die Theorie stets gegen den Solipsismusverdacht anzukämpfen hat).

Die Außen- bzw. Umwelt 'perturbiert', wie Maturana und Varela es ausdrücken, kommunikativ geschlossenene Systeme, insbesondere den Wahrnehmungsapparat des Menschen, nur unspezifisch. 'Perturbation' heißt in der Astronomie ein die Kreis- bzw. elliptische Bahn eines Himmelskörpers störender Impuls. So wie das in sich ruhende System von Zentralgestirn und planetarem Körper in sich keinen logischen Ort für eine äußere Störung aufweist, so ist der Mensch als Organismus, wie jedes autopoietische kognitive System, in den Weltkategorien befangen, die sein eigener kognitiver Apparat ausspannt. Informationen von außen werden nicht 'wirklich', nicht in ihrem Gehalt 'an sich' (bzw. für das System, dem sie entstammen), angenommen und verarbeitet. Was 'ankommt', ist eine Irritation, ein Reiz, bei dessen Bewältigung es allein darum geht, daß er den Zirkel der (kognitiven und physischen) Selbstreproduktion nicht unterbricht[175].

Die Parallele zur Kantschen Vermutung, „daß die Vernunft nur das einsieht, was sie selbst nach ihrem Entwurfe hervorbringt" (Kant 1781, S.XIII), ist offenkundig und beabsichtigt[176]. Die Reprise von Motiven der ebenfalls im Kantianismus wurzelnden geisteswissenschaftlichen Pädagogik in den Manifesten der konstruktivistischen Didaktik überrascht von daher nicht.

Die Frage liegt nahe, was im Kontext der neuen Theorien aus den kantianischen Aporien der getrennten Rationalitäten wird. Unterminiert wiederum – um die Kantsche Problemstellung in den neuen Termini zu paraphrasieren – die Inkommensurabilität zwischen dem autopoietischen Subjektsystem und allen Systemen, die zu seiner Umwelt gehören, jegliche Möglichkeit einer technischen Einwirkung auf Subjekte (bzw. eröffnet sie sie nur um den Preis der Annihilation des autopoietischen Systems)? Kehrt auf diese Weise insbesondere das Rätsel der Möglichkeit didaktischer Medien mehr oder weniger in der klassischen Form zurück? Oder zeichnen sich neue Lösungswege für die alten Probleme ab?

Allzu leichthändig erscheinen jedenfalls die Verfahren, wie die konstruktivistisch motivierten Medienansätze, soweit ersichtlich, bislang mit diesen Fragen umgehen. Gemäß dem Motto, daß die Medien dem Subjekt in seiner je spezifischen Verfaßtheit und Kontextbezogenheit gerecht werden müssen, wird vor allem gefordert: Medien müssen (vgl. Honebein, Duffy und Fishman, 1993; vgl. auch die Übersicht bei Gerstenmaier und Mandl 1994)

- für die Lernenden selbst bedeutungsvolle, authentische Aktivitäten gestatten,
- einen Kontext hoher Komplexität zum Lernen bereitstellen,
- dabei nicht nur in die Tiefe, sondern auch in die Breite gehen und vielfältige Perspektiven, vielfältige Inszenierungen der Welt bieten.

Das Schlüsselkonzept, das die Medienentwürfe, die sich an diesen konstruktivistischen Vorgaben orientieren, auch in die ältere Diskussion einbindet, ist die *Lernumgebung*. Erwachsen aus den Vorläuferkonzepten 'Mini'- und 'Mikrowelt' (zur Geschichte der Begriffe s. Lawler 1987, vgl. auch Clanceys angeführte Vorschläge für Lernumgebungen) mutiert es jetzt zur Idee eines 'semantisch reichen Makrokontextes' (Cognition and Technology Group at Vanderbilt 1993). Vor dem Hintergrund der konstruktivistischen Vorstellung, daß mentale Phänomene nicht von der Welt, auf die sie sich beziehen bzw. die sie konstruieren, abgesondert werden können, sollen 'lebensnahe' potentielle Subjekt-Umgebungen technisch geschaffen werden. Mit anderen Worten, während der frühere Kognitivismus den Geist nach strengen, allgemeinen Prinzipien nachbauen wollte, soll sich heute das individuelle Denken in reichhaltigen 'persönlichen Umgebungen' wiederfinden und entfalten.

Es spiegeln sich in diesen Konzepten nicht zuletzt die Schübe der Technologieentwicklung, die in die Lande gingen, seitdem der klassische Kognitivismus erfunden wurde. Die monolithischen Zentralrechner alten Typs, deren einziger Prozessor in großen Organisationen den Takt für viele, nur scheinbar eigenständig nutzbare Glieder des 'Informationssystems' vorgab und die Arbeit dicht an der kargen Logik der Datenverarbeitung orientierte, sind zu Dinosauriern des Computerzeitalters geworden. An ihre Stelle ist die Vielfalt der *personal computer*, der 'persönlichen Rechner', getreten, die ihre Dienste in individuellem Zuschnitt anbieten und über Netze zu gigantischen, nur lose gekoppelten Multiprozessorsystemen verknüpft werden. Auch in der Arbeitswelt sollen die Geräte dabei eine Aura des Bunten, Spielerischen, Leichten um sich verbreiten und auf diese Weise die Bedürfnisse des Menschen in den Vordergrund stellen. Zugleich scheinen sie den sie nutzenden Personen immer reichere Möglichkeiten zu bieten, sich ihre (Bildschirm-) Welt nach eigenen Interessen zu definieren. Moderne Computerbetriebssysteme gestatten dabei bekanntlich, parallel 'Fenster' zu öffnen, durch sie wahlweise auf ganz unterschiedliche Daten-Panoramen zu blicken und so ganz nach Wunsch 'Kontexte' und 'Perspektiven' zu wechseln. Anstatt wie einst die Rechner vor allem Textschemata in starrem Ablauf zu reproduzieren, können die heutigen Computer zudem enorme Datenmengen, inklusive digitalisiertem Ton- und Bildmaterial, speichern, vielfältig verknüpfen und quasi zum Leben erwachen lassen.

Die aktuellen Softwarekonzepte, die die neuen Möglichkeiten des Computers in verschiedenen Varianten realisieren – etwa *Hypertext* und *Multimedia*, deren Kombination zu *Hypermedia*, *Simulationsmodelle* für ökonomische, soziale und ökologische Systeme, *Computernetze* – erscheinen denn wie gerufen, um die konstruktivistischen Medienansätze zu realisieren. Der Computer, der sich mit seinen gewachsenen Möglichkeiten fast zwangsläufig 'situativ' präsentiert und seine Nutzerinnen und Nutzer in reich bestückte, individualisierte Welten versetzt, steigt wie von selbst (ein weiteres Mal) zum idealen Medium des Lernens auf[177]. Es ist gewissermaßen für die neuen Technologien ein Leichtes, das Comenianische didaktische Postulat nach attraktiven, abwechslungsreichen Darbietungen des Stoffes, nach 'Licht und Schauspielen', technisch zu erfüllen: Comenius erklärte, der menschliche Geist würde sich einem permanenten Angebot von *lux et spectacula*, von 'Illumination und Spektakel' (fast hört es sich an, als wäre von einem Clipkanal des *information highway* die Rede), permanent zuwenden, daraus Vorstellungen (*imagines*) entnehmen und auf diese Weise sich aufs Reichste, 'palastartig', ausstatten (MD §39).

Das ungeheuer gewachsene Potential der Rechner ändert allerdings, so denke ich, an dem grundsätzlichen Verhältnis der Person, die mit ihnen umgeht, zu ihnen nur wenig. Auch eine reichhaltige 'Lern-Umgebung', die der Computer bereitstellt, bleibt bei aller heute technisch möglichen Komplexität eine Konstruktion, deren Wirksamkeit gegenüber dem Subjekt fragwürdig und rätselhaft bleibt.

Gerade wenn, entsprechend dem Ausgangspunkt der *situated cognition*, Kognition, klassisch der 'Geist', letztlich als konstituiert im Prozeß des Austauschs von Informationen mit einer spezifischen Umgebung aufgefaßt wird, erscheint es besonders problematisch, wenn auf Computern perfekte 'Lern-Umgebungen' realisiert werden sollen. Denn eigentlich bedeutet dies ja, daß, was traditionell unter dem Subjektbegriff gefaßt wurde, nun, quasi nach außen gestülpt, in den *Features* einer computerisierten Umgebung präformiert ist. Damit wäre doch wieder die Logik des Subjekts unter die – bei aller Variabilität der Leistungen moderner Rechner – rigide Turinglogik des Computers subsumiert. Und wie im klassischen Kognitivismus würde der Geist, nur jetzt der Pfaden seiner 'Öko-Logie' (vgl. Bateson 1972) statt der traditionellen symbolischen Logik folgend, softwaretechnisch rekonstruiert. Am Ende kann damit der Ansatz wieder ganz dicht an traditionelle realistische Erkenntnis- und Instruktionskonzepte heranrücken. Anstelle der realen Welt sind es nun künstlich fabrizierte 'Umwelten', die via der multimedial bedienten Sinne – die wie bei Comenius lediglich als 'Fenster der Seele' (MD §28) figurieren – den Geist faktisch unmittelbar prägen sollen[178].

In der Praxis scheint bei dem Ansatz insbesondere die Identifikation von 'Wissen' mit der Anpassung an die Anforderungen bestimmter Software-Umgebungen nahezuliegen. Als charakteristisches Beispiel für konstruktivistische Lernsoftware tauchen primär komplexe Simulationen auf (s. Baumgartner und Payr 1994, S.174 sowie die dort vorausgehenden Abschnitte). Diese erlauben den Anwenderinnen und Anwendern, einen je eigenen Zugang zur Welt und Umgang mit ihr zu definieren und zu entwickeln – nur daß die Welt ersetzt ist durch ein bei aller Komplexität dennoch extrem restriktives, auf dem Computer simulierbares Modell (näheres im Abschnitt 8.4 zu 'Modellbildung und Simulation').

Ähnlich werden auch Hypertext- und Hypermedia-Systeme zu einer didaktischen Pseudoanwendung der Philosophie der *situated cognition*, wenn sie nach dem Prinzip verfahren, daß es darum gehe, daß die Lernenden in lebensnahen Informations-Umgebungen navigieren könnten. Auch hier dominiert rasch das Motiv, reale Weltbezüge durch ihre informationstechnische Abbildung zu substituieren – ein Unterfangen, das nicht zuletzt mit der Authentizitätsforderung des *embedded learning*, das heißt im Kern mit der Autonomie (und Autopoiese) des Subjekts, konfligiert.

Die Frage ist, ob die Wiederaufnahme Kantscher Problemstellungen im Konstruktivismus, statt zum Rückfall in die hergebrachten kognitivistischen Mythen des Mediums, nicht auch tatsächlich zur Emergenz neuer Konzepte für die Wirksamkeit von Medien führt oder führen könnte. Um dabei nicht ein weiteres Mal in die immer parate Falle des Technizismus zu laufen, bedarf es vordringlich des Nachdenkens über Revisionsmöglichkeiten der Grundlagen der herkömmlichen Vorstellungen.

Im folgenden will ich versuchen, die Diskussion, wie Mythen des Mediums beschaffen sein könnten, welche die Freiheit des Subjekts nicht im Ansatz der Theorie ausschließen, wieder an der Stelle neu aufzunehmen, an der die Aporie konstatiert wurde: bei der Kantschen Disposition der getrennten Erkenntnisvermögen des Menschen.

7 Perspektiven für Instrumentalität im Kontext pädagogischen Handelns

Noch einmal gilt es einzutauchen in überlieferte Reflexionen über Wahrnehmen, Denken und Lernen, das heißt über die Bedingungen menschlicher Erkenntnis, die durch den Siegeszug der Computer nicht außer Kraft gesetzt sind, sondern deren Wahrheit möglicherweise schärfer als je hervortritt.

In der Aporie der Vorstellung eines freien Subjekthandelns bzw. Geistes auf der einen Seite und der Vorstellung von dessen Herbeiführung und Lenkung durch technische Mittel bzw. Medien auf der anderen Seite steckt ein altes Dilemma der Philosophie. Wie Martin Schneider (1993) dargestellt hat, schlug sich auf der ontologischen Ebene bereits Descartes mit den Rätseln des Verhältnisses von Geist und technisch deutbarer Materialität herum. Und setzte dabei, gerade in dem, was ihm als Inkonsistenz und Widersprüchlichkeit vorgehalten werden kann (und schon zu seiner Zeit wurde), die unausweichlich paradoxe Struktur des Problems selbst auseinander.

Seit den Feststellungen in Kants 'Kritik der reinen Vernunft' darf allerdings niemanden wundern, daß ontologische Untersuchungen infolge der Begrenztheit der menschlichen Erkenntnismöglichkeiten auf Widersprüche führen. Nichtsdestoweniger sollte die Chance bestehen, diesseits eines transzendenten 'Realen an sich' zu in sich konsistenten Strängen von Vorstellungen bzw. Denk- und Redeformen bezüglich der menschlichen Erfahrungen und Erkenntnisse zu gelangen. In diesem Sinne nehme ich im vorliegenden Kapitel, den Faden der Diskussion aus Kapitel 2 an der Stelle wieder auf, an der Kant selbst seine 'dritte Kritik', die 'Kritik der Urteilskraft', plazierte. Im Anschluß an den heimlichen 'Nachkantianismus' in dem von Kant selbst als Krönung seiner kritischen Arbeiten bezeichneten Werks will ich versuchen, einen jedenfalls für die eingeschränkte Fragestellung gangbaren Weg aus der Aporie der miteinander unverträglich scheinenden Diskurse über technisch-mediale Wirkungen und Subjekte zu finden.

Am Ende soll ein Mythos stehen, in dem das technische Medium nicht mehr als wirksam vorgestellt wird qua positivem, spezifischem Eingriff in das menschliche Denken. Vielmehr soll eine Vorstellung einer *Wirksamkeit zweiten Grades* zum Zuge kommen, bei der das Medium der mit ihm inkommensurabel bleibenden menschlichen Aktivität lediglich so etwas wie approximative Resonanzbedingungen auferlegt. Gleichzeitig unterfüttere ich die Kritik der vorhergehenden Kapitel an Medienmythen – bei der ich möglichst immanent argumentierte, aber auch an den Kantschen moraltheoretischen bzw. den in Kapitel 3 beiläufig diskutierten Subjektbegriff appellierte – mit einem *Mythos vom lernenden Subjekt* (welcher anschließt an die Vorstellung vom ästhetisch urteilenden Subjekt in Kants dritter Kritik).

7.1 Die 'Kritik der Urteilskraft', Entfesselung der Kantschen Philosophie

Mit der Veröffentlichung der 'Kritik der praktischen Vernunft' im Jahr 1788 schien Kants epochales Projekt einer kritischen Philosophie abgeschlossen. Endgültig hatte er, wie er es an einer Stelle der 'Kritik der reinen Vernunft' schildert, das 'Land des reinen Verstandes' bzw. 'Land der Wahrheit', durchreist und vermessen; es hatte sich als eine deutlich umgrenzte Insel im weiten und stürmischen Ozean der Erscheinungen erwiesen (1781, S.294f.).

Auf der einen Seite waren damit die Erfahrungswissenschaften aus der Obhut der Philosophie, der wohlabgegrenzten Insel der reinen Vernunft, in die Selbständigkeit der neuzeitlichen Weltenerkunder und -eroberer entlassen. Der 'auf Entdeckungen herumschwärmende Seefahrer', stilisiert zum Helden der Erfahrung, gewissermaßen ein moderner Odysseus – würdiger Nachfahre des bürgerlichen Ursubjekts, als das Horkheimer und Adorno die Homerische Gestalt in der 'Dialektik der Aufklärung' interpretieren –, wird zum Sinnbild des unaufhörlichen Ringens um Erkenntnis: Was „ihn in Abenteuer verflechtet, von denen er niemals ablassen, und sie doch auch niemals zu Ende bringen kann", sei die ozeanische Welt der Erscheinungen, die Sphäre der empirischen, nie absoluten Erkenntnis (ebd.). Frühere spekulative Theologien und Philosophien prätendierten (soweit sie die Augen vor der empirischen Welt nicht verschlossen), die Welt der Erscheinungen aus den Prinzipien des Geistes zu deduzieren. Gerade die radikalen neuzeitlichen Skeptiker und Empiristen stimmten mit dem Absolutheitsanspruch der Geisteserkenntnis noch insofern überein, als sie in Frage zogen, daß die schwankenden empirischen Beobachtungen auf allgemein begrifflich formulierbare Gesetzmäßigkeiten führen könnten. Gegen beide philosophische Tendenzen sprach Kant den empirischen Wissenschaften die Unendlichkeit der sinnlichen Erfahrung als ein originäres und lohnendes Feld für die Suche nach begrifflicher Erkenntnis zu. Kant zufolge *kann* der empirisch orientierte Verstand (als empirisch-begriffliches Organ der theoretischen Vernunft[179]) Gesetze von allgemeiner Geltung in der Welt der Erscheinungen etablieren. Freilich ersetzt dabei keine deduktive Methodik die Erfahrung. Im vorhinein, *a priori*, also ohne Erfahrung, verfügt der Verstand lediglich über ein grobes Identifikationsraster für mögliche Erkenntnis. Diese kategoriale Vorstrukturierung beruht auf einigen wenigen Essentials des Denkens, die gleichsam bereits auf dem festen Insel-Boden der reinen Vernunft markiert werden können. Wie Leuchtfeuer zeigen sie den das Meer Befahrenden – denen, die Wirkliches erkennen – die möglichen Richtungen an, nicht weniger und nicht mehr.

Auf der anderen Seite konnte Kant bei seiner praktisch-philosophischen Fundierung der Ethik gerade auf die Isolation der Insel bzw. der Sphäre der Vernunft gegenüber der Erfahrungswelt bauen. Er nutzte die Argumente von Skepsis und Empirismus, um die Unerreichbarkeit einer absoluten Wahrheit in der empirischen Welt, das Unsichtbarbleiben der 'Dinge an sich' im schwankenden Meer der Erscheinungen, zu konstatieren. Dadurch konnte er den Anspruch der naturwissenschaftlicher Kausalität (bzw. den einzelner Natur- oder psychologischer Gesetze) auf Relevanz für die metaphysische Orientierung von Subjekten zurückweisen. Geltung für Subjekte hätten vielmehr nur die Gesetze, die Subjekte sich in der Autonomie ihrer Vernunft, gleichsam frei neben und über dem Ozean der Welt gleitend, selbst geben. Die ethischen Normen, die sich aus dem Eigen-Sinn des bewußten Handelns als freies Subjekt, als ein 'an sich selbst vernünftiges Wesen' (etwa Kant 1785, S.127), ableiten, genießen Priorität vor den auf sinnliche Erfahrung bezogenen Gesetzen, die der Verstand feststellt.

Die so begründete unabhängige Konstitution von theoretischer und praktischer Vernunft, in ihrer inneren Stringenz bis heute beeindruckend, schien zu Kants Zeit die theoretischen Bedürfnisse von Natur- und sich entwickelnden Geisteswissenschaften bzw. der ethischen Reflexion bestens abzudecken. Allerdings haftete ihr von vorneherein das Manko jedes Dualismus an: Die immer auch benötigte Vermittlung der beiden Pole konnte sie nicht erklären. Wie in Kapitel 2 dargelegt, drückt sich in den Aporien des pädagogischen Mediums nur zugespitzt die Rätselhaftigkeit der Verbindung zwischen der Erfahrungswelt und einer hiervon ganz unabhängig gesehenen ethischen Reflexion aus. Kant wertete dies explizit als ein Handikap der Vernunft, wenn er etwa formulierte: Wie die Idee der Freiheit des Subjekts als Voraussetzung der Idee des (moralischen) Subjekthandelns in die reale Welt eingehen könne, „läßt sich durch keine menschliche Vernunft jemals einsehen" (1785, S.124).

Alle nachkantischen philosophischen Entwürfe reagierten in jeweils charakteristischer Form auf die Herausforderung, die diese Degradierung der Vernunftpotenz bedeutete. Im deutschen Idealismus, jener grandios-komischen Selbstüberschätzung des Vermögens des begrifflichen Denkens, die mit den Namen von Fichte, Schelling und Hegel verbunden ist, fühlte man buchstäblich sich an einer fragwürdigen Mannesehre gepackt.[180] Mit einem Ansatz, der im Kern so alt ist wie die westliche Philosophie (s. Cavarero 1992), wurde der Versuch unternommen, die Kränkung durch die Kantsche Selbstbescheidung der Vernunft wettzumachen. Dazu wurde ein weiteres Mal das Reale dem (Welt-) Geist nach- bzw. untergeordnet. Die folgenden zwei Jahrhunderte lieferte der deutsche Idealismus dann, auch noch im Widerspruch zu ihm, das Modell für die unterschiedlichsten Bemühungen, den Anspruch der Philosophie auf ihre überlegene Einsicht in das Sein wiederzugewinnen.

Daß die Bruchstelle zwischen der reinen Vernunft und der sinnlichen Erkenntnis die Stärke wie auch die Schwäche seines Systems bezeichnet, war allerdings Kant selbst sehr wohl bewußt. Wenn das freie Gesetz des Subjekts quasi berührungsfrei über dem Ozean der sinnlichen Welt schwebt, fast wie in der biblischen Schöpfungsgeschichte Gottes Geist über den Wassern, bleibt nicht nur unklar, *wie* das moralische Handeln des Subjektes zu einer Ursache in der Welt werden kann.

Diese offene Frage drängt dann auch den Zweifel auf, *ob* das Subjekt in der Welt eine moralische Macht zu entfalten in der Lage ist – oder ob es vielleicht nur eine besinnliche *splendid isolation*, die fromme Innenschau des Gemüts, pflegt, während die Weltläufte unerschütterlich ihren Weg nehmen. Mit anderen Worten, die Frage liegt nahe, ob tatsächlich angenommen werden kann, daß das Subjekt in den Strömen des Ozeans schwimmen oder gar diese lenken kann (und dabei nicht einmal naß wird).

Letztlich bleibt das allein in der erkenntnistheoretischen Skepsis gegründete Argument der Denk*möglichkeit* von Moralität (die Kant dann nur per Deduktion aus ihrem eigenen Begriff zur *Denk*notwendigkeit aufrüstet) beunruhigend schwach. Viel besser stünde es da, wenn zusätzlich Anhaltspunkte für den *tatsächlichen* Bezug des moralischen Denkens auf Reales oder wenigstens für verbindende Konstruktionen zwischen der von den Sinnen nicht tangierten praktischen Subjektvernunft und der Rationalität der Erfahrung aufgezeigt werden könnten.

Genau ein solches Argument der Verknüpfung der menschlichen Denk- und Erkenntnisvermögen nachzuliefern, sah Kant im Lauf der Jahre offenbar selbst mehr und mehr als eine dringliche Aufgabe an. In der 'Kritik der praktischen Vernunft' scheint er noch davon auszugehen, daß die Einheit des Denkens letztlich allein auf dem Feld der Vernunft etabliert werden könnte. Er spricht die Erwartung aus, daß „vielleicht dereinst bis zur Einsicht der Einheit des ganzen reinen Vernunftvermögens (des theoretischen sowohl als praktischen)“ zu gelangen sei und alles aus einem Prinzip abgeleitet werden könne, „welches das unvermeidliche Bedürfnis der menschlichen Vernunft ist, die nur in einer vollständig systematischen Einheit ihrer Erkenntnisse völlige Zufriedenheit findet“ (Kant 1788, S.162).

Exakt in Anknüpfung an das Bedürfnis, das er hier artikuliert, jedoch ganz anders, als scheinbar anstehend, führte Kant dann seine Philosophie fort. Er akzeptierte, daß es nicht genügt, sich nur der Einheit der reinen Vernunft für sich selbst, gleichsam auf ihrer kargen Insel, zu vergewissern, daß vielmehr für diese eine reale, freilich über-sinnliche Fundierung existieren müßte. Das Argument, das jetzt die Verankerung des moralischen Denkens in etwas Wirklichem sichern soll, entfaltet Kant in einem neuen umfangreichen Traktat. Die 'Kritik der Urteilskraft' (1790), nur zwei Jahre nach der 'Kritik der praktischen Vernunft' erschienen, umfaßt die beiden Teile einer Kritik der 'ästhetischen' sowie der 'teleologischen' Urteilskraft. Kant thematisiert damit einerseits das Urteilen über Kunst und Kultur, andererseits die menschliche Urteilsfähigkeit bezüglich der beobachteten Zweck- und Gesetzmäßigkeiten der Natur.

In der Vorrede stellt Kant diese doppelte Behandlung der geheimnisvollen menschlichen Fähigkeit, eine von mehreren möglichen Entscheidungen 'aus gutem Grund' zu treffen (ohne daß das Verfahren als rationale Entscheidungsmethode rekonstruierbar wäre), als Abschluß seines 'ganzen kritischen Geschäftes' dar (S.X). Dessen Gewährleistung und Krönung soll sie bilden. Die suggerierte Einheitlichkeit seiner Philosophie kann jedoch durchaus angezweifelt werden. Das Buch läßt sich ebensogut als ein partieller Widerruf oder Revision Kants eigener klassischer Positionen lesen.

Insofern das Gemeinsame der Philosophien, die auf Kant folgen, in dem Versuch besteht, die durch die zwei ersten Kritiken Kants aufgerissene Kluft von Naturerkenntnis und ethischem Wissen zu überwinden, erweist Kant sich in seiner dritten Kritik als der erste Nachkantianer (vgl. auch Grondin 1994, S.123ff.). In der ideologiekritischen Deutung Terry Eagletons war es die Entfremdung des Subjekts von sich und der Welt, wie sie aus den Marktprozessen in der frühbürgerlichen

Gesellschaft erwuchs, die sich im klassischen Kantschen System der Philosophie niedergeschlagen hatte: Der Freiheit der Objektaneignung durch (Unternehmer-) Subjekte auf dem Markt stand die Auslöschung ihrer eigenen Individualität wie der ihrer Objekte in den Mechanismen des Marktes gegenüber. Während sich der erste Vorgang in der autonomen Setzung von Werten in der Ethik spiegelte, wurde der zweite überhöht zur wertfreien, rationalen Verifizierbarkeit objektiver Tatsachen. In der 'Kritik der Urteilskraft' entwarf dann Kant nach Eagleton eine Vision der Versöhnung des Subjektes mit der Welt im ästhetischen Akt: Es werde „das Ästhetische in den Händen von Kant zu einem Mittel, diesen Riß zu heilen und die Menschheit wiederzuvereinigen mit einer Welt, die sich von ihr abgewandt zu haben scheint“ (Eagleton 1990, S.72).

Deutlich ist jedenfalls, daß Kant in der 'Kritik der Urteilskraft' Impulse aufnimmt, wie sie von der Romantik (bzw. deren Vorläufern) mit ihrem Wunsch nach Reintegration einer zerbrochenen Welt und der Versöhnung von Rationalität und Emotion ausgehen, durch die aber zugleich das Vielfältige und die Brüche in den rationalen Ordnungen betont werden (vgl. Grimminger 1990, bes. Kap. I.4).

Gerade die Verknüpfung der strengen Kantschen Rationalität mit kulturellen und ästhetischen Fragen bzw. der Frage nach der Ästhetik der Naturerkenntnis macht dabei die 'Kritik der Urteilskraft' zu einem faszinierenden, unerschöpflichen Buch. Wenn die beiden ersten Kantschen Kritiken mit ihrer dürren Darlegung der dem menschlichen Denken inhärenten Aporien die abstrakte Fragestellung für spätere Philosophien vorgaben, so hat die 'Kritik der Urteilskraft' mit der Reichhaltigkeit der in ihr entwickelten Vorstellungen unzählige nachfolgende Spekulationen über das menschliche Wahrnehmen und Denken befruchtet. In diesem Sinne haben Gilles Deleuze und Félix Guattari Kants 'Kritik der Urteilskraft' als „ein entfesseltes Werk“ charakterisiert, „dem seine Nachfahren immer nur hinterherlaufen werden“ (1991, S.6; Wortlaut nach Deleuze 1990a). Es handele sich um einen jener glücklichen Fälle eines Alterswerks, in denen das Alter einen Augenblick der Gnade zwischen Leben und Tod schenke und gestatte, „einen Pfeil in die Zukunft abzuschießen, der die Zeiten durchquert“ (S.5).[181]

Eine der unzähligen möglichen Perspektiven auf die 'Kritik der Urteilskraft' soll im folgenden artikuliert werden. Indem ich Kants Überlegungen zum Zustandekommen und zur Rolle insbesondere ästhetischer Urteile nachgehe, scheint sich mir ein Weg zu weisen, wie die Vorstellung von der Freiheit der Subjektentfaltung nicht von vorneherein als kontradiktorisch zur Vorstellung der Nutzung technischer Mittel im gleichen Kontext aufgefaßt werden muß. Vor dem Hintergrund dieser Neuinterpretation des Verhältnisses der Reflexion auf Subjekte und der Reflexion auf Technik sollte sich dann ein Mythos eines technischen pädagogischen Mediums entwickeln lassen, bei dem die Aporie in der Untersuchung der Frage pädagogischer Medien, wenn nicht aufgelöst, so jedenfalls in eine fruchtbare Dialektik gewendet ist.

7.2 Die Lust der Erkenntnis im gesellschaftlichen Spielen freier Imagination – Kants zweite Vision von Subjektivität

Ausgangspunkt der 'Kritik der Urteilskraft' ist Kants Eingeständnis, daß die Gesetze der praktischen Vernunft und die verstandesmäßigen Naturgesetze sich nicht gänzlich indifferent gegenüberstehen. Sie können zwar einander wechselseitig ihre Geltung nicht streitig machen, da sie disjunkten Kontexten entstammen. Jedoch *zielen* beide auf dieselbe Welt.

Kant vergleicht Verstand und Vernunft mit zwei Staaten, die auf dem gleichen Territorium residieren. Damit konkurrieren sie hinsichtlich des effektiven Geschehens in der einen und einzigen Landschaft, auf die beide sich beziehen. Sowohl Natur- wie auch Moralgesetz beanspruchen, kausale Zusammenhänge für Ereignisse in der Welt zu beschreiben: Während der naturwissenschaftlich denkende Verstand raumzeitliche Mechanismen von Ursache und Wirkung etabliert, geht die moralische Reflexion Zwecken nach, die Motive, also ebenfalls 'Beweggründe', für menschliche Handlungen sind. So sehr dabei einerseits zur Rettung der Moralität benötigt wird, daß die moralische Reflexion abgeschottet vom Kausalitätszusammenhang der Natur zu denken ist, so sehr muß andererseits als gewünscht und daher wünschbar unterstellt werden, daß das faktische Handeln in der Welt sich von der Vernunft leiten läßt. In Kants Worten, es „*soll* doch diese auf jene einen Einfluß haben, nämlich der Freiheitsbegriff soll den durch seine Gesetze aufgegebenen Zweck in der Sinnenwelt wirklich machen“ (1790, S.XIX).

Die Denkbarkeit des Zusammenstimmens eines solchen Einflusses mit der sinnlichen Wirklichkeit hat Kant in der 'Kritik der praktischen Vernunft' lediglich mit der *Gesetzmäßigkeit* von Naturgesetzen begründet. Dieser Gesetzmäßigkeit könne der moralische Wille (das moralische Gesetz) sich bedienen, indem er quasi in die Hülle des Naturgesetzes schlüpft und so mittels ihm, aber wie ein manichäischer Gott ohne tatsächlichen Kontakt mit der Welt seinen Zweck verfolgt. Als 'Regel der Urteilskraft unter Gesetzen der reinen praktischen Vernunft' formulierte Kant: „Frage dich selbst, ob die Handlung, die du vorhast, wenn sie nach einem Gesetze der Natur, von der du selbst ein Teil wärest, geschehen sollte, sie du wohl, als durch deinen Willen möglich, ansehen könntest.“ (Kant 1788, S.122) Mit anderen Worten, bei der Beurteilung einer beabsichtigten, sich nach einem Naturgesetz vollziehenden Handlung kann und soll schlicht so vorgegangen werden, *als ob* sie aus einer freien Wahl des Ziels entspringen würde.[182]

Die durch keine nähere Bestimmung unterfütterte gemeinsame Eigenschaft, Gesetz zu sein, genügt Kant in der 'Kritik der Urteilskraft' nicht mehr, um zu sichern, daß Natur- und Moralgesetz als kompatibel angesehen werden können. Das Naturgesetz unterliegt a priori nicht der moralischen Reflexion, diese kann ihm nichts vorschreiben. Woher läßt sich dann wissen, daß die auf den Sinn von Handlungen gerichteten Gesetze des moralischen Subjektes sich in die mechanischen Gesetze zeitlicher Abfolgen von Naturereignissen einfügen, ohne dabei verkürzt und verbogen zu werden? Vorstellbar wäre ja auch, daß das Naturgesetz ein Prokustesbett des Moralgesetzes ist. Während etwa die natürlichen Gesetze des Egoismus sich unaufhaltsam Geltung verschafften, würde das Moralgesetz bestenfalls als legitimatorische Ideologie fungieren. Warum erweist sich der stürmische Ozean einer moralisch blinden Natur letztlich als so weit gemäßigt, daß 'christliche Seefahrt' auf ihm stattfinden *kann*?

Damit Moralität als realisierbar vorzustellen ist, muß nun nach Kant gewährleistet sein, daß wenigstens die *Form* des Naturgesetzes, seine allgemeine Struktur, zu der des sittlichen Gesetzes paßt: Die Natur, befindet Kant in der 'Kritik der Urteilskraft', muß „so gedacht werden können, daß die Gesetzmäßigkeit ihrer Form wenigstens zur Möglichkeit der in ihr zu bewirkenden Zwecke nach Freiheitsgesetzen zusammenstimme" (Kant 1790, S.XIXf.). Nur so wird Kompatibilität, der mögliche „Übergang von der Denkungsart nach den Prinzipien der einen, zu der nach Prinzipien der anderen" (S.XX), denkbar. Deshalb besteht dringender Bedarf an einem Argument, das eine Ur-Homogenität der Welt jenseits von allem, was empirisch erfahrbar oder praktisch-vernünftig zugänglich ist, demonstriert. Es bleibt nur eine Möglichkeit: Das unerkennbare 'Ansich' der Dinge der Welt, das *Übersinnliche*, muß so beschaffen sein, daß dafür gesorgt ist, daß die Naturgesetze sich in irgendeiner Weise mit der Wahrheit der praktischen Vernunft vereinbaren lassen.

So weit handelt es sich bei der Annahme einer Kompatibilität der heterogenen Welten von Verstand und Vernunft – bzw. der Vermutung eines 'Systemherrn' im Hintergrund, der sie garantiert[183] – lediglich um ein Postulat der moralischen Reflexion. Den apriorischen Anhaltspunkt dafür, daß sie gerechtfertigt ist, findet Kant im menschlichen Vermögen des *Urteilens*. Eigentlich hatte er die Urteilskraft bereits in der 'Kritik der reinen Vernunft' erörtert (Kant 1781, insbes. S.171ff.). Doch jetzt baut er deren Stellung aus. Er verschafft ihr in seinem System der Erkenntnisvermögen den Rang einer zusätzlichen elementaren Funktion, indem er differenziert: Urteilen könne *entweder* Subsumption unter bekannte Regeln, Gesetze oder Begriffe sein. Dann spiele es sich auf dem Feld von Verstand oder Vernunft ab, sei mithin in den ersten beiden Kritiken erörtert. *Oder* Urteilen, als Einordnen von Spezialfällen in eine allgemeine Regel, könne 'reflektierend' sein, das heiße, der allgemeine Kontext ist nicht vorher gegeben, sondern wird gerade durch das Urteil artikuliert.

Mit anderen Worten, was Kant in der 'Kritik der Urteilskraft' neu thematisiert, ist die menschliche Fähigkeit zum *intuitiven* Urteilen, die Einsicht nicht *nach* Begriffen, sondern *vor* oder *ohne* Bildung von Begriffen. In reiner Form entdeckt er diese Fähigkeit in der ästhetischen Betrachtung von Kunstwerken, bei der eine begriffliche Erkenntnis gar nicht zum Zug kommt. Außerdem sieht er sie bei der Erforschung der Gesetzmäßigkeiten der Natur am Werk. Hier fungiert sie als Spürsinn des Verstandes, als dessen Wegweiser bei der Suche und der Formulierung von Naturgesetzen.

Kant verleiht in diesem Zusammenhang den einst mit Mißtrauen betrachteten Empfindungen von *Lust und Unlust* einen neuen Status. Sie werden von jeglicher moralischer Anrüchigkeit, ja von Sinnlichkeit, reingewaschen und steigen zu einer zentralen Funktion im Geistesleben des Menschen auf: Nach Kant entspricht jeder Quelle möglicher Erkenntnis des Menschen ein 'Vermögen des Gemüts', eine spezifische seelische oder kognitive Wahrnehmungsfähigkeit. Der Verstand begründet die Fähigkeit, im Anschauungs-Material der sinnlichen Welt Objekte zu bilden bzw. zu erkennen.[184] Die (moralische) Vernunfterkenntnis gibt dem Empfinden des Menschen für Tatsache und Gegenstände seines Wollens – seinem 'Begehrungsvermögen' – die Richtung. Wenn Kant jetzt im intuitiven und insbesondere im ästhetischen Urteil eine zusätzliche Quelle für etwas (in zu spezifizierendem Sinn) Ähnliches wie Erkenntnis identifiziert, führt dies analog auf ein weiteres, nicht reduzierbares seelisches Phänomen. Genau an diese Stelle seines Systems plaziert er seine Rekonzeptualisierung der 'Gefühle der Lust und Unlust': Lust und Unlust werden beim Urteilen geweckt und sind mit diesem aufs engste verwoben.

Was genau verschafft Lust in dem von jeder christlich-moralischen Zwielichtigkeit befreiten Sinn? Kant integriert hier in seine Philosophie die Beobachtung, daß der Erkenntnisprozeß *in sich* mit Lust gekoppelt ist. Die Freude und Befriedigung im Erkennen des Objekts kann wohl am deutlichsten bei Kindern beobachtet werden, aber auch Erwachsenen ist sie nicht fremd. Kant erläutert, daß wir zum Beispiel 'sehr merkliche Lust' empfinden, wenn es uns gelingt, bei der Naturerkenntnis ursprünglich isolierte Beobachtungen aus einem gemeinsamen Prinzip herzuleiten (S.XL). Die Vorstellung eines Objekts, die wir dabei in uns bilden, hat zwei Seiten: Sie ist objektiv, insofern sie eine gültige Erkenntnis des Gegenstandes verschafft. Aber sie hat auch eine subjektive Komponente, mit der sie mit unserem Erkenntnisvermögen verhaftet ist. Letztere bezeichnet Kant als ihre 'ästhetische Beschaffenheit'. Sie ist „dasjenige Subjektive aber an einer Vorstellung, *was gar kein Erkenntnisstück werden kann*", das vielmehr als Widerhall des Erkenntnisprozesses selbst Lust oder Unlust erregt (S.XLIII).

Lust ist demnach hier der *unmittelbare Ausdruck der Angemessenheit einer Erkenntnis* nicht hinsichtlich des Objekts, sondern *hinsichtlich der Erkenntnisvermögen des Subjekts*, die die Form des Objekts assimilieren können. Sie zeigt insofern eine 'subjektive formale Zweckmäßigkeit des Objekts' an (S.XLIV).

Bewirkt werden soll sie durch die 'Einstimmung' von begrifflichem Konzept und Anschauung, nicht erst im Ergebnis, sondern im (Urteils-) Prozeß. Dies läßt sich modern formulieren, daß es sich beim Urteil um ein Resonanzphänomen zweier mentaler Prozesse handelt, in physikalischer Metaphorik gewissermaßen um einen energetisch günstigen Zustand, in den das Gesamtsystem lustvoll fällt, eine Art 'Flow-Erlebnis' (Csikszentmihalyi 1975). Kant benennt als die beiden beteiligten Agenzien einerseits *Verstand*, das Vermögen des begrifflichen Denkens, andererseits *Einbildungskraft*, das Vermögen, Anschauungen zu entwickeln. Für letzteres ist vielleicht 'Imagination' heute (wieder) die sprechendere Bezeichnung.[185] Die Bedeutung von 'Einbildung', ursprünglich die Übersetzung des lateinischen *imaginatio*, ist im Deutschen ins Illusionäre abgedriftet, weswegen das Kompositum 'Einbildungskraft' seinen plastischen Gehalt weitgehend verloren hat. Von daher wäre 'Vorstellungsvermögen' oder '-kraft' heute der passendere deutsche Begriff. Auch 'Phantasie' ließe sich sagen, wenn dieses Wort nicht ebenfalls mit 'irreal' konnotiert wäre.

Die Urteilskraft beruht sozusagen auf dem nicht bewußt gesteuerten Wirken eines Differenzoperators, der begrifflich-systematisches Modellieren und die freie Imagination von Sinnlichem als Prozesse aufeinander bezieht. Die spontane Lust signalisiert dann das Ergebnis des Vergleichs. Ein Produkt künstlerischer Arbeit oder ein Ergebnis naturwissenschaftlicher Reflexion wird als 'gelungen' oder 'schön' empfunden, wenn Einbildungskraft und Verstand in ihrer Tätigkeit „unabsichtlich in Einstimmung versetzt und dadurch ein Gefühl der Lust erweckt wird" (Kant 1790, S.XLIV). Das so gebildete Urteil ist dann „ein ästhetisches Urteil über die Zweckmäßigkeit des Objekts, welches sich auf keinem vorhandenen Begriffe vom Gegenstande gründet, und keinen von ihm verschafft" (ebd.).

Um die Kantsche Vorstellung anhand einer berühmten Lusterfahrung der Wissenschaftsgeschichte zu verdeutlichen: Archimedes, der große Mathematiker und Naturforscher aus dem antiken Syrakus, lag der Überlieferung zufolge in seinem Haus im Bad, vielleicht hatte er gerade seinen Körper in die Wanne gesenkt, als ihm die Lösung eines Problems aufging, das ihn lange schon beschäftigte. Er erkannte mit einem Mal: das Volumen seines Körpers – und jedes anderen Körpers – entspricht der von diesem verdrängten Menge Wasser und kann durch sie gemessen werden. Indem diese Wassermenge wieder 'zurückdrängt', übt sie genau ihr Gewicht als Kraft aus, die den Körper nach oben drückt, sprich ihm 'Auftrieb' verschafft, und entsprechend leichter erscheinen läßt ('Archimedisches Prinzip'). Wie die Anekdote berichtet, sei Archimedes nach seinen Einfall dem Bade entsprungen, und unbekleidet, wie er war, habe er sein beglücktes „Heureka" unter die Bürgerinnen und Bürger von Syrakus getragen. Was ist da, abgesehen von der über die Jahrtausende tradierten lokalen Skandalgeschichte, eigentlich in oder mit dem Forscher geschehen?

Im Augenblick seiner Erkenntnis hat Archimedes einerseits, vor jeder Errichtung eines begrifflichen Systems der Volumenbestimmung, seinen Leib als einen volumenbehafteten Körper neu *gesehen*, genauer *imaginiert*. In der Terminologie der 'Kritik der reinen Vernunft' formuliert, hat er ihn durch seine Einbildungskraft als solchen neu *synthetisiert*. Zum anderen entwickelte er im selben Moment den *Begriff* eines solches Körpers fort (bzw. seine einheitliche Apperzeption, das heißt die Verstandesleistung, durch die er als etwas Identisches erscheint): daß nämlich ein volumenbehafteter Körper sich dadurch auszeichnet, daß er hinsichtlich seiner Fähigkeit, Wasser zu verdrängen, mit Wasser gleichwertig ist. Archimedes' Glücksgefühl resultierte im Sinne der Kantschen Auffassung daraus, daß die neue Wahrnehmung der Phänomene und ihre Integration in das begriffliche Modell *zusammenstimmten, resonierten*.

Diese lustvolle, spontane, nicht selbst begriffliche Harmonie von Imagination und begrifflichem Denken ist nach Kant ein *in sich zweckmäßiger* Zustand, der allerdings, da ihm keine Absicht zugrundeliegt, *nicht* an sich *zweckhaft* ist. *Zweckmäßigkeit ohne Zweck* konstatiert Kant als das apriorische Prinzip, das die reflektierende bzw. die ästhetische Urteilskraft leitet. Das ästhetische Urteil, das ganz auf der zweckmäßigen Balance der Erkenntnisvermögen des Subjekts beruht und dabei Schönheit feststellt, nennt er auch ein *Geschmacksurteil*. Geschmack ist damit für Kant nicht etwas Individuelles. Das Geschmacksurteil vermag den Anspruch allen Urteilens auf Zustimmung durch andere Personen zu wahren, indem es sich auf *Mitteilbares* – nach Kant auf die *Form* von Gegenständen des Denkens – bezieht.

Was Kant als 'Zweckmäßigkeit ohne Zweck' verhandelt, entspricht in gewissem Sinn dem Begriff der 'Funktionalität', wie er für die Beschreibung von Designobjekten existiert. Ein Gegenstand heißt funktional, wenn er nicht auf einen bestimmten Zweck festgelegt ist, sondern in ganz unterschiedlichen Kontexten dienstbar sein kann.[186] Daß er 'eine runde Sache' genannt werden könnte, drückt seine innere Perfektion und zugleich seine äußere Anspruchslosigkeit aus. Sozusagen ist seine Form schon durch die Vielfalt potentieller Ansprüche an ihn abgeschliffen und neutralisiert. Offenbar muß dabei, was später mit dem Gegenstand geschieht oder geschehen könnte, in irgendeiner Weise bereits im Designprozeß berücksichtigt werden. Mangels vorherigen Gegebenseins fließt es faktisch allerdings nicht in ihn ein. Die Funktionalität der Form entsteht im Design in Vorwegnahme der späteren Anforderungen, sozusagen 'a priori', lediglich aufgrund der Intuition des 'Geschmackssinns', die den schöpferischen Prozeß zu einem ausbalancierten Ergebnis dirigiert.[187]

Die hier geforderte Herstellung der inneren Balance der Erkenntnisvermögen hat, wie vielleicht überrascht, auch für Kant etwas durchaus Spielerisches. Die Imagination, die die Grundlage des Geschmackurteils bildet, führt die Attribute des Freien und Schöpferischen, eine „Urheberin willkürlicher Formen möglicher Anschauungen" zu sein (S.69), mit sich. Geschmacksurteile sind Produkte „aus dem freien Spiel unsrer Erkenntniskräfte" (S.64f.), von dessen Dialektik es heißt: „Nur da, wo Einbildungskraft in ihrer Freiheit den Verstand erweckt, und dieser ohne Begriffe die Einbildungskraft in ein regelmäßiges Spiel versetzt: da teilt sich die Vorstellung, nicht als Gedanke, sondern als inneres Gefühl eines zweckmäßigen Zustandes des Gemüts, mit." (S.161)

Die 'Mitteilung' des inneren Resonanzzustandes ist dabei für Kant von vorneherein kommunikativ konnotiert. Geschmacksurteile erheben nicht nur beiläufig den Anspruch auf Zustimmung durch andere Menschen, sondern zielen im Kern auf 'Geselligkeit': Der Mensch, erklärt Kant, ist ein „für die Gesellschaft bestimmtes Geschöpf" (S.162), und „Empirisch interessiert das Schöne nur in der *Gesellschaft*" (ebd.). Der Geschmack kann direkt charakterisiert werden als das Vermögen, Gefühle so allgemeiner Natur zu entwickeln, daß sie kommunizierbar sind. Es beruht letztlich auf der für alle Menschen gleichen formalen Konstitution der menschlichen Erkenntnisvermögen (die „auch zum gemeinen und gesunden Verstande erforderlich ist, den man bei jedermann voraussetzen darf" – S.155).

Kant führt in diesem Zusammenhang das Konzept des 'Gemeinsinns', oder *sensus communis*, ein. Der 'Gemeinsinn' bezeichnet die Fähigkeit, mit intersubjektiver Gültigkeit bzw. nach einem 'subjektiv-allgemeinen' Prinzip (S.67) zu urteilen und somit zu nicht logisch zwingenden, aber dennoch nicht subjektiv-beliebigen (Geschmacks-) Urteilen zu kommen. Konkret erfordert er, daß man im Urteilen „auf die Vorstellungsart jedes andern in Gedanken (a priori) Rücksicht nimmt" und „sich in die Stelle jedes andern versetzt" (S.157). Kant nennt dies die Maxime der 'erweiterten Denkungsart'. In seiner Vorlesung zur 'Anthropologie in pragmatischer Hinsicht' erläutert er, daß die Lust der Balancierung der Erkenntnisvermögen gerade mit dem Vorgang einer allseitigen Empathie verkoppelt ist. Ein Beispiel sei der Koch oder der Wirt, dessen Geschmack sich darin beweise, daß er *allgemeingültig wählen* kann, das heißt so, daß die Speisen dem Sinn aller möglichen Gäste entgegenkommt (1798, S.188f.) Ich möchte den 'Gemeinsinn' als einen *Metasinn*, als einen reflektierten, sich einer Vielfalt möglicher Wahrnehmungen öffnenden, in dieser Weise verallgemeinerten Sinn, kennzeichnen.

Ästhetische Urteile sind damit durch ein Prinzip der Intersubjektivität charakterisiert. Aber nicht von abstrakten Subjekten ist die Rede wie in Kants Moralphilosophie, die von der Freiheit 'vernünftiger Wesen' handelt und Menschen nur als Exempel nennt. Vor allem Hannah Arendt hat darauf aufmerksam gemacht, daß in der 'Kritik der Urteilskraft', anders als in der älteren kritischen Philosophie Kants und den Systemen vieler anderer Denker, tatsächlich Menschen in ihrer gesellschaftlichen Existenz thematisiert werden und in *diesem* Kontext frei handeln bzw. denken. Kants Gedanke, daß die humane Fähigkeit des Urteilens auf einen öffentlichen Raum angewiesen ist, in dem kontingente Wahrheiten verhandelt werden, und zugleich diesen konstitutiert, ist ein zentrales Motiv für Arendts in jüngster Zeit immer mehr beachtete Politische Philosophie (s. ihre posthum unter dem Titel 'Das Urteilen' herausgegebenen und durch Ronald Beiner kommentierten Arbeiten – Arendt 1982; vgl. auch Kemper 1993, vor allem dort Vollrath 1993).

Daß in den Arendtschen Analysen auch für die Pädagogik, die stets mit dem Begreifen der offenen personalen Kontexte ringt, auf die sie sich bezieht, Wesentliches zur Sprache kommt, wurde bislang anscheinend nicht diskutiert.[188] Ich möchte allerdings im folgenden mich nicht primär auf das Motiv der Intersubjektivität des Kantschen Urteils beziehen, stattdessen vor allem auf einen anderen Aspekt abheben, den Arendt ebenfalls betont: Im Urteilen artikuliert sich in der Dialektik der beiden Vermögen des 'Gemeinsinns' und der 'Einbildungskraft' eine andere Art freier Subjektivität als die der kantianischen praktischen Vernunft.[189] Um diesen Gesichtspunkt in seiner historischen Rolle wie seiner potentiellen Bedeutung zu würdigen, ist zunächst noch ein Stück weit Kants Argumentation zu verfolgen.

Mit dem Prinzip der 'Zweckmäßigkeit ohne Zweck', das er in der Urteilskraft am Werk sieht, hält Kant einen Schlüssel in der Hand, um das Tor zwischen Verstandesgesetzen und Freiheitsgesetzen – wenigstens der strukturellen Möglichkeit nach – zu öffnen. Die reflektierende Urteilskraft gibt der Entdeckung bzw. Aufstellung von Naturgesetzen die Richtung vor. Von daher bekommt das Gesetzmäßige in der Natur einen Bias zur Form des Zweckmäßigen.[190] Modern ausgedrückt zeichnet es sich durch eine formale Funktionalität aus, die es für äußere Zwecke einsetzbar macht. Damit kann sich Kant in gewisser Hinsicht am Ziel sehen: Die erkannten Gesetze der Natur stehen speziell für die Fremd-Bestimmung durch die Zwecke offen, die die moralische Vernunft vorgibt.

Eine Frage bleibt allerdings. Kant selbst spricht in diesem Zusammenhang vom Rätselhaften im Prinzip der Urteilskraft (1790, S.IX): Es ist die Frage nach dem Grund der Identität zwischen dem, was die *innere*, und, was die *äußere* Funktionalität der Naturgesetze genannt werden könnte. Wenn denn die Vernunft tatsächlich die Gesetze der Welt für ihre moralischen Zwecke instrumentalisieren will und ihr dies aufgrund von deren Subjekt-Bias auch möglich ist, wer oder was sichert, daß am Ende das Spiel der menschlichen Erkenntniskräfte der Realität hinreichend entspricht? Daß also das moralische Räsonieren nicht einfach ins Leere läuft oder hinterrücks doch von einer egoistischen Natur manipuliert wird, weil das Reale sich nicht um die von Menschen gemachten Gesetze kümmert? Die Reisenden, die den Ozean der Welt zu erkunden vermeinen, könnten sich ja auch in projektiven Trugbildern verlaufen und, wie die realen Vorbilder der Kantschen Weltenfahrmetapher, auf tausend Arten scheitern. Bezeichnenderweise sieht Terry Eagleton in Kants Erklärung für die intersubjektive Gültigkeit von Urteilen einen Ansatz für ein materialistisches Verständnis von *Ideologien* (Eagleton 1990, S.99ff.): Was sich intersubjektiv artikuliert, ist zunächst nicht mehr als eine subjektiv-partikulare, möglicherweise nur aus einem spezifischem historischem und sozialen Kontext erwachsene Weltsicht.

Daß die Odysseen der menschlichen Erkenntnis nicht sie und huckepack gleich das moralische Subjekt mit in die Fallen einer ihr möglicherweise übel gesonnenen Natur (oder Gesellschaft) führen, darauf muß Kant, wenn er im Pokerspiel um die Rettung der Moral nicht doch noch verloren geben will, ausdrücklich setzen. Er muß deshalb davon ausgehen, daß die Resonanz der Erkenntnisvermögen im Urteilen einen nicht trügenden Bezug auf das 'Übersinnliche' anzeigt und somit auch die Erkenntnis der Naturgesetze im richtigen Sinn inspiriert.

Kant wird in diesem Zusammenhang in seinen Äußerungen ganz vorsichtig. So erklärt er, daß der unbestimmte und unbestimmbare Bestimmungsgrund des Geschmacksurteils „*vielleicht* im Begriffe von demjenigen liegt, was als das übersinnliche Substrat der Menschheit angesehen werden kann“ (1790, S.236f. – Hervorhebung RR). Durch unser Denken seien wir genötigt, das Übersinnliche als Grund der Identität unserer Vermögen anzunehmen, „weil kein anderer Ausweg übrig bleibt, die Vernunft mit sich selbst einstimmig zu machen“ (S.239). Doch letztlich scheint Kant die skeptische Vorsicht weitgehend über Bord zu werfen. Er statuiert, daß im ästhetischen Urteil das übersinnliche Substrat aller Subjektvermögen zum Richtmaß wird, daß offenbar also die Natur selbst, jenseits des Erkennbaren, – „nur das, was bloß Natur im Subjekte ist, aber nicht unter Regeln und Begriffe gefaßt werden kann“ (S.242) – sich zu Wort meldet. Bereits in der Einleitung des Buchs nähert Kant sich solchen Aussagen an. Hier erklärt er, daß die Urteilskraft ihrem übersinnlichen Substrat „Bestimmbarkeit durch das intellektuelle Vermögen“ verschafft (S.LVI). Anscheinend verfügt also die Urteilskraft, im Gegensatz zur Verstandeserkenntnis, irgendwie über einen Zugang zum Übersinnlichen.

Nirgends ist Kant so sehr selbst 'Nachkantianer' wie in solchen Passagen der 'Kritik der Urteilskraft', in denen eine geheimnisvolle Verbindung der inneren (Urteils-) Vermögen des Menschen mit der Wirklichkeit aufscheint. Obwohl oder weil die Urteilskraft keinen Begriff des Realen liefert (und es daher, wie Eagleton interpretiert, nicht verdinglicht), steht sie diesem näher als jegliche Verstandeserkenntnis. Nachdem sie zunächst, entsprechend ihrer nachgeschobenen Stellung in den Kantschen Kritiken, eher zweitrangig erschien, steigt sie in eine Schlüsselposition in Kants Philosophie auf. In seinem Spätwerk gewährt Kant so einem Moment seines Denkens noch sozusagen eine offizielle Funktion, das schon immer eine untergründige zentrale Rolle spielte (s. Riedel 1989).

Die Operation erinnert ein wenig an die Taktik eines Potentaten, der einen Putsch seines zu mächtig gewordenen Geheimdienstchefs fürchtet und ihn ins Kabinett beruft, um ihn wieder einzubinden. Unter dem bescheidenen Titel eines 'Verbindungsmittels' und 'Mittelgliedes' zwischen Verstand und Vernunft (Kant 1790, S.XXf.) zieht die Urteilskraft längst alle Fäden, ihre dienstbare 'Mitte' ist das Zentrum der Macht. Die Palastrevolte im Hause der Philosophie scheint hier ganz nahe zu liegen, der Schritt, den alle Nachkantianer auf jeweils ihre Art vollziehen werden: daß demjenigen Element des Systems, das am ehesten in der Lage scheint, den in der 'Kritik der reinen Vernunft' gekappten Kontakt zum Realen wiederherzustellen, die Würde des obersten Prinzips verliehen wird.

Als ob Kant den Umsturz, dem er selbst den Boden bereitet hat, noch einmal abwehren will, beschreibt oder beschwört er am Ende seiner Abhandlung über die ästhetische Urteilskraft nochmals ausführlich den dienenden Charakter der ästhetischen gegenüber der moralischen Reflexion. So faszinierend Kants Gedanke im Kontext der Philosophiegeschichte ist, so zweischneidig erweist er sich allerdings hinsichtlich der Funktion, die ihm zugedacht ist. Letztlich katalysiert er eine neue Metaphysik, bzw., da die Urteilskraft im Kern ein im klassischen Sinn antimetaphysisches Prinzip darstellt, eine neues transzendentales Setting für die Reflexion des menschlichen Handelns:

Immanent gesehen nur als Krönung seiner Untersuchung des ästhetischen Urteils entwickelt Kant seine Version der Relation der Prädikate 'schön' und 'gut', also des Verhältnisses von dem, was für den Menschen attraktiv, und dem, was für ihn richtig ist. Es handelt sich bei dieser Fragestellung um ein klassisches Thema der Philosophie, das allein einen Faden liefern könnte, die ganze Geschichte des westlichen Denkens daran aufzuziehen. Die Kantsche Philosophie markiert auch in diesem zweieinhalbtausend Jahre alten Diskurs über das Schöne und das Gute einen Wendepunkt. Die Hauptströmung vor ihr ist durch das Muster geprägt, das in der Antike Platon vorgab: Das sittlich gebotene 'Gute' genießt oberste Priorität; zum Glück erweist sich das Gute (jedenfalls für die Braven und Einsichtigen) sowohl als identisch mit dem, was als nützlich beurteilt, wie auch mit dem, was als attraktiv empfunden wird. Dagegen können weite Teile der Philosophie nach Kant als Konzepte gelesen werden, wie der Ästhetik, der unmittelbaren Wahrheit, wie sie im Schönen den Menschen sinnlich oder geistig berührt, ein ontologischer bzw. denkerischer Vorrang gegenüber der Verstandeslogik überlassen werden kann.[191] Noch in der Soziologie als spätem Abkömmling der Philosophie spinnt die Thematik sich vielfach gebrochen fort. In gewisser Weise bildet sie den Hintergrund zentraler heutiger soziologischer Kontroversen und Fraktionen. In den funktionalistischen Ansätzen lebt Kants Ästhetik der 'Zweckmäßigkeit ohne Zweck' in der bewußtlosen Kongruenz von Systemfunktionen weiter[192]. Ihnen stehen die eigenartig unmodern wirkenden Theorien gegenüber, die vor allem die Rationalität von (zum Beispiel kommunikativen) Handlungen thematisieren.

Kants origineller Vorschlag zu dem Thema steht hier buchstäblich auf der Kippe zwischen Klassik und (Post-) Moderne: Kant erklärt im Paragraph 59 der 'Kritik der Urteilskraft' (1790, S.254ff.) das Schöne zum *Symbol* des Sittlichguten. Ein Symbol ist für Kant eine strukturelle und funktionelle Analogie, eine Metapher, die dem anschaulichen Denken einen ansonsten nicht zugänglichen Bereich erschließt. Es projiziert eine Vorstellung in einen abstrakteren Kontext, wobei auch die 'Regel der Reflexion', Verhältnisse und Operationen, auf den symbolisch repräsentierten Gegenstand übertragen wird. Mehr oder weniger entspricht ein Symbol damit dem, was heute *Modell* heißt (für die Gleichsetzung der Begriffe s. Schubert 1989, S.117ff.; vgl. auch den Abschnitt 8.4 zu 'Modellbildung und Simulation').

Zur Darlegung des Symbolverhältnisses, das auf dieser Abstraktionsebene natürlich selbst eine Metapher ist, führt Kant als analoge Elemente des Schönen und des Guten an:

- den unmittelbaren Zugang, den das Subjekt im Geschmacksurteil zum Schönen bzw. als sittliche Vernunft zum Guten hat;
- die Reinheit der jeweiligen Erkenntnis, die in beiden Fällen nicht durch ein Natur-Interesse bewirkt wird;
- die Allgemeinverbindlichkeit der Erkenntnis des Schönen wie des Guten;
- die Freiheit (die Autonomie) der Imagination bzw. des sittlichen Räsonnements als Grundlage der jeweiligen Erkenntnis.

Das Geschmacksurteil soll also für Kant eine symbolische Präsenz, sozusagen ein den Sinnen nahes Emblem des Regiments der sittlichen Vernunft darstellen. Auf der Abstraktionsebene, auf der sich dies abspielt, besagt das Argument der Analogie allerdings wenig anderes, als daß sich eine Gleichartigkeit und Gleichwertigkeit der Vergleichsterme konstatieren läßt. Die Symbolmetapher kann hier die ontologische Priorität des moralischen Vernunfturteils nicht wahren, die sie eigentlich ausdrücken soll. Damit wird fließend, was in der Symbolrelation als Bild und was als Urbild zu gelten hat. Und es bedarf sozusagen nur noch eines denkerischen Hauchs, daß die Dialektik des metastabilen Modells umschlägt, die Metaphorik die Richtung wendet und Bild und Urbild den ontologischen Rang tauschen.

Diesen Shift der Perspektive haben in der einen oder anderen Form alle Nachkantianer praktiziert. Wobei Kant selbst mit der Andeutung eines direkten Bezugs des ästhetischen Urteils auf das Übersinnliche den Wind reichlich säte, der seine alte moralische und ontologische Hierarchie hinwegfegen konnte.

Heute wirkt die Vorstellung einer aus ihrem eigenen Impetus räsonierenden Vernunft nicht nur blaß, wie sie es sicher auch schon zu Kants Zeit tat (und wie Kant es wohl als moralisches Gütezeichen ausgelegt hätte). Sie erscheint vor allem deplaziert, insofern ihr die Idee einer reinen Welt des Geistes, in der Form des Kantschen Reichs vernünftiger 'Zwecke an sich selbst', zugrunde liegt. Das Postulat einer solchen zweiten Welt neben der einen, in der wir materiell existieren, steht heute im Ruch der Hypostasierung unverstandener Sachverhalte und fällt dem Ockhamschen Rasiermesser zum Opfer (dem Mäßigungs- und Ökonomieprinzip für die spekulative Konstruktion nicht wahrnehmbarer Objekte, das Wilhelm von Ockham schon im 14. Jahrhundert formulierte).

In dem Maß aber, in dem die Idee einer reinen Vernunft an Überzeugungsfähigkeit verliert, okkupiert das Schöne endgültig den Rang und die Funktionen, die das Sittlichgute innehatte. Insbesondere nimmt die Leuchtkraft und Faszination der 'anderen', ästhetischen Konzeption Kants von Subjektivität nur noch zu – die Vision eines sich lustvoll gesellschaftlich betätigenden freien Subjekts (die nicht mehr mit der Sphäre eines reinen Geistes verknüpft ist), wie sie Kant in der 'Kritik der Urteilskraft' aus der Introspektion des Erkenntnisprozesses, seiner Regularität wie seiner imaginativen Freiheit, entwickelt hat.

Das ästhetische Urteil resultiert dabei für Kant aus einem Subjekt-Prozeß, „wo Einbildungskraft in ihrer Freiheit den Verstand erweckt, und dieser ohne Begriffe die Einbildungskraft in ein regelmäßiges Spiel versetzt" (1790, S.161). In der 'Anthropologie' formuliert Kant noch dichter, daß in der Subjektivität des ästhetischen Urteils sich spielerische produktive Freiheit, metasinnliche Wahrnehmung, gesellschaftliche Kommunikation und das Gefühl der Lust notwendig verbinden: Im Geschmacksurteil fühle „das Gemüt seine Freiheit im Spiele der Einbildungen (also der Sinnlichkeit); denn die Sozialität mit andern Menschen setzt Freiheit voraus, – und dieses Gefühl ist Lust." (Kant 1798, S.186)

Die Subjekttätigkeit, von der in der Analyse des menschlichen 'reflektierenden' Urteilens die Rede ist, läßt sich deshalb charakterisieren als so etwas wie ein spielerisches Balancieren auf dem Schwebebalken der Vergesellschaftung, ein imaginatives Handeln in einem sozialen Resonanzraum, abstrakter: als eine freie, (meta-) sinnliche Produktivität unter den Bedingungen einer (meta-) sinnlichen Sozialität. 'Bedingungen' darf hierbei nicht im Sinne einschränkender *constraints*, würgender 'Restriktionen', verstanden werden, vielmehr stellen sie ein die Produktivität erst erfahrbar machendes Substrat, das notwendige *setting* für die Subjektprozesse dar. Ich denke, daß sich zwar in einem nachkantianischen Ansatz, aber ganz nah an *dieser* Kantschen Vision vom Subjekt ein weites Feld inbesondere für die pädagogische Theorie und speziell im Hinblick auf didaktische Medien öffnet.

Bevor ich anfangen will, die medien-mythologischen Früchte dieses Feldes zu sichten und einzubringen, sei ein kurzer Blick auf die pädagogische Theoriegeschichte geworfen. Aus heutiger Sicht mag es überraschen, aber die Pädagogik hat sich, mit gravierenden Folgen bis heute, für Kants späte Akzentuierung einer Vorstellung von Erkenntnisprozessen als spielerisch-gesellschaftliche Betätigung von Freiheit anscheinend nicht sonderlich interessiert.

7.3 Das moralisch-ästhetische versus dem ästhetisch-erkennenden, *lernenden*, Subjekt: Pädagogische Optionen

Generell haben die Impulse des Nachkantianismus, was die subjekttheoretische Orientierung betrifft, nur reduziert in die Pädagogik Eingang gefunden. In den revolutionären Jahren um die Wende zum 19. Jahrhundert verweigerten sich die Vordenker der Pädagogik zu einem erstaunlichen Grad den spät- und nachkantianischen Revolten und blieben im Kern der klassischen Kantschen Dichotomie von moralischem Subjekt und Welt verhaftet. Zwar knüpften sie gerade an die 'Kritik der Urteilskraft' an, doch sie interpretierten sie im Sinne der klassischen Vorgaben.

Friedrich Schiller gab den kantischen Ton vor: In den 'Briefen zur ästhetischen Erziehung des Menschengeschlechts' (1795) hebt Schiller die von Kant vorgezeichnete vermittelnde Rolle des ästhetischen Urteilens im Seelenleben des Menschen sogar noch stärker, als Kant selbst es formuliert, hervor. Er sieht die ästhetische Tätigkeit als die im emphatischen Sinne menschliche Seite des Menschen, als den spielerischen, anmutigen, ja ausdrücklich femininen Zug seines Wesens, als sein Herz, das die Versöhnung von Vernunftgründen und sinnlichen Antrieben zuwege bringt. In diesem Zusammenhang findet sich die Sentenz, daß der Mensch nur da ganz Mensch ist, wo er spielt (15. Brief). So sehr allerdings Schiller mit der Schönheit des Spielerischen und der Anmut des Empfindsamen, die nicht durch die Zwänge des amoralischen Naturtriebes geprägt sind, sympathisiert (vgl. auch Schiller 1793), so sehr beharrt er in der Linie seiner Argumentation letztlich auf der moralischen Vernunft als dem obersten Ziel. Zu dessen Verwirklichung sollen das Schöne und das Gute, die bei Kant lediglich in einem abstrakten Symbolverhältnis zueinander stehen und füreinander unverfügbar bleiben, in eine konkrete kooperative Beziehung treten. Sozusagen schließen sich das Schöne und das Gute zum Bunde der Ehe des (weiblichen) Prinzips lebendiger Schönheit und des (männlichen) Prinzips der Vernunft zusammen. Der pragmatische Bezug des Schönen zu den Erscheinungen der Welt kann die menschengemäße Realisierung des moralisch Guten sichern, die Moral des Menschengeschlechtes kann so gehoben werden.

Insbesondere soll auf diese Weise es dazu kommen, daß sich der Staat (als allgemeine Verkörperung der Vernunftprinzipien) auf die Loyalität seiner Bürger gründen kann, die aus ihrer inneren Harmonie erwächst: „Ist der innere Mensch mit sich einig, so wird er auch bei der höchsten Universalisierung seines Betragens seine Eigentümlichkeit retten, und der Staat wird bloß der Ausleger seines schönen Instinkts, die deutlichere Formel seiner innern Gesetzgebung sein." (Schiller 1795, 4. Brief) Eagleton liest dies, daß politische Macht der Subjektivität eingepflanzt werden müsse, wenn sie als Herrschaft gesichert werden soll (Eagleton 1990, S.119).

Vordeutung auf die nachfolgende Pädagogik ist dabei nicht nur, daß ein 'schöner Instinkt' postuliert wird, in dem sich die moralische Staats-Vernunft konkret artikuliert, bei Schiller in Form einer 'anmutigen', frei spielerischen Sinnlichkeit. Als wegweisend stellt sich auch die vorrangige Perspektive auf den 'pädagogischen und politischen Künstler' heraus, „der den Menschen zugleich zu seinem Material und zu seiner Aufgabe macht" (Schiller 1795, 4. Brief). Der 'pädagogische und politische Künstler' ist der Pädagoge und Politiker *als Künstler* und zugleich der wahre Künstler *als Pädagoge und Politiker*, singulär herausgehoben durch beider Funktion, die Harmonie der Bürger mit sich und dem (idealen) Staat zu bewirken.

Aus der erkenntnis- und moraltheoretisch orientierten Philosophie Kants wird bei Schiller unter der Hand eine Theorie der Rolle des Künstlers, der den Menschen eine politisch-pädagogische Orientierung vermittelt. Die Autonomie der

Kantschen ästhetischen Urteilskraft erscheint dabei verharmlost zum Sinn für die *Grazien*, für das 'Anmutige', das Graziöse (und Grazile). Die Konnotation des Femininen, die in Schillers Begriffsfeld des Schönen mitschwingt, drückt hier stets Respekt *und* Diminuation aus[193]. Für Kant verleiht das anarchische Spiel der Imagination – beflügelt und zugleich reguliert durch das gesellige Interesse der Menschen –, der Urteilskraft die Macht eines geheimnisvollen autonomen Erkenntnisquelle mit direktem Zugang zum wahren Sein. Bei Schiller bleibt davon in der Tendenz ein gefälliges Spielen in der Welt eines zauberhaften künstlerischen Scheins. Die Kantsche Urteilskraft ist am Ende nur locker mit der moralischen Vernunft korreliert, indem sie lediglich auf deren Denkmöglichkeit einen metaphorischen Fingerzeig liefert. Die Aktivität des Schillerschen ästhetischen Sinns hat dagegen die dienende Funktion, Vernunft in die Lebenswelt zu tragen. Hinsichtlich der Eindeutigkeit der Hierarchie der Erkenntnisvermögen steht Schiller damit dem Kant der ersten beiden Kritiken näher als Kants eigenes Alterswerk, in dem die ontologische Sprengkraft einer potentiell direkten Verbindung der ästhetischen Urteilskraft mit dem übersinnlichen Realen nur mühsam im Zaum gehalten wird.

Johann Friedrich Herbart, der mit Recht Begründer der Pädagogik als Wissenschaft genannt werden kann (vgl. hierzu und zum folgenden Oelkers 1989), hat das Motiv des pädagogischen Künstlers, der mit seinem 'schönen Instinkt', seinem pragmatischen und zugleich moralischen Feingefühl oder, wie Herbart sagt, mit 'pädagogischem Takt' die Normen der Vernunft in den Niederungen des pädagogischen Alltags zur Geltung bringt, zu einem tragenden Gedanken der pädagogischen Theorie bis heute gemacht (s. auch Ofenbach 1988).

Zwar erklimmt das ästhetische Urteil, dessen Stellung bei Schiller ambivalent ist, doch am Ende subaltern bleibt, im nachkantianischen Denken Herbarts die höchsten metaphysischen Ränge. Für Herbart fließt das ethische Urteil aus dem ästhetischen – „Denn hinter den moralischen Begriffen liegen nothwendig, als erste Grund-Voraussetzung, ästhetische Begriffe verborgen" ('Kurze Encyklopädie der Philosophie' zit. nach Oelkers 1989, S.66). Jedoch beerbt die ästhetische Reflexion in Ethik und Pädagogik Kants moralische Vernunft hinsichtlich der Distanz des Räsonnements zu den konkreten Handlungssituationen. Dabei geht die unbegreifliche und insbesondere nicht in Begriffe faßbare Konkretheit der Prozesse, die im Kantschen Geschmacksurteil wirken, *auf dieser Ebene* verloren.[194]

Andererseits soll der am Allgemeinen entwickelte sittlich-ästhetische Geschmack später auch im Konkreten sich bewähren und sich realisieren: Das genau ist die Erklärung für die Möglichkeit des 'pädagogischen Takts' als einer Vermittlungsinstanz zwischen den Sphären, wobei bei Herbart auf der einen Seite die ethische und wissenschaftlich-psychologische *Reflexion*, auf der anderen Seite das konkrete *Handeln* unter den Bedingungen der Welt steht. Herbart kann auf diese Weise nicht nur eine Lösung für das pädagogische Theorie-Praxis-Problem, modern formuliert das Planungsproblem für durch personale Bezüge gekennzeichnete offene Situationen, präsentieren.[195] In einem Streich begründet er auf der bildungs- und wissenschaftspolitischen Ebene auch die Notwendigkeit einer theoretischen, ethisch-ästhetischen Bildung als Vorbereitung für das praktische Handeln. Insbesondere erscheint die wissenschaftliche Pädagogik legitimiert als notwendiger Hintergrund für die erzieherische Tätigkeit.

Auf diese Weise betätigt sich die Pädagogik *indirekt* als Agent der Vernunft in der Praxis (und kann sich von daher als eine *Angewandte Wissenschaft* definieren). Sie reflektiert dabei die Praxis nicht spezifisch, bietet keine Deduktion aus ihren Begriffen, die bis hinab zur Konkretion des Handelns führte.[196] Stattdessen orientiert sie sich auf den Erzieher, den sie moralisch und ästhetisch ausrüsten will, damit er die letztlich ihm aufgebürdete Last tragen kann.

Spätwirkung dieser in sich ja nicht unplausiblen Konzeption des Verhältnisses von Theorie und Praxis sind die Schwierigkeiten der Pädagogik bis heute, einen adäquaten Begriff des technischen Mediums zu entwickeln. Dieser müßte ja gerade erfassen, was seit Herbart explizit aus ihrem Zuständigkeitsbereich ausgeklammert sein soll: eine Form eines konkreten, materiellen Vorwegbezugs auf die pädagogische Praxis. Der 'pädagogische Takt', der als Vermittler der Theorie in die Praxis wirken soll, ist das genaue Gegenteil eines technischen Mediums. Er hat nichts Konstruiertes, Festes und gerade dadurch der Erosion der Zeit Ausgesetztes an sich (vgl. zum technischen Medium unten), vielmehr agiert er situationsbezogen, personengebunden, spontan-sensitiv. Insofern erscheint er als würdiger Nachfahre des Kantschen spontanen, nicht in Begriffe faßbaren Geschmacksurteils. Stellt er die einzige Form dar, wie pädagogische Reflexion sich in die Praxis einbringen kann, dann sind in der Tat pädagogisch konzipierte technische Medien logisch unmöglich.[197]

Im Hinblick auf die Frage, wie die Medienaporie aufzulösen sein könnte, erweist sich vor allem als bedeutsam, daß in der Herbartschen Problemsicht der Pädagogik das Subjektkonzept, wie auch immer sich die erkenntnistheoretischen und metaphysischen Grundannahmen gegenüber Kant verschoben haben, in einer eigentümlichen Form an Kant orientiert bleibt. Eine Person vollendet nach Herbart sich als freies Subjekt, indem moralische Einsicht und Willen sich verbinden (vgl. Herbart 1835, §8). Im Prinzip bleibt auf diese Weise das kantianische moraltheoretische Verständnis des Subjekts gewahrt. Allerdings ist das Subjektsein des *Zöglings* nur eine ferne, potentielle Endstufe des Bildungsprozesses. Als Subjekt im Erziehungsprozeß betätigt sich der *Lehrer* bzw. *Erzieher, er*[198] steht als solches im Brennpunkt der pädagogischen Reflexion. Allein seine ethisch-ästhetische Subjektivität vermag die der Theorie nicht zugängliche Brücke zum Handeln in der Welt zu schlagen (und dies zu leisten, ist dann auch seine *Pflicht*[199]). Insbesondere kann und muß der Erzieher die sittliche Norm *gegenüber dem Zögling* verkörpern. Von seiner pädagogisch reflektierten Selbst-Bildung zum sittlichen Subjekt hängt damit der Erfolg der Erziehung ab – gewissermaßen muß der Erzieher ein, wenn es so etwas gäbe, pädagogisch funktionales Subjekt werden. Mit Blick auf den Zögling verwahrt sich Herbart dagegen ausdrücklich gegen die Kantsche Vorstellung einer transzendentalen Subjekt-Freiheit (s. §2 u. §5). Der Zögling zeichnet sich lediglich durch Individualität (§4), aber zunächst nicht durch Einsicht und wahre Freiheit (§8), also durch Individualität nur als Besonderheit, nicht als Autonomie, aus.

Die Konzentration auf den Erzieher als ästhetisch-ethisches Subjekt im Bildungsprozeß hat seit dem Beginn 19. Jahrhunderts das pädagogische Denken so stark geprägt, daß auch in einem aktuellen Ansatz, im Versuch eines direkten Rückgriffs auf Kant, das Motiv des freien Erzieher-Künstlers neu akzentuiert wird. Jürgen Courts Vorschlag zur Behandlung der Aporie der *Erziehung zum Subjekt* lautet (1990): Erziehen ist möglich, insofern der Erzieher vermöge seiner Imagination und seiner (primär *teleologischen*) Urteilskraft sich in den Zögling und dessen potentielle Zukunft versetzt.[200] Auf diese Weise könne der Erzieher gewährleisten, daß der vom Zögling gespürte Zwang sich als dialektisch identisch erweist mit dem hinsichtlich des Zöglings angestrebten, zunächst aber nur ihm selbst deutlichen Autonomieziel (das er in *seiner* Freiheit verfolgt). Zur Sicherung der konkreten Vermittlung von Freiheit und Zwang im Erziehungsprozeß greift Court die Auffassung von künstlerischer Tätigkeit als einer freien Individualisierung von handwerklicher bzw. wissenschaftlicher Rationalität (sprich Regel- und Zwanghaftigkeit) auf. Insbesondere nimmt er für den Erzieher die Eigenschaften von Kants *ästhetischer* Urteilskraft, „die den Erzieher als *Künstler* kennzeichnen" (S.356), bzw. in 'gewissem Maß' die Fähigkeiten eines *Genies* in Anspruch – „Der Erzieher benötigt nun ein gewisses Maß an *Genialität*, um beide Pole zu vermitteln" (ebd.).

Entgegen dem Suspens des Subjektstatus der Lernenden bis zum Ende eines (tendenziell unendlichen) Bildungsprozesses, wie er in der nachkantischen pädagogischen Reflexion immer wieder auflebt[201], ist jedoch – aus Gründen der Ethik, aber auch aufgrund der pragmatischen Bildungserfordernisse ebenso wie der Notwendigkeit der Entwicklung einer angemessenen didaktischen Medientheorie – zu fordern,

- daß die *Lernenden* jederzeit als Subjekte konzeptualisiert werden (so daß 'Subjekt-Bildung' und Lernen nicht voneinander getrennt werden können)[202],
- daß daher eine Konzeptualisierung von Lernen gefunden werden muß, die mit einem adäquaten Subjektbegriff verträglich ist,
- und diese zugleich einen realistischen konzeptionellen Raum für die Anwendung technischer, vorab konstruierter Funktionen, (technischer) *Medien*, im Lernprozeß öffnet.

Eine angemessene Auffassung des frei tätigen und dabei insbesondere lernenden Subjekts ist nun, so möchte ich plädieren, der Kantschen Vorstellung von der Subjektivität, die sich im ästhetischen bzw. im reflektierenden Urteil betätigt, abzugewinnen. Dieser Vorschlag läuft darauf hinaus, das Genie, das in der lernenden Person – *jeder* Person – steckt, zum Ausgangspunkt der Konzeptualisierung des Lernens zu machen. Sofern nach Court vom Erzieher qua Funktion Genialität gefordert sein soll, besteht jedenfalls kein Grund, sie nicht von vorneherein stattdessen bzw. auch bei den Lernenden zu suchen.

Der Schlüssel für eine subjektkompatible Sicht des Lernens liegt darin, Lernen als Erkenntnis (-Zuwachs) und insofern Subjekt-Wachstum, prinzipiell nicht verschieden von dem Ereignis, das als wissenschaftliche Entdeckung gefeiert wird, zu qualifizieren.

Kant selbst hatte übrigens ein von dieser Vorstellung deutlich abweichendes, konventionelles Verständnis vom Lernbegriff. Lernen bedeutet für ihn „nichts als

Nachahmen“ und steht daher im genauen Gegensatz zu dem, was für ihn das Genie auszeichnet (Kant 1790, S.183). Kant registriert eine erlernbare Gelehrsamkeit, die durchaus mit Stumpfsinn und Dummheit gepaart auftritt: „Ein stumpfer oder eingeschränkter Kopf, dem es an nichts, als an gehörigem Grade des Verstandes und eigenen Begriffen desselben mangelt, ist durch Erlernung sehr wohl, so gar bis zur Gelehrsamkeit, auszurüsten.“ (1781, Anm. S.172f.) Was als Kant hier mit spöttischem Unterton als Gelehrsamkeit charakterisiert, wäre heute als ‘Expertenwissen’ zu bezeichnen – jedenfalls sofern Expertenwissen das ist, womit die ‘Expertensysteme’ der Künstlichen Intelligenz aufwarten (vgl. Abschnitt 6.4).[203]

Nicht zuletzt mit den Medientechnologien und den aus ihrer Anwendung resultierenden erhöhten Anforderungen auf den Märkten, auf denen Qualifikationen gehandelt werden, hängt sicherlich zusammen[204], daß heute im allgemeinen andere Akzente gesetzt werden, daß ein auswendiges Wissen ohne inwendige begriffliche Aneignung nicht mehr viel und jedenfalls nicht als ‘gelehrt’, gilt. Es existiert aber auch schon eine lange Tradition der Didaktik, die in diesem Sinn Lernen als Bilden eigener Anschauungsweisen und Begriffe auffaßt und anerkennt, daß es auf der gleichen Kreativität und Produktivität wie der Erkenntnisfortschritt der Wissenschaften beruht. Wobei ja auch die Wissenschaften Reprisen nicht mehr geläufiger Beobachtungen und Konstrukte kennen, und prinzipiell sich ihr Fortgang, analog zu den Lernprozessen von Kindern und Erwachsenen, als eine nie endende Kette von Revisionen vorläufiger Sichtweisen erweist.

Im Sinne einer solchen Gleichsetzung von forschender Erkenntnis und Lernen hat etwa der Physikdidaktiker Martin Wagenschein sein Anliegen bereits in einem Vortrag im Jahr 1959 in den Worten zusammengefaßt: „Alles was ich vorschlug, geht darauf aus, das Kind wirklich verstehen zu lehren, bis hin zum Verstehen des Verstehens.“ (Wagenschein 1959, S.127) Wagenscheins forderte das ‘genetische Lehren’, das ein „authentisches Bild der lebenden Wissenschaft“ darstellt (1968b, S.93) und so Kinder bzw. Lernende in die Prozesse eines selbsttätigen, entdeckenden Lernens hineinfinden läßt. Dabei weiß Wagenschein auch schon, daß nur ein diesen Vorstellungen entsprechender Unterricht in der Lage ist, auf die Anforderungen der heutigen Berufspraxis angemessen vorzubereiten: „wir brauchen Menschen, denen vor neuen Aufgabe etwas Klärendes einfällt, und gerade auch vor Aufgaben, die sie selber entdecken. Anspruchsvoller formuliert: Menschen, die gelernt haben, ‘produktiv’ zu denken.“ (S.57) Mit Bezug auf Max Wertheimers Gestaltpsychologie kennzeichnet er diese Fähigkeit ausdrücklich als „ein Vermögen, das nicht dem Genie vorbehalten ist, wenn es auch in ihm seine höchste Steigerung erreicht“ (ebd.). Oder, um es in Comenius’ Worten zu sagen (so wenig diese Ansicht mit dessen mechanikförmiger Beschreibung des Bildungsvorgangs integriert war): Die menschliche Natur ist *tota activa*, und darauf muß das Lehren aufbauen.

Die hergebrachte Vorstellung vom rezeptiven, ‘mechanischen’ Lernen wird in dieser Sicht zum Grenzfall eines aktiven Subjektlernens, der nicht problematisiert werden muß, weil bei ihm die Eigenaktivität der Lernenden als selbstverständliche Voraussetzung gewährleistet ist.[205] Wagenschein spricht davon, daß im Unterricht auch schlicht Informationen zur Kenntnis gegeben werden können, sofern sie auf 'genetisch-sokratisch-exemplarische Bildungs-*Pfeiler*' (S.92) aufsetzen können. Grundsätzlich beruft er sich auf Kant, der weiß: „nur so viel sieht man vollständig ein, als man nach Begriffen selbst machen und zu Stande bringen kann" (Kant 1790, S.309; Wagenschein 1959, S.116). Und, so wäre als Wagenscheins Prämisse hinzuzufügen, *Einsicht*, nicht etwa mechanische 'Gelehrsamkeit', nicht Nachreden- oder Nachplappernkönnen (oder eine informationstechnische 'Wissenssimulation'), ist das grundlegende Lehrziel.[206]

Die These, die ich im folgenden entfalten möchte, lautet also, daß in Kants Vorstellung der Subjektaktivität des Urteilens sich nicht nur die Tätigkeit des Forschergenies bei exzeptionellen Erkenntnissen der Wissenschaften einfügt (wie etwa Archimedes' Entdeckungen in der Hydrostatik, wie ich sie als Betätigung des reflektierenden Urteilsvermögens interpretiert habe). Vielmehr sollte jedes Lernen als eine Erweiterung der operativen und kommunikativen Fähigkeiten von Subjekten aufgefaßt werden, als 'Archimedische Erkenntnis', daher auch per se mit einem Glücksgefühl verbunden. Auf diese Weise wäre eine pädagogische Konzeptualisierung von Lernen zu gewinnen, in deren Zusammenhang, wie zu zeigen sein wird, technisch konstruierte Medien zu einer Art 'schwacher', dafür jedoch in gewisser Weise konzeptionell kompatibler und in ihrer potentiellen Funktion begreifbarer Instrumente im Lernprozeß werden können.

7.4 Mythos vom Lernen von Subjekten

Es sei resümiert, um anschließend den beteiligten Prozessen noch näherzukommen: Auf der Bühne, auf der die Vorstellung 'wissenschaftliches Entdecken' gegeben wird, läßt Kant als Hauptfigur das ästhetisch-reflektierend urteilende Subjekt, in Gesellschaft seiner Mitsubjekte, agieren. Spielerisch betätigt es einerseits die Einbildungskraft, andererseits das Vermögen der Begriffe. Und strebt nach dem Einklang der beiden Vermögen, nach ihrer durch das Gefühl der Lust angezeigten und anstrebenswert gemachten, selbst primär nicht begrifflich faßbaren Resonanz, die in einer unergründlichen Weise zugleich eine Harmonie mit der Natur anzeigt.

Die Einbildungskraft fungiert dabei als das schöpferische, spontane, fließend-verfließende, ungestüme, ja anarchische, dabei auf Kommunikation gerichtete Moment im Subjekt. Sie kann 'produktiv und selbsttätig' wirken und 'Urheberin willkürlicher Formen möglicher Anschauungen' sein (Kant 1790, S.69). Sie kann 'ungesucht und zweckmäßig' (S.72), frei (S.73) spielen. Ihr Spiel ist schnell vorübergehend (S.198). Gerade in seinen höchsten Formen zielt es auf eine 'erweiterte Denkungsart' (S.158), auf Einbeziehen der Standpunkte aller anderen Personen, auf Mitteilbarkeit und Geselligkeit. In der Spontaneität ihres Spiels verknüpft die Einbildungskraft geistige Anschauungen und erzeugt auf diese Weise komplexe Vorstellungen (als 'Synthesis des Mannigfaltigen'; s. auch Kant 1781, S.129f.).

Der Verstand, das Vermögen der Begriffe, verkörpert demgegenüber die Regel- und Gesetzmäßigkeit von Vorstellungen als Bedingung jeglicher Erkenntnis. Er sorgt „für die Einheit des Begriffs, der die Vorstellungen vereinigt" (Kant 1790, S.28). Nicht in der Natur (und auch nicht in der Einbildungskraft, jedenfalls wie sie sich bemerkbar macht[207]), sondern in ihm soll also der Grund der *Identität* der verfließenden Vorstellungen liegen.

Wie Kant in der 'Kritik der reinen Vernunft' ausgeführt hat, beruht die Möglichkeit des Begriffs, das heißt der in der Zeit andauernden Denkbarkeit eines Gegenstandes, darauf, daß ein Subjekt (ein Bewußtsein) die Synthesen, die die Imagination an einer Reihe von Vorstellungen vornimmt, als eine *identische Handlung seiner selbst* erfährt. Es eignet sie sich auf diese Weise an, *apperzipiert* sie als 'begriffen'. Die Möglichkeit eines Herantragens der *bewußten* Identität an die Vorstellungen ist entscheidend: „Ohne Bewußtsein, daß das, was wir denken, eben dasselbe sei, was wir einen Augenblick zuvor dachten, würde alle Reproduktion in der Reihe der Vorstellungen vergeblich sein." (Kant 1781, 1.Aufl. S.103)[208]. Und die Einheit, als die ein Gegenstand begriffen wird, könne nichts anderes sein als „die formale Einheit des Bewußtseins in der Synthesis des Mannigfaltigen der Vorstellungen" (1. Aufl. S.105). Mithin ist sie eine Funktion der Identität des (transzendentalen) *Subjekts*.

Bereits im gewöhnlichen (Wieder-) Erkennen sind nach Kant Einbildungskraft und Verstand – in der Produktion der sinnlichen Vorstellung bzw. der Stiftung von deren Identität – am Werk[209]. Wenn etwa Archimedes am Abend eines heißen Syrakuser Tages zufrieden beobachtet haben mag, daß sein Haussklave ihm das Bad bereitet hat, so synthetisierte seine Einbildungskraft unter anderem die Vorstellung des erfrischenden *Wassers*, das in der Badewanne ist. Dabei gab sie nicht nur – als 'reproduktive Einbildungskraft' – wieder, was ihm seine Sinne vermittelten (so daß es über den jeweiligen Augenblick des Sinneseindrucks hinaus seinem Bewußtsein zur Verfügung stand). Vielmehr komplettierte, organisierte, ja fabrizierte sie in wesentlichen Zügen aus sich heraus – als 'produktive' oder 'bestimmende' Einbildungskraft – diese Vorstellung. Dies geschah dabei mit Bezug auf einen (gegebenen oder möglichen) Begriff: Sie generierte sie als Glied einer Reihe potentieller Vorstellungen, deren Einheitstitel 'Wasser' lautet.

Die virtuelle Gesamtheit, die eine solchen Vorstellungsreihe bildet, bzw. deren Erzeugungsmuster, das der Verstand in der Erkenntnis eines Gegenstandes (unwillentlich) abruft und aktualisiert, nennt Kant das *Schema* zum entsprechenden Begriff. Der 'Schematismus des Verstandes' – die Fähigkeit, solche Schemata zu erzeugen und aktuell zu betätigen – ist eines der großen Rätsel, vielleicht das Rätsel des Geistes. Kant charakterisiert ihn als „eine verborgene Kunst in den Tiefen der menschlichen Seele, deren wahre Handgriffe wir der Natur schwerlich jemals abraten, und sie unverdeckt vor Augen legen werden" (S.180f.) Das Schema wirkt als eine spezifische Restriktion der Imagination, als eine (implizite) „Regel der Bestimmung unserer Anschauung, gemäß einem gewissen allgemeinen Begriffe" (S.180). Nach Kant existiert eigentlich nicht eine Bedeutungskorrespondenz zwischen Allgemeinbegriff und konkretem Objekt (bzw. konkretem Bild des Objekts), sondern zwischen Begriff und Schema des Objekts. Exemplifiziert am Beispiel des Begriffs 'Hund': „Der Begriff vom Hunde bedeutet eine Regel, nach welcher meine Einbildungskraft die Gestalt eines vierfüßigen Tieres allgemein verzeichnen kann, ohne auf irgend eine einzige besondere Gestalt, die mir die Erfahrung darbietet, oder auch ein jedes mögliche Bild, was ich in concreto darstellen kann, eingeschränkt zu sein." (Ebd.)[210]

Archimedes oben beschriebene hydrostatische Badewannenentdeckung läßt sich jetzt so formulieren, daß sein Geistesblitz seine Imagination auf ein neues Erzeugungsschema von Bildern von Körpern brachte, das zugleich im veränderten Begriff des Körpers einen entsprechenden Einheitsnenner fand. Im ästhetisch-reflektierenden Urteil, das neue Erkenntnisse verschafft (bzw. in seiner Reinform das Subjekt in spielerischer Kommunikation ohne Objekterkenntnis umtreibt), bildet sich also in dieser Terminologie das 'Schematische Vermögen' der Imagination in Korrespondenz zum begrifflichen Vermögen fort.

Sofern nun Einsicht und Erkenntnis, *Lernen*, sich auf diese Weise deuten läßt, gilt dies sicherlich nicht nur auf dem Niveau der Wissenschaften bzw. des forscherischen Genies. Bereits die Parallelität der Wirkungsweise des allgemeinen menschlichen Erkenntnisvermögens, wie in der 'Kritik der reinen Vernunft' analysiert, und der Quellen des ästhetisch-reflektierenden Urteils, laut 'Kritik der Urteilskraft', verbietet eine strikte Trennung der beiden Aktivitäten von Subjekten.[211]

Zur Illustration der prinzipiellen Gleichartigkeit des Lernens auf unterschiedlichem Niveau sei eine Beobachtung eines Lernerlebnisses angeführt, bei dem nach herkömmlicher Auffassung sich gewiß keine das gewöhnliche menschliche Vermögen überragende Intelligenz betätigte. Zu beachten ist dabei, daß, wie Kant bemerkt, Erkenntnis auch auf unvollkommenen oder dunklen Begriffen beruhen könne, sofern ein Bewußtsein der Identität der Regel sich einstellt (vgl. 1.Aufl. S.106):

Nicht wesentlich von dem, was mit Archimedes in der Badewanne geschah, scheint sich, soweit von außen zu beurteilen, zu unterscheiden, was sich in einer von Jürgen Lethmate geschilderten Episode mit Tuan abspielte. Bei Tuan handelte es sich allerdings – um einen Orang-Utan. Dessen Verhalten angesichts seines Spiegelbildes (wie ähnlich auch bei anderen Menschenaffen beobachtet) läßt sich kaum anders deuten, als daß er sogar über einen Ichbegriff bzw. ein Ichschema verfügte, in das er sein Körperbild integrieren konnte. Nachdem Tuan zunächst sich aggressiv oder scheinbar gleichgültig gegenüber einem Spiegel zeigte, der in seinem Käfig angebracht worden war, erkannte er auf einmal *sich* in seinem Spiegelbild: „Nach einer Woche [...] hielt er plötzlich mitten in der Bewegung inne und öffnete und schloß nun sehr langsam den Mund – achtmal hintereinander, wobei er äußerst konzentriert hinschaute. Anscheinend hatte er nun erfaßt, wen er da sah." (Lethmate 1994, S.84) Diese Interpretation wurde bestätigt, indem man Tuan heimlich etwas Farbe auf die Stirn tupfte: „Er stutzte, als er später wieder in den Spiegel sah, und rieb die Farbe ab." (Ebd.)[212] Die prinzipiell gleiche Qualität von Subjektveränderung, von Einsicht und Erkenntnis, wie bei wissenschaftlicher Erkenntnis existiert anscheinend sogar bei anderen Hominoiden als dem Menschen (und auch für sie wäre demnach jedenfalls in dieser Hinsicht die Subjekteigenschaft in Anspruch zu nehmen).

Subjektlernen läßt sich, so ist festzustellen, grundsätzlich so verstehen, daß das Subjekt generative Schemata seiner Imagination erwirbt, denen im Verstand (potentiell) Begriffe entsprechen. Wobei die Rede vom 'Erwerb' eines Schemas eine Schieflage in Richtung der lerntheoretischen Traditionen aufweist – sie klingt, als könne das Subjekt sich ohne eigene, gegenstandsspezifische Aktivität ein Wissen oder eine Fähigkeit einverleiben oder gar als Tauschwert einkaufen. Besser sollte der Lernprozeß gedeutet werden, daß im Lernen die frei und kommunikativ spielende, nicht planbare, immer neu sich artikulierende Imagination sich in fragiler Wechselwirkung mit dem Verstand *selbst strukturiert*: sich auf gewisse, mehr oder weniger in explizite Begriffe faßbare Einheitsformen bringt, sich gleichsam auf imaginative, im Akt der Erkenntnis realisierte begriffliche Fluchtpunkte hin perspektiviert. Oder, mit der schon mehrfach zitierten Formulierung Kants, das Urteil (das ein Verstehensakt ist) beruht darauf, daß die „Einbildungskraft in ihrer Freiheit den Verstand erweckt, und dieser ohne Begriffe die Einbildungskraft in ein regelmäßiges Spiel versetzt" (1790, S.161).

Es geht letztlich um den Unterschied zwischen (Subjekt-) Lernen als einer verstehenden, produktiven, 'imaginativ-schematischen' Adaptation eines Sachverhalts und andererseits der mechanischen Simulation solchen Lernens, wie sie dem immer noch dominanten objektivistischen Lernbegriff genügt. Wobei auch Personen, gerade in institutionellen Kontexten, gern Lernen simulieren – und dadurch ein Verständnis des von ihnen *sozial Geforderten* beweisen. Der Unterschied wirkt sich genau in dem Moment aus, an dem die Didaktik, im Wissen um die kruziale Bedeutung für den Erfolg der Lehre, den 'Transfer' des 'Gelernten', sprich des Vor- und Nachexerzierten, auf neue Aufgaben erhofft. Kantianisch gesprochen, stellt sich dann heraus, ob ein Schema gebildet oder nur die Vorgaben imitiert wurden.

Zur genaueren Anbindung dieser Skizze des Subjektlernens an die Kantsche Terminologie sind noch zwei Konzepte zu diskutieren und in den Kantschen Kontext zu stellen, die *ästhetische Idee* und das *Genie*.

Ursache (oder Inbegriff) der Regularitäten der Einbildungskraft, die im Urteilsakt sich zeigen, sind nach der Analyse in der 'Kritik der reinen Vernunft' gerade die Schemata der Einbildungskraft bzw. der Schematismus des Verstandes. Kant sieht das Schema allerdings hauptsächlich unter dem Aspekt, daß es einem gegebenen Begriff nach- oder untergeordnet ist. Für die untergründigen Feuer der Imagination, die den konsolidierten Begriffen *vorausgehen* und immer wieder über sie hinausweisen (die gleichsam alle Vorstellungen der Einbildungskraft in ihr strukturierendes Licht tauchen), wählt er daher in der 'Kritik der Urteilskraft' einen anderen Terminus, die *ästhetische Idee*: „unter einer ästhetischen Idee aber verstehe ich diejenige Vorstellung der Einbildungskraft, die viel zu denken veranlaßt, ohne daß ihr doch irgend ein bestimmter Gedanke, d.i. *Begriff* adäquat sein kann, die folglich keine Sprache völlig erreicht und verständlich machen kann" (S.192f.) Indem die Einbildungskraft mit einem Begriff eine ästhetische Idee verbindet, werde der Begriff „auf unbestimmte Art ästhetisch erweitert", die Einbildungskraft werde schöpferisch und bringe das Vermögen intellektueller Ideen in Bewegung (S.194).[213]

Im Vergleich zum Schemabegriff akzentuiert die 'ästhetische Idee' also das kreative Moment der Imagination, Geist als tätige, lebendige Funktion. Insbesondere weist der Begriff darauf hin, daß Begriffe ihre Gegenstände nur als identische *an-*, aber nicht in ihrer ganzen Bedeutung *aussprechen* können, sie nur Denotationen, aber nicht die Konnotationen erfassen.

Eine ästhetische Idee läßt sich daher auch nicht durch schlichtes Bezeichnen tatsächlich mitteilen und in einen sozialen Raum tragen. Jedoch kann mit Symbolen und Metaphern an die Imagination appelliert und sie so zur Nach-Bildung einer ästhetischen Idee animiert werden. Kant beschreibt, daß etwa in den bildenden Künsten und der Dichtung eine Darstellung bzw. die Rede vom 'Adler des Zeus' oder vom 'Pfau der Hera' das Gemüt belebe und, anknüpfend an einen Begriff, „die Aussicht in ein unabsehliches Feld verwandter Vorstellungen eröffnet" (S.195). Dies erklärt, so möchte ich ausdeuten, warum speziell literarische Texte intensiv mit Metaphern und anderen Verfremdungen arbeiten. Bekanntlich wäre es tröge, in einem Gedicht zum Beispiel gerade heraus vom Sichverlieben zweier Menschen zu sprechen. Dagegen könnte ein Ausdruck wie 'Frühlingsatem' Sentimentalität und Phantasie anregen, so daß das Gemeinte viel deutlicher als bei korrekter Benennung zu spüren ist. Sozusagen neckt und weckt das verfremdende Umspielen einer ästhetischen Idee das spielerische imaginative Vermögen im Adressaten und regt potentiell zur ihrer eigentätigen Re-Generierung an.

Im Hinblick auf die originale Ausdrucksfähigkeit in den schönen Künsten führt nun Kant das Konzept des *Genies* ein (S.181). Er erklärt Genie letztlich gerade als das Vermögen ästhetischer Ideen (wörtlich S.242). Das Genie bestehe „in dem glücklichen Verhältnisse, welches keine Wissenschaft lehren und kein Fleiß erlernen kann, zu einem gegebenen Begriffe Ideen aufzufinden, und andrerseits zu diesen den *Ausdruck* zu treffen, durch den die dadurch bewirkte subjektive Gemütsstimmung, als Begleitung eines Begriffs, anderen mitgeteilt werden kann" (S.198). Dadurch fasse das Genie das 'schnell vorübergehende Spiel der Einbildungskraft' auf. Es verschafft ihm Dauer in der Identitätsregel eines Begriffs, den es neu bildet (vgl. S.198f.).

Wenn das Genie, wie Kant betont, sich durch 'musterhafte Originalität' auszeichnet (vgl. etwa S.200), so ist dieser Vorbildcharakter allerdings als sekundäres Attribut anzusehen. Denn das 'Vermögen ästhetischer Ideen', das das Genie ausmacht, stellt im Kern offenbar das gleiche Vermögen dar, das Kant in der 'Kritik der reinen Vernunft' als 'Schematismus des Verstandes' anspricht. Die Gemütskräfte, die nach Kant („in gewissem Verhältnisse") zusammen das Genie konstituieren, sind ebenso Einbildungskraft und Verstand (S.198), wie sie auch das Geschmacksurteil des 'gemeinen und gesunden Verstandes' begründen („den man bei jedermann voraussetzen darf", S.155). Letztlich scheint es nach Kant lediglich an dem *Verhältnis*, der *Proportion*, dieser Erkenntnisvermögen zu liegen, ob ein 'gemeiner Verstand' oder ein Genie herauskommt (vgl. ebd. und S.198). Das Genie soll auf einer besonders gelungenen Mischung beruhen, in der vor allem die Imagination eine große Rolle spielt.[214]

Der Mythos des Lernens einer Person, wie er sich im Anschluß an die Kantschen Konzepte ergibt, läßt sich somit schließlich formulieren, daß sie *quasigenial ihr Vermögen ästhetischer Ideen und korrespondierend ihr begriffliches Vermögen betätigt und entwickelt.*[215]

Die Frage steht jetzt an: wie vorstellbar sein kann, in den so verstandenen Lernprozeß durch technische Medien einzugreifen. Vor einem Versuch der Antwort ist jedoch, im Rahmen des hier Möglichen, der historisch-kantische Horizont zu weiten. Wenigstens mit einigen Hinweisen möchte ich darlegen, daß die Kantsche Perspektive auf das 'Leben des Geistes' (vgl. Arendt 1977a und 1977b) nichts von ihrer Aktualität eingebüßt hat und auch heute legitimerweise als Ausgangs- und Bezugspunkt für Reflexionen über Erkenntnis und Lernen dienen kann. Kants Sicht stößt in gewissen aktuellen Diskussionen und Untersuchungen nicht nur auf starkes Interesse, sondern wird erneuert und bestätigt. Durchaus überraschend – und für die Medienfrage höchst relevant – stellt sich dabei heraus, daß die kognitionsorientierten, traditionell unter Idealismusverdacht stehenden Konzepte Kants sich in natürlicher Weise auch mit Vorstellungen der Materialität und Leibgebundenheit des Denkens verbinden.

Hannah Arendts Politische Philosophie, deren überragende Bedeutung erst allmählich wahrgenommen wird, bildet sicherlich die wichtigste Gelenkstelle, über die Kantsche Konzepte in den heutigen Diskurs von Geistes- und Sozialwissenschaften einfließen. Wie erwähnt, bezieht sich Arendt zentral auf die kommunikative und sozialitätsstiftende Funktion des Urteilens des Kantschen (ästhetischen) Subjekts. In einer Zeit, in der technische Systeme und Technik generell zum dringenden Gegenstand ethischer Überlegungen geworden sind, hat Kants 'Kritik der Urteilskraft' außerdem technikphilosophische Reflexionen unterschiedlichster Art angeregt.[216]

Ich möchte aber im folgenden vor allem noch einmal auf das kognitivistische Paradigma und die Auseinandersetzung mit ihm zu sprechen kommen. Auch im *mainstream* des Kognitivismus finden sich Schlüsselkonzepte der Kantschen Vorstellung des Erkenntnisprozesses, allerdings verzerrt, wieder. Gegen die mechanistische Verkürzung werden in der aktuellen Diskussion implizit oder explizit originale Kantsche Positionen ins Feld geführt. Diese Debatten spielen sich heute im Feld derjenigen Wissenschaften bzw. ihrer philosophischen Reflexion ab, die nach heutigem Verständnis am ehesten als 'Geistes-Wissenschaften' zu bezeichnen wären, in der Linguistik und in der Psychologie und Physiologie der Kognition[217]:

Gerade der für Kants Vorstellung vom Urteils- und Erkenntnisprozeß zentrale Schemabegriff hat in der Kognitionspsychologie Karriere gemacht und wurde dort zu einem der grundlegenden Konzepte.[218] Die virtuelle Vorstellungsgesamtheit, für die das Schema bei Kant steht, ist freilich im aktuellem Kognitivismus, entsprechend seiner Ausrichtung auf die Modellierung des Geistes mit den Mitteln des Computers, zu einer mathematisch definierten Relation von Merkmalen erstarrt[219]. Deren Zusammengehörigkeit erscheint nur noch als beliebige, höchstens empirisch begründbare Kombination, die dann formalisiert und mechanisiert bearbeitet werden kann. Wie generell mit dem Computermodell des Geistes landet der Kognitivismus damit in den Widersprüchen seines Ansatzes.[220]

Aus kantianischer Sicht ist zu kommentieren: Indem die Zusammengehörigkeit von Vorstellungen nicht aus der sich stets neusetzenden Einheit einer perspektivischen Projektion, einer Subjekthandlung, entspringt, verfehlt das kognitivistische Konzept das Wesen von Erkenntnis und Lernen.[221] Daß Denken auf die dialektische Einheit des imaginativen Handlungsraums eines Subjekts angewiesen ist, faßt auch genauer, wie die Argumentation im Kapitel 6 zur Unmöglichkeit der Intelligenz von Maschinen an den (erkenntnisorientierten) Subjektbegriff Kants anzuschließen ist. Eine Maschine verfügt – im Gegensatz vermutlich auch zu den näheren Tierverwandten der Menschen – nicht über ein Bewußtsein ihres Handelns, das alternative Handlungsmöglichkeiten einschließt. Deshalb kann sie imaginativen Synthesen nicht die benötigte 'Einheit des Mannigfaltigen' verschaffen. Eine mechanische Assoziation von Speicherinhalten bietet hierfür keinen Ersatz. In ihr existieren mehrere potentielle Handlungen nur additiv als räumliche oder zeitliche Serie, sie sind nicht wirklich als *gleichzeitige, integrale Möglichkeit* präsent. Daß der Maschine zugleich fehlt, was Kant die *Spontaneität* der produktiven Einbildungskraft nennt, ist in einer unerforschten Tiefenschicht des Realen möglicherweise die andere Seite der gleichen Medaille.[222]

Die zentrale These Roger Penroses (s. Penrose 1989 und 1994) besagt nun, daß gerade diesen metaphorischen, immer partiell undeutlich bleibenden Redeweisen, die versuchsweise die „verborgene Kunst in den Tiefen der menschlichen Seele" (Kant 1781, S.180) ausloten, eine physikalische Realität zugeordnet werden kann, die quantentheoretisch exakt beschreibbar wäre. Die geheimnisvolle Tätigkeit des menschlichen Geistes in der Form, wie sie bei Kant geschildert ist, ließe sich zumindest prinzipiell mit physikalischer Genauigkeit erfassen.

Penrose muß allerdings zugunsten dieser Auffassung so weit gehen und annehmen, daß die Quantenmechanik, die in der Physik heute meist als exakt angesehen wird, nur approximativ gilt. Er postuliert für sie also den analogen Status, wie ihn die Newtonsche Mechanik gegenüber der aus heutiger Sicht 'wahren', Einsteinschen Mechanik besitzt, für die die alte Theorie nur unter bestimmten Bedingungen eine brauchbare Näherung liefert. In den beiden genannten Abhandlungen legt er ausführlich dar, inwiefern und in welcher Richtung er eine Modifikation der Quantentheorie für möglich und notwendig hält. Neben innerfachlichen und philosophischen Argumenten gegen die Standardinterpretation der gegenwärtigen Quantentheorie ist für ihn die Feststellung zentral, daß mit der derzeitigen Physik Bewußtseinsphänomene nicht erklärbar sind. Die Nichtimitierbarkeit schon des mathematischen bewußten, einsichtsvollen Denkens durch jeden nach den bekannten physikalischen Gesetzen gebauten Computer läßt sich streng logisch nachweisen (vgl. Kapitel 6.2). Unter der Voraussetzung, daß, was immer sich ereignet, letztlich durch physikalische Gesetze bestimmt sein soll, folgt bereits hieraus das Ungenügen der gegenwärtigen Physik.

Im Rahmen einer erweiterten Quantenmechanik als einer universellen physikalischen Theorie sollte sich umgekehrt daher das Bewußtsein mindestens im Prinzip mit Quanteneffekten erklären lassen. Wobei freilich durchaus nicht klar ist, wie 'Erklärungen' bzw. wie eine allgemeine Maschine in einer Theorie aussehen werden, die die Paradoxien der heutigen Quantentheorie[223] umfassen würde. In seinem neueren Buch unternimmt Penrose sogar den Versuch, die Quanteneffekte, auf denen das Bewußtsein beruhen soll, konkret in den biologischen Strukturen zu lokalisieren. Die Mikrotubuli der Neuronenfasern, gewisse Proteinstrukturen, die am Aufbau des Zellskeletts beteiligt sind, identifiziert er als einen Ort, an dem jedenfalls nach dem gegenwärtigen Wissensstand nicht auszuschließen ist, daß nichtklassische physikalische Effekte auftreten. Im Kontext einer erweiterten Physik könnten diese als Grundlage eines Systems, das Geist entwickelt, tatsächlicher einer 'Geist-Maschine', gedeutet werden.

Penroses Überlegungen fortspinnend ließe sich spekulieren, daß in der realen Koexistenz quantenphysikalischer Zustände, die nach dem klassischen Weltbild sich gegenseitig ausschließen, insbesondere eine reale Entsprechung der schwierigen Vorstellung liegen könnte, daß Denken auf einer realen Identität in der 'Synthesis des Mannigfaltigen' beruht. Nicht nur die Kantschen Mythen vom Erkenntnisprozeß würden sich so möglicherweise physikalisch näher fassen und in irgendeiner Weise empirisch stützen lassen. Es erführe gewissermaßen sogar Descartes Gedanke eine späte Genugtuung, der ihn den Geist als *res cogitans* der Materie als *res extensa* gegenüberstellen ließ: Es würde sich physikalisch bestätigen, daß, was wir als 'Denken' und Bewußtsein erfahren, tatsächlich nicht als Leistung von etwas angesehen werden kann, das in klassisch-räumlicher Manier (wo Erstreckung über einen Raum stets Nichtidentität bedeutet) 'ausgedehnt' ist. Allerdings: Denken erwiese sich dennoch als komplett der Materie verbunden, einer Materie freilich, deren Möglichkeiten weit über das ihr in den klassischen Begriffen Zugestandene hinausginge.

Ebenfalls eine erstaunliche Aktualisierung, obgleich in anderem Diskurskontext und mit anderer Zielrichtung, erfahren Kantsche Positionen in den Untersuchungen Mark Johnsons im Umfeld der Linguistik, insbesondere seiner Studie 'The Body in the Mind' (Johnson 1987). Johnson unternimmt es – als Teil der vielfältigen Protestbewegung gegen das rationalistische Paradigma, das im Kern die Leiblichkeit des Menschen für irrelevant hält[224] – die zentralen Begriffe der kognitiven Theorien körperorientiert neu zu fundieren. Die Ahnung von einer tiefen Materiegebundenheit geistiger Prozesse, wie sie bei Penrose[225] in einer spekulativen Physik zum Ausdruck kommt, erscheint dabei konkreter und, jedenfalls beim augenblicklichen Stand der Physik, auch möglicherweise empirisch greifbarer.

Johnson knüpft dabei explizit am Kantschen Konzept der Einbildungskraft und ihres Schematismus an. Er greift gewissermaßen Kants zweihundert Jahre alten Hinweis auf – „Daß die Einbildungskraft ein notwendiges Ingrediens der Wahrnehmung selbst sei, daran hat wohl noch kein Psychologe gedacht. Das kommt daher, weil man dieses Vermögen teils nur auf Reproduktionen einschränkte, teils, weil man glaubte, die Sinne lieferten uns nicht allein Eindrücke, sondern setzten solche auch so gar zusammen, und brächten Bilder der Gegenstände zuwege" (Kant 1781, Fußnote 1.Aufl. S.120) Und gerade die in diesen Kantschen Vorstellungen angesprochenen kognitiven Prozesse stellt er vom Kopf auf ihre leiblichen Füße:

Wie für Kant ist für Johnson Erkenntnis weder etwas Beliebiges ohne objektiven Gehalt noch kann sie sich, im Sinne der objektivistischen Tradition, auf eine gegebene Welt als ihr Korrelat stützen. Vielmehr beziehe sie sich auf Produkte der Imagination. Diese seien aber nicht Phantastereien, sondern entsprängen der körperlichen und sozialen Genese des Vorstellungsvermögens des Subjekts. Und von daher trage Erkenntnis bereits, bevor überhaupt eine Spaltung zwischen Subjekt und Objekt bzw. zwischen verschiedenen Subjekten entstehe, *in sich* eine Form einer vermittelten (aber im Vermittlungsprozeß nicht eindeutig bestimmten) Intersubjektivität und Objektivität.

An einer Reihe von Beispielen, wie *Innen und Außen, Kraft, Zwang, Verbindung*, analysiert Johnson, wie sich abstrakte Begriffe bzw. die zugehörigen imaginativen Schemata in elementaren Körpererfahrungen bilden. Entscheidend ist für ihn die Überlegung, daß die Begriffe auch in ihrer abstrakten Verwendung nicht, wie es die hergebrachte Deutung will, 'nur' metaphorisch gebraucht werden. Sie seien nicht lediglich 'Zeichen' für etwas Objektives, das auch unabhängig von ihnen diskutier- oder erkennbar wäre. Sondern sie sprechen Schemata an, das heißt, *rühren an* oder *betätigen* Schemata, welche *selbst* das Referenzuniversum, über das verhandelt wird, konstituieren. Unsere Erkenntnis hat nach Johnson keinen anderen Gegenstand, als was sie sich in einem Gewebe von Bedeutungserweiterungen, -verschiebungen und -projektionen ursprünglich rein körperlicher – als solche aber durchaus intersubjektiver – Erfahrungen selbst erschafft[226]. In *diesem* Sinn ist sie grundlegend metaphorisch und metonymisch strukturiert.

Johnson resümiert: „On the account I have sketched, objectivity is thus made possible by the public nature of image-schematic and basic-level structures of understanding, and the metaphoric and metonymic projections based upon them. Objectivity does not require taking up God's perspective, which is impossible; rather, it requires taking up appropriately shared human perspectives that are tied to reality through our embodied imaginative understanding." (S.212)[227]

An dieser Stelle ist nun auch angezeigt, den Kreis zu den metatheoretischen Erörterungen des Kapitel 3 zu schließen: Die Kantschen Welt-Schemata, die kohärent erscheinenden Perspektiven, die auf 'körperlich verankertem imaginativen Verstehen', wie Johnson formuliert, beruhen, sind nichts anderes, als was sich im Sinne des Kapitel 3 in den *Mythen*, die eine Theorie prägen, artikuliert. Die hintergründigen Schemata unserer Erkenntnis finden, wie auch Kant es sah, primär ihren Ausdruck in poetischen, exemplarischen, symbolhaften Formen, bevor sie sich möglicherweise im ruhigeren Fahrwasser des theoretischen Wissens etablieren lassen. Die 'Arbeit am Mythos', die ich als wesentliche Aufgabe von Wissenschaft gekennzeichnet habe, bedeutet nun gerade, sich, mindestens probehalber, von überkommenen Orientierungen zu lösen, sich neue Perspektiven, neue Schemata der Erfahrung zu erschließen – mit anderen Worten, den in sich höchst befriedigenden, dennoch im Abschied von liebgewordenen Vorstellungen schmerzhaften Genieprozeß der Produktion ästhetischer Ideen in Gang kommen zu lassen.

Wenn Lernen grundsätzlich als quasigeniale Betätigung des Vermögens des Verstehens zu gelten hat, so ließe sich die Frage nach (technischen) Medien für das Lernen damit auch so formulieren: Wie können technische Medien aussehen, die eine sinnvolle Hilfestellung leisten bei der Arbeit an den großen und kleinen Mythen, die die Schemata der Welterfahrung artikulieren? Im Kontext der bis hierhin entwickelten Vorstellungen über das Subjektlernen stehen die Bedingungen, zu vernünftigen Antworten auf diese Frage zu kommen, gar nicht mehr schlecht. Es sollte sich – in der Arbeit am Mythos, die der vorliegende Text versucht – eine Leitvorstellung formulieren lassen, in der ein brauchbares Schema der Imagination für das Verständnis und letztlich die Erstellung technischer Medien spürbar wird.

7.5 Ein Mythos der schwachen Instrumentalität medialer Objekte in Lernprozessen

Die imaginative Erzeugung einer intersubjektiven Welt, die sich im kreativen Prozeß des Lernens wie im Grunde auch schon im 'gewöhnlichen' Verstehen ereignet, reproduziert nicht 'Ein-drücke', die der Geist in 'prägenden' Begegnungen mit der Welt empfängt. Sehr wohl arbeitet sie sich jedoch, als ein durchaus körperlicher Prozeß, an Welterfahrungen ab – genauer im Kantschen Sinne gesagt, zunächst einmal an den bewußtlosen, begrifflosen Affizierungen durch die 'Dinge an sich', die der Organisation der Erfahrung durch das Subjekt nicht vorgreifen.

Von daher sind die Dinge der Welt, und damit potentiell auch technisch konstruierte Medien, den Prozessen des Verstehens und Lernens nicht fremd. Sie verfügen in ihnen über einen körperlichen Ort, über Präsenz. Zugleich repräsentieren sie die Prozesse in gewisser Weise: Sobald es nicht mehr um 'Dinge an sich' geht, sondern um die Objekte, die der organisierenden Erkenntnis bzw. der erkennenden Konstruktion kommunizierender Subjekte entspringen, affizieren sie nicht mehr begrifflos. Ihre Materialität ist nicht mehr 'rein', sondern wird wahrgenommen als Niederschlag, als Projektion, von kommunikativen Prozessen. Sie erscheinen potentiell als bedeutungstragend, indem sie die *Erinnerung* an die Prozesse, denen sie entstammen, verkörpern und diese weiterzuführen gestatten.

Didaktische Medien zu konstruieren heißt aber, ihnen in Lernprozessen *im vorhinein* eine bestimmte Funktion geben zu wollen. Was kann solche Funktionalität bedeuten?

Entscheidend ist, daß die potentielle (erinnernde, prinzipiell inadäquate, nur *vestigiale*[228]) Repräsentation kommunikativer Subjektprozesse in Objekten die ontologische Distanz, die zwischen beiden besteht, nicht eliminiert, sondern gerade auf ihr fußt. Kantisch gesprochen, was Medien 'aufnehmen' können und was dann in ihrer 'Apprehension' – ihrer primär reproduktiven, beinah passiv scheinenden Rezeption – zu Subjekten zurückkehren kann, erreicht nicht das Niveau der kreativ-ästhetischen Produktion des Wissens. Daher können Medien nicht, wie die klassischen Mythen des Mediums suggerieren, punktgenau und zielgerecht Erkenntnisse vermitteln bzw. bestimmte Lernprozesse erzwingen. Werden sie dennoch in dieser Weise konzeptualisiert, verfehlen sie das Lernen von Subjekten im Ansatz. Es geht nicht nur darum, daß sie entgegen dem mit ihnen traditionell verbundenen Anspruch den ontologischen Graben zwischen Subjekt und Objekt nicht überspringen können (und insofern nicht in der erhofften Form wirksam wären). Vielmehr setzen sie sich gerade durch das Konzept einer zielgerecht wirkenden Instrumentalität in Widerspruch zum kreativen Prozeß des Lernens.

Die instrumentelle Deutung der gewünschten Funktionalität liegt dabei durchaus nahe. In gewisser Weise entspricht sie, wie bereits Comenius wußte, dem Wesen von Technik und technischen Medien. Ein Medium scheint per se so etwas wie einen didaktischen Syllogismus zu verkörpern. Es bezieht sich auf ein hypothetisches Vorverstehen, um auf seiner Grundlage einen neuen Urteils- und Verstehensschritt herbeizuführen bzw. zu fördern. Jedoch genau das kalkulatorisch-maschinenhafte Modell, das diesem Syllogismus und generell der üblichen Deutung der Technikanwendung zugrundeliegt (und das Comenius treffend als *machina didactica* charakterisierte), schnürt die Objektfunktionalität endgültig von der Welt ab, in dem Subjektlernen sich ereignet.

Laut dem klassisch kantianischen Raster ordnet sich das Medium durch eine kalkulatorische und instrumentelle Deutung ins Reich der Naturnotwendigkeit ein, von dem keine Brücke, insbesondere nicht die eines determinierten Lernens, ins Reich der Freiheit des Subjektwillens führt. Die Inkompatibilität von Subjektprozeß und instrumentellen Eingriffen erscheint in der ästhetisch-kreativen Sicht des Subjekts in neuem Licht, im Kern bleibt sie aber erhalten. Das Subjekt kann weiterhin in der Weise charakterisiert werden, wie Kant ursprünglich als moraltheoretische Notwendigkeit formulierte: daß es autonom ist, und das heißt, tatsächlich *Anfänge setzen* kann (vgl. Kant 1788, S.170, – ein Gesichtspunkt, den vor allem Hannah Arendt immer wieder hervorhebt[229]). Der kreative Prozeß geht nicht ohne Verbindung mit der Welt der kalkulierbaren Dinge vonstatten. Doch er transzendiert sie in jedem Moment. Anstatt sich dem Gegebenen zu unterwerfen, nimmt er es als Bezugspunkt, aber bewegt sich in der Freiheit des metasinnlichen Neubeginns. Eine mechanisch-instrumentelle Konzeptualisierung der Wirkung von Objekten in ihm setzt diese produktive Dialektik still. Subjekttätigkeit, die als (klassisch-) mechanisch determiniert behandelt wird, wird auf ein totes Räderwerk reduziert. Comenius explizierte dies, im Gegensatz zu späteren Medientheorien durchaus konsequent, bis hin zum Bild des Erziehers als Uhrmacher (s. 'Große Didaktik' Kap.5, §17, vgl. Kapitel 4).

Als Schlüsselkriterium kann das Verhältnis der *Zeiten* von Objekt- und Subjektprozessen identifiziert werden: Subjektlernen geht in der Eigenzeit von Subjekten als imaginative Neuschöpfung vonstatten. Sein Kennzeichen ist Bruch mit und Aufbruch aus der schieren Konsequenz des Vergangenen. Es spielt sich nicht auf einer durchgehenden Zeitlinie ab, vielmehr auf einem Büschel von in jedem Moment neu ansetzenden Zeitstrahlen. Die Eigenzeit von Instrumentalität ist dagegen die des 'Satzes vom zureichenden Grund', des Tickens der Uhr-Mechanik des Kausalnexus, unter dessen Vorzeichen die Zukunft nur die zwingende Verlängerung der Vergangenheit ist.

In der 'Kritik der reinen Vernunft' setzt Kant auseinander, daß Welt-Zeit und das Kausalitätsprinzip in der Tat auf ein- und derselben Projektion des menschlichen Erkenntnisapparats beruhen. Kausalität ist danach die Form, in der unser Verstand Ereignisse organisiert, indem er Zeitlichkeit als *notwendige* Abfolge von als früher und von als später Wahrgenommenem herstellt (vgl. Kant 1781, S.232ff.).[230] So sehr diese Kantsche Sicht die Instrumentalisierung der Welt, ihre Rekonstruktion nach dem Prinzip der stupiden Regelhaftigkeit des zeitlichen wie des logischen Wenn-Dann, ebenso widerzuspiegeln wie zu propagieren scheint, so sehr ist bei Kant klar, daß das moralische und auch das kreativ-ästhetische Subjekt (bzw. die *Gesellschaft* von Subjekten) sich außerhalb einer lediglich aus der Vergangenheit prolongierten Weltlinie bewegt.

Für eine sinnvolle Anwendung bzw. Gestaltung von Medien kommt es nun darauf an, daß der Gegensatz von Objekt- und Subjektzeit, von stupider Persistenz des Konstruierten versus der ästhetischen Produktion und Integration von Differenz, genutzt wird, um Lernprozessen, statt sie zu blockieren, dynamisierende Impulse zu geben. Es besteht Aussicht, daß hierfür die Unterschiede des ontologischen Status[231], die Inkompatibilitäten der Zeiten – sofern nicht versucht wird, sie im instrumentellen Zugriff zu nivellieren – hinreichend Ansatzpunkte bieten.

Offenbar geht es darum, dem konstruierten Medium seine Zeit, das heißt die durch sein schieres Beharrungsvermögen oder als Wirkmechanismus in die Zukunft verlängerte Vergangenheit, zu belassen, es damit jedoch für Subjektprozesse in Dienst zu nehmen. Statt daß versucht wird, diese in es einzugliedern, wäre es für sie in einer *nichtinstrumentellen* Form *funktional* zu machen. Zur näheren Diskussion, wie dies konkret vorstellbar sein kann, sind die Medien als konstruierte sinnliche Objekte noch genauer zu betrachten.

Nicht nur in der abstrakten Bestimmung von Materialität und Instrumentalität, sondern, auch ganz konkret drückt sich die Existenz des didaktischen Mediums in einer anderen Zeit als der Eigenzeit des Lernens darin aus, daß es *ex ante* entsteht, *vor* und faktisch damit, weil die Zukunft der Subjektprozesse nicht vorwegzunehmen ist, zu einem erheblichen Grad *unabhängig* von den Situationen, für die es bestimmt ist und in die es dann wie ein erratischer Block aus der Vor-Zeit ragt.

Die mediale Starr- und Sturheit, die Fixiertheit ungeachtet der Dynamik der Prozesse, in denen sie stehen, hat schon in der Antike Platon als das Handikap von Medien beobachtet, die zum Lehren und Lernen dienen sollen. Eigentlich, so setzte Platon an einer beachtenswerten Stelle eher beiläufig auseinander, sei es absurd, Wissen schriftlich übermitteln zu wollen – freilich hielt ihn dies weder davon ab, zu einem der produktivsten philosophischen Autoren aller Zeiten zu werden, noch behinderte es die über zweitausendjährige Überlieferung seiner Lehrwerke. Im Dialog 'Phaidros' heißt es:

„Wer also eine Kunst in Schriften hinterläßt, und auch wer sie aufnimmt, in der Meinung, daß etwas Deutliches und Sicheres durch die Buchstaben kommen könne, der ist einfältig genug und weiß in Wahrheit nichts von der Weissagung des Ammon, wenn er glaubt, geschriebene Reden wären noch sonst etwas als nur demjenigen zur Erinnerung, der schon das weiß, worüber sie geschrieben sind." ('Phaidros', 275c-d)[232] Nach der obligaten Bestätigung durch seinen Gesprächspartner Phaidros fährt der Platonische Sokrates fort: „Denn dieses Schlimme hat doch die Schrift, Phaidros, und ist darin ganz eigentlich der Malerei ähnlich; denn auch diese stellt ihre Ausgeburten hin als lebend, wenn man sie aber etwas fragt, so schweigen sie gar ehrwürdig still. Ebenso auch die Schriften: Du könntest glauben, sie sprächen, als verständen sie etwas, fragst du sie aber lernbegierig über das Gesagte, so bezeichnen sie doch nur stets ein und dasselbe. Ist sie aber einmal geschrieben, so schweift auch überall jede Rede gleichermaßen unter denen, die sie verstehen, und unter denen, die für die sie nicht gehört, und versteht nicht, zu wem sie reden soll und zu wem nicht.“ (Ebd.)[233]

Die Aktualität dieses Textes – seine Bedeutung und sozusagen seine, fast im Widerspruch zu seiner Aussage, ungebrochene Vitalität – ist verblüffend. Im Grunde wird das Versagen schriftlicher Medien (zu denen in gewisser Hinsicht auch Computerprogramme gezählt werden können) im Turing-Test geschildert.

Dabei läßt sich Platons Spott über das ‘ehrwürdige Schweigen’ der Medien bzw. ihre geschwätzig-mechanische Wiederholung vermeintlicher Erklärungen, die nicht ausreichen und dem Rezipientenkontext nicht angepaßt sind, lesen, als wäre ganz unmittelbar von heutiger Software die Rede. Nationale und internationale Normen schreiben heute etwa vor, daß Software ‘selbstbeschreibend’ oder ‘selbsterklärend’ sein soll[234]. Bunte, ‘sprechende’ Symbole oder sogar ‘animierte’ Bildsequenzen sollen Nutzerinnen und Nutzern die Software wie, ja als einen individuellen menschlichen Helfer erscheinen lassen.[235] Hilfs- und Lernfunktionen reagieren auf ‘Nachfrage’ bei allem, was nicht sofort klar ist, mit zusätzlichen Erklärungen. Das technologische High-End bilden oder bildeten die (inzwischen in die Jahre gekommenen) ‘intelligenten Hilfesysteme’ und ‘intelligenten Tutorsysteme’, die unter Einsatz von KI-Techniken automatisch auf die Bedürfnisse des Tutanden eingehen sollen (vgl. Abschnitt 6.5). Bei all diesen Systemen könnte man glauben – und gibt sich dem suggerierten Gefühl sogar trotz besseren Wissens wirklich hin –, daß die Programme zu einem ‘sprächen, als verständen sie etwas’. Wer am Computer arbeitet oder versucht zu lernen, kennt dann freilich auch nur zu gut die Erfahrung, daß auch in hochgelobter Software stets der Punkt kommt, an dem das Programm eine nichtssagende Mitteilung über eine Fehlbedienung, einen Gerätefehler oder eine inhaltliche Frage macht und sich ihm keine nähere Erläuterung entlocken läßt: Das Programm ‘schweigt ehrwürdig’ oder ‘bezeichnet immer nur ein und dasselbe’, indem es immer wieder den gleichen, nichtssagenden Meldungstext abspult. Nach einer gängigen Programmierkonvention wird dabei oft ein Benutzer oder eine Benutzerin auch noch gezwungen, diese Meldung mit (als?) „OK“ zu bestätigen. Gerade weil die Maschine vorher als menschlich präsentiert wurde, wirkt dies wie purer Hohn.[236]

Was Platon im Hinblick auf Malerei und Schrift dargestellt hat, gilt also offenbar erst recht für moderne Software, die sich ‘interaktiv’ und ‘multimedial’ präsentiert: Das Medium suggeriert Lebendigkeit, reproduziert aber bei allem Raffinement nur den eingefrorenen Kontext seiner Konstruktion. Der Subjektprozeß von Einsicht und Verstehen kann sich der Simulation des Mediums zeitweise adaptieren, doch wenn genügend *Fragen* an es gestellt werden, statt daß es nur hingenommen wird, wenn somit das Subjekt die *eigene* Lebendigkeit ausspielt, bricht die Kopplung auf. Dann läuft der Prozeß auf einmal, wie die Schlange nach der Häutung, neben der leblosen Hülle, die ihn scheinbar repräsentiert hat, und spottet über sie.

Die schematische Wiederholung der fixierten Vergangenheit des Mediums steht insbesondere direkt konträr zur Möglichkeit, *Verständnis* zu ‘transportieren’ oder auch nur effektiv anzuregen. Verstehen bedeutet kantianisch das imaginative Erfassen ästhetischer Ideen bzw. wenigstens eines Schimmers von ihnen. Eine ästhetische Idee ist aber eine produktive, brodelnd-aktive Vorstellung des Subjekts, die sich jeder Festlegung auf einen bestimmten, einfach reproduzierbaren Begriff entzieht. Weswegen – wie Kant sagt, fast als würde er auf die Platonstelle anspielen – „für sie kein Ausdruck, der einen bestimmten Begriff bezeichnet, gefunden werden kann" (Kant 1790, S.197).

Problematik wie dann auch der mögliche Nutzen des Mediums liegen mithin in seiner Starrheit in der Zeit und äußern sich insbesondere in seiner *Wiederholungsfunktion*, die Vergangenes immer wieder reproduziert oder nur scheinbar Neues als vorstrukturierten Abkömmling der Vergangenheit hervorbringt. Es ist die Wiederholung des Gleichen, die das Medium als Simulation enttarnt und es als unvereinbar mit der Vermittlung ästhetischer Ideen erweist. Entgegen den Glaubenssätzen der Künstlichen Intelligenz und verwandter Bestrebungen der Rekonstruktion des menschlichen Geistes ändert daran nichts, wenn die Gleichheit nur strukturell ist und unter einer (sozusagen mechanisch beweglichen) Maske der Vielgestaltigkeit auftritt. Zu Recht zählt deshalb in der 'Computerkunst' nicht das einzelne, seriell gefertigte 'Werk', sondern dessen Produktionsverfahren als das ästhetische Objekt.

Die Wiederholung droht letztlich sogar, dem Medium seine am ehesten plausible Funktion zu entwinden. Schon bei Platon heißt es, eigentlich verhelfen Texte „nur demjenigen zur Erinnerung, der schon das weiß, worüber sie geschrieben sind". Indem Medien nicht Dinge an sich darstellen, sondern Subjektprozessen entspringen, tragen sie deren Spuren und können zur erinnernden Wiederanknüpfung an sie dienen. Genau dies wird aber durch die Wiederholung unterminiert. Wenn Objekte häufig genug wahrgenommen werden, dissoziieren ihre Bedeutungen und gehen neue Bindungen an ihre aktuellen Kontexte ein. Aus diesem Grund schwindet bei täglich präsenten Erinnerungsstücken nach einiger Zeit ihr Wert. Dagegen beschwört der jahrelang nicht gesehene Gegenstand, der in einer bestimmten Situation wichtig war oder auch nur als an sich belangloses, aber spezifisches Accessoire zu ihr gehörte, beim Wiederfinden ganz lebhaft die Situation herauf. In der Psychologie hat man das Phänomen unter dem Titel der 'semantischen Sättigung' beschrieben und zum Beispiel festgestellt, daß bei vielfacher Darbietung ein und desselben Wortes dessen Sinn verloren geht (s. Velichkovsky 1988, S.66).[237]

Das Problem verschärft sich tendenziell noch, wenn Computerprogramme als Medien dienen sollen. Ich möchte an dieser Stelle zwischen einer *narrativen* und einer *repetitiven* Medienstruktur unterscheiden. Die reproduktionstechnisch gesehen lineare Struktur etwa von fortschreitenden Erzählungen oder Filmen, die in ihrem Ablauf ständig mit Neuem aufwarten können, kommt der Eigenzeit von Subjekten durch die Fiktion einer quasiprotokollarischen Begleitung von Subjektprozessen entgegen. Subjekte werden dabei angeregt, sich projektiv mit dem Medium zu identifizieren, sich buchstäblich in es zu versetzen (womit eigentlich sie die Gegenwärtigkeit des Mediums herstellen). Erst bei der Wiederholung auf Nachfragen hin blamiert sich dann doch das Medium als unecht, als bloßes Fake eines verständigen und Verständnis mit-teilenden Gegenübers.

Die projektive Partizipation des narrativen Mediums an Subjekten läßt dabei die prinzipielle Ausrichtung des Medienkonzepts am Leitbild der Person als naheliegend erscheinen. Dieser Wunsch und Anspruch an Medien bildete bereits den Hintergrund der Medienkritik Platons, so wie er noch heute in der Begrifflichkeit der Pädagogik den Lehrer zur Verkörperung des idealen Mediums macht (vgl. Abschnitt 5.6). Die Frustration, wenn bei Nachfragen lediglich derselbe Text ein weiteres Mal zu hören ist, sollte allerdings Anlaß geben, das Ideal zu überdenken. Möglicherweise hat der Wunsch auf Personenähnlichkeit irregeleitet, möglicherweise sollte gerade in der schematischen, in anthropomorpher Deutung 'einfältig' erscheinenden Wiederholbarkeit seiner Präsentationen die *Stärke* des Mediums gesehen und gesucht werden.

Im Kontrast zu Erzählungen bilden Computer und Computerprogramme als technische Maschinen und zugleich Materialisationen formaler Systeme bereits in sich repetitive Systeme, die zudem in ihrer automatischen Funktion, ohne daß es einer spezifischen Aktivität des Subjekts bedarf, ihre Struktur immer wieder identisch betätigen. Die ganze Leistungsfähigkeit des Computers beruht darauf, daß in seinen Bauelementen mit extremem technischen Aufwand bis in atomare Dimensionen alle Materialindividualität so weit ausgeschaltet ist, daß sich einige simple Basisoperationen millionenfach pro Sekunde replizieren lassen. Auch softwaretechnisch hat als die zentrale Funktion von Programmen zu gelten, daß sie die Möglichkeiten der Hardware für repetitive Funktionen nutzen.[238] Indem Computerprogramme in der Wiederholung identischer Vorgänge die Zeit stillstellen, sind sie prinzipiell nicht-narrativ.[239] Was mit anderen Medien nur auf einer Metaebene zuwege gebracht werden kann – indem etwa ein Film als Endlosschleife im Projektor läuft – erweist sich beim Computerprogramm als das Primäre: bis ins Detail sagt es 'stets ein und dasselbe'. Lediglich sekundär als Daten können Programme wieder einbeziehen, was ihrer prinzipiellen Konstruktion zuwiderläuft. Nur auf diese Weise können sie sich dann sinnliche Protokoll- und Präsentationsformen bei anderen Medien borgen und sich einen Anstrich von Narrativität und Historizität geben.

Zusammengefaßt: Je stärker der repetitive Charakter, der prinzipiell der Zeitstruktur des Mediums als fixiertem Objekt immanent ist und bei Maschinenmedien das primäre Erscheinungsbild bestimmt, in der Anwendung hervortritt, desto weniger wirkt das Medium als narrative Simulation eines kommunikativen Subjektprozesses, dem sich ein realer Subjektprozeß quasi-erinnernd anschmiegt. Die Spannungsbögen, die potentiell von den quasiprotokollarischen Aspekten eines Mediums errichtet werden, können Subjektprozesse in gewissem Maß 'einfangen', 'mitziehen' und auf diese Weise Verständnis provozieren. Schiere Wiederholung eliminiert aber die Spannung. Gerade indem die Vergangenheit des Mediums auf ihren Konstrukten repetitiv insistiert, schwindet der Bezug zu den dynamischen Subjektprozessen und verliert generell die Pseudoerinnerung des Mediums an Gehalt.

Durch den repetitiven Charakter technischer Medien spitzt sich daher bei ihnen der hermeneutische Gemeinplatz noch zu, daß Texte bzw. Medien nicht einfach zu uns sprechen, sondern daß von unserem Vorverständnis und unseren Interessen geprägt ist, was wir aus ihnen hören. In der Wiederholung verliert das Medium die Fähigkeit, irgendeine spezifische Erinnerung an die Vergangenheit, einen Inhalt, eine inhaltsgebundene Wirkung zu tragen oder zu vermitteln. Das Medium repräsentiert die ihm ursprünglich mitgegebenen Inhalte nicht, sondern gibt sie preis, 'depräsentiert' sie sozusagen. Was bleibt, ist am Ende allein, was Subjekte in ihrer eigenen Zeit immer neu an es binden. Die Subjektprozesse erodieren die dem Medium mitgegebenen Bedeutungen und prägen ihre eigenen, so wie Wasserläufe sich in eine Landschaft graben und ihr das Gesicht geben.

Tendenziell fungiert das Medium damit nur als leere bzw. zurückhaltend strukturierte, nur 'subpräsente' Projektionsfläche der Imagination (statt daß es Inhalte repräsentierend fixiert): Nicht der Geist ist die *tabula rasa,* die durch das Medium beschrieben wird, wie die klassische Lerntheorie will, sondern die Dinge liegen gerade umgekehrt. Das Subjekt macht das Medium zu einem nur formalen Substrat seiner Tätigkeit. Wie eine *tabula* im Unterricht setzt das repetitive Computermedium nur formale Randbedingungen, organisiert das Medium nur einen Rahmen und gewisse Materialitätskonstanten für die Subjektaktivität. Es gibt bestimmte sinnliche Formen für die Konstitution von Objekten vor, unterdrückt andere. Dadurch bietet es der ästhetischen Produktivität sinnliche Halte- und Anhaltspunkte, an die diese *ihre* Erinnerungsspuren knüpfen kann.

Deshalb scheitert ein Medium oder der Medieneinsatz, wenn, nachdem der ursprüngliche Neuigkeitswert des Mediums (sein narrativer Gehalt) aufgezehrt ist, es nicht gelingt, seine repetitive Charakteristik in Subjektprozesse einzubinden. Das sich automatisiert aufdrängende Maschinenmedium demonstriert dann nur noch die Öde einer sinnlosen Reproduktion lebensferner Funktionen. Umgekehrt ist für den Erfolg des Mediums entscheidend, daß es für die kreative Subjekttätigkeit attraktiv ist, sich im Medium immer wieder Ausdrucksformen zu suchen und sich ihrer zu bedienen.

Das Geheimnis des guten technischen Mediums bzw. seiner Anwendung kann demgemäß nur darin liegen, daß es ein geeignetes System sinnlicher Anhaltspunkte, sinnlicher Formen *unterhalb des Niveaus einer Adäquatheit anstrebenden Repräsentation,* bietet bzw. in ihm sich finden und ergreifen läßt, so daß Subjektprozesse sich auf sie produktiv beziehen können: Dann müssen die Prozesse nicht, wie in einem verödeten Kontext oder einem Zwangssystem, für die Anbindung an das Medium ihre Dynamik preisgeben. Stattdessen können sie sich mit Hilfe des Mediums rhythmisieren, bündeln, zuspitzen (wodurch das Medium als interessant und attraktiv empfunden wird).

Die repetitive Struktur des Mediums spiegelt sich dabei in gewisser Form in der *Rekurrenz* der Subjektprozesse, ihrem wiederholten 'Zurückkommen' auf gewisse Ausdrucksformen als Fixpunkten (oder auch 'Eigenwerten'[240]), die sie immer wieder (approximativ) durchlaufen und neu mit assoziativen Kontexten bzw. Bedeutungen aufladen (sie 'interpretieren' sie, wie in vielen Zusammenhängen gesagt werden kann).[241] Die Qualität des Mediums und seiner Anwendung hängt davon ab, daß dabei die Differenz zwischen medialem repetitivem Angebot und den rekurrenten Prozessen, die es in ihrer Freiheit annehmen, gewahrt und genutzt wird, statt daß sie ein überbordendes Medium erstickt.

Der Anspruch an die Konstruktion des Mediums wird dadurch im Vergleich zu einer narrativen Konstruktion nicht geringer, ist jedoch von ganz anderer Qualität. Das im Medium vorgegebene Repertoire von Ausdrucksformen muß im maschinellen Sinn sorgfältig und möglichst korrekt konstruiert sein. Vor allem muß dann das Medium eine sinnvolle und adäquate Kollektion von Formen, sozusagen eine geeignete Klaviatur darbieten, derer sich die Melodien der kreativen Prozesse bedienen können. Wenn es seinem Anspruch gerecht wird, beruht es daher auf einem tiefen, nur teilweise explizierbaren Verständnis der Prozesse, die es nutzen: gleichsam auf der Fähigkeit, das Medium als eine Resonanzstruktur zu konzipieren, die in den Rekurrenzen der Prozesse zum Klingen kommt. Dieses Verständnis drückt sich in gewisser Weise 'im Medium' aus, jedoch es *schreibt sich ihm nicht ein*. Es ist entscheidend im Kontext der Herstellung des Mediums, und es bewährt sich im Kontext von dessen Anwendung. Doch das Medium 'transportiert' es nicht als solches, repräsentiert es nicht auf gleichem Niveau, sondern suggeriert/subpräsentiert es in einem (minderdimensionalen) Partialraum. Es paßt zu ihm nicht wie das Schloß zum Schlüssel, sondern wie die Taste zum Finger.[242]

Die vielzitierte und vieldeutige Formel Kristen Nygaards „to program is to understand" (s. Coy 1992a, S.21) darf deshalb, wenn es um den Entwurf von Medien des Lehrens und Lernens geht, nur so interpretiert werden, daß sie die zwei Tätigkeiten, von denen sie handelt, nicht identifiziert, sondern zwischen ihnen (bzw. zwischen ihren getrennt bleibenden Gegenstandsbereichen) ein spezifisches Implikationsverhältnis konstatiert: Ein Medium zu entwerfen, *erfordert* ein Verständnis des sozialen Kontextes. Sofern die Medienkonstruktion selbst als ein Prozeß begriffen wird, der sich schrittweise, unter mühsamen Sammeln von Erfahrungen, vollzieht, *fördert* sie das Verständnis auch enorm. Sozusagen kann die Entwicklung von Medien als dynamisierendes Medium der Entwicklung des Verständnisses von sozialen Situationen dienen. Aber gerade das Begreifen des sozialen Kontextes wird davor bewahren, zu versuchen, ihn durch das Medium erfassen und determinieren zu lassen.

Das ist, was ich als *schwache Instrumentalität* kennzeichnen möchte: Das mediale System verfügt über eine 'nach innen' sich selbst genügende Binnenlogik und Binnenmechanik, die es ohne Bezug auf Interpretationen aufrechterhält.[243] Nichtsdestoweniger eignet sie sich in spezifischer Weise als Interpretationsobjekt für bestimmte Subjektprozesse, die 'von außen' an sie angetragen werden. Unter dem Binnenaspekt ist dabei die Kette der Instrumentalität ungebrochen. Das Medium richtet sich als Werkzeug nicht auf das Subjekt, sondern nur auf sich selbst – es demonstriert Funktionalität als innere Zweckmäßigkeit ohne äußere Zweckhaftigkeit (so wie Kant zufolge das ästhetische Urteil in der nicht zweckgerichteten harmonischen Binnenfunktionalität der Erkenntnisvermögen gründet). Die Kopplung nach außen, genauer die Ankupplung der äußeren Prozesse an das System, bleibt dagegen schwach. Sie beruht nur auf einer partiellen Adaptation des Subjekts[244], sie ist auflösbar, sie bleibt von jederzeitigen Entscheidungen abhängig und gewinnt gerade dadurch ihre Effektivität als Stimulans für Subjektprozesse.[245]

In der Konstruktion jedes Computermediums steckt damit die Anforderung, strukturell Ähnliches – wenn auch in bescheidenerem Rahmen – auf die Beine zu stellen, wie sich in den Systemen sinnlicher Ausdrucksformen bei traditionellen technischen und formalen Medien als Ergebnis einer jahrhunderte- oder jahrtausendelangen Herstellungs- und Anwendungserfahrung sedimentiert hat. Zu Begriffspaaren wie 'Klaviatur' und 'Melodie' oder 'Rhythmus' und (etwa akustischer) 'Prozeß', die ich zur Kennzeichnung der Differenz von Medium und Subjektprozessen metaphorisch verwendet habe, korrespondieren ja auch unmittelbar Medien in Form etwa der verschiedenen Musikinstrumente. Diese stellen jeweils ein bestimmtes, in Jahrhunderten entwickeltes Repertoire der Tonerzeugung bereit, das in den Subjektprozessen des Spielens auf dem Instrument interpretatorisch zur Anwendung kommt. In einem weiteren Sinn können beispielsweise auch die phonetischen Systeme von Sprachen als quasi natürliche bzw. sozial geformte Medien, in denen sich der Prozeß des Sprechens abwickelt, aufgefaßt werden.[246]

Diese Vergleiche mögen, vor der exemplarischen Betrachtung von Computermedien in Kapitel 8, verdeutlichen, worauf es bei der Konstruktion eines technischen repetitiven Mediums ankommt: Das Medium muß eine gewisse Konsistenz und Abgeschlossenheit seiner Formen aufweisen und sich dabei in seinem Formen-Spiel anschlußfähig für eine Vielzahl von Subjektoperationen halten. Der Entwurf des Mediums zielt auf eine *Grammatik sinnlicher (bzw. metasinnlicher) Formen*, die (im Gegensatz zu der Auffassung, die die Versuche zur formalen Rekonstruktion von Sprache bestimmt, s. die Diskussion in Kapitel 5) ihre Leistungsfähigkeit in ihrer Offenheit für sich auf sie stützende, aber immer Neues auf sie stützende individuelle und kommunikative Prozesse beweist. Das Medium steht in den Strudeln eines quasisemiotischen Prozesses (s. Abschnitt 6.6), dem es gewisse Halte- und Anhalts-Punkte bietet, den es aber nur um den Preis seiner Stillegung kanalisieren könnte.

Die *didaktische* Funktionalität des Mediums bestimmt sich dabei aus dem Verhältnis des Effekts, den seine Anwendung auf die Dynamik der Subjektprozesse hat, zu deren gewünschten Veränderungen. Die Anwendung des Mediums soll dazu führen, daß kreative Prozesse sich spezifisch intensivieren, indem es gewisse strukturelle, für die Prozesse anschlußfähige Vorgaben in Orientierung auf gewisse Zielvorstellungen macht. Die Fragen, die bei der Analyse zu stellen sind, lauten demnach: *Welche* Subjektaktivitäten konzentrieren sich und erhalten zusätzlichen Schwung, indem sie im Medium resonierende Ausdrucksformen finden? Sind es auch die *didaktisch angestrebten Aktivitäten*, die auf diese Weise an Dynamik gewinnen?[247]

Um das Gesagte nochmals anhand eines fiktiven Beispiels zu veranschaulichen und es zugleich noch genauer an das Kantsche Modell der (Genie-) Erkenntnis anzubinden: Wie hätte ein Medium aussehen können, mit dem sich Archimedes' Lernprozeß in seinem Syrakuser Badezuber hätte fördern lassen? Bzw. durch welche Medien unterstützt könnten vielleicht heute Lernende, deren Genie nicht an das des antiken Meisters heranreicht, den Erkenntnisprozeß schöpferisch nachvollziehen?

Ein Medium, das helfen soll, die Gesetze des Auftriebs zu entdecken, sprich sie wirklich zu *verstehen*, muß dazu beitragen, die *Erfahrung* bzw. *Reflexion* von Körpern oder Körpern in Wasser so intensivieren, daß der forschenden bzw. lernenden Person *selbst* die relevanten Phänomene und die sie integrierenden Gesetzmäßigkeiten 'aufgehen'. Die notwendige Spontaneität der Wahrnehmung kann dabei nicht substituiert werden, indem etwa das 'richtige' Modell am Bildschirm graphisch dargeboten wird (um es nach Comenius dem Geist einzuprägen oder es nach Salomon in ihn hineinzuschmuggeln bzw. ihm zu 'supplantieren', vgl. Kapitel 6). Bestenfalls würde dadurch das Problem verschoben, denn um das Modell als solches aufzufassen, müßte spontan der richtige Blick für es existieren.

Was das Medium leisten könnte und sollte, wäre vielmehr, formale Konstituenten der zu untersuchenden Situation zu fixieren, um kantianisch gesprochen, das kreative Vermögen der Apperzeption immer wieder auf sie zu lenken (es an sie zu binden, ohne es zu fesseln): in diesem Fall etwa, indem das Medium durch seine stupide Objekthaftigkeit darauf insistiert, daß es um *Körper* geht, daß diese charakterisiert sind durch die Eigenschaften des *Ausgedehntseins* (Volumen) und der *Schwere* (Gewicht), daß sie dabei sowohl starr und massiv als auch flüssig sein können. Das Medium muß sozusagen Termini und Terme, eine bestimmte 'Formensprache', präsent halten, auf die als Randbedingung der kreativen Tätigkeit zu rekurrieren ist. Statt daß es die personale Aktivität bestimmt, arrangiert es ein sie begünstigendes Umfeld – bis schließlich in der Badewanne oder anderswo sich die Wahrnehmung auf der Basis der vorgeprägten Begrifflichkeiten neu organisiert, es auf einmal 'wie Schuppen von den Augen fällt' und der Zusammenhang zu weiteren Beobachtungen wie dem Anstieg des Wasserspiegels beim Setzen in die Wanne deutlich wird.

Was vermutlich Archimedes rein gedanklich oder mit der Hilfe von Formeln und Zeichnungen auf einer Tafel oder im Sand machte, sich immer wieder Körper, deren Volumen, deren Dichte vorzustellen, könnte möglicherweise heute auf dem Computer leichter und besser realisiert werden. Möglicherweise: Denn die Anwendung des Computers birgt auch Probleme, derentwegen er nur mit Vorsicht zur Ablösung herkömmlicher Stützen der Subjekttätigkeit eingesetzt werden kann. Die Starrheit der Formen, die er präsentiert, ist ungleich höher als Vergleichbares bei klassischen Arbeitsweisen. Gerade die repetitive Präzision des Computers, in der sich die technologische Leistung von zwei Jahrhunderten Industriegesellschaft vergegenständlicht, kann den kreativen Prozeß auch ruinieren. Die durch den Computer generierte Darstellung etwa eines Kreises kann, im Gegensatz zu dem mit einem Stöckchen in den Sand gezeichneten, die Erfahrung abblocken, daß die Kreiseigenschaft eine vom Subjekt imaginierte Vorstellung ist. Allein auf die Entwicklung der Imagination, der ästhetischen Idee, kommt es aber an.[248]

Ein Computermedium, das besser als eine schlichte Tafel dabei unterstützen könnte, die Idee des Auftriebs zu entwickeln, müßte die Erinnerung an die bereits bekannten involvierten begrifflichen Instanzen spezifischer als ein traditionelles Medium organisieren. Es muß die Imagination, was geschieht, wenn ein menschlicher Körper – oder ein allgemeiner physikalischer Körper – in ein Bad taucht, bzw. die begriffliche Repräsentanz des Geschehens anregen bzw. Irrwege der Imagination abblocken. Etwa könnte die Situation in einem graphischen System simuliert werden. Dabei dürfte das System gerade nicht das erst am Ende des Prozesses stehende 'richtige' Modell enthalten (was im Falle der Erstentdeckung ja auch nicht möglich ist). Vielmehr müßten die schon verfügbaren, als relevant deutlichen Parameter (wie der Stand des Wassers, die Anzeige einer Balkenwaage etc.) von Hand eingegeben und mit ihnen gespielt werden, so daß sich an ihnen entlang das Verstehen der Situation entwickeln könnte. Entscheidend ist offenbar nicht, daß die forschende oder lernende Person sich ins Wasser legt (sonst wäre die Wanne das optimale Medium), sondern daß sie Möglichkeiten vorfindet und einen Anlaß erhält, die Situation des Körpers im Wasser zu imaginieren und sie zugleich in die Koordinaten einer begrifflichen Repräsentation zu fassen.

Die Funktionalität des Mediums stellt im Idealfall mit seiner inneren Zweckmäßigkeit dem Verstand ein Spiel-Set von Formen zur Verfügung, deren er sich bedienen kann, um spielerisch den Einklang von Form und Objektimagination zu erreichen. Die Resonanz der Subjektprozesse mit dem Medium, das Gelingen der Rekurrenz auf die vom Medium präsentierten Erinnerungs-Formen und ihre Reanimation im Begriff, bildet dabei eine Art Kristallisationskern, eine anregende, rhythmisierende Minimalstruktur, für die Resonanz des imaginativen und des begrifflichen Vermögens des Subjekts – für jene Resonanz also, die nach Kant die Lust bewirkt, welche als das Sensorium des ästhetischen Urteils fungiert.

Das Medium stellt sozusagen in seiner massiven Materialität aus der Vergangenheit stammende Leitlinien parat, auf denen das forschende oder lernende Genie seine Balancierkünste des Verstehens von Neuem entfalten kann: Erinnerungen an einen Kernbestand begrifflicher Regelmäßigkeit, auf den aufgebaut werden kann, wenn die „Einbildungskraft in ihrer Freiheit den Verstand erweckt, und dieser ohne Begriffe die Einbildungskraft in ein regelmäßiges Spiel versetzt" (1790, S.161). Damit mechanisiert es einen Kernbestand des 'Schulgerechten' in der Genie-Kunst, das Kant als eine notwendige Ingredienz für sie ansieht (und direkt als 'mechanisch' charakterisiert): „so gibt es doch keine schöne Kunst, in welcher nicht etwas Mechanisches, welches nach Regeln gefaßt und befolgt werden kann, und also etwas *Schulgerechtes* die wesentliche Bedingung der Kunst ausmachte." (S.186)

Im Kontext des kantianischen Erkenntnis- und Lernmodells knapp formuliert: Das repetitive Medium kann durch die Erinnerungen, die sich an es knüpfen, die *Identitätsleistung des Verstandes* abstützen, die nach Kant eine der beiden Säulen des Verstehensprozesses darstellt. Die (Natur- bzw. formale) *Gesetzlichkeit* des Mediums, die Identität als Wiederholung der Vergangenheit simuliert, kommt dem Moment der *Regelhaftigkeit* im Denken, das heißt der „Einheit des Begriffs, der die Vorstellungen vereinigt" (S.28) bzw. der impliziten Einheit des imaginativen Schemas zur Hilfe.[249] Mit anderen Worten, 'Gesetz' und 'Regel' bilden Transitkonzepte an der Grenze von technischen und subjektorientierten Vorstellungen, die im Akt des Erinnerns – als einem Anfang eines Urteilsakts – aufeinander bezogen werden. Das Gesetz der Maschine, von vorneherein Relikt einer früheren Konstruktion des Verstandes und insofern grundsätzlich anschlußfähig, souffliert der Regel des Denkens und Handelns, was letztere in ihren Rekurrenzen in es projiziert hat und immer wieder projiziert. Diese behält dadurch den Kopf frei, lernend sich fortzubilden. Auf diese Weise kann sich letztendlich das Verhältnis von veränderungsresistenter Objektzeit und der Subjektzeit der Kreation fruchtbar gestalten.

Kant erklärt andererseits die 'Regelmäßigkeit, die sich als Zwang ankündigt' (S.71) für unästhetisch. Das Übertreiben der mechanischen Bindung an die Vergangenheit ist für ihn unvereinbar mit der freien Genie-Tätigkeit von Subjekten. Dies mag nochmals zur Zurückhaltung beim Einsatz formal konstruierter Medien mahnen, die nur so viel an vorgegebener Regelmäßigkeit in eine Situation tragen dürfen, daß die kreativen Prozesse der Imagination nicht erstickt werden: „Alles Steif-Regelmäßige (was der mathematischen Regelmäßigkeit nahe kommt) hat das Geschmackwidrige an sich: daß es keine lange Unterhaltung mit der Betrachtung desselben gewährt, sondern, sofern es nicht ausdrücklich das Erkenntnis, oder einen bestimmten Zweck zur Absicht hat, lange Weile macht. Dagegen ist das, womit Einbildungskraft ungesucht und zweckmäßig spielen kann, uns jederzeit neu, und man wird seines Anblicks nicht überdrüssig." (S.72)

Die Regelhaftigkeit, die das Medium immer wieder heraufbeschwört, kann so aufgefaßt werden, daß sie eher eine negative, Irrwege und Irrtümer abwehrende, als eine positiv die Imagination leitende Funktion hat. Gerade auf diese Weise wirkt sie vergesellschaftend – ein für didaktische Medien höchst relevanter Aspekt. Nach Kant zielt das Geschmacksurteil auf 'Geselligkeit', indem es auf Regelmäßigkeit, auch ohne explizite Regeln, als Kriterium der Verallgemeinerbarkeit des Urteils gerichtet ist (§41). Konkret fördert und vergesellschaftet es die Kreativität der Subjekte, indem es *diszipliniert*: „Der Geschmack ist, so wie die Urteilskraft überhaupt, die Disziplin (oder Zucht) des Genies, beschneidet diesem die Flügel und macht es gesittet und geschliffen; [...] und indem er Klarheit und Ordnung in die Gedankenfülle hineinbringt, macht er die Ideen haltbar, eines daurenden zugleich auch allgemeinen Beifalls, der Nachfolge anderer, und einer immer fortschreitenden Kultur, fähig." (S.203) Die Regelhaftigkeit, die das Medium unterstützt, steht entsprechend für eine primäre Folie, eine schon sedimentierte Schicht an Regularitäten der Kommunikation, in der gewisse Bezugspunkte und Essentials in systematischer Form abgelagert sind und von der Abweichungen durch das Medium sanktioniert werden. Das Medium schreibt der Kreativität kein Gesetz vor, das sie deduktiv 'von oben' bestimmt, sondern gibt ihr eher Regeln erinnernd vor, die sie punktuell anbinden und 'von unten' strukturieren und dabei in ihr aufgehen. So daß, wie Kant über das Produkt des genialen Künstlers sagt, im Ergebnis nicht mehr erkennbar ist, daß „die Regel dem Künstler vor Augen geschwebt, und seinen Gemütskräften Fesseln angelegt habe" (S.180).

In gewisser Hinsicht können, dies sei abschließend bemerkt, die Kantschen apriorischen Formen der Sinnlichkeit und des Verstandes als eine Art in diesem Sinne verstandenes 'natürliches Medium der Naturerkenntnis' charakterisiert werden: Sie konstituieren nur formale, jeder konkreten Erfahrung vorhergehende und dabei ihr 'kategoriale' Perspektiven vorgebende Elemente in Wahrnehmung und Urteil, rücken sozusagen die Erfahrung in diese vereinheitlichenden, disziplinierenden Blickwinkel. Kant selbst vergleicht sie mehrfach mit der Grammatik einer Sprache (etwa Kant 1783, S.118)[250]. Jedenfalls in der 'Kritik der Urteilskraft' macht er dabei deutlich, daß sie die Erfahrung nicht determinieren, sondern nur in die schöpferische Suche nach für die Erkenntnis zweckmäßigen (daher lustvollen) Formen der Objektkonstitution einfließen.

Die an Kantsche Konzepte anknüpfenden Vorstellungen des Lernens von Subjekten mit Medien, bei denen weder die Medien als Realität ignoriert noch die Subjekte vom technischen Kontext aufgesogen werden, sind nun noch einmal an aktuelle Diskussionen anzuschließen und von ihnen abzugrenzen.

7.6 Wahrung des Dualismus von Medium und ästhetischem Subjekt.

Die Sicht des Mediums als Instanz, die 'schwach' wirkt, indem sie regulierende Optionen für das ästhetisch-kreative Prozessieren des Subjektes sinnlich anbietet – so daß dieses in eigener Regie sich auf sie beziehen oder dies auch unterlassen kann –, wahrt einen ontologischen Dualismus von Subjekt und medialem Objekt, ja beruht zentral auf ihm und arbeitet ihn aus.

Der zugrundeliegende Kantsche Dualismus von Subjekt und Weltdingen ist dabei für Kant selbst nicht absolut. Einerseits tritt das ästhetisch urteilende Subjekt ja gerade in der Balancierung der Vermögen der *Erkenntnis von Weltdingen* in Erscheinung, andererseits *gründet* seine Fähigkeit hierzu im 'Übersinnlichen' der Natur. Jedoch bleibt für Kant (prinzipiell) ein 'Rätsel' (vgl. Kant 1790, S.IX), wie die Verbindung von urteilendem Subjekt und Welt aussehen könnte bzw. wie sie als unmittelbar und nicht trügerisch verifiziert werden könnte.

Mit dieser Beschränkung der philosophischen Erkenntnis hat man sich nach Kant nicht abfinden wollen. Im Postkantianismus besteht die Tendenz, die fragile welterkennende Kreativität des Kantschen urteilenden Subjekts, welche Verbindlichkeit nur durch gesellschaftliche Akte erlangt, zur weltsetzenden Potenz einer reinen Subjektivität zu zementieren (und so nicht zuletzt ihre Unverfügbarkeit zu eliminieren). Das Geheimnis des Zusammenhangs von realer Welt und den Gegenständen der erkennenden Subjektakte verschwindet dabei in der definitorischen Gleichsetzung beider Pole (wobei in einem auch deren Geheimnisse nicht mehr zu spüren sind). Die ja wirklich kritisch gemeinte Feststellung in der 'Kritik der reinen Vernunft', daß alle theoretische Erkenntnis auf Projektionen des erkennenden Subjekts beruht, wird mit Kants Idee aus der 'Kritik der Urteilskraft' legiert, daß sich im ästhetischen Urteil die Grenzen der rationalen Erkenntnis überschreiten lassen. Die allzu dichte Verknüpfung beider Gedanken mündet letztlich in einem neuen quasimetaphysischen Anspruch eines weltdefinierenden und -schöpfenden Geistes, oder wie immer die entsprechende Entität benannt und im einzelnen gedeutet wird.

So sind nicht nur die prätentiösen Projekte des deutschen Idealismus im 19. Jahrhundert verfahren.[251] Auch wichtige Strömungen der Philosophie des 20. Jahrhunderts wie auch ihre Ausläufer in den verselbständigten Einzelwissenschaften – vor allem im Anschluß an die 'Phänomenologie' Edmund Husserls – fügen sich in gewisser Hinsicht in dieses Muster.[252]

Im Zusammenhang der Medienfrage ist entscheidend, daß der resultierende ontologische bzw. gnoseologische Monismus wiederum, wenn auch nun unter mehr oder weniger idealistischem Vorzeichen, verwehrt, einen Technik- und Funktionalitätsdiskurs und darüber hinaus einen davon unterschiedenen Diskurs der Spontaneität und Kommunikativität von Subjekten zu führen. Statt (jedenfalls im Sinne einer erkenntnisorientierten Arbeitshypothese) von der Differenz zweier kontingenter Seinsweisen auszugehen und sich mit der unendlichen Vielfalt der Bezüge zwischen ihnen zu befassen, landet die Theorie bei einem homogenen Modell, das auf einen einzelnen Punkt in der Skala mehr oder weniger 'vergeistigter' Funktionalismen fixiert ist.[253]

Dies liefert auch die Erklärung, warum sich bedeutende aktuelle Stränge der wissenschaftlichen Theoriebildung aus meiner Sicht nicht zum Verstehen des didaktischen Mediums eignen, obgleich sie zunächst sich anzubieten scheinen und in ihnen sich auch Motive und Mythologeme finden, an die der oben formulierte kantianische Medienmythos anklingt. Ich spreche vor allem von den Theorien der Selbstorganisation bzw. Selbstreproduktion (oder 'Autopoiesis') von biologischen und sozialen Systemen, wie sie die Wissenschaften der letzten Jahrzehnte in vieler Hinsicht angeregt und befruchtet haben. Diese im einzelnen divergierenden Ansätze firmieren auch unter den Signen einer sich mit der Beobachtung von Systemen befassenden 'differenztheoretischen' *Kybernetik zweiter Ordnung* (s. von Foerster 1993), unter einem weiten Begriff von *Ökologie* (vgl. Gregory Batesons 'Ökologie des Geistes', 1972) oder unter dem Titel eines *Epistemologischen* oder *Radikalen Konstruktivismus* (für biologische Systeme s. Maturana 1978, Maturana und Varela 1984, für soziale Systeme Luhmann 1987; s. auch Abschnitt 6.7).[254]

Die Konzepte des Konstruktivismus schließen sich ganz eng an den Kantschen Gedanken der durch transzendentale Subjekt-Bedingungen des Erkennens konstituierten Wirklichkeit an[255] und unterfüttern ihn neu mit naturwissenschaftlichen, mathematischen und sozialwissenschaftlichen Vorstellungen. Für den Zusammenhang einer pädagogischen Fragestellung kommt es allerdings auch darauf an, gewisse Wirkungsmöglichkeiten *auf* Subjekte zu klären und zu sichern. Diese Erfordernis teilt die pädagogische Theorie mit anderen 'sozialtechnologischen' Disziplinen wie den angewandten Organisationswissenschaften oder der Psychotherapie. Naturgemäß erweisen sich demgemäß Konzepte als am ehesten auch auf pädagogische Verhältnisse beziehbar, die versuchen, das Interesse einer Einwirkung auf soziale Systeme sowie auf, wie es im Kontext der Systemtheorien heißt, 'psychische Systeme' mit der Idee von deren Autonomie und Autopoiesis zu vereinbaren.[256] Vor allem ausgehend von der Situation in der Psychotherapie sind bereits früh explizite Vorstellungen einer 'Systemtherapie' entwickelt worden (vgl. Bateson 1972, sowie Watzlawick, Beavin und Jackson 1967). Im Kontext der aktuellen (Luhmannschen) Theorie der sozialen Systeme hat Helmut Willke

'Strategien der Intervention in autonome Systeme' formuliert und am Beispiel von Psychotherapie, Organisationsberatung und der politischen Einflußnahme diskutiert (Willke 1987). Die Paradoxie der Aufgabenstellung wird hier mit einem zentralen Konzept der Autopoiesistheorien entschärft: Systeme seien über die Struktur des 'Milieus' miteinander lose gekoppelt in der Weise, daß Veränderungen – 'Perturbationen' oder 'Irritationen' – des Milieus den Strukturwandel eines Systems anstoßen oder begünstigen können, ohne die neue Struktur zu determinieren. Die Übertragung auf die pädagogische Situation scheint sich anzubieten und wurde bereits vorgeschlagen (Backes-Haase 1993).

Allerdings wird in diesen Untersuchungen auch deutlich, warum sich unmittelbar auf der Basis der Theorien der Systemselbstorganisation eigentlich keine Konzepte des pädagogischen *technischen* Mediums formulieren lassen: In gewisser Weise werden in den Theorien der Selbstorganisation, insbesondere, wenn sie zu Theorien sozialer Systeme (und als deren Variante psychischer Systeme) geworden sind, ganz klassisch-idealistische Traditionen wiederbelebt. Die 'Systeme', die die Rolle des klassischen Geist-Subjekts übernommen haben, organisieren sich und ihre Welt aus sich heraus und ganz nach ihren eigenen kommunikativen Vorgaben. Noch das 'Milieu', das als äußeres Bindeglied von Systemen fungieren soll und von der Wortbedeutung her einen physikalischen Medienbegriff darstellt, konstituiert sich aus nicht wirklich als fremd behandelbaren Kommunikationen anderer Geist-Systeme. Demgemäß geht es bei Willke um eine *verstehende* Intervention von Systemen in Systemen (wobei er sich von einer hermeneutischen Deutung von Verstehen zwar distanziert, aber erkennbar die Tradition aufnimmt).[257] Die Möglichkeit einer 'mechanischen', maschinellen, materiell-fremden Intervention bleibt außerhalb des Horizonts. Nach Luhmann prozessieren soziale und psychische Systeme grundsätzlich *Sinn* (s. etwa Luhmann 1987, Kap.2) – ebenfalls eine klassische Kategorie der Geisteswissenschaften. Bateson behandelt in seinem Buch die Ökologie des *Geistes* und spricht vom gesamten 'geistigen', das soll hier heißen: kybernetisch geregelten, Zusammenhang der Welt (den er sogar als neuen Gottesbegriff deuten kann, s. Bateson 1972, S.593).

Die Pointe dabei ist, daß diese neuen Formen von Geisteswissenschaft ihre Mythologeme in einer technischen, von Physik und Kybernetik geprägten Terminologie formulieren oder direkt der Bildsprache der Mathematik entlehnen.[258] Dem Wortklang nach scheinen so die Luhmannschen Analysen sozialer System dadurch beständig von technischer Funktionalität im sozialem Kontext zu handeln. Doch in Wirklichkeit können sie in ihrer Perspektive materielle Technik als solche gar nicht mehr thematisieren, weil sie die einschlägigen Begriffe für andere Phänomene in Dienst nehmen. Das Verhältnis von materieller Technik und ihrer sozialen oder humanen Bedeutung wird damit durch die begrifflichen Konstruktionen bei ihnen zu einem 'Blinden Fleck', zu einem Wirklichkeitsauschnitt, dem sie sich aufgrund ihres spezifischen Zugangs zur Wirklichkeit verschließen.

Ein Ansatz, der die Rolle technischer Objekten in sozialen Kontexten thematisieren will, muß daher nicht nur gegen die enge rationalistische Tradition einen Subjektdiskurs führen, sondern muß auch, gegen den kybernetischen Monismus von Differenztheorien, einen Unterschied von Technik- und Subjektdiskurs bzw.

die Unterscheidung zweier *wirklich* verschiedener Prozesse etablieren – er muß, wie ich es sehe, ein Gespür für die Materialität von Technik und die davon *verschiedene*, mit ihr in eine Wechselbeziehung tretende Materialität von Subjekten entwickeln. Deshalb scheint mir der erneute Rekurs auf Kant, wie ich ihn versucht habe, unabdingbar, um die Weichen anders als in der Theorie 'Sozialer Systeme' bzw. im Radikalen Konstruktivismus zu stellen und weniger auf die idealistischen als auf die kreativ-ästhetischen Momente der Kantschen Philosophie zu setzen.

Die soweit theoretisch bestimmte Vorstellung vom didaktischen Medium ist nun in konkreteren Kontexten zu erproben und auszuarbeiten.

8 Subjekt und mediales Objekt in exemplarisch interpretierten Medienkonstruktionen

Nach dem Vorangegangenen kann das didaktische technische Medium das Denken und Handeln *lernender*, das heißt schöpferisch tätiger Subjekte nur – wobei ich an eine alte Unterscheidung der Repräsentationsbegriffe anknüpfe[259] – in der Art erinnernder *Spuren*, aber nicht in der Art eines Adäquatheit behauptenden *Vor-Bildes* repräsentieren. Das Medium setzt sinnliche, materielle Anhalts-Punkte, die lose eingebunden werden in eine Subjektaktivität, die über sie hinausweist. Dieses Verhältnis, das ich 'schwach instrumentell' nannte, steht im Kern der Dialektik des Mediums: Handeln und Denken sollen, indem sie sich schwach an das Medium binden, selbst ent-fesselt werden.

Der Wert eines Mediums beweist sich letztlich in der Qualität der realen Subjektaktivität, die sich an ihm entzündet. Seine technische Massivität, die die Zeit zur Objektzeit stillstellt, darf nicht als die Restriktion wirken, die sie isoliert gesehen verkörpert. Im Gegenteil muß sich mit ihr eine Perspektive für die Subjektzeit, ein Raum für schöpferisches Handeln erschließen und weiten. Das technische Medium präsentiert sinnliche Formen, die nicht *übermitteln* können, was gelernt werden soll, (wie es dem Informationsmythos des Mediums entspräche) und auch nicht effektiv die angestrebten mentalen Prozesse *vorexerzieren* können (wie es die kognitivistischen Mythen wollen). Vielmehr knüpfen sich Handlungen, die dem gerecht werden, was gelernt werden soll, nur lose an sie, indem sie sich in oder mit ihnen oder auch gegen sie artikulieren. Ein Medium kann sozusagen nicht, jedenfalls nicht effektiv, den zu verstehenden oder zu lernenden *Text* der Erfahrung präsentieren. Stattdessen bietet es für diesen gleichsam nur (die Kommunikation in einem sozialen Kontext verankernde) *Wortformen* an. Anhand ihrer kann ein Text selbständig entwickelt werden, in dessen Rahmen zugleich die 'Wörter' erst ihren Sinn erhalten.

So weit handelt es sich um einen Mythos vom Medium oder, mit dem Terminus der 'Kritik der Urteilskraft', um den Versuch, eine ästhetische Idee vom Medium zu formulieren. Wie Kant beobachtet hat, kann allerdings eine ästhetische Idee in Begriffen nie komplett dargestellt und ihre Wahrheit und ihr Gehalt deshalb nicht in einer deduktiven Logik entwickelt werden. Das ästhetische Urteil, das sie erkennt, hat nach Kant keine apodiktisch-deduktive, sondern 'exemplarische' Modalität. Seine Verbindlichkeit sei 'subjektiv-allgemein', sie beruhe auf der „Notwendigkeit der Beistimmung *aller* zu einem Urteil, was wie Beispiel einer allgemeinen Regel, die man nicht angeben kann, angesehen wird" (Kant 1790, S.62f.). Bei Exemplarischem handelt es sich also um mehr als um ein gewöhnliches Beispiel: es führt nicht zum bekannten Allgemeinen nachträglich einen Fall an, sondern fungiert als konkrete Vorwegnahme von *Nichtangebbarem*. Es steht für nicht Expliziertes, für noch zu Erforschendes wie auch nicht Explizierbares, und wirkt als Movens der Annäherung an es. Im Konzept des Exemplarischen verdichtet sich nochmals die zentrale These der 'Kritik der Urteilskraft', daß es eine intuitive, allein im Subjekt gründende und dennoch verbindliche, intersubjektive Erkenntnis gibt. Diese Erkenntnis verfährt induktiv, weil sich ihre Wahrheit nicht durch explizite Subsumption unter ein abstraktes Allgemeines erweist, stattdessen in der Genie-Erfahrung des 'Musterhaften' (vgl. S.200) aufscheint. In reiner Form findet Kant solche Erkenntnis des Unsagbaren in der ästhetischen Produktion und im ästhetischen Urteil am Werk. Letztlich bildet sie aber die Grundlage jeglichen menschlichen Erkenntnisprozesses.

Einer didaktischen Grunderfahrung entspricht dies allemal.[260] Im Exemplarischen, im charakteristischen Beispiel präsentieren Lehrende und erspüren Lernende die 'allgemeine Regel, die man nicht angeben kann' – bzw. die nicht so umfassend und reichhaltig bestimmt und schon gar nicht vermittelt werden kann, daß sich aus ihr das Schöne bzw. Richtige logisch oder praktisch erschließen lassen würde. Auch generell gilt, was Kant über die Funktion ausführt, die beim Lehren und Lernen von (Genie-) Kunst einerseits Beispielen und andererseits expliziten Regeln – im Gegensatz zur nicht angebbaren Regel, die der ästhetischen Idee entspricht – zukommt: Die Regeln, unter die ein Lehrer zusätzlich zur exemplarischen Demonstration sein Verfahren fasse, dienten eher dazu, „die Hauptmomente desselben gelegentlich in Erinnerung zu bringen, als sie ihm [dem Schüler] vorzuschreiben" (S.261). Das Wesentliche kann nicht in einem expliziten deduktiven Modell vorgegeben werden. Stattdessen ist es in einer impliziten, einer 'nicht angebbaren' Regel repräsentiert. Diese liefert keine Anleitung für eine mechanische Reproduktion einer Tätigkeit, sondern sie ist Inbegriff des 'Geists' eines produktiven Tuns. Sie kann nur „von der Tat, d.i. vom Produkt abstrahiert werden, an welchem andere ihr eigenes Talent prüfen mögen, um sich jenes zum Muster, nicht der *Nachmachung*, sondern der *Nachahmung*, dienen zu lassen" (S.185)

Es steht daher an, den Medienmythos selbst in Beispielen spürbar werden zu lassen bzw. die exemplarische Anschauung, die schon die Diskussion des letzten Kapitels leitete, an spezifischeren und schließlich auch konkreten Modellen noch zu entwickeln und zu schärfen. Die im folgenden erörterten Medienmodelle dürfen dabei nicht als mechanisch und oberflächlich in anderen Situationen wiederholbar, als 'nachmachbar', aufgefaßt werden. Vielmehr sollen in ihnen Facetten der Idee eines dem Subjektlernen förderlichen Mediums in der Tiefe deutlich werden. Denn nicht durch ein abstraktes Modell, sondern nur durch das Verstehen des Exemplarischen, wird die 'Nachahmung', das heißt ein Transfer auf andere Situationen, der dem Anliegen gerecht wird, möglich. Dennoch werde ich auch einen Ansatz einer Systematisierung erproben.

Was ich versucht habe, als Funktion eines Mediums zu entwickeln, kann nun sicherlich nichts anderes sein, als was in guten Medien bzw. der erfolgreichen Anwendung von Medien schon immer realisiert war. Die ersten beiden der folgenden Abschnitte sollen in diesem Sinn, als eine quasiempirische Diskussion der Vorstellung des schwach instrumentellen Mediums, Erfahrungen mit gewissen Medien in Lernprozessen erörtern. Die ausgewählten Medien(typen) gehören nicht unbedingt zu denen, die mit explizit didaktischen Vorzeichen konzipiert werden. Sie weisen jedoch den Vorzug auf, daß ausgedehnte praktische Erfahrungen im 'realen Leben' mit ihnen existieren und sie auch Gegenstand breiter und intensiver

Reflexionen wie wissenschaftlicher Untersuchungen waren. Die erste Gruppe von Medien, auf die ich in diesem Sinn zu sprechen komme, sind die 'pascalartigen' *Programmiersprachen*, deren Vorbildhaftigkeit in der Informatikdidaktik unumstritten ist. Das zweite mediale Objekt, mit dem ich mich beschäftigen will, ist das *Design der 'Oberfläche' von Hard- und Software*. Die 'Oberfläche' (auch 'Benutzungsschnittstelle' genannt) trägt, wie der Begriff andeutet, diejenige Funktionalität von Hard- und Software, mit der ihre Nutzerinnen und Nutzer unmittelbar in Berührung kommen. Als ein wesentlicher Aspekt von ihr muß angesehen werden, daß sie helfen muß zu vermitteln, wie mit dem Computer bzw. einer speziellen Software umzugehen ist. Insoweit handelt es sich bei ihrer Gestaltung ebenfalls um ein Problem der didaktischen Anwendung des Computers, zu dem Softwareergonomie und Arbeitspsychologie reiche Beobachtungen und Einsichten gesammelt haben.

Im dritten Abschnitt kehrt sich der Blickwinkel gewissermaßen wieder um. Statt vom Material anderer Disziplinen auszugehen, die über Erfahrungen mit dem Lehren und Lernen mit Computermedien verfügen, entwickle ich theoretische Anfangsgründe einer Systematik der didaktischen Funktion des medialen Objekts in Lehr- und Lernprozessen. Insbesondere unterscheide ich zwischen der möglichen *projektiven* und der *evokativen* Funktion von Medien.

Dies versetzt mich in die Lage, anschließend in diesem Licht fallstudienartig die Funktionalität einiger bekannter Gruppen von im engeren Sinn didaktischen Medien zu diskutieren, ohne daß ich detaillierteren Einzelstudien vorgreifen kann. Als idealtypische Beispiele behandle ich im vierten Abschnitt vor allem die didaktische Software für *Modellbildung und Simulation* als Beispiel für projektive Medien, im fünften Abschnitt als Beispiel für evokative Medien *für kreatives Schreiben genutzte Textsysteme*.

Die unvermeidlichen Beschränkungen einer Arbeit wie der vorliegenden zeigen sich dabei nicht nur in der Auswahl, die naturgemäß meinen persönlichen Erfahrungsbereich spiegelt, oder darin, daß die Erörterung der Beispiel(typen) oft im Skizzenhaften bleiben muß und kontroverse Debatten in der Regel nicht wiedergegeben werden können. Die Grenzen werden auch darin deutlich, daß eine Konstruktion von Medien entsprechend den präsentierten Ideen bislang vielfach nur als Option für die Zukunft dargestellt werden kann.

8.1 Medien des Programmierenlernens: Die Rollen von Subjekt und medialem Objekt in den Vorstellungen zur didaktischen Funktion von Programmiersprachen

In diesem Abschnitt soll es darum gehen, die didaktischen Einsichten der Informatik zu reflektieren, die diese in der Beschäftigung mit ihren wichtigsten Medien, den Programmiersprachen bzw. deren softwaretechnischen Realisationen, gewonnen hat.[261] Schon aus eigenem Professionsinteresse widmete die Informatik sich diesen Medien mit besonderer Sorgfalt. Im Spektrum der entwickelten Ansätze spiegelt sich die ganze Breite der prinzipiellen Alternativen der Medienkonzeption.

Die didaktischen Vorstellungen, die sich mit ihnen verbinden, sind in der Informatik allerdings kaum expliziert worden und müssen aus wenigen Bemerkungen erschlossen werden. Im Ergebnis werde ich zeigen, daß die impliziten Vorstellungen, die sich in der Informatikdidaktik durchgesetzt haben, dem Konzept einer schwachen Instrumentalität des Mediums zumindest nahe zu stehen scheinen.

Zur Erläuterung: Eine *Programmiersprache* ist ein Code, ein formal definierbares System von Zeichenkombinationen, die aus einem begrenzten Zeichenvorrat nach einer begrenzten Zahl Regeln gebildet werden. Im Sinne der linguistischen Theorie ist sie eine künstlich konstruierte ideale *Langue* (vgl. Abschnitt 6.6), ein formales Sprach-Universum, dessen Struktur unabhängig von jeglicher Aussageabsicht beschrieben werden kann. Nichtsdestoweniger wird sie für einen ganz bestimmten praktischen Zwecke geschaffen, nämlich Operationen des Computers bzw. Operationsbefehle an den Computer zu formulieren.

Aus informatiktheoretischer Sicht handelt es sich bei einer Programmiersprache um eine Notation für Turingmaschinen (vgl. Kapitel 6), letztlich also um eine Form, wie die elementaren Maschinenoperationen 'Lesen' sowie bedingungsabhängiges 'Schreiben' (auf einem Ein- bzw. Ausgabemedium) mittels eines graphischen Symbolsystems repräsentiert und organisiert werden. Den Bezug zu realen Computern stellen spezielle Programme, sogenannte *Interpreter* und *Compiler*, her. Ein Interpreter bzw. ein Compiler[262] übersetzt Ausdrücke der Programmiersprache in die binären Sequenzen von Nullen und Einsen, die der Computer unmittelbar 'versteht'. 'Verstehen' bedeutet hier eigentlich 'in der Elektronik verarbeiten': Der Computer kann mit den Reihen von Nullen und Einsen genau in dem Sinn etwas anfangen, daß sich deren physikalische Repräsentation unmittelbar in Schaltimpulse seiner elektronischen Funktionselemente umsetzt.

Noch bevor jedoch ein Computer die formalen 'Ausdrücke' einer Programmiersprache abarbeitet, dienen diese dem Sich-Ausdrücken einer programmierenden Person. Im Kern hat eine Programmiersprache die Funktion, daß *Menschen* Anweisungen bzw. Programme (das sind gebündelte Anweisungen) formulieren können, die ein *Computer* befolgen kann. Daraus resultieren die beiden Kriterien für das Design einer Programmiersprache: die Sprache muß für Menschen handhabbar sein, und es müssen sich für die Sprache Interpreter bzw. Compiler herstellen lassen, die sie zuverlässig und mit einem möglichst sparsamen Verbrauch von Ressourcen in ausführbaren Code (die Null-Eins-Folgen, die ein Computer 'versteht') übersetzen.

Weil Programmiersprachen nicht die prinzipielle Leistungsfähigkeit des Computers erweitern, sondern Menschen darin unterstützen, dessen Anwendungsmöglichkeiten zunehmend 'anzusprechen', steht ihre Konzeption von vorneherein unter einem didaktischen Vorzeichen. Sie (bzw. die ihnen korrespondierenden und sie realisierenden Interpreter und Compiler) sind wesentlich didaktische Medien. Die Informatik hatte, da die Programmiersprachen den Ausgangspunkt für jede weitere Computernutzung bilden, Gelegenheit, mit ihnen länger und intensiver Erfahrungen zu sammeln als mit allen anderen Computermedien.

Tatsächlich kann die Geschichte der Programmiersprachen gelesen werden als Geschichte der Überlegungen und Versuche, wie Menschen durch geeignete technische Mittel in den Stand versetzt und zugleich angeleitet werden können, den Computer korrekt und wohlorganisiert für bestimmte Zwecke anwendbar zu machen.

Die ersten Computer sind für ihre Aufgaben mittels Lochstreifen, also wie eine Werkzeugmaschine oder ein automatisierter Webstuhl durch (elektro-) mechanische Vorgaben eingerichtet, modern gesprochen programmiert, worden.[263] Oder die Funktionseinheiten, die die elementaren Rechen- und Speicheroperationen vollzogen, wurden sogar schlicht durch Stecken von Kabeln an Schalttafeln (wie früher bei der Telefonvermittlung) in der für eine Aufgabe benötigten Art und Reihenfolge miteinander verbunden. Derlei Arbeiten haben an den ersten US-amerikanischen Universalrechnern, dem Relaisrechner 'Mark I' und dem Elektronenrechner 'ENIAC', Mathematikerinnen erledigt, im Falle von 'ENIAC' unter dem abschätzigen *nickname* 'ENIAC girls' bekannt (s. Lindner, Wohak und Zeltwanger 1984, S.90ff., sowie Hoffmann 1987). Erst als Männer bemerkten, daß die Programmmierung von Rechnern nicht nur eine schwierige, sondern auch eine wichtige und potentiell gut bezahlte Tätigkeit war, wandelte sich das ursprünglich 'weibliche' Berufsbild und gilt seitdem als qualifiziert und männlich[264].

Die gewisse Anschaulichkeit, die die anfängliche Programmiermethodik auszeichnete, war freilich auf das Prinzipielle beschränkt. Bei Tausenden möglicher Einstellungen und Hunderten von Verbindungskabeln schon bei den damals bewältigbaren Aufgaben konnte niemand mehr das Arbeiten des Rechners direkt überblicken. Das Verständnis des Geschehens spielte sich allein im Kopf der Programmiererin ab. Schon bald setzten daher Bemühungen ein, daß die Computer dem Menschen quasi kommunikativ entgegenkommen sollten. Umgekehrt würde eine Programmiererin oder ein Programmierer dann auch leichter und besser verstehen, was der Computer gerade ausführt.

Entscheidende Impulse zur Entwicklung entsprechender Programmierkonzepte kamen in den fünfziger Jahren von Grace Murray Hopper und Betty Holberton, die bereits in der Programmierung des Mark I bzw. von ENIAC gearbeitet hatten. Hopper betitelte ihren Aufsatz aus dem Jahr 1952, in dem sie ihre Erfindung des Compilers vorstellte, mit 'The Education of a Computer' (Hopper 1952). Sozusagen sollte der Computer derart auf ein Kommunikationsverhalten hin erzogen werden, daß ein Mensch die Anweisungen an ihn 'vernünftig' formulieren konnte. In diesem Sinn konstruierte Hopper mit ihrem Team zunächst Compiler für mathematische Problemstellungen, um dem Computer die Sprache der Formeln 'beizubringen'. Eher als die meisten anderen damaligen Fachleute sah sie aber auch, daß ein wichtiges Anwendungsfeld der Computertechnik in der Wirtschaft liegen würde und dort die traditionelle mathematische Formelsprache nicht weit trägt. Sie forderte deshalb, für unterschiedliche Anwendungsbereiche und Personen „verschiedene Arten von Sprachen zur Verfügung zu stellen, die ihren Bedürfnissen entsprechen" (zit.n. Behnke und Oechtering 1993, S.46). Und schritt zur Tat: Sie beließ es nicht bei ihrer Sprache für mathematische Zwecke, die, parallel zu den ersten Versionen der heute noch bekannten Sprache 'FORTRAN' oder

'FORmula TRANslator', unter dem Namen 'MATH-MATIC' vermarktet wurde. Zugeschnitten auf die Bedürfnisse kommerzieller Anwendungen definierte sie ein weiteres Idiom, 'FLOW-MATIC'. Diese Sprache stand Modell bei der Entwicklung von 'COBOL' (Akronym für 'Common Business Oriented Language'), eine Programmiersprache, die in einigen Anwendungsbereichen bis heute dominiert.[265]

Mit FLOW-MATIC und dann mit COBOL verband sich ausdrücklich der Gedanke, daß die Sprache der Computer die Grenzen der mathematischen Formelsprache überwinden und sich der Alltagssprache annähern sollte. Während die mathematikorientierten Sprachen das traditionelle 'Buchstabenrechnen' adaptierten, wurden in FLOW-MATIC und in COBOL Anweisungen mit 'richtigen Wörtern' formuliert – bis dahin, daß sogar mathematische Ausdrücke 'natürlichsprachlich' umschrieben werden konnten. Ein Ausschnitt eines COBOL-Programms kann sich daher lesen wie 'ADD TAXES TO PRICE', 'SUBTRACT DISCOUNT FROM PRICE GIVING RESULT', 'MOVE RESULT TO PRINTER'. Und so weit kann er offenbar lediglich mit kaufmännischem Grundwissen, aber ohne Computerkenntnisse verstanden und auch formuliert werden.

In diesen frühen Versuchen der Annäherung des Computers an die kommunikativen Bedürfnisse des Menschen traten aufgrund des Standes der Technik zwei Konzepte noch ungeschieden auf, die sich auf die Dauer als konträr erwiesen. Dem einen Ansatz – den heute niemand mehr mit Programmieren in COBOL assoziieren würde – geht es um die Idee, daß der Computer das Niveau des Menschen erklimmen (bzw., je nach Blickwinkel, auf es hinabsteigen) soll: Menschen sollen unmittelbar und intuitiv, mittels 'natürlicher Sprache' oder über 'natürliche' Bildsymbole, mit der Maschine kommunizieren können. Am Ende müßten sie dem Computer nur noch sagen oder zeigen, was sie wollen. Er würde verstehen, was sie meinen, und es adäquat verarbeiten bzw. ausführen. Das ist letztlich die Vision der Sprach- und Kommunikationsforschung im Kontext der Forschungen zur 'Künstlichen Intelligenz' (vgl. Kapitel 6). Zum Beispiel kann es Bestandteil der Konzeption von Expertensystemen sein, daß die Systeme durch Fachexperten natürlichsprachlich instruiert statt herkömmlich programmiert werden sollen.

Eine Programmiersprache erscheint in diesem Kontext als eine universelle Formalisierung von Kommunikation, wobei die Kommandosprache zwischen Mensch und Maschine ausdrücklich auf eine Stufe mit (zwischen-) menschlicher Kommunikation gestellt wird. Sie fungiert als eine allgemeine Grammatik derart, daß in ihren korrekt gebildeten Sätzen – das heißt in den korrekten Programmen – alles Sag- und Denkbare zumindest eines bestimmten Sachgebiets abgebildet und auch vom Computer adäquat interpretiert werden könnte. In linguistischer Terminologie ließe sich dies formulieren, daß die *Langue*, das Formgesetz der Kommunikation, die Artikulation von Bedeutungen in der *Parole* verschlingt: Die Dialektik des semiotischen Prozesses, in dem sich Bedeutungen als Differenz zu einer Folie formaler Regularität artikulieren, verkümmert zu hierarchischen Einsetzungen oder 'Instantiierungen', wie der *terminus technicus* der Informatik lautet. Die 'Instanz', nach der englischen Wortbedeutung, aus der der Sprachgebrauch der Informatik entlehnt ist, eigentlich fast identisch mit 'Exempel', bezeichnet hier das genaue

Gegenteil des Kantschen Begriffs des Exemplarischen: Anstatt (noch) nicht statuierbares Wissen ahnen zu lassen, ist sie lediglich Fall einer explizit gegebenen Regel. Alles, was sich abspielt, bleibt beschränkt auf bloße Er-füllung der Leerstellen der Formschemata.

Das Medium Programmiersprache wäre damit schon an sich Inbegriff der Kommunikation ebenso mit der Maschine wie über sie. Insbesondere wäre die Verfügung über es gleichbedeutend mit der Fähigkeit zum Programmieren. Allerdings würde sich in dieser Sicht letztlich erübrigen, daß überhaupt Menschen sich das Medium aneignen. Wenn die Strukturen einer Programmiersprache alle Kommunikate vorgeformt enthalten, die nur mechanisch aktiviert werden müssen, können dies die Computer alleine bewerkstelligen. Die Mythen der 'Künstlichen Intelligenz' sind im Kern antididaktisch: Sie kreisen um das Phantasma des Computers als eines Geist-Kindes des Menschen, das seinen Erzeuger – und insbesondere menschliches Lernen – überflüssig macht.[266]

Die Konzepte der Funktion der traditionellen Programmiersprachen und insbesondere der Lehre mit ihnen haben sich jedoch in eine gänzlich andere Richtung entwickelt. Ungefähr gleichzeitig, als in den USA ein Normungsausschuß COBOL vorbereitete, arbeitete eine Gruppe von Wissenschaftlern in Europa und den USA eine weitere Programmiersprache aus, die im Jahr 1960 unter der Bezeichnung 'ALGOL 60' ('ALGOL' für 'ALGOrithmic Language') veröffentlicht wurde.

ALGOL war von vonherein mit komplementären Zuschreibungen gegenüber COBOL behaftet. Während letztere Sprache sich um Verständlichkeit durch eine Vielzahl synonymer Konstrukte und eine Annäherung an die Alltagssprache bemühen sollte, wurde bei ALGOL Wert auf einen formal abgesicherten Aufbau einer Sprache zur Formulierung von Rechenverfahren ('Algorithmen') gelegt.[267] Daß die Sprache weiterhin von Menschen zu nutzen sein würde, blieb dabei in ihrer Beschreibung in der Anonymität subjektloser Gerundiv- und Infinitivkonstruktionen verborgen: So heißt es gleich zu Anfang im ALGOL-60-Bericht lediglich, die Sprache sei geeignet „for expressing a large class of numerical processes in a form sufficiently concise for direct automatic translation into the language of programmed automatic computers" (Backus et al. 1962, S.167) und später, „The purpose of the algorithmic language is to describe computational processes" (S.171). *Wer* hier Rechenprozesse ausdrücken will und welche Bedeutung dieses Subjekt der Handlung haben könnte, wird nicht reflektiert bzw. nicht gesagt.

Ausgerechnet ALGOL kam dann in der 'realen' Programmierung außerhalb der Universitäten nur wenig zum Zuge, wurde jedoch in den sechziger Jahren zur bevorzugten Lehrsprache der Informatik bzw. ihrer Vorläuferinstitute an den Hochschulen. Sozusagen erhielt in der Zweckbestimmung, daß ALGOL der 'Beschreibung von Rechenprozessen' diene, faktisch nicht das Objekt, sondern das versteckte Subjekt den Hauptakzent. In der Praxis ließen sich offenbar Computeroperationen auch ganz gut in anderen Sprachen repräsentieren. Doch zumindest für die Informatikausbildung bzw. in ihr die Programmierausbildung hielt man es für angezeigt, auf das prinzipienstrenge ALGOL zurückzugreifen.

Bei der Sprache 'Pascal', die Niklaus Wirth Ende der sechziger Jahre als ALGOL-Nachfolger konzipierte (zur Vorgeschichte s. auch Hoare 1984), hatte sich dementsprechend die Sicht gewandelt. Als *erstes Hauptziel* bei der Entwicklung von Pascal führte Wirth an, daß es darum gehe, eine Sprache zu erhalten, die geeignet sei, „to teach programming as a systematic discipline based on certain fundamental concepts clearly and naturally reflected by the language" (Wirth 1971, S.35). Erst das *zweite* Hauptziel Wirths lautete, daß die Sprache die Möglichkeit bieten muß, zuverlässige und effiziente Compiler für sie zu konstruieren.

Mit anderen Worten, Pascal wurde ausdrücklich als didaktisches Medium konzipiert. In dieser Funktion hat sich die Sprache in den siebziger Jahren an Hochschulen, Schulen und anderen Ausbildungsstätten weltweit durchgesetzt, bis sie durch Nachfolgesprachen, die aber die Prinzipien von Pascal wahren, insbesondere die durch Wirth selbst entwickelten Sprachen 'Modula' (Wirth 1983) und 'Oberon' (Reiser und Wirth 1992) wieder abgelöst wurde. Damit gehören die Mitglieder der ALGOL- bzw. Pascal-Sprachenfamilie nicht nur zu den am breitesten erprobten Computer-Lehrmedien, sondern haben sich offenbar auch tatsächlich, unter der intensiven Fachaufsicht der Informatikzunft, bewährt.

Die Qualität von ALGOL, Pascal und ihren Nachfolgern als Lehrmedien kann insofern als in der Praxis verifiziert angesehen werden. Es stellt sich die Frage, wie sie sich verstehen läßt.

Trotz der explizit didaktischen Orientierung des Sprachentwurfs haben Wirth und seine Koautoren sich lediglich in wenigen thesenhaften Andeutungen zur Didaktik seiner Medien geäußert.

Ursprünglich hat Wirth, wie zitiert, nur ausgeführt, daß eine Lehrsprache die Konzepte des Programmierens 'klar und natürlich reflektieren' müsse (1971, S.35). Später weist er ergänzend darauf hin, daß das Medium, das ein Lernender angehalten wird zu nutzen, seine Gewohnheiten des Denkens und Erfindens präge (Jensen und Wirth 1974, S.133).[268]

Es wird also für das Medium wiederum beansprucht, ein 'natürliches' Ausdrucksmittel zu sein. Dabei kann allerdings nicht wie bei der Idee von einer 'natürlichsprachlichen' Programmierung die Nähe zur Alltagssprache und insofern eine erhoffte Adäquatheit zu den Lernenden gemeint sein. Stattdessen scheint es um eine selbstverständliche Nähe zur Systematik der Sache (des Programmierens) bzw. zu den systematischen Gedanken der Lehrenden hierzu zu gehen. Das Prädikat 'klar und natürlich', das sich vordergründig nur auf den Reflex der Systematik in der Sprache bezieht, wird hierbei suggestiv auch der Systematik selbst beigelegt (die Widerspiegelung kann nur klar erscheinen, wenn auch das Urbild prägnant und ungetrübt ist).

Wirths ergänzende Ausführungen (1974, S.133) suggerieren eine bestimmte Vorstellung, wie sich die Nähe des 'klaren und natürlichen' Mediums zur 'klaren und natürlichen' Sache in die Vertrautheit der Lernenden mit der Sache transformiert: Sie lesen sich beinah, als nähme Wirth einen Vorgang in der Art der 'Supplantation' Salomons an, eine Infiltration der Lernenden durch die im Medium verankerten Denkmuster (vgl. Kapitel 6) – er sagt, die mangelnde Struktur von

Sprachen präge sich 'direkt dem Programmierstil der Lernenden auf'. Es ist hier jedoch nur von den Auswirkungen eines *schlechten* Sprachbaus die Rede, der das kreative Denken auf das falsche Gleis lenken kann. Umgekehrt charakterisiert Wirth den Einfluß eines 'klaren und natürlichen' Mediums auf die Lernenden lediglich dahingehend, daß er sich auf ihre *Gewohnheiten* auswirke. Somit scheint durch das Medium im Positiven eher ein allgemeiner Hintergrund für Handlungen definiert zu werden, als daß klare Konzepte als solche vermittelt würden. Von der schlichten These, daß im Medium nur die richtige Systematik präsentiert werden müßte, damit die Lernenden sie adaptierten, hat Wirth vermutlich bereits die Alltagserfahrung des Unterrichtenden abgehalten, daß keine Methode der Welt die sichere Wirkung des Lehrens garantieren kann.

Wie soll oder könnte nun tatsächlich positiv nach Wirth die Rolle einer Programmiersprache als Medium des Programmierenlernens beschrieben werden? Einige neuere Aussagen Wirths und seiner Koautoren und Mitstreiter mögen helfen, die implizite Didaktik und das intendierte Medienkonzept besser zu verstehen.

Grundlegend ist, was Wirth und Martin Reiser in der Einführung in die jüngste Wirthsche Sprache, 'Oberon', notieren: Sie erklären, 'wirkliche Meisterung des Programmierens' benötige 'Erfahrung in der Bewältigung großer, nicht-trivialer Aufgaben', die 'erst durch Jahre intensiver Beschäftigung erworben' werden könne (Reiser und Wirth 1992, S.XIX). Die Anforderungen, die die Arbeit an großen Projekten stelle, könnten in der üblichen Lernform, bei der nur kleine, von vorneherein überschaubare Aufgaben zu bewältigen sind, nicht hinreichend abgebildet werden – wer immer nur Schrauben in Spielzeughäuser dreht, lernt den Schraubenzieher zu gebrauchen, wird aber nie ein Meister des Baufachs. Andererseits betonen Reiser und Wirth, daß der spätere Erfolg in Projekten 'auf einigen Grundregeln des disziplinierten Arbeitens' beruhe, die gerade in den kleinen Spiel-Aufgaben mit einer gewissen Pedanterie eingeübt werden könnten und müßten (ebd.).

Das heißt insbesondere: *Das Medium vermittelt den Lehrgegenstand nicht* – selbst wenn es klar und natürlich dessen Systematik spiegelt. Die formale Perfektion in dem, was es an Anforderungen stellt, hier also die formale Beherrschung der Programmiersprache (des Schraubenziehers), wie sie sich schon an den kleinen Aufgaben beweist, genügt nicht, um Virtuosität auf der Klaviatur der Programmiertechnik (der Baukunst) zu erreichen. Solange ihre tiefere Bedeutung nicht in komplexen Kontexten erfahren und angeeignet wird, bleibt die Programmiersprache ein Werkzeug aus dem Spielzeugkasten.

Nach Reiser und Wirth besteht die *erste* Aufgabe eines Lehrens, das den Adepten auf eine künftige Meisterschaft vorbereiten will, offenbar darin, eine gewisse *Disziplinierung* des Arbeitsstils durchzusetzen. Die Lernenden sollen an eine Systematik (wie die des Schraubendrehens) *gewöhnt* werden, noch bevor deren eigentlicher Sinn erfaßt werden kann. *Hierfür* soll das Medium technische Hilfestellung, im Rahmen seiner Möglichkeiten, leisten – nicht mehr und nicht weniger.

Das Medium soll dazu im Kern *einfach* sein. Wirth und andere haben immer wieder erklärt, wie wichtig eine geradlinige, schlichte Konstruktion der Sprache ebenso im Hinblick auf ihre zuverlässige technische Realisierbarkeit wie auf ihre Erlernbarkeit ist.

Jedoch tatsächlich programmieren zu lernen, also das Ziel zu erreichen, für welches das Medium konzipiert ist, erfordert nach den Feststellungen Reisers und Wirths die Auseinandersetzung mit *komplexen* Aufgabenstellungen. Dabei sind die Aufgaben bzw. ihre Bewältigung komplex, weil sie sich auf die Diversität und Widersprüchlichkeit der Realität beziehen. Die immanente Widerspruchsbehaftetheit jeder Aktivität ist eine elementare Erfahrung beim Programmentwurf, die durchaus konträr zum gängigen Bild des Programmierens als einer Tätigkeit in den klaren Gefilden der reinen Logik steht. C.A.R. Hoare, ein anderer bedeutender Theoretiker der Softwaretechnik, bemerkt ganz in diesem Sinn, die Komplexität der Programmiertätigkeit liege an der 'großen Zahl widerstreitender Zielsetzungen bei allen unseren Programmierprojekten' (s. Hoare 1984, S.70)[269]. Gerade deshalb dürfe, so mahnt Hoare, die Programmiersprache selbst nicht kompliziert sein – sonst werde „die Sprache selbst zu einem Teil des Problems statt zu einem Teil seiner Lösung" (ebd.). Im Verlauf der Entwicklung eines Programms werden die sich widersprechenden Wünsche und Anforderungen, die an es in technischer wie in anwendungsbezogener Hinsicht gestellt werden, in zeitweiligen Kompromissen integriert. Damit die Entscheidungen, die dabei fallen, disponibel bleiben, darf das Medium die Reflexion und Kommunikation über sie nicht be- oder gar verhindern. Es darf die Kompromißlinien nicht im Dschungel seiner eigenen Komplexität untergehen lassen, muß vielmehr ihre potentielle Neubewertung offenhalten und unterstützen. Entscheidend ist, daß die *Differenz* von (relativ) einfachem Medium und komplexer Realität nicht verschwindet, sondern fruchtbar gemacht wird.

In einem 'Gedanken zur Software-Explosion' betitelten Aufsatz ist Wirth (1994) mit den (Un-) Arten des Softwaredesigns ins Gericht gegangen, wie sie vor allem in der kommerziellen Welt verbreitet seien. Weil die grundlegenden Prinzipien der Einfachheit und Klarheit in der Konstruktion nicht beachtet würden, nehme die Software barocke Formen an, ja 'explodiere'. Sie zehre dabei den gewaltigen Fortschritt der Hardwaretechnik der letzten Jahrzehnte auf, ohne daß die Anwendung nennenswert profitiere – oder, wie Wirth spottet, „Software wird schneller langsamer, als die Hardware schneller wird" (S.6). Vor allem ein Gesichtspunkt. auf den er in dem Artikel aufmerksam macht, trägt noch zu den Überlegungen zur didaktischen Funktion einer Programmiersprache bei: Es sei zu beachten, *„daß eine Sprache sich nicht nur durch das auszeichnet, was sie auszudrücken erlaubt, sondern mehr noch durch das, was sie verbietet"* (S.7).

Das Wirthsche Medium ist, so läßt sich zusammenfassend folgern, *nicht* (Ausdrucks-) Mittel in der Kommunikation dessen, was mit ihm 'vermittelt' werden soll, sondern eher *(Hilfs-) Mittel* dieser Kommunikation, nämlich ein *abwehrendes*, gewissermaßen *disziplinarisches* Mittel, das 'pedantisch' *Vorbedingungen* für eine sachgemäße Kommunikation sichern soll. Es beeinflußt mehr die 'Gewohnheiten' der Lernenden als ihre eigentlichen Fähigkeiten oder ihr Wissen. Damit komplexe Aktivitäten für die *menschliche* Kommunikation und Reflexion zugänglich bleiben, markiert es lediglich so etwas wie 'klare und natürliche' *Koordinaten.* Es etabliert einen kommunikativen Raum, indem es die, die mit ihm arbeiten und lernen, immer wieder auf den Boden der Tatsachen kollektiver (als 'natürlich' empfundener) Konstruktionen holt.

Sozusagen liefert das Medium nach Wirth ein Gerüst, auf und an dem sich die Akrobatik der menschlichen Tätigkeit entfalten kann, es ist das Seil des künftigen Artisten, auf dem er den Balanceakt probt. Lediglich indem es sich dem Artisten vorhält, leitet und diszipliniert es ihn. Und zwar bereits *bevor* er seine möglichen Akte mit dem Medium tatsächlich erkundet und sich angeeignet hat: Das Medium verkörpert Erinnerungen, aber zunächst eher kollektive als individuelle, die sich dann jedoch in individuellen Erinnerungen aktualisieren. Nochmals anders ausgedrückt: Im Sinne der Langue-Parole-Differenz unterstützt das Medium die teils bewußten, teils unbewußten strukturellen Konstanten eines semiotischen Prozesses. Die Medienkonstruktion realisiert sich als eine Formenkonstruktion – nur so ist trotz der zeitlichen und inhaltlichen Distanz zum realen kommunikativen Prozeß eine Wirkung auf ihn möglich.

Damit scheinen die Auffassungen, wie sie Wirth und andere über die Funktion einer Programmiersprache als didaktischem Medium andeuten, jedenfalls so aufgefaßt werden zu können, daß sie der Vorstellung von der 'schwachen Instrumentalität' des Mediums entsprechen, wie sie im letzten Kapitel im Anschluß an Kantsche Konzepte des (Genie-) Subjektlernens dargelegt ist.

Der Anschluß an die kantianischen Konzepte gestattet, den mediengestützten Prozeß des Lernens der Prinzipien der Softwarekonstruktion, den Wirth beschreibt, noch genauer zu verstehen. Kantianisch gesprochen geht es um die Aneignung der *Schemata* bzw. der *ästhetischen Ideen* der Softwarekonstruktion, ihrer nicht explizierten oder sogar nicht explizierbaren Regeln, die sich in einer kreativen Leistung des Subjekts, in Resonanz mit der Identitätsleistung des Begriffs, artikulieren. Wobei in Wirths Erwartung, daß die Konzepte (bzw. ihre Reflexion) sich als 'klar und natürlich' erweisen werden, noch die Idee der Identität von Denken und Natur nachklingt, wie sie bei Kant als die notwendige Idee der unbegreiflichen Naturgemäßheit der Verstandesgesetze erscheint.

Daß nach Wirth die Programmiersprache vor allem dazu beitragen soll, daß 'Grundregeln des disziplinierten Arbeitens' beachtet werden, läßt sich im Sinne der Vorstellung der schwachen Instrumentalität so reformulieren: Das *nach innen* geschlossene Medium, die formal selbstgenügsame Maschinerie, wird *von außen* dazu in Anspruch genommen, daß es als gleichförmige, mehr oder weniger massive sinnliche Erinnerungshilfe die Identitätsleistung des Subjekts stützt – also jene Leistung des Subjekts, die den ästhetischen Ideen begriffliche Disziplin, ein Ordnungsraster auferlegt oder, in Kants Worten, 'Klarheit und Ordnung in die Gedankenfülle hineinbringt' und sie so 'eines daurenden zugleich auch allgemeinen Beifalls, der Nachfolge anderer, und einer immer fortschreitenden Kultur, fähig' macht (1790, S.203).[270]

Das reiche und leicht vermehrbare Material an Formen, das eine Programmiersprache zur Verfügung stellt, läßt dabei immer wieder jene Situationen der Resonanz von Intuition und Form eintreten, denen nach Kant die Lust der Erkenntnis entspringt. Dies erklärt den hohen Reiz, den das Programmieren und Programmierenlernen für die hat, die sich auf es einlassen.[271]

Weil eine Programmiersprache für realitätsbezogene Aufgaben nicht auf mechanische Weise Mittel zu ihrer Lösung liefern kann, läßt sich Programmieren tatsächlich nicht von immer neuem *Lernen* des Programmierens trennen. Und damit bleibt allen Versuchen zum Trotz, zu einer einfach handhabbaren 'Softwaretechnik' bzw. einem schematisch verfahrenden *software engineering* (s. Bauer 1993) zu kommen, Softwareentwicklung stets Subjektwerk, ein ästhetischer Lernprozeß, nicht reproduktive Technik, sondern eher Kunst.

Christiane Floyd hat in einem Artikel anläßlich des 25jährigen Bestehens der Disziplin des Software Engineerings (1994) in ähnlichem Sinn das Fazit gezogen, daß den realen Anforderungen an Software nur auf der Grundlage einer *Design-Sicht* der Softwareentwicklung entsprochen werden. Sie definiert dies, daß Softwareentwicklung als ein kontextabhängiger Prozeß *wechselseitigen Lernens* zwischen den Beteiligten begriffen werden muß (S.29). In dem Aufsatz 'Informatik – eine Lernwerkstatt' (1995a) postuliert sie für die Informatik deshalb ein neues Konzept des (Programmier-) Werkzeugs, wie es in solchen Prozessen benötigt wird: „Werkzeuge sollten keine standardisierten Arbeitsprozesse vorschreiben, sondern das Aufrechterhalten von lebendiger Ordnung erleichtern.“ (S.47) Diese Sicht des Werkzeugs entspricht dem hier entwickelten Medienkonzept. Unter kantianischem Horizont kommt es darauf an, daß den ästhetisch urteilenden, ihre Intuition kooperativ entwickelnden Subjekten Medien als Kommunikations- und Strukturierungshilfen an die Hand gegeben werden. Die Programmiersprache, das Programmiertool, das (Lern-) Medium ist, markiert mit maschinellen Mitteln Fixpunkte eines kreativen Prozesses, den sie nicht steuern kann und darf.

Noch einmal anders: Die formale Grammatik, die aus informatiktheoretischer Sicht die Programmiersprache definiert, beschreibt in einer übergreifenden Perspektive das Gesetz des Formenspiels des Mediums. Damit fungiert sie zugleich als eine disziplinierende Grammatik der Hilfsstrukturen, die den um sie tänzelnden ästhetischen Erkenntnis- oder Urteilsprozeß stützen und fördern. Wenn nach Wirth beim Entwurf einer Programmiersprache 'das Schlüsselproblem das Finden der richtigen Primitiva' ist (Wirth 1994, S.9), so geht es (durchaus auch im Sinne Wirths) eigentlich um Elementarfunktionen, die der Ästhetik und Kommunikativität in den Prozessen der Anwendung des Mediums zugute kommen, um eine Art von Grammatikfunktionen für die Erkenntnis ähnlich etwa wie Kants kategoriale Strukturen der Erkenntnis (hierzu die Bemerkungen gegen Ende von Abschnitt 7.5).[272] Solche Funktionen können 'natürlich' genannt werden, insofern sie rekurrente, wie selbstverständlich wirkende Strukturen des Handelns und Erkennens markieren.

Auch beim zweiten großen didaktischen Thema der Informatik, der Gestaltung der sogenannten Benutzungsoberflächen von Software, spielt der Gedanke ihrer wie immer zu bestimmenden 'Natürlichkeit' eine große Rolle:

8.2 Medien zur Instruktion des 'gewöhnlichen Users': Subjekte und mediales Objekt in der Konzeption von Software-Oberflächen

Der Mainstream der Informatik verabschiedete sich mit der Adaptation von Programmiersprachen wie ALGOL und Pascal spätestens in den sechziger Jahren von der Hoffnung, daß Computer dem Menschen 'natürlich' begegnen könnten, jedenfalls in der Hinsicht, daß die Computer, anstatt nach spezifischen Gesichtspunkten programmiert zu werden, irgendwann wie ein Mensch 'sich bilden' würden. Mit anderen Worten, die Turingsche Vision der 'Kind-Maschine', die lernt und genau deshalb im Turingtest, und damit jederzeit und überall, an die Stelle des Menschen treten kann (vgl. Kapitel 6), verblaßte als Leitbild.

Zur gleichen Zeit wurde allerdings mit den mehrplatzfähigen Computersystemen, bei denen an einen zentraler Rechner sich viele Terminals anschließen lassen, eine neue Runde im Verständnis des Verhältnisses von Mensch und Computern eingeläutet. Die Personen, die mit dem Computer Umgang hatten, schieden sich von da an in *Programmierer*, in der Regel nun männlichen Geschlechts, die die Maschine steuerten, und die Gruppe der gewöhnlichen Nutzer und Nutzerinnen, der *user*, welche für den Dünkel der 'Kenner' sich jederzeit auf *looser* reimten.

Auch die mit der Informatik verbundenen didaktischen Fragen erscheinen seitdem entlang dieser Segregation zerlegt.

Entsprechend dem vieldeutigen Motto *to program is to understand* soll die erste Gruppe sich mit dem Computer die Welt erschließen und formen. Dazu darf sie im *inner circle* der Systeme schalten und walten bzw. lernen, sich den Zugriff auf ihn zu erobern. Ein Initiationsritual in der Ausbildung von Programmierern und Informatikern besteht darin, die sorgsam eingerichteten Schutzmechanismen um das Arcanum der Systeme zu überwinden und sich 'Privilegien' zu erobern, welche die Systemverwaltung ihnen gesperrt hat (wobei schon der gebräuchliche Terminus *privileges* für 'Nutzungsrechte' auf Phantasien aus dem Kontext feudaler Herrschaftsorganisation verweist). Bis irgendwann dieses Spiel in der Grauzone der Legalität vorüber ist, die Frischausgebildeten selbst die Position von Systemverwaltern übernehmen und fortan ihre Kenntnisse dazu verwenden, die Angriffe anderer auf die Systemsicherheit abzuwehren.

Den bloßen Usern ist dagegen von vorneherein nur die 'Oberfläche' der Systeme zugänglich, die *Bediener-* oder *Benutzeroberfläche*, wie traditionell die wenig sinnvolle Lehnübersetzung des englischen *user interface* (eigentlich 'Benutzer-Schnittstelle') lautet; ich werde im folgenden den heute bevorzugten Terminus 'Benutzungsoberfläche' verwenden. Anstelle der 'Beherrschung' der Systeme, die den Programmierern vorbehalten bleibt, sollen die User – entsprechend der gängigen Begrifflichkeit, die treffend entlang der Dualität von Herrschen und Dienen konstruiert ist – nur deren korrekte 'Bedienung' lernen.

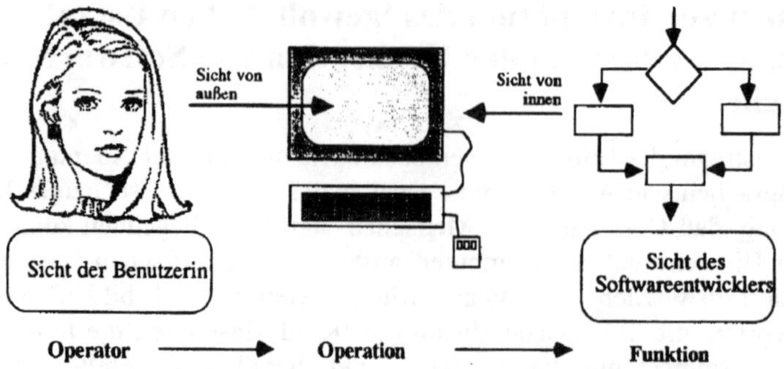

„Die beiden unterschiedlichen Sichten auf die Ein/Ausgabe-Schnittstelle: (1) die Benutzersicht und (2) die Softwareentwicklersicht" (Abb.3 aus Rauterberg 1995) – Die Inkonsistenzen der Abbildung verraten viel über die (sich augenscheinlich mit Geschlechtsstereotypen verbindenden) Phantasien über die Dichotomie von Programmierer und User, wie sie die Softwareentwicklung leiten.[273]

Das ursprüngliche und vielfach noch heute dominierende Leitbild, nach dem dabei die 'gewöhnlichen' Tätigkeiten an den Systemen und entsprechend die Systeme konzipiert wurden und werden, ist die 'fabrikmäßige Organisation geistiger Arbeit' (s. Steinmüller 1981, vgl. auch Nake 1992, sowie schon die Bemerkungen Wieners 1948, S.59ff.): Es wird insbesondere versucht, Schreibtischtätigkeiten nach dem gleichen tayloristischen Muster zu rationalisieren, das in der Fabrik in der Fließbandproduktion seinen Ausdruck gefunden hat. Die Software übernimmt die Rolle eines Fließbands der Kopfarbeit, das im Takt des Prozessors den Menschen 'interaktiv' vor immer neue Aufgaben stellt. Dabei reduziert sie mit ihren repetitiven Abläufen die menschliche Tätigkeit auf das sture und stets gleiche Befolgen eines vorgegebenen Handlungsschemas.

Aus tayloristischer Perspektive erscheint die Monotonie und tendenzielle Dequalifikation, die diese Degradation der Arbeitsaufgabe für vorher anforderungsreicher Tätigkeiten mit sich bringt, als durchaus gewollt. Taylor selbst hatte in seinen 'Principles of Scientific Management' (1919) ganz unverblümt erklärt, daß das Mitdenken derjenigen, die nur ausführen sollen, was die 'wissenschaftliche Arbeitsorganisation' vorgibt, schädlich für die Effektivität der Arbeit sei.[274] Statt daß die Arbeiter selbst denken, sollte nach Taylor die 'wissenschaftliche Betriebsleitung' aktiv werden: „Die Leiter entwickeln ein System, eine Wissenschaft für jedes einzelne Arbeitselement, die an die Stelle der alten Faustregel-Methode tritt." (S.38)

Der Computer kann in vieler Hinsicht als ein ideales Instrument der tayloristisch-rationalistischen Rekonstruktion der Arbeit dienen. Insbesondere kann die Software selbst, so scheint es jedenfalls, den Ablauf und die Organisation der Arbeit, wie sie durch Taylorsche Arbeitsingenieure ausgeklügelt und vorbereitet worden ist, durch eine detaillierte 'Benutzerführung'[275] den mit bzw. an ihr Arbeitenden auf genaueste vermitteln. Zusätzlich bietet der Computer ein reiches Maß an Möglichkeiten für eine zugleich subtile und intensive Überwachung und Kontrolle aller Tätigkeiten, die an ihm stattfinden.[276] Das Erlernen der Arbeit mit und am Computer erscheint somit in diesem Kontext im wesentlichen reduzierbar auf eine Informationsübermittlung vom Computer an die User. Insgesamt ergibt sich eine klare Hierarchie: Die Programmierer bzw. Software-Ingenieure, die den Computer beherrschen, richten ihn so ein, daß dieser die User, die ihn bedienen, auf dem von ihnen benötigten Niveau über den Arbeitsablauf belehren kann.

Faktisch etablierten sich in der Informatik also zwei prinzipiell verschiedene Modelle des Lernens der Arbeit mit dem Computer. Das erste zielt auf das Verstehen und Beherrschen der Computeranwendung, es ist für Insider gedacht, und der Computer selbst fungiert bei ihm anerkanntermaßen als nachgeordnetes, stützendes Medium für die eigenständige Arbeit. Das zweite Modell hat den 'gewöhnlichen User' als Adressaten, und der Computer soll den richtigen Ablauf von dessen Arbeit durch eine überlegene Information und Kontrolle gewährleisten.

Klassisch kantianisch gedeutet wird im zweiten Fall der User dem technischen (Natur-) Gesetz unterstellt, im Grunde in seiner Subjekteigenschaft ignoriert. Daß damit allerdings etwa in der Arbeitsorganisation gerade die entscheidenden Potentiale des Menschen nicht zum Zuge kommen, wird heute in den Organisationswissenschaften in dem Maße gesehen, in dem von den alten tayloristischen Rezepten Abschied genommen wird. Bekanntlich setzen die aktuellen Vorstellungen der *lean production*, wie das modische Schlagwort heißt, heute gerade auf die Profitabilität des einst bei Taylor verpönten Mitdenkens und der Verantwortlichkeit aller Arbeitenden (s. etwa Womack, Jones und Roos 1990). Das neue Verständnis der Rolle von Personen in der Arbeitsorganisation beruht dabei zu einem gewissen Grad darauf, daß Routineoperationen tatsächlich maschinell abgewickelt werden können. Das spontane und kommunikative menschliche Handeln, das sich in und gegenüber dem maschinisierten und formalisierten medialen Kontext entwickelt, erlangt dann allerdings eine um so größere Bedeutung. Je mehr Erfahrungen in einem maschinellen Subsystem eingefroren sind, desto mehr hängt der Erfolg des Gesamtsystems davon ab, daß die Flexibilität, die Offenheit für neue Erfahrungen und Wertungen, in der Anwendung der überkommenen 'Mechanismen' gewahrt bleibt. Insbesondere ist der ökonomische Erfolg einer Organisation auf die Autonomie und Souveränität des Subjekts gegenüber den erstarrten Routinen formalisierter Apparate angewiesen (schon klassisch hierzu die industrie- bzw. verwaltungssoziologischen Studien Kern und Schumann 1984, Baethge und Oberbeck 1986, vgl. auch Röder 1989a und 1989b).

Die Anforderung an die Softwaretechnik besteht heute darin, Konzepte zu entwickeln und zu realisieren, die einer nichttayloristischen Arbeitsorganisation gerecht werden, die also nicht auf dem klassischen Bild vom 'dummen User' beruhen und den kantianischen Widerspruch von Technik und Subjektwelt nicht mehr einfach zugunsten ersterer ignorieren. Christiane Floyd warnt in ihrem bereits angeführten Beitrag zur 25jährigen Existenz des Ansatzes des Software Engineerings, daß die weitere Praktizierung der hergebrachten technizistischen Methodik eine neue Softwarekrise heraufbeschwören könnte (Floyd 1994, S.31). Ihr Vorschlag einer Design-Sicht der Softwareentwicklung zielt unter anderem darauf, die Kluft zwischen Entwicklung und Anwendung wieder zu verringern, indem die Softwareentwicklung systematisch in einem Kommunikationsprozeß mit den Benutzerinnen und Benutzern verankert wird. Dessen Offenheit und Dynamik darf nicht durch eine von außen bzw. aus der Vergangenheit aufgedrückte Fixierung von Arbeitsabläufen und vorgegebenen Inhalten der Software gebrochen werden.[277]

Möglicherweise geht es 'einfach' darum, daß Ansätze gesucht werden müssen, wie das in seinem Kontext erfolgreiche binnendidaktische Modell der Informatik, das durchaus auf die Unterstützung der Kommunikation von Subjekten, allerdings nur im Hinblick auf die Programmiertechnik selbst, gerichtet ist, in die Ebene der Didaktik der Anwendung der Programme übertragen werden kann. Was sich aus der hergebrachten Sicht des Computertechnikers als 'bloße Nutzung' darstellt, muß dabei als (mindestens) ebenso autonome, schöpferische Arbeit respektiert werden wie die Softwareentwicklung, die ja eigentlich ihrerseits nur eine dienende Funktion für die schöpferische Arbeit im Feld ihrer Anwendung hat. Die Perspektive der Softwareentwicklung müßte jedenfalls lauten, nach Maßgabe der Bedürfnisse *dieser* autonomen Tätigkeit den Computer zum Medium des Erlernens seiner Anwendung werden zu lassen. Anstatt also die Nutzerinnen und Nutzer der Software als Informations- und Befehlsempfänger zu zu behandeln (und sie buchstäblich zum 'Anhängsel der Maschinerie' zu machen, wie das bekannte Marxsche Diktum lautet, das zugleich Kants Sicht vom Menschen qua seiner Eingliederung in die *res naturales* wiedergibt), sind sie als Schöpfer und Former ihrer Welt zu begreifen. Und dieser Auffassung müßte das Konzept des Einsatzes und der Gestaltung von Medien Rechnung tragen.

Was dies heißen könnte, dem möchte ich mich am Beispiel der heute wohl bekanntesten Ausprägung von Benutzungsoberflächen annähern.

Die Problematik des Verhältnisses von Technik und Subjekt tritt ja zutage, wenn Person und Computer aufeinandertreffen, konkret also wenn eine Person sich mit der 'Oberfläche' eines Systems beschäftigt. Es überrascht daher nicht, wenn sich in den unterschiedlichen Vorstellungen, die sich mit dem Entwurf von Benutzungsoberflächen – wofür innerhalb der Informatik bzw. im Zwischenfeld von Arbeitspsychologie und Informatik die Disziplin der Softwareergonomie zuständig zeichnet – verbinden, *in nuce* sämtliche Mythologien des Verhältnisses von Mensch und Technik und insbesondere des Lernens mit technischen Medien wiederfinden.

Die heute populärste Form der Benutzungsoberflächen vor allem von 'Anwendungssoftware' (das heißt Programmen, die für 'gewöhnliche' Nutzerinnen und Nutzer konzipiert sind) ist sicherlich die sogenannte *graphische Benutzungsoberfläche*, das *graphical user interface* (kombiniert mit der 'Maus' als *Zeigegerät*), bekannt vor allem in dem durch das Betriebssystem 'Windows' von Microsoft vorgegebenen Stil.

Die Konzeption für diese heute allgegenwärtige, als 'ergonomisch' oder 'benutzungsfreundlich' angesehene Technik des Umgangs mit dem Computer wurde in den siebziger Jahren im Laboratorium der Firma Xerox in Palo Alto entwickelt. Sie basierte auf gewissen Fortschritten der Bildschirmtechnik (vgl. Nake

1988, S.40f.): Damit die ganze Schirmfläche als Darstellungsbereich eines bewegten, durch seine einzelnen Rasterpunkte beschriebenen Bildes dienen kann, müssen die Leuchtpunkte auf dem Schirm einzeln und mit genügend hoher Frequenz angesteuert werden können. Diesen Stand erreichte die Technik erst in den siebziger Jahren. Ältere Monitore brachten entweder nur eine aus einer beschränkten Zahl von Standardzeichen zusammengesetzte Schrift auf den Schirm oder konnten nur (Vektor-) Graphiken sukzessive aus einzelnen Linien aufbauen.

Als zentral für das Konzept kann die 'Schreibtischmetapher' angesehen werden. Die Oberfläche des Schreibtischs (das *desktop*) wird symbolisch in den Computer geholt:

- Es werden sogenannte 'Fenster', eigentlich nichts als rechteckig umrahmte Bereiche auf dem Schirm, dem optischen Eindruck nach neben-, über- und hintereinandergetürmt und -gestürzt, so wie sich möglicherweise auf einem Schreibtisch Papiere, Mappen und Schachteln stapeln.
- Jedes Fenster als symbolische Projektmappe kann neben Schrift oder Graphikdarstellungen auch symbolische Utensilien, 'Werkzeuge', in Form sogenannter *icons* präsentieren, mit denen sich der Inhalt des Fensters bearbeiten läßt.
- Wie reale Objekte mit der Hand ergriffen werden, so werden die symbolischen Objekte mit der Maus als *pointer device* angesteuert und durch 'Anklicken' aktiviert.

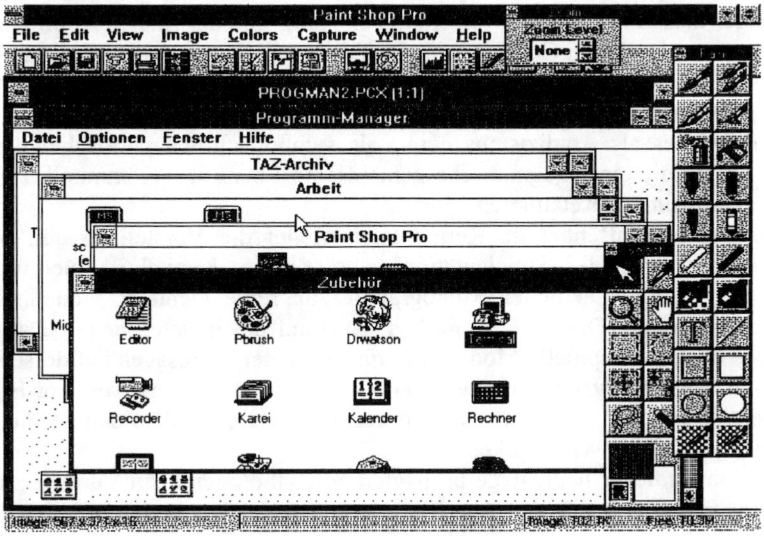

Eine 'Schreibtischoberfläche'

Schon frühzeitig wurde propagiert, daß eine solche bildhafte Darstellung des Universums der von Software offerierten Handlungsoptionen vor allem das Erlernen des Umgangs mit der Software erleichtere. Der Lernprozeß soll sich zeit- und kostengünstig gestalten, weil die Software dem Menschen wieder auf neue Weise 'natürlich', nämlich 'selbsterklärend' und damit in gewisser Hinsicht quasi auf seinem Niveau begegnet: Brigitte Metzinger hat – als Repräsentantin der Firma Apple, die bereits lange vor Microsoft das Xerox-Konzept in ein System für den Massenmarkt umsetzte – schon 1986 formuliert, Benutzungsoberflächen müßten 'eingänglich' *(sic)*[278] konstruiert werden. Computersysteme seien so zu auszulegen, „daß sie sich von selbst erschließen und ohne zeitwierige (Ein-) Lernprozesse auch von Computer-Novizen gehandhabt und beherrscht werden können" (Metzinger 1986, S.464).

Metzingers Rekonstruktion des psychologischen Kontextes dieser Zielvorstellungen zeigt deren Verwurzelung in der instrumentalistischen und kognitivistischen Tradition des Lernens mit Medien. Im Sinn dieser Tradition ist klar, daß, wie Metzinger formuliert, „Hard- und Software den bei der geistigen Arbeit mit dem Computer involvierten kognitiven Prozessen weitestgehend zu korrespondieren hat" (ebd.). Metzinger führt als Quellen die Kognitionspsychologen Donald A. Norman und Norbert A. Streitz an. Letzterer spreche – strikt im Sinne der Redeweise von der Mensch-Maschine-'Schnittstelle' – von der (erwünschten) 'kognitiven Kompatibilität' von Computer und Mensch und postuliere: „Eine interaktive Computer-Schnittstelle (ICS) ist umso mehr benutzerorientiert, desto geringere Distanzen zwischen der Wissensrepräsentation auf der Benutzerseite [...] und auf Seiten der ICS bestehen." (S.470)[279] Das Ideal wäre anscheinend die Null-Distanz von Benutzer und der maschinellen Benutzerschnittstelle aufgrund der finalen Approximation des Menschen durch den Computer.[280] Daß dieses Ziel angesichts der Komplexität des Gesamtsystems *praktisch* nicht zu realisieren sei, liefert bei Metzinger letztlich das Argument dafür, daß die hieroglyphischen Bildchen auf dem Schirm (die 'Ikonen', wie es als Anglizismus heißt) als symbolisch-metaphorische Elemente dienen sollen, die eine pragmatische gemeinsame Ebene der Kommunikation von Mensch und Computer etablieren.

Es drängt sich offenbar im Kern immer wieder die Vorstellung auf, für die Salomon den Begriff der 'Supplantation' geprägt hat (s. Kapitel 6). Auch was Stephan Dutke in einer aktuellen Monographie zur Rolle mentaler Modelle in der Softwareergonomie (Dutke 1994) darlegt, läuft auf das gleiche hinaus: Das metaphorische bzw. konzeptuelle Modell, das im Computer, sozusagen auf dessen Seite der Benutzungsschnittstelle, repräsentiert ist, könne als instruktives Vor-Bild für das 'mentale Modell' auf Seiten des Menschen fungieren und so den gewünschten 'Wissenstransfer' (S.94) bewirken.

Angesichts solcher heutzutage propagierten Mythologeme zur Lernwirksamkeit von Software erweist sich der scheinbare Stil- und Zeitbruch, den in Kapitel 4 die Assoziation der Comenianischen Ideen vom Lernprozeß mit der aktuellen Gestaltung des *graphical user interface* von Computersystemen darstellte, als ein tatsächlich legitimer Zeitrafferblick auf eine sachlich und historisch kontinuierliche Theorielinie. Zur Erinnerung: Comenius hat den gebildeten Geist als „strahlendsten Palast, bestaunenswert durch die Vielfalt der vorhandenen Bilder, eine reine Augenweide" gepriesen und erklärt, daß die Bilder *(picturae)*, die den Geist so prächtig illuminieren, in ihn hineinkommen, indem sie den 'Fenstern der Sinne' vorgegeben und vorgezeichnet werden (MD §36). Diese Metaphorik liegt, bei aller sonstigen Elaboriertheit der aktuellen Theorien, bis in die Wortwahl ganz nah bei den modernen Vorstellungen der 'Eingängigkeit' von Software-Oberflächen mit ihren bunten 'Piktogrammen'. Die Bild-Modelle und Modell-Bilder der modernen Theorien sollen dabei aufgrund ihrer 'Natürlichkeit' in der Praxis ebenso praktisch von selbst 'impressiv' wirken wie die Comenianische 'Didaktische Maschine'.

Andererseits ist heute zu einem gewissen Grad auch Allgemeingut der Psychologie, daß Lernen, wenn es auf Verstehen zielen soll, nicht so funktioniert, daß fertige Konzepte übernommen werden, Stephan Dutke referiert die Beobachtung, daß „ein Kind grundlegende Einsichten in die Objektstruktur dieser Welt nicht durch Unterrichtung, sondern durch den tätigen Umgang mit den Objekten in seiner Umgebung" erwerbe (1994, S.147). Er konzediert, streng genommen gebe es „gar kein 'external gesteuertes' Lernen, weil Lernen letztendlich immer ein innerer, individueller Akt ist" (ebd.).

Empirische Befunde, auf die schon Brigitte Metzinger verweist und die durch spätere Untersuchungen bestätigt wurden, widersprechen direkt der Vorstellung, daß sich auf dem Computer ein Bildmodell realer Bezüge derart gestalten läßt, daß durch deren Übernahme die User sich real orientieren könnten. In verschiedenen Experimenten sollten Versuchspersonen lernen, mit bestimmten, eigens konstruierten oder sorgfältig analysierten Benutzungsoberflächen gewisse Aufgaben möglichst rasch zu bearbeiten. Wie sich zeigte, spielt die 'Repräsentationsnähe', die möglichst getreue Darstellung eines Objekts oder einer Softwarefunktion für den Erfolg dieser Lernprozesse keine zentrale Rolle. Weit wichtiger ist die optische Diskriminierbarkeit von Symbolen, die für unterschiedliche Objekte und Funktionen stehen (s. Wandmacher 1993, S.387ff.). Ebenso stellte sich in einer Studie zur Quantifizierung softwarergonomischen Kriterien heraus, „Das Ausmaß an visuellem Feedback ist *nicht* für den empirisch nachweisbaren Unterschied CUI vs. GUI [...] von primärer Bedeutung." (Rauterberg 1995, S.17 – 'CUI' bezeichnet einen klassisch gestalteten Bildschirm, ein 'Character oriented User Interface', im Gegensatz zum 'Graphical User Interface').

Wenn die Benutzungsoberflächen nicht die didaktische Funktion erfüllen, die ihnen zugedacht ist, liegt dies auch nicht, wie die Produktkritik suggeriert[281], lediglich an der mangelnden Anstrengung der Softwarefirmen, 'selbsterklärende' Systeme in hinreichender Stringenz zu schaffen. Eine tiefere Betrachtung (s. Grudin 1989) zeigt im Gegenteil, daß bei etwas komplexeren Systemen eine konsistente und damit mechanisch repräsentierbare Bedienungsweise eines Systems grundsätzlich nicht gewährleistet werden kann. Sobald im System Negationen, etwa das *undo* einer Operation, vorkommen, ist zum Beispiel nicht mehr unmittelbar klar und nicht formal klärbar, was die softwareergonomische Regel, daß entsprechende Befehle zu entsprechenden Aktionen des Computers führen sollen, in einer konkreten Situation bedeutet. Die Konsistenz der Bedienung, letztlich die Möglichkeit des Verständnisses, hängt ganz von dem Kontext ab, den die Person, die mit dem System umgeht, in den Blick nimmt.

Die äußerlich selbständige Existenz der schönen als metaphorisch intendierten Bilder und Modelle, wie sie der Computer so hervorragend präsentieren kann, trügt. Schon Comenius redete von seinen Vor-Bildern für den Geist wie von physischen bzw. informationstechnischen Entitäten, die eigenständig auf Subjekte wirken. In einer solchen Sichtweise sind die 'Ikonen' und Modelle, wie sie ganz entsprechend heute in den Benutzungsoberflächen von Software installiert werden sollen, indes nicht tatsächlich *als* Bilder oder Modelle begriffen. Um ihnen gerecht zu werden, muß von ihrer Funktion in einem semiotischen System ausgegangen werden. Ihr eigener Objektstatus spielt demgegenüber nur einen untergeordneten Part.

Der nur sekundäre ontologischer Rang, den sie für sich haben, erweist sich unter anderem darin, daß die technischen Bilder nicht die Abbildungs-, Modellierungs- und Metaphorisierungsprozesse in sich schließen können, denen sie entspringen. Jörg Pflüger und Robert Schurz bemerken in einer Studie zur Psychologie des Umgangs des Menschen mit der Maschine: „Um eine einzige Metapher zu rekonstruieren, müßte man einen semantischen Raum definieren, der Gott und die Welt in einer riesigen Datenbank festhält." (1988, S.83)[282]

Gerade die Schöpfung von Metaphern steht bei Kant mit gutem Grund dem Subjektprozeß ganz nahe. Eine Metapher – Kant führt dies am Beispiel von 'Jupiters Adler' als einem Symbol der Macht aus – fließt aus einer *ästhetischen Idee*. Sie repräsentiert diese in einer nicht-logischen Form, indem sie „der Einbildungskraft Anlaß gibt, sich über eine Menge von verwandten Vorstellungen zu verbreiten, die mehr denken lassen, als man in einem durch Worte bestimmten Begriff ausdrücken kann" (Kant 1790, S.195). Mark Johnson hat an diesen Kantschen Gedanken sein zentrales Konzept der 'metaphorischen Projektion' angeknüpft, mit dem er das kognitive Verhalten des Menschen gegenüber der Welt beschreibt (s. Johnson 1987, insbes. S.162ff., S.212, zu Johnson vgl. Abschnitt 7.4).

Wenn aber Metaphern und Modellbilder ihre Funktion nur durch die kreative Imagination von Subjekten erhalten, sich daher nicht in einer isolierten Mikrowelt definieren lassen, was heißt dies dann für die Konzipierung von Benutzungsoberflächen?

Aus den Ergebnissen Rauterbergs und Wandmachers, gegen den kognitivistischen Strich ihres theoretischen Kontextes gebürstet, läßt sich schließen, daß für die ergonomische Qualität einer Software anstelle einer 'Realitätsnähe' im Sinne einer Abbildungstreue der Benutzungsoberfläche ausschlaggebend ist, daß sie eine optimale, zum Beispiel eine genügend reiche Struktur für das *menschliche Handeln* anbietet. Software wird effektiv, nicht indem sie als eigenständige, das Vorbild widerspiegelnde und insofern 'natürliche' Realität konstituiert wird, sondern indem sie sich 'natürlich' in *menschliches Handeln* einfügt. Unter Anknüpfung an die Konzepte des letzten Kapitels läßt sich sagen, daß die Benutzungsoberfläche lediglich klar und rasch diskriminierbare *Anhaltspunkte* organisieren muß, um die *Erinnerung* an die Handlungsoptionen zu stützen, die im Handeln sich immer wieder aktualisiert.[283]

Resümee: Für eine subjektorientierte Gestaltung von Benutzungsoberflächen sind diese nicht einfach als 'Oberfläche', als Peripherie eines technisch definierten Systems zu verstehen. Vielmehr muß das System als ganzes auf die Nutzung durch Subjekte hin konzipiert sein (gewissermaßen als ganzes Ober- oder Außenfläche sein[284]). Insbesondere sollte man nicht dem Mythos anhängen, daß Abbildungen auf dem Computer sich als isolier- und objektivierbare Vehikel des Transports von Wissen vom technischen System zum User eignen.

Bildsymbole wären stattdessen als Objekte zu begreifen, deren Gehalt Subjekte im Erinnern und metaphorischen Konstruieren von Handlungszusammenhängen erst konstituieren. Damit die Benutzungsoberfläche einer Software bzw. die Software insgesamt das Erlernen der Arbeit an und mit ihr bestmöglich unterstützt, sollte sie daher den Nutzerinnen und Nutzern nicht ein fertiges Wissensmodell überzustülpen versuchen. Vielmehr könnte sie ihnen einen Satz von Basisverfahren, eine Art Grammatik, zum Memorieren und Selbstorganisieren ihrer Tätigkeiten und deren Bedeutungen zur Verfügung stellen. Eine Möglichkeit hierfür wären Verfahren, die Bilder und Bildsymbole generieren wie auch reproduzieren, allerdings derart, daß sie durch die Subjekte definiert oder von ihnen mit Bedeutung belegt werden.

Solche Überlegungen für ein Softwaredesign, das tatsächlich nicht mehr auf der Dichotomie von Usern und Systemdesignern basiert und diese perpetuiert, entsprechen im Grundsatz auch den neueren Konzepten, die im Zeichen des Wandels des Paradigmas der Softwareergonomie formuliert werden[285]. Das traditionelle disziplinäre Ziel der Softwareergonomie war technikzentriert. Gegebene Software sollte durch eine menschengerechte 'Benutzerschnittstelle' vervollkommnet und auf diese Weise die 'Mensch-Maschine-Kommunikation' oder 'Mensch-Computer-Interaktion' (zwischen als formal gleichberechtigt angesehenen Partnern) gefördert werden. Die diesbezüglichen softwareergonomischen Bemühungen haben jedoch, wie Walter Volpert bemerkt, einen 'merkwürdigen Widerspruch' hervorgebracht: Die Bildschirm-Oberflächen seien hübscher, aber die Arbeitsplätze nicht besser geworden (Volpert 1993, S.53). In ihrem neuen Paradigma versucht die Softwareergonomie daher, anstatt sich nur mit kosmetischen Operationen an einer abgetrennten Oberfläche der Software zu befassen, das Augenmerk auf die reale Funktion von Software im Kontext menschlicher Tätigkeit zu legen.

Im Kontext der Arbeitspsychologie (vgl. Ulich 1993) fordert in diesem Sinn Volpert (1993), die traditionelle technikzentrierte Denkweise der Softwareergonomie – Volpert spricht vom Modell des *human engineering* – durch den integrativen Ansatz einer 'Arbeitsinformatik' abzulösen. In dieser soll sich der psychologische und organisationswissenschaftliche Blick auf die Erfordernisse menschlicher Arbeit mit einem informationstechnisch geschulten Blick auf die Möglichkeiten der Technik verbinden. Das Leitmotiv müsse lauten, „Die Spielräume der Menschen erhalten und ihre Fähigkeiten fördern" (Volpert 1994). In diesem Sinn sollte „als Alternative zur ungezähmten Gestaltungswissenschaft eine Wissenschaft von den Spielräumen des Menschen und dem verantwortlichen Handeln in ihnen" entwickelt werden (Volpert 1992a, S.178).

Austin Henderson (1993) hat im gleichen Diskussionszusammenhang – auf der Basis von Forschungen im Xerox-Labor zur Benutzungsfreundlichkeit von Kopiergeräten – eine Auffassung von Technik vorgeschlagen, mit der Technik ein Platz in so etwas wie einem semiotischen Prozeß zugewiesen werden soll: Technik sei als

Projektionsobjekt des Menschen aufzufassen. Henderson spricht von einem *mapping* von Aspekten der Welt auf technische Systeme. Personen würden im Gebrauch der Technik ihr immer wieder neu Bedeutungen beilegen. Konkret regt Henderson zum Beispiel an, daß die Systeme ihren Nutzerinnen und Nutzern erlauben sollten, zu jeder ihrer Funktionen Erläuterungen zu schreiben und durch irgendeine adäquate Vorrichtung an sie 'anzuheften'. Auf diese Weise entstünde so etwas wie ein 'Mechanismus zur Erinnerung und Kommunikation der Assoziationen zwischen Technik und Welt' (S.36). Solche Verfahren würden eine tatsächliche Hilfe für das Erlernen des Umgangs mit der Technik darstellen.

Es wird also heute auch in der Softwareergonomie vielfältig darüber nachgedacht, auf welche Weise die Subjektorientierung ihrer Konzepte, wie sie einer Wissenschaft von der menschlichen Arbeit angemessen sein sollte, im Design von Arbeits- (und damit Lern-) Mitteln faktisch durchgehalten und konkretisiert werden kann. Prinzipiell wird dabei festgestellt, daß es keine klassisch 'oberflächenbezogenen', tatsächlich 'oberflächlichen', Patentrezepte geben kann, um Software tauglich für qualifizierte Arbeit und qualifiziertes Lernen mit ihr zu machen. Stattdessen klingen zumindest in einzelnen Untersuchungen und Vorschlägen Gedanken an, wie ich sie unter dem Titel der 'schwachen Instrumentalität' didaktischer Computermedien zu fassen versuche.

Was dies für die alltägliche Softwareentwicklung bedeuten kann, mag noch ein Beispiel aus der 'skandinavischen Schule' der Informatik[286] illustrieren. Gro Bjerknes und Tone Bratteteig berichten in ihrem Artikel 'Computers – Utensils or Epaulets' (1988) über das 'Florence Project', die Entwicklung eines Computersystems zur Unterstützung der Arbeit in einer Krankenhausstation. Hierbei sei nicht nach den Ideen von Programmierern, sondern nach den Vorgaben des Pflegepersonals ein Konzept realisiert worden, das technisch eher einfach anmute (in der konsequenten Umsetzung der Anforderungen allerdings dennoch eine technische Herausforderung bedeutete). Das 'Work Paper System' oktroyiere den Arbeitsabläufen nicht eine überzogene Formalisierung, vielmehr unterstütze es die nichtformalisierten professionellen Entscheidungsprozesse – mithin die Bewältigung neuer Situationen, *Lernen*, unter den Bedingungen des Alltags. Im Kern rekonstruiert das System nur herkömmliche Methoden des Aufschreibens auf Zetteln mit computertechnischen Mitteln. Die mit ihm erstellten *work papers* erleichtern dann die Reproduktion und damit die Organisation und Verfügbarkeit von Wissen in einer kooperierenden Gruppe: Das System „increases the common knowledge among the staff, hence it gives the nurses a broader basis for deciding a course of action. In this way the Work Paper System supports the reproductional aspects of the work." (S.263)

Im Sinne der Vorstellung von der schwachen Instrumentalität von Medien ließen sich solche Ideen und Konzepte weiter ausführen. Die Respektivierung und Förderung der Kreativität und Autonomie des menschlichen Handelns bedeutet, daß Software *zurückhaltend* konstruiert wird. Sie sollte möglichst wenig zu Handlungen nötigen oder bestimmte Vorstellungen aufpressen bzw. kreative Wege durch die schiere Fülle des präsentierten Materials blockieren. Vielmehr soll sie beim Denken und Handeln sekundieren, indem sie (relativ statische) sinnliche Merk-

und Anhaltspunkte bereitstellt, die den fluktuierenden Subjektprozessen als Strukturkerne, als Grammatik, für ihre 'reproduktiven' Phänomene (ihre Resonanzen) dienen können.

In diesem Kontext macht übrigens dann auch eine richtig verstandene 'Oberflächenergonomie' Sinn. Deren spezielle Aufgabe wäre, *ästhetische* Konzepte zu entwickeln: Wie nämlich sinnliche Erinnerungsstützen zu gestalten sind, daß sie die Imagination nicht ersticken, sondern fördern. 'Bilder töten die Imagination' lautet ein alter Topos der Ästhetik.[287] Entgegen der mechanistischen Auffassung der quasi automatischen Instruktion durch Bilder wären also Texte, Zeichen und Abbildungen auf dem Schirm nicht als Substitute von realem Wahrnehmen und Handeln zu entwerfen, sondern so, daß sie als Tore und Wegmarken für Denk- und Handlungsmöglichkeiten erfahren und memoriert werden können.

Offenbar geht es nicht um eine beliebige Optimierung des graphischen Designs von Oberflächen. Gefordert ist vielmehr eine Orientierung auf die Subjektprozesse des Erkennens und Lernens, konkret die Bezugnahme auf die imaginative Synthese von Sinnes- und Reflexionsobjekten, bei 'schwacher Bindung' der imaginativen Prozesse an ein technisches, repetitives Medium. Und wünschenswert wäre, daß für diese Bezugnahme, so sehr sie im einzelnen einen kreativen Akt darstellt, ein methodischer Kontext – sprich das Schulmäßige, 'Schulgerechte', das nach Kant den Hintergrund auch des kreativen Tuns bildet (vgl. Kapitel 7) – entwickelt werden könnte. Das hieße, daß die ästhetische Funktionalität des Computermediums in den Prozessen des Erkennens und Lernens systematisch aufgearbeitet werden müßte.

Ein erster Schritt in dieser Richtung soll nun, als Grundlage für weitere beispielhafte Betrachtungen von Computermedien, unternommen werden.

8.3 Näherung an eine Phänomenologie von Subjekt und medialem Objekt

Der folgende Versuch einer Systematisierung der ästhetischen Konstitution des Lernens mit Medien geht von der Vorstellung aus, daß das Subjekt Ausgangsort imaginativer Prozesse ist, die ästhetische Ideen in die Welt projizieren, wobei sie allerdings in Wechselwirkung mit der Sinnlichkeit von Objekten treten. Vor diesem Horizont sei die Frage formuliert: Welchen Weg nehmen und wie entwickeln sich die imaginativen Prozesse, in denen ein Subjekt *(S)* 'ästhetische Ideen', insbesondere einer Objektwelt, formt, wenn ihnen ein Maschinenobjekt *(M)* mit seiner repetitiven Sinnlichkeit entgegentritt?

Die Frage kann interpretiert werden, daß eine phänomenologische Analyse – nach Husserl eine Untersuchung der Konstitution von Objekten (als Phänomene) durch die präobjektiven, speziell die intentionalen Akte des Subjekts[288] –, hier *unter der Randbedingung einer partiell maschinell präparierten, die Vergangenheit repetitiv verlängernden Sinnlichkeit* anstünde. Eine Antwort kann freilich in der vorliegenden Untersuchung nur in erster Annäherung gegeben werden, indem ich ein Stück weit entfalte, was in Kapitel 7 als Mythos der schwachen Instrumentalität medialer Objekte in Lernprozessen dargelegt wurde.

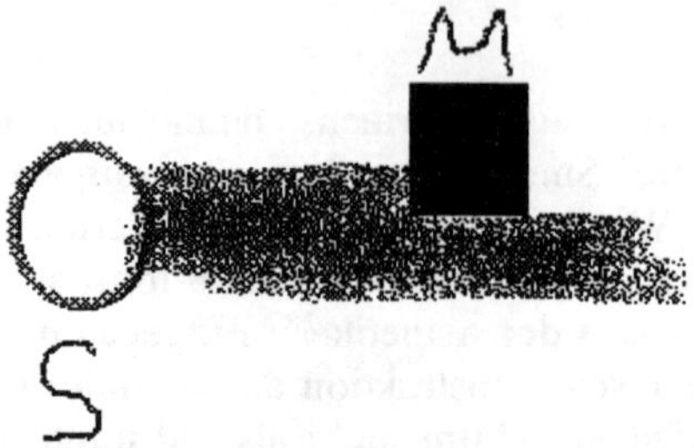

Subjekt/mediales Objekt

Im folgenden sei dazu der erratische Block, als der das Medienobjekt in den fluktuierenden Projektionsstrahlen der Subjektprozesse steht, vorgestellt als ein (begrenztes) Gitter oder Raster, das den Strom-Linien der Subjektaktivität ihren Weg partiell versperrt. Das Raster aus fixierten Objektpunkten einerseits, Freiräumen für den kreativen Prozeß andererseits symbolisiert dabei die mediale Grammatik, also das Handlungsgerüst, welches das Medium dem Subjekt offeriert.

Welche möglichen Schicksale sind nun den vom Subjekt initiierten Aktivitätsströmen beschieden, denen der mediale Block, das mediale Raster entgegentritt?

Die erste Möglichkeit ist offenbar die defizitäre Form der Wirksamkeit des Mediums, seine faktische *Absenz*. Das heißt, so gut wie keine Aktivitäten des Subjekts beziehen sich auf das Medium. Die Subjektintentionen wenden sich anderem zu und lassen das Medium links oder rechts liegen (*1. Schema* in der folgenden Abbildung).

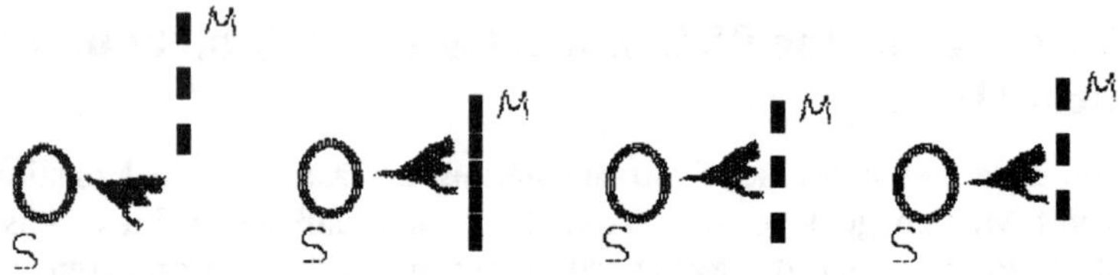

Vier Schemata der Relation von Subjektintentionen und Medium

Dieses desinteressierte Verhältnis zum Medium liegt nahe, auch wenn noch so sehr versucht wird, moderne Computermedien 'interaktiv' und 'multimedial' auszugestalten und dadurch reizvoll werden zu lassen. Zumindest auf lange Sicht (wie auch angesichts der breiten Auswahl möglicher alternativer Objekte der Intentionalität) ist die Gleichgültigkeit des Subjekts gegenüber einem bestimmten Medium ausgesprochen wahrscheinlich. Selbst da, wo ein Medium eine gewisse Zeit lang Aufmerksamkeit erregt, ist damit zu rechnen, daß das Interesse für es erlahmt und das Medium aus dem Fluß des Geschehens wieder herausfällt.

Gerade Computermedien 'verbrauchen' sich ja rasch, wenn ihr Reiz im wesentlichen auf visuellen oder inhaltlichen Einmal-Effekten beruht. Sobald etwa in einer 'Multimedia'-Lernsoftware alle 'Knöpfe' und alle *hot spots* (die Flächen in Graphiken, die als Schalter fungieren) angeklickt und die hinter ihnen versteckten Subroutinen ausprobiert sind, ist die Faszination des Programms als solchem erschöpft[289]. Was bleibt, ist nur die 'multimediale' Präsentation des Themas. Sie regt wahrscheinlich auf Dauer weit weniger auf oder an als eine gelungene Darstellung in einem herkömmlichen Buch, zumal das Durchblättern des Buchs im Vergleich zum Durchklicken eines Programms noch eine relativ abwechslungsreiche sinnliche Erfahrung bietet. Mit den Termini aus Kapitel 7: Die Narrativität von Software hält nicht lange vor. Der repetitive Charakter der Sinnlichkeit, wie sie Software als solche qua ihrer Maschinenhaftigkeit produziert, ruiniert auf Dauer die Aufmerksamkeit für sie selbst bzw. für die Inhalte, die ihr mitgegeben sein sollen (was nicht im Widerspruch dazu steht, daß Software als inhaltsfreier Transportmechanismus für einen beliebig langen Strom 'narrativer Daten' dienen kann).

Formal kann freilich die Aufmerksamkeit für das Medium erzwungen bzw. ihr Abschweifen unterbunden werden: Die zweite Möglichkeit für das Schicksal der Subjektaktivität angesichts des Mediums ist das Gegenteil der ersten und besteht in der mehr oder weniger subtil arrangierten Fixierung des Subjekts auf das Medium, in der (formalen) *Totalisierung* des Mediums (*2. Schema* in der Abbildung). Dem Subjekt soll keine Wahl gelassen werden, als seine Aktivitäten, zumindest scheinbar, ganz auf das Medium zu richten.

Ein solches Verhältnis von Subjekt und Medium atmet den Geist alter Zwangspädagogiken. Daran ändert wenig, wenn heute mit psychologisch ausgeklügelten Verfahren versucht wird, Akzeptanz herzustellen (um das Zuckerbrot statt der Peitsche anzuwenden). Im Kern geht es darum, das Subjekt in ein mechanisches System einzufügen. Entsprechende Ansätze haben, wie in den Kapiteln 5 und 6 dargelegt, im Zeitalter der technischen Medien und speziell Computermedien wieder Konjunktur. Ein großer Teil der Lernsoftware orientiert sich nach wie vor am Archetyp der Skinnerschen Lernmaschine. Den theoretischen Hintergrund für die einschlägigen Unternehmen bildet dementsprechend faktisch immer noch eine Skinnersch geprägte Lerntheorie. Nach Skinner werden Lernende explizit in (vermeintlich) geschlossene, totalisierte 'Lernumgebungen' versetzt, um so sie fest an die Hand zu nehmen und quasimechanisch in Elementarschritten zu einem Ziel zu führen. Die sich selbst bestätigende Konstruktion des objektiv getesteten gewünschten Verhaltens vertuscht dabei (vgl. Kapitel 5), daß die eigentlich intendierten Lernziele unter die Räder eines repetitiven Systems kommen.

Der Ignorierung des Mediums auf der einen, dem Versuch seiner Totalisierung auf der anderen Seite steht das Unterfangen gegenüber, auf der Grundlage eines Prinzips der 'schwachen Instrumentalität' zu einer produktiven Rolle des Mediums in Subjektprozessen zu finden. Grundsätzlich soll hiernach, wie in Kapitel 7 entwickelt, das Medium nicht Inhalte vermitteln, indem es sie zum Subjekt transferiert, sondern es soll lediglich so etwas wie Kondensationsbedingungen für vom lernenden Subjekt generierte Inhalte setzen und offerieren. Ich möchte jetzt zwei Weisen bzw. zwei Aspekte einer solchen Wirkungsform des Mediums unterscheiden:

Die imaginativen Subjektaktivitäten können sich explizit auch auf das Medium selbst richten. Dieses fungiert dann als Stützobjekt, auf das die vom Subjekt konstituierten Inhalte sich beziehen *(3. Schema)*. In seiner Nutzung lädt es sich dabei zunehmend mit Bedeutung auf und partizipiert an ihr. Es ist hier mithin die *Positivform* des Mediums, die zur symbolischen Spur und festen Projektionsfläche der Subjektaktivität wird (und auf *diese* Weise die Identitätsleistung der Erkenntnis stärkt). Ich will dementsprechend sagen, daß das schwach instrumentelle Medium als (positives) *Projektionsobjekt* dient, eine *projektive* Funktion hat.

Das Medium kann aber auch so wirken bzw. aufgefaßt werden, daß es lediglich einen formalen Rahmen für die Subjektaktivitäten darstellt. Die Aktivität be-trifft dann vor allem die Materialität des 'Leerraums' *neben* dem Medium (bzw. die 'Zwischenräume' des Mediums, s. das *4. Schema* in der Abbildung). Das Medium zieht eigentlich keine Intentionalität auf sich, wird selbst nicht wesentlich bedeutungstragend. Im Gegenteil rückt es im Verlauf seiner Nutzung mehr und mehr in den selbstverständlich scheinenden Hintergrund des Subjekthandelns. Qua seiner Rahmeneigenschaften stellt es jedoch einen suggestiven Zusammenhang der Subjektaktivität her. Es ist die gleichbleibende *Nichtvorgabe* eines Inhalts, die die Subjektaktivität evoziert und zugleich als formal identisch, als Teil einer harmonischen Serie, erscheinen läßt. Dergestalt fördert seine *Negativform*[290] die Artikulation des Subjekts und die Kristallisation von freischwebenden Identitäten der Imagination. Es bewährt sich auf diese Weise als ein (negativ) *evokatives Objekt*. Ich will vom *evokativen* Gebrauch eines schwach instrumentellen Mediums sprechen.[291]

Bei der Unterscheidung des projektiven und des evokativen Gebrauchs von Medien handelt es sich um Akzentuierungen. Die Wirksamkeit des Mediums beruht stets auf dem Grenzschichteffekt, der beides in Verbindung bringt: Die Subjektaktivität stützt sich partiell auf die Strukturen der maschinellen Grammatik, ihre Vitalität drückt sich dabei im Bezug auf anderes aus. Das Medium als Projektionsobjekt zeigt insofern noch eher Affinität zu traditionellen Vorstellungen der medialen Vermittlung von Wissen, als hier ein positiver Formenbestand mit Bedeutung aufgeladen und auf diese Weise vom Subjekt adaptiert wird. In seiner evokativen Funktion berührt es dagegen die vom Subjekt konstituierten Identitäten der Imagination nur oberflächlich. Es kommt mit ihnen nur durch seine abgrenzende Funktion zusammen und bleibt ihnen im Kern fremd.

Es sei angemerkt, daß die beiden Aspekte der Medienfunktion dem Unterschied in der Konstitution von einerseits Naturgegenständen, andererseits Gegenständen der Kunst im Kantschen System entsprechen. In der Naturerkenntnis werden nach Kant die Imaginationen durch den Verstand mit Naturgesetzen als ihrem rationalem Gehalt unterfüttert und in geordnete Bahnen gelenkt. Dagegen entsteht das Produkt der Kunst in einem zwar durch Verstandesregeln aufgespannten, aber von ihnen nicht durchwirkten, im Kern frei bleibenden imaginativen Raum. Kant erklärt, daß das Produkt der Kunst zwar '*Pünktlichkeit* in der Übereinkunft mit Regeln' zeige, „aber ohne *Peinlichkeit*, ohne daß die Schulform durchblickt, d.i. ohne eine Spur zu zeigen, daß die Regel dem Künstler vor Augen geschwebt, und seinen Gemütskräften Fesseln angelegt habe." (1790, S.180) Wobei die 'Regeln' hier, entsprechend dem, was ich als 'Rahmen' des evokativen Medium bezeichnet habe, als 'Fesseln' nur in dem Sinne fungieren, daß sie die Dynamik der gesellschaftlich gebundenen Imagination zuspitzen (und sie somit in gewissem Sinne *ent*fesseln).

Angesichts dieser schon Kantschen Disposition nimmt nicht Wunder, daß sich projektive Medien eher in einen mathematischen und naturwissenschaftlichen Kontext einordnen, während evokative Medien sich für offenere Fragestellungen und Arbeitsweisen besser zu eignen scheinen. In den folgenden Abschnitten will ich Beispiele für beide Medienformen bzw. Wirkungsweisen von Medien vorstellen und diskutieren, wobei das Hauptinteresse jetzt dediziert didaktischen Computermedien gelten soll.

8.4 Attraktoren der Wahrnehmung von Welt – Über didaktische Software für 'Modellbildung und Simulation' und weitere Beispiele für projektive Medien

Zur Einordnung: Programmiersprachen zählen, insofern sie dazu anhalten, 'die Welt' bzw. ein gewisses Ensemble von Operationen in der Welt in ihrem Licht zu sehen und unter ihr System von Ausdrucksmöglichkeiten zu subsumieren, zu den tendenziell projektiv wirksamen Medien.

Das gleiche gilt für 'Windows'-artige graphische Benutzungsoberflächen, insofern diese sich als explizite ästhetische Grammatik für Handlungs- und Erfahrungsmöglichkeiten etablieren. Wer die Lektion der graphischen Benutzungsoberflächen gelernt hat, ist nicht nur in der Lage, sich in ihrem System Softwarefunktionen zu merken, sondern sucht am Ende auch in der Realität nach 'Fenstern' oder mit der 'Maus' anklickbaren Objekten.[292] Und die unscheinbare Taste auf jenem kleinen grauen Kästchen, das den Computer heute begleitet, transsubstantiiert durch die angelagerten Erinnerungen zum magischen Aktionszentrum ganzer virtueller und auch realer Universen.

Video- und Computerspiele – zusammenfassend Bildschirmspiele genannt – können ebenfalls als charakteristische Exempel für Programme angeführt werden, die in ihrem Funktionskern, soweit sie nicht primär durch ihren intellektuellen Appeal faszinieren[293], als projektive Medien wirken. Moderne Computerspiele versuchen zwar, so etwas wie multimediale Erlebnisräume auf dem Computer herzurichten. Sie brillieren durch die Geschichte, die sie erzählen bzw. als Puzzle vorsetzen. Sie beeindrucken durch eine witzige oder eine mächtig-überwältigende Graphik, verblüffen durch dynamische Effekte in der Graphik und berauschen *last not least* durch ihren 'Sound'. Mit anderen Worten, sie präsentieren sich mit sorgfältig ausgearbeiteten narrativen Elementen. Doch daß sie als spannend empfunden werden, beruht vermutlich auf Prozessen der gleichen Art, wie sie sich bereits bei den Spielen auf den Homecomputern der ersten Generation oder auf Spielkonsolen mit schlichter Graphik wie dem klassischen Nintendo-'Gameboy' als wirksam erwiesen haben:

Spieler und Spielerinnen scheinen mit dem Geschehen auf dem Bildschirm unmittelbar ihre Körperwahrnehmung, ihr Sein in der Welt zu verknüpfen. Wenn jemand 'sich in ein Spiel versenkt', nimmt er oder sie komplexe oder auch ganz simple Figuren und Konfigurationen auf dem Bildschirm, die den eigenen Tasteneingaben oder Mausklicks zu gehorchen scheinen, als Teil von sich, ja *als sich* wahr (obwohl die Objekte in Wirklichkeit allein der Logik eines oktroyierten Programms gehorchen). Ich kann zum Beispiel sagen – und werde auch so *empfinden* –, daß *ich* auf dem Bildschirm irgendwohin gehen, irgendeine Aufgabe bewältigen will.[294] Der Reiz und der eigentliche Realismus eines Spiels beruht dann letztlich nicht auf einer multimedialen Abbildungstreue, von der bei den älteren Spielen ja auch nicht die Rede sein konnte. Vielmehr erwächst er daraus, daß zu Zielvorstellungen, die ein Spieler oder eine Spielerin als eigene adoptiert hat, das Programm eine Kaskade von Hindernissen generiert. Zu deren Überwindung sind geistige und sensumotorische Anstrengungen, oft beträchtliche Geschicklichkeit oder beachtliches Wissen vonnöten. Lasse ich mich auf diese Anforderungen ein, so reichert sich das Bildschirmobjekt in *meiner* Anspannung, im Rhythmus der Konfrontation mit Aufgaben und von Erfolg oder Mißerfolg bei ihrer Bewältigung, zunehmend mit Realität, mit der *Realität als Objekt eines Subjekts*, an. Ihre Sog-, ja Suchtwirkung können Spiele entfalten, weil dieser projektive Prozeß die Identifikation mit den spielimmanenten Vorgängen und Zielvorstellungen, also seine eigene Voraussetzung, verstärkt. Der resultierende Zirkel wirkt als Falle der Spielwelt, die einen 'gefangennimmt', so daß man buchstäblich *sich* 'in etwas hineinsteigert'.[295]

Die Aufladung des programmierten Objekts mit Bedeutung, seine zunehmende projektive Realität, die den Schlüssel zum didaktischen Potential projektiver Medien darstellt, gibt zugleich auch den Fragwürdigkeiten ihrer Anwendung Raum. Chancen und Mißgriffe liegen dicht beieinander. Je leistungsfähiger mediale Konstruktionen als Projektionsobjekt sind, desto plausibler erscheint es, in Hypostase des Projizierten, sie als eigenständige, komplexe Repräsentanten von Inhalten zu empfinden und auch theoretisch so zu deuten. Indem sie dabei vom lernenden Subjekt und seinem Verstehen eines Sachverhalts abgekoppelt werden, verkehrt sich ihre potentielle Lernförderlichkeit ins Gegenteil.

Deshalb enden auch die Versuche, die Intensität der Beschäftigung mit Computerspielen zu nutzen und didaktische Spiele zu konzipieren, so leicht mit mageren Ergebnissen. Spannende Computerspiele sind zwar lernintensiv, aber nur in Hinblick auf die abgekapselte Welt, die sie darbieten und die sich kaum für äußere didaktische Lerninhalte funktionalisieren läßt. So wenig die zahlreichen Abwandlungen der verbreiteten Brettspiele, die sich voneinander lediglich durch die Beschriftung der Felder, die bis zu einem Zielpunkt zu durchlaufen sind, unterschiedliche Spielerlebnisse und Lernerfahrungen vermitteln, so wenig führt die bloße lehrzielgemäße Etikettierung von Objekten eines bestimmten Programmschemas dazu, daß die zur Etikettierung verwendeten Begriffe bei Lernenden 'ankommen'.[296]

Die Verquickung von reichen Möglichkeiten und problematischen Umsetzungen projektiver Medien sei im folgenden am Beispiel der didaktischen 'Werkzeuge zu Modellbildung und Simulation' als einem konkreten und interessanten Fall genauer diskutiert. Diese Softwarekategorie ist in den letzten Jahren als eine besonders gelungene und wichtige didaktische Anwendung des Computers gehandelt worden.[297] Bei näherem Hinsehen werden aber auch ihre Kalamitäten in Theorie und Praxis – bzw. die der Didaktik, die auf ihr aufbaut – deutlich. Obwohl das 'subjektive Element' bei der Anwendung der Modellbildungswerkzeuge von vorneherein eine Schlüsselrolle zu spielen scheint, wird, so möchte ich deuten, noch viel zu wenig dem subjektiven Charakter der Bildung von Modellen bzw. dem projektiven Charakter der Zuschreibung von Realität zu ihnen Rechnung getragen.

'Modellbildung und Simulation' als didaktische Methode im üblichen Sinn[298] beruht auf der Sekundärverwertung der seit den sechziger und siebziger Jahren verfolgten Ansätze der Wissenschaften, den Verlauf komplexer Prozesse mit Computerhilfe quantitativ oder wenigstens qualitativ zu erkunden. Zunächst ist daher auf den wissenschaftlichen Hintergrund der Methode, in der gebotenen Kürze, einzugehen.

In den Wissenschaften soll die Simulation auf dem Computer vor allem Phänomenbereiche erschließen, bei denen die vollständige mathematische Beschreibung, das klassische Ideal der neuzeitlichen Wissenschaft, scheitert. Im Mittelpunkt des Interesses standen ursprünglich physikalische Prozesse wie das Wettergeschehen oder die zeitliche Entwicklung eines Systems von Himmelskörpern, die aufgrund der Vielzahl der involvierten Objekte oder wegen des prinzipiellen Fehlens von Lösungsverfahren nicht streng berechenbar sind. Später ist der Ansatz auch auf andere natürliche, ökologische und soziale Prozesse und Systeme übertragen worden. Populär wurde er besonders durch die Studien des Club of Rome zur selbstmörderischen Dynamik des planetaren Wirtschafts- und Ökosystems (Meadows et al. 1972).

Die prinzipielle Idee dieser wissenschaftlichen Unternehmungen[299] ist ein reduktives Verfahren: Anstatt nach einer Vergangenheit und Zukunft umspannenden einheitlichen mathematischen Formel für einen Phänomenzusammenhang zu fahnden, sei *systems analysis* zu treiben. Das heißt, die als 'dynamische Systeme' aufgefaßten Phänomenkomplexe werden in Komponenten zergliedert, deren Verhalten als bekannt (insbesondere: als mathematisch erfaßbar) angesehen wird.

Die Zerlegung in Komponenten erweist sich dabei nicht selten als eine schwierige Aufgabe. Bei dem klassisch nicht lösbaren astronomischen Problem der Dynamik eines Drei-Körper-Systems existiert offenbar eine 'natürliche' Aufteilung des Systems: die in die drei Massen, die auf bekannte Weise Gravitationskräfte aufeinander ausüben. Demgegenüber würde, wenn es um die Prognose des Wettergeschehens geht, eine 'natürliche' Komponentenzerlegung des Atmosphärensystems in einwandfrei identifizierbare Komponenten kaum vor der Ebene einzelner Gasmoleküle haltmachen können. So kleinteilig darf aber die Zerlegung auch wieder nicht werden, wenn das System auf dem Computer darstellbar bleiben soll. Für die Praxis der Wetterprognose wird die Erdatmosphäre in im Prinzip willkürliche Kompartimente aufgeteilt. Die Feinheit der Auflösung, die dabei gewählt wird, hängt nicht zuletzt von den verfügbaren Daten und der Rechnerkapazität ab. Es zeigt sich hier nicht nur einer der unbehebbaren Probleme der Modellierung und Prognose des Wettergeschehens, sondern viel Grundsätzlicheres: Die Aufschlüsselung eines realen Phänomenzusammenhangs, eines realen 'Systems', in Komponenten ist im allgemeinen keineswegs eindeutig.[300]

In der Theorie folgt auf die *analysis* (oder 'Auflösung') des realen Systems die Synthese eines *Systemmodells*: Letzere startet bei den Systemkomponenten bzw. deren mathematisch-funktionaler Darstellung, die ja als existent und bekannt angenommen wird, genaugenommen also bei *Komponentenmodellen.* Aus ihnen als elementaren Bausteinen konstruiert sie das Modell des Systems (und rekonstruiert damit das System).

Die Suggestion einer linearen Progression von Analyse und Synthese trügt. Bereits in der Anwendung des Begriffs vom 'System', der stets (wie bereits griechisch *systema*) das 'Zusammengesetzte' oder 'Zusammengestellte' bedeutet, auf ein Objekt bzw. auf einen realen oder bloß vermuteten Zusammenhang von Phänomenen steckt die Behauptung, daß Komponenten existieren. Diese lassen sich ihrerseits aber nur als System-Komponenten definieren. Die 'Systemanalyse' setzt daher das Ergebnis ihrer Bemühungen, die Rekonstruktion des 'Systems' aus funktional modellierten Komponenten, mindestens strukturell schon voraus. Das Systemmodell, das Abbild des Systems ist, fungiert zuvor als sein Urbild. Es gilt als *Modell des* Systems, steht aber auch *Modell für* das System, ist zugleich Systemmodell und Modellsystem, bzw. letzterer Begriff kann in seinen beiden Bedeutungen des 'modellartigen', *nachahmenden* sowie des 'modellhaften', *beispielgebenden* Systems angewendet werden.[301]

Simulation (des Systems), oder *Modell-Rechnung*, heißt dann das rechnerische Durchspielen der Wechselwirkung der Komponentenfunktionen im Zeitablauf. Hierbei kommt die Stärke des Computers zum Zug. Was prinzipiell auch mit Papier und Bleistift kalkuliert werden könnte, wofür ein Mensch freilich Tage und Wochen, in vielen Fällen sogar ganze Lebensalter benötigte – so daß etwa im Fall der meteorologischen Prognose die Simulation der Realität sinnlos hinterherlaufen würde –, ermittelt die Maschine in Minuten. Simulationen faszinieren, weil sie, wie eigentlich mechanisierte Berechnungen generell, die 'Selbstbewegung der Begriffe', von denen der alte idealistische Topos redet, materiell werden lassen. Fast handgreiflich, auf dem Computerschirm in nüchternen Zahlen oder farbigen Bildern unmittelbar sichtbar, scheinen die im Programm repräsentierten Begriffe jene Mächtigkeit und Lebendigkeit zu entfalten, die ihnen die Begriffs- und Erkenntniskritik immer wieder abgesprochen hat.

Tatsächlich zählt die Beobachtung konkreter Simulationsläufe zu den beeindruckensten Erfahrungen am Computer. Wenn die begrifflich geschaffenen Modellwelten im Rechnerlabor (sozusagen *in silicio*) ihre Evolutionen vollziehen, packt die Zuschauenden beinah unweigerlich das Gefühl, daß reale Schicksale sich vor ihnen wie im Zeitraffer erfüllen. Die experimentierende Person, die die Simulation in Gang setzt und ihre Rahmenbedingungen steuert, spielt dabei den Modell-Gott, der die Fäden des Schicksals spinnt und in der Hand hält, freilich zunächst selbst nicht weiß, wohin sie drängen. Befriedigung empfindet hierbei zum Beispiel, wer im Jonglieren mit dem Modell einen Hebelpunkt entdeckt, um den Entwicklungspfad der Modellwelt so auszurichten, daß er in der realen Welt den eigenen Interessen und Wünschen entspräche.

Die Macht- und Glücksgefühle, die aus der Fähigkeit zur Steuerung und Kontrolle einer Miniaturwelt resultieren, beuten zahlreiche Computerspiele aus.[302] Vermutlich trägt die Faszination von Modellbau und Modell-Spiel auch wesentlich zur Attraktivität von Simulationsansätzen in der Wissenschaft bei.

In der Theorie legitimieren sich Simulationen vor allem durch die Überlegung: Statt blind in einer kritischen Situation zu agieren, in der die Folgen des Handelns weder intuitiv noch durch gewöhnliches Nachdenken und auch nicht mittels klassisch naturwissenschaftlicher Verfahren überschaut werden können, wird der Versuch unternommen, ein rechentechnisch handhabbares Simulationsmodell der Situation bzw. der für sie relevanten Zusammenhänge zu konstruieren. Indem das Modell die Realität im Hinblick auf die interessierende Problematik ausreichend genau abbildet, sollte seine kalkulatorische Verlängerung in die Zukunft zu einer vorweggenommenen Abbildung der Realentwicklung werden und sich somit als *Prognosemodell* bewähren.[303]

Genaugenommen hängt hierbei alles von Art und Grad der 'Ähnlichkeit' zwischen Modell und Realität ab, die bei der Rede von einer 'Abbildung' unterstellt wird. Nur bei hinreichender 'Ähnlichkeit' – was immer dies konkret heißt – kann letztlich der allein interessante Rückschluß von der *Modellzukunft* auf den zu erwartenden Verlauf des *realen Geschehens* gezogen werden (woraus sich die gesuchten prognostischen Hinweise für eine gegenwärtige Entscheidungssituation ergeben). In der Theorie der Modellbildung wird zur Legitimation des Schlusses vom Modell zurück auf die Realität die Figur einer 'Strukturähnlichkeit' oder partiellen 'Isomorphie' von Real- und Modellsystem herangezogen. Diese Isomorphie hat man allerdings zuvor – wie in der philosophischen Reflexion durchaus konzediert[304] – durch die Anwendung des Systembegriffs selbst projektiv hergestellt.[305]

Vorläufiges Fazit: 'Systemerkenntnis' via 'Modellbildung und Simulation' ist ein faszinierendes Instrument der Wissenschaften, bei dessen Anwendung womöglich noch mehr als bei anderen wissenschaftlichen Ansätzen eine gehörige Portion Subjektivität in die Schein-Objektivität der mit ihm entwickelten Strukturen gesteckt wird. Der konstruktive und projektive Charakter von 'Systemerkenntnis' weist sie dabei nicht per se als fragwürdig aus. Kant hat ja dargelegt, daß die menschliche Setzung von Naturgesetzen den Kern aller alltäglichen und wissenschaftlichen Erkenntnis bildet. Wenn 'Systeme' auf der Grundlage einer Art Baukasten von Komponentenfunktionen auf dem Computer modelliert werden, wird gewissermaßen der gewöhnliche Erkenntnisprozeß in spielerischer Form verdoppelt. Das Spiel mit dem Komponenten-Kasten arbeitet sich an der Intuition von 'Systemen' ab, die selbst eine gewisse Form intuitiver Anschauungen von Welt repräsentieren. Sozusagen wird das nach Kant jeder Erkenntnis innewohnende spielerisch-intuitive Element in einer Weise herauspräpariert, daß es technisch rekonstruiert und verstärkt werden kann. Hierin liegt die Leistungsfähigkeit des Ansatzes begründet, insbesondere auch seine immanente Affinität zur Didaktik. Die Gefahr bei seiner Anwendung besteht andererseits darin, daß unter der massiven Pseudoobjektivität der computerisierten Systemsimulation das Bewußtsein verschüttet wird, daß die Systemmodelle ihren Bezug zur Realität weiterhin allein im Subjekt verankert haben. Die Subjektivität der 'Systemsicht' tarnt sich leicht mit der sich selbst bestätigenden relativen Sachlichkeit der immanenten Gesetzlichkeiten in der technischen Konstruktion der Systemmodelle. Gerade die technischen Mittel, die die subjektgebundenen Erkenntnismöglichkeiten potentiell vervielfachen, verleiten so zum Rückfall hinter Kants skeptische Einsicht in die Subjektzentriertheit und Begrenztheit allen theoretischen Wissens.

Im didaktischen Kontext wäre die subjektive Konstitution der Systeme und Modelle erst recht ernstzunehmen. Vermutlich hängen die nachfolgend berichteten Schwierigkeiten, auf die der Ansatz der 'Modellbildung und Simulation' als didaktische Methode in der Praxis stößt, zentral mit der Vernachlässigung dieses Gesichtspunkts zusammen.

Es scheint auf der Hand zu liegen: Wenn auf der einen Seite sich die Kreation, Justierung und simulatorische Erprobung von Modellen als eine hochmotivierende Beschäftigung zeigt, so daß sogar reine Computerspielanwendungen davon zehren, auf der anderen Seite die gleichen Handlungsformen anscheinend Wesentliches zur wissenschaftlichen Durchdringung der Welt beitragen, dann sollte Modellbildung und Simulation sich auch als explizit didaktische Methode vielversprechend anlassen.

Die Übertragung des Ansatzes in den didaktischen Kontext stand demgemäß auf der Tagesordnung, als seit dem Anfang der 1980er Jahre Mikrocomputer in die Schulen und andere Bildungseinrichtungen einzogen. Auf breiter Ebene konnte nun günstig auf Rechnerleistungen zurückgegriffen werden, wie sie in den sechziger und siebziger Jahren nur Großrechner, zu für didaktische Zwecke utopischen Preisen, hätten erbringen können. Schon bald wurden die ersten Versuche gestartet, um die Modellierung von Ökosystemen, die Meadows et al. (1972) in der Sphäre der Wissenschaften vorexerziert hatten, dem Niveau der schulischen Mittelstufe (für ein frühes Beispiel eines Unterrichtskonzepts s. Peters 1981) bzw. der Erwachsenenbildung (vgl. Apel 1990) anzupassen.

Der ersten Welle derartiger Unternehmen war in der Praxis allerdings kein Glück beschieden. Die immanenten Schwierigkeiten des 'Modellierungswerkzeugs Computer' erwiesen sich als weit höher als zuvor eingeschätzt. Mangels spezifischer Software mußten die Systemmodelle ursprünglich auf dem Computer in einer elementaren Programmiersprache, für die aus pragmatischen Gründen BASIC gewählt wurde, formuliert und ausgearbeitet werden. Bereits an der Hürde der Auseinandersetzung mit der kryptischen Programmierung[306] scheiterte dann die inhaltliche Beschäftigung mit den Problemen und Resultaten der Modellbildung.[307]

Aber was wäre, wenn die Hürde der expliziten Programmierung der Systemmodelle geschleift würde, wenn gar ein Medium zur Verfügung stünde, das die direkte Arbeit an den mathematischen Ausdrücken, in denen die Systemmodelle letztlich definiert sind, weitgehend abnähme und stattdessen erlauben würde, lediglich mit den anschaulichen und begrifflichen Vorstellungen, die sich mit der Formung von Modellen verbinden, zu operieren? Tatsächlich sind zu Anfang der neunziger Jahre – nach dem Vorbild des schon aus den achtziger Jahren stammenden Macintoshprogramms 'Stella' – mehrere spezielle *Modellbildungswerkzeuge* auf Standard-PC-Basis entwickelt worden, für den Schulbereich zunächst 'MODUS' (Walser und Wedekind, 1991).[308] Sie alle erlauben die Spezifikation von Modellen und deren simulatorische Erprobung primär mit graphisch-symbolischen Mitteln, ohne programmiertechnische Kenntnisse und (fast) ohne 'mathematischen Ballast'.

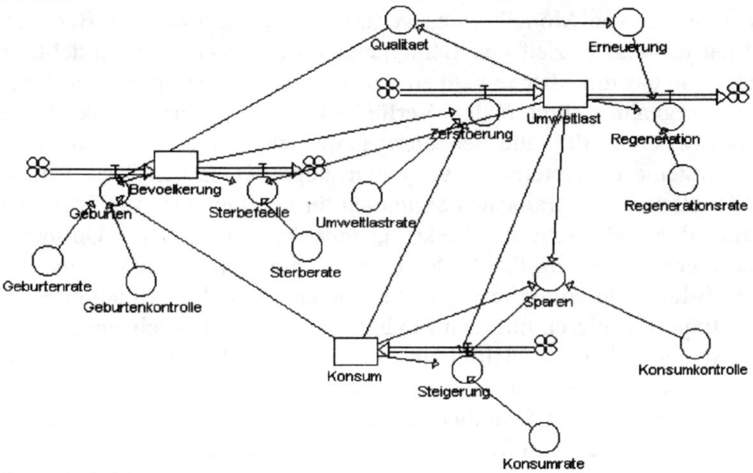


```
Zustandsgleichungen
    Bevoelkerung.neu <-- Bevoelkerung.alt + dt*(Geburten-Sterbefaelle)
      Startwert Bevoelkerung = 1
    Umweltlast.neu <-- Umweltlast.alt + dt*(Zerstoerung-Regeneration)
      Startwert Umweltlast = 1
    Konsum.neu <-- Konsum.alt + dt*(Steigerung)
      Startwert Konsum = 1

Zustandsänderungen
     Geburten = Bevoelkerung*Konsum*Qualitaet*Geburtenrate*Geburtenkontrolle
     Sterbefaelle = Bevoelkerung*Umweltlast*Sterberate
     Zerstoerung = Konsum*Bevoelkerung*Umweltlastrate
     Regeneration = Umweltlast*Erneuerung*Regenerationsrate
     Steigerung = Umweltlast*Konsum*Sparen*Konsumrate

Konstanten
     Konsumrate = 0.05
     Geburtenrate = 0.03
     Geburtenkontrolle = 1
     Sterberate = 0.01
     Konsumkontrolle = 0.1
     Regenerationsrate = 0.1
     Umweltlastrate = 0.02

Zwischenwerte
     Sparen = 1-Konsum*Umweltlast*Konsumkontrolle
     Erneuerung = fifge(1;Qualitaet;Qualitaet;1)
     Qualitaet = 1/Umweltlast
```

Symbolisches Modell 'Miniwelt', als Beispiel zum Programm Dynasys (Hupfeld 1995) mitgeliefert, sowie das zugehörige, weitgehend automatisch erzeugte Gleichungssystem)

Die Software stellt hier auf einer graphischen Benutzungsoberfläche eine Art Modellbauset zur Verfügung, das aus einer kleinen Zahl von Symbolelementen sowie Verbindungsmöglichkeiten für sie besteht. Mit diesen Mitteln – und durch sie begrenzt – kann nach eigenen Ideen die Struktur von Systemmodellen entworfen und ausgearbeitet werden. Die Software interpretiert anschließend automatisch das graphisch konstruierte symbolische Modell, indem sie ein korrespondierendes System zeitabhängiger Funktionsgleichungen, buchstäblich einen *Formelapparat*, aufstellt. Mit der Variation des Zeitparameters setzt sich die symbolische Maschinerie in Bewegung: Dem Modell wird gleichsam der kalte Atem der mathematischen Lebendigkeit eingeflößt, es erweist sich als 'ablauffähig', damit simulationsfähig.

Die Existenz von Modellierungswerkzeugen mit graphischer Benutzungsoberfläche hat in jüngster Zeit den Bemühungen, den Ansatz der Modellbildung und Simulation in das didaktische Feld zu transferieren, neue Impulse gegeben.

In Vorwegnahme ihrer realen Verfügbarkeit diskutierten Ulrike Daldrup und Peter Gorny bereits 1989 die Bedeutung graphisch-symbolisch orientierter Modellbildungssysteme im Unterricht (vor einem kognitivistischen Theoriehintergrund): „Das Modell wird aus grafischen Symbolen für den Lernenden in Form von Objekten auf dem Bildschirm direkt handhabbar. [...] Die Umformung der 'repräsentierten Welt' im Kopfe des Lernenden zu einer 'repräsentierenden Welt' auf dem Bildschirm ermöglicht dem Lernenden, ohne die Symbolebene zu verlassen, ein Experimentieren mit dem Modell" (1989, S.10). Nachdem unter Schulverhältnissen einsetzbare Modellbildungssoftware zur Verfügung stand, sind dann zahlreiche didaktische Konzepte zur breiten Anwendung des Modellbildungsansatzes, zunächst für den Schulbereich, entstanden.[309] Die gleichen oder ähnliche Methoden und Medien sollen aber möglicherweise auch in der Weiterbildung befruchtend wirken.[310]

Als pädagogische Ziele, die mit dem Ansatz der Modellbildung und Simulation verfolgt werden sollen, werden vor allem genannt:

- Es soll das 'systemische Denken' oder 'Denken in Systemen' vermittelt werden; die 'Vernetztheit' realer Phänomene, ihr 'Systemcharakter' soll deutlich werden.[311]
- Die Lernenden sollen aktiviert werden und insbesondere zum eigenständigen, experimentierenden (Re-) Konstruieren struktureller Zusammenhänge angeregt werden.[312]
- Insofern 'Wirklichkeit' selbst als eine begriffliche (Modell-) Konstruktion aufzufassen ist, kann mit Modellbildungssystemen in gewisser Weise die Realität selbst in den didaktischen Prozeß geholt werden.[313]
- Andererseits kann Ziel sein, daß die unvermeidliche Differenz zwischen dem konstruierten Modell und der Wahrnehmung der Realität als kognitive Dissonanz wirkt, die eine intensive, lernförderliche Aufmerksamkeit auf Reales lenkt.[314]
- Als Leitziel wird formuliert, daß der Ansatz der Modellbildung und Simulation dazu dienen soll, eine komplex gewordene Welt wieder verstehbar und die Verständigung über sie wieder möglich zu machen. Indem 'Systemdenken', verstanden als das zeitgemäße wissenschaftliche Denken, didaktisch popularisiert wird,

soll letztlich die moderne Welt durch eine demokratisch verfaßte Gesellschaft lenkbar bleiben bzw. es wieder werden.[315]

Vermag nun die neue Generation der Modellierungssoftware mit ihren graphischen Benutzungsoberflächen Entscheidendes dazu beizutragen, daß der Modellbildungsansatz die Klippe der allzu technischen bzw. mathematischen Beschreibung der Modelle umschifft und im Sinne der genannten Ziele didaktisch wirksam wird? Die Chancen stehen vermutlich nicht besonders gut. Vermutlich hilft, entgegen einer zentralen Annahme der heutigen Softwarephilosophie (vgl. die Diskussion graphischer Benutzungsoberflächen in Abschnitt 8.2), die graphisch-symbolische Darstellung der Systemmodelle, so attraktiv und auch zu einem gewissen Grad klar sie erscheinen mag[316], für sich nur wenig bei deren Verständnis. Das erhoffte (graphisch-symbolische) Verstehen ohne (mathematisch-formales) Verstehen muß Schimäre bleiben. Indem die Hürde der Beschäftigung mit expliziten mathematischen Formulierungen aus dem Weg geräumt wird, entledigt man sich möglicherweise der zwar schweren, aber notwendigen Bürde des Rüstzeugs für das Verstehen der Modelle.[317]

Daß die neuen Modellierungswerkzeuge keinen didaktischen Königsweg, weder zur Modellbildung und Simulation als solcher noch zu den mit ihr verfolgten übergeordneten Zielen, eröffnen, hat auch eine Begleitstudie beim Probeeinsatz von 'MODUS' erbracht (Klieme und Maichle 1994). Wie Klieme und Maichle resümieren, wurde in den beobachteten Unterrichtsreihen das Leitziel 'systemisches Denken' nicht erreicht. Speziell ließ sich dem Versuch, mit dem Ansatz 'Modellbildung und Simulation' diesem Ziel näherzukommen, kein zurechenbarer Erfolg attestieren (1994, S.79, s. auch S.56). Klieme und Maichle führen unter anderem folgendes Statement eines der an der Erprobung beteiligten Lehrer an, der damit eine generelle Erfahrung bei der Arbeit mit dem Modellierungswerkzeug formuliert habe: „Einerseits verführt die Komplexität des Programms zum Spielen, andererseits hatte diese Komplexität aber auch zur Folge, daß die meisten Schüler bei der Bearbeitung der Aufgaben mehr mit den Programmproblemen als mit den Sachproblemen kämpfen mußten. Die Fehlermöglichkeiten sind zu zahlreiche und die Fehlersuche und -korrektur für die Schüler zu zeitraubend.“ (S.34)

Es ist aber gewiß nicht nur die – im Vergleich zu anderen heute verbreiteten Programmen eher einfache – Bedienung der Modellierungssoftware, die den Schülern Schwierigkeiten macht. Offenbar erscheint die Modellierung selbst, trotz oder partiell sogar wegen des graphisch-symbolischen Zugangs, als 'komplex'.

In den Problemen des Unterrichts schlagen sich, so scheint mir, nicht zuletzt die wissenschaftlichen und wissenschaftstheoretischen Probleme des prinzipiellen Verfahrens von 'Modellbildung und Simulation' nieder. Untiefen der Didaktik, an bestimmten Stellen immer wieder auftretende Erklärungsdefizite (die die Lernenden oft mehr noch als die Lehrenden spüren), markieren in der Regel heikle Punkte des Lehrstoffs selbst. Hier scheint es mir vor allem die als Objektivität maskierte Subjektivität, der nicht offengelegte Subjektbezug, zu sein, der sich als Schwierigkeit der Sache meldet. Die Zirkularität des Denkens in Systemen und Modellen bzw. Systemmodellen und Modellsystemen etabliert eine hermetische Vorstellungswelt, die nicht mit einer von außen an sie tretenden sachbezogenen Didaktik erschlossen bzw. nicht auf einer reinen Sachebene verstanden werden kann.

Der pseudoobjektive mathematische Apparat, der im Hintergrund der Modelle abläuft, trägt Weiteres zur Mystifizierung des Modellbildungsverfahrens bei. Wird mit den Modellbildungswerkzeugen rein graphisch-symbolisch gearbeitet, wie sie es nahelegen, tritt der mathematische Mechanismus als ein unbegreifliches Orakel, das nach unbekannten Prinzipien aus den Eingaben Ergebnisse produziert (oder auch nicht produziert), auf den Plan. Andererseits muß auch jeder Versuch, sich der Mathematik der Simulation anzunähern, erst einmal den Graben zwischen der common-sense-Weltsicht und den Sichtweisen überwinden, die sich in den in den Modellbildungsprogrammen angewendeten mathematischen Modellen manifestieren. Die Schwierigkeit besteht primär nicht einmal in der Unzugänglichkeit der Mathematik, hier von Systemen von Differenzen- bzw. Differentialgleichungen, als solcher. Sondern auch bei näherer Betrachtung kann der mathematische Apparat den modellierten 'Systemen' *objektiv* kaum als angemessen empfunden werden. Er scheint vielmehr eher nach seiner Leistungsfähigkeit im Rahmen mathematischer Studien als nach der Eignung für reale Fragestellungen ausgewählt zu sein.[318]

Trotz der Probleme, die in der praktischen Anwendung zu beobachten sind, und der mathematischen und wissenschaftstheoretischen Kalamitäten im Hintergrund ist allerdings davon auszugehen, daß die Modellierungswerkzeuge unter geeigneten Rahmenbedingungen und bei einer mit ihren Möglichkeiten verträglichen Zielsetzung sich als didaktische Medien bewähren (könnten). Vor jeder im engeren Sinn didaktischen Erfahrung spricht hierfür schon die Erfahrung der Wissenschaftler, die enthusiasmiert über die Erkenntnisse aus ihrer Modellierwerkstatt berichten. Wenigstens grundsätzlich sollten die Verfahren, die beim Lernen der Wissenschaften erfolgreich sind, übertragbar sein auf jenes lernende Nach- und Neu-Erkennen, mit dem sich gewöhnlich Didaktik befaßt.

Bei einer derartigen Übertragung, insbesondere bei den didaktischen Reduktionen, die sie erforderlich macht, muß freilich sorgfältig beobachtet werden, worin tatsächlich die Essenz und die Leistungsfähigkeit der Methoden besteht. Der vermeintlichen Vereinfachung zuliebe wird sonst möglicherweise die den ursprünglichen Vorstellungen zueigene Komplexität und Diffusität, die sich als durchaus produktiv erweisen kann, auf nur oberflächlich klare Konzepte gestutzt.

Wird etwa versucht, die *petitio principii* beim grundsätzlichen Vorgehen in der 'Erkenntnis' von Systemen und Systemmodellen – welche die Modellbildung notwendig zu etwas Sach-Fremden, objektiv Beliebigen macht – zu ignorieren, um den *systems approach* als selbstverständlichen Zugang zur Wirklichkeit zu präsentieren, so rächt sich dies, indem am Ende Fremdheit herrscht sowohl gegenüber dem Vorgehen wie auch gegenüber dem intendierten Gegenstand.[319]

Um eine fragwürdige Begradigung der tatsächlichen Verhältnisse handelt es sich im Speziellen auch bei der Suggestion, mit den Kalkülen von Differenzen- bzw. Differentialgleichungen, die in den Modellierungswerkzeugen implementiert sind, könnten 'dynamische Systeme' aller Art modelliert werden.[320] In Wirklichkeit entspricht der mit diesen Mitteln realisierbare Typus von Modellen vor allem dem (klassischen) mathematischen Instrumentarium der Physik, dem er entstammt. Praktisch nur in der Physik kann von einer möglichen präzisen Natur- oder jedenfalls Theorieadäquatheit der konstruierten Modelle ausgegangen werden.[321] In irgendeiner Weise *soll* der Ansatz der 'Modellbildung und Simulation' aber tatsächlich außerhalb des korrekten Anwendungsbereichs der Kalküle zum Zug kommen, ja dort entdecken seine Verfechter sein eigentlich lohnendes Potential. Dies ist ein Widerspruch, dessen Auflösung genau bedacht sein will:

Wenn in dem unübersichtlichen Terrain, das sich dem strengen mathematischen Zugriff entzieht, die Falle einer widersprüchlichen Pseudomathematisierung gemieden werden soll, dürfte eigentlich nicht davon gesprochen werden, daß Systeme bzw. Prozesse als solche modelliert würden. Gegenstand der Modellbildung können hier höchstens *Prozeßdynamiken* sein. Das heißt, es kann nur das Spektrum der prinzipiell möglichen oder wahrscheinlichen *strukturellen Verläufe* der Prozesse interessieren, ihre Gestalt in der Zeit. Anstelle quantitativer prognostischer Erkenntnisse über die Zukunft eines Systems ergeben sich im günstigen Fall qualitative Aussagen etwa der Form, „das System wird (oder kann) 'explodieren'/ zusammenbrechen/ sich einem stabilen Zustand annähern/ sich zyklisch verhalten/ sich 'chaotisch' verhalten". Die Mathematik der Differentialgleichungen dient dann nicht wie in der Physik dazu, ein kalkulatorisches Pendant der Wirklichkeit zu konstruieren. Stattdessen wird sie zum *bildnerischen Rohstoff in einer Art Porträtstudio für Prozeßdynamiken.*

Ausgehend von dieser Überlegung läßt sich gerade an der 'harten', mathematischen Modellierungstechnik nachvollziehen, inwiefern Hartmut Bossel, einer der Protagonisten des Modellbildungsansatzes im Bereich wissenschaftlicher und pragmatischer Anwendungen, so etwas wie einen *subjektiven Zugang* zu 'Systemen' etablieren will und kann. Bossel deklariert als Ziel der Beschäftigung mit Systemen, daß 'Systemverständnis' entwickelt wird (vgl. Bossel 1992, S.34)[322]. Es geht ihm offenbar nicht in erster Linie um eine Modellierung im physikalisch-rechnerischen Sinn: Bei der Arbeit mit einem Modellbildungswerkzeug bzw. Simulationsprogramm solle der Benutzer „ein Gefühl für das dynamische Verhalten des Systems erhalten können, andererseits soll er genaue Untersuchungen über Handlungsalternativen anstellen können" (Bossel 1978, S.131).

Bereits in ihrem wissenschaftlichen und pragmatischen Gebrauch würde Modellierungssoftware demnach als ein Lernmedium fungieren, das Realität weniger abbildet, als daß sie *im Subjekt* 'Verständnis' oder 'Gefühl' für sie bzw. für die porträtierten Prozeßdynamiken auszubilden hilft. Diese Sicht verwandelt den wissenschaftstheoretischen Makel des projektiven Charakters der Systemmodelle in die Chance eines dezidiert subjektzentrierten, ästhetisch-kreativen Erkenntnisansatzes. Es erweist sich damit auch als durchaus legitim, was Modellierer oft nur verschämt eingestehen: daß sie an Parametern des mathematischen Modells drehen, bis das Modell das intendierte Verhalten zeigt.[323] Es gilt, statt diese nach herkömmlichen Maßstäben ja tatsächlich inakzeptable Vorstellung vom Erkenntnisprozeß in bester Absicht objektivistisch zu verkürzen, den Ansatz gerade in dieser Form für die didaktische Anwendung zu adaptieren.

Konsequenz hiervon ist freilich auch, daß die Mathematik nicht zum Fetisch werden darf. Spätestens wenn die mathematische Gestalt der Modelle den Bezug auf die lernenden Subjekte verliert, wenn sie nicht länger als formbarer Stoff des Erkenntnisprozesses fungiert, der zum Träger von durch die Lernenden gesetzten Bedeutungen wird, sondern als 'hartes' vorgegebenes Objekt erscheint, dann ist die Mathematisierung überzogen. Es hilft dann auch nichts, wenn sie sich wie in den modernen Modellbildungswerkzeugen unter einer ansprechenden graphischen Oberfläche verbirgt. Als Medien des Verstehens wären vielmehr in diesem Fall zum Beispiel Schemata und Werkzeuge vorzuziehen, mit denen einfachere, qualitative Modelle konstruiert werden können, die noch mit den Lernprozessen der Subjekte in Korrespondenz stehen.

Bossel weiß um den Wert solcher qualitativer Modellierungstechniken und führt sie selbst zur Propädeutik der Modellierung mit Differentialgleichungssystemen ein.[324] Für die Qualität eines Modellierungswerkzeugs als eines didaktischen Mediums ist nicht entscheidend, ob die konstruierten Modelle objektiv 'wirklichkeitsgetreu' ausfallen. Im strengen Sinn lassen die angewendeten mathematischen Verfahren bei den hauptsächlich interessierenden Anwendungsfällen den suggerierten Realismus 'exakter Modelle' ohnehin nicht zu. Unter didaktischem Blickwinkel kommt es vielmehr darauf an, daß Subjekte bei der Modellbildung in einen intensiven Prozeß der Auseinandersetzung mit der Realität einsteigen. Nicht das Verschwinden der medialen Distanz oder Differenz, der Distanz des medialen Objekts zum wahrgenommenen Realen, ist erstrebenswert, sondern im Gegenteil, der Medieneffekt beruht auf der Spannung, buchstäblich der 'Erregung', die sich immer wieder entlang dieser Differenz aufbaut.

Daraus folgt: Wenn Modelle tatsächlich in den Termini des mathematischen Apparats der Differentialgleichungssysteme aufgestellt werden sollen und Software als Medium hierbei dienen soll, muß die Software darin unterstützen, die 'Differentialgleichungsbrille' aufzusetzen, *und* den Raum lassen, daß diese für eine dezidiert subjektive Sicht auf die Gegenstände der Modellbildung genutzt wird. Ein Problem der gängigen Modellierungswerkzeuge besteht darin, daß das scheinbar optimale Mitwirken bei der ersten Aufgabe in Widerspruch zur zweiten Funktion gerät. Wird der erste Schritt gewissermaßen kurzgeschlossen, indem der mathematische Kalkül als Automatik implementiert oder allzusehr symbolisch-graphisch ummäntelt wird, so wird der Kalkül pseudoobjektiviert. Damit gliedert er sich der zu verstehenden Realität ein, anstatt als Mittel des Verstehens präsent zu sein. Lernende erhalten praktisch keine Chance, ihn für die eigene experimentell-ästhetische Weltsicht zu be- und ergreifen.

Kommt letztendlich dann mit Hilfe einer computergestützten Modellierung tatsächlich die erwünschte subjektive Auseinandersetzung mit Realem, unter dem Aspekt einer Organisation in 'Systemen', in Gang, wie es Wissenschaftler wie Hartmut Bossel in ihren Studien erfahren haben und es auch für didaktische Kontexte berichtet und gefordert wird[325], ereignet sich Erstaunliches. Die kargen sinnlichen Elemente der Modellierungssoftware, die selbst für einen hochabstrakten mathematischen Apparat stehen, scheinen sich mit Leben zu füllen. Sie werden zu

Stütz- und Fixpunkten für die Erfahrung von Realem. Ihre Resonanzen mit Wahrgenommenem scheinen sie selbst zum Klingen zu bringen. Das Gerüst der in der Software vorgegebenen Operationen dient somit als kategoriales Raster, mit dem sich Welterfahrung topographieren läßt in einer Weise, die als klärend und geradezu aufklärerisch-befreiend empfunden wird. Es selbst scheint sich dabei mit Bedeutung anzureichern. Fiktionale, eigentlich öde Konstruktionen wie das oben abgebildete 'Miniwelt'-System subsumieren die Phänomene der Welt unter sich und verschmelzen scheinbar mit dem wahrgenommenen Realen.

Das heißt: Das Medium Modellierungssoftware erwiese sich als ein taugliches projektives Medium im Sinne des oben entwickelten Begriffs. Es liegt dabei wohl an der formalen Leistungsfähigkeit und Autarkie des mathematischen Kalküls, daß er bzw. die Software, die ihn implementiert, sich dem Realen vorordnen und sozusagen als Attraktor der durch ihn topologisierten Phänomene wirken kann. Konkret verläuft der mediale Prozeß über die sinnlichen Repräsentanzen des Kalküls in der Software. Speziell die graphische-symbolische Oberfläche der neueren Modellierungswerkzeuge können das Alphabet des Kalküls, seine elementaren Kategorien, erinnernd vor Augen führen. Daß mit ihm 'die Welt' zu buchstabieren sei, erscheint, *wenn* die Mediendidaktik gelingt und der Wunsch besteht, mit dem vom Kalkül bzw. der Software vorgegebenen Möglichkeiten Welt zu erfassen, bereits durch die gewisse Geschlossenheit des visuellen Symbolsystems in gewisser Weise als selbstverständlich, ja unausweichlich.

Die Lerneffekte, die das Medium vermittelt, beruhen freilich nicht auf den erreichten scheinbaren Repräsentanzen von Welt im Medium. Vielmehr beruhen sie darauf, daß diese stets noch als fragil, als 'auf der Kippe stehend' und vom Subjekt erst herzustellend empfunden werden. Die Wahrnehmung der Differenz von Medium und Objekt darf nicht schwinden, wenn der kreative Prozeß des Subjektlernens nicht abbrechen soll. Die spezifische didaktische Chance der Modellierung am Computer liegt wohl gerade in der Dialektik des perfekten Scheins, der den Computermodellen eignet, und dessen buchstäblich vorprogrammierten Zusammenbruchs angesichts des zwangsläufigen Scheiterns der Modelle bei der Anwendung auf die Realität.

Letzteres heißt aber auch, daß die projektive Identifikation des vom Subjekt imaginierten Weltobjekts mit dem medialen Objekt nie ganz gelingen darf, wenn Lernen weitergehen soll. Mindestens das koronare Überschießen der Imagination über die fixierten Kategorien (so wie in der Sonnenfinsternis der Strahlenkranz der Sonne über den sie verdeckenden Mond wie Wasserzungen leckt) ist essentiell für den Subjektprozeß, der erlöscht, wenn er statisch wird.

In primär evokativ wirkenden Medien liegt dagegen der Akzent von vorneherein auf der Erstreckung der ästhetischen Produktivität in den 'leeren Raum' jenseits des Mediums, der von ihm nur peripher abgesteckt wird. Dazu nun näher.

8.5 Sinnliche 'Formen der Leere' – Über Textsysteme und andere Beispiele evokativer Medien

Der Baukasten für die Konstruktion der *miniworld*, für die simulierte Welt, könnte als Ideal des projektiven Mediums angesprochen werden: Er fungiert als ein Medium, das (kantianisch gesagt: als Stütze der theoretischen Vernunft) gestattet, rationale Objekte aufzubauen und zu präsentieren. Diese werden den Phänomenen der Welt vor-gehalten, bis sie am Ende als deren mehr oder weniger legitime Repräsentanten erscheinen.

Das evokative Medium verschwindet demgegenüber tendenziell hinter den Phänomenen, die sich an es binden. Es markiert einen Raum freier Aktionen, die es höchstens abstrakt extensional umreißt, die es jedoch nicht – auch nicht scheinbar – inhaltlich, intensional, repräsentiert. An die Stelle des massiven Eingriffs in die Wahrnehmungsprozesse, die der Versuch bedeutet, ein projektives Objekt in ihnen zu etablieren, tritt eine sublimere Intervention. Durch ein evokatives Medium werden lediglich gewisse disziplinierende Rand- und Rahmenbedingungen gesetzt, die innerhalb ihrer Grenzen eine freie Artikulation der Subjektprozesse unterstützen.

Das abstrakte Ideal des evokativen Mediums ist die Nutzung des Computers als eine Art infinite *tabula rasa*, als ein Gerät, das immer wieder neu leere Räume oder freie Flächen bereitstellt, eine nicht endende (gleichwohl definierte, mithin 'abgegrenzte') Zeichenfläche für die ästhetische Produktivität des Subjekts. Von den freien Flächen sollte im Empfinden der lernenden Subjekte ein Sog ausgehen, sie zu beschreiben und zu füllen, etwa so wie kahle Betonwände magisch den Sprayer anziehen oder die *tabula rasa* der alten Didaktik, sprich der noch unbeschriebene Geist des Schülers, die Aktivität des (lehrenden) Subjekts herausforderte. Das didaktische Medium als *tabula rasa* bietet nichts Bestimmtes dar, sondern verleiht inhaltlichen Aktivitäten der Lernenden Halt bzw. eine äußere, nur partiell einengende Struktur, indem es kommunikative *Formen der Leere* vorgibt.

Wie Träume oder Rorschachverfahren demonstrieren, ist die ästhetische Produktivität stets bereit, fehlende Wahrnehmung durch eigene Projektionen ins Unbestimmte und Leere zu ersetzen. Das hieße, der ästhetische 'Sog der Leere' ist immer schon gegeben. Vermutlich wird im Wachzustand die unbegrenzte ästhetische Phantasie diszipliniert durch kommunikative Realitätsprinzipien. Eine kommunikative Form der Leere verknüpft solche Zügelung der Imagination mit dem Offenhalten eines spezifischen legitimen Freiraums für sie. Das Medium als *tabula rasa* nutzt diese Struktur aus, um spezifische Wirkungen herbeizuführen.

Konkrete Beispiele für solche Medien bzw. die Nutzung von Software als solche Medien existieren in vielen Variationen bzw. lassen sich vielfältig vorstellen.

So ist der Computer in seiner Anwendung als ein Medium, das Lernen im Vollzug *kreativen Schreibens* unterstützt, die unmittelbar in Software gegossene Idee einer infiniten *tabula rasa*. Es bietet sich an, anhand des vertrauten und auch wissenschaftlich untersuchten Beispiels des kreativen Arbeitens mit Text(verarbeitungs)systemen die subtilen, dem Subjektlernen förderlichen bzw. abträglichen Momente des evokativen Computermediums zu erkunden.

Es sei zunächst auf Reflexionen des professionellen Schreibens verwiesen. Peter Glaser hat versucht, die Wirkung des neuen Mediums zu verstehen, wie es sie bei der direkten schöpferischen Arbeit am Bildschirm zu zeigen scheint. Er beschreibt, wie das Medium gestattet und dazu reizt, ätherische Lichtgebilde, die kaum noch Spuren von Materialität an sich tragen, gleichsam in das gläserne Firmament des Bildschirms zu zeichnen (seinen Bildschirm stellt er dafür so ein, daß die Buchstaben in Weiß vor schwarzem Hintergrund erscheinen). Damit sei das Computermedium der geistigen Autorentätigkeit adäquater als das Arbeiten mit Papier und klassischem Schreibzeug: „Die Sprache, das eigentliche Material [des Autors] ist stofflos. Für mich bedeutet das Schreiben am Computer nun ein angemesseneres Arbeiten. Jetzt kann ich sagen: Meine Tinte ist das Licht." (1988, S.112) Die spezifische sinnliche Gestalt der Leere, verknüpft mit der Attraktivität ihrer Illuminierbarkeit, scheint die ästhetische Phantasie aufblühen zu lassen. Glaser assoziiert: „Woher kommt, wohin führt mich die Faszination an dieser gläsernen Bildschirm-Oberfläche [...]? Wie kommt es, daß sie mir einmal als Meeresoberfläche erscheint, durchscheinend bis hinunter auf eine leuchtende Tiefseefauna von Symbolen, und dann wieder als Ausschnitt eines Firmaments, über das Stern-Zeichen scrollen und grafische Meteore huschen?" (S.113) Eine Erklärung, die er vorschlägt, lautet: „Die Freude am Leuchtenden regt meine Phantasie an und bewirkt, daß ich die Maschine in immer neuem Licht sehe. Sie wird metaphorisch. Derart verwandelt sich der Computer für mich in ein poetisches Erkenntnis-Instrument." (S.112)

Die sinnliche Form der Leere, die hiernach das Computermedium auszeichnet, ist, so möchte ich interpretierend festhalten, zunächst seine 'Licht-Natur', seine 'geistnahe' und zugleich sinnlich attraktive Erscheinung. Diese drückt sich aus in der Flexibilität und Attraktivität der flüchtigen Zeichendarstellung auf dem Bildschirm, der sich präsentiert als die Unendlichkeit einer sich immer wieder erneuernden Schreibfläche. Alles in diese Fläche Geschriebene kann gedankenleicht und fast gedankenschnell transformiert, variiert und neu organisiert werden und fasziniert schon als pure sinnliche Gestalt. Das Medium konstituiert damit ein definiertes, jedoch unlimitiertes Spiel-Feld für denkerische Experimente, aus dessen Tiefe ein Sog in das Universum der Texte zieht. Die Leichtigkeit des Neuanfangs und jeglicher Korrektur löst Schreibhemmungen auf, wendet sozusagen den *horror vacui* angesichts des zu beschreibenden leeren Blattes – das gleichwohl belegt und bewacht scheint durch die Drohung, jeden Fehlversuch festzuhalten – in die Faszination der Freiheit einer spielerisch-kreativen Betätigung in einem sich immer weiter öffnenden Raum.

'Kreatives Schreiben' ist aber nicht nur schriftstellerischer Beruf, sondern auch eine explizit psychologisch-pädagogische Methode (vgl. etwa Scheidt 1989, sowie die Beiträge von Petra Mallwitz in Cloer und Kunert 1994).

Zumindest in solchem Kontext erhalten weitere Merkmale des Computermediums Bedeutung. Ebenso wichtig wie die 'geistnahen', flexiblen Eigenschaften scheinen für eine denkbare pädagogische Anwendung die höchst 'massiven', restriktiven Eigenschaften der vom Computer offerierten Leerformen, im Positiven wie im Negativen, zu sein.

Der Computer kann in vielfältiger Weise rigide Strukturen vorgeben, in welche die kreative Tätigkeit des Schreibens sich einzufügen hat. Der wichtigste potentiell positive Effekt hiervon ist, daß er eine bestimmten Vorstellungen oder Normen entsprechende *äußere Textform* unterstützen und partiell erzwingen kann. Im günstigen Fall verankert sich dadurch das Handeln der Subjekte in einem definierten sozialen Kontext und wird so abgesichert und gestärkt. Mit Kants Formulierung: Es können Elemente des 'Schulgerechten', der sozial verständlichen, kommunikativen Form, in die ästhetische Produktivität eingebracht werden. Dies fördert die kreative Tätigkeit (die immer kommunikativ konnotiert ist). Die auferlegte korrekte äußere Form erweckt schon unmittelbar den Anschein von Perfektion und sozialer Akzeptabilität des Geschriebenen. Per positiver *self-fulfilling prophecy* kann dies dazu beitragen, daß soziale Anerkennung angestrebt und wirklich erlangt wird. Gewissermaßen handelt es sich darum, das Leitprinzip kreativen Schreibens, 'Jeder Anfang ist richtig' (Scheidt 1989, S.31), mit technischen Mitteln von vorneherein als plausibel erleben zu lassen. Und auch über den mühevollen Anfang hinaus dienen die vom Computer unterstützten kommunikativen Formen als gleichbleibende Hintergrundfolie für die kreative Tätigkeit.

Zum Beispiel stellt es eine in ihrer Bedeutung kaum zu überschätzende Vorgabe dar, wenn nicht mit der Hand geschrieben werden muß bzw. darf, sondern per Tastendruck eine standardisierte Gestalt der Buchstaben und Zeichen abgerufen wird. Hinzu kommt bei Nutzung eines PCs eine potentielle Raffinesse des Schrift- und Seitenlayouts, wie sie früher Druckerzeugnissen vorbehalten war.[326] Der getippte Text zeigt schon im Prozeß des Schreibens ein 'ansprechendes', den gesellschaftlichen Normen für öffentliche Kommunikate mehr oder weniger gemäßes Aussehen. Dies bedeutet zum einen, daß bereits die äußere Textgestalt dafür sorgt, daß der Text einen gesellschaftlichen, symbolischen Wert repräsentiert. Er trägt insofern einen ermutigenden Vorschuß auf die inhaltliche Arbeit in sich. Darin liegt bereits eine eminente pädagogische Bedeutung.[327] Zum anderen wird die eigene und fremde Wahrnehmung der verfaßten Texte erleichtert und geschärft, wenn die Texte beim Lesen von vorneherein den gleichen Rhythmus des visuellen Flusses von Zeichen, Absätzen und Seiten aufweisen, wie er von Textvorbildern und Vergleichstexten vertraut ist. Die empfundenen Unterschiede liegen dann tatsächlich im Textinhalt. Auch grundsätzlich ist für eine möglichst klare, intersubjektiv gültige (mit dem Kantschen Wort 'gemeinsinnige') Beurteilung eines Textes wichtig, daß der Fluß der typographischen Elemente den Eindruck des Sprach- und Gedankenstroms beim Lesen weder behindert noch durch Eintragen zusätzlicher Informationen verändert. Unter diesem Aspekt verdient die mittels Computer erzeugte Textdarstellung gleichfalls den Vorzug gegenüber einem handgeschriebenen Text, bei dem Irritationen durch die Schriftvariation unvermeidlich sind.[328]

Die andere Seite einer Nutzung des Computers als Medium kreativen Schreibens soll nicht verschwiegen werden. Wenn der Computer nicht nur dazu dient, eine gedruckte Arbeitsfassung eines Textes zu präparieren, sondern der Text direkt am Bildschirm entsteht, hat die spezifische sinnliche Gestalt des Computermediums auch ausgesprochen hemmende Wirkungen auf den kreativen Prozeß.

Zuvorderst ist nochmals die Reduktion des Schreibens auf das Auslösen von Tasten anzuführen. Wenn ich einen Stift mit der Hand über das Papier bewege, aktiviere ich die Motorik von Hand und Arm in feinster Regulierung und erhalte die resultierende Schrift als genaues Feedback meiner Tätigkeit. Schreibmaschinentasten zu betätigen, bleibt dagegen vergleichsweise grobschlächtig. Die Tastaturmechanik neutralisiert jegliche körperliche Expressivität beim Schreiben zu dem Null-Eins-Ereignis, 'Taste nicht gedrückt' oder 'Taste gedrückt'. Es ist das als Einheit von Körper und Geist existierende Subjekt selbst, das auf diese Weise in den Feinheiten seiner Aktivität für bedeutungslos erklärt wird.[329] Diese Wirkung *kann* sinnvoll zusammengehen mit der Orientierung des Schreibens auf gesellschaftliche Kommunikationsformen. Auf jeden Fall wird aber der Fluß der Kreativität eingeengt.[330]

Auch die gesamte Erscheinungsform, in der der Computer Texte zum Lesen anbietet, spricht in mancher Hinsicht dafür, den Computer nur als sekundäres Medium einzusetzen und die kreative Beschäftigung mit Texten lieber *off-line* bzw. *off-screen* stattfinden zu lassen. Es sind einige aufschlußreiche Untersuchungen zur Qualität des Lesens und Schreibens mit dem Computer im Vergleich mit herkömmlichen Medien durchgeführt worden (vgl. Hansen und Haas 1988). Die Studien dokumentieren den subtilen, aber folgenreichen und oft problematischen Einfluß, den die konkrete sinnliche Gestalt von Texten auf dem Computer gegenüber der auf Papier hat.

Im einzelnen beschreiben Hansen und Haas eine Reihe von Faktoren, die dazu führen können und wohl oft wirklich dazu führen, daß direkt am Computer gelesene Texte weniger verstanden werden und am Computer geschriebene Texte nach gängigen Bewertungskriterien eine geringere Qualität aufweisen als Texte, die unter ansonsten gleichen Umständen in Papierform rezipiert bzw. erstellt werden: Beim Computer ist die *Seitengröße* und damit die Textmenge, die in einem Zuge, ohne störende Weiterblätterpausen, wahrgenommen werden kann, in der Regel erheblich kleiner als bei Texten in Papierform. Bedingt durch die relativ kleine Schriftdarstellung, das Flimmern des Bildes, die geringe Auflösung des Bildschirms und dergleichen mehr liegt die *Lesbarkeit* von Zeichen bzw. Wörtern auf dem Bildschirm deutlich unter der des gedruckten Textes. Auch der Vergleich der *Dauer* und der *Zugänglichkeit* von Operationen wie Weiterblättern oder Zurückspringen im Text, das heißt die Leichtigkeit, mit der verschiedene Textpassagen aufeinander bezogen werden können, fällt in der Regel zuungunsten des Computertextes aus. Insgesamt droht, daß aufgrund dieser Faktoren sich am Computer nur schlecht ein 'Textgefühl' (*sense of text*), das heißt nur schlecht eine Wahrnehmung der *gedanklichen Struktur und Kohärenz des Textes*[331], ausbilden kann. Dieses seinerseits ist Bedingung für die verständige Rezeption und Produktion von Texten.

Im Umkehrschluß sei überlegt, wie ein Computermedium des kreativen Schreibens günstigerweise aussehen sollte. Grundvoraussetzung einer sinnvollen Anwendung des Computers wäre, daß gewisse, nicht selbstverständliche Hardwarequalitäten des Monitors wie Flimmerfreiheit, eine ausreichende Auflösung und eine scharfe Bildwiedergabe hinreichend gesichert sind. Darüber hinaus sollte die verwendete Software auf geeigneten Konzepten basieren, so daß am Bildschirm die Kohärenzen von Texten mindestens so gut wie beim Arbeiten mit der Papierversion wahrgenommen werden können.

Wie Hansen und Haas festgestellt haben, spielt bei der Papierform eines Textes die formale Seiten- bzw. die materielle Blatteinteilung eine wesentliche Rolle. Sie topographiert den Text und macht seine Struktur mit Gesichts-, Tast- und motorischem Sinn erfahrbar. Wichtig ist auch das Tempo, mit dem in einer Druckfassung bei Bedarf innerhalb einer Seite oder durch Blättern zwischen Seiten vor- und zurückgeschaut werden kann. Der zentral zu berücksichtigende Faktor dürfte sein, daß nur bei Lesen in kurzem Zeitabstand und dem resultierenden praktisch *gleichzeitigem Gewahrsein*[332] von verschiedenen Passagen eines Textes deren Kohärenz real hergestellt bzw. geprüft werden kann.

Daß das reine Computermedium ein Äquivalent zur Printfassung eines Textes böte, hieße daher prinzipiell: Es müßte effektiv darin unterstützen, Textpassagen und -stränge in abstrakten Strukturen zu verorten und miteinander zu verknüpfen, und müßte die auf diese Weise implizit oder explizit verbundenen Kon-Texte durch geeignete, leicht handhabbare und schnell ausgeführte Sprung- und Blätteroperationen der Wahrnehmung als Einheiten zugänglich machen (unter möglichst geringem Verlust an *Gewahrsein* von Textzusammenhängen). Allein mit der Imitation der Seitenstruktur einer Papierfassung kommt dabei das Computermedium gegen die Vorzüge letzterer sicherlich nicht an. Das liegt alleine schon daran, daß Bildschirmseiten auf heutigen Standardmonitoren viel weniger Text (in lesbarer Schriftgröße) als gedruckte Seiten darbieten und daher Textzusammenhänge buchstäblich nur reduziert sichtbar machen können. Auch unabhängig von diesem, technisch im Prinzip behebbaren Problem erreichen die auf dem Bildschirm simulierten Seiten bzw. 'Blätter' die sinnlichen Qualitäten ihres Vorbilds nicht, solange sie nur visuell, aber nicht taktil und motorisch erfahrbar sind.

Um die inhärenten Handikaps des Computermediums zu kompensieren, sollte die Software daher neben der Aufteilung des Textes in Seiten zusätzliche Textstrukturen formalisiert erfassen bzw. weitere Zugriffsmöglichkeiten auf den Text organisieren. In Frage kommen hierfür primär

- die Textflußstruktur, wie sie sich in der Abfolge von Absätzen und Absatzgruppen ausdrückt,
- die Gliederung eines Textes in Abschnitte und Unterabschnitte (bzw. in der Phase freier Assoziation mehrere alternative Varianten des Textaufbaus) sowie
- Querverknüpfungen in dem sprachlichen Gewebe, das der Text darstellt.

Konkret sollte die Software zum Beispiel die Möglichkeit bieten, mit einfachen und am besten gedankenschnell aufrufbaren und ebenso rasch ausgeführten Befehlen, einen Text entlang seiner Kapitelüberschriften – bzw. entlang mehrerer alternativer Systematiken[333] – zu durchlaufen. Damit läßt sich der Gedankengang des Textes im Großen verfolgen und in einer Gesamtschau wahrnehmen, und zwar um so besser, je weniger Aufwands- und Zeitdistanz zwischen zwei angesprungenen Punkten liegen. Entsprechend sollte die Software im Kleinen dafür sorgen, daß der Text in seinen in den Absätzen ausgedrückten gedanklichen Schritten erfaßt werden kann. Dazu ist sinnvoll, daß sie Kommandos zur Verfügung stellt, die jeweils den nächsten (folgenden bzw. vorhergehenden) Absatz im Lesebereich des Bildschirms positionieren. Damit deren Anwendung möglichst wenig Aufmerksamkeit von Textinhalten abzieht, sollten sie wiederum einfach aufzurufen und rasch wirkend sein.[334] Es wäre im übrigen nicht fair zu behaupten, daß die spezifischen Möglichkeiten der Software, die sie für die Arbeit am Bildschirm bietet, ausschließlich kompensatorische Funktion für die überlegenen Qualitäten der Arbeit an der ausgedruckten Textfassung haben. Vor allem bei umfangreichen Texten kann das Blättern und Springen im Text am Bildschirm leichter und schneller vonstatten gehen als die Suche nach einer Manuskriptstelle in einem Papierstapel. Auch ist zum Beispiel 'zu Fuß', ohne Unterstützung durch die Suchfunktion einer Textsoftware, nur mühsam leistbar, assoziativen Verbindungen quer durch einen ganzen Text oder gar durch eine ganze Sammlung von Texten und Notizen nachzugehen.[335]

Abstrakter formuliert entsprechen derartige Anforderungen an unterstützende Strukturen der allgemeinen Charakteristik der Funktion eines evokativen Mediums: Die Textsoftware muß, damit sie sich als Medium kreativen Schreibens bewährt, die spezifischen Möglichkeiten des Computers nutzen, um formale Raster – wie zum Beispiel die Gliederungsstrukturen von Texten oder auch Wortwiederholungsmuster –, in denen sich der kreative Prozeß abstützen kann, anzubieten und partiell auch zu oktroyieren. Sie selbst sollte sich dabei tendenziell in beinah schlafwandlerischer Unbewußtheit, mit möglichst wenig Verzehr von Aufmerksamkeit, handhaben lassen, damit das 'Gewahrseinspotential' ungeschmälert dem kreativen Prozeß zur Verfügung steht. Dieser hat dann die Chance, in dem definierten und dennoch offenen Raum zu sich zu kommen und sich zu entfalten.

Ausgehend vom Idealtyp der sich immer wieder öffnenden Schreibfläche lassen sich zahlreiche Formen der Verwendung des Computers als didaktisch-kreatives Medium verstehen und auch konstruieren.

Als Beispiel sei das *Bubble Dialogue Tool* von Harry McMahon und William O'Neill angeführt (s. McMahon und O'Neill 1993), das in den neueren Debatten in Pädagogik und Lernpsychologie als exemplarisch gilt für didaktische Medien, die der konstruktivistischen Auffassung von Lernen (vgl. Abschnitt 6.7) gerecht werden. Kern des Mediums ist ein – im Original Apple-'HyperCard'-basiertes – Programm, das Cartoons von ausgewählten Dialogsituationen auf dem Bildschirm präsentiert (wobei die Autoren auch eine Mediengenerierungssoftware erstellt haben, mit der sich auf die Unterrichtsbedürfnisse zugeschnittene Zeichnungen in situativ angepaßte Medien einbinden lassen). Zu den im jeweiligen Cartoon abgebildeten Personen können per Mausklick Sprech- sowie Gedankenblasen erzeugt werden. Die Kinder oder Erwachsenen, die mit dem Medium arbeiten bzw. sich spielerisch in die dargestellte Situation versetzen, überlegen individuell oder in einer Gruppe, welche äußeren Dialoge und inneren Selbstgespräche die Figuren führen, und fügen die ihnen richtig erscheinenden Texte in die Blasen ein.

Wie McMahon und O'Neill berichten, fasziniert die Möglichkeit, sich auf diese Weise die abgebildeten Figuren anzueignen und sich in ihnen ausdrücken zu können, schon Sechsjährige und fesselt in Rollenspielen auch noch Erwachsene. In der theoretischen Diskussion sprechen die beiden Autoren von der 'projektiven Natur des Blasendialogs' (S.45) in dem Sinn, daß das Medium kommunikativen wie auch innerpsychischen Prozessen zu externen Ausdrucksformen verhilft und dadurch einen Lernprozeß fördert. *Bubble Dialogue* sei eine mögliche mediale Antwort auf die Aufgabe des Lehrens: „we teachers must find a way to make children see and hear their own dialogue so that they can engage in the reflective, reconstructive, decontextualizing process of using language to understand dialogue" (S.48) Demgemäß legen McMahon und O'Neill bei ihrer Deutung des Mediums den Akzent auf dessen Funktion, Kommunikation widerzuspiegeln, sie gewissermaßen zu verdichten und zu intensivieren und dadurch strukturelle Bedingungen für das Wachsen kommunikativer Fähigkeiten zu schaffen. So weit handelt es sich allerdings lediglich um eine Analyse des Effekts der Medienanwendung in der Sphäre der Kommunikation. Zu ergänzen bzw. explizit zu konstatieren wäre jedoch aus meiner Sicht, was das Medium als solches leistet.

Mir scheint auch für die Wirkung des *Bubble Dialogue Tool* das Primäre zu sein, daß es in Form des 'umrahmten Nichts' in den Sprech- und Denkblasen eine immer wieder aufnahmebereite Projektionsfläche parat hält, die intentionale Akte evoziert. Das Medium wäre demnach als ein spezialisiertes Schreibsystem zu interpretieren, dessen kommunikative Normvorgaben wie auch dessen Gliederungsfunktionen an der Optik eines Comic Strip orientiert sind. Die kreative und kommunikative Produktivität kann sich an ihm ausleben, weil es für sie ein günstiges Verhältnis von Stütze und Offenheit, von gesicherten kommunikativen Formen und anregenden, angstfrei zu besetzenden Freiflächen arrangiert. Die Attraktivität, die das *Bubble Dialogue Tool* den Berichten zufolge für die mit ihm spielerisch Arbeitenden hat, beruht wie bei anderen evokativen Medien auf der Freude an dieser ästhetischen Produktivität, bzw. auf der Lust, auf dem 'Flow-Erlebnis' (Csikszentmihalyi 1975), ihrer Resonanz mit kommunikativ legitimen Formen.

In der Inszenierung der Dialektik von Vorgaben und Optionen des Handelns spielt sicherlich auch das Tempo, in dem Aktionen auf ihre Rahmenbedingungen bezogen und gegebenfalls mit einer neuen Konstellation von Aktionsmöglichkeiten beantwortet werden, eine wichtige Rolle.[336] Resonieren der Takt der medialen Vorgaben und der Rhythmus der Handlungsinteressen der Subjekte auch unter dem Zeitaspekt, dann stehen die Chancen gut, daß sich eine Dynamik entwickelt, die zunehmend die Lernenden in die Lernsituation hineinzieht. Zumindest zu einem Teil vermag der Gesichtspunkt des Tempos der Interaktion, die das Medium erlaubt bzw. fordert, die Faszination zu erklären, die von dem nachfolgend beschriebenen, scheinbar nur wenig methodisch Neues bietenden didaktischen Computermedium ausgeht:

Im Rahmen eines Projekts zur außerschulischen politischen Jugendbildung hat Gerhard Weick das Programm 'Post' entwickelt, ein System für den Austausch von *electronic mail*, welches auch unter den Bedingungen der bescheidenen technischen Ausstattung von Jugendarbeit einsetzbar zu sein hatte (s. Weick 1995, vgl. auch Christ, Hehn und Röder 1995). Das Programm dient als Medium, mit dessen Hilfe in Planspielen die schriftliche Kommunikation zwischen den Spielgruppen durch den Austausch elektronischer Post substitutiert werden kann. Scheinbar ändert sich nicht viel, wenn der leere Zettel, auf dem eine Nachricht einer anderen Spielgruppe beantwortet werden soll, gegen das leere Fenster eines Editorprogramms getauscht wird. Die Verwendung des Computermediums – bei dem es sich wieder um eine Variante eines Textsystems handelt – scheint jedoch die Dynamik des Spiels beträchtlich zu erhöhen. Die Vorzüge computerisierten Schreibens kommen zur Geltung: Zum Beispiel können die Spielenden auf 'Grundsatzpapiere', auf Datenbankmaterial oder zuvor schon versandte Nachrichten zurückgreifen und sehr viel rascher als mit Handarbeit professionell wirkende, für die weitere Tätigkeit motivierende Erklärungen, Briefe und Kommuniqués erstellen und versenden, mit denen sie auf die eintrudelnden Mitteilungen von anderen Gruppen reagieren. Nach den bisherigen Erfahrungen mit dem Medium zu urteilen, nimmt auf diese Weise die Dichte wie auch die Echtheitswirkung der Spiel-Kommunikation deutlich zu, und die altehrwürdige Methode des pädagogischen Planspiels gewinnt einen neuen, eigenen Reiz. Dies möglicherweise schon deshalb, weil das höhere Tempo als dem heutigen, nicht zuletzt durch die technischen Medien geprägten Zeitempfinden angemessener empfunden wird.

Die Deutung eines Mediums als *tabula rasa* hängt natürlich nicht daran, daß sich in ihm im wörtlichen Sinn irgendwohin etwas schreiben läßt. Vielmehr beruht sie darauf, daß das Medium unterhalb des Niveaus der eigentlichen ästhetischen Produktivität eingreift bzw. dieser nur *partielle* Vorgaben auferlegt: Indem es dergestalt kreative Prozesse partiell blockiert, macht es diese kommunikativ anschlußfähig, stützt sie insofern ab und hilft, daß sie im belassenen Freiraum sich zur kritischen Masse bündeln und 'zünden'.[337]

Als didaktische Computermedien in diesem Sinn können auch alle sogenannten kreativen Softwarewerkzeuge dienen, sofern sich in ihnen ein der didaktischen Anwendungssituation angemessenes Verhältnis von einengend-stützenden Funktionen und Spiel- und Freiräumen für die Imagination einrichten läßt. In dem erwähnten Jugendbildungsprojekt haben zum Beispiel in einem weiteren Ansatz Jugendliche mit Mitteln der elektronischen Fotoretusche und Bildmontage gearbeitet und – allerdings nur unter Anleitung – ihre ideenreichen Ergebnisse dann zu 'Bildschirmzeitungen', im Sinne der aktuellen Terminologie einfachen 'Multimedia'-Produkten, zusammengestellt (letzteres mit Hilfe des Programms 'ToolBook' der Asymetrix Corporation, des 'HyperCard'-Nachbaus für den PC; s. Röder 1995).

Im übrigen fungieren auch Werkzeuge zur Modellbildung und Simulation – und mit ihnen projektive Medien generell – als evokative Medien, insofern ihnen bzw. den mit ihnen erstellten Welt-Bildern (noch) nicht die Welt subsumiert werden soll, sondern sie als kreative Medien der *Konstruktion* von Mitteln der Welterkenntnis dienen, solange also der Akzent darauf liegt, daß sie *Baukästen* von Miniaturwelten sind. Es spiegelt sich hier, was, wie schon Kant wußte, für technisch-naturwissenschaftliche Rationalität generell gilt: Ihre kreative Fortentwicklung, zum Beispiel die Entdeckung der 'Vereinbarkeit zweier oder mehrerer empirischen heterogenen Naturgesetze unter einem sie beide befassenden Prinzip', von der Kant spricht (1790, S.XL), mithin ihr *Erlernen*, fließt nicht aus ihrer eigenen Gesetzlichkeit, sondern hängt an der Lust ästhetischer Erkenntnis.

Es ist die Aufgabe einer im einzelnen noch zu entwickelnden *Ästhetik des Mediendesigns*, Strategien und Kriterien zu finden, wie Medien aussehen müssen, damit sie der ästhetischen Produktivität von Lernenden einerseits hinreichend An-Halt bieten, andererseits den lustvollen Flug der kreativen Prozesse gerade dadurch freisetzen und nicht etwa unterbinden.

9 Resümee: Zur Auflösung der strukturellen *terra incognita* von Human- und Technikwissenschaft

Die Existenz didaktischer Computermedien – nicht bloß dem Namen nach, sondern im Sinne ihrer wirklich hilfreichen Einsetzbarkeit in Lehr- und Lernprozessen –, ist in gewisser Weise eine erstaunliche, ja, wenn es so etwas gibt, eine paradoxe Tatsache, eine (Kuhnsche) Anomalie des herkömmlichen wissenschaftlichen Weltbilds (s. Kuhn 1962). Wäre sie nicht, zumindest gelegentlich, wirklich zu beobachten, könnte und müßte ein wissenschaftlich geschultes Denken den didaktischen technischen Medien strikter die Realität bestreiten als dem Pegasus, dem berühmten geflügelten Pferd der Logiker. Dieses erscheint ja immerhin in der Vorstellung als möglich. Didaktik, als Umsetzung pädagogischer Prinzipien, ist im Sinne der traditionellen Kategorien der Wissenschaften Technik wesensfremd, eine Verbindung beider weniger denkbar als Flügel am Weidetier.

Das hier drohend im Raum stehende wissenschaftliche Fehlurteil folgt fast unvermeidlich aus den disjunkten Theorieansätzen von Technik und Pädagogik, die, wie in Kapitel 2 dargelegt, in ihrer heutigen antagonistischen Gestalt auf die klassische Kantsche Philosophie zurückgeführt werden können. So wenig Spontaneität und Autonomie von Verhalten in ein technisch geprägtes Weltbild wie das der Informatik passen, so abwegig erscheint die Vorstellung einer gebilligten Anwendung instrumenteller Vernunft im klassischen Weltbild der Humanwissenschaft, speziell der Pädagogik. Wenn das Problem didaktischer Computermedien nicht weiter auf den Landkarten beider Fachrichtungen in der weißen Farbe der *terra incognita* gezeichnet sein soll – die stets nicht nur das unbekannte, sondern auch das nicht geheure Land bedeutete –, bedarf es einer Revision der traditionellen wissenschaftlichen Kategorien. Gemäß Kapitel 3 bedarf es dazu vor allem der Arbeit an den diese begründenden, theorieinduzierenden (die Kuhnschen Wissenschaftsparadigmen prägenden) Mythen.

Pädagogik und Psychologie waren nun keineswegs müßig in ihrem Bestreben, Vorstellungen von der Wirkung des Mediums zu gewinnen. Allerdings hat sich in den Kapiteln 4, 5 und 6 beim genaueren Blick auf die Leitbilder oder Mythen, denen die einschlägigen Theorien anhängen, herausgestellt: Die Schwierigkeiten des Begreifens der Medien haben sich durch die diversen Theoriemodelle, wie sie seit altersher entwickelt wurden, heute freilich im glitzernden Gewand neuester Technik auftreten, nur scheinbar vermindert. Faktisch ist in den Mythen der Technikanwendung meist die technologische Perspektive übernommen worden. Ausgeblendet blieb, was die eigentlich pädagogische Dimension der Medien wäre: ihre Relation zu spontan agierenden und interagierenden Subjekten. Die theoretischen Aporien des Mediums und letztlich die praktische Hilfslosigkeit beim Verstehen von Medien wurden damit bestenfalls überspielt, keineswegs aufgelöst.

Zum Zweck der deshalb weiterhin anstehenden Arbeit an den Medienmythen ist das Kapitel 7 wieder auf Kant zurückgegangen bzw. hat, entsprechend dem Diktum von Deleuze und Guattari (1991, S.5f.), sich bemüht, Kants die Zeitalter durchquerender 'Kritik der Urteilskraft' hinterherzueilen. Was Kant in seiner dritten

Kritik unter anderem entwickelt, ist eine Vorstellung vom ästhetisch schöpferischen (Genie-) Subjekt, in dem sich produktive Phantasie mit der Fähigkeit verbindet, in einer intersubjektiven, kommunikativen Praxis Regelmäßigkeiten der freien Imagination zu relativ statischen Objekten der begrifflichen Erkenntnis zu kondensieren. An diesem Punkt über Kant hinausgehend (bei dem gleichwohl an anderer Stelle ähnliche Auffassungen nachzuweisen sind), behaupte ich, daß nicht nur Kunstproduktion und Erkenntnisgewinn im Menschheitsmaßstab auf solchem Genielernen beruht. Nach den gleichen Prinzipien, nach denen die Geistesvermögen des Kantschen Genies arbeiten, vollzieht sich auch das 'gewöhnliche' menschliche Lernen. Der so bestimmte Lernbegriff integriert daher einerseits die Vorstellung eines schöpferischen, kooperativen Subjekts, andererseits dessen Bezugnahme auf die Regelhaftigkeit von in der Welt konstituierten Objekten. Technische Medien erlangen in diesem Kontext eine klare, 'natürliche' Funktion. Sie sind Objekte, die so konstruiert werden können, daß sie Regelhaftigkeiten verkörpern, an die sie das Subjekt zu erinnern vermögen, ohne reziprok es auf sie zu verpflichten. Die hiermit umrissene Vorstellung habe ich als das Leitbild oder den Mythos – oder mit einem Kantschen Terminus als die 'ästhetische Idee' – der *schwach instrumentellen* Wirkung des Mediums bezeichnet.

Notwendiges Kriterium für die Annehmbarkeit einer solchen Vorstellung ist, daß sich auf ihrer Grundlage die Wirksamkeit existierender Medien verstehen läßt. Die exemplarischen Analysen von didaktischen Computermedien in Kapitel 8 haben demonstriert, daß dieser Pflicht Genüge getan werden kann. Zugleich sind Ansatzpunkte deutlich geworden, wie in der Kür einer künftigen Praxis der Mediengestaltung und des Medieneinsatzes sich das Leitbild bewähren und in konkreten Anwendungsfällen seine Fruchtbarkeit unter Beweis stellen kann.

Prinzipiell hat sich in diesen Betrachtungen aber auch der Bedarf an einer Schul-Ästhetik für das Design didaktischer Medien gezeigt, für die nur erste Gedanken formuliert werden konnten: Entsprechend dem Kantschen Motto, daß auch die kreative Genietätigkeit sich über einem Bodensatz von trockenen Regeln und 'Schulmäßigem' erhebt, wird eine Ausarbeitung systematischer Strategien benötigt, die anleiten, wie die ästhetische Produktivität von Lernenden technisch abgestützt und gerade dadurch entfesselt werden kann. Der hierzu in Kapitel 8 hauptsächlich dargelegte Gesichtspunkt ist die Unterscheidung zwischen der projektiven und der evokativen Funktion von Medien. Auch wenn real stets beides zusammenkommt, läßt sich idealiter trennen, ob Medien als ästhetische Objekte dazu geeignet und bestimmt sind, in den Prozessen der Aneignung von Wirklichkeit *selbst* erinnernd-repräsentierende Funktionen zu übernehmen, oder ob sie sozusagen *selbstlos* in den Hintergrund treten, nur einen (scheinbar natürlichen) Horizont der Wahrnehmungsprozesse abstecken und potentiell gerade auf diese Weise Einfluß ausüben.

Weiterhin besteht Bedarf, Methoden zu entwickeln, wie die für das Design schwach instrumenteller Medien erforderliche ästhetische Analyse von Inhalten systematisiert werden kann. Die Regelmäßigkeiten der Imagination, an die das Medium erinnern soll, korrespondieren einer Art ästhetischer Grammatik, einem Satz elementarer ästhetischer Funktionale. Wenn zu deren Auswahl oder dem Verfahren ihrer Konstruktion allgemeine Einsichten gewonnen werden könnten, würde dies einen großen Schritt zu einer nicht mehr gänzlich der ad-hoc-Intuition überlassenen Medienentwicklung bedeuten. Ein Medien(design)medium, ein Meta-Medium, entstünde, wenn zu diesem Zweck sich wiederum computertechnische Hilfsmittel finden und konstruieren ließen.

Ich möchte zu einer abschließenden Illustration noch einmal auf die am Anfang der Arbeit erwähnte Diskussion über 'Multimedia'-Systemen zurückkommen.

Für solche Systeme kann, insofern sie als Lehr- und Lernmedien dienen sollen, unabhängig von einer unabdingbaren Einzeluntersuchung so viel festgestellt werden, daß jedenfalls die Suggestion der immanenten Überlegenheit von 'Multi-' gegenüber 'Single'-Medien auch lediglich Ausdruck des technologischen Bias der herkömmlichen Medienmythen ist. Wo die Vervielfachung medialer Vorgaben von vorneherein als Vorzug und nicht mindestens potentiell auch als Einschränkung schöpferischer Freiräume verstanden wird, wird das kreative Vermögen des Menschen, wie es sich beim Lernen betätigt, eher gering geschätzt.

Allzurasch verbindet sich dabei die technische Faszination von 'Multimedia' mit dem jahrhundertealten Mythos der umfassenden Repräsentierbarkeit und Substituierbarkeit von Wirklichkeit in den Medien und führt in der Praxis dazu, die eigene Synthese von Wirklichkeit durch die Lernenden eher zu erschweren. Von Kant (an den sich hier im übrigen auch die aktuellen Debatten des erkenntnistheoretischen Konstruktivismus anschließen) können wir demgegenüber erfahren: Es gibt keine Erkenntnis und im Grunde nicht einmal eine Anschauung vom Objekt, ohne daß ein Verstandesakt des Subjekts das Objekt synthetisiert.

Wenn es um die didaktische Anwendung von 'Multimedia' geht, wird heute gern Comenius zitiert, der als Vater der ersten didaktischen Medienrevolution bereits den demokratischen Anspruch verwirklichen wollte, mittels Medien 'alle Menschen alles zu lehren' (so der Untertitel der 'Großen Didaktik'). Streckenweise kann Comenius tatsächlich gelesen werden, als genüge es, allen alles medial zu *zeigen* (vgl. etwa 'Machina Didactica' §36, s. Kapitel 4). Doch eigentlich war er gar nicht weit von Kants Einsichten zur Erkenntnis entfernt. Für Comenius bildet auf jeden Fall die mediale Präsentation des Lehrgegenstandes nur das erste in einer Kette von Ereignissen im didaktischen Prozeß. Deren Ziel insgesamt besteht darin, daß die Schüler *selbst* das zu Lernende erkennen, mit ihm arbeiten und es schließlich richtig verwenden. 'Autästhesis', 'Autopraxis' und 'Autochresis' lauten Comenius' Stichwörter hierzu (MD §§47-49). Und er merkt hier an: „Denn nur zu sehen, daß andere etwas gut anwenden und nicht es selbst zu versuchen, macht auch den einer Kunst Kundigen unfähig und den Wissenden unwissend."

Dies wird das praktische Schlüsselproblem der technischen Medien bleiben: Wie sie zu gestalten und einzusetzen sind, daß sie entgegen den Vorstellungen, die aufgrund ihrer Abkunft aus einem Universum des heteronom Produzierten sich rasch mit ihnen verknüpfen, die autonome Konstitution des Wissens durch die Lernenden abstützen. Ich habe dargelegt, daß das Leitbild einer 'schwachen Instrumentalität' von Medien nicht nur ein erwägenswertes theoretisches Modell liefert, wie dies möglich sei, sondern auch konkrete Perspektiven für eine Ästhetik des Mediendesigns aufzeigt.

Die Schlußfolgerung für die 'multimedialen' Lehr- und Lernsysteme lautet, daß sie sicherlich nicht per se 'besser' sind als technisch restringiertere Programme. Andererseits mögen 'Multimedia-Systeme' eine gute Chance haben, die Lust und das Glück der autonomen Synthese des Objekts zu vermehren: Sofern sie nicht zur Vervielfachung des Transports von Inhalten konzipiert und verwendet werden, sondern als vieldimensional offene, generative Systeme angelegt sind, die eine Vielheit *autonomer* sinnlicher Erfahrungen entwickeln helfen.

In die weißen Flächen der Landkarten der einander fremden Wissenschaften von Technik- und Humanwissenschaft wird jede gelungene Konstruktion und sinnvolle Verwendung didaktischer technischer Medien ein Fleckchen eines vielfarbigen Musters setzen. Sie wird ihnen eine kleine, exemplarische Zone nicht der Vermischung, aber der flächenhaften innigen Berührung verschaffen. Die genuinen Blinden Flecke, die Informatik angesichts des Handeln von Subjekten sowie Pädagogik gegenüber dem instrumentellen Zugriff auf Subjekte haben, verschwinden zwar im Prinzip auf diese Weise notwendig und zu Recht nicht. Doch sie lösen sich in kleine und kleinste Teilflächen auf und müssen so auf Dauer nicht mehr das kooperative Handeln der Disziplinen verhindern.

Anmerkungen

[1] 'Multimedia' ist abgeleitet vom Plural von englisch oder lateinisch *medium* und soll eine Kombination mehrerer (eigentlich 'vieler', lateinisch *multi-*) Medien bedeuten. Vgl. etwa die Begriffserklärung bei Steinmetz, Rückert und Racke (1990). Strenggenommen müßte der deutsche Terminus demnach 'Multimedien' heißen. Dazu ließe sich sinnvoll der Singular 'Multimedium' bilden, analog etwa zum 'Multimeter', dem Vielfach-Meßinstrument der Elektrotechnik. Aufgrund der fehlenden Anpassung an die Deklination des deutschen Substantivs wird 'Multimedia' meist als Präfix genutzt wie in 'Multimedia-System', äquivalent mit dem adjektivischen 'multimedial'. Von dieser Verwendung ausgehend wandelt sich 'Multimedia' in Ausdrücken wie 'Arbeiten mit Multimedia' zum abstrakten Gattungsbegriff (der als Singular referenziert wird). Die unentschiedene grammatische Verortung ist Indiz für die Unschärfe des mit dem Modebegriff Bezeichneten.

[2] Vgl. für den Schulbereich das 'Software Dokumentations- und Informationssystem' SODIS, das 1994 bereits 20 Megabyte Daten und 3223 Produkte umfaßte (Möcke 1994).

[3] Zu Skepsis gegenüber dem Tenor mancher Aussagen in der Literatur mahnt auch, was Karl Frey in Metaanalysen der didaktischen Wirksamkeit des Computers im Unterricht beobachtete: „Untersuchungen, die in Fachzeitschriften und Büchern publiziert sind, haben eine Effektstärke von 0.42, Dissertationsdrucke dagegen eine von 0.20" (1989, S.652). Frey schließt aus seiner Beobachtung: „Die Herausgeber von Zeitschriften und Sammelbänden ziehen also Manuskripte mit deutlichen Resultaten solchen vor, die zwar niedrige Werte haben, aber methodische Raffinessen oder andere Besonderheiten aufweisen." (Ebd.) Da bei dem angewendeten statistischen Verfahren eine Effektstärke von 0.2 bereits die Grenze eines konstatierbaren Effektes anzeigt, wie Frey feststellt (S.639), könnte der Schluß auch lauten, daß bei einer methodisch genaueren Untersuchung eine positive Wirkung sich als fragwürdig erweist. Zu bedenken ist außerdem, daß in der Regel auch Dissertationen darauf angewiesen sind, Signifikantes zu entdecken. Vermutlich beruhen daher auch die in Dissertationen publizierten Ergebnisse noch auf einer Vorselektion von relativ positiv zu bewertenden didaktischen Anwendungen des Computers. Hat daher die ermittelte Effektstärke von 0.20 einen positiven Bias, schwindet die Möglichkeit einer eindeutigen Feststellung einer Wirkung endgültig. Auch die neuere Fortschreibung der Metaanalysen hat das grundsätzliche Bild nicht verändert (s. Hasebrook 1994, S.33).

[4] Vgl. die Kritik Christiane Floyds am hergebrachten Verfahren(smodell) der Softwareentwicklung, in dem das 'Modellmonopol' der Informatik das suggerierte Verhältnis von Auftrag und Ausführung zur Unkenntlichkeit verzerrt (s. etwa Floyd 1995b, 1995c). Floyd fordert, stattdessen Softwareentwicklung zu begreifen und zu organisieren als einen mehrstufigen *gemeinsamen Lernprozeß* von Softwareentwicklerinnen und -entwicklern mit den Benutzerinnen und Benutzern der entstehenden Software. Zur Beantwortung der Frage nach der prinzipiellen Funktion didaktischer Computermedien, wird, wie im folgenden dargestellt, ein solcher Prozeß auf der *Ebene der Wissenschaften* benötigt.

[5] So eine zentrale Charakterisierung sozialer Situationen und Systeme in der Systemtheorie Niklas Luhmanns (s. zum Beispiel Luhmann 1984, Kap.3).

[6] Heinz-Elmar Tenorth zufolge ist ein gewisser Eklektizismus und die Widersprüchlichkeit verschiedener Theoriefragmente für die Pädagogik als Wissensform nicht nur faktisch konstitutiv, sondern in gewisser Hinsicht tatsächlich unentbehrlich (Tenorth 1984). Wie er mit einer Formel Luhmanns sagt, benötige die Pädagogik 'Paradoxien als Elastizitätsreserven der Dogmatik' (S.710), als notwendige Ingredienzen einer Theorie über Praxis, die auch unter der Belastung durch praktische Widersprüche zu ihr stabil bleiben soll. Der Eklektizismus bei der Übernahme von Ansätzen sollte aber nicht zur Ungenauigkeit des Denkens verführen. Nach Tenorth sollte die Pädagogik ihre Paradoxien nicht unbewußt vollziehen, vielmehr explizit als Mittel der Reflexion einer heterogenen Praxis begreifen.

[7] Das Stichwort der *software crisis* hat, wie der Schilderung F.L. Bauers (1993), eines Teilnehmers der damaligen Diskussionen zu entnehmen ist, zuerst Isaac Rabi, US-Delegierter im *NATO Science Committee*, in die Debatte geworfen. Rabi habe sich Mitte der sechziger Jahre besorgt geäußert, „daß die Großforschung durch einen Flaschenhals der Software stranguliert werden könnte"

(S.259). So lautet jedenfalls die zivile Interpretation des historischen Hintergrundes. In Wirklichkeit ist vermutlich primär die Unbeherrschbarkeit militärischer Software-Großprojekte festgestellt und gefürchtet worden (vgl. etwa die Darstellung des historischen Kontextes bei Eggeling, 1984, insbes.S.84f.).

8 Wie F.L. Bauer berichtet, fand er den Begriff, der das Reden über die Softwarekrise konstruktiv wenden sollte. In einer Vorbereitungsgruppe des NATO Science Committee für eine wissenschaftliche Konferenz habe er aus einer Augenblickseingebung heraus erklärt: „The whole trouble comes from the fact that there is so much tinkering with software. It is not made in a clean fabrication process, which it should be." Und: „What we need, is software engineering." (Bauer 1993, S.259)

9 Edsger Dijkstra gab 1968 auf einer berühmten NATO-Tagung in Garmisch das Motto vor mit seinem Vortrag 'Complexity controlled by hierarchical ordering of function and variability' (s. Bauer 1993). Vgl. auch Eggeling (1984).

10 Vgl. auch schon Coys Nachwort der deutschen Ausgabe des Buchs von Terry Winograd und Fernando Flores (1986), das der kritischen Diskurs der Informatik wichtige Anstöße gab.

11 Pflüger merkt an dieser Stelle an: „Wem das wie Hexerei vorkommt, liegt nicht so falsch. Schon immer wurde es Hexen zugeschrieben, auf dem Zaun zu hocken und an den Erfahrungen unterschiedlicher Welten teilzuhaben." (1994, S.251) Dieser Hinweis läßt die vermutliche Quelle für Pflügers Bild erschließen, Hans Peter Duerrs bekannte ethnologische Studie 'Traumzeit: über die Grenze zwischen Wildnis und Zivilisation' (1978), die von der Bedeutung des Überschreitens der Grenzen des eng Rationalen insbesondere in Meditation, Trance und Rausch in archaischen Kulturen wie auch heute handelt. Daß Pflüger auf solche Quellen rekurriert, konterkariert eigentlich bereits seine These, daß es die technische Wissenschaft sei, der die Überblicksposition 'auf der Mauer' zukommt (und die fehlende Quellenangabe wäre möglicherweise Indiz des Sträubens gegen die Priorität einer anderen Wissenschaft, die sich nicht mit den Insignien technischer Machbarkeit schmücken will und kann).

12 Hannah Arendt, auf die ich mich zentral beziehen werde, charakterisiert *homo faber* unter Aufgreifen einer Wendung Benjamin Franklins als *toolmaking animal*, als 'Werkzeug-fabrizierendes Lebewesen' (Arendt 1958b, S.131), dessen Weltsicht bestimmt ist vom Universum der technischen Organisation, so daß er „nichts [kennt] als seine vorgefaßten Zwecke, zu deren Realisierung er alle Dinge zu Mitteln degradiert" (S.143).

13 Die Vermittlerfunktion zwischen dem klassischen Kant und aktuellen Vorstellungen hat dabei häufig die Soziologie von Jürgen Habermas inne, die sich selbst als Aktualisierung und Säkularisierung Kantscher Konzepte versteht. In 'Erkenntnis und Interesse' (Habermas 1973) heißt es etwa, daß (in der Reflexion der Welt) heute „an die Stelle eines transzendentalen Subjektes eine unter kulturellen Bedingungen sich reproduzierende, und das heißt: in einem Bildungsprozeß *sich selber erst konstituierende Gattung* tritt" (S.240). Die Reproduktion und Selbstkonstituierung der Menschengattung vollziehe sich dabei einerseits durch *Arbeit*, andererseits durch *Interaktion*, gleichgesetzt einerseits mit *instrumentalem Handeln*, andererseits *kommunikativem Handeln*. Entsprechend den sich hierin betätigenden unterschiedlichen Interessen seien zwei unterschiedliche Forschungsrichtungen gewissermaßen transzendental präformiert. Die naturwissenschaftlich orientierten Wissenschaften „erfassen die Wirklichkeit im Hinblick auf eine unter spezifizierten Bedingungen immer und überall mögliche technische Verfügung" (S.241). Dagegen erfaßten die hermeneutischen Wissenschaften „Interpretationen der Wirklichkeit im Hinblick auf eine für eine gegebene hermeneutische Ausgangslage mögliche Intersubjektivität handlungsorientierter Verständigung" (ebd.).

14 Im Alltag zeigt sich dies übrigens in der eigentümlichen, von Kant selbst schon diagnostizierten Schwäche des moralischen Gesichtspunkts (s. das folgende Kapitel) bzw. der aus ihm abgeleiteten Einforderung von Diskursprozessen – allzugern werden sie für irrevelant oder nur tauglich für Schönwetterphasen erklärt.

15 Stanislaw Lem hat in den 'Sterntagebüchern' (1971, 'Siebente Reise') imaginiert und karikiert, wie sich 'Zeitschleifen', das heißt die Rückkehr physikalischer Prozesse zu zeitlich zurückliegenden Raum-Zeit-Punkten und damit die Koexistenz der Abkömmlinge eines Zustands mit ihren eigenen Ahnen, im Makroskopischen bzw. unter dem Signum der menschlichen Unvollkommenheit auswirken würden: Der Ich-Erzähler Ijon Tichy gerät in 'Gravitationsstrudel', die 'Zeitschleifen' bewir-

ken. Er begegnet deshalb Ichs von vergangenen und künftigen Tagen. Bzw. die verschiedenen Ichs begegnen einander, und bald streiten und kämpfen sie gegen einander aus ihrer jeweiligen zeitlichen Perspektive, wobei im Fortgang der sich wendenden Zeit nach kurzem niemand mehr weiß, welches Ich er ist. In einen vergleichbaren Strudel des Denkens, als Voraussetzung neuer Einsichten, gilt es, sich durch die Philosophie Kants versetzen zu lassen.

16 Max Horkheimer (1947) erklärt, Bacons Ansicht sei „mit der eines Kriminologen [zu] vergleichen, der behauptet, daß zuverlässige Kenntnis eines Menschen nur durch die wohlerprobten und modernen Untersuchungsmethoden zu gewinnen sei, die auf einen Verdächtigen angewandt werden, der sich in den Händen der städtischen Polizei befindet" (S.55). Horkheimer führt (ebd.) den berühmten Satz Bacons aus seiner Schrift 'De augmentis scientiarum' (liber II, caput II) an: *Natura arte irritata et vexata se clarius prodit, quam cum sibi libera permittitur* – „Die Natur, die mit Kunstfertigkeit gereizt und gequält wird, zeigt sich klarer, als wenn sie frei gelassen wird."

17 Kant unterscheidet 'Vernunft' und 'Verstand' im Anschluß an die Begriffstradition, doch entwickelt er die Terminologie fort. Im Prinzip ist bei Kant die (theoretische) Vernunft die Quelle der (Vorstellung der) *Allgemeingültigkeit* von empirischen Gesetzen, wogegen der Verstand zuerst die sinnliche Erfahrung in *Erkenntnisbegriffe* bündeln muß (vgl. auch Deleuze 1990b). Die Unterscheidung erscheint bei ihm selbst aber schon vielschichtig, und in der Folge vertauschen sich die Bedeutungen gegenüber der Tradition. S. den Abschnitt 'Vernunft und Verstand' in Herbert Schnädelbachs Artikel 'Vernunft' (1991): Ursprünglich, und so auch bei Kant, steht 'Vernunft' für lateinisch *ratio* entsprechend griechisch *dianoia*, das heißt, das diskursive, rational-argumentative Denken. 'Verstand' ist demgegenüber der deutsche Begriff für *intellectus* bzw. *nous*, das geistige Auffassungsvermögen. Indem Kant die Vernunft einerseits einem *allgemeinen* Begriff des Verstandes unterordnet, andererseits sie in einem gewissen Zusammenhang zum speziellen Begriff des Verstandes parallel setzt (s. Kant 1781, S.169, oder 1798, S.115f.) und letztlich diesem in der Wertigkeit über- und vorordnet, trägt er dazu bei, die Unterscheidungen zu verwischen. Spätestens im deutschen Idealismus werden der Vernunft dann gerade die Fähigkeiten zugesprochen, die vorher als für den Verstand typisch galten (s. Schnädelbach 1991, S.91f.). Schnädelbach wählt deshalb heute, in Umkehrung der ursprünglichen Tradition, 'Vernunft' als Übersetzung für *nous* bzw. *intellectus* (S.88). Ein strikter terminologischer Gebrauch der Begriffe ist daher heute noch schwieriger als schon zu Kants Zeiten.

18 Der Begriff des 'Naturmechanismus' bezeichnet bei Kant, wie Sutter (1988, S.176 und Anm.12 zu Kap.5) erklärt, nicht die physikalische Mechanik der Körper. Wohl aber nimmt er diese als Modell für das Verständnis der Welt in der Perspektive des universellen Grundsatzes der Kausalität.

19 Der Einfluß der gesellschaftlichen Realität auf die Entwürfe vom Realen spiegelt sich natürlich ebenso im Subjekt der reinen Vernunft, das die Welt aus sich heraus konstruiert, „Das Subjekt, wie sehr Kant sich bemüht, es rein von allem Inhalt zu fassen, gleicht dem arbeitenden Menschen, dem Bürger, der sich der Apparatur, der Maschinerie bedient." (Horkheimer 1962, S.209) Zur Einordnung der aufklärerischen Konstruktion von Freiheit in die bürgerliche Ideologie vgl. auch Eagleton (1994). Und die Autonomieerklärung des bürgerlichen Subjekt-Mannes ging einher mit der Fesselung der bürgerlichen Frau an den Haushalt (s. Scheich 1993, S.56ff).

20 Vgl. etwa Gregory Batesons Einsichten in die Dilemmata der Kommunikation und des Denkens, „Unsere zentrale These läßt sich zusammenfassen als eine Darlegung der Notwendigkeit von Paradoxien der Abstraktion" (Bateson 1972, S.261). Das Unternehmen, das Paradox zu denken, rechtfertigt Geisteswissenschaft als eine transmechanische Reflexionsform. Vgl. auch Luhmanns Bestimmung des Subjekts: „Die Einheit des Subjekts ist das Paradox der Selbstbeobachtung, die Einheit der dazu nötigen Unterscheidung." (Luhmann 1994, S.46) Zur eigentlichen Anbindung der Theorien der Selbstorganisation an Kantsche Vorstellungen (und dann insbesondere zu den Konsequenzen der Anwendung einer technisch orientierten Terminologie in einer geisteswissenschaftlichen Reflexion) vgl. Abschnitt 7.6.

21 Die spätere Revision der klassisch Kantschen Vorstellungen (s. Kapitel 7) wird in gewisser Weise darauf beruhen, daß die logisch nicht zwingende Annahme einer Symmetrie der Einflußnahme zwischen Subjekt und sinnlich-mechanischem Objekt aufgegeben wird.

22 Was ich hier als Mythos bezeichne, scheint das gleiche zu sein, das, wie Paul Feyerabend berichtet, Einstein einmal 'theoretische Bilder' genannt hat, mit denen er argumentierte. 'Theoretische Bilder' waren für Einstein 'allgemeine und von der mathematischen Formulierung unabhängige Charakteristika der ihm vorliegenden Theorien' (s. Feyerabend 1984, S.69).

23 Feyerabend führt in dieser Diskussion das Konzept der 'natürlichen Interpretationen' ein. 'Natürliche Interpretationen' sind für ihn grundsätzliche Sichtweisen bzw. theoretische Grundsätze, die weder der Erfahrung noch Theorien entnommen werden, die vielmehr umgekehrt die theoretische Einordnung der Erfahrung bestimmen (s. vor allem das Kapitel 7 von 'Against Method', Feyerabend 1976). Auch die 'natürlichen Interpretationen' stehen für einen Begriff ähnlich dem von mir verwendeten Mythosbegriff.

24 Zur Zwiespältigkeit der Darstellung zwischen historischen Fakten und metaphorisierender literarischer Fiktion s. Thyen 1989, S.66ff.

25 Vgl. auch das philosophische Konzept des nichtidentischen Subjektes, das Thyen der Deutung der Polyphemepisode der Odyssee durch Horkheimer und Adorno entgegenhält: Das Subjekt konstituiere sich in der Dialektik von Distanzierung von vorgegebenen Rollen und des Sich-Einbindens in sie, im Offenhalten der 'Ambivalenz von Niemand-Sein und Jemand-Sein' (Thyen 1989, S.102). Diese Subjektcharakteristik erweist sich auch im Hinblick auf die Anwendung von Computern als relevant (Röder 1989b).

26 Das hier vorgeschlagene Konzept hat trotz der gleich klingenden Formel wenig zu tun mit dem, worüber Hans Blumenberg (1979) spricht.

27 *Logos* ist im Griechischen das Substantiv zum Verb *legein*, 'lesen'.

28 Die Intensität der Logikanwendung, die durch den Computer möglich wurde, hat die Untauglichkeit des Ansatzes des *tertium non datur* für das Agieren in der Realität zutage treten lassen. Allenthalben werden deshalb jetzt mehrwertige Logiken konstruiert. Insbesondere soll mittels des Ansatzes der *fuzzy logic*, der 'Unschärfelogik', das 'Gemischte' und Mehrdeutige doch noch in die Berechnungen einbezogen werden. (Vgl. etwa die Übersicht von Kruse, Gebhardt und Klawonn 1991.) Die Erwartungen, die sich mit diesen Ansätzen verknüpfen, bleiben jedoch überzogen, solange angenommen wird, mit ihnen könnten auf der Basis des herkömmlichen technischen Denkens Lösungen gefunden werden, wo die bisherigen Modelle versagen: in all den realen Situationen, die sich durch ihre Prozessualität, ihre grundsätzliche Offenheit der Entwicklung (in der antiken Terminologie durch das Prinzip des 'Werdens') auszeichnen. Kennzeichnend für das Arbeiten mit alternativen Logik- bzw. Steuerungsmodellen ist dabei, daß die Fragwürdigkeiten der *Anwendung* der Logik verschoben sind in die problematische Auswahl des die betreffende Situation beschreibenden *Modells*.

29 Oft sprechen ja die ersten Verkünder einer Botschaft noch unverblümt die Ideen aus, die hinter ihr stehen. Das Leitmotiv westlicher Erkenntnistheorie und Logik wurde am schärfsten von dem Vorsokratiker Parmenides formuliert, der Platon und über diesen die Philosophie des Abendlandes prägte. Parmenides stellte der Welt der 'Vermischung' und des 'Scheins', der Welt des *Nichtseins*, die Welt des mit sich identischen *Seins*, des 'ausgeschlossenen Dritten', von Platon dann als Welt des Idealen charakterisiert, gegenüber. Dieser Dualismus wurde Heinrich zufolge zur Abwehr von Weiblichkeit etabliert. Laut den überlieferten Resten der Lehrschrift von Parmenides regiere eine weibliche Dämonin die Welt der Vermischungen, „von der sich die Sätze der Logik zu befreien versuchen, gegen die die Offenbarungen der Logik (von dem Einen, unveränderlichen, alterslosen Sein, von den Grundsätzen seiner unveränderlichen Identität: dessen, daß es da keinen Gegensatz gibt, dessen, daß eine Mischung nicht zugelassen ist) sich wehren“ (Heinrich 1987, S.70). Die Parmenidesstelle, auf die Heinrich sich bezieht, lautet: „Inmitten von diesen [Weltkomponenten] aber ist die Göttin, die alles lenkt:/ Denn allenthalben führt sie die abscheuliche Geburt und Mischung herbei,/ indem sie zum Männlichen das Weibliche schickt, daß es sich mische,/ und umgekehrt zum Weiblichen das Männliche.“ (Parmenides, 'Über die Natur', Fragment 12). Zu Parmenides und den Folgen vgl. auch Cavarero (1992).

30 In Platons Kosmologiedialog 'Timaios' taucht die weibliche Regentin der Welt des Prozessualen, des 'Werdens', bereits entmächtigt zu einem 'unsichtbaren, gestaltlosen, allempfänglichen Wesen', „selbst seiner Natur nach aller Gestaltung bar“, ('Timaios', 51a) als 'Amme des Werdens'

wieder auf (49a). Diese nun als Bild, als Metapher ohne Realgehalt, erscheinende Figur ist das Relikt, das von der 'Großen Mutter' des archaischen Mythos übrigblieb. In ihm wurzelt andererseits das dann über Jahrtausende als gültig angesehene philosophische Konzept von 'Materie', in der das 'formgebende' männliche Prinzip sich verwirklichen soll wie ein Töpfer im Ton-'Material'. Die 'Amme des Werdens' ist damit insbesondere auch metaphorische Ahnin des Medienbegriffs (der in seiner technisch-physikalischen Abstammungslinie ein Materiebegriff ist, s. Abschnitt 4.4).

31 Vgl. Cavarero (1992): „Differenz und Andersheit werden eben griechisch in den Termini des *Nichtseins* ausgedrückt, als ein nicht das Andere sein, ein noch nicht sein, ein nicht mehr sein." (S.69)

32 Sie paraphrasieren beinah die von dem frühen Vorsokratiker Anaximander überlieferten Aussagen: „Woher dem Seienden sein Entstehen ist, da hinein ist ihm auch sein Verderben nach der Notwendigkeit. Denn sie – die Seienden – müssen Strafe und Buße zahlen nach der Ordnung der Zeit." (Text nach Heinrich 1987, S.60) Heinrich kennzeichnet diesen Satz als „Ensemble von Rationalisierungen" (S.61), als Einstieg in das rationale Weltverständnis und die Weltbeherrschung (S.61ff.).

33 Die Schöpfung von Begriffen mag das Privileg und die Aufgabe der Philosophie sein, wie Deleuze und Guattari schreiben (1991). Aber dann ist wirkliche Wissenschaft stets ein Stück weit Philosophie (wie es auch in den alten Titeln wie *philosophia naturalis* zum Ausdruck kommt).

34 Vgl. Pierre Bourdieus Begriff des 'Habitus', der für die einverleibten, 'generativen' Strukturen steht, die das praktische Handeln und Erkennen des Menschen bzw. bestimmter Gruppen und Klassen prägen (s. etwa Bourdieu 1976). Der Habitus wird dabei als 'praktischer Operator' aufgefaßt, der bestimmte Konstellationen von Differenzen reproduzieren und von einem Feld in ein anderes übertragen kann.

35 Die digitale Mechanik reduziert das Kontinuum des Materials auf abgegrenzte, diskrete Funktionen. Es ist die Mechanik des 'Lego'-Systems, das an die Stelle der feinen taktilen Wahrnehmung des Materials das Raster einer groben Norm setzt (vgl. Harms 1984). Um einem Holz- oder Metallstück seine individuellen Eigenschaften abzuschleifen, daß es sich als bloße Funktion in den Mechanismus fügt, bedarf es allerdings zunächst dessen, das überflüssig gemacht werden soll: ein für das Material höchst empfängliches Sensorium.

36 Wobei das Fernrohr in dem Moment, in dem Galilei es auf den Himmel richtet, zwar ein vergrößertes Bild der Monde am Himmel, jedoch ein verkleinertes Bild in der Blickrichtung auf die Erde liefert: Der Preis für die Annäherung an einen himmlischen Standort ist die Entfernung von den irdischen Verhältnissen.

37 'Utopien' wie die vom Staat 'Utopia' und auch die Baconsche vom 'Neuen Atlantis' haben im 16. und 17. Jahrhundert Konjunktur und zeichnen das Bild eines Staates perfekter Regelmäßigkeit, sprich Uhrwerksförmigkeit.

38 Der Terminus 'Subjekt' mit der Konnotation 'Ausgangspunkt von Entscheidungen und Handlungen' ist in einer Comenius-Diskussion eigentlich ein Anachronismus. Im absolutistischen Zeitalter hatte 'Subjekt' noch ganz die seiner lateinischen Herkunft gemäße Bedeutung des 'Unterworfenen'. Erst Kant versuchte das entscheidungsfähige Individuum, das nicht einfach im Welt-Getriebe steckt, sondern sich durch seine Autonomie definiert, als einen Eckstein von Philosophie auch im Zeitalter der Naturwissenschaft zurückzugewinnen. (Laut 'Etymologischem Wörterbuch des Deutschen', Pfeifer et al. 1989, stammt der heute im Deutschen primäre Sinn von 'Subjekt' tatsächlich von Kant.)

39 Die theologische Floskel 'durch Gott' oder 'durch Jesus Christus' bezeichnet ja auch keine instrumentelle Funktion, sondern eher die hintergründige Anwesenheit Gottes und eine Wirkung nur infolge der allgemein anzuerkennenden göttlichen Macht.

40 Daß Babbage in seinen prinzipiellen Konzeptionen kein Phantast war, wurde kürzlich demonstriert, indem das durch Babbage selbst ebenfalls nicht fertiggestellte Vorläufermodell der *Analytical Engine*, die *Difference Engine*, inzwischen nach den originalen Plänen gebaut und zum Laufen gebracht wurde (Swade 1993).

41 Hier und im folgenden eigene Übersetzungen aus 'E Scholasticis Labyrinthis'.

42 Im Kampf um die Durchsetzung des neuen Rationalismus werden Autoren jetzt als heidnisch denunziert, die auch anderthalb christliche Jahrtausende lang als Autorität galten.

43 Der zweite Teil entfaltet die Maschinenmetapher, während das Grundmotiv des ersten Teils (MD-I) der Aufbruch aus dem Labyrinth ist. Eine Reihe terminologischer und konzeptioneller Varianten (teilweise im folgenden angesprochen) lassen vermuten, daß die beiden Textteile ursprünglich unabhängig voneinander entstanden sind.

44 Comenius kann zwischen theoretischem, kognitivem Wissen, *nosse* – von *(cog)nosci*, erkennen – , synonym zu *theoria* und *scire/scientia*, und *sapientia*, 'Einsicht, Weisheit', differenzieren (vgl. insbesondere MD §46). Theorie erscheint dann nur als eines der drei Aspekte der *sapientia*. Er hält diese terminologische Unterscheidung allerdings nicht strikt durch: MD §24 steht *sapere* synonym zu *nosse* zu *sapere*, §36 zu *sapientia*, beides ausdrücklich bestimmt als (kognitive) „klare Schau der mit dem Geist erfaßten Gegenstände".

45 In MD-II formuliert Comenius „Nur zu sehen, daß andere etwas gut anwenden und nicht es selbst zu versuchen, macht auch den einer Kunst Kundigen unfähig und den Wissenden unwissend." (§49), vgl. auch den entsprechenden Abschnitt in MD-II insgesamt (§46ff.)

46 Sutter stellt fest: „Der Systembegriff ist das *verallgemeinerte Maschinenmodell*; er nimmt dessen 'Funktion' im Diskurs ein, und er erfüllt diese Funktion der technologisch orientierten Objektivierung besser." (1988, S.168f.) Der Systembegriff ist dabei 'besser' als das Maschinenbild, weil er die zweckrationale Machbarkeit der Organisation mit gleichem Abstand bezüglich materiell-mechanischer wie organischer oder gesellschaftlicher Systeme ausdrücken kann. Es ist verblüffend, wie genau die drei Anforderungen, mit denen Comenius die Maschinenhaftigkeit der Methode sieht, sich in den modernen Charakterisierungen eines abstrakten Systems wiederfinden, etwa wenn Ropohl (1978) ein System als ein Set von Elementen definiert, zwischen denen gewisse Relationen bestehen, so daß die Elemente zusammen mit den Relationen eine Gesamtstruktur bilden.

47 An dieser Stelle treten auch andere terminologische und inhaltliche Widersprüche zwischen MD-I und MD-II auf. So werden laut MD-I *exemplaria* für die Vermittlung der Theorie benötigt (§12). Nach MD-II sollen hierfür *objecta* präsentiert werden (§47), während der Terminus *exemplar* dem Bereich der Praxis zugeordnet ist (§48).

48 Eine Pointe, die in der gängigen Übersetzung als 'Mittel' verlorengeht. Comenius gebraucht diesen Begriff nicht naiv, wie es die Übersetzung suggeriert, sondern der Witz besteht gerade darin, daß es *Medien* sind, die als Requisiten einer Werkstatt fungieren. Ich habe den Eindruck, daß Comenius terminologisch auf Distanz gehalten wird, sozusagen in den Stand einer präkantianischen Unschuld versetzt wird, damit die Frage nach einer medialen Wirkungsstruktur der Didaktik schon im Vorfeld abgewehrt werden kann.

49 Vgl. die Darstellung bei Mumford (1970, S.301ff.) sowie den Hinweis Foucaults (1975, S.192).

50 In biblischen Texten sind es zunächst Moses und die Engel (die 'Götterboten'), die als 'Mitte und Mittler' tituliert werden. Von Moses, der vom Berg Sinai herabsteigend das Gesetz Gottes verkündet, heißt es, er stehe zwischen Gott und dem Volk. Die originale Lutherübersetzung (Luther 1545) liest sich so: (Moses spricht) „Er hat von Angesicht mit vns aus dem Fewr auff dem Berge geredt. Ich stund zu der selben zeit zwisschen dem HERRN vnd euch / das ich euch ansagete des HERRN wort" (5.Buch Mose 5,4f.) In der Vulgata, der lateinischen Übersetzung des Alten Testaments, lautet die Stelle, daß Moses 'Vermittler und Mittlerer' gewesen sei (nach dem Thesaurus Linguae Latinae, Spalte 591, Zeile 9). Das Neue Testament greift diese Aussage mehrfach auf, wobei vom 'Vermittler' des Gesetzes (Brief an die Galater 3,19) bzw. dessen Verkündigung durch Engel, den Boten und Zwischenwesen zwischen Gott und Mensch (Brief an die Hebräer 2,2), die Rede ist. Die Titel werden dann von Moses und den Engeln auf Christus übertragen. Vgl. den im Thesaurus Spalte 590, Zeilen 73-75, angeführten, um 300 n.Chr. geschriebenen Satz des christlichen Schriftstellers Laktanz: „zwischen Gott und Mensch ist ein mittlerer gesetzt, weswegen ihn die Griechen Mittler nennen".

51 Obwohl es sich so anhören könnte, arbeitet der 'Mittel verschreibende' Mediziner sprachgeschichtlich nicht mit 'Medien'. Vielmehr wird das lateinische *medicus*, 'Arzt', auf die Wurzel

'messen' im Sinne von 'klug ermessen' zurückgeführt. Der Arzt war der Weise, der Heilkundige, nicht die Quelle für 'Mittelchen'. Entsprechend handelt es sich beim *medicamentum* nur insofern um ein Heil*mittel*, als das Suffix *-mentum* ein instrumentelles Verhältnis bezeichnet. Auch das andere lateinische Wort für 'Arznei', *remedium*, hat trotz der Wortähnlichkeit weder eine gemeinsame Herkunft noch ursprünglich eine verwandte Bedeutung mit *medium*.

52 Scheerer zitiert unter anderem aus der Antike die 'Einführung in die Rhetorik' des römischen Autors Quintilian (ca. 80 v.Chr.): In der Redekunst sei anzuwenden, „what the Greeks call *phantasiai* and we might call visions, by which images of absent things are thus represented to the mind, that we seem to perceive them with the eyes and have them present". Als Hinweis auf die Beständigkeit der begrifflichen Traditionen kann aufgefaßt werden, daß die englische Übersetzung in den Schlüsselbegriffen wörtlich mit dem 2000 Jahre älteren Original übereinstimmt: „quas *phantasias* Graeci vocant, nos sane *visiones* appellemus, per quas *imagines* rerum absentium ita *repraesentantur* animo, ut eas cernere oculis ac *praesentes* habere videamur" (Scheerer 1990, S.7; Hervorhebungen im lateinischen Satz – RR).

53 Zur näheren Diskussion der graphischen Benutzungsoberfläche als didaktisches Medium s. Abschnitt 8.2.

54 Das Mikroskopargument von Leibniz gegen die mechanische Erklärung des Bewußtseins nimmt die zentrale Vorstellung von John R. Searles Argument des 'Chinesischen Zimmers' aus der Diskussion um die Möglichkeit Künstlicher Intelligenz vorweg (Searle 1980 und 1990; als Kontrapunkt hierzu Churchland und Churchland 1990; s. auch die generelle Diskussion bei Penrose 1989, sowie speziell S.17ff.). Searle wendet sich gegen die These, daß Computer so programmiert werden könnten, daß sie Sprachen verstehen oder andere geistige Fähigkeiten wie Einsicht, Wahrnehmung, Verständnis oder Denken besäßen. Wie für Leibniz sich keine Perzeption in den Bewegungen der Komponenten eines mechanischen Systems finden läßt, so gibt Searle zu bedenken: Ein Mensch, der sich in ein abgeschlossenes Zimmer setzte, sozusagen in ein vergrößertes Computergehäuse, und dort anstelle eines Computers Schritt für Schritt die Anweisungen ausführte, die ein Programm zum Lesen und Deuten chinesischer Schriftzeichen vorschriebe, könnte chinesische Fragen (die ihm auf Zetteln hineingereicht werden) korrekt chinesisch (auf Ausgabezetteln) beantworten. Dennoch würde er, wenn er nicht sonstwoher Kenntnisse des Chinesischen hat, nicht das mindeste von dem verstehen, was er 'verarbeitet'.

Die Pointen von Leibniz und Searle laufen dabei in genau entgegengesetzte Richtungen: Searle will demonstrieren, daß die formal-syntaktischen, insofern rein geistigen, Anweisungen eines Computerprogramms (bzw. deren System) keine Bedeutungen transportiert oder enthält, daß vielmehr die Semantik, die das menschliche Denken erst ausmacht, in den materiellen, biophysischen Prozessen im Gehirn verankert sein muß und von diesen nicht abgelöst werden kann. Leibniz führt aus, daß nicht vorstellbar ist, daß ein mechanisch-physikalisches System Gedanken 'in sich' tragen oder produzieren könnte. Beide Argumente ähneln einander so sehr, daß kaum eines abgewiesen werden kann, wenn das andere akzeptiert wird. Im Ergebnis widersprechen sie sich, zumal wenn noch bedacht wird, daß ein Computer auch rein mechanisch realisiert werden kann. Gibt es also keine Gedanken? Oder gibt es eine Physik, die nicht als (programmiertechnisch beschreibbare) Mechanik aufgefaßt werden kann? (Vgl. den Hinweis auf die Diskussionen von Penrose insbesondere in Abschnitt 7.4)

55 Es besteht hier eine Diskrepanz zwischen dem Gedanken der ständig neuen Emanation der Monaden aus Gott (Leibniz 1714, §47) und deren Charakterisierung als autarke unkörperliche Automaten (§18, s.auch §22), die zum Gleichklang mit der körperlichen Welt prästabilisiert sind (§77, vgl. Abschnitt 3.1).

56 Und sich auch allzu willfährig gegenüber dem Ungeist gezeigt hatten. Die Pädagogik war verflochten mit der konservativen geisteswissenschaftlichen Szene der Weimarer Republik und des nationalsozialistischen Deutschlands, wie sie Pierre Bourdieu (1988) schildert. Vgl. auch die biographischen Angaben zu Philosophen und Pädagogen bei George Leaman (1993).

57 Äußerst vorsichtig formuliert: „Es sei deshalb hier einmal die mit Gewißheit Anstoß erregende Hypothese vertreten, daß der *'Bildungsbegriff'* vielleicht grundsätzlich ungeeignet ist, eine praktikable Didaktik aufzubauen." (Heimann 1962, S.410)

58 Diese war an die Stelle der Comenianischen Dreiheit von Zielen, Medien und Methoden getreten, vermutlich, weil sie zur Subjektivierung der pädagogischen Theorie paßte und handfeste Medien eher störten.

59 Bereits von Mary Shelley (1818) doppeldeutig gezeichnet. Zur Ikonographie des verschlingenden, zugleich erotisch besetzten Roboters (bzw. der als weiblich phantasierten Maschine) vgl. auch Huyssen (1984).

60 Auch bei Heimann, Otto und Schulz (1965) bleibt in der Argumentation für die eigenständige Bedeutung des Unterrichtsfaktors Medien den neuen technischen Medien der zentrale Rang vorbehalten. Der Glaube an die Möglichkeiten der didaktischen Technologie ist ungebrochen: „Die sprunghafte Entwicklung der Unterrichtsmittel in unserer Zeit, die sich alljährlich auf der DIDAKTA, der Lehrmittelmesse, spiegelt, hat bereits zu einer weitreichenden Erprobung von Sprachlabors geführt, zu hohen Investitionen großer Verlage in die Entwicklung von programmierter Instruktion, zu mehreren Versuchen mit Schulfernsehen" (S.34).

61 Die Debatte begann, als Wolfgang Klafki als Vertreter der 'Bildungstheorie' unmittelbar Heimanns Verselbständigung des Medienthemas widersprach (Klafki 1963b, vgl. insbesondere S.85). Später räumte Klafki im Hinblick auf die neuen technischen Medien die stark gewachsene Bedeutung „gegenständlicher *Lehr- und Lernmittel*, m.a.W. gegenständlicher *Medien*" ein, sah aber die Medienfrage auch nach wie vor als 'Teilaspekt der Methodenproblematik' (Klafki 1970, S.129). Für eine Gesamtübersicht über die Diskussionen vgl. Wittern (1985).

62 Die Parallelen zur Modelldialektik des Mechanikkonzeptes am Beginn der Neuzeit sind deutlich: Wie geschildert (s. Abschnitt 4.1, vgl. auch Sutter 1988), ging damals die Vorstellung des Mechanischen aus ursprünglich sozialen Kontexten (*machina* als 'List', als etwas im Grunde Widernatürliches bzw. Unphysikalisches) auf bestimmte technische Vorrichtungen (Uhren bzw. noch eher symbolisch als funktionell konzipierte 'Weltmaschinen') über. Diese dienten im weiteren als Modell für buchstäblich weltumspannende Theorien zunächst in der Kosmologie, bis in Umkehrung der Blickrichtung alle 'natürlichen' und schließlich auch soziale Kontexte theoretisch und praktisch als mechanische rekonstruiert werden sollten.

63 Als erste zusammenhängende Darstellung führt Heimann Helmar Franks Buch 'Kybernetische Grundlagen der Pädagogik' an (Frank 1962). Aber auch Felix von Cube hatte 1962 bereits die Grundzüge seines Ansatzes entwickelt, den er später in dem Band 'Kybernetische Grundlagen des Lernens und Lehrens' darstellte (vgl. Cube 1968). (Zu Frank und von Cube im folgenden Näheres.)

64 Wiener prognostizierte auch schon, daß die parallele Beschreibung von lebendiger und maschineller Tätigkeit die maschinelle Rekonstruktion und Ersetzung der ersteren zur Folge haben würde, und befürchtete, daß die auf breiter Front zu erwartende Ablösung menschlicher Arbeit durch Automaten zu schweren gesellschaftlichen Krisen führen würde (Wiener 1948, S.49-51).

65 Pamela McCorduck schreibt in ihrem geschichtlichen Abriß der Entwicklung des Konzeptes der Information, die zwei Theorien seien 'formulated independently and almost simultaneously' (McCorduck 1979, S.41). Anstelle von einer Unabhängigkeit ist in Wirklichkeit jedoch von einer engen Wechselbeziehung auszugehen. Shannon weist darauf hin, „daß die Kommunikationstheorie viel von ihrem eigentlichen Gehalt Professor Norbert Wiener verdankt" (Anm.1, S.11 in Shannon und Weaver 1949). Umgekehrt bezieht sich Wiener bereits auf die Theorie Shannons (die geraume Zeit vor der Publikation des Buches von Shannon und Weaver entstanden ist), s. Wiener (1948), S.111.

66 Yoshua Bar-Hillel merkte schon 1955 an, daß auch im Englischen die Bezeichnung nicht korrekt ist, sondern *Theory of Transmission of Information* als Bezeichnung von Shannons Theorie noch tolerabel wäre, aber sie korrekt eigentlich *Theory of Signal Transmission* heißen müßte (vgl. Bar-Hillel 1964, S.288).

67 Vgl. die Lehrsätze bzw. ihre Ergänzungen in Shannon und Weaver (1949), S.66 bzw. 134f. Die Information H eines Zeichens ist als ein über alle möglichen Ereignisketten gemittelter Wert definiert, der nur im Fall eines ergodischen Prozesses eindeutig bestimmt ist. Schon auf der Ebene des allgemeinen formalen Modells ist außerdem klar, daß in einer sich strukturell wandelnden Welt statistische Mittelwerte nicht sinnvoll sind und daher der Informationsbegriff nicht sinnvoll definiert

werden kann. Genau aus diesem Grund hat Wiener es ausdrücklich als unpraktikabel und wenig hoffnungsträchtig zurückgewiesen, mit kybernetischen Methoden zu versuchen, Einsichten in gesellschaftliche Zusammenhänge zu gewinnen, um so den drängenden gesellschaftlichen Problemen besser begegnen zu können. (Wiener 1948, S.56f.)

68 Eigentlich sollte vom Bruch und nicht von einer Schnittstelle zwischen Mensch und Maschine die Rede sein. Denn die beliebte Formel von der 'Mensch-Maschine-Schnittstelle' ist keine neutrale Beschreibung, sondern bereits in sich ein metaphorischer Operator, der sich rekursiv in das Verständnis vom Menschen bohrt: Eine 'Schnittstelle' ist stets glatt zusammenfügbar, ihre beide Seiten gehören zusammen und weisen die gleiche Struktur auf; dies gilt erst recht von einer Schnittstelle im technischen Sinn, die bei der Redeweise meistens assoziiert wird. Die Vorstellung von der 'Mensch-Maschine-Schnittstelle' unterwirft die Humanseite einer symmetrisch-maschinenhaften Konzeptualisierung und bereitet so die nächste Vorverlegung der 'Schnittstelle' in den Menschen vor.

69 Auch Shannon selbst trägt durchaus zu solchen Vorstellungen bei: Er suggeriert die Möglichkeit einer syntaktisch-statistischen Approximation der Semantik, indem er 'Serien der Näherungen zur englischen Sprache' (Kap. I Abschnitt 3 von Shannons Teil in Shannon und Weaver 1949) diskutiert. Bei den 'Näherungen' werden immer weiter ausgreifende syntaktische Zusammenhänge in die statistische Analyse einbezogen, so daß eine darauf aufbauende Zufallssimulation einem echten englischen Satz formal immer 'ähnlicher' wird. Als Beispiel für eine 'Näherung dritter Ordnung' – das heißt, zugrundegelegt ist die statistische Struktur von Dreierkombinationen von Buchstaben im Englischen – nennt Shannon: „IN NO IST LAT WHEY CRATICT FROURE BIRS GROCID PONDENOME OF DEMONSTRURES OF THE REPTAGIN IS REGOACTIONA OF CRE." (S.54) Wenn von englischen *Wörtern* und Zweier-*Wort*kombinationen ausgegangen wird, erscheint das Beispiel, das Shannon anführt, bereits 'fast' als ein sinnvoller englischer Satz: „THE HEAD AND IN FRONTAL ATTACK ON AN ENGLISH WRITER THAT THE CHARACTER OF THIS POINT IS THEREFORE ANOTHER METHOD FOR THE LETTERS THAT THE TIME OF WHO EVER TOLD THE PROBLEM FOR AN UNEXPECTED." (Ebd.) Gerade in dem Anschein des 'fast' liegt die Suggestion, daß die Differenz zu einem sinnvollen Satz asymptotisch verschwinden würde.

70 Ohne daß hier die verwickelte linguistische Diskussion verfolgt werden kann, sei auch auf die Bemerkung Noam Chomskys hingewiesen: „Ich bezweifle, daß man semantische Repräsentation von Überzeugungen und Kenntnissen über die reale Welt trennen kann." (Chomsky 1981, S.164) Zum Konzept der Repräsentation vgl. auch Kapitel 6. Die Funktion der inzwischen ja gelegentlich beeindruckenden Computersysteme zum automatischen Sprachverstehen bzw. zur automatischen Kommunikation hängt dementsprechend daran, daß der Horizont des Systems, der Weltausschnitt, über den sie in der Lage sind zu 'kommunizieren', strikt limitiert wird und so gewissermaßen aus der realen Welt herausgelöst wird. Nur deshalb konnte 'SHRDLU', ein Computersystem, das von Terry Winograd Anfang der siebziger Jahre entwickelt wurde, scheinbar verständige Dialoge führen: Für das System bestand die Welt aus einigen Baukastenklötzchen; damit nichts dazwischen kommen konnte, waren diese selbst nur im Computer simuliert (Winograd distanziert sich später von seinem hier verfolgten Ansatz; vgl. Winograd und Flores 1986, S.183ff.). Auch neuere Versuche, sich einem simulierten Sprachverstehen zu nähern, gehen stets von einem strikt limitierten Horizont aus, etwa dem Bezug auf das Intercitynetz der Bundesbahn (vgl. Görz 1988). Im Kern war das in all diesen Ansätzen verfolgte Konzept, semantische Information als statistisch-syntaktische zu simulieren, schon in Weavers Vorstellung vom 'semantischen Empfänger' enthalten. Die Frage ist dabei, wann die Strukturen der Folgen formaler Zeichen so eindeutig sind, daß ihre Abbildung 'in die Welt', ihre Zuordnung zu Elementen einer semantischen Information, eindeutig wird: Wenn Semantik formal erfaßt wird, werden in Wirklichkeit nur formale, syntaktische Strukturen etwa in Datenbankrelationen oder in 'semantischen Netzen' dargestellt, die charakteristisch für 'reale' Relationen sein sollen und damit die Semantik festlegen sollen. Eine Chance zum scheinbaren Gelingen dieser statistisch-syntaktischen Approximation der Semantik besteht höchstens, wenn das Ensemble aller möglichen Informationen sich exakt definieren und begrenzen läßt. Nach den Fehlschlägen der ehrgeizigen Vorhaben der Vergangenheit dominiert heute auch in den Forschungen zur Computerlinguistik pragmatisch-empirisch begrenzte Zielsetzungen. So wird in einem aktuellen Übersichtsartikel als vernünftige Arbeitsdefinition von 'Sprachverstehen' durch einen Computer

formuliert: „given a language stimulus, certain computer programs can replicate to some extent some of the behaviour that would typically be elicited by a human under the same language stimulus.“ (Dahl 1995, S.71)

71 Vgl. Krämer 1988, Kap.3.2; s. auch unten Abschnitt 6.2. Turing selbst wehrte sich allerdings dagegen, aus diesen mathematisch-logischen Feststellungen die syntaktische Uneinholbarkeit der Semantik zu schließen (vgl. die Diskussion in Kapitel 6).

72 Im Grunde handelt es sich um mehrere Mythen, die einander wechselseitig stützen sollen: Der spezifische Mythos, das Modell, nach dem 'Kommunikation' theoretisch beschreibbar werden soll, wird aufgewertet durch die Mythen des Wissenschaftlichen und der mathematischen Exaktheit, die ihrerseits aufgrund der schlichten Vorstellung von einer Kanal-Kommunikation erst anwendbar scheinen. Wie sich freilich zeigt, geraten die verschiedenen Mythen, wenn sie jeweils ernst genommen werden, leicht in Widerspruch zueinander.

73 Dabei sind Bild und Begrifflichkeit alt. Comenius kennt sie schon, wenn er sie auch mit einer im Ergebnis abweichenden Hypothese verknüpft: „eine unbegrenzte Kapazität hat die innere Tafel des Geistes; stets ist sie bereit aufzunehmen, was auch immer auf ihr gezeichnet wird“ (MD §36)

74 1963 modifiziert Frank seine Aussage dahingehend, die 'kybernetische Pädagogik' sei „nicht die ganze Pädagogik, sondern ein relativ abstrakter Teil von ihr“, sagt jedoch von diesem 'Teil', daß er „eine Grundlage der Theorie der Lehrmaschinen wie jener der Schulung durch den Menschen“ bilde (Frank 1963a, S.15). Einige Sätze vorher erklärt er, daß „die Pädagogik wenigstens teilweise in den Rahmen der Kybernetik gestellt werden kann“. Die Gesamtkonstellation von 'Teil' und 'Grundlage' bzw. 'Rahmen' ist kaum konsistent vorstellbar. – Zur verbreiteten Zirkularität bei der Modellierung menschlicher 'Informationsverarbeitung' vgl. Kapitel 6 (die kybernetische Pädagogik bewegt sich im Schnittfeld 'einfacher' informationstheoretischer und 'komplexer' kognitionswissenschaftlicher Ansätze).

75 Dabei weiß Frank durchaus, daß für eine Anwendung der Informationstheorie auf die Vermittlung von Wissen und damit auf semantische Fragen das Universum aller kommunizierbaren Bedeutungen in einem formalmathematischen Sinn existieren und mathematisch handhabbar sein müßte (Frank 1962, S.61). Nicht nur der erste Augenschein spricht für die Fragwürdigkeit eines solchen Konstruktes. Der Versuch, tatsächlich mathematisch die Menge aller – in einem potentiell unendlichen Prozeß – kommunizierbaren Bedeutungen auch nur formal zu betrachten, führt in einen Sumpf von Problemen. Noch das geringste ist, daß auf eine solche Menge die diskrete Wahrscheinlichkeitstheorie, mit der Frank arbeitet, gar nicht anwendbar wäre (die fragliche Menge ist, sofern sie überhaupt in vernünftiger Weise als existent angenommen werden kann, nicht *abzählbar*, wie der mathematische Terminus lautet: sie muß jedenfalls eine Obermenge der Menge der reellen Zahlen, also aller in Dezimaldarstellung aufschreibbaren Zahlen, sein). Besonders heikel ist der Begriff durch seine Reflexivität: Das *Universum aller kommunizierbaren Bedeutungen* taucht im Sinne Franks ja selbst als eine Bedeutung in Kommunikationsprozessen auf und wäre deshalb Element seiner selbst. Damit wären Konstruktionen möglich, die auf die Russellsche Antinomie (s. etwa Behnke et al. 1964, Artikel 'Mengen, Abbildungen, Strukturen) führen und jedes formale Denkgebäude zum Einsturz bringen.

76 Sogar von Cube räumt schon frühzeitig die geringe praktische Relevanz des kybernetischen Ansatzes ein. In der Hoffnung auf eine Änderung der Situation in der Zukunft kann er zunächst noch vertreten, daß dies nicht problematisch sei: „Tatsächlich gibt es auch heute erst wenig praktisch verwertbare Ergebnisse der Informationsdidaktik. Dazu ist jedoch folgendes zu bemerken: die Aufstellung einer kybernetischen Theorie des Lernens und Lehrens und die auf Experimenten beruhende Anwendung dieser Theorie in der Praxis sind zwei verschiedene Forschungs- und Gegenstandsbereiche.“ (1968, S.9)

77 Und zwar im wesentlichen bis heute. Vgl. die Feststellungen Matthias Rauterbergs (1989): „Nachdem der Versuch der Übernahme eines Informationskonzeptes auf der Basis der Shannonschen Informationstheorie für Verwendungen in den Sozialwissenschaften in den 60er Jahren als gescheitert angesehen werden muß, wird der Begriff 'Information' meistens unexpliziert verwendet.“ (S.220)

78 Die vielleicht nicht auffällt, weil in ihr die Hegelsche Denkfigur des Werkzeugs als praktisch und logisch vermittelnde Mitte (eigentlich zwischen Subjekt und Objekt) nachklingt: „Der Zweck schließt sich durch ein Mittel mit der Objektivität und in dieser mit sich selbst zusammen. Das Mittel ist die Mitte des Schlusses. (...) Der absolute Begriff hat in sich selbst so die Vermittlung." (Wissenschaft der Logik II, S.448, zit.n. Rohbeck 1993, S.102; vgl. auch Rohbecks Interpretation)

79 Wobei Meyer das Medienkonzept suspekt ist, so daß er es theoretisch unbestimmt lassen will. Zur Sicht des Computermediums als Surrogat einer Person vgl. andererseits auch Kapitel 6.

80 Vgl. auch Maxwells Feststellung: „Ich habe an verschiedenen Stellen dieses Werkes die electromagnetischen Erscheinungen durch eine mechanische Einwirkung der Körper auf einander zu erklären versucht und bin dabei der Conception gefolgt, dass diese Einwirkungen von Körper zu Körper durch ein den Raum ausfüllendes Medium fortgeleitet werden." (Maxwell 1873, Bd.II S.537)

81 Der Ausdruck, der sich unwillkürlich nahelegt, bezeichnet wie oft die Sache am genauesten: Über das auf diese Weise 'gelernte' Verhalten verfügen die Tiere oder Menschen schon vorher, es erweist sich nur als vorteilhaft, es ('verstärkt') auszuagieren.

82 Eigentlich ein Widerspruch in sich, da *contingency* der Zufall oder das von etwas nicht Kontrollierbarem abhängige, nicht vorherbestimmbare Geschehen ist. „contingent occurences that cannot be foreseen" führt Webster's Dictionary von 1989 als charakteristische Wendung für das zugehörige Adjektiv *contingent* an. Höchstens lassen sich Situationen gänzlich meiden, in denen das Risiko eines Zufalls besteht: „Nothing was left to contingency." (Ebd.)

83 Als Vorläufer Skinners gilt der Psychologe Sydney L. Pressey. Pressey entwickelte bereits seit den zwanziger Jahren des 20. Jahrhunderts Lehrmaschinen, die Multiple-choice-Testverfahren in eine Methode des automatisierten Lehrens der richtigen Antworten ummünzten. (Vgl. Pressey 1926 und 1927.)

84 Vgl. auch Freudensteins nicht etwa kritisch gemeinte Bemerkung „Das programmierte Lernen ist ein einer industrialisierten Gesellschaft entsprechendes Lernverfahren" (Freundenstein 1970, S.228) – wobei zu beachten ist, daß das Modell der Industrialisierung 1970 noch das Fordsche Fließband war.

85 Nur eine historische Randglosse ist heute, daß die gegnerische Seite im globalen Kalten Krieg gleichfalls nicht müßig blieb. Zwar wurde die Sowjetunion durch ihren generell ja fortbestehenden technologischen Rückstand gebremst, gab aber nichtsdestotrotz ihr Bestes, mit dem Westen gleichzuziehen – sei es, beim Wettlauf in eine weitere technologische Sackgasse. 1963 berichtete Hartmut Vogt auf der 'ersten deutschen Lehrmaschinentagung' euphorisch über die Zuwendung zu kybernetischen Modellen und zur praktischen Konstruktion von Lehrmaschinen in der Sowjetpädagogik: „Die sowjetrussische Losung *Amerika einholen und überholen!*, diese nicht hoch genug einzuschätzende *Triebfeder* insbesondere für die technisch-wissenschaftlichen Anstrengungen der Sowjetunion, gilt auch für die Bemühungen um die Technisierung (als Rationalisierung) des Unterrichts." (Vogt 1963, S.77)

86 Da diese Gleichmäßigkeit typographisch auch durch gleichförmig dreigeteilte Seiten ausgedrückt ist, wirkt das Buch in der Gestaltung monoton. Allein dieser Faktor (der durch die Norm der kurzen Lerneinheiten typisch ist für Lehrprogramme) kann bereits genügen, um eventuelle didaktische Vorzüge der sorgfältigen Aufbereitung des Stoffs zu konterkarieren.

87 Ich bin mit dem angeführten Buch selbst unterrichtet worden. Lernpsychologisch heikel bei solchen Lernprogrammen scheint mir, daß auch bei bestmotivierten Schülern die Grenze zwischen

- eine Kontrollfrage falsch beantworten und dies beim Nachschauen der Musterlösung feststellen
- die Frage gar nicht oder nicht sorgfältig beantworten und gleich die Lösung nachschauen,

verfließt. Problematisch ist vor allem, daß die Frustration, die man sich holt, – im Kontext der Skinnerschen Theorie eine negative Verstärkung – beim ersten Verhalten deutlich größer als beim zweiten ist. Sobald mir Fehler unterlaufen sind bzw. ich aufgrund von Mißverständnissen falsche Antworten gegeben habe, erscheint deshalb 'Schummeln' bzw. der Ausstieg aus dem Programm zunehmend als das attraktivere Verhalten. Die positive Beurteilung, die Lindner selbst der Anwendung seines Programms gibt (1965), kann ich daher weder aus heutiger Sicht nachvollziehen noch aus meiner Erinnerung an meine Erfahrungen als Schüler bestätigen.

88 Zu den euphorischen Visionen von einer buchstäblich überwältigenden Erziehung durch Lehrprogramme vgl. auch, wie Steinbuch 1966 (ohne Distanzierung) einen *Director of Research* der *US Army* zitiert, der prognostiziert, in einigen Jahrzehnten würden die „Zwei- und Dreijährigen vor den Televideoschirmen sitzen und dem Unterricht in der Internationalen Sprache und in anderen grundlegenden Fächern folgen“ (Steinbuch 1966, 1105941, S.212)

89 In diesem Sinne entwickelt etwa auch Frank in der Einleitung von Frank (1962) den Topos des Gegensatzes von der wissenschaftlichen Technik und der unwissenschaftlichen Ideologie.

90 Vgl. oben Anmerkung 62.

91 Sobald der in diesen Vorstellungen eingeschlossene Aspekt der computertechnischen Rekonstruierbarkeit des menschlichen Geistes ins Zentrum der Aufmerksamkeit rückt, resultiert dies in nochmals anderen Mythologemen der Medienauffassung: s. Kapitel 6.

92 Vgl. oben Anmerkung 83.

93 Denn im Prinzip sind alle mathematischen Ausdrücke und damit auch ihre Synonymitäten in der Allgemeinsprache enthalten. Übrigens decken Synonymlexika bzw. ihre Implementierung auf dem Computer keinesfalls das Spektrum synonymer Ausdrucksmöglichkeiten ab. Bestenfalls geben sie – wie beobachten kann, wer solche Hilfsmittel zu Rate zieht – sprachliche Anregungen, sofern erstens der Rahmen eines konventionellen Sprachgebrauchs nicht verlassen und zweitens bei möglichen Variationen des Ausdrucks das Umfeld nicht einbezogen wird (es könnte ja durchaus sein, daß ein Dutzend Sätze umgeschrieben werden muß, um ‘dasselbe’ neu zu formulieren).

94 Skinner kann aber auch ganz pragmatisch das Problem der Generalität des programmierten Unterrichts an der Wurzel packen – und nahelegen, daß ein Lehrer ein Programm der augenblicklichen Situation eines individuellen Tutanden anpaßt: „It is most effective if used by a teacher who knows the student, has followed his progress, and can adapt available machines and materials for his needs.“ (1963b, S.414) Dagegen läßt sich nichts einwenden, außer daß kaum noch von einem Lehrprogramm gesprochen werden kann.

95 Das Skinnersche Programm scheitert an diesem Test, seine vorwiegend sprachliche Ausrichtung zeigt sich bereits in seiner Unübersetzbarkeit. Den Begriff des ‘Glühlichts’ als eines „Gegenstandes, der Licht ausstrahlt, weil er heiß ist“ (Skinner 1958, S.51) läßt sich im Deutschen nicht in dieser Weise definieren, wenn er sowohl von einer Kerzenflamme, einer Taschenlampenbirne und Partikeln eines glühenden Eisenbarren ausgesagt werden soll (wie im Programm verlangt): Die Kerzenflamme und die Eisenpartikel sind keine ‘Gegenstände’, die Glühbirne als ganze emittiert kein Licht.

Ein gravierender Fehler der deutschen Fassung läßt erkennen, daß sogar vom Fachübersetzer die Skinnerschen Lehrtexte nur oberflächlich sprachlich nachvollzogen wurden. Der zweite Lückensatz lautet im Deutschen „Wenn wir eine Taschenlampe anknipsen, fließt ein elektrischer Strom durch einen feinen Draht in die [sic] ... und erhitzt ihn.“ (als Ergänzung ist ‘Birne’ vorgesehen; S.50). Tatsächlich heißt es einen Satz zuvor, daß das Birnchen an die Batterie angeschlossen wird, das heißt, indirekt ist von einem Strom *zum* Lämpchen die Rede. Es liegt daher (sprachlich) zunächst nahe, sich den im Folgesatz genannten Draht ebenfalls vorzustellen als *zur* oder *in die* Birne führend. *Sachlich* kann allerdings nur gemeint sein, daß sich der feine, sich erhitzende Draht im *Innern* des Birnchens befindet – die anderen Drähte in der Taschenlampe sind erstens nicht fein und werden zweitens nicht spürbar warm. Korrekt kann deshalb der Text, wie es im übrigen auch allein dem genauen Wortlaut des Englischen entspricht, nur lauten, es fließt ein Strom *in der* Birne. Offenbar hat aber den Übersetzer weder der angeblich präzise vermittelte sachliche Inhalt des Lehrprogramms noch der genaue englische Text von seiner primären sprachlich-assoziativen Deutung des Satzes mehr abgebracht.

96 Der Mythos der Analytizität ist eigentlich der Mythos des Alphabets, das die Sprache erfaßt. Das Wort für ‘Elemente’ hieß im Altgriechischen zunächst ‘Buchstaben’. In der griechischen Mythologie hat bezeichnenderweise Hermes, der Gott der Händler, Lügner und Diebe das Alphabet erfunden (s. Ranke-Graves 1960, 17 und 52a).

97 Frank kennt das Dilemma, wie an der angeführten Stelle anklingt, meint aber wohl, es mit dem Konzept der 'Superzeichen' überwinden zu können: Nach diesem Ansatz soll die notwendige Informationsreduktion der 'Teile' eines größeren Zusammenhangs zustandekommen, indem Abstraktionsklassen von Detailinformationen zu 'Superzeichen' gerinnen (s. etwa Weltner 1970, S.27ff.). In Wirklichkeit läßt sich jedoch die didaktische Schwierigkeit der Linearisierung der Informationsvermittlung auf diese Weise nicht beheben. Denn das Superzeichen existiert als solches nicht, sondern gewinnt seine informationstheoretische Bedeutung nur als Element eines 'Super-Alphabets', das erst selbst im Kontext des Ganzen vermittelt werden muß. Die Dialektik vom Ganzen und dem Teil setzt sich hinterrücks wieder durch.

98 Gerade die merkwürdige Verwendung des Kontingenzbegriffs, der ja eigentlich das zufällige Geschehen bezeichnet (s. oben Anmerkung 82), das aber bei Skinner weder für den Programmkonstrukteur noch letztlich für den Tutanden existiert, markiert die Verwerfungslinie im Konzept einer programmierten Schüleraktivität. Vgl. auch, daß das Wahrigsche Wörterbuch 'Bedingungen für Lernvorgänge' – anstelle des schieren Gegenteils 'nicht notwendig vorliegende Umstände' – als spezielle Bedeutung von 'Kontingenz' in der Lernpsychologie postuliert, um deren Begrifflichkeit konsistent zu machen.

99 Es handelt sich wohl um die sorgfältigste Analyse des Medienkonzepts in den siebziger Jahren, jedenfalls im Umfeld der 'Unterrichtstheoretiker'. Vgl. Otto (1985).

100 Vgl. auch Abschnitt 7.3, daß in der Linie der pädagogischen Tradition das Medium tatsächlich nichts anderes als der Lehrer sein kann.

101 Die Richtung der Theorieentwicklung zeichnete sich auch schon in Bruners Studien zum Begriffserwerb aus dem Jahr 1956 ab ('The Process of Concept Attainment'): „the unit of analysis now called the response will have to be broadened considerably to encompass the long, contingent sequence of acts that, more properly speaking, can only be called a performance“ (S.136). Die Bedeutung Bruners und speziell dieser Untersuchung bei der Herausbildung des neuen Paradigmas hebt Velichkovsky in seiner kritischen Darstellung der Entwicklung der kognitiven Psychologie hervor (Velichkovsky 1988, S.61).

102 Wobei Chomskys genau dies intendierte, vgl. Chomsky (1981), S.136. Zur Chomskyschen Grammatikkonzeption s. auch Chomsky 1965 und 1972, zur Einführung und historischen Einordnung Palmer 1971. Zur Bedeutung Chomskys für die Entwicklung der kognitiven Psychologie vgl. Velichkovsky (1988), S.41ff., und Anderson (1988), S.22.

103 Vgl. die Argumentation von Michael Polanyi, daß Dilthey und Vertreter verwandter Auffassungen „im Unrecht waren mit der Annahme, genau an dieser Stelle verlaufe eine scharfe Trennungslinie zwischen Geistes- und Naturwissenschaften“ (Polanyi 1966, S.24). Im Kontrast sieht Polanyi entsprechend seinem Konzept des impliziten Wissens 'Einfühlung' als Grundlage aller Beobachtungen von unbelebten wie belebten Objekten an. (Auch wenn sich insofern Wissensschaftssphären hinsichtlich der prinzipiellen Arbeitsweise des forschenden Subjektes nicht unterscheiden, kann natürlich die klassische Unterscheidung hinsichtlich ihrer Objekte aufrechterhalten werden: Der Naturwissenschaftler versetzt gegebenfalls sich in eine Situation, in der er sich nicht an Zwecken orientiert, sondern von Ursachen treiben läßt.)

104 Und sie sich damit, wie sich mittels 'Gödelisierung' nachweisen läßt, im Prinzip auch in zahlentheoretischen Sätzen spiegeln, s. etwa Krämer 1988, speziell Abschnitt 3.2.3.3.

105 Vgl. etwa Krämer (1988), Abschnitt 2.2.3.3 sowie Vorländer (1967) Bd.IV S.71f.

106 Das sexistische Setting beim Wort genommen, wird eigentlich behauptet, der Computer könnte erfolgreich das verbale Verhalten von *Frauen* simulieren – bzw. von Männern, die sich als Frau ausgeben, vermutlich ein nicht unwichtiges Detail angesichts der konfliktreichen homosexuellen Orientierung Turings (Turing hat sich schließlich 1954 nach einer Verurteilung wegen Homosexualität – wenn auch die Umstände auch nie ganz geklärt wurden – das Leben genommen). Generell steht das 'Imitationsspiel' in einem merkwürdigen Licht durch die sexuellen Phantasien, die sich mit ihm sicherlich verknüpfen; in einem Gesellschaftsspiel würde ja nicht nur nach Kochrezepten gefragt, um Frauen und Männer zu unterscheiden.

107 Als Konsequenz dieser Ereignisse, so berichtet Hoffmann im Abspann der Erzählung, setzen die Herren, die mit Frauen anbändeln, turingtestartige Verfahren ein: „es schlich sich in der Tat abscheuliches Mißtrauen gegen menschliche Figuren ein. Um nun ganz überzeugt zu werden, daß man keine Holzpuppe liebe, wurde von mehreren Liebhabern verlangt, daß die Geliebte etwas taktlos singe und tanze, daß sie beim Vorlesen sticke, stricke, mit dem Möpschen spiele u.s.w. vor allen Dingen aber, daß sie nicht bloß höre, sondern auch manchmal in *der* Art sprechen, daß dies Sprechen wirklich ein Denken und Empfinden voraussetze." (Hoffmann 1816, S.79f.)

108 „Der Leser wird geahnt haben, daß ich über keine sehr überzeugenden Argumente positiver Art verfüge, um meine Ansichten zu stützen. Besäße ich sie, hätte ich nicht solche Mühe auf mich genommen, Trugschlüsse in anderen Auffassungen aufzuzeigen." (Turing 1950, S.175) Es folgt aber doch noch eine gewisse positive Vorstellung, wie Maschinen in das menschlichen Denken hineinwachsen könnten, dazu gleich näher.

109 Wobei Turing durch sein pragmatisches Wahrheitskriterium des 'Sprachgebrauchs' und eines nur statistischen Erfolges des Computers im Turingtest sich letztlich relativ bedeckt hielt. Andererseits läßt sich heute desto klarer feststellen, daß er den Wandel der 'allgemeinen gebildeten Meinung' falsch vorausgesagt hat. Dabei wurden seine Anregungen, was zu initiieren sei, damit der Turingtest am Ende des Jahrhunderts erfolgreich durchgeführt werden könne, (vgl. Turing 1950, S.176ff.) durchaus aufgegriffen.

110 Turing formuliert selbst, daß es sich um eine 'Vermutung' handelt, die die Forschung (insbesondere damit die wissenschaftliche Begriffsbildung und schließlich auch die 'allgemeine gebildete Meinung') auf den intendierten Weg bringen soll – also genau um das, was ich als einen Mythos bezeichne: „Die landläufige Meinung, daß Wissenschaftler unerbittlich von einer wohlbegründeten Tatsache zur anderen fortschreiten, ohne sich durch unbewiesene Vermutungen beeinflussen zu lassen, ist ganz und gar irrig. Vorausgesetzt, es ist klargestellt, was bewiesene Tatsachen und was Vermutungen sind, entsteht hieraus kein Schaden. Vermutungen sind sehr wichtig, da sie für die Forschung richtungsweisend sind." (Turing 1950, S.160)

111 Vgl. etwa Penrose (1989), insbesondere Kap.2 und 4, speziell S.108ff., sowie Krämer (1988), insbesondere Abschnitt 3.2.5. Es wiederholen sich hier Argumente aus der Diskussion der statistischen Informationstheorie (s. Kapitel 5), weil die Grenze von maschinellem und menschlichem (bzw. metasprachlichem) 'Denken' den Unterschied von Syntax und Semantik markiert. Der Kern der mathematischen Grundlagenforschung des 20. Jahrhunderts kann übrigens als eine formalisierte Aufarbeitung der Paradoxie des Epimenides, die schon in der Antike diskutiert wurde: Epimenides erklärte, 'Ich lüge gerade', oder, die Paradoxie noch zugespitzt, 'Dieser Satz ist falsch' (vgl. etwa Lyndon 1966, S.80ff.).

112 Der Verlust eines Textstücks, wie ihn wahrscheinlich die meisten, die heute am Computer arbeiten, schon erlebt haben, läßt, so unangenehm er sein mag, das Ausmaß der möglichen Katastrophen, die ein 'Absturz' eines Systems oder andere Programmfehler in einer von Computersystemen abhängigen Welt nach sich ziehen kann, in einem viel zu harmlosen Licht erscheinen (zur 'Verletzlichkeit der Informationsgesellschaft' vgl. Roßnagel (1989).

113 Eine Richtung der mathematischen Grundlagenforschung, der sogenannte Intuitionismus, bzw. generell die finitistische Antwort auf die Grundlagenkrise der Mathematik zu Anfang dieses Jahrhunderts versucht, eine Mathematik zu entwickeln, die tatsächlich nur konstruktive Begriffe anwendet (s. etwa Rheinwald 1984, insbesondere die Diskussion in Abschnitt I.1). Turings Argument (vgl. auch die im folgenden angesprochene Variante) demonstriert gerade, daß es Erkenntnismöglichkeiten gibt, die mit diesen Methoden nicht erreicht werden können.

114 Das Begriffspaar Extension (eigentlich 'Ausdehnung') und 'Intension' ('objektive Ausrichtung' im Sinne von 'Bedeutung', zu unterscheiden von Intention, 'subjektive Zielrichtung', 'Zweck') wird in diesem Sinn in der Logik verwendet, s. etwa Quine (1961), S.27ff.

115 Vgl. Kapitel 3. Horkheimer und Adorno attackieren in der 'Dialektik der Aufklärung' vor diesem Hintergrund bereits Anfang der 1940er Jahre das Paradigma maschineller Simulation des menschlichen Denkens, das seinen eigentlichen Siegeszug erst noch antreten sollte. In Vorahnung des Kommenden warnen sie: „Denken verdinglicht sich zu einem selbsttätig ablaufenden, automa-

tischen Prozeß, der Maschine nacheifernd, die er selber hervorbringt, damit sie ihn schließlich ersetzen kann." (Horkheimer und Adorno 1944, S.26)

116 Ein entsprechendes Resultat findet sich bereits auch in der (Turing bekannten) Arbeit von Gödel (1931).

117 Diese Überlegung ist ganz streng zu nehmen. Tatsächlich *ist* es möglich, die vom jeweiligen Formalismus nicht bewältigte Aufgabe in einen erweiterten einzubeziehen. Das ändert aber nichts daran, daß gerade in diesem Prozeß die menschliche Einsicht benötigt wird (s. Penrose 1989, S.110).

118 Aufschlußreich ist, wie Bettina Heintz deshalb in ihrer Untersuchung der 'Grundlagengeschichte des Computers' (1993) die Geschichte von Hase und Igel mit der gerade entgegengesetzten Rollenverteilung anwendet: Der Mensch, der unter größter Anspannung seiner Kräfte, sozusagen nach Hasenart rennend, das Ziel einer exakten Dokumentation von etwas vermeintlich Nichtberechenbaren erreicht, hat gerade durch diese Anstrengung bereits den Weg für die Simulation bereitet. Der Computer-Igel ist dann mit ihm am Ziel – „Dem Denken, das sich selbst reflektiert, schaut immer schon seine Simulation entgegen." (S.104) Dieser Deutung halte ich entgegen: Der Mensch hat den anstrengenden Part, weil er es sich aufbürdet, den Computer *nachzuziehen*, sprich die Welt des Rational-Regelhaften voranzubringen (und freilich dann oft in der Situation des Zauberlehrlings steht, der die geistlosen Geister, die er rief, nicht mehr bannen kann).

119 Vgl. Sybille Krämers Darlegung, die gegen Hofstadter konstatiert: „Ein formalisiertes System kann nicht 'aus sich selbst herausspringen'" (Krämer 1988, S.156).

120 Wobei heute gerade die alltägliche Auseinandersetzung mit formalisierten Kontexten diese Qualität des Subjekts zur vordringlich benötigten Qualifikation im Beruf macht (s. Röder 1989b). Zum Konzept des nichtidentischen rationalen Subjekts vgl. auch Kapitel 3 und Anmerkung 25.

121 Turing behauptet dabei nicht (was vielleicht denkbar wäre und er im Sinne seines Arguments einer sukzessiven Erweiterung der Möglichkeiten von Maschinen postulieren könnte), daß in den kommunikativen Prozessen ein System entstehen würde, das einem direkt programmierten prinzipiell überlegen wäre.

122 Turings alte Idee der lernenden Kind-Maschine versuchen Forscher heute in die Tat umzusetzen. Seit 1992 arbeitet ein Forscherteam um Rodney Brooks am Artificial Intelligence Laboratory des Massachusetts Institute of Technology (MIT) daran, einen intelligenten, lernfähigen 'Baby-Roboter', Projektname *Cog*, zu bauen – „Cog soll möglichst viele Parameter mit einem neugeborenen Baby gemeinsam haben, um babyähnliche Erfahrungen machen zu können und damit in der Tat Aufschluß über die Säuglingsentwicklung zu geben." (Foerst 1996, S.23)

123 Im Grunde bestätigt er mit seinem Satz das Argument von Lady Lovelace gegen die Denkfähigkeit von Maschinen, so sehr er gegen es polemisiert (Turing 1950, S.169-171). Die Gräfin, die Charles Babbages universelle Rechenmaschinen, reale Vorläufer des Computers (vgl. Anmerkung 40), für die Mit- und Nachwelt in verständlicher Form beschrieb, hatte festgestellt: Maschinen sind nicht intelligent, weil sie nicht *sinnvoll Neues* anfangen, nicht *schöpferisch* können (vgl. auch Kapitel 7 – „The Analytical Engine has no pretensions whatever to originate anything. It can do whatever we know how to order it to perform." (Zit. nach McCorduck 1979, S.27, da die Übertragung in der deutschen Fassung des Turingartikels die Pointe nicht erkennen läßt.)

124 Möglicherweise verbirgt sich hinter Turings Formulierung lediglich der Gedanke eines sich – nach strikter Vorschrift – selbst modifizierenden Verfahren. Die Aussage wäre dann ein argumentativer Trick: Turing schlüge Kapital aus der Suggestion, daß er über eine Modellvorstellung für Intelligenz verfügt, die nicht 'diszipliniert'-deterministisch sei und sich dennoch mit der Vorstellung einer maschinellen Realisierung verträgt, ohne daß er dies tatsächlich meint. Andererseits könnte Turings vage Vorstellung vom 'Abweichen vom völlig disziplinierten Verhalten bei Rechenvorgängen, aber einem ziemlich geringfügigen, das nicht zu zufälligem Verhalten oder sinnlosen, sich wiederholenden Schleifen führt' auch als Vorwegnahme des sogenannten konnektionistischen Ansatzes gedeutet werden, der heute teilweise die Nachfolge der KI-Modelle beim Versuch des Nachbaus kognitiver Leistungen antritt (vgl. etwa Helm 1989). Die Diskussion, inwiefern und wie weit auf diese Weise Intelligenz darstellbar sein könnte, kann hier nicht geführt werden.

125 S. auch die Analyse Thomas Kleinspehns 'Teddybären, Maschinen und Computer' (1988), in der beschrieben ist, wie bereits in der Romantik die Maschine zur ambivalenten Utopie des sich selbst kontrollierenden affektlosen Menschen wird. Eigentlich über E.T.A. Hoffmann stellt Kleinspehn fest: „Weiterhin läßt sich aus der fehlenden Objektkonstanz in der Kindheit verstehen, daß die Maschine als Objekt zur Stabilisierung des Ichs beiträgt, aber in Wiederholung der Erfahrung mit dem abwesenden Vater und der sich immer wieder entziehenden Mutter bedroht bleibt." (S.292) Genau das gleiche könnte auch von Turing ausgesagt werden (vgl. die Anmerkungen Michael Schumachers über Leben und Werk Turings, s. Schumacher 1988).

126 Durch die seinerzeitigen Ermittlungen wurde die Selbsttötung nicht sicher nachgewiesen, sie gilt aber als wahrscheinlich (vgl. Schumacher, 1988).

127 Die Entwicklung des Paradigmas ist bei Velichkovsky nachgezeichnet (1988, S.60ff.). Wie Velichkovsky feststellt, orientierte sich seit dem Ende der 50er Jahre ein großer Teil der begonnenen psychologischen Untersuchungen am Computermodell. Den Abschluß der ersten Etappe der Ausarbeitung des Modells markierte die Monographie 'Cognitive Psychology' U. Neissers (Neisser 1967).

128 In der konkreten Forschung können natürlich ganz andere Methoden und Ansätze zum Tragen kommen und im weiteren Kontext des kognitiven Paradigmas fruchtbar werden – glücklicherweise hält sich die Wissenschaft nicht konsequent an die Leitprinzipien, denen sie sich angeblich verschreibt. Hier interessiert nur der leitende Mythos, der die Vorstellungen über die Wirkung didaktischer Medien prägt.

129 Wobei Terminus wie auch Methode der 'Wissenspsychologie' nicht so jung sind, wie es Mandl und Spada in der Einführung des Buches darstellen (1988, S.1), jedenfalls wenn nicht nur die Übertragung ins Deutsche gemeint ist: Bereits die Aufsatzsammlung Bruners aus dem Jahr 1974 firmierte laut Untertitel als 'Studies in the psychology of knowing'. Dabei reichen die Artikel bis in die 50er Jahre zurück.

130 Einer der 'Väter' des Paradigmas der 'künstlichen Intelligenz', Herbert A. Simon, hat den Kreislauf der Metaphern selbst deutlich formuliert. Er meinte, seine Beobachtung einer 'direkten Brücke' zwischen den verschiedenen Konzeptionalisierungen des Denkens – weniger freundlich gesagt, eines argumentativen Kurzschlusses – würde für die Zulässigkeit der Auffassung vom Geist als Computer sprechen. Dabei unterschlägt er die Funktion des Ausgeklammerten als eines vorweg aufgerichteten Filters: „When I first began to sense that one could look at a computer as a device for processing information, not just numbers, then the metaphor I'd been using, of a mind as something that took some premises and ground them up and processed them into conclusions, began to transform itself into a notion that a mind was something which took some program inputs and data and had some processes which operated on the data and produced output. There's quite a direct bridge, in some respects a very simple bridge, between this earlier view of the mind as a logic machine, and the later view of it as a computer." (Als Interviewäußerung zit. bei McCorduck 1979, S.127) – Zur Zirkularität der Begriffsbildungen bei der 'Künstlichen Intelligenz' und der kognitiven Psychologie s. auch Hammel 1990.

131 Nur beiläufig wird dann etwa in der Einführung in die 'Prinzipien der Künstlichen Intelligenz' eines der führenden deutschen KI-lers doch ausgeführt: „Der Beweisbegriff ist nun keineswegs der einzige Begriff aus dem Bereich des menschlichen Denkens, der Formalisierungsversuchen zugänglich ist. Es ist in der Tat das Anliegen der Künstlichen Intelligenz, solche Ansätze möglichst umfassend zu konzipieren." (Richter 1989, S.10)

132 Etwa laut Richter „bedarf es hier einer Unterstützung von der Seite der kognitiven Wissenschaften" (1989, S.10). Die Zirkularität eines solchen interdisziplinären Zitationskartells festzustellen, heißt nicht, daß deswegen die verfochtenen Modelle notwendig inadäquat wären. Aber zu Unrecht vermittelt das Kartell den Eindruck, daß die Modellierung durch unabhängige Ergebnisse fundiert oder bestätigt werde.

133 Wobei das (partielle) Eintreffen der Prophezeiung nicht zuletzt auf den engagierten Einsatz der Propheten zurückzuführen ist. Anderson erwähnt: „Allen Newell und Herbert Simon haben an der Carnegie-Mellon-Universität 30 Jahre damit verbracht, kognitiven Psychologen die Implikationen der Künstlichen Intelligenz klar zu machen (und umgekehrt auch Forschern auf dem Gebiet der

Künstlichen Intelligenz die Implikationen der kognitiven Psychologe zu verdeutlichen).“ (Anderson 1988, S.21)

134 Ausgangs- und Angelpunkte der kritischen Betrachtung der KI waren Weizenbaum 1976; Dreyfus 1979; Winograd und Flores 1986. Die bundesdeutsche Diskussion hat die angeschnittenen philosophischen Fragen aufgegriffen (für einen Überblick s. Becker 1992), sich aber vor allem mit der sozialen Funktion des KI-Paradigmas beschäftigt (s. Coy und Bonsiepen 1989, auch Röder 1989c und 1990, Enquete-Kommission des deutschen Bundestages 1990, Malsch et. al. 1993, Cyranek und Coy 1994).

135 So verlautete schon nach sieben von den zehn Jahren der Projektlaufzeit in Japan: „The political dust has settled and the scientific breakthroughs have been slower in coming than was anticipated. There has been definite progress, but it is less spectacular and more incremental, more in the vein of 'normal' science.“ (Zit. bei Wahlster 1989). Auch auf der offiziellen Abschlußkonferenz des Projekts wurde das Projekt zwar als voller Erfolg dargestellt – doch die Begründung bezog sich nicht auf die ursprünglichen Projektziele, sondern auf den Bau im Rechendurchsatz leistungsfähiger Maschinen und vor allem auf die weltweite Etablierung des eigenen Forschungsparadigmas (s. den Tagungsbericht von Michard Alain 1992).

136 Das Bildungsideal der Perfektion, dem der Musterschüler zu entsprechen sucht, ist historisch bereits Produkt der am (Uhren-) Automaten orientierten Selbstdisziplinierung als Selbstmechanisierung des Menschen (s. Kapitel 4).

137 Vor dem Hintergrund dieser Beobachtung wurde für das wichtigste deutsche Konkurrenzunternehmen zum japanischen *Fifth Generation Program*, das Deutsche Forschungszentrum für Künstliche Intelligenz (DFKI), die 'wissenschaftliche Vision' entworfen, daß Verfahren zum Nachbau von *common sense* entwickelt werden sollen (Richter, Siekmann und Wahlster 1987). Daß sich *common sense*, jener 'Alltagssinn' bzw. 'gesunde Menschenverstand', der menschliche Experten in die Welt des Menschen einbindet, einem Computer implantieren ließe, stellt allerdings auch nur eine aktualisierte Variante des Turingmythos dar.

138 Das Dilemma wäre: Je besser Expertensysteme ihre Aufgabe in ihrer Domäne erfüllten, desto weniger wären Menschen noch gefordert, ihre Fähigkeit zum eigenen Urteilen auszubilden. In Problemsituationen würde dann möglicherweise niemand mehr über die Qualifikation, die Souveränität und die Autorität verfügt, um ein Vorgehen abweichend von den Vorschlägen und gutgemeinten Diktaten des Systems zu vertreten wagen. Burkart Lutz und Manfred Moldaschl (1989) thematisieren diese qualifikationsbezogenen Risiken bei der Anwendung von Expertensystemen mit den Stichworten der zu befürchtenden 'Qualifikationserosion' und den damit verbundenen 'Statusverlusten' sowie resultierenden 'Anforderungsdilemmata' an Arbeitskräfte (S.57ff.). Die Enquete-Kommission 'Technikfolgen-Abschätzung und -Bewertung' des 11. Deutschen Bundestages, in deren Auftrag die Studie von Lutz und Moldaschl erstellt wurde, hat sich der Einschätzung ihrer Gutachter angeschlossen (s. Enquete-Kommission 'Gestaltung der technischen Entwicklung' 1990, S.30ff.). Die Forderung, qualifikationsförderliche Expertensysteme zu entwickeln, wurde zwar erhoben (S.90; vgl. Röder 1989c, S.32ff.), aber noch niemand hat m.E. überzeugend dargelegt, wie sie aussehen könnten.

139 Das in den prätheoretischen Mythen – potentiell – enthaltene implizite Wissen legitimiert sie (potentiell) als Fundierung von Theorie (vgl. Kapitel 3).

140 Vgl. auch die Parole von der 'Intellektik', die unter anderem vom Nestor der bundesdeutschen KI-Szene, Jörg Siekmann, ausgegeben wird: „Gegenstand der Untersuchungen in der Intellektik sind jegliche Art von intelligenten natürlichen oder künstlichen Systemen und die damit zusammenhängenden Phänomene wie intelligentes Verhalten, Kognition, Erkenntnisfähigkeit, natürliche Sprache, Kunst usw. und zwar im wesentlichen unabhängig von der jeweiligen Trägersubstanz ('trockenes Silicon' oder 'feuchte neuronale Hardware'). Insoweit handelt es sich einerseits um eine Systemwissenschaft ganz spezifischer Ausrichtung, die sich in ganz besonderer Weise am Menschen als intelligentem Wesen orientiert, und andererseits um eine Ingenieurwissenschaft, die intelligente Systeme hervorzubringen versucht.“ (Bibel und Siekmann, 1994, S.17f.)

141 Der Status des Arguments entspricht dem eines theologischen Gottesbeweises, der die Existenz Gottes immer schon voraussetzt, dennoch (theologischen) Sinn macht (Barth 1958).

142 Bei Sydney L. Presseys 'simple apparatus which gives tests and scores and teaches' (1926) klang dies noch nicht ganz so eindeutig (vgl. zu Pressey Anmerkung 83).

143 Der implizite Platonismus solcher Auffassungen ist im Kontext der Kybernetik auch explizit philosophisch vertreten worden, s. Weizsäcker (1971).

144 Als Beispiel für eine Didaktikkomponente zitiert Puppe ein Set von Regeln, mit denen die didaktische Strategie des 'Sokratischen Dialogs' abgebildet werden soll. Das liest sich so:

„Wenn der Tutand eine Lösung für den Fall angibt, dann frage nach der Erklärung.

Wenn der Tutand als Erklärung einen Grund angibt, der nicht ein unmittelbarer Grund in der kausalen Kette ist, dann frage nach Zwischenschritten.

Wenn der Tutand eine unvollständige Faktorenmenge als Erklärung angibt, dann a) formuliere eine allgemeine Regel und frage, ob sie wahr ist, oder b) gib ein Gegenbeispiel und frage nach der Erklärung.

Wenn der Tutand unnötige Faktoren als Erklärung angibt, dann a) formuliere eine allgemeine Regel und frage, ob sie wahr ist, oder b) gib ein Gegenbeispiel und frage nach der Erklärung.

Wenn der Tutand eine Relation zwischen Ursache und Wirkung ungenau spezifiziert, dann a) frage nach der genauen Relation oder b) schlage eine Relation vor und frage nach Bestätigung.

Wenn in einem Fall Ausnahmen den primären Faktor unwirksam machen, dann stelle eine irreführende Frage.

Wenn der Tutand eine falsche Lösung in einem Fall wegen eines unberücksichtigten Faktors angibt, dann a) frage nach dem Unterschied zwischen zwei Fällen oder b) sage ihm, daß er falsch liegt, und frage ihn nach zusätzlichen relevanten Faktoren." (1992, S.200)

145 In Gunter Ottos grundlegendem Aufsatz über 'Medien der Erziehung und des Unterrichts' in der Enzyklopädie Erziehungswissenschaft artikuliert sich die implizit unterstellte gleiche Funktionalität von Maschine und Mensch noch gegen die vermutliche Intention des Autors: Einerseits definiert Otto didaktische Medien als 'Hard- und Software im intentionalen, kommunikativen, hier speziell im unterrichtlichen Kontext' (Otto 1985, S.77, im Anschluß an Heidt 1976). Selbst wenn hier eigentlich der menschliche Lehrer nicht als 'Hard- und Software' angesprochen sein soll, schließt sich andererseits die Assoziationskette, da Otto dann auch auf das Medienkonzept Witterns zurückgreift, in dem der Lehrer das ideale Medium darstellt (vgl. Kapitel 5). Sogar bei Hilbert Meyers definitorischem Befreiungsschlag gegen das Medienproblem ist nicht ausgeschlossen, daß der 'kleine Lehrer' vital aus seinem Tief(kühl)schlaf im Hightech-Medium aufwacht. Vgl. „Unterrichtsmedien sind 'tiefgefrorene' Ziel- Inhalts- und Methodenenscheidungen. Sie müssen im Unterricht durch das methodische Handeln von Lehrern und Schülern wieder 'aufgetaut' werden." (Meyer 1987, Bd.I S.150) Die zutreffend beobachteten Unterschiede der Situierung in der Zeit zwischen Medium und Unterricht werden gerade nicht in ein Konzept des Mediums umgesetzt.

146 Es wird oft suggeriert, ein Modell sei vor allem Abbild, Rezeption von Wirklichkeit, wobei nur eventuell eine Perspektivität der Wahrnehmung (wie auch bei jeder dokumentarischen Fotografie) ins Spiel kommt. Vgl. „Das Modellkonzept der Erkenntnis greift den Abbildgedanken der klassischen Erkenntnistheorie auf, relativiert ihn jedoch im Sinne des pragmatischen Entschlusses. Hiernach ist alle Erkenntnis *Erkenntnis in Modellen* oder *durch Modelle*" (Stachowiak 1978, S.56).

147 Einige Mißgeschicke bei einem Dialog mit einem relativ einfachen 'intelligenten Hilfesystem' ohne die Möglichkeit von Rückfragen erkundeten John M. Carroll und Amy P. Aaronson (1988) in 'Wizard-of-Oz-Experimenten' (bei denen die Versuchspersonen via Datenfernleitung mit einem Mensch kommunizieren, aber davon ausgehen, ein Programm antworte ihnen).

148 Wolfgang Wahlster und Alfred Kobsa sprechen diesen Punkt lediglich unter dem Stichwort der Beschränktheit der (Computer-) Ressourcen an (im Anschluß an einen Artikel aus dem Jahr 1981): „if one carries the user modeling approach to its extreme, there is a very good chance that nothing will get said at all (or if said, not understood) because the speaker and hearer will spend all of their time simulating each other's roles without actually doing anything else" (Wahlster und Kobsa 1988, S.34). Sie erklären zu Recht: „Obviously this process must stop somewhere, but the question

is where." (Ebd.) Über eine Antwort auf die Frage verfügen sie allerdings nicht (noch nicht, wie sie sagen).

149 „We actually built a number of running simulations of this particular learning process. One of the things we would like, but technically we have never been able to quite get it to work, is to have one of our simulations programs interact with one of our tutors and see whether it would learn from the tutor, given the kinds of experience the tutor makes available to the students." (Anderson 1992, S.28) Vgl. auch die Interviewäußerungen Martial Vivets: „For now we are trying to build more or less artificial teachers, but it seems to me that we could aim for production of artificial learners. These could be knowledge-based systems with some kind of compartment describing a knowledge-base which may represent a class of students, and some kind description of the reactivity this class of students may have. [...] These artifical learners could become reference points, just like benchmarks." (Vivet 1991, S.59)

150 In jüngerer Zeit wurde der Idee der Simulation sozialer Realität als Ersatz-Forschungsobjekt sogar noch ausgeweitet. Klaus Manhart vertritt die Auffassung: „Langfristig ist sogar vorstellbar, durch die realistische Nachbildung sozialer Welten empirische Forschung in künstliche KI-Welten zu verlagern. Die Mängel empirischer Forschungsmethoden könnten somit aufgehoben werden durch die Generierung künstlicher, sozialer KI-Welten." (Manhart 1991, S.35)

151 Herbert A. Simon wurde, wie McCorduck berichtet, durch eine mechanische Tabelliermaschine, die zum Drucken von angenäherten Landkarten zweckentfremdet wurde, auf diesen Gedanken gebracht: Sie „suggested to Simon the capacities of the computer to manipulate non-numerical symbols as well as to calculate" (McCorduck 1979, S.125).

152 Jede noch so abstrakte Operation mit Funktionen ist freilich, worin gerade der Clou des Turingschen Berechenbarkeitsbegriffs besteht, äquivalent zur schlichten (ja bereits 'symbolischen') Arithmetik des Schreibens von Strichen auf dem Band der Turingmaschine. Die Hoffnung, sich durch den Übergang von der 'Würmersicht' der Arithmetik zur 'Geistessicht' des algebraischen Operierens zu erheben und gerade dadurch dem menschlichen Geist auf die Schliche zu kommen, wie sie McCorduck als die entscheidende neue Perspektive der *physical symbol system hypothesis* schildert, erscheint wenig begründet: „This move was the shift from the worm's-eye view, seeing the computer's on-off logic as somehow analogous to the on-off behavior of brain cells, upward to a grander, higher-level view, seeing the computer's ability to process information as analogous with the brain's ability to process information – never mind the hardware or the wetware." (McCorduck 1979, S.333f.)

153 McCorduck, als engagierte Verfechterin der KI-Ideen eine unverdächtige Zeugin, spürt den Bruch zwischen den beiden Symbolbegriffen, die zwei geläufigen unterschiedlichen Gebrauchsweisen des englischen *symbol* entsprechen, überspielt ihn allerdings. Sie schildert zunächst, daß Simon und Newell in den fünfziger Jahren fasziniert waren von den Möglichkeiten, der 'symbolischen Informationsverarbeitung'. Sie nutzten (teilweise sogar noch mechanische) Rechner, um 'Symbole' (das heißt Buchstaben oder andere Druckzeichen) auf Bildschirmen oder Papier so auszugeben, daß Graphiken und Abbildungen wie eine Landkarte oder ähnliches entstanden. Diese Anwendungen hätten Simon die Augen geöffnet für die Möglichkeiten des Computers als 'Informations-Prozessor'. Drei Jahre habe es dann noch gedauert, bis Simon und Newell die symbolisch-funktionalen Fähigkeiten des Computers begriffen. Und an dieser Stelle hält es McCorduck für angebracht, zu erwähnen, daß nunmehr 'hier' eine anderer Begriff von 'Symbolen' zugrundegelegt wird: „symbols here signifying objects with access to meanings – designations, denotations, and all the information one might have about a concept such as a pen, or courage, or quality" (McCorduck 1979, S.129)

154 Diese Bedeutung entspricht dem ursprünglichen Sinn des Wortes. Ein Symbol war eigentlich ein Erkennungszeichen – eine Art Identifikationscode –, das den Besitzer als Partner auswies und ein Bündnis, für das es stand, wieder in Kraft setzte. „Griech. *symbolon* ist ursprünglich das Anfügestück ('was zusammengelegt werden muß'), das gebrochene und daher aus zwei Teilen bestehende Zeichen (Ring, Scherbe u.dgl.), durch dessen Zusammenfügen sich die Besitzer wiedererkennen." (Pfeifer et.al. 1989)

155 Auch hinterrücks können die Kalküle die Semantik nicht doch noch einfangen. Dazu würde eine eindeutige und vollständige syntaktische Repräsentation jeder Semantik benötigt, die nicht möglich ist (vgl. Kapitel 5). Aber das wird im Konzept der Vorstellung der Operation auf Symbolsystemen gar nicht behauptet. Vielmehr wird von deren elementarer Bedeutungshaltigkeit ausgegangen.

156 Vgl. zur Diskussion der *physical symbol system hypothesis* auch Searle 1984, vor allem das zweite Kapitel. Searle entwickelt hier sein berühmtes Argument des 'Chinesischen Zimmers'. Ein 'symbolverarbeitender' Computer könne (beispielsweise) englische Sprache ebensowenig *verstehen*, wie er (Searle) als des Chinesischen nicht Mächtiger in einem Zimmer in China irgendetwas verstünde, in dem er von der Außenwelt abgeschnitten wäre und nur über herein- oder von ihm hinausgereichte Täfelchen mit chinesischen Schriftzeichen sich verständigen könnte. Ihm würde es auch nichts helfen, wenn er zuvor genau instruiert worden wäre, wie er die Symbole zu 'verarbeiten' hat, das heißt wann er mit welchem 'Ausgabezeichen' auf ein hereingereichtes 'Eingabezeichen' reagieren muß. Er könnte dann Verstehen des Chinesischen simulieren, aber hätte nach wie vor keine Vorstellung vom Inhalt des von ihm geführten Dialogs. Das 'Chinesische Zimmer' ist die Antwort Searles auf das Szenario des Turingtests (bzw. auf den durch die Hypothese der Symbolsysteme verfeinerten Turingmythos): Selbst mit einer perfekten syntaktischen Simulation der menschlichen 'Symbolverarbeitung' ließe sich das menschliche Denken nicht nachbauen. Zur Debatte über das Argument s. Penrose (1989), S.18ff.

157 Heinrich Hertz charakterisierte schon 1894 mit dieser Eigenschaft das physikalische Modell: „Das Verhältnis eines dynamischen Modells zu dem System, als dessen Modell es betrachtet wird, ist dasselbe, wie das Verhältnis der Bilder, welche sich unser Geist von den Dingen bildet, zu diesen Dingen. Betrachten wir nämlich den Zustand des Modells als eine Abbildung des Zustandes des Systems, so sind die Folgen der Abbildung, welche nach den Gesetzen dieser Abbildung eintreten müssen, zugleich die Abbildung der Folgen, welche sich an dem ursprünglichen Gegenstand nach den Gesetzen dieses ursprünglichen Gegenstandes entwickeln müssen." (Zit. nach Müller 1983, S.56)

158 Eher schon kann andersherum spekuliert werden, durch welche Eigenschaften der Welt sich begründet, daß physikalische Prozesse sich in formalen Systemen abbilden lassen. Seitdem in der Antike die Pythagoräer feststellten, daß die Längen harmonisch gestimmter Saiten in ganzzahligen Verhältnissen zueinander stehen, – und ihre bestürzende andere Entdeckung, daß die Diagonale im Quadrat *kein* 'rationales' Verhältnis zu seinen Seiten hat, verheimlichten –, wurden ganze Philosophien und Weltanschauungen auf der Beobachtung der formalen Modellierbarkeit physikalischer Eigenschaften errichtet.

159 Salomon konzediert (1979, S.53), daß keine formale präskriptive Syntax des Films zu finden sei. Jedoch gebe es 'bekannte Konventionen der Kohärenz', insbesondere der Folgen von Einstellungen (die hier als Kandidaten für die Elemente eines Symbolsystems dienen); nur spezifische Sequenzen eigneten sich zur Kommunikation einer bestimmten *message*. Diese Rekonstruktion einer Syntax des Films verschwimmt allerdings in der unbestimmten Vielfalt der effektiven Möglichkeiten des Films. Aus diesem Grund hat, wie Salomon selbst berichtet, der Semiotiker Umberto Eco aufgegeben, eine Syntax der Filmsprache zu suchen. Die Idee, lingustische Einsichten auf die 'Filmsprache' zu übertragen, ist so alt wie die Filmkultur, jedoch gibt es anscheinend nach wie vor keine überzeugende Behandlung dieses Themas (vgl. Eisenstein 1934, Peters 1962, für ein neueres Resümee s. Grieve 1994).

160 Daß dabei die Unterscheidung zwischen Inhalt einer Kommunikation bzw. dem aus zu gewinnenden Wissen – das selbst immer nur kodiert (repräsentiert) in einem mentalen Symbolsystem existieren soll (S.3) – und dem medialen Symbolsystem unscharf wird, erstaunt nicht (vgl. S.88).

161 *Supplant* bedeutet, wie die Etymologie entgegen der naheliegenden Assoziation lehrt, eigentlich nicht (freundlich) 'darunter pflanzen', es hat nichts mit einer schonenden 'Substitution' zu tun, sondern ist aggressiv konnotiert. Bei Salomon steht an einer Stelle synonym *powerfully implant* (1979, S.117).

162 Im dritten Kapitel seines Buchs schlägt Salomon als Ersatzkonzept für die Ähnlichkeit zwischen internem Symbol und externem Referent (oder externem Symbol) den Übersetzungsaufwand in das interne Codesystem vor: „there can be different degrees of correspondence between the

incoming mode of a presentation and the mode in which the content is to be processed and stored. It follows that, *when there is poor match between the modes of presented and internally represented information, additional translations, conversions, or elaborations are required.*“ (1979, S.68). Der Unterschied zu einem naiven Ähnlichkeitsbegriff ist allerdings keineswegs so deutlich, wie er offenbar meint (vgl. auch S.86). Gerade mit seinem Konzept der Supplantation geht er ja davon aus, daß ein externes Symbol zu einem internen werden könne, also das interne sogar ein identisches Bild des äußeren sein kann. Grundsätzlich kann er sich daher gar nicht von einem naiven Abbildbegriff abgrenzen. Vgl. auch, daß er davon spricht, daß die Kommunikation um so besser gelinge, je ‘dichter’ die externen symbolischen Codes bei den inneren lägen oder je mehr sie ‘kongruent’ zu ihnen seien (S.73). Eine überzeugende Darlegung der Differenz zwischen metaphorischem und realem Gehalt dieser Wendungen fehlt.

163 Mich hat, als ich begann, intensiv mit der graphischen Oberfläche von *Microsoft Windows* zu arbeiten, deren Erscheinungsbild sogar in den Schlaf verfolgt. Im Traum nahm ich neue Gedanken zunächst in ‘Fenstern’ wahr, bevor ich ihnen meine volle Aufmerksamkeit zuwendete (sprich den ‘Focus’ auf sie setzte, wie der entsprechende Vorgang in der Terminologie der graphischen Benutzungsoberflächen heißt).

164 Salomons Supplantationskonzept scheint sich etwa in Schachtners Beobachtung vom ‘Festsetzen’ der ‘formal-logischen Ordnungscodes’ zu bestätigen: „Dank ihres universalen Charakters haben für Softwareentwicklerinnen und -entwickler die formal-logischen Ordnungscodes ihren Wert auch außerhalb des Programmierens. Wer sich ihrer bedient, fängt an, sich wie beim Programmieren Bilder zu machen, ehe er handelt, Bilder, bestehend aus Wenn-Dann-Zusammenhängen, die, folgerichtig abgearbeitet, zu einer Entscheidung führen. Das bedeutet, wenn wir Zuses Rechenbegriff zugrunde legen, nichts anderes, als sein Handeln zu berechnen. Damit ist nicht gesagt, daß Softwareentwicklerinnen und -entwickler nur so ihr Leben ordnen. Soviel aber machen ihre Äußerungen schon deutlich, daß ihnen das beim Programmieren benutzte Ordnungsmodell nicht äußerlich bleibt, sondern die Tendenz hat, sich zumindest als Neigung in der Person festzusetzen.“ (Schachtner 1993, S.119)

165 Obwohl eigentlich ‘Supplantation’ vom Wort her immer eine (ersetzende) ‘Implantation’ ist. Dementsprechend erklärt der von Salomon als Kronzeuge zitierte Student, „symbol system are powerfully implanted within my cognitive system“ (Salomon 1979, S.117). Zunächst schränkt Salomon seine ursprüngliche Supplantationsthese auch nur in der Weise ein, daß vor einer Inkorporation der supplantierten Fähigkeit es einer Vorbereitung bedürfe und möglicherweise in einem ‘geringen Maß’ die Fähigkeit bereits vorher zu Gebote stehen müsse: „In addition, for a learner to incorporate a modeled or supplanted skill into his anticipatory schemata requires prior preparation. It may well be the case that a modicum for specific skill-mastery needs to precede learning of a supplanting code.“ (S.135)

166 Die *constituent acts* haben dabei im theoretischen Konzept die Elementenrolle geerbt, die ursprünglich die symbolischen Repräsentationen hatten.

167 In der populären Wissenschaft wurde dementsprechend das Gehirn als ‘Telefonzentrale’ charakterisiert.

168 Vgl. die Analyse Bernd Switallas zum unausgegorenen und widersprüchlichen Begriff der Repräsentation in der Künstlichen Intelligenz und den kognitiven Wissenschaften. Switalla stellt fest: Das Modell des Kognitiven in den Kognitiven Wissenschaften sei die ‘Fortsetzung des Behaviorismus mit anderen intellektuellen Mitteln’. (1990, S.204)

169 Als Ausgangspunkt für die Paradigmenkrise werden vor allem bestimmte wahrnehmungsphysiologische Beobachtungen (bzw. die Deutungsprobleme von Beobachtungen) genannt, s. Maturana und Varela (1984), sowie Maturana (1990), zur Relativierung Riegas (1990).

170 Auch Repräsentanten der oben angeführten ‘Wissenspsychologie’ reformieren ihre Ansätze, s. Prenzel und Mandl (1993), Gerstenmaier und Mandl (1994), Reinmann-Rothmeier und Mandl (1994).

171 Daß Clancey hier die Referenz auf Frauen als 'geschlechtsneutrale' Form verwendet (und ich dies übernehme), erfordert wohl noch immer eine dies konstatierende Anmerkung (zur Bedeutung der geschlechtsspezifischen Sprache s. Pusch 1984).

172 Zur Geschichte und den Varianten des Paradigmas s. generell die Beiträge in Schmidt (1987). Eine wichtige Rolle spielt auch die Wiederentdeckung alter bzw. die Ausarbeitung neuer Auffassungen von der Bedeutung des Subjekt-Handelns im sozialen Kontextes für die Genese der Wahrnehmung in der Psychologie (vgl. hierzu auch Velichkovsky 1988, insbesondere sein Kapitel VIII). Clancey beruft sich auch zentral auf Gregory Bateson (1972). Bateson beschreibt das Individuum (bzw. den Geist) als Phänomen in einem 'ökologischen' System, das einbezieht, was herkömmlich als die Umwelt eines Individuums betrachtet würde. Er erklärt (in der Analyse des Alkoholismus als Exempel einer fehlgesteuerten Aufrechterhaltung eines Selbstkonzepts): „Der lebende Mensch ist daher in ein Netz von erkenntnistheoretischen und ontologischen Prämissen eingebunden, die – egal ob sie letzten Endes wahr oder falsch sind – sich für ihn teilweise selbst bestätigen." (S.406) Bei Bateson ist zu beobachten, wie das Konzept des 'autopoietischen Systems' aus dem Kontext von Kybernetik und ingenieurtechnischer Systemwissenschaft erwuchs. Am folgenreichsten war wahrscheinlich, wie der technische Informationsbegriff in ein metaphorisches Konzept transformiert und sozusagen vergeistigt wurde: „Ein 'Bit' Information läßt sich definieren als ein Unterschied, der einen Unterschied macht. Ein solcher Unterschied, der sich fortpflanzt und der stetigen Transformation in einem Kreislauf unterliegt, ist eine elementare Idee." (S.408)

173 Die lediglich eklektische Übernahme konstruktivistischer Auffassungen vermerken auch Gerstenmaier und Mandl in ihrem Forschungsbericht (1994, S.14).

174 Wobei neben den konstruktivistischen Vorstellungen in diese Ansätze auch Konzepte des 'In-der-Welt-Seins' bzw. 'Geworfenseins' eingeflossen sind, wie sie vor allem Winograd und Flores (1986) sowie Suchman (1987) aus der Philosophie Martin Heideggers für die Informatikdiskussion entlehnt haben. So spricht bereits Suchman von *situated actions*, deren Einheit in den lokalen Bedingungen und Umständen des Handelnden liege (S.27f.), wobei herkömmlich als kognitiv bezeichnete Phänomene entsprechend dem ethnomethodologischen Ansatz nur in Beziehung auf eine 'publicly available, collaboratively organized world of artifacts and actions' als solche existierten (S.50).

175 Ein tatsächlicher kognitiver Zugang zur Welt entstehe jedoch in dem Moment, in dem der Mensch als *Beobachter* eine Differenz von System und Umwelt generiert: „Strenggenommen gibt es für einen Organismus keine erkennbare Umwelt. Diese ist nur definierbar für einen Beobachter, der im Rahmen seines eigenen Erfahrungsfeldes einen Organismus konstruiert und ihn von einer Umwelt absetzt." (Richards und Glasersfeld 1979, S.216)

176 Vgl. von Glasersfeld (1981).

177 So bemerken auch Gerstenmaier und Mandl: „Konstruktivistische Instruktionstheorien und Instructional Design-Ansätze sind eng mit neuen Technologien verbunden." (1994, S.24) Vgl. die Beispiele für 'konstruktivistische' Medien, die sie anführen.

178 Es schließt sich der Kreis auch zu behavioristischen Lernverfahren, bei denen ja ebenfalls sich ausdifferenzierende 'Lern-Umgebungen' präsentiert werden, die das Subjekt formen. Vgl. die Bemerkung Lai-Chong Laws: „the strategy that learning knowledge in diverse settings and practising skills in tasks of increasing complexity is more or less similar to drill-and-practice in the traditional approach of teaching" (Law 1993, S.33). Wobei es möglicherweise, wie Law meint, nur eine Frage einer komplementären Darstellung ist, ob diese Lernumgebungen dann mit den traditionellen Mitteln der Kognitiven Psychologie konzeptualisiert werden. Bzw., wie ein aktueller Debattenbeitrag zu einer etwas weiter gefaßten Fragestellung vorschlägt: es darf als klar angesehen werden, daß prinzipiell eine explizite Repräsentation von Erkenntnissen im Sinne des kognitivistischen Paradigmas existiert, jedoch läßt sich faktisch nur eine Darstellung in einem ('neuronalen') Netzwerk von situativen Bedingungen gewinnen (Longley 1995).

179 Vgl. Anmerkung 17.

180 Der englische Literaturtheoretiker Terry Eagleton, auf dessen Ein- und Quersichten zur neueren Philosophie unter dem Leitmotiv der 'Ideologie des Ästhetischen' (1990) ich im folgenden mehrfach

Bezug nehmen werde, bemerkt, Kant erscheine für Hegel und stärker danach für Nietzsche als „ein zu zart besaiteter und halb weibischer Eunuch, der sich unentschlossen auf der Schwelle zum Vollbesitz des Seins herumdrückt, ohne potent und mannhaft einzudringen" (S.126). Traditionell galt der Geist im patriarchalen Denken als das männliche und 'formgebende' Prinzip gegenüber der Natur und 'Mutter' Materie (vgl. Anmerkung 30).

181 In jüngster Zeit sind allein mehrere technikphilosophische Ansätze entwickelt worden, die in ganz unterschiedlicher Weise Anregungen aus der 'Kritik der Urteilskraft' beziehen. Johannes Rohbeck will die Etablierung einer 'technologischen Urteilskraft', einer praktischen (ethischen) Urteilskraft bezüglich der realen Technik, forcieren (1993). Rainer Schubert sucht in einer 'modernen Kritik der Urteilskraft' den Ansatzpunkt für ein Modell einer nicht individualistischen Philosophie des technischen Handelns (1989). Vgl. auch unten Anmerkung 216.

182 Die Möglichkeit und Notwendigkeit des *Denkens als ob* ist ein zentrales Moment der Kantschen Philosophie. In moralphilosophischer Hinsicht argumentiert Kant bereits in der 'Grundlegung zur Metaphysik der Sitten': „Ich sage nun: Ein jedes Wesen, das nicht anders als *unter der Idee der Freiheit* handeln kann, ist eben darum, in praktischer Rücksicht, wirklich frei, d.i. es gelten für dasselbe alle Gesetze, die mit der Freiheit verbunden sind, eben so, als ob sein Wille auch an sich selbst, und in der theoretischen Philosophie gültig für frei erklärt würde." (1785, S.100; vgl. auch die Hinweise zur 'Philosophie des Als Ob' bei Schubert 1989, bes. S.124ff.) Entscheidend ist dabei, daß das Denken *als ob* nicht als Fremd- oder Selbsttäuschung verstanden werden darf. Es geht gerade darum, daß der Mensch *nicht* nach dem Muster eines von Gott als beseelter Automat geschaffenes Wesen gedeutet werden darf – ein Wesen, „gezimmert und aufgezogen von dem obersten Meister aller Kunstwerke, und das Selbstbewußtsein würde es zwar zu einem denkenden Automate machen, in welchem aber das Bewußtsein seiner Spontaneität, wenn sie für Freiheit gehalten wird, bloße Täuschung wäre" (Kant 1788, S.181). 'Denken als ob' ist vielmehr Ausdruck der Undurchdringlichkeit und Unzugänglichkeit der Wirklichkeit, des 'Dings an sich', für den Menschen.

183 Zu diesem verschwiegenen Implikat der Normierung der Kommunikation, die der Kompatibilität im 'Kommunikationsnetz' zugrunde liegt, s. Steinmüller (1993), insbes. S.285f.

184 'Erkenntnis' bzw. 'Erkenntnisvermögen' verwendet Kant selbst in seiner tabellarischen Übersicht über die Architektur seines Systems, an die ich mich hier anlehne, doppelt: einmal als Oberbegriff zu Verstand, Vernunft und Urteilskraft (wofür ich hier 'Quelle der Erkenntnis' gesetzt habe), zweitens als das spezielle dem Verstand korrespondierende 'Vermögen des Gemüts' (s. Kant 1790, S.LVIII).

185 Kant meidet im Bemühen um eine deutsche Terminologie in der Philosophie meistens den traditionellen lateinischen (und heute aus dem Englischen wieder verstärkt ins Deutsche dringenden) Begriff, er kann aber 'Imagination' tatsächlich synonym zu 'Einbildungskraft' gebrauchen (s. Kant 1781, S.233).

186 Bei wissenschaftlichen Konzepten und Ansätzen verbirgt sich eine ähnliche Idee der Funktionalität hinter dem Begriff der 'Fruchtbarkeit'.

187 Genaugenommen unterscheidet Kant: Es gebe einerseits die *Regelmäßigkeit* eines Gegenstandes, die Gefallen findet, da sie ihn *im Hinblick auf Zwecke* begreifbar und insofern zweckmäßig macht, andererseits die „freie und unbestimmt-zweckmäßige Unterhaltung der Gemütskräfte, mit dem, was wir schön nennen, und wobei der Verstand der Einbildungskraft und nicht diese jenem zu Diensten ist" (Kant 1790, S.71) Sicherlich zu Recht erklärt er: „Alles Steif-Regelmäßige (was der mathematischen Regelmäßigkeit nahe kommt) hat das Geschmackwidrige an sich: daß es keine lange Unterhaltung mit der Betrachtung desselben gewährt, sondern, sofern es nicht ausdrücklich das Erkenntnis, oder einen bestimmten Zweck zur Absicht hat, lange Weile macht. Dagegen ist das, womit Einbildungskraft ungesucht und zweckmäßig spielen kann, uns jederzeit neu, und man wird seines Anblicks nicht überdrüssig." (S.72) Das *reine* Geschmacksurteil kann sich nur über *reine* Zweckmäßigkeit freuen und kann, ohne daß sich die ihm zugrundeliegende Lust mindert, nicht auf Zwecke Bezug nehmen. 'Funktionalem' wohnt nun oft eine Tendenz zum 'Steif-Regelmäßigen' inne, von daher ist es oft nicht sonderlich attraktiv. Dennoch kann es als Hinweis auf das Vermögen

des Geschmacks dienen, zumal Kant im weiterer Verlauf seiner Argumentation auch die reine Zweckmäßigkeit wieder mit Zwecken in Verbindung bringt.

188 Jürgen Court (1990) verweist ausdrücklich auf Arendts Übertragung von Ansätzen aus der 'Kritik der Urteilskraft' in die Politische Philosophie, geht aber in seiner pädagogischen Reflexion ganz getrennte Wege (wie ich skizzieren werde).

189 Schon 1958 hat Arendt beobachtet: „Die Freiheit erscheint in der *Urteilskraft* als ein Prädikat der Einbildungskraft, nicht des Willens, und die Einbildungskraft hängt aufs engste mit jener 'erweiterten Denkungsart' zusammen, welche die politische par excellence ist, weil wir durch sie die Möglichkeit haben 'an der Stelle jedes anderen zu denken.'" (Arendt 1958a, S.216)

190 Das entscheidend Neue an Kants Gedanken hier ist tatsächlich, daß die Urteilskraft in den Empfindungen der Lust und Unlust über einen autonomen Indikator ihrer Betätigung verfügt (vgl. etwa Kant 1790, S.LVI). Ansonsten hat Kant bereits in der 'transzendentalen Dialektik' der 'Kritik der reinen Vernunft' den Begriff der 'regulativen Ideen' entwickelt, die ebenfalls den Naturgesetzen die Gestalt des Zweckmäßigen verleihen, allerdings nur aus *spekulativem Interesse* (Kant 1781, S.714), das heißt ganz innerhalb der Kreise des gesetzgebenden Verstandes. Zur Parallelität zwischen der 'Kritik der Urteilskraft' und der 'Kritik der reinen Vernunft' s. Sutter (1988), S.178ff.

191 Eagleton (1990) entwickelt diese Perspektive auf die neuere Philosophiegeschichte in aller Ausführlichkeit.

192 Vermutlich existiert über den Hegelschen und Marxschen Prozeßbegriff auch eine historische Verbindung.

193 Schiller behandelt nicht zufällig (1793) die Anmut der *Venus* (bzw. Aphrodite): einer Göttin, bei der die Vorstellung von Weiblichkeit schon in der Antike ganz nach patriarchalen Rollenzuschreibungen umgeformt wurde (s. Ranke-Graves 1960, insbes. S.60).

194 Was insbesondere zu den Antinomien im Konzept des pädagogischen Takts führt, die Oelkers (1989, S.68f.) beschreibt.

195 Die klassische Kantsche Fassung der Problematik von 'theoretischem' Ziel und 'praktischer' Methode der Erziehung lautet: „Eines der größten Probleme der Erziehung ist, wie man die Unterwerfung unter den gesetzlichen Zwang mit der Fähigkeit, sich seiner Freiheit zu bedienen, vereinigen könne." (Kant 1803, S.32) Diese moraltheoretische Überlegung geht dann fließend in die Problemstellung der theoretisch 'unbeherrschbaren' *Komplexität* der konkreten Praxissituationen über (bzw. des der Erziehung inhärenten 'Technologiedefizits'; Luhmann und Schorr zufolge diente umgekehrt die moraltheoretische Fassung der Erziehungsaporie von vorneherein nur der Verhüllung des Technologiedefizits; vgl. Abschnitt 2.4). 'Theorie' und 'Praxis' ist hierbei nicht mehr im kantianischen Sinn zu verstehen.

196 Gegen den Anschein in Herbarts 'Umriß pädagogischer Vorlesungen' (1835), wo es klingt, als gehe Herbart von einem deduktiven Zweck-Mittel-Verhältnis zwischen ethischer Theorie und psychologischer Erschließung der Handlungsbedingungen aus (s. inbes. §2), weist Oelkers darauf hin: „Herbart definiert die *Wissenschaft* der Erziehung über eine Zweck-Mittel-Beziehung, das pädagogische *Handeln* selbst jedoch nicht. Nur so kann verdeckt werden, daß seine Psychologie wohl mathematische Gesetze und seine Ethik allgemeine praktische Ideen formulieren, die aber gerade nicht in eine zweckrationale Struktur der Erziehung transferiert werden." (1989, S.65)

197 Insbesondere läßt sich der Begriff der pädagogischen *Methode* nicht auf einen Nenner mit einem Konzept des technischen Mediums bringen, so sehr Methoden und Medien üblicherweise in einem Atemzug genannt werden. Bzw. es bleibt nichts anderes übrig, als daß, wie in Abschnitt 5.6 festgestellt, letztlich der Lehrer als Inbegriff des Mediums erscheint. Zum nichttechnischen (und prinzipiell mit einem technischen Zugang unvereinbaren) Charakter des 'pädagogischen Takts' als Kern des methodischen Handelns vgl. auch die Erläuterungen Hans Thierschs (die im Kontext der geisteswissenschaftlichen Pädagogik stehen, die nachwirkt, auch wo sie nicht explizit vertreten wird): Thiersch führt aus, methodisches Handeln bestehe in der Strukturierung von Aufgaben in der Situation. „Organ solchen Strukturierens" sei Herbarts 'pädagogischer Takt', „der Takt als Organon der praktischen Vernunft, als Fähigkeit, ohne regulierende und gleichmachende Schematismen, ohne vergewaltigende Regel, ohne unangemessene Generalisierungen, vor dem Hintergrund allge-

meinen Wissens und allgemeiner Zielorientiertheit je in der Situation das in der Situation Mögliche und Angemessene zu tun" (1983, S.94). Die Begriffe 'Organ' bzw. 'Organon' sind Entlehnungen aus dem griechischen Wort für 'Werkzeug'. Allerdings sollen sie hier die Existenz einer Kategorie einer personengebundenen, sozusagen dem menschlichen Leib nahen Instrumentalität suggerieren, die von technischer Zweck-Mittel-Rationalität (welche stets auf der Grundlage von 'gleichmachenden Schematismen' operiert) getrennt werden könne und müsse.

198 Die alleinige Referenz auf männliche Subjekte ist dem historischen Kontext hier sicherlich angemessen.

199 Luhmann und Schorr stellen in diesem Zusammenhang fest: „Der Erzieher wird so über Moral verpflichtet, etwas zu tun, was er nicht begreifen kann; etwas für möglich zu halten, von dem er die Bedingungen der Möglichkeit nicht einsehen kann." (1979b, S.145)

200 Court geht dabei von einem Subjektbegriff bezüglich des *Zöglings* aus, der sich am Kantschen Begriff vom Organismus als eines sich selbst organisierenden Naturwesens orientiert. Kant selbst wäre allerdings die Übertragung dieses Begriffs auf Menschen (bzw. *Subjekte*) nicht in den Sinn gekommen. Seine Analyse des Organismuskonzepts in der 'Kritik der Urteilskraft' läuft darauf hinaus, daß der menschliche Verstand einen natürlichen Organismus nicht anders als nach einem *Maschinenmodell*, quasi als von einem übermenschlichen Handwerker zweckmäßig konstruiert, betrachten kann (s. Sutter 1988, S.194ff.) – eine äußerst ungünstige Voraussetzung, um hierauf einen Begriff des Subjekts zu gründen.

201 Wobei Kant selbst sich zu dieser Frage ambivalent äußert. In seiner Pädagogikvorlesung (1803) erklärt Kant einerseits: „Die erste Epoche bei dem Zöglinge ist die, da er Unterwürfigkeit und einen passiven Gehorsam beweisen muß; die andere, da man ihm schon einen Gebrauch von der Überlegung und seiner Freiheit, doch unter Gesetzen, machen läßt." (S.28) Andererseits fordert er, „daß man das Kind, von der ersten Kindheit an, in allen Stücken frei sein lasse (ausgenommen in den Dingen, wo es sich selbst schadet, z.E. wenn es nach einem blanken Messer greift), wenn es nur nicht auf die Art geschieht, daß es anderer Freiheit im Wege ist, z.E. wenn es schreiet, oder auf eine allzulaute Art lustig ist, so beschwert es andere schon." (S.32f.)

202 Daß dieses Thema heute auf der Tagesordnung steht, hat natürlich mit dem Wandel der Produktionsbedingungen zu tun (vgl. Röder 1989a).

203 Die sich in der Diskussion über Expertensysteme zeigende Unschärfe des Begriffs vom 'Experten' rührt daher, daß 'Expertenwissen' sich partiell tatsächlich lediglich in der Verfügung über bereits systematisch vorliegende Informationen eines Spezialgebiets zeigt (wie sie auch ein Computer bereitstellen kann). Andererseits sieht ein menschlicher Experte mindestens sich selbst lieber auf der Seite des kreativen Genies als auf Seiten einer stumpfen (Computer-) Gelehrsamkeit. Tendenziell hat er damit wohl recht; nur daß er in dieser Hinsicht gegenüber anderen Personen mit ihren auf ganz alltägliche 'Domänen' bezogenen Fähigkeiten keinen Vorrang beanspruchen kann. Wie ein Kommentar Kants zum Verhältnis von Genie-Experten und System-Experten liest sich auch folgende Definition: „Man sieht hieraus, daß Genie 1) ein *Talent* sei, dasjenige, wozu sich keine bestimmte Regel geben läßt, hervorzubringen" (Kant 1790, S.182).

204 Vgl. auch Röder (1989b).

205 Anstatt daß umgekehrt Subjektlernen als approximativer Grenzfall etwa eines Skinnerschen Lernmodelles erscheint.

206 Vgl. Kants Differenzierung in der 'Anthropologie': „Büchergelehrsamkeit vermehrt zwar die Kenntnisse, aber erweitert nicht den Begriff und die Einsicht, wo nicht Vernunft dazu kommt." (Kant 1798, S.166)

207 Ob letztlich Verstand und Einbildungskraft Leistung eines einzigen tiefen Vermögens des menschlichen Geistes sind, ist eine schwierige Frage (der Kant-Interpretation ebenso wie real). In der Einleitung der 'Kritik der reinen Vernunft' spricht Kant davon, daß die beiden 'Stämme der menschlichen Erkenntnis', *Verstand* und *Sinnlichkeit*, „vielleicht aus einer gemeinschaftlichen, aber uns unbekannten Wurzel entspringen" (Kant 1781, S.29). Nach Hannah Arendt liegt die gemeinsame Wurzel für Kant letztlich in der Einbildungskraft, (die er jedenfalls als Quelle der für die

Erkenntnis allein zugänglichen Repräsentationen der Sinnlichkeit ansieht) – s. Arendt (1982), S.107.

208 Es geht dabei um die transzendentale *Möglichkeit* einer Identität, die nicht etwa unmittelbar empirisch anzutreffen ist: „Das Bewußtsein seiner selbst, nach den Bestimmungen unseres Zustandes, bei der innern Wahrnehmung ist bloß empirisch, jederzeit wandelbar, es kann kein stehendes oder bleibendes Selbst in diesem Flusse innrer Erscheinungen geben, und wird gewöhnlich der *innre Sinn* genannt, oder die *empirische Apperzeption*." (Kant 1781, 1.Aufl. S.107)

209 Die Kantinterpretation weist insbesondere auch auf die enge Verwandtschaft des bestimmenden Urteils der 'gewöhnlichen' Erkenntnis und des ästhetisch-reflektierenden Urteils (wie es unter anderem den wissenschaftlich Fortschritt lenkt) hin. „Die reflektierende Urteilskraft offenbart und befreit einen Grund, der in der anderen verborgen blieb. Aber schon die andere war nur durch diesen Grund lebendig." (Deleuze 1990b, S.124) Zur zentralen Position der Urteilskraft in der Kantschen Philosophie – die als eine Untersuchung über die Quellen und Kriterien des Urteilens angesehen werden kann – s. auch Riedel (1989).

210 Kant hat sich unter dem Titel des 'Schematismus des Verstandes' unmöglich Scheinendes vorgenommen: wie Sinnlichkeit und reiner Verstand konzeptionell zusammenzubringen sind (und so letztlich empirische Urteile allgemeiner Gültigkeit gefällt werden können). Mark Johnson bemerkt zu dem Textzusammenhang: „The section on productive imagination is one of the most difficult and obscure passages in all of Kant's writing. This is not surprising, since he is probing the very emergence of structure in the depths of our experience." (1987, S.151) Die gesamte Darstellung in der 'Kritik der reinen Vernunft' – die Kant selbst für die zweite Auflage komplett umarbeitete – hat schon Generationen von Kantspezialisten beschäftigt (vgl. Grondin 1994, S.62ff).

211 Vgl. im Detail auch die Parallelität zwischen der Feststellung der Notwendigkeit von 'Mutterwitz' als der Naturgabe zur Betätigung der Urteilskraft, für die es keine allgemeinen Vorschriften geben kann (vgl. Kant 1781, S.171f.) und der Charakterisierung des Genies als des Talents, das hervorzubringen, wozu sich keine bestimmte Regel geben läßt (Kant 1790, S.182).

212 (Menschliche) Kinder reagieren auf diesen sogenannten Rouge-Test erst ab dem 18. Lebensmonat wie Tuan (vgl. Largo 1995, S.79f.).

213 Kant schließt mit dem Konzept der 'ästhetischen Idee' in charakteristischer Weise an zentrale Figuren Platonischer Metaphysik an: Eine Platonische 'Idee' (die stets auch mit 'Ästhetik' verknüpft ist) kann auf ganz ähnliche Weise wie die Kantsche 'ästhetische Idee' beschrieben werden. Nur hat sich seit der Antike radikal subjektiviert, was Ästhetik bedeutet. Nun steht die 'Idee' nicht mehr für die übersinnliche und überbegriffliche Essenz des objektiven Seins, sondern für den übersinnlichen und übergrifflichen Zielpunkt menschlichen Denkens (der letztlich dann freilich für Kant doch. auf eine der theoretischen Vernunft nicht zugängliche Weise, mit der Natur verbunden ist).

214 In der 'Anthropologie' stellt Kant in diesem Sinne fest: „Das eigentliche Feld für das Genie ist das der Einbildungskraft; weil diese schöpferisch ist, und weniger, als andere Vermögen, unter dem Zwange der Regeln steht, dadurch aber der Originalität desto fähiger ist." (1798, S.160) – Gilles Deleuze weist übrigens darauf hin, warum Kant in der 'Kritik der Urteilskraft' ein Interesse an einer herausgehobenen Rolle des Genies hat: Als 'Talent' und das heißt *Natur*gabe, als 'angeborene Gemütslage', (Kant 1790, S.181) soll das Genie die Gewähr bieten, daß es im Subjekt letztlich die Natur ist, die der ästhetischen Produktivität in der Kunst die Regel gibt. So sorgt das Genie für die Einheit alles Schönen und für dessen generellen Verweischarakter auf das sittlich Gute. Es drückt damit „die übersinnliche Einheit aller Vermögen aus, und drückt sie als lebendig aus" (Deleuze 1990b, S.119). Zur historischen Einordnung des Kantschen Geniekonzepts vgl. Schmidt (1985).

215 Es sei darauf hingewiesen, daß sich auch die (in Kapitel 6 angeführten) Überlegungen Michael Polanyis zur fundamentalen Bedeutung des impliziten oder 'schweigenden' Wissens für wissenschaftliche Erkenntnisse (Polanyi 1966) als beispielhafte Ausführungen zur hier entwickelten kantianischen Vorstellung vom Subjektlernen deuten lassen, ebenso die vielzitierte Darlegung der Brüder Dreyfus (1986), daß Intuition – sprich Imagination – für das Handeln des wahren Experten eine fundamentale Rolle spielt.

216 Das weite Feld, das sich hier auftut, sei mit den beiden in Anmerkung 181 schon erwähnten Arbeiten von Johannes Rohbeck und Rainer Schubert angedeutet. Rohbeck (1993) bezieht aus Kants Konzept einer ästhetischen, spielerischen Funktionalität, die sich autonom (und nicht unmittelbar durch einen Bezug auf ethisch zu wertende Zwecke) bestimmt, ein zentrales Motiv seines Projekts der Entwicklung einer 'technologischen Urteilskraft'. 'Technologische Urteilskraft' soll dann nämlich die relative Selbständigkeit, über die gegenständliche Mittel im Verhältnis zu abstrakten Zwecken verfügen, pragmatisch würdigen. Demgegenüber kritisiert Schubert die (Pseudo-) Autonomsetzung von Technik. Er stellt diesem überkommenen Verfahren das Modell eines technischen Handelns gegenüber, das von vorneherein in eine ethische, dialogische Urteilsbildung verwoben ist (1989).

217 Charakteristisch ist, daß in einer internationalen Tagung, die das Thema 'Geist und Natur' behandelt, die Hauptbeiträge in der Abteilung 'Geist, Gehirn, Ästhetische Wahrnehmung' von einem Mediziner, einem Biokybernetiker, einem Neuropsychologen und einem Physiologen stammen (s. Dürr und Zimmerli 1989).

218 Velichkovsky stellt dies fest (1988, S.25); vgl. auch die Hinweise zur Geschichte des Schemabegriffs in der Kognitionspsychologie bei Dutke (1994, S.23f.).

219 Vgl. John R. Andersons Erklärung: „Schemata sind als geordnete Menge von Leerstellen oder Attributen organisiert. Eine dieser Leerstellen spezifiziert Schemata, die einen höheren Allgemeinheitsgrad aufweisen als das jeweilige Schema selbst. An den anderen Leerstellen werden Schemata spezifiziert, die untergeordnete Bestandteile definieren." (Anderson 1988, S.103)

220 Bei einer mathematischen Präzisierung des kognitivistischen Schemabegriffs (die ja ganz im Sinne des kognitivistischen Ansatzes liegt) läßt sich sogar wiederum, analog zum im Kapitel 6 Dargestellten, mit mathematischer Exaktheit nachweisen, daß die extensionale Rekonstruktion von Intensionalität nicht wie gewünscht funktioniert: Das kognitivistische 'Schema'-Konzept ist orientiert an Konstrukten der Logik bzw. Programmiersprachentheorie, die meist 'Frames' genannt werden. Ein Formalismus, der die Repräsentationsvorstellung, die sich mit dem Frame-Konzept verbindet, in besonders hohem Maße ausdrückt, wurde unter dem Titel 'KL-ONE' entwickelt (vgl. Richter 1989, insbes. S.341, sowie Baader et al. 1992; 'KL' steht für *Knowledge Language*). Manfred Schmidt-Schauß hat nun das, in seinen Worten, *nasty result* gezeigt, daß die Frage, ob ein KL-ONE-Konzept (das einem Schema bzw. einem Begriff entspricht) einem anderen subsumiert werden kann (ein Unterbegriff des anderen ist), sich nicht mit einem allgemeinen automatischen Verfahren beantworten läßt (Schmidt-Schauß 1988, Zitat S.7; vgl. auch Baader et al. 1992). Diese Feststellung steht in direkter Verbindung zur Unentscheidbarkeit des Turingschen Halteproblems (s. Kapitel 6) und ist ihr äquivalent.

221 Eine Ahnung von der Bedeutung des Subjekthandelns taucht heute in der 'tätigkeitstheoretischen' Orientierung neuerer psychologischer Ansätze wieder auf (s. Velichkovsky 1988, vgl. etwa auch Volpert 1992b).

222 Vgl. Kants Vermutung, daß Verstand (als Hüter der Identität) und Sinnlichkeit (die Spontaneität der Imagination) aus einer gemeinsamen Wurzel entspringen (s. oben Anmerkung 207). – Ich gebe dem Aspekt von der *Identität* von Kohärenz/Identität und Spontaneität/Differenz im Subjekthandeln den Vorrang, entgegen der Gewichtung in aktuellen differenztheoretischen Ansätzen, deren Verfechter sich auch immer wieder auf Kant beziehen. Bateson irrt aber nach meiner Auffassung in seiner Interpretation, daß für Kant in der 'Kritik der Urteilskraft', der elementarste ästhetische Akt in der *Auswahl* einer Tatsache besteht (s. Bateson 1972, S.582). Die ästhetische Spontaneität führt bei Kant auf unerahnte *Verbindungen*. Sie reduziert nicht Komplexität durch Auswahl, sondern reichert das Welt-Bild an, indem sie einen Kristallisationskeim ins Unbestimmte trägt: eine ästhetische Idee, „die für sich allein so viel zu denken veranlaßt, als sich niemals in einem bestimmten Begriff zusammenfassen läßt, mithin den Begriff selbst auf unbestimmte Art ästhetisch erweitert" (Kant 1790, S.194; vgl. auch S.192f.). Und sicherlich ist für Kant die Idee nicht – wie Bateson ebenfalls suggeriert – der *Unterschied*, der eine Auswahl ermöglicht (eine atomisierbare Information). Sondern sie steht primär für eine *Einheit* von Phänomenen oder Begriffen jenseits der selektierenden und konstruktiven Operationen des Begriffs. Dies betrifft nicht nur die ästhetische Idee in der 'Kritik der Urteilskraft', sondern auch die transzendentale Idee in der 'Kritik der reinen Vernunft', von der Kant ausdrücklich sagt, daß sie ein *focus imaginarius*, ein imaginärer perspek-

tivischer Brennpunkt ist, der den Verstandesbegriffen die größte Einheit und die größte Reichweite verschafft (Kant 1781, S.672). Zum differenztheoretischen Denken vgl. auch etwa Luhmanns Plädoyer für die *Differenz* von Identität und Differenz als Paradigma für die Theorie selbstreferentieller Systeme, insbesondere für das Verstehen der Handlungen von Subjekten (Luhmann 1987, S.26).

223 Für eine Darstellung s. etwa das Kapitel 'Quantum magic and quantum mystery' in Penrose (1989).

224 Womit es in der alten Tradition der Entwertung von Materialität (gleich Natur gleich Frau) steht. Die Gegenbewegung und die Diskussionen um sie werden deshalb mit gutem Grund heute von feministischen Autorinnen geprägt, für eine Übersicht s. List (1994).

225 Der sich selbst allerdings als Platoniker versteht und, in den wechselseitigen Interdependenzen, der Geisteswelt die Priorität geben würde. Vgl. etwa den Schlußabschnitt der 'Shadows of the Mind' (Penrose 1994). Bereits der Buchtitel spielt unter anderem auf Platons 'Höhlengleichnis' (vgl. Abschnitt 3.3) an, in dem die empirischen Phänomene als 'Schatten' der idealen Wesenheiten der geistigen Welt charakterisiert werden.

226 In der empirischen Kognitionspsychologie werden Hinweise auf entsprechende Phänomene unter dem Titel der 'Inhaltsgebundenheit schlußfolgernden Denkens' vermerkt (s. Dutke 1994, S.28ff.). Allerdings scheinen die Beobachtungen dabei tendenziell als Zeichen der Defizienz des menschlichen Denkens gewertet zu werden.

227 Auch in der kognitivistischen Forschung werden die Beobachtungen Johnsons und anderer zur Kenntnis genommen. So räumt Gerhard Helm in der Zeitschrift 'KI' ein: 'Alles Denken ist metaphorisch' (Helm 1993). Die Einsicht, daß es Denken im Sinne menschlichen Denkens „ohne einen erfahrbaren Körper und ohne Möglichkeit, aktiv auf die Umwelt einzuwirken“ (S.75) nicht geben kann, wird allerdings allzu rasch umgemünzt in die Suggestion, daß auch 'künstlich intelligente' Roboter mit entsprechenden Erfahrungsmöglichkeiten ausgestattet werden könnten. In diesem Sinn ist wohl auch der, wenn auch sehr vorsichtig formulierte, Schlußsatz Helms zu lesen: „Solange die KI ihren Wesen also vorenthält, die Welt (im wörtlichen Sinne) zu begreifen, werden sie nicht in der Lage sein, die Welt zu begreifen (im metaphorischen Sinne).“ (Ebd.)

228 Bereits Thomas von Aquin hat unterschieden (s. Scheerer 1990, S.11): Es gebe erstens die Repräsentation nach Art eines dem Original adäquaten Bildes oder Modells, *repraesentatio per modum imaginis*. Als Beispiel führte er unter anderem die Götterstatue an (die funktionelles Ebenbild, *simulacrum*, des Gottes war). Zweitens könne Repräsentation lediglich Spur von und Indiz für etwas wesensmäßig Verschiedenes sein, *repraesentatio per modum vestigii*. Daß es nicht nur die Möglichkeit der Repräsentation per Wesensähnlichkeit gibt, sollte auch in der Konzeptualisierung von Medien beachtet werden.

229 In 'Vita activa' (Arendt 1958b) hat Arendt in diesem Zusammenhang den Menschen durch seine 'Gebürtlichkeit', seine 'Natalität' charakterisiert: „Weil jeder Mensch auf Grund des Geborenseins ein *initium*, ein Anfang und Neuankömmling in der Welt ist, können Menschen Initiative ergreifen, Anfänger werden und Neues in Bewegung setzen.“ (S.166, vgl. auch S.167) Auch in ihrem nachgelassenen Werk (Arendt 1982) nimmt dieser Gedanke eine zentrale Position ein (s. dort die zahlreichen Stellen zum Stichwort 'Geburt, Gebürtlichkeit'). Und bereits in Arendts Aufsatz 'Was ist Existenzphilosophie?' (1946) klingt das Motiv für ihn an, indem sie sich gegen die Heideggersche Auffassung des menschlichen Daseins als 'Sein zum Tode' wendet (die den Menschen, gegen Kant, als ein partikularisiertes Wesen in radikaler Vereinzelung begreift). Zur Tradition der Todesverehrung in der westlichen Philosophie vgl. auch Cavarero (1992), die sich wiederum auf Arendts Gesichtspunkt der Natalität als Ausgangspunkt eines neuen Denkens beruft (S.16).

230 Die moderne Physik bestätigt die enge Verknüpfung der Vorstellungen von Zeit und Kausalität: Im relativistischen Raum-Zeit-Modell gibt es keine 'an sich verstreichende', absolute Zeit und daher nicht allgemein die Möglichkeit zu bestimmen, welches von zwei Ereignissen vor dem anderen liegt. Genau dann jedoch, wenn das eine Ereignis auf das andere eine – maximal mit Lichtgeschwindigkeit vermittelte – *Wirkung* ausüben kann, steht die *zeitliche Abfolge* (entsprechend der raum-zeitlichen Richtung des Einflusses) eindeutig fest (wobei die beiden Ereignisse eventuell auch

als gerade noch gleichzeitig wahrgenommen werden können). Vgl. etwa Penrose (1989), S.193-201 (auch die Zeichnung S.287). Penrose schildert andererseits (s. insbesondere 1994, etwa Abschnitt 7.10), daß vor allem die Schwierigkeiten bei der Integration von Schwerkraftwirkungen in die Quantenmechanik nahelegen, daß bei quantenmechanischen Effekten lokal die herkömmlichen Zeit- wie auch Kausalitätsbedingungen aufgehoben sein könnten – bis dahin, daß *Zeitschleifen* existieren, die Kausalität im üblichen Sinn ad absurdum führen. Gerade in solchen Effekten will Penrose dann die Möglichkeit einer nicht- (klassisch-) mechanischen Erklärung von Bewußtsein gründen.

231 Welche sich im Sinne von Penroses Argumentation (s. die vorherige Anmerkung) letztlich als unterschiedliche Niveaus der physikalischen Theorie rekonstruieren lassen würden.

232 Bei der Weissagung des Ammon handelt es sich um den von Sokrates kurz vorher erzählten Mythos, wie der ägyptische Gott Ammon den göttlichen Erfinder der Schrift abgekanzelt hat: „diese Erfindung wird den Seelen der Lernenden vielmehr Vergessenheit einflößen aus Vernachlässigung der Erinnerung, weil sie im Vertrauen auf die Schrift sich nur von außen vermittels fremder Zeichen, nicht aber innerlich sich selbst und unmittelbar erinnern werden“ (Platon ‘Phaidros’, 275a).

233 Die Platon-Interpretation hat durchaus Probleme, mit dieser paradoxen Stelle umzugehen, die die Sinnlosigkeit der schriftlichen Überlieferung aussagt und sie zugleich, als Teil von Platons schriftstellerischem Werk, dementiert (um sie in der Schwierigkeit ihrer Interpretation wieder zu bekräftigen). Vgl. die Feststellung Josef Derbolavs, der nach einer vermittelnden Auslegung sucht: „Platon hat hier offensichtlich den Bogen der Kritik bewußt überspannt und die verschriftete Sprache in ihrem ganzen Umfang entpädagogisiert, um die Lösung des Problems [der Theorie des philosophischen Schriftstellers], das ihn hier insgeheim bewegt, besonders deutlich hervortreten zu lassen.“ (Derbolav 1972, S.204)

234 DIN 66 234 Teil 8 sowie ISO 9241 Teil 10 (beides als Entwurf vorliegend) verlangen im Katalog der Anforderungen an die Gestaltung der ‘Dialoge’ bei Software ‘Selbstbeschreibungsfähigkeit’ bzw. ‘self-descriptiveness’. In einem älteren Entwurf war sogar ausdrücklich von ‘Selbsterklärungsfähigkeit’ die Rede (s. Nake 1988, S.35). Daß ungeachtet des Austauschs des Begriffs es nach wie vor hierum geht, zeigen die näheren Ausführungen zur Norm: „Ein Dialog ist selbstbeschreibungsfähig, wenn dem Benutzer auf Verlangen Einsatzzweck sowie Leistungsumfang des Dialogsystems erläutert werden können und wenn jeder einzelne Dialogschritt unmittelbar verständlich ist oder der Benutzer auf Verlangen dem jeweiligen Dialogschritt entsprechende Erläuterungen erhalten kann.“ (DIN Deutsches Institut für Normung 1990, S.193; zur ISO-Norm s. Prümper und Anft 1993)

235 Die Firma Microsoft hat 1995 eine graphische Benutzungsoberfläche vorgestellt, in der tatsächlich eine menschliche Figur namens ‘Bob’ auf dem Bildschirm wie ein menschlicher Assistent agieren soll.

236 Auch wo es bei der Suggestion realer Kommunikation nicht darum geht, den Computer bedienungsfreundlich zu machen, sondern sie als Mittel künstlerischer Gestaltung dient, steht am Ende die gleiche Erfahrung. Beinah wie ein Zitat aus Platons Medienkritik liest sich das Fazit der Besprechung eines avancierten Multimedia-Projekts der Performancekünstlerin Laurie Anderson: „Es dauert nicht lang, dann kennt man sich aus auf der Bildfläche. Ein jedes Ding hat hier eine verborgene Bedeutung, aber leider nur eine und immer dieselbe. Das ist weniger als keine, jedoch ein Grundübel bei allen bisher erschienenen künstlerischen CD-ROMs. Überall soll man tätig werden, aber es führt im Kreis. Hat man alle Stellen einmal angeklickt, ist man fertig. Dafür der Aufwand?“ (Dworschak 1995)

237 Selbst für Erinnerungen als solche, die nicht durch äußere Objekte gestützt werden, gilt das Entsprechende. Eine immer wieder durchgearbeitete Erinnerung erinnert irgendwann nur noch an den Prozeß des Sich-Erinnerns, nicht mehr an das Erinnerte – hierin liegt in der Psychotherapie die Chance der Milderung der Folgen psychischer Traumen.

238 Das drückt sich etwa in der Wirthschen Beschreibung der Datenstrukturen in der fundamentalen Rolle des *file* aus, s. Wirth (1983), S.8.

239 Vgl. Sybille Krämers Feststellung: „Wir verstehen die Idee der Formalisierung, wenn wir erklären können, warum wir mit formalen Beschreibungen keine Geschichten erzählen können." (Krämer 1988, S.1)

240 *Eigenwerte* eines Transformationsprozesses heißen in Mathematik und Physik Größen, die auf charakteristischen, 'eigenen' Achsen der Transformation liegen und deshalb immer wieder reproduziert werden. Das Medium muß im Sinne dieser Metapher mit einzelnen 'Achsen' der Subjektprozesse konform gehen. Die Metapher ist in den Theorien der Selbstorganisation sehr beliebt. Vgl. etwa Heinz von Foerster Charakterisierung von Objekten als '(be-)greifbaren Zeichen für Eigenverhalten', das heißt Eigenwerten in der rekursiven Operation der Erkenntnis (Foerster 1976, S.103). Die dort angeführte mathematische Metaphorik suggeriert allerdings, daß die Objekte ausschließlich als Aspekte der Erkenntnisprozesse erscheinen (oder auch dieser als ihre Artikulation) und damit die *Freiheit* des Bezuges auf sie verschwindet. (Ich ziehe es daher vor, von 'Rekurrenz' statt 'Rekursion' zu sprechen, und beziehe damit die Metapher nicht von deterministischen Modellen, sondern eher bei der Theorie – nichtdeterministischer – Markovprozesse.) Vgl. auch die Bemerkungen in Abschnitt 7.6 zu den Theorien der Systemselbstorganisation.

241 Vgl. auch Kants Unterscheidung von geistlos-mechanischer 'Nachmachung' und der 'Nachahmung', die eine interpretative Leistung eines Genie-Subjekts ist (s. Kant 1790, S.185 – der Unterschied ist nicht nur beim Bezug des Genies auf andere Geniewerke von Interesse).

242 Oder wie die Fuß-Spur zur Person, die sie hinterläßt. Vgl. die Unterscheidung der Begriffe der Repräsentation 'nach Art einer Spur' und 'nach Art eines Abbildes' schon bei Thomas von Aquin, s. oben Anmerkung 228.

243 Nach Krämer kennzeichnet es formalisierte bzw. mechanisierbare Systeme, daß sie als Systeme von Konfigurationen nicht bedeutungsbehafteter, lediglich sinnlich unterscheid- und konfigurierbarer Objekten betrachtet werden können (1988, S.1ff., s. auch Abschnitt 6.6).

244 Die hier vorgeschlagene Vorstellung des Verhältnisses von Medium und Subjekt reproduziert die Bestimmung des Verhältnisses von Erkenntnis bzw. ästhetischem Erkenntnis-Urteil und ethischem Handeln bei Kant (die Verbindung beider soll allerdings nicht in einer metaphysischen Natur, sondern in den sinnlichen Formen des Mediums liegen).

245 Capurro verwendet den Begriff einer *schwachen Technologie*, welches die *gute Technologie* sei, die auf die soziale Dimension ihrer Anwendung ausdrücklich Bezug nimmt (1990, S.317). Vgl. auch sein Plädoyer für einen 'schwachen oder offenen Konstruktivismus' im Kontext der 'Betonung der Potentialität der menschlichen Imagination in einem dialogischen Prozeß der Sinnerzeugung' (Capurro 1992, S.374). Wenn sich dabei nicht nur die Aporie von Technik und Ethik wiederholen soll (und auch nicht nur auf die freiwillige ethische Ausrichtung neuer Informatikkonzepte gesetzt werden soll), ist die entscheidende Frage jedoch, wie ein Konzept aussehen soll, nach dem die Technologie im Verhältnis zum Subjekt *faktisch* als 'schwach' konzipiert und konstruiert werden kann und nicht nur ihrer Anwendung ethische Bremsen gesetzt werden (die zwangsläufig zu spät greifen, wenn etwa die Technik im pädagogischen Kontext bereits im Ansatz Subjekte zu Objekten macht).

246 Wie bei konstruierten Medien zeigt sich im phonetischen System eine primäre narrative Funktion der Elemente. Die Phoneme haben eigene Konnotationen. Es kann vermutet werden, daß sie eine ursprüngliche, lautmalerische Bedeutung tragen. Nur deswegen wissen wir intuitiv mit dem Fauchen von Katzen umzugehen oder kann die literarische Sprache damit arbeiten, daß Zischlaute sich eher mit Aggression und Ablehnung assoziieren als ein offenes 'a' oder 'o'. Schon Platon hat in diesem Sinne eine ganze Theorie der Wortbedeutungen ausgearbeitet – um sie freilich als unzulänglich zurückzuweisen (vgl. Derbolav 1972, bes. S.70-72). Die onomapoetischen (eigentlich: die das Wort bzw. das Phonem hervorbringenden, 'natürlichen') Konnotationen der Phoneme bleiben nur lebendig, soweit die semiotischen Prozesse sie nicht abschleifen und neutralisieren, sondern immer wieder reaktualisieren.

247 In gewissen Aspekten der Metaphorik ähnelt der hier entwickelte Mythos des Mediums als sozusagen einem partiellen Resonator für Subjektprozesse der Skinnerschen Vorstellung, daß Medien ein gewünschtes Verhalten 'verstärken' können. Nach Skinnerschen Prinzipien soll jedoch der Subjektprozeß kleinschrittig geführt und damit letztlich adäquat im Medium abgebildet werden.

Das Medium agiert dabei auf dem Niveau des Subjekts. Faktisch wird dadurch Lernen als kreative Erweiterung der Subjektfähigkeiten verhindert. Bzw. (vgl. Kapitel 5), die Lernenden brechen aus der vorgegebenen Situation aus und lernen auf der Metaebene, wie die Skinnerschen Tests konstruiert und in anderer Weise als nach den Lehrintentionen zu bewältigen sind. Skinnersche Vorstellungen werden derzeit auch vor dem Hintergrund 'konstruktivistischer' Ansätze rehabilitiert (s. Abschnitt 6.7), in genauem Gegensatz zu dem hier Vertretenen allerdings in Richtung auf eine Perfektion der Kontrolle der Umweltbedingungen des Handelns.

248 Worauf übrigens auch schon Platon hinwies, als er im Ammonmythos formulierte (s.oben Anmerkung 232), nur die eigene, aktive Erinnerung an eine Idee, und nicht, nur von außen an sie zu erinnern, tauge etwas. Sonst bringe man „von der Weisheit den Lehrlingen nur den Schein bei, nicht die Sache selbst" (Platon 'Phaidros', 275a, vgl. auch Derbolav 1972, S.199f.).

249 Wohingegen ein narratives Medium bzw. ein Medium, solange es als narrativ gelten kann, eher aufzufassen wäre, daß es, als Fake der Spontaneität eines Subjektprozesses, der *Imagination* Angebote für Betätigungsformen zur Verfügung stellt.

250 Vgl. Grondin (1994), S.58f., weitergehend auch Riedel (1989), insbes. Abschnitt 2, 'Vernunft und Sprache'.

251 Zum deutschen Idealismus vgl. Eagletons Kapitel 'Die Welt als Kunstgebilde', Eagleton (1990), Kap.V.

252 Vgl. Arendts Deutung der Husserlschen Philosophie in ihrem Essay 'Was ist Existenzphilosophie?' (1946). Zu Husserl s. auch unten Anmerkung 288.

253 Arendt wirft in 'Was ist Existenzphilosophie?' (1946) dem aus der Husserlschule hervorgegangenen Martin Heidegger, wahrscheinlich der einflußreichste nichtrationalistische Philosoph des 20. Jahrhunderts, einen phänomenologisch legitimierten 'existentialen' Funktionalismus vor, in dem, einer zweifelhaften formalen Gottähnlichkeit zuliebe, Freiheit und Verantwortlichkeit des Menschen ausgeschaltet würden. In diesem undialektischen Funktionalismus liegt der essentielle Grund der Fremdheit der Heideggersch inspirierten Ansätze in der Theorie der Informatik zu einem pädagogischen Medienkonzept. Arendt selbst war übrigens ursprünglich Heideggerschülerin. Als Marburger Studentin hat sie das Entstehen von Heideggers 'Sein und Zeit' begleitet und war, nach eigener Aussage Heideggers, die Inspiration für seine Arbeit (s. Young-Bruehl 1982, S.92). Es erstaunt daher nicht, wenn in ihrer Begründung der Trennung von den Heideggerschen Auffassungen entscheidende Weichenstellungen der Geistesgeschichte des 20. Jahrhunderts aufscheinen.

254 Daß dabei Luhmann an Husserl anknüpft, ist übrigens immer wieder zu bemerken. Für eine Darstellung zum Konzept der 'Technisierung', einem zentralen Gesichtspunkt des Luhmannschen Denkens, s. Rammert (1989, S.154f.)

255 S. aber die Kritik Sutters (1988, S.216ff.) am unkantianischen, kurzschlüssigen Modell der Selbstorganisation.

256 Wobei allerdings auch die Auffassung vertreten werden kann, dies sei prinzipiell nicht möglich und etwa moderne Managementkonzepte, die die Selbstorganisationspotentiale sozialer Systeme zur Steuerung der Systeme nutzen wollten, verließen letztlich die systemtheoretische Grundlage (Paetau 1995).

257 Daß Backes-Haase (1993) im Anschluß hieran, damit fußend auf Luhmannschen Konzepten, den Herbartschen pädagogischen Takt als vermittelnde Instanz zwischen Systemen rehabilitiert sieht, stellt angesichts der Kritik, die Luhmann und Schorr an den Herbartschen Antworten zur Frage von Theorie und Praxis üben (s. Luhmann und Schorr 1979b, S.132), eine spezielle Volte des pädagogischen Diskurses dar.

258 Daß es um der Mathematik entlehnte *Bilder*, *Mythen*, und nicht etwa um anwendbare mathematische Modelle handelt, wird immer wieder deutlich. Bateson zum Beispiel entwickelt als zentrale Denkfigur, daß die Grenzen, welche die Typenlehre Bertrand Russells für eine einwandfreie, sprich paradoxienfreie mathematische Argumentation setze, in der realen Kommunikation ständig mißachtet werden. Daher können die realen kommunikativen Paradoxien, die Bateson analysiert, gar nicht der Modellierung mit Mitteln der Logik, der Mathematik oder des Computers zugänglich sein (s. 'Die logischen Kategorien von Lernen und Kommunikation' in Bateson 1972).

259 Die, wie in Anmerkung 228, notiert, schon Thomas von Aquin kannte.

260 Vgl. auch die pädagogische Diskussion zum exemplarischen Lehren bzw. Lernen (s. Wagenschein 1956, Negt 1971). Erstaunlicherweise wurde hier der Bezug auf Kant nicht explizit formuliert.

261 Meinen persönlichen Erfahrungshintergrund zu diesem Thema habe ich in Röder (1991) aufgearbeitet.

262 Vor allem hinsichtlich des Zeitpunkts, an dem der Übersetzungsvorgang stattfindet, unterscheiden sich Interpreter (nach dem ursprünglichen lateinischen Wortsinn 'Übersetzer') und Compiler: Interpreter sind Simultandolmetscher, die Schritt für Schritt die Computerbefehle liefern. Compiler dagegen 'kompilieren' das ganze Programm, tragen es also als ganzes zusammen, bevor es zur Anwendung zur Verfügung steht. Die zweite Variante spart nicht nur Rechenaufwand und Zeit beim eigentlichen Programmablauf. Die Übersetzung als ganzes sichert auch die formale Korrektheit des Gesamtprogramms und erhöht damit die Sicherheit der Programmfunktion.

263 Lochstreifen sind tatsächlich bereits seit dem Jahr 1805 zur automatischen Steuerung von Webstühlen verwendet worden (Jacquard-Webstuhl, s. Oberliesen 1982).

264 So jedenfalls die Standarddeutung der Entwicklung. Vgl. Hoffmann 1987, die gegen sie darauf hinweist, daß die zur heutigen entgegengesetzte ursprüngliche geschlechtsspezifische Arbeitsteilung nicht auf einen anfänglichen isolierten 'Irrtum' der Maschinenkonstrukteure zurückzuführen sei. Vielmehr wurde nur die schon länger bestehende Tradition fortgesetzt, Frauen zur Rechenarbeit einzusetzen. Es gab ein Berufsbild mit der englischen Berufsbezeichnung *computer* (die deutsche Variante war '(technische) Rechnerin').

265 COBOL ist als standardisierte Sprache im Auftrag des US-Verteidigungministeriums entwickelt worden, unter anderem auf eine Initiative Hoppers hin. Von 1966 bis 1986 war Hoppper dann, zuletzt achtzigjährig und im Range eines Konteradmirals, per Sonderauftrag der US Navy mit der Weiterentwicklung und Standardisierung von COBOL beschäftigt (s. Behnke und Oechtering 1993).

266 Bereits Turing hat ja die Idee der 'Kind-Maschine' formuliert (Turing 1950, s. Abschnitt 6.3). Auch in jüngster Zeit wird der Gedanke allen Ernstes, prominent durch Hans Moravec (1990) vertreten. Für einen Überblick über den kulturellen Kontext vgl. Heymann (1995).

267 Zur unterschiedlichen Orientierung von ALGOL und etwa COBOL vgl. auch die Bemerkung von Reiser und Wirth: „Es ist unübersehbar, daß Algol 60 von Mathematikern mit wenig Hintergrundwissen aus anderen Bereichen zur Formulierung von numerischen Algorithmen entworfen wurde." (1992, S.2)

268 Der entsprechende Abschnitt ist im Abdruck des Pascal-Reports (Wirth 1971) in Jensens und Wirths Buch von 1974 hinzugefügt. Wörtlich lautet die Stelle: „The desire for a new language for the purpose of teaching programming is due to my dissatisfaction with the presently used major languages whose features and constructs too often cannot be explained logically and convincingly and which too often defy systematic reasoning. Along with this dissatisfaction goes my conviction that the language in which the student is taught to express his ideas profoundly influences his habits of thought and invention, and that the disorder governing these languages directly imposes itself onto the programming style of the students." (S.133)

269 Jörg Pflüger spricht, im Anschluß an Frederick P. Brooks, von der 'willkürlichen Komplexität' von Software (Pflüger 1994).

270 Um das Beispiel von oben fortzuführen: Der Schraubenzieher, gedeutet als didaktisches Medium, hat eine Systematisierungsfunktion bezüglich der Kombinierbarkeit von Bauelementen, vermittelt aber nicht die Fähigkeit zu ihrer gestalterischen Kombination.

271 Das Phänomen des 'zwanghaften Programmierers', wie es zuerst von Weizenbaum thematisiert wurde (1976, S.160ff.) und seitdem unter anderem Gegenstand psychoanalytischer Betrachtungen war (Johnson 1979, vgl. die weiteren Beiträge bei Krafft und Ortmann 1988), läßt sich im kantianischen Kontext als Ergebnis eines gewissen Kurzschlusses der Erkenntnis deuten: Es fängt damit an, daß der Programmierer bzw. Hacker seine (charakteristischerweise handelt es sich um Männer)

Intuition statt auf die Welterfahrung allein auf programmtechnische Finessen richtet, auf Probleme und Objekte, die rein in der Formwelt der Programmiersprache konstruiert sind. Deren Resonanz mit eben dieser Formwelt ist buchstäblich vorprogrammiert, verschafft deshalb aber auch nur ein oberflächliches Erfolgserlebnis. Statt daß das Glücksgefühl eintritt, das mit einer 'Archimedischen Erkenntnis' verbunden ist, erhöht sich die Anspannung. Im typischen Fall führt das dazu, daß der Hacker auf der Suche nach der Auflösung dieser Spannung immer neue und schwierigere Aufgaben stellt, freilich erst recht in dem Feld, von dem er weiß, daß es prinzipiell beherrschbar ist.

272 Vgl. auch die Feststellung Hoares, mit der er Programmiersprachen eine dienende Rolle für eine ästhetische Aufgabe zumißt: „Ich betrachte es als das höchste Ziel beim Entwerfen von Programmiersprachen, daß gute Ideen sich elegant ausdrücken lassen." (Hoare 1984, S.58)

273 Die apostrophierte 'Benutzersicht' zeigt eine Sicht *auf* eine Benutzerin, als 'Entwicklersicht' erscheint das Schemabild einer Funktion einer Programmlogik. Dem Duktus der Bilder folgend müßte das Logikschema eigentlich als der porträtierte Kopf eines (männlichen) Softwareentwicklers verstanden werden. Aber primär gemeint ist sicherlich nicht, daß ein Turingtest gespielt wird und sich unter der Maske des Entwicklers ein Computer verbirgt, wie sich in der 'Sicht von innen' aufschließt. Vielmehr verrät die Abbildung, wie die Welt sich aus dem Blickwinkel des Entwicklers ausnimmt oder ausnehmen soll. *Er* sieht das Programm 'von innen', wie er es (kontrafaktisch) gern sehen würde – strukturiert und klar, so daß er es beherrschen kann. Und *er* sieht den archetypischen User, wie er ihn sich phantasiert – als adrette Frau, die sich dem Betrachter zuwendet, daher konsequenterweise auf das Computersystem keine besondere Aufmerksamkeit richten kann und sich bestenfalls um dessen oberflächliche Benutzung (um die 'Operation') kümmert.

274 Vgl. Taylors Ausführungen zum Beispiel des Roheisenverladers: „Ein Mann, der sich in dem Beruf eines Roheisenverladers auf die Dauer wohl fühlt, muß natürlich geistig sehr tief stehen und recht gleichgültig sein. Ein aufgeweckter, intelligenter Mann ist deshalb ganz ungeeignet zu einer Arbeit von solch zerreibender Einförmigkeit. Der Arbeiter, der sich am besten hierfür eignet, ist deshalb nicht imstande, die theoretische Seite seiner Arbeit zu verstehen." (Taylor 1919, S.62) Weswegen klar ist: „Einen intelligenten Gorilla könnte man so abrichten, daß er ein mindestens ebenso tüchtiger und praktischer Verlader würde als irgend ein Mensch." (S.43)

275 Ein gängiger Begriff, der wie von Taylor geprägt erscheint und zum Beispiel in den DIN-Normen für Bildschirmarbeitsplätze verwendet wird (etwa DIN 66234, Teil 3, Beiblatt 1, s. DIN 1990, S.171).

276 Jeder Tastendruck hinterläßt (potentiell und oft auch faktisch) eine Datenspur im Computer. Mit den so gewonnenen Daten kann mittels geeigneter, leicht zu erstellender Auswertungsprogramme etwa geprüft werden, ob Pausenzeiten bei der Computerarbeit überschritten werden. Oder es werden die Zeiten, die für bestimmte Aufgaben benötigt werden, ermittelt, ja es kann heimlich beoachtet werden, wie jemand bei bestimmten Problemstellungen zögerlich und unsicher agiert. Zu einem didaktischen Zugang zu solchen Fragen s. Röder 1993.

277 Einen ganz anders gearteten, auf Standardsoftware bezogenen Ansatz hat Coy mit seiner Philosophie der 'Soft engines' (Coy 1992b) entwickelt, für den aber gleichfalls die Aufhebung der Spaltung zwischen 'Programmierern' und 'Usern' und letztlich die Überwindung eines tayloristisches Modells der Arbeitsorganisation zentral ist.

278 Diese (vermutlich versehentliche) Wortbildung Metzingers gibt dem 'Penetranten' in der Metapher der 'Eingängigkeit' eine schonendere Konnotation. Zur relativierenden Bedeutung des Suffixes -lich vgl. rot – rötlich).

279 Vgl. Streitz (1988): „An interactive computer system is more user-oriented when fewer discrepancies exist between the relevant knowledge representations (models) on either side of the interface." (S.178)

280 Wobei Metzingers Erörterungen bis heute nicht überholt sind: So stellt etwa Wandmacher (1993), ebenfalls unter Anknüpfung an die Modelle Normans, seine Abhandlung der Bewertung von Benutzungsschnittstellen unter das Leitmotiv der 'Überbrückung von Distanzen und Direktheit' (S.190 ff.).

281 Obwohl sie damit sicherlich auf einen ernstzunehmenden Punkt hinweist, s. zum Beispiel Hüskes (1994).

282 Die informationelle Erfassung der Welt, die für eine Rekonstruktion der Prozesse der Metaphorisierung notwendig wäre, ist dabei nicht nur praktisch, sondern auch logisch unmöglich. Die Welt, die sich in offenen Kommunikationsprozessen immer neu bestimmt, kann nicht konsistent logisch repräsentiert werden. Reale Kommunikation bewegt sich dabei vermutlich unvermeidlich in einem Feld, in dem Paradoxien drohen und das konsistente logische Systeme daher ausklammern müssen. Vgl. Anmerkung 258.

283 Übrigens verfolgt auch die Abteilung für technische Utopien des Xerox-Laboratoriums in Palo Alto längst andere Vorstellungen als die einst von dort über die Welt gekommene Idee des persönlichen Computers als bildliche Widerspiegelung eines (überfüllten) Schreibtischs. Mark Weiser spottet in seinem Bericht über 'Computer im nächsten Jahrhundert': „wer würde freiwillig an einem Schreibtisch arbeiten, der nicht viel größer ist als das Format DIN A 4?" (1991, S.95f.) Die graphischen Benutzungsoberflächen hätten nicht wirklich zu einer Vertrautheit mit Computern geführt. Um dieses Ziel zu erreichen, müßten vielmehr die Computer aus der bewußten Wahrnehmung verschwinden. Sie sollten selbstverständliche, insofern natürliche Funktionen erfüllen und so zu einem 'integralen, unsichtbaren Bestandteil des Alltags' werden (S.92) (wie es Elektromotoren sind).

284 Daß dies nicht eine in sich unsinnige topologische Vorstellung ist, demonstriert das Möbiusband, eine einseitige Fläche, sozusagen reine Außenfläche, der, obwohl sie geschlossen ist, keine Innenseite gegenübersteht.

285 Vgl. Karl-Heinz Rödigers Einführung sowie die Hauptreferate der Tagung 'Software-Ergonomie '93', die unter dem Motto 'Von der Benutzungsoberfläche zur Arbeitsgestaltung' stand (Rödiger 1993). – Andere Fraktionen innerhalb der Disziplin beharren dagegen nach wie vor auf dem Ansatz (vgl. Abschnitt 6.5), mit Methoden der KI den Computer 'adaptiv' im Hinblick auf seine Nutzer zu machen. Über jüngste Aktivitäten in dieser Richtung berichtet etwa Ziegler (1995).

286 In den skandinavischen Ländern besitzt eine explizite Orientierung an den Interessen der Nutzerinnen und Nutzer von Software traditionell einen vergleichsweise hohen Stellenwert (weswegen von dort auch wichtige Anstöße für die neue Orientierung der Softwareergonomie kamen). Vgl. Floyds Beobachtung zur 'skandinavischen Schule' (der sie selbst zugerechnet wird): „I have come to the conclusion that the focus of computer science in the Scandinavian countries has been different from the beginning. It is not primarily concerned with technical innovation and formal artifacts as such, but with their explicit orientation to human use." (Floyd 1995c, S.7)

287 Wörtlich entstammt das Zitat einer Kritik des Holocaust-Films 'Schindlers Liste' (s. Lohmann 1995). Aber schon Lessing hat erklärt „dem Auge das Äußerste zu zeigen, heißt der Phantasie die Flügel zu binden" – „Je mehr wir sehen, desto mehr müssen wir hinzudenken können. Je mehr wir dazu denken, desto mehr müssen wir zu sehen glauben." (Zitiert nach Gulyga 1990, S.33). Baudrillard weist darauf hin, daß bereits das alttestamentarische Verbot der Abbildung Gottes dazu diente, die Banalisierung und Auflösung der Imagination von Gott – damit die Auflösung seiner Realität im Bewußtsein der Glaubenden – zu verhindern (1978, insbes. S.12ff.).

288 Edmund Husserl (1859-1938) hat das Paradigma einer philosophischen Untersuchung entwickelt, die Kants grundsätzliche Feststellung, daß Objekte (als Einheiten in der Mannigfaltigkeit des Wahrnehmbaren) durch die synthetische Leistung einer apriorischen Subjektivität bzw. Intersubjektivität konstituiert werden, zum Leitfaden einer Analyse der 'Sachen selbst' macht. Er spricht von 'intentionaler Analyse' als der 'Enthüllung der in den Bewußtseinsaktualitäten implizierten Potentialitäten', das heißt der Rekonstruktion der Sachen und Sachverhalte auf der Basis der sich auf sie richtenden 'Vermeinung' oder 'Intendierung'; durch diese konstituieren sie sich als intendierte Objekte, als, wie Husserl auch sagt, (vom Bewußtsein synthetisierte) 'Horizonte' der einzelne Momente des Flusses des intendierenden Erlebens. (Vgl. Husserl 1929, S.48) Nur auf diese Weise könne das phänomenologisch-philosophische Denken verstehen, „wie in der Immanenz des Bewußtseinslebens, und in wie beschaffenen Bewußtseinsweisen dieses unaufhörlichen Bewußtseinsflusses, so etwas wie stehende und bleibende gegenständliche Einheiten bewußt werden können". (S.50f.) Daß der Husserlsche Ansatz der Erweiterung um zusätzliche elementare Analysekategorien fähig

ist, demonstriert Jürgen Markowitz in seiner Studie zum 'Verhalten im Systemkonzept' (1986). Markowitz führt inbesondere den Gesichtspunkt der *Attentionalität* ein, das soll heißen, wem oder was unter welchen Umständen und wann die Aufmerksamkeit gewährt wird (eine Kategorie, die ich im folgenden implizit nutzen werde).

289 Es sei nochmals die bereits zu Kapitel 7 angeführte Kritik eines künstlerischen Multimedia-Projekts zitiert (bei dem aufgrund seiner privilegierten Produktionsbedingungen die Wahrscheinlichkeit des Gelingens deutlich höher sein müßte als bei einem didaktischen Projekt): „Es dauert nicht lang, dann kennt man sich aus auf der Bildfläche. [...] Überall soll man tätig werden, aber es führt im Kreis. Hat man alle Stellen einmal angeklickt, ist man fertig. Dafür der Aufwand?" (Dworschak 1995) Zur grundsätzlichen Kritik an den Mythen der 'Multimedia'-Idee vgl. jetzt auch die Studie von Riehm und Wingert (1995).

290 Wesentlich ist dabei, daß die maschinelle Positivform des Mediums und das von ihr Ausgesparte nicht als äquivalent angesehen werden können. Entgegen einer möglicherweise auf den ersten Blick plausiblen Vermutung kann letzteres nicht via Negation in die maschinelle Konstruktion einbezogen werden – die Form und ihr Komplement gehen nur in ihrer Extension, aber nicht in ihren Eigenschaften auseinander hervor. Diese Aussage kann sogar mathematisch rekonstruiert werden und hängt dann wieder mit der Unentscheidbarkeit des Halteproblems für Turingmaschinen (vgl. Abschnitt 6.2) zusammen. Für eine Darstellung s. Penrose (1989), S.118ff.

291 Sherry Turkle hat in ihrer ethnomethodologischen Studie (1984) die kulturelle und psychologische Bedeutung des Computers unter dem Titel des 'evokatorischen Objekts' zusammengefaßt. Ein 'evokatorisches Objekt' ist für sie eine Vorstellung oder eine materielle Gegebenheit, die die Selbstreflexion des Menschen anregt (vgl. S.24f.). Als wohl die wichtigste Möglichkeit hierfür sieht sie, daß es als 'ein konstruktives und ein projektives Medium' (S.170), das heißt 'als eine Folie zum Ausdruck der Persönlichkeit, als Möglichkeit der Selbsterfahrung' (ebd.) genutzt wird. Durch diesen Blickwinkel gerät sie auf den Irrweg einer inhaltlichen Medienauffassung des Computers und schreibt den Maschinengesetzen des Computers eine positive Rolle in der Selbstfindung des Menschen zu: Die Selbstreflexion werde dadurch bewirkt, daß Menschen anfingen, sich mit der Maschine zu identifizieren und sie in psychologischen Begriffen zu verstehen versuchen (vgl. S.25, s. auch schon den Buchtitel 'The Second Self', deutsch 'Der Computer als zweites Ich'). In einer Studie zur Alltagsbedeutung des Computers haben Leithäuser et al. (1995) Turkles Begriff des evokatorischen Objekts aufgenommen und dahingehend ausgedeutet, daß er die subjektive Sicht auf das technische Objekt, insbesondere den Computer, bezeichnet. In Abgrenzung zum Begriff des 'instrumentellen Objekts' oder 'Werkzeugs' beziehe er sich „auf die subjektive Seite des Werkzeuggebrauchs, d.h. auf diejenigen subjektiven Bedeutungen und Bewertungen, Phantasien und Wünsche, aber auch Konflikte, die das Verhältnis zwischen Mensch und technischem Gegenstand prägen und in die Arbeit einfließen." (S.14) Während also Leithäuser et al. die Konnotationen thematisieren, die Subjekte zum Medien- bzw. Computerobjekt entwickeln, möchte ich mich in dem Sinn an Turkle anschließen, daß ich ihre Sicht der Förderung von Selbstreflexion und Selbsterkenntnis durch das evokative Medium auf die potentielle Erkenntnis auch anderer Gegenstände als des Subjekts selbst erweitere.

292 Daß dies unbewußt auf jeden Fall geschieht, zeigen Träume wie der in Anmerkung 163 geschilderte.

293 Den Reiz von Adventures (also den als eine Art Puzzle eines Abenteuerromans bzw. eines Films angelegten Computerspielen) beschreibt Ulrich Hölzer in einem einführenden Artikel (1994) zu einer Folge von Spielkritiken aus eher literarischer Sicht. Er charakterisiert die Computerspiele als eine Art hypermedialer Travestie einer traditionellen Erzählung: „Wirken die Adventures auf den ersten Blick wie die Apotheose traditioneller Erzählung, indem sie ihre Geschichte hübsch von Anfang bis Ende inklusive Spannungsbögen und Aus-A-folgt-B-Logik inszenieren, arbeiten sie insgeheim an der totalen Blamage der narrativen Diktatur, insofern sie eben diese Inszenierung durch Unterstützung jeder subversiven Abschweifung lustvoll unterminieren, das heißt als austauschbar, als sinnloses 'CONTINUE'um kenntlich machen." Diese ästhetischen (De-) Konstruktionsverfahren seien der Grund ihrer Attraktivität: „Tatsächlich ergibt sich die Anziehungskraft von Adventures aus eben der Möglichkeit, in der vom Autor/Programmierer vorgegebenen Schöpfung dauernd Kurzschlüsse anrichten zu können; die versteckten Pointen und Gags winken quasi als

Belohnung für unorthodoxe Handhabung! Es existiert eine Art unsichtbarer Anmerkungsapparat, ein in bester Manier intertextuelles Netzwerk der Insiderscherze, Running Gags, ironischen Genrezitate, von dem die vordergründige Handlung unterfüttert wird."

294 Vgl. auch die Untersuchungen von Jürgen Fritz et al. zu den Ursachen der Faszinationskraft von Computerspielen (Fritz 1995), insbesondere die Beobachtungen zur Perspektive von Kindern und Jugendlichen (Fritz und Misek-Schneider 1995). Fritz und Misek-Schneider stellen fest, daß im intensiven Spielerleben Persönlichkeitsanteile so stark einbezogen werden, daß das Gefühl entstehe, man selbst agiere auf dem Bildschirm (S.105). Wie es ein dreizehnjähriger Schüler ausdrückt (der offenbar vor allem aggressionsbetonte Persönlichkeitsmomente in Spielen realisiert): „Meistens, wenn ich ein Spiel gut finde, dann kann ich mich einfühlen. Dann ist das so, als würde ich kämpfen" (ebd.).

295 In der Zusammenfassung der Studienergebnisse von Fritz et al. (1995) erscheint der zirkuläre Prozeß, in dem das Bildschirmspiel interessant wird, auf eine lineare Beziehung verkürzt. Die Feststellung „Je 'wirklicher' die virtuelle Welt, desto höher die Erlebnisdichte" (S.238) wäre aus meiner Sicht zu ergänzen um einen zweiten Satz: *Je höher die Intensität der Auseinandersetzung des Subjekts mit der virtuellen Welt eines Spiels, desto mehr (projektive) Realität nimmt sie an.* Dies heißt auch, daß die faszinierende, insofern 'realistische' Gestaltung eines Spiels, sein *sense appeal* den Einstieg in die Resonanzspirale des Realwerdens der Spielwelt erleichtert, sie aber nicht bewirkt, wenn das Subjekt nicht bereit und gewillt ist, 'sich einzulassen'. Es seien die Ausführungen eines Siebzehnjährigen aus der Studie von Jürgen Fritz und Karla Misek-Schneider (1995) angeführt: „Wenn man sich da wirklich hinsetzt und denkt: Ja das ist irgend ein blödes Spiel, da läuft jetzt irgend ein blödes Teil rum, du steuerst das irgendwie von ganz außen, dann wird es irgendwo uninteressant. Für mich liegt auf jeden Fall der Reiz darin, sich da reinzuversetzen und zu versuchen, sozusagen in diese Welt einzutauchen. Und eben, wenn das richtige Spiel kommt, dann sitze ich dann halt auch da wie so ein Depp, stundenlang." (S.104)

296 Vgl. meine Beobachtungen zur Praxis des als ein Musterbeispiel von didaktischer Software geltenden Ökologiespiels 'Ökolopoly' (Vester 1990): Mit Begriffen wie 'Umweltbelastung' und 'Lebensqualität' muß beim Spielen lediglich formal *„operiert*, aber nicht inhaltlich *argumentiert* werden"; die Überlegungen kreisen faktisch um die formalen Modellmechanismus, „ohne daß sich irgendjemand der Spielenden zum Beispiel Gedanken machen muß, was es *wirklich* heißt, daß die Umweltbelastung die Lebensqualität mindert" (Röder 1992, S.37).

297 Wobei die Emphase sich wahrscheinlich zum Teil der vor allem US-amerikanischen Diskussion um 'Lernumgebungen' bzw. didaktische 'Mikrowelten' verdankt, wie sie durch Robert W. Lawler, Seymour Papert und andere propagiert wurden (vgl. Abschnitt 6.7) und für die die 'Werkzeuge zu Modellbildung und Simulation' vergleichsweise pragmatische Konkretionen darstellen.

298 Das heißt, daß es um die Konstruktion sogenannter 'Systemmodelle' geht (wie im folgenden erläutert). In den einleitenden Anmerkungen zu der Tagungsdokumentation 'Modellbildung und Simulation in der Weiterbildung' (Röder 1992, insbes. S.18f.) habe ich eine allgemeinere Idee von (computerunterstützter) Modellierung zu didaktischen Zwecken umrissen. Modellieren sollte – nicht nur in einführenden Bemerkungen zum Modellbegriffs, sondern bis hin zu den Überlegungen zur Anwendung computertechnischer Mittel – als Gestaltung eines wie immer beschaffenen Abbildes aufgefaßt werden. Didaktisch ginge es dann um die Ausnutzung der Differenz von Urbild und Abbild, die immer wieder aufreißt und 'stört' (vgl. auch unten Anmerkung 314)).

299 Vgl. zum folgenden etwa Bossel (1992), Bossel (1978) sowie Joergensen (1986), zum wissenschaftstheoretischen Überbau der Konzepte Müller (1983), Stachowiak (1983a), Ropohl (1978).

300 Wobei die Verhältnisse dadurch weiter kompliziert werden, daß bereits für die Physik charakteristisch ist, daß als Komponenten nicht nur empirische 'Teile' des Ganzen, sondern vor allem nicht beobachtbare Wirkungsgrößen wie 'Kräfte' und 'Felder' eingeführt werden – und ausgerechnet dieses Verfahren der neuzeitlichen Physik ihre Erfolge beschert hat.

301 Es wiederholt sich jedesmal die Dialektik der Modellierung aus den Anfängen der neuzeitlichen Naturwissenschaft (s. Abschnitt 4.1).

302 In einer bekannten Serie 'wissenschaftlicher Computerspiele' der Firma Maxis, zu denen unter anderem die Spiele 'SimEarth', 'SimLife' und 'SimCity' gehören, darf der Spieler sogar gleich in die Rolle des Schöpfers der Erde bzw. ihrer Bio- oder Soziosphäre schlüpfen (vgl. Hellmers, 1991, sowie Sperlich und Möcke, 1993).

303 Der Physiker Heinrich Hertz, der das Wort 'Modell' in die deutsche Terminologie der Physik einführte, hat mit Blick auf die physikalischen Modelle diesen Gedanken bereits formuliert: „Betrachten wir nämlich den Zustand des Modells als eine Abbildung des Zustandes des Systems, so sind die Folgen der Abbildung, welche nach den Gesetzen dieser Abbildung eintreten müssen, zugleich die Abbildung der Folgen, welche sich an dem ursprünglichen Gegenstand nach den Gesetzen dieses ursprünglichen Gegenstandes entwickeln müssen." (Heinrich Hertz, 'Prinzipien der Mechanik', 1894, Bd.3, S.199, zit. nach Müller 1983, S.56).

304 „Systeme selbst jedoch sind *kognitive Organisationsinstrumente*, keine Wesenheiten! Im strengen Sinn 'ist' ein System nach dieser Auffassung nicht mehr und nicht weniger als die systemtheoretische Darstellung eines Gegenstandes" (Ropohl 1978, S.32).

305 Die Vorstellung einer 'Struktur'- oder 'Form'-Ähnlichkeit zwischen den Prozessen im Computer, zum Beispiel bei der Wettersimulation, und materiell völlig anders beschaffenen realen Prozessen, zum Beispiel in der Atmosphäre, ist philosophisch bzw. wissenschaftstheoretisch auch deshalb problematisch, weil sie nur als Ausdruck 'informationeller', traditionell formuliert 'geistiger' Eigenschaften von Objekten interpretiert werden kann und sich einer empirischen Überprüfung entzieht. Daher wird in der Literatur zur Modellbildung zwischen 'Strukturmodell' und 'Verhaltensmodell' unterschieden. Während ersteres auf Wissen über die Struktur des modellierten Objektbereichs beruhen soll, beschreibe letzteres die Realität als *black box* und könne durch die Kongruenz von Input und Output zwischen Modell und Realität verifiziert werden. Dem ist allerdings entgegenzuhalten, daß eine lediglich äußerlich-empirische Bestätigung der Modellabbildung die Tragfähigkeit jeder Prognose unterminiert. Nur als einfach bekannte bzw. unterstellbare Ursache-Wirkungs-Zusammenhänge können mit einem gewissen Recht aus empirischen Daten rekonstruiert werden. Modelliert werden sollen aber gerade Systeme, die sich durch eine inhärente Komplexität auszeichnen. Spätestens seit den Beobachtungen der kognitivistischen Psychologen (vgl. Abschnitt 6.1) sollte eigentlich klar sein, daß bei komplexen Objekten Blackboxmodelle als wissenschaftliche Beschreibungen nicht ausreichen. In der Praxis der Systemmodellierung wird demgemäß auch stets (Bossel sagt 'häufig', s. Bossel 1992, S.29) mit der (vermeintlichen) Einsicht in die Funktionsweise des zu modellierenden Systems operiert.

306 Wofür nur teilweise die Verwendung von BASIC verantwortlich gemacht werden sollte. Aber immerhin ist BASIC in der Informatik ein klassisches Beispiel, wie eine Programmiersprache die Darstellung der mit einem Programm verbundenen Intentionen *nicht* unterstützt (und damit ihrer Funktion für das Verstehen des Programms durch Menschen nicht gerecht wird). Joseph Weizenbaum, für seine prononcierten Äußerungen bekannt, hat einmal erklärt: „BASIC ist eine Katastrophe. Es ist eine Sünde, daß das erfunden wurde. Nur Leute, die überhaupt nichts von Computern verstehen, glauben, daß das Kindern irgendwie gut tun kann. Programmieren in BASIC ist genauso, als ob man versucht, mit römischen Zahlen zu rechnen: Wieviel ist XXXI mal V? [...]" (Weizenbaum in der Diskussion auf einem Symposium der Hessischen Landesregierung, s. Hessendienst der Staatskanzlei 1984, S.366).

307 Heino Apel hat dies für sein Konzept explizit dargestellt (s. Röder 1992, S.28f.). Er erklärte, seine Erwartungen an die Initiative und selbständige Problemlösungsfähigkeit der Teilnehmer seien überzogen gewesen. Trotz durchaus nicht niedriger formaler Vorbildung gelang es den Teilnehmern in der Erwachsenenbildung nicht, auf der Grundlage von BASIC als programmiertechnischem Handwerkszeug einen adäquaten Zugang zu den formalen Systemmodellen zu gewinnen. Daß im schulischen Bereich den Ansätzen kein wesentlich höherer Erfolg beschieden war, kann zumindest indirekt aus der Betonung der Bedeutung der später eigens zur Modellbildung geschaffenen Software geschlossen werden (s. etwa Daldrup und Gorny 1989; vgl. die Darstellung im folgenden).

308 Gutzer (1996) zählt fünf derzeit wichtige, für DOS- bzw. Windows-Rechner verfügbare Programme auf.

309 Insbesondere hat das (Nordrhein-Westfälische) Landesinstitut für Schule und Weiterbildung in Soest eine Reihe von Unterrichtseinheiten ausarbeiten lassen (unter anderem 'Wirtschaftskapitän', Stieglitz und Freisberg 1991, 'Lebensgemeinschaft Wald', Kalkhake und Schoof 1992, 'Kohlenstoff-Flüsse' Weigend 1992, und 'Modellbildung und Simulation im Physikunterricht', Goldkuhle 1993). Vgl. auch Dönhoff (1994).

310 Vgl. die Dokumentation der Tagung 'Modellbildung und Simulation in der Weiterbildung' (Röder 1992).

311 Vgl. etwa Koerber, Walser und Wedekind (1989). Ganz generell tauchen Motive der Kybernetikeuphorie der sechziger Jahre wieder auf. Das ist kein Zufall, weil die Konzepte des 'kybernetischen Systems' und des 'dynamischen Systems' miteinander verwandt sind und auch vermischt werden (obgleich sie, wenn sie als universelle Welterklärungsansätze dienen, sich auch widersprechen: das erste bezieht sich auf 'informationelle', im Prinzip 'sprunghafte', das zweite eigentlich auf materielle, als kontinuierlich aufgefaßte Prozesse).

312 Ulrike Daldrup und Peter Gorny nennen dies nicht explizit als Ziel, sondern konstatieren wie eine Tatsache, der 'konstruktive Prozeß' des 'ikonisch, symbolisch handelnden Umgangs mit Objekten einer 'Mikrowelt'' veranlasse „den Lerner, das, was ihm begegnet, durch eigene Aktivität so zu organisieren, daß Strukturen und Relationen erfaßt und selbständig entdeckt werden" (1989, S.11).

313 Dies wäre als (fragwürdige) didaktische Konsequenz aus dem ziehen, was Herbert Stachowiak aus philosophischer Sicht formuliert: es sei „alle Erkenntnis *Erkenntnis in Modellen* oder *durch Modelle*, und jegliche Weltbegegnung überhaupt bedarf des Mediums 'Modell'" (1978, S.56). Daß nahtlos von der lernenden Auseinandersetzung mit Realität auf die mit dem Computermodell übergegangen wird, ist bei Daldrup und Gorny zu beobachten (vgl. 1989, S.11).

314 Wie bei anderen nachbildnerischen Versuchen: „So wie der Versuch, einen Gegenstand oder eine Person zu zeichnen, den Anlaß gibt, ihn sorgfältig zu betrachten bzw. ihre Züge genau zu studieren, so können im Idealfall, wenn die geeigneten Werkzeuge zur Verfügung stehen, die Möglichkeiten der computertechnischen Modellierung dazu dienen, sich mit bestimmten realen Phänomenen gründlich auseinanderzusetzen." (Röder 1992, S.10)

315 So begründet etwa Hans-Ulrich Dönhoff den didaktischen Ansatz der Modellbildung und Simulation durch Rekurs auf die „komplexen Probleme der Menschheit, die wir versuchen wollen zu beherrschen oder zumindest verständlich zu machen" (1994, S.95). Indem er dieses Ziel gleichsetzt mit der Meisterung 'komplexer Systeme', stößt er auf die „immer deutlicher werdenden Notwendigkeiten, gerade solche vernetzten Systeme zu durchschauen und zu versuchen, sie auch zu beherrschen. Gerade hier liegt die Aufgabe der Schule, solche Denkstrukturen und Betrachtungsmöglichkeiten begreifbar zu machen." (Ebd.) Vgl. auch die These 3 im Bericht der Kommission des Kultusministers Nordrhein-Westfalen zu 'Informations- und Kommunikationstechnologien in der Weiterbildung' im Abschnitt über den 'Bildungsauftrag der Weiterbildung': „Wenn die moderne Industriegesellschaft sich durch ein hohes Maß an Komplexität ihrer Strukturen und Prozesse auszeichnet [...], so erfordert das Verstehen und Gestalten der gesellschaftlichen Wirklichkeit einen Denkansatz, der diese Komplexität angemessen zu erfassen vermag. Der Systemansatz stellt einen solchen Ansatz dar." (1989, S.87)

316 Für die *common opinion* zu dieser Frage sei aus einer der Unterrichtseinheiten zu 'MODUS' zitiert: „Durch grafische Modelle lassen sich komplexe Zusammenhänge offenbar übersichtlicher und auf eine dem menschlichen Verstand zugänglichere Weise abbilden." (Weigend 1992, S.18)

317 Vgl. die Feststellung in einem Artikel zu Programmiersprachen (die sich auf Modellierungswerkzeuge als spezieller Programmiersoftware übertragen läßt): „Graphische Notationen sind vor allem für Laien sehr attraktiv. Sie setzen allerdings ein wohlverstandenes Modellierungskonzept voraus. Wo dieses [...] noch fehlt oder unzureichend ist, kann es nicht durch irgendwelche Bildchen ersetzt werden." (Ludewig 1993, S.293f.)

318 Differenzen- bzw. Differentialgleichungen beschreiben Prozesse bzw. die sich in ihnen artikulierenden 'dynamischen Systeme', indem sie das prozessuale Geschehen in seinen einzelnen Zeitpunkten erfassen und aus diesen Momentaufnahmen rekonstruieren. Wenn der Ansatz in solcher

Allgemeinheit formuliert wird, könnte es scheinen, daß er sich auf beliebige in der Zeit erstreckende Prozesse bzw. 'dynamische Systeme' anwenden ließe. Ein näherer Blick auf die Gestalt von Differenzen- und Differentialgleichungen zeigt freilich die Unhaltbarkeit einer solchen Annahme. Ohne auf Feinheiten einzugehen: Die 'differentielle' Hochrechnung auf den Prozeß aus seinen einzelnen Momenten sieht im Prinzip so, daß *Differenzen* (eigentlich *pro Zeiteinheit* gerechnet, das heißt *Änderungsraten*) zwischen den Systemzuständen aufeinanderfolgender Zeitpunkte gebildet werden. Wenn diese Beträge jeweils mit der Länge des betrachteten Zeitintervalls multipliziert werden, läßt sich der Prozeßverlauf sukzessive errechnen (bei hinreichender Feinheit der Zeiteinteilung sogar praktisch exakt). Damit dies alles funktioniert, muß aber das betreffende System durch Größen beschrieben sein, die tatsächlich skalaren bzw. vektoriellen Rechenoperationen zugänglich sind. Die benötigten numerisch handhabbaren Größen können, wenn soziale oder etwa auch komplexe biologische Systemen modelliert werden sollen, nur fingiert bzw. als weitgehend beliebige Aggregationen gebildet werden (vgl. etwa die Größe (Umwelt-) 'Qualität' in obiger Abbildung 'Miniwelt'). Auch die Modellbildung in der Physik beruht zwar seit Newton auf als solchen unempirischen Konstrukten wie 'Gravitationskraft' und 'Massenträgheit'. Das Faszinosum der Physik besteht darin, daß sich empirische Ereignisse auf der Grundlage postulierter 'Kräfte' – wobei der Kraftbegriff bezeichnenderweise der mystischen Tradition entlehnt ist – vorausberechnen lassen. Ein Newton, der etwa für soziale Systeme entsprechend leistungsfähige Fiktionen entdeckt, ist aber nicht in Sicht. Für Näheres zu den nicht zuletzt mathematischen Schwierigkeiten der Modellierung vgl. Booß-Bavnbek (1990).

319 Vgl. die berechtigte Frustration, die vor allem die Mädchen äußerten, die an der Unterrichtseinheit zur 'Lebensgemeinschaft Wald' (vgl. Kalkhake und Schoof 1992) teilnahmen und durch Klieme und Maichle befragt wurden: „Gut die Hälfte derer, die vor Unterrichtsbeginn noch hohe Erwartungen äußerten und deutliches Interesse bekundeten, sahen sich rückblickend in ihren Erwartungen getäuscht [...] Möglicherweise kam hier das spezifische Konzept der Unterrichtseinheit 'Wald' negativ zum Tragen: Das allmähliche Abwenden von den biologischen Inhalten im Verlauf des Unterrichts und die verstärkte Beschäftigung mit dem Rechner. Ein Drittel der Mädchen wußten – den eigenen Angaben zufolge – schließlich nicht mehr, worum es im Biologieunterricht eigentlich ging" (Klieme und Maichle 1994, S.51)

320 Wie Koerber, Walser und Wedekind (1989) sogar explizit behaupten: „Das Modell eines dynamischen Systems besteht aus der Sicht der Mathematik immer aus einem Differential- bzw. Differenzengleichungssystem." Zur Unhaltbarkeit dieser Aussage s. Anmerkung 318.

321 Weswegen sich die Unterrichtseinheit zur Anwendung von 'MODUS' im Physikunterricht (Goldkuhle 1993) durch eine besondere Nähe zum traditionellen Unterrichtsinhalt auszeichnet (mit diesem möglicherweise allerdings die Ferne zur von den Schülerinnen und Schülern mitgebrachten Erfahrung der Lebenswelt teilt, vgl. Wagenschein 1959).

322 Womit Bossel sich – ohne dies eigentlich zu beabsichtigen, wie er mir im Gespräch versichert hat – in der Diltheyschen Dichotomie von naturwissenschaftlichem 'Erklären' und geisteswissenschaftlichem 'Verstehen' auf die Seite der Geisteswissenschaften schlägt.

323 Vgl. Joergensens Definition des Konzepts der Verifikation von Modellen, bei der er vorzieht, sich auf eine andere Autorität zu berufen: „A model is said to be verified, if it behaves in the way the model builder wanted it to behave." (1986, S.40).

324 Er stellt ausführlich das Konzept des 'Wirkungsgraphen' dar, der die qualitativen Wechselwirkungen innerhalb eines 'Systems' darstellen soll (Bossel 1992, S.47ff.). Wobei hier die Beschreibung von Qualitäten durchaus einer exakten Logik unterliegt und deswegen möglicherweise sinnvoll computertechnisch unterstützt werden kann (vgl. Bossels eigene Versuche mit Expertensystemen, s. Bossel 1992, S.51f. sowie Bossel, Hornung und Müller-Reißmann 1989 Bd.1 und Bd.2).

325 In der Diskussion spielen die Arbeiten Frederic Vesters (s. etwa Vester 1990 und 1991) eine große Rolle, auch wenn Vester selbst keine Differentialgleichungsmodelle aufstellt (und im übrigen an der Tauglichkeit eines Teils der von Vester propagierten Medien Zweifel angebracht scheinen, vgl. oben Anmerkung 296).

326 Freilich ohne daß die typographische Qualität des traditionellen Buchdrucks erreicht wird. Vgl. die Arbeiten Knuths zur Rekonstruktion der Merkmale eines hochwertigen Drucks bzw. Satzes mit komplexen Softwarewerkzeugen auf dem Computer (s. Knuth 1986).

327 Das ist eine Erfahrung in der pädagogischen Arbeit mit dem Computer, die ich immer wieder machte, so zum Beispiel in verschiedenen Arbeitsbereichen eines Modellprojekts zur Anwendung des Computers in der außerschulischen politischen Jugendbildung (Christ, Hehn und Röder 1995). Es ließ sich etwa in der Arbeit mit Mädchen und jungen Frauen beobachten, daß die Teilhabe am gesellschaftlich hochgeachteten Computerwissen, wie sie sich in der eigenständigen Erstellung von Texten am Computer bewies, die Teilnehmerinnen zu einer breiten inhaltlichen Arbeit motivierte (S.44). Vgl. auch die Erfahrungen bei der Arbeit an einer multimedialen 'Bild(schirm)zeitung' (Röder 1995, insbes. S.63f.).

328 Was nicht heißt, daß nicht auch bei der Anwendung des Computers Vorsicht zu walten hat. Seine Möglichkeiten lassen sich leicht dazu mißbrauchen, überladene oder vertändelte Layouts zu erzeugen, die ebenfalls die Lesbarkeit eines Textes beeinträchtigen. Prinzipiell sollten die Vorgaben, die der Computer für das Textdesign im Prozeß des Schreibens macht, eher puristisch sein. Wobei sich sich aufgrund der gewachsenen technischen Möglichkeiten das Niveau verschiebt: Was sich heute als schlichtes typographisches Gewand eines Textes präsentiert, hätte vor einigen Jahren vermutlich noch als eine unangemessene Herausstaffierung gegolten.

329 Wobei ich allerdings glaube, daß bereits Unterschiede der Auslösecharakteristik der Tasten bei verschiedenen Tastaturen (die zum Beispiel kurz- oder langhubig, weich oder hart, in ihrem Widerstand gegen den Fingerdruck konstant oder zu einem Gipfelpunkt ansteigend sein können) zu Unterschieden in der Resonanz der Subjektprozesse mit dem Medium führen. Bei individueller Wahl einer geeigneten Technik muß die subjektive Aktivität nicht als vom Schreibprozeß abgekoppelt erlebt werden.

330 Unter dem Aspekt der Auflösung von Blockaden der Kreativität wird daher oft ein Verfahren etwa der Art vorzuziehen sein, wie es Scheidt empfiehlt: beim kreativen Schreiben zumindest am Anfang sich ganz frei, etwa auf großen Papierbögen mit farbigen Zeichenstiften, zu betätigen und erst im nächsten Schritt einen Text auf dem Computer zu erfassen (s. Scheidt 1989, S.204 bzw. S.211).

331 Hansen und Haas definieren *sense of text* operationalisierbar: „By this we mean the feeling a user may have that he or she has a good grasp of the structural and semantic arrangement of the text – the absolute and relative location of each topic and the amount of space devoted to each.“ (1988, S.1084)

332 Vgl. die Bedeutung, die die integrale Gleichzeitigkeit des Wissens für das menschliche, bewußte Denken bei Roger Penrose (1989 und 1994; s. Abschnitt 7.4) hat. Ich spreche von 'Gewahrsein' im Sinne des englischen *awareness*, weil es um die Wahrnehmung geht, die nicht notwendig schon als solche rekonstruiert, das heißt 'bewußt', ist. Das heißt, Gewahrsein spielt sich im Kantschen Dreistufenschema der Erkenntnis – 'Apprehension der Vorstellungen', 'Reproduktion derselben in der Einbildung' und 'Rekognition im Begriffe' (Kant 1781, 1.Aufl. S.97) – auf der niedrigsten Ebene ab, in der bloßen 'Synthesis der Apprehension in der Anschauung'.

333 Bei sogenannten 'Outline'-Programmen bzw. Funktionen, die explizit dazu dienen sollen, den schöpferischen Prozeß der Genese eines Textes von der Ideensammlung bis zur ersten ausgearbeiteten Fassung zu unterstützen, halte ich für höchst problematisch, wenn die Software dazu zwingt, sich von vorneherein auf eine bestimmte hierarchische Ordnung festzulegen. Spontanen Einfälle wird dann nur (Aufschreibe-) Raum innerhalb der Kategorien dieser Hierarchie gelassen wird. Kantisch gesprochen bedeutet dies, daß das Gesetz des Begriffs sich anmaßt, den schöpferischen Akt in eine Regel zu pressen, bevor er sich ereignet hat.

334 Die vorliegende Arbeit schrieb ich überwiegend mit einem auf der Basis der 'Turbo Pascal Editor Toolbox' (Borland International 1988) selbstverfertigten Programm, das diesen Anforderungen im Hinblick auf meine persönlichen Bedürfnisse möglichst gut entspricht. Manche Eigenschaften habe ich dabei von dem 'Personal Editor' von IBM (Wylie 1982) adaptiert, den auch Hansen und Haas (1988, S.8) als Beispiel für ein gelungenes Textsystem hervorheben. Mir waren dabei auch ästhetische Details wichtig, wie daß der Bildschirm praktisch allein dem Text gehört bzw. sich

anfangs wirklich als leere Fläche darbietet sowie daß Cursor nur statisch angezeigt wird und nicht ein Blinkcursor den Gedanken als eine Art optisches Metronom einen ihnen fremden Takt vorgibt.

335 Ein unverzichtbares Hilfsmittel ist mir das Programm 'grep' geworden, das bei Bedarf quer über eine ganze Festplatte Textdateien nach Stichwörtern durchsuchen kann. Es können sogar die Shannonschen Häufigkeitsverteilungen von Wörtern zu neuen Ehren kommen und mit Hilfe etwas komplexerer Softwaretools (vgl. Miller 1995) – die sich aber leicht in Textsysteme integrieren ließen – dazu dienen, eklatanten Fehlleistungen der kreativen Sprachproduktion auf die Schliche zu kommen.

336 So war auch Textschreiben als kreative Tätigkeit am Computer gänzlich uninteressant, solange nur Terminals von Großrechnern zur Verfügung standen, die Korrektureingaben nur mit quälender Verzögerung entgegennahmen.

337 Die Dialektik zwischen relativ starren und einengenden Vorgaben, durch die eine Software eine Art kommunikatives Realitätsprinzip verkörpert, und der Spontaneität der sich an sie lose anknüpfenden kommunikativen Prozesse beobachtete ich zuerst bei der Arbeit mit einer didaktischen Software, die der Auseinandersetzung mit einem scheinbar ganz nüchternen, unkreativen Thema dient: Das Programm 'Informationssystem-Simulation' habe ich (in der ursprünglichen Fassung bereits 1985 und 1987) geschrieben, um in Weiterführung eines Modells von Hartmut Weber (1984) Datenschutzfragen bei der Verwendung betrieblicher Personalinformationssysteme und ähnlicher Datenbankapplikationen zu verdeutlichen (s. Röder 1993).

Literatur

Hinweise zur Zitierweise und zum Literaturverzeichnis:
Zitierte Bezeichnungen, Begriffe und Wendungen erscheinen in einfachen Anführungszeichen, Textstellen in doppelten.
Hervorhebungen innerhalb von Zitaten entsprechen, außer wenn ausdrücklich anders angegeben, dem Original. Diese Regel schließt ein, daß ich eine Wendung, die im Original *als ganze* hervorgehoben ist, *ohne* Hervorhebung schreibe.
Eckige Klammern in Zitaten umschließen Einfügungen von mir, offensichtliche Druckfehler habe ich stillschweigend korrigiert.
Ein Titel wird möglichst so angeführt, daß die historische Einordnung deutlich wird: Die ihn charakterisierende Jahreszahl ist in der Regel das Jahr seines Ersterscheinens bzw. des Ersterscheinens der Originalausgabe. Im Literaturverzeichnis steht dann die Ausgabe, nach der ich zitiere (wobei ich gegebenenfalls die Wiederholung der Jahreszahl unterlasse).
Verfügt ein Verlag über mehrere Niederlassungen, ist im Literaturverzeichnis jeweils nur die erste (in der im Buch genannten Reihenfolge) angegeben.
„taz" wird als Kurzform für „Die Tageszeitung" (Berlin) verwendet. Die Zitate sind in der Regel aus der CD-ROM-Veröffentlichung der taz-Texte übernommen. Desgleichen ist der Artikel aus der Zeitschrift c't nach deren CD-ROM-Publikation zitiert.

Aktuelle Ergänzungen und Hinweise zur Arbeit, unter anderem der komplette Text der 'Machina didactica' in Lateinisch und Deutsch, sind auf meiner Homepage im Internet zu finden. Die URL lautet http://www.uib.de/roeder/index.htm

Adorno, Theodor W. (1966). Negative Dialektik. Frankfurt am Main: Suhrkamp, 1975 (entspr. Gesamm. Schr. Bd. 6, Erstersch. 1966)

Anderson John R. (1988). Kognitive Psychologie: eine Einführung. Heidelberg: Spektrum der Wissenschaft, 2. Aufl. 1989 (1. Aufl. 1988).

Anderson, John R. (1992). Interview on AI and Education. Von Jacobijn Sandberg und Yvonne Barnard. In: AI Communications 5 (1992) H. 1, S. 28-31.

Apel, Heino (1990). Umweltsimulation. Frankfurt am Main: Pädagogische Arbeitsstelle des Dt. Volkshochschulverbandes.

Arendt, Hannah (1946). Was ist Existenzphilosophie? Zit. n. Abdruck in taz vom 27. 9. 1989.

Arendt, Hannah (1958a). Freiheit und Politik. In: Arendt (1994), S. 201-226. Ursprünglich in: Die Neue Rundschau 69 (1958), S. 670-694.

Arendt, Hannah (1958b). Vita activa. München: Piper, 6. Aufl. 1989 der Neuausgabe 1981. (Original:"The Human Condition", 1958)

Arendt, Hannah (1977a). Vom Leben des Geistes. Bd. I Das Denken. München: Piper, 3. Aufl. 1993 (Original 1977, New York und London).

Arendt, Hannah (1977b). Vom Leben des Geistes. Bd. II Das Wollen. München: Piper, 2. Aufl. 1989 (Original 1977, New York und London).

Arendt, Hannah (1982). Das Urteilen. Texte zu Kants Politischer Philosophie. Hg. v. Ronald Beiner. München: Piper, 1985 (amerikanisches Original University of Chicago Press, 1982).

Arendt, Hannah (1994). Zwischen Vergangenheit und Zukunft. Übungen im Politischen Denken I. Hg. v. Ursula Ludz. München: Piper, 1994 (amerikanische Vorlage: The Viking Press, 1968).

Baader, Franz, et. al. (1992). Terminologische Logiken. In: KI 3/1992, S. 23-33.

Backes-Haase, Alfons (1993). Irritierende Theorie – systemtheoretische Beobachtungen des 'Theorie-Praxis-Problems'. In: Viertelj. f. wiss. Pädagogik 69 (1993), S. 180-200.

Backus, J.W., et al. (1962). Revised Report on the Algorithmic Language ALGOL 60. Zit. n. Abdruck in Pape (1973), S. 167-200.

Bacon, Francis (1620). Neues Organon. Bd.I,II. Hg. v. Wolfgang Krohn. Hamburg: Felix Meiner, 1990.

Baecker, Dirk, et al. (ed.) (1987). Theorie als Passion. Frankfurt am Main: Suhrkamp.

Baethge, Martin, und Oberbeck, Herbert (1986). Zukunft der Angestellten. Frankfurt am Main: Campus, 1986.

Bar-Hillel, Yehoshua (1964). Language and Information. Reading, Mass.: Addison-Wesley, 1964.

Barth, Karl (1958). Fides quaerens intellectum. Anselms Beweis der Existenz Gottes. Zürich: EVZ, 3. Aufl. 1966 (2. bearb. Aufl. 1958, Erstersch. 1931).

Barthes, Roland (1964). Elemente der Semiologie. Frankfurt am Main: Syndikat, 2. Aufl. 1981 (französisches Original 1964).

Barthes, Roland (1967). Die Sprache der Mode (Original: Système de la Mode); Frankfurt am Main: Suhrkamp, 1987 (französisches Original 1967).

Bateson, Gregory (1972). Ökologie des Geistes. (Original: Steps to an Ecology of Mind); Frankfurt am Main: Suhrkamp Taschenbuch, 4.Aufl. 1992 (amerikanisches Original 1972).

Baudrillard, Jean (1978). Agonie des Realen. Berlin: Merve.

Bauer, F.L. (1993). Software Engineering – wie es begann. In: Informatik-Spektrum 16 (1993), S. 259-260.

Baumgartner, Peter, und Payr, Sabine (1994). Lernen mit Software. Innsbruck: Österr. Studien-Verlag (Digitales Lernen Bd. 1).

Becker, Barbara (ed.) (1989). Zur Terminologie in der Kognitionsforschung. St.Augustin: Ges.für Mathematik und Datenverarbeitung.

Becker, Barbara (1992). Künstliche Intelligenz. Frankfurt am Main: Campus, 1992.

Behnke, Heinrich, et al. (1964). Fischer Lexikon Mathematik (2 Bände). Frankfurt am Main: Fischer.

Behnke, Roswitha, und Oechtering, Veronika (1993). Auf den Spuren von Grace Murray Hopper. In: Wechselwirkung Nr. 64, Dez. 1993, S. 44-48.

Benjamin, Jessica (1990). Die Fesseln der Liebe. Psychoanalyse, Feminismus und das Problem der Macht. Basel/Frankfurt am Main: Stroemfeld/Roter Stern.

Benner, Dietrich (1979). Läßt sich das Technologieproblem durch eine Technologieersatztechnologie lösen?; In: Zeitschr. f. Pädagogik 25 (1979) Nr. 3, S. 367-357.

Berger, Manfred (1963). Universal-Automaten als Lehrmaschinen. In: Frank (1963b), Bd. 1, S. 27-35.

Bibel, Wolfgang, und Siekmann, Jörg H. (1994). Informatik und Intellektik als künftiges Zwiegespann. In: KI 1/1994, S. 16-22.

Bjerknes, Gro, und Bratteteig, Tone (1988). Computers – Utensils or Epaulets? The Application Perspective Revisited. In: AI & Society Vol.2 (1988), S. 258-266.

Bleichroth, Wolfgang (ed.) (1978). Didaktische Probleme der Physik. Darmstadt: Wiss. Buchges., 1978.

Blumenberg, Hans (1979). Arbeit am Mythos. Frankfurt am Main: Suhrkamp, Sonderausgabe 1996 nach der 5. Aufl. 1990 (1. Aufl. 1979).

Böcker, Dirk, und Schillo, Johannes (eds.) (1995). Computer in der Jugendarbeit. Weinheim und München: Juventa, 1995.

Böhme, Hartmut, und Böhme, Gernot (1983). Das Andere der Vernunft. Zur Entwicklung von Rationalitätsstrukturen am Beispiel Kants. Frankfurt am Main: Suhrkamp, 1985 (Ersterscheinen 1983).

Bolc, Leonard, und Coombs, Michael J. (eds.) (1988). Expert System Applications. Berlin: Springer.

Booß-Bavnbek, B. 1990. Rationalität und Scheinrationalität durch computergestützte mathematische Modellierung. In: Reuter (1990), S.148-167.

Borland International (1988). Turbo Pascal Editor Toolbox (Software und Handbuch). Borland 1988. Deutsche Ausg. München: Heimsoeth o.J.

Bossel, Hartmut (1978). Computermodelle für die Plananalyse: Hierarchie, Zielorientierung, Szenarien. In: Lenk und Ropohl (1978), S.127-150.

Bossel, Hartmut (1992). Modellbildung und Simulation. Wiesbaden: Vieweg 1992.

Bossel, Hartmut; Hornung, Bernd R.; und Müller-Reißmann, Karl-Friedrich (1989). Wissensverarbeitung mit DEDUC. Band 1: Expertensystemshell DEDUC, Band 2: Wissensdynamik mit DEDUC. Braunschweig: Vieweg, 1989.

Bourdieu, Pierre (1970). Zur Soziologie der symbolischen Formen. Frankfurt am Main: Suhrkamp, 2. Aufl. 1983 (Ersterscheinen 1970)

Bourdieu, Pierre (1976). Entwurf einer Theorie der Praxis. Frankfurt am Main: Suhrkamp, 1976.

Bourdieu, Pierre (1979). Die feinen Unterschiede. Frankfurt am Main: Suhrkamp, 3.Aufl. 1984 (französisches Original 1979).

Bourdieu, Pierre (1988). Die politische Ontologie Martin Heideggers. Frankfurt am Main: Suhrkamp.

Braun, Rudolf, et al. (eds.) (1973). Gesellschaft in der industriellen Revolution. Köln: Kiepenheuer & Witsch.

Bruner, Jerome Seymour (1956). The Process of Concept Attainment. In: Bruner (1974), S. 131-157. (Ersterscheinen 1956)

Bruner, Jerome Seymour (1957). Going Beyond the Information Given. In: Bruner (1974), S. 218-238. (Ersterscheinen 1957)

Bruner, Jerome Seymour (1974). Beyond the information given. Studies in the psychology of knowing. London: Allen & Unwin.

Budde, Reinhard, und Züllighoven, Heinz (1990). Software-Werkzeuge in einer Programmierwerkstatt. München/Wien: Oldenbourg.

Capurro, Rafael (1990). Ethik und Informatik. Die Herausforderung der Informatik für die praktische Philosophie. In: Informatik-Spektrum 13 (1990), S. 311-320.

Capurro, Rafael (1992). Informatics and Hermeneutics. In: *2602915, S.363-375.

Carroll, John M., und Aaronson, Amy P. (1988). Learning by doing with simulated intelligent help. In: Comm. ACM 31 (1988) No.9, S. 1064-1079.

Cavarero, Adriana (1992). Platon zum Trotz. Berlin: Rotbuch.

Chaos Computer Club und Wieckmann, Jürgen (eds.) (1988). Das Chaos Computer Buch. Reinbek b.Hamburg: Rowohlt.

Chomsky, Noam (1957). Syntactic Structures. The Hague: Mouton & Co.

Chomsky, Noam (1965). Aspekte der Syntax-Theorie. Frankfurt am Main: Suhrkamp, 1969. 16.-19.Tausend 1972. (Amerikanisches Original 1965)

Chomsky, Noam (1972). Studien zu Fragen der Syntax-Theorie. Frankfurt am Main: Ullstein, 1978. (Amerikanisches Original 1972)

Chomsky, Noam (1981). Sprache und Verantwortung. Gespräche mit Mitsou Ronat. Frankfurt am Main: Ullstein, 1981. (Französisches Original 1977)

Christ, Rainer; Hehn, Silvia; Röder, Rupert (1995). 'Bytes mit Biss'. Ein Projekt zum Computereinsatz in der außerschulischen Bildungsarbeit. In: Böcker und Schillo (1995), S. 41-46.

Churchland, Paul M., und Churchland, Patricia Smith (1990). Ist eine denkende Maschine möglich?; In: Spektrum der Wissenschaft, März 1990, S. 47-54.

Clancey, William J. (1988). The Knowledge Engineer as Student: Metacognitive Bases for Asking Good Questions. In: Mandl und Lesgold (1988), S. 80-113.

Clancey, William J., und Bock, Conrad (1988). Representing Control Knowledge as Abstract Tasks and Metarules. In: Bolc und Coombs (1988), S. 1-78.

Cloer, Ernst, und Kunert, Hubertus (eds.) (1994). Wider den gewohnten Blick: Theater, Video und Kreatives Schreiben in gewerkschaftlicher Jugendbildung. Weinheim: Deutscher Studien Verlag.

Cognition and Technology Group at Vanderbilt (1993). Designing Learning Environments That Support Thinking: The Jasper Series as a Case Study. In: Duffy, Lowyck und Jonassen (1993), S. 1-36.

Comenius, Joannes Amos (1657a). E Scholasticis Labyrinthis Exitus in planum. Sive, Machina Didactica. In: Opera Didactica Omnia, Bd.II, Teil III-IV, S. 64-67. Prag: Akad. der Wissen., 1957 (vgl. auch den lateinischen Text und meine Übersetzung , wie von mir unter der URL http://www.uib.de/roeder/index.htm ins Internet gestellt).

Comenius, Joannes Amos (1657b). Große Didaktik. Übersetzt und hg. v. A. Flitner. Stuttgart: Klett-Cotta, 8. überarbeit. Aufl. 1993 mit einem Nachw. von Klaus Schaller. Original Didactica Magna. Text nach: Opera Didactica Omnia, Bd.I. Prag: Akad. der Wissen., 1957.

Correll, Werner (ed.) (1965).; *0707943; Programmiertes Lernen und Lehrmaschinen. Braunschweig: Westermann, 1965 (4. Aufl.).

Costa, Ernesto (1992). The Present and Future of Intelligent Tutoring Systems. In: Scanlon und O'Shea (1992), S. 97-106.

Court, Jürgen (1990). Pädagogische Aspekte in Kants dritter Kritik. In: Viertelj. f. wiss. Pädagogik 66 (1990), S. 352-359.

Coy, Wolfgang (1992a). Für eine Theorie der Informatik!; In: Coy et al. (1992), S. 17-32. (Unter dem Titel 'Brauchen wir eine Theorie der Informatik?' auch in Informatik-Spektrum 12 (1989), S. 256-266).

Coy, Wolfgang (1992b). Soft Engines – Mass-Produced Software for Working People?; In: Floyd et al. (1992), S. 269-279.

Coy, Wolfgang, et al. (eds.) (1992). Sichtweisen der Informatik. Braunschweig/Wiesbaden: Vieweg.

Coy, Wolfgang, und Bonsiepen, Lena (1989). Erfahrung und Berechnung. Kritik der Expertensystemtechnik. Berlin: Springer.

Crick, Francis, und Koch, Christof (1993). Das Problem des Bewußtseins. In: Spektrum der Wissenschaft, Spezial 1 „Gehirn und Geist“, o.J., S. 106-114.

Csikszentmihalyi, Mihaly (1975). Das Flow-Erlebnis. Jenseits von Angst u. Langeweile: Im Tun aufgehen. Stuttgart: Klett-Cotta, 5.Aufl. 1993 der dt. Ausg. 1985. (amerikanisches Original 1975).

Cube, Felix von (1968). Kybernetische Grundlagen des Lernens und Lehrens. Stuttgart: Klett, 2. Aufl. 1968 (1. Aufl. 1965).

Cyranek, Günther, und Coy, Wolfgang (eds.) (1994). Die maschinelle Kunst des Denkens. Perspektiven und Grenzen der Künstlichen Intelligenz. Braunschweig/Wiesbaden: Vieweg, 1994.

Dahl, Veronica (1995). Understanding and Translating Language – Challenges of the 90s. In: AIComm 8 (1995) Nr. 2, S. 71-77.

Daldrup, Ulrike, und Gorny, Peter (1989). Modellbildungssysteme im Unterricht. In: LOG IN 9 (1989) Nr. 4, S. 7-12.

Deleuze, Gilles (1990a). Die Bedingungen der Frage: Was ist Philosophie? In: taz vom 8. 12. 1990. (Zuerst erschienen in: Chimères 8/1990)

Deleuze, Gilles (1990b). Kants kritische Philosophie. Die Lehre von den Vermögen. Berlin: Merve, 1990 (Französische Originale 1963 bzw. 1986).

Deleuze, Gilles, und Guattari, Félix (1991). Was ist Philosophie?; Frankfurt am Main: Suhrkamp, 1996 (Französisches Original 1991).

Derbolav, Josef (1972). Platons Sprachphilosophie im Kratylos und in den späteren Schriften. Darmstadt: Wissenschaftl. Buchges.

DIN Deutsches Institut für Normung (ed.) (1990). Bildschirmarbeitsplätze 1. Berlin: Beuth, 3.Aufl..

Dönhoff, Hans-Ulrich (1994). Komplexität als Thema im Unterricht. In: LOG IN 14 (1994) Nr. 5/6, S. 94-99.

Dreyfus, Hubert L., und Dreyfus, Stuart E. (1986). Künstliche Intelligenz. Reinbek b.Hamburg: Rowohlt, 1987 (Amerikanisches Original: Mind over Machine. 1986)

Dreyfus, Hubert L. (1979). Die Grenzen künstlicher Intelligenz. Was Computer nicht können. Königstein/Ts.: Athenäum, 1985. (Amerikanisches Original 1979).

Drux, Rudolf (ed.) (1986). Die lebendige Puppe. Erzählungen aus der Zeit der Romantik. Frankfurt am Main: Fischer Taschenbuch, 1986.

Duerr, Hans Peter (1978). Traumzeit: über die Grenze zwischen Wildnis und Zivilisation. Frankfurt am Main: Syndikat, 6. Aufl. 1982 (1. Aufl. 1978).

Duffy, Thomas M.; Lowyck, Joost; und Jonassen, David H. (eds.) (1993). Designing environments for constructive learning. Berlin: Springer, 1993.

Dürr, Hans-Peter, und Zimmerli, Walter Ch. (eds.) (1989). Geist und Natur. Bern: Scherz, Sonderauflage 1991 (Ersterscheinen 1989).

Dutke, Stephan (1994). Mentale Modelle: Konstrukte des Wissens und Verstehens – Kognitionspsychologische Grundlagen für die Softwareergonomie; Göttingen: Verlag für Angewandte Psychologie.

Dworschak, Manfred (1995). Kreisen macht müde. Besprechung von: Laurie Anderson, Puppet Motel; In: Die Zeit Nr. 35 vom 25. 8. 1995.

Eagleton, Terry (1990). Ästhetik. Die Geschichte ihrer Ideologie. Übersetzt von Klaus Laermann. Stuttgart: Metzler, 1994. (Englisches Original: The ideology of the aesthetic. 1990).

Eggeling, Jörn (1984). GOTO – REPEAT UNTIL. Schwierigkeiten mit der Software. In: Kursbuch 75, Berlin 1984, S. 75-87.

Eisenstein, Sergej M. (1934). E! Zur Reinheit der Kinosprache. In: Witte (1972), S. 99-112.

Enquete-Kommission 'Gestaltung der technischen Entwicklung' (1990). Bericht: Chancen und Risiken des Einsatzes von Expertensystemen in Produktion u. Medizin. Bundestagsdrucksache 11/7990.

Fauser, Peter, und Schweitzer, Friedrich (1981). Pädagogische Vernunft als Systemrationalität. In: Zeitschr. f. Pädagogik, 27 (1981) Nr. 5, S. 795-809.

Feigenbaum, E. A., und McCorduck, Pamela (1983).; *1702943; The Fifth Generation. Artificial Intelligence and Japan's Computer Challenge to the World; Reading, Mass. 1983.

Feyerabend, Paul (1976). Wider den Methodenzwang. (Original: Against Method). Frankfurt am Main: Suhrkamp, 1983 (revid. Neuf. d. dt. Erstausg.1976, amerikanisches Original 1975).

Feyerabend, Paul (1984). Wissenschaft als Kunst. Frankfurt am Main: Suhrkamp.

Floyd, Christiane (1994). Software-Engineering – und dann? In: Informatik-Spektrum 17 (1994), S. 29-37.

Floyd, Christiane (1995a). Informatik – eine Lernwerkstatt. In: FIFF-Kommunikation 12 (1995), S. 42-49.

Floyd, Christiane (1995b). Software Engineering: Kritik und Perspektiven. In: Friedrich et al. (1995), S. 238-256.

Floyd, Christiane (1995c). Theory and Practice of Software Development – Stages in a Debate. In: Mosses, Nielsen und Schwartzbach (1995) , S. 25-41 (zit.n.Manuskript).

Floyd, Christiane et al. (eds.) (1992). Software Development and Reality Construction. Berlin: Springer.

Foerst, Anne (1996). Cog ... das Roboterbaby. In: Wechselwirkung Nr.80, Aug.1996, S.22-27.

Foerster, Heinz von (1976). Gegenstände: greifbare Symble für (Eigen-) Verhalten. In: Foerster (1993), S.103-115. (Orig. 'Objects: Tokens for Eigen-Behaviors, Vortrag 1976).

Foerster, Heinz von (1993). Wissen und Gewissen. Versuch einer Brücke. Hg. v. Siegfried J. Schmidt; Frankfurt am Main: Suhrkamp.

Foucault, Michel (1975). Überwachen und Strafen. Die Geburt des Gefängnisses. Frankfurt am Main: Suhrkamp, 8.Aufl. 1989. (Französisches Original 1975)

Frank, Helmar (1962). Kybernetische Grundlagen der Pädagogik. Baden-Baden: Agis, 1962.

Frank, Helmar (1963a). Kybernetik und Lehrmaschinen. In: Frank (1963b), Bd. 1, S. 13-26.

Frank, Helmar (ed.) (1963b). Lehrmaschinen in kybernetischer und pädagogischer Sicht. Bd.1ff. Stuttgart u. München: 1963 ff.

Frege, Gottlob (1879). Begriffsschrift, eine der arithmetischen nachgebildete Formelsprache des reinen Denkens. Darmstadt: Wissenschaftl. Buchges., 1974 (Nachdruck des 1.Aufl. Halle 1879).

Freudenstein, Reinhold (1970). Moderne Medien als Aufgabenbereich der Erziehungswissenschaft. In: Klafki et al. (1970), S. 207-271.

Freudenthal, Hans (1973). Mathematik als pädagogische Aufgabe. (2 Bände); Stuttgart: Klett.

Frey, Karl (1989). Effekte der Computerbenutzung im Bildungswesen. In: Zeitschr. f. Pädagogik, 35 (1989) Nr. 5, S. 637-656.

Friedrich, Jürgen (1990). Adaptivität und Adaptierbarkeit informationstechnischer Systeme in der Arbeitswelt. In: Reuter (1990), Bd. I, S. 178-191.

Friedrich, Jürgen, et al. (eds.) (1995). Informatik und Gesellschaft. Heidelberg: Spektrum.

Fritz, Jürgen (ed.) (1995). Warum Computerspiele faszinieren. Weinheim u. München: Juventa.

Fritz, Jürgen, et al. (1995). Faszination, Nutzung und Wirkung von Bildschirmspielen. Ergebnisse und offene Fragen. In: Fritz (1995), S. 238-243.

Fritz, Jürgen, und Misek-Schneider, Karla (1995). Computerspiele aus der Perspektive von Kindern und Jugendlichen. In: Fritz (1995), S. 86-125.

Fuchs, Peter, und Göbel, Andreas (eds.) (1994). Der Mensch – das Medium der Gesellschaft?; Frankfurt am Main: Suhrkamp.

Gaebe, Barbara (1984). Das Programm einer „nach mechanischen Gesetzen konstruierten didaktischen Maschine". In: Zeitschr. f. Pädagogik, 30 (1984) Nr. 6, S. 735-747.

Galilei, Galileo (1632). Dialog über die beiden hauptsächlichsten Weltsysteme. Darmstadt: Wissenschaftl. Buchges., 1982.

Gauger, Hans-Martin, und Heckmann, Herbert (eds.) (1988). Wir sprechen anders. Warum Computer nicht sprechen können. Frankfurt am Main: Fischer Taschenbuch.

Gause, Ute, und Schmidt, Heinz (1992). Das Erziehungssystem als soziales System. In: Krawietz und Welker (1992), S. 178-199.

Gerstenmaier, Jochen, und Mandl, Heinz (1994). Wissenserwerb unter konstruktivistischer Perspektive. Forschungsbericht 33 Inst. f. Pädagog. Psychol. u. Empir. Pädag., Univ. München. Neuaufl. Aug. 1994.

Gieseke, Wiltrud; Meueler, Erhard; und Nuissl, Ekkehard (1989). Zentrifugale und zentripetale Kräfte in der Disziplin Erwachsenenbildung. Mainz 1989. Auslieferung: Arbeitsgruppe f. empirische Bildungsforschung, Heidelberg.

Glaser, Peter (1988). Das Kolumbus-Gefühl. Entdeckungen in einer virtuellen Welt. In: Chaos Computer Club und Wieckmann (1988) , S. 108-153.

Glasersfeld, Ernst von (1981). Einführung in den radikalen Konstruktivismus. In: Watzlawick (1981), S. 16-38.

Gödel, Kurt (1931). Über formal unentscheidbare Sätze der Principia Mathematica und verwandter Systeme I. In: Monatshefte Math. u.Phys. 38 (1931), S. 173-198.

Goldkuhle, Peter (1993) Modellbildung und Simulation im Physikunterricht. Hamm: Soester Verlagskontor.

Görz, Günther (1988). Strukturanalyse natürlicher Sprache. Bonn: Addison Wesley.

Grieve, Oliver (1994). Filmisches Gestalten als Spiel mit der Realität. In: Cloer und Kunert 1994 , S. 65-75.

Grimminger, Rolf (1990). Die Ordnung, das Chaos und die Kunst. Für eine neue Dialektik der Aufklärung. Frankfurt am Main: Suhrkamp, 1990.

Grimm, Jacob, und Grimm, Wilhelm. Deutsches Wörterbuch.Grondin, Jean (1994). Kant zur Einführung. Hamburg: Junius.

Grudin, Jonathan (1989). The Case Against User Interface Consistency. In: Communications of the ACM 32, H.10 (Okt. 1989), S. 1164-1173.

Gulyga, Arseni (1990). Die klassische deutsche Philosophie. Leipzig: Reclam.

Gunzenhäuser, Rul (1963). Informationstheoretische Grundlagen künftiger Lehrmaschinen. In: Frank (1963b), Bd. 1, S. 36-44.

Gutzer, Hannes (1996). Software zur Simulation. In: LOG IN 16 (1996), H. 1, S. 60.

Habermas, Jürgen (1973). Erkenntnis und Interesse. Frankfurt am Main: Suhrkamp.

Hammel, Martina (1990). Hypothesenanalyse von Künstlicher Intelligenz und Konnektionismus. Diplomarbeit TH Darmstadt.

Hansen, Wilfried J., und Haas, Christina (1988). Reading and Writing with Computers: A Framework for Explaining Differences in Performance; In: Communications of the ACM, Vol.31 No.9 (1988), S. 1080-1089.

Harms, Imma (1984). Lego – Programmierschule im Kinderzimmer. In: Wechselwirkung Nr. 23, Nov. 1984, S. 42-47.

Hasebrook, Joachim Paul (1994). Lernwirksamkeit von Multimedia- und Hypermedia-Systemen. Gutachten für das Büro für Technikfolgenabschätzung des Deutschen Bundestages.

Heidt, Erhard U. (1976). Medien und Lernprozesse. Weinheim: Beltz.

Heimann, Paul; Otto, Gunter; und Schulz, Wolfgang (1965). Unterricht – Analyse – Planung. Hannover: Schroedel.

Heimann, Paul (1962). Didaktik als Theorie und Lehre. In: Die Deutsche Schule. 54 (1962), S. 407-427.

Heinrich, Klaus (1987). tertium datur: e. religionsphilos. Einf. i.d. Logik (Dahlemer Vorlesungen, Bd. 1). Basel/Frankfurt am Main: Stroemfeld/Roter Stern, 1987 (2. Aufl.)

Heintz, Bettina (1993). Die Herrschaft der Regel. Zur Grundlagengeschichte des Computers. Frankfurt am Main: Campus.

Hellner, Uwe (1991). Götter-Software. Die Erschaffung der Welt als Computerprogramm. In: taz vom 16. 1. 1991, S. 12.

Helm, Gerhard (1989). Klassische vs. konnektionistische Modelle in der kognitiven Psychologie. In: Becker (1989), S. 103-111.

Helm, Gerhard (1993). Alles Denken ist metaphorisch!; In: KI 3/1993, S. 73-75.

Henderson, Austin (1993). Views of work, the foundations of architecture. In: Rödiger (1993) S. 31-50.

Herbart, Johann Friedrich (1835). Umriß pädagogischer Vorlesungen. Paderborn: Schöningh, 2. Aufl. 1964 (Erstersch. 1835).

Hessendienst der Staatskanzlei (ed.) (1984). Informationsgesellschaft oder Überwachungsstaat. Protokoll des Symposiums 3.-5. 9. 1984. Wiesbaden: Hessische Landesregierung, o.J.

Heymann, Dagmar (1995). Frankenstein und die Schöpfungsmythen der Naturwissenschaftler. In: Wechselwirkung Oktober 1995, S. 62-65.

Hoare, Charles Antony Richard (1984). Der neue Turmbau zu Babel. In: Kursbuch 75, Kursbuch Verlag 1984, S. 57-73 (Orig. in: Comm.ACM Vol.24, Nr. 2, 1981)

Hoffmann, E.T.A. (1816). Der Sandmann. Abgedruckt in: Drux 1986, S.41-84.

Hoffmann, Ute (1987). Cobol für Adam. Zur historischen Grundlage des 'Männermythos' Computer. In: Wechselwirkung Nr.33, Mai 1987, S.28-31.

Hofstadter, Douglas R. (1979). Gödel, Escher, Bach: ein Endloses Geflochtenes Band. Stuttgart: Klett, 4.Aufl. 1985 (Amerikanisches Original New York: 1979)

Hofstadter, Douglas R., und Dennett, Daniel C. (eds.) (1981). The Mind's I. Fantasies and Reflections on Self and Soul. Harmondsworth: Penguin, 1982 (zuerst USA 1981).

Hölzer, Ulrich (1994). Kurzschlüsse in der Schöpfung. In: taz vom 30. 9. 1994, S. 13f.

Honebein, Peter C.; Duffy, Thomas M.; und Fishman, Barry J. (1993). Constructivism and the Design of Learning Environments: Context and Authentic Activities. In: Duffy, Lowyck und Jonassen (1993), S. 87-108.

Hopper, Grace (1952). The Education of a Computer. In: Proc. ACM Conference, May 1952. Abdr.: Ann. Hist. Comp. Vol. 9, No. 3/4, 1988, S. 271-281 (Zit. n. Behnke und Oechtering 1993).

Horkheimer, Max, und Adorno, Theodor W. (1944). Dialektik der Aufklärung. Frankfurt am Main: Fischer Taschenbuch, 1971.

Horkheimer, Max (1947). Zur Kritik der instrumentellen Vernunft. In: Horkheimer (1985), S. 11-174. (Original „Eclipse of Reason", New York 1947).

Horkheimer, Max (1962). Kants Philosophie und die Aufklärung. In: Horkheimer (1985) , S. 203-215.

Horkheimer, Max (1985). Zur Kritik der instrumentellen Vernunft. Frankfurt am Main: Fischer, 1985 (Ersterscheinen 1967).

Hupfeld, Walter (1995). Dynasys Version 1.1. (Software und Handbuch); Hamm: Walter Hupfeld, 59065 Hamm.

Hüskes, Ralf (1994). Die Paket-Idee. Integration der Office-Pakete. In: c't 1994 H.12, S.116-118.

Husserl, Edmund (1929). Cartesianische Meditationen. Zit. n. Husserl (1992), Bd. 8.

Husserl, Edmund (1992). Gesammelte Schriften. Hg. v. Elisabeth Ströker. Hamburg: Felix Meiner.

Huyssen, Andreas (1984). Die Frau als Maschine – die Maschine als Vamp. Zu Fritz Langs „Metropolis". In: Ziehe und Knödler-Bunte (1984), S. 166-181.

Issing, Ludwig J. (1988). Wissensvermittlung mit Medien. In: Mandl und Spada (1988), S. 531-553.

Jensen, Kathleen, und Wirth, Niklaus (1974). PASCAL: User Manual and Report. Berlin: Springer, korr. Aufl. 1978 (Ersterscheinen 1974).

Joergensen, Sven Erik (1986). Fundamentals of Ecological Modelling. Amsterdam: Elsevier.

Johnson, Grant (1979). Der Computer und die Technologisierung des Inneren. In: Psyche 33 (1979). Abgedruckt in: Krafft und Ortmann (1988), S. 27-51.

Johnson, Mark (1987). The Body in the Mind. The Bodily Basis of Meaning, Imagination, and Reason. Chicago: The University of Chicago Press, Paperback edition 1992 (Ersterscheinen 1987).

Kalkhake, Heinz, und Schoof, Jörn (1992). Lebensgemeinschaft Wald. Beziehungen zwischen Lebewesen. Modellbildung und Simulation. Soest: Soester Verlagskontor.

Kant, Immanuel (1781). Kritik der reinen Vernunft. In: Kant (1983), Band 3/4. (Seiteneinteilung soweit nicht anders angegeben nach der 2. Aufl. 1787)

Kant, Immanuel (1783). Prolegomena zu einer jeden künftigen Metaphysik, die als Wissenschaft wird auftreten können. In: Kant (1983), Band 5. (Seiteneinteilung nach der Originalausgabe)

Kant, Immanuel (1785). Grundlegung zur Metaphysik der Sitten. In: Kant (1983), Band 6. (Seiteneinteilung nach der 2. Aufl. 1786)

Kant, Immanuel (1788). Kritik der praktischen Vernunft. In: Kant (1983), Band 6. (Seiteneinteilung nach der Ausgabe 1788)

Kant, Immanuel (1790). Kritik der Urteilskraft. In: Kant (1983), Band 8. (Seiteneinteilung nach der 2. Aufl. 1793)

Kant, Immanuel (1798). Anthropologie in pragmatischer Hinsicht. In: Kant (1983), Band 10. (Seiteneinteilung nach der 2. Aufl. 1800)

Kant, Immanuel (1800). Logik. In: Kant (1983), Band 5. (Seiteneinteilung nach der Originalausgabe 1800)

Kant, Immanuel (1803). Über Pädagogik. In: Kant (1983), Band 10. (Seiteneinteilung nach der Originalausgabe 1803)

Kant, Immanuel (1983). Werke in zehn Bänden. Hg. v. Wilhelm Weischedel. Darmstadt: Wissenschaftl. Buchges., 1983. 5. überpr. Nachdruck d. Ausg. 1957.

Keil-Slawik, Reinhard (1992). Artifacts in Software Design. In: Floyd et al. (1992), S. 168-188.

Kemper, Peter (ed.) (1993). Die Zukunft des Politischen. Ausblicke auf Hannah Arendt. Frankfurt am Main: Fischer.

Kern, Horst, und Schumann, Michael (1984). Das Ende der Arbeitsteilung? Rationalisierung in der industriellen Produktion. München: Beck 3. Aufl. 1986 (1. Aufl. 1984).

Klafki, Wolfgang (1958). Didaktische Analyse als Kern der Unterrichtsvorbereitung. In: Klafki (1963c), S.126-153. (Zuerst in: Die Deutsche Schule 1958, S.450-471).

Klafki, Wolfgang (1963a). Das pädagogische Problem des Elementaren und die Theorie der kategorialen Bildung. Weinheim: Beltz, 2. erw. Aufl. 1963.

Klafki, Wolfgang (1963b). Das Problem der Didaktik. In: Klafki (1963c), S. 72-125.

Klafki, Wolfgang (1963c). Studien zur Bildungstheorie und Didaktik. Weinheim: Beltz, 10./19. Aufl. 1970 (Erstersch. 1963).

Klafki, Wolfgang (1970). Allgemeine Probleme der Unterrichtsmethodik. In: Bd. II, S. 131-166.

Klafki, Wolfgang (1970). Einleitung: Zum Begriff 'Methoden des Unterrichts und der Erziehung'. In: Klafki et al. (1970), Bd.II, S. 129-130.

Klafki, Wolfgang, et al. (1970). Erziehungswissenschaft. (2 Bände); Frankfurt am Main: Fischer Taschenbuch.

Kleinspehn, Thomas (1988). Teddybären, Maschinen und Computer. In: Krafft und Ortmann (1988), S. 285-303.

Klieme, Eckhard, und Maichle, Ulla (1994). Modellbildung und Simulation im Untericht der Sekundarstufe I. Unterrichtsversuche mit MODUS. Bonn: Institut für Bildungsforschung (Koblenzer Str. 77, 53177 Bonn).

Knuth, Donald E. (1986). The TeXbook. Computers & Typesetting. Reading, Mass.: Addison Wesley.

Knuth, Randy A., und Cunningham, Donald J. (1993). Tools for Constructivism. In: Duffy, Lowyck und Jonassen (1993), S. 163-188.

Kobsa, Alfred (1985). Benutzermodellierung in Dialogsystemen. Berlin: Springer.

Kobsa, Alfred (1993). Adaptivität und Benutzermodellierung in interaktiven Softwaresystemen. In: KI August 93, Sonderheft zur 17. Fachtagung für KI, S. 27-28.

Koerber, Bernhard; Walser, Werner; und Wedekind, Joachim (1989). Modellierungswerkzeuge in der Schule? Editorial. In: LOG IN 9 (1989) Nr. 4, S. 3.

Kommission des Kultusministers Nordrhein-Westfalen (1989). Informations- und Kommunikationstechnologien in der Weiterbildung. Soest: Soester Verlagskontor.

Krafft, Alexander, und Ortmann, Günther (ed.) (1988). Computer und Psyche. Frankfurt am Main: Nexus.

Krämer, Sybille (1988). Symbolische Maschinen. Die Idee der Formalisierung im geschichtlichen Abriß. Darmstadt: Wissenschaftl. Buchges.

Krawietz, Werner, und Welker, Michael (eds.) (1992). Kritik der Theorie sozialer Systeme. Frankfurt am Main: Suhrkamp.

Kruse, Rudolf; Gebhardt, Jörg; und Klawonn, Frank (1991). Modellierung von Vagheit und Unsicherheit. Fuzzy Logik und andere Kalküle. In: KI 5 (1991) H. 4, S. 12-17.

Kuhn, Thomas S. (1962). Die Struktur wissenschaftlicher Revolutionen. Frankfurt am Main: Suhrkamp, 2. Aufl. 1976 (Amerikanisches Original 1962).

Largo, Remo H. (1995). Babyjahre. Die frühkindliche Entwicklung aus biologischer Sicht. München: Piper, 1995.

Lauterbach, Roland (1989). Auf der Suche nach Qualität: Pädagogische Software. In: Zeitschr. f. Pädagogik, 35 (1989) Nr. 5, S. 699-710.

Law, Lai-Chong (1993). Symbolic processing vs. situated action: A dialectical synthesis?; Forschungsbericht 24 Inst. f. Pädagog. Psychol. u. Empir. Pädag., Univ. München. August 1993.

Lawler, Robert W. (1987). Learning Environments: Now, Then, and Someday. In: Lawler und Yazdani (1987), S. 1-25.

Lawler, Robert W., und Yazdani, Masoud (eds.) (1987). Artificial Intelligence and Education. Vol.1. Learning environments and tutoring systems. Norwood, N.J.: Ablex.

Leaman, George (1993). Heidegger im Kontext. Hamburg; Berlin: Argument.

Leibniz, Gottfried Wilhelm (1714). Monadologie. Übersetzung Hermann Glockner. Stuttgart: Philip Reclam, 1979.

Leithäuser, Thomas, et al. (1995). Der alltägliche Zauber einer digitalen Technik. Berlin: ed. sigma.

Lem, Stanislaw (1971). Sterntagebücher. Frankfurt am Main: Suhrkamp, 5. Aufl. 1981 (poln. Original 1971).

Lenk, Hans, und Ropohl, Günter (eds.) (1978). Systemtheorie als Wissenschaftsprogramm. Königstein/Ts: Athenäum.

Lenzen, Dieter, und Mollenhauer, Klaus (eds.) (1983). Theorien und Grundbegriffe der Erziehung und Bildung (Enzyklopädie Erziehungswis. Bd.1). Stuttgart: Klett-Cotta, 1983.

Lepper, Mark R., und Chabay, Ruth (1988). Socializing the Intelligent Tutor: Bringing Empathy to Computer Tutors. In: Mandl und Lesgold (1988), S. 242-257.

Lesgold, Alan (1988). Intelligenter computerunterstützter Unterricht. In: Mandl und Spada (1988), S. 554-569.

Lethmate, Jürgen (1994). Intelligenz von Orang-Utans. In: Spektrum der Wissenschaften, Nov. 1993, S. 78-89.

Linder, Dietmar (1963). Die Situation des Programmierten Lernens in den USA. In: Frank (1963b) Bd. I, S. 63-72.

Lindner, Helmut (1965). Erfahrungen mit einer programmierten Mengenalgebra. In: Frank (1963b) Bd. 3, S. 197-203.

Lindner, Helmut (1966). Mengenalgebra. Ein Unterrichtsprogramm für die Mittelstufe des Gymnasiums. Stuttgart: Klett.

Lindner, Rudolf; Wohak, Bertram; und Zeltwanger, Holger (1984). Planen, Entscheiden, Herrschen. Vom Rechnen zur elektronischen Datenverarbeitung. Reinbek b.Hamburg: Rowohlt.

List, Elisabeth (1994). Wissende Körper – Wissenskörper – Maschinenkörper. Zur Semiotik der Leiblichkeit. In: Die Philosophin 10, Okt. 1994, S. 9-26.

Lohmann, Ingrid(1995). Schindlers Liste – revisited. In: Forum Wissenschaft 1/1995, S. 50-55.

Longley, David (1995). Neural Nets and Intuitive Judgement. Usenet /SCI/PHILOSOPHY/TECH vom 27.07.95, Absender David@longley.demon.co.uk.

Ludewig, Jochen (1993). Sprachen für das Software-Engineering. In: Informatik-Spektrum 16 (1993), S. 286-294.

Luft, Alfred Lothar (1989). Informatik als Technikwissenschaft. In: Informatik-Spektrum 12 (1989), S. 267-273.

Luhmann, Niklas (1984). Soziale Systeme. Grundriß einer allgemeinen Theorie. Frankfurt am Main: Suhrkamp, 1987 (Ersterscheinen 1984).

Luhmann, Niklas (1992). Stellungnahme. In: Krawietz und Welker (1992), S. 371-386.

Luhmann, Niklas (1994). Die Tücke des Subjekts und die Frage nach dem Menschen. In: Fuchs und Göbel (1994), S. 40-56.

Luhmann, Niklas, und Schorr, Karl Eberhard (1979a). Das Technologiedefizit der Erziehung und der Pädagogik. In: Zeitschr. f. Pädagogik, 25 (1979) Nr. 3, S. 345-365.

Luhmann, Niklas, und Schorr, Karl Eberhard (1979b). Reflexionsprobleme im Erziehungssystem. Frankfurt a. M.: Suhrkamp, 1988 (Ersterscheinen 1979).

Luther, Martin (1545). Die gantze Heilige Schrifft Deudsch. München: Rogner & Bernhard, 1972 (Original Wittenberg 1545).

Lutz, Burkart, und Moldaschl, Manfred (1989). Expertensysteme und Qualifikation industrieller Fachkräfte. ISF München 1989 (Enquete-Kommission Technikfolgen-Abschätzung und -Bewertung Drs. 11/50).

Lyndon, Roger C. (1966). Notes on Logic. New York: American Book.

Malsch, Thomas, et al. (1993). Expertensysteme in der Abseitsfalle?; Berlin: ed. sigma.

Mandl, Heinz, und Lesgold, Alan (1988). Learning Issues for Intelligent Tutoring Systems. New York: Springer.

Mandl, Heinz, und Spada, Heinz (eds.) (1988). Wissenspsychologie. München: Psychologie Verlags Union.

Manhart, Klaus (1991). KI-Modellierung in den Sozialwissenschaften. In: KI 2/1991, S. 32-40.

Markowitz, Jürgen (1986). Verhalten im Systemkonzept. Zum Begriff des sozialen Epigramms. Frankfurt am Main: Suhrkamp, 1986.

Martens, Ekkehard, und Schnädelbach, Herbert (eds.) (1991). Philosophie (2 Bde.); Reinbek b.Hamburg: Rowohlt, erw. u. überarb. Neuausg. 1991.

Maturana, Humberto R. (1978). Kognition. In: Schmidt (1987) S.89-118. Erstersch. als „Cognition" 1978.

Maturana, Humberto R. (1990). Gespräch mit Volker Riegas und Christian Vetter. In: Riegas und Vetter (1990), S. 11-90.

Maturana, Humberto R., und Varela, Francisco J. (1984). Der Baum der Erkenntnis. Die biologischen Wurzeln des menschlichen Erkennens. Bern: Scherz, 3. Aufl. 1987.

Maxwell, James Clark (1873). Lehrbuch der Elektricität und des Magnetismus; Berlin: Springer, 1883 (Original Oxford 1873).

McCorduck, Pamela (1979). Machines Who Think. New York: Freeman.

McMahon, Harry, und O'Neill, William (1993). Computer-Mediated Zones of Engagement in Learning. In: Duffy, Lowyck und Jonassen (1993), S. 37-57.

Meadows, Denis L, et al. (1972).; Die Grenzen des Wachstums. Hamburg.

Meisel, Klaus, et al. (1989). Schlüsselqualifikationen in der Diskussion. Frankfurt am Main: Pädagogische Arbeitsstelle des DVV.

Metzinger, Brigitte (1986). Grundlinien der Gestaltung benutzerfreundlicher Computer-Oberflächen. In: Puttkamer (1986), S. 464-480.

Meyer, Hilbert (1987). UnterrichtsMethoden. I: Theorieband; II: Praxisband. Frankfurt am Main: Scriptor, 1987.

Michard, Alain (1992). Fifth Generation Computing Systems: The Achievements of a Ten-Year Research Program. In: AI Communications 5 (1992) Nr. 3, S. 157-158.

Miller, M. Mark (1995). VBPro: A Program for Analyzing Verbatim Text (Programm und Online-Dokumentation). Knoxville, Tennessee: WWW-Adresse http://excellent.com.utk.edu/~mmmiller, 1995.

Möcke, Frank (1994). Lernen am Computer. Möglichkeiten und Grenzen von CBT. In: c't Nr. 8 1994, S. 132-136.

Moravec, Hans (1990). Mind Children. Der Wettlauf zwischen menschlicher und künstlicher Intelligenz. Hamburg: Hoffmann & Campe.

Mosses, P.D.; Nielsen, M.; und Schwartzbach, M.I. (eds.) (1995). TAPSOFT '95: Aarhus, Denmark, May 1995, Proceedings. Berlin etc.: Springer (Lecture Notes in Comp.Sc. 915).

Müller, Roland (1983). Zur Geschichte des Modelldenkens und des Modellbegriffs. In: Stachowiak (1983b), S. 17-86.

Mumford, Lewis (1934). Technics and Civilization. New York: Harcourt.

Mumford, Lewis (1970). Mythos der Maschine. Frankfurt am Main: Fischer, 1977 (amerikanisches Original 1970).

Nake, Frieder (1988). Dialogisieren mit dem Computer. In: Nullmeier und Rödiger (1988) , S. 16-46.

Nake, Frieder (1992). Informatik und die Maschinisierung von Kopfarbeit. In: Coy et al. (1992), S. 181-201.

Negt, Oskar (1971). Soziologische Phantasie und exemplarisches Lernen. Frankfurt am Main/Köln: Europ.Verlagsanst., 3. Aufl. der überarb. Neuaufl. 1975 (zuerst 1971).

Neisser, U. (1967). Cognitive Psychology. New York: Appleton, 1967 (deutsch:Kognit.Psychologie, Stuttgart; Klett, 1974).

Nullmeier, Erhard, und Rödiger, Karl-Heinz (eds.) (1988). Dialogsysteme in der Arbeitswelt. Mannheim: BI-Wissenschaft, 1988.

O'Leary, K. Daniel, und O'Leary, Susan G. (eds.) (1972). Classroom Management: The Successful Use of Behavior Modification. New York et al.: Pergamon Press.

Oberliesen, Rolf (1982). Information, Daten und Signale. Reinbek b.Hamburg: Rowohlt, 1982.

Oberquelle, Horst (1987). Sprachkonzepte für benutzergerechte Systeme. Berlin: Springer, 1987.

Oelkers, Jürgen (1989). Die große Aspiration: zur Herausbildung der Erziehungswissenschaften im 19. Jahrhundert. Darmstadt: Wissenschaftl. Buchges., 1989.

Ofenbach, Birgit (1988). Wenn das Allgemeine praktisch wird ... Zur Ideengeschichte. des wissenschaftlichen und pädagogischen Taktes. In: Pädagogische Rundschau 42 (1988), S. 565-578.

Ohlsson, Stellan (1987). Some Principles of Intelligent Tutoring. In: Lawler und Yazdani (1987), S. 203-237.

Otto, Gunter (1985). Medien der Erziehung und des Unterrichts. In: Otto und Schulz (1985), S. 74-107.

Otto, Gunter, und Schulz, Wolfgang (eds.) (1985). Methoden und Medien der Erziehung und des Unterrichts (Enzyklopädie Erziehungswissenschaft Bd. 4). Stuttgart: Klett-Cotta.

Paetau, Michael (1995). Systemtheorie und Personalmanagement. Soziologie-Mailingliste der GMD vom 14. 7. 95, Adresse des Autors paetau@GMD.DE

Palmer, Frank (1971). Grammar. Harmondsworth: Penguin.

Pape, Uwe (1973). Programmieren in ALGOL 60. München: Hanser.

Parmenides. Peri Physeos [Über die Natur]. Hg. u. übersetzt v. Uvo Hölscher. Frankfurt am Main: Suhrkamp, 1969.

Parnas, David L. (1986). Software Wars. In: Kursbuch 83, März 1986, S. 49-69.

Penrose, Roger (1989). The Emperor's New Mind. Concerning Computers, Minds, and The Laws of Physics. Oxford: Oxford University Press, 1989 (korr. Neudruck 1990).

Penrose, Roger (1994). Shadows of the Mind. A Search for the Missing Science of Consciousness. Oxford: Oxford University Press.

Peters, Ingo-Rüdigers (1981). Simulation eines Ökosystems. Unterrichtsmaterialien. Berlin: Freie Universität, Inst. f. Did. d. Math. u. Inform., internes Papier, Nachdr. 1983.

Peters, Jan-Marie (1962). Die Struktur der Filmsprache. Ersch. in: Witte (1972), S. 171-186.

Pfeifer, Wolfgang, et al. (1989). Etymologisches Wörterbuch des Deutschen. 3 Bände. Berlin: Akademie.

Pflüger, Jörg, und Schurz, Robert (1988). Algorithmus und Ambivalenz. In: Krafft und Ortmann (1988), S. 75-97.

Pflüger, Jörg (1994). Informatik auf der Mauer. In: Informatik-Spektrum 17 (1994), S. 251-257.

Platon. Phaidon. In: Sämtliche Werke, Band 3.

Platon. Phaidros. In: Sämtliche Werke, Band 4..

Platon. Sämtliche Werke. Übersetzung von Friedrich Schleiermacher und Hieronymus Müller. Reinbek b.Hamburg: Rowohlt, 1957ff. Zur Abgrenzung der Textzählung vgl. Platon. Opera. Ed. Johannes Burnet. (5 Bände) Oxford: University Press, 1900ff.

Platon. Staat. In: Sämtliche Werke, Band 3

Platon. Timaios. In: Sämtliche Werke, Band 5.

Polanyi, Michael (1966). Implizites Wissen. Frankfurt am Main: Suhrkamp, 1985 (Orig: The tacit dimension. New York 1966).

Prenzel, Manfred, und Mandl, Heinz (1993). Transfer of Learning from a Constructivist Perspective. In: Duffy, Lowyck und Jonassen (1993) , S. 315-329.

Pressey, Sydney L. (1926). A simple apparatus which gives tests and scores and teaches. In: School and Society, Vol. 23, No. 586, March 20, 1926 (zit. nach Correll 1965, S. 25-31).

Pressey, Sydney L. 1927; A machine for automatic teaching of drill material. In: School and Society, Vol. 25, No. 645, May 7, 1927 (zit. nach Correll 1965, S. 32-36).

Prümper, Jochen, und Anft, Michael (1993). Die Evaluation von Software auf Grundlage des Entwurfs zur internationalen Ergonomie-Norm; In: Rödiger (1993), S. 145-156.

Puppe, Frank (1986). Expertensysteme. In: Informatik-Spektrum 9 (1986) H. 1, S. 1-13.

Puppe, Frank (1992). Intelligente Tutorsysteme. In: Informatik-Spektrum 15 (1992) Nr. 4, S. 195-207.

Pusch, Luise F. (1984). Das Deutsche als Männersprache. Frankfurt am Main: Suhrkamp.

Puttkamer, Ewald von (ed.) (1986). Informatik-Grundbildung in Schule und Beruf, GI-Fachtagung 29. 9.-1. 10. 1986. Berlin: Springer.

Quine, Willard Van Orman (1961). Von einem logischen Standpunkt. Neun logisch-philosophische Essays. Frankfurt am Main: Ullstein, 1979 (amerikanisches Original 1961).

Rademacher, Hermann (1970). Kybernetik und Pädagogik. In: Speck und Wehrle (1970), S. 637-646.

Rammert, Werner (1989). Technisierung und Medien in Sozialsystemen – Annäherungen an eine soziologische Theorie der Technik. In: Weingart (1989), S. 128-173.

Ranke-Graves, Robert von (1960). Griechische Mythologie. Reinbek b.Hamburg: Rowohlt, 1984 (dt. Erstausgabe 1960).

Rauterberg, Matthias (1989). Über das Phänomen: 'Information'. In: Becker (1989), S. 219-241.

Rauterberg, Matthias (1995). Über die Quantifizierung softwareergonomischer Richtlinien. In: Ergonomie & Informatik Nr. 25, August 1995, S. 5-18.

Reinmann-Rothmeier, Gabi, und Mandl, Heinz (1994). Wissensvermittlung: Ansätze zur Förderung des Wissenserwerbs. Forschungsbericht 34 Inst. f. Pädagog. Psychol. u. Empir. Pädag., Univ. München. März 1994.

Reiser, Martin, und Wirth, Niklaus (1992). Programmieren in Oberon. Bonn: Addison-Wesley, 1994 (Englisches Original 1992).

Reuter, A. (ed.) (1990). GI – 20. Jahrestagung (2 Bände). Informatik auf dem Weg zum Anwender. Berlin: Springer-Verlag.

Rheinwald, Rosemarie (1984). Der Formalismus und seine Grenzen: Unters. zur neueren Philosophie d. Mathematik. Königstein/Ts.: Hain.

Richards, John, und Glasersfeld, Ernst von (1979). Die Kontrolle von Wahrnehmung und die Konstruktion von Realität. In: Schmidt (1987) , S. 192-228. Englisches Original in: DIALECTICA, Bd.22 (1979) H. 1, S. 37-58.

Richter, Michael M.; Siekmann, Jörg; und Wahlster, Wolfgang (1987). Eine wissenschaftliche Vision für das Deutsche KI-Zentrum. In: KI 4/87, S. 30-31.

Richter, Michael M. (1989). Prinzipien der Künstlichen Intelligenz. Stuttgart: Teubner.

Riedel, Manfred (1989). Urteilskraft und Vernunft. Kants ursprüngliche Fragestellung. Frankfurt am Main: Suhrkamp.

Riegas, Volker (1990). Das Nervensystem – offenes oder geschlossenes System?; In: Riegas und Vetter (1990), S.99-115.

Riegas, Volker, und Vetter, Christian (eds.) (1990). Zur Biologie der Kognition. Ein Gespräch mit H. R. Maturana u. Beiträge zur Diskussion. Frankfurt am Main: Suhrkamp.

Riehm, Ulrich, und Wingert, Bernd (1995). Multimedia. Mythen, Chancen und Herausforderungen. Bonn: Büro f. Technikfolgen-Abschätzung beim Dt. Bundestag (Arbeitsber. Nr. 33).

Robinsohn, Saul B. (1967). Bildungsreform als Revision des Curriculum. Neuwied: Luchterhand.

Röder, Rupert (1989a). Funktionalisierung von Bildung im Bereich informations- und kommunikationstechnischen Lernens. In: Giesecke, Meueler und Nuissl (1989), S. 157-190.

Röder, Rupert (1989b). Personale Fähigkeiten in formalen Welten – „Schlüssel zur informatisierten Wirklichkeit". In: Meisel et al. (1989), S. 33-41.

Röder, Rupert (1989c). Zur Einschätzung des Forschungsprogramms des DFKI in Kaiserlautern. Düsseldorf: Hans-Böckler-Stiftung.

Röder, Rupert (1990). Illusionismus und Pragmatismus: Aktueller Stand und Folgewirkungen der KI. In: Forum Wissenschaft 7 (1990) H. 2, S. 40-44.

Röder, Rupert (1991). Einführung in Pascal. Falken: Niedernhausen/Ts.

Röder, Rupert (1992). Modellbildung und Simulation in der Weiterbildung. Soest: Landesinstitut für Schule und Weiterbildung o.J.

Röder, Rupert (1993). Simulationsprogramme zur Sensibilisierung für den Datenschutz. In: Troitzsch (1993) S. 178-184.

Röder, Rupert (1995). 'Bild(schirm)zeitung'. Medienarbeit mit dem Computer. In: Böcker und Schillo (1995), S. 60-64.

Rödiger, Karl-Heinz (ed.) (1993). Software-Ergonomie '93. Von der Benutzungsoberfläche zur Arbeitsgestaltung. Stuttgart: Teubner.

Rohbeck, Johannes (1993). Technologische Urteilskraft. Zu einer Ethik technischen Handelns. Frankfurt am Main: Suhrkamp.

Rolf, Arno (1995). Das Selbstverständnis der Informatik. In: Friedrich et al. (1995) S. 3-7.

Ropohl, Günter (1978). Einführung in die allgemeine Systemtheorie. In: Lenk und Ropohl (1978) S. 9-49.

Roßnagel, Alexander, et al. 1989). Die Verletzlichkeit der Informationsgesellschaft. Opladen: Westdeutscher Verlag, 1989.

Salomon, Gavriel (1979). Interaction of Media, Cognition, and Learning. San Francisco: Jossey Press.

Sandberg, Jacobijn, und Barnard, Yvonne (1993). Education and Technology: What do we know? And where is AI? Interviews on AI and Education; In: AI Communications 6 (1993) H. 1, S. 47-58.

Scanlon, Eileen/ O'Shea, Tim (eds.) (1992). New Directions in Educational Technology. Berlin: Springer.

Schachtner, Christel (1993). Geistmaschine. Frankfurt am Main: Suhrkamp.

Scheerer, Eckart (1990). Mental Representation: Its History and Present Status. Part 1. Bielefeld: Research Group on MIND AND BRAIN, ZiF Report No. 27/1990.

Scheich, Elvira (1993). Naturbeherrschung und Weiblichkeit: Denkformen und Phantasmen der modernen Naturwissensch. Pfaffenweiler: Centaurus.

Scheidt, Jürgen vom (1989). Kreatives Schreiben. Frankfurt am Main: Fischer Taschenbuch.

Schiller, Friedrich (1793). Über Anmut und Würde. In: Schiller 1795 S. 95-157 (Erstersch. 1793).

Schiller, Friedrich (1795). Briefe zur ästhetischen Erziehung des Menschengeschlechts. Bad Heilbrunn: Julius Klinkhardt, 1960 (Erstersch. 1795).

Schiller, Friedrich (1902). Philosophische Schriften und Gedichte. Auswahl. Hg. Eugen Kühnemann. Leipzig: Dürr'sche Buchhandlung, 1902.

Schmidt, Jochen (1985). Die Geschichte des Genie-Gedankens in der deutschen. Literatur, Philosophie und Politik (2 Bde.). Darmstadt: Wissenschaftl. Buchges.

Schmidt, Siegfried J. (ed.) (1987). Der Diskurs des Radikalen Konstruktivismus. Frankfurt am Main: Suhrkamp, 4. Aufl. 1991.

Schmidt-Schauß, Manfred (1988). Subsumption in KL-ONE is Undecidable. Universität Kaiserslautern. SEKI-Report 88-14.

Schnädelbach, Herbert (1991). Vernunft. In: Martens und Schnädelbach (1991) S. 77-115.

Schneider, Martin (1993). Das mechanistische Denken in der Kontroverse: Descartes' Beitrag z.Geist-Maschine-Problem; Stuttgart: Steiner (Habil. Münster 1990).

Schubert, Rainer (1989). Zur Möglichkeit von Technikphilosophie: Versuch einer modernen Kritik der Urteilskraft. Wien: Passagen.

Schulz, Wolfgang (1970). Der Lehrer im Medienverbund. In: betrifft erziehung 6/1970, S. 24.

Schumacher, Michael (1988). 'I am Turing' – Das Kind und die Maschine. In: Krafft und Ortmann (1988), S. 255-284.

Searle, John R. (1980). Minds, Brains, and Programs. In: Behavioral and Brain Sciences 3, S. 417-457. Abgedruckt in: Hofstadter und Dennett (1981), S. 353-373.

Searle, John R. (1984). Minds, Brains and Science. Harmondsworth: Penguin, 1991 (zuerst BBC 1984).

Searle, John R. (1990) Ist der menschliche Geist ein Computerprogramm?; In: Spektrum der Wissenschaft, März 1990, S. 40-47.

Shannon, Claude E., und Weaver, Warren (1949). Mathematische Grundlagen der Informationstheorie. München: Oldenbourg, 1976. (Original: The Mathematical Theory of Communication, 1949.)

Shelley, Mary (1818). Frankenstein or The Modern Prometheus. Ware, Hertfordshire: Wordsworth Editions, 1993 (Ersterscheinen 1818).

Skinner, Burrhus Frederic (1954). The Science of Learning and The Art of Teaching. In: The Harvard Educational Review 24 (1954) Nr. 2, S. 86-97. Zit. nach Correll 1965 , S. 66-85.

Skinner, Burrhus Frederic (1958). Teaching Machines. In: Science, Vol. 128, Oct 24, 1958, S. 969-977 (zit. nach Correll 1965, S. 37-65).

Skinner, Burrhus Frederic (1961). Why We Need Teaching Machines. In: Cumulative Record, New York: Appleton, 1961 (zit nach Correll 1965, S. 194-224).

Skinner, Burrhus Frederic (1963a). Behaviorism at Fifty. In: Science, Vol. 140, May 31, 1963, S. 951-958 (zit. nach Correll 1965, S. 85-111).

Skinner, Burrhus Frederic (1963b). Reflections on a Decade of Teaching Machines. In: S. 411-425. Zuerst ersch. in Teachers College Record, 65 (1963), S. 168-177.

Speck, Josef, und Wehrle, Gerhard (1970). Handbuch pädagogischer Grundbegriffe. Monden: Kösel.

Sperlich, Tom, und Möcke, Frank (1993). Der achte Tag. Computerwissenschaftler versuchen sich an 'künstlichem Leben'. In: c't Nr. 8/1993, S. 52ff.

Stachowiak, Herbert (1978). Erkenntnis in Modellen. In: Lenk und Ropohl (1978) S. 50-64.

Stachowiak, Herbert (1983a). Erkenntnisstufen zum Systematischen Neopragmatismus und zur Allgemeinen Modelltheorie. In: Stachowiak (1983b), S. 87-146.

Stachowiak, Herbert (ed.) (1983b). Modelle – Konstruktion der Wirklichkeit. München: Wilhelm Fink, 1983.

Steinbuch, Karl (1966). Die informierte Gesellschaft. Geschichte und Zukunft der Nachrichtentechnik. Reinbek b.Hamburg: Rowohlt, 1968 (Ersterscheinen Stuttgart 1966).

Steinmetz, R.; Rückert, J.; und Racke, W. (1990). Multimedia-Systeme. In: Informatik-Spektrum 13 (1990), S. 280-282.

Steinmüller, Wilhelm (1981). Die Zweite industrielle Revolution hat eben begonnen. Über die Technisierung der geistigen Arbeit. In: Kursbuch 66, Dezember 1981, S. 152-188.

Steinmüller, Wilhelm (1993). Informationstechnologie und Gesellschaft: Einführung in die Angewandte Informatik. Darmstadt: Wissenschaftl. Buchges.

Stieglitz, Rainer, und Freisberg, Bernd (1991). Wirtschaftskapitän. Eine Unterrichtseinheit über die Dynamik der Marktwirtschaft. Soest: Soester Verlagskontor.

Streitz, Norbert A. (1988). Mental Models and Metaphors: Implications f.th.Design of Adaptive User-System Interfaces. In: Mandl und Lesgold (1988), S. 164-186.

Suchman, Lucy A. (1987). Plans and Situated Actions. The Problem of Human-Machine Communication. Cambridge, NY: Cambridge University Press.

Sutter, Alex (1988). Göttliche Maschinen. Die Automaten für Lebendiges bei Descartes, Leibniz, La Mettrie u.Kant; Frankfurt am Main: Athenäum.

Swade, Doron D. (1993). Der mechanische Computer des Charles Babbage. In: Spektrum der Wissenschaft, April 1993, S. 78-84.

Swann, Philip (1992). Cognitive Science and Wittgenstein's Tractatus. In: AI Communications 5 (1992) Nr. 2, S. 62-74.

Switalla, Bernd (1990). Die Sprache (in) der künstlichen Intelligenz: Die implizite Verstehens-theorie von LISP. In: Weingarten (1990), S. 165-208.

Taylor, Frederick Winslow (1919). Die Grundsätze wissenschaftlicher Betriebsführung. München: Raben, 2. Aufl. 1983 (Nachdruck).

Tenorth, Heinz-Elmar (1987). Dogmatik als Wissenschaft – Überlegungen zum Status und zur Funktionsweise pädagogischer Argumente. In: Baecker (1987), S. 694-719.

Thesaurus Linguae Latinae (1966). Thesaurus Linguae Latinae. Leipzig: Teubner, 1935-1966.

Thiersch, Hans (1983). Geisteswissenschaftliche Pädagogik. In: Lenzen und Mollenhauer (1983), S. 81-100.

Thompson, Edward P. (1967). Zeit, Arbeitsdisziplin und Industriekapitalismus. In: Braun et al. (1973), S. 81-112. Original in: Past and Present 38 (1967), S. 56-97.

Thyen, Anke (1989). Negative Dialektik und Erfahrung. Zur Rationalität des Nichtidentischen bei Adorno. Frankfurt am Main: Suhrkamp.

Troitzsch, Klaus G. (ed.) (1993). Informatik als Schlüssel zur Qualifikation. GI-Fachtagung „Informatik und Schule 1993"; Berlin: Springer.

Turing, Alan M. (1937). Über berechenbare Zahlen, mit einer Anwendung auf das Entscheidungs-problem. In: Turing (1987) S. 17-60. (Original Proc. Lond. Math. Soc. 1937)

Turing, Alan M. (1950). Rechenmaschinen und Intelligenz (Computing Machinery and Intelligence). In: Turing (1987) S. 148-182. (Original in Mind 59, 1950; teilweise abgedruckt in Hofstadter und Dennett (1981)).

Turing, Alan M. (1987). Intelligence Service. Hg. v. Bernhard Dotzler und Friedrich Kittler; Berlin: Brinkmann & Bose.

Turkle, Sherry (1984). Die Wunschmaschine. Der Computer als zweites Ich. Reinbek b.Hamburg: Rowohlt, 1986 (amerik. und dt. Erstausgabe 1984).

Ulich, Eberhard (1993). Von der Benutzungsoberfläche zur Arbeitsgestaltung. In: Rödiger (1993) S. 19-29.

Velichkovsky, Boris Mitrofanovich (1988). Wissen und Handeln. Kognitive Psychologie aus tätigkeitstheoretischer Sicht. Weinheim: VCH Verlagsgesellschaft.

Vester, Frederic (1990). Ökolopoly. (Computerspiel und Handbuch); München: Studiengruppe f. Biologie und Umwelt.

Vester, Frederic (1991). Ballungsgebiete in der Krise. Vom Verstehen und Planen menschlicher Lebensräume. München: dtv.

Vivet, Martial (1991). Interview on AI and Education. Von Jacobijn Sandberg und Yvonne Barnard. In: AI Communications 4 (1991) H. 2/3, S. 53-59.

Vogt, Hans-Heinrich (1966). Der Nürnberger Trichter. Lernmaschinen für Ihr Kind?; Stuttgart: Kosmos, 1966.